精准扶贫 铁路情怀

中国铁路扶贫成果集

中国国家铁路集团有限公司 编

中国铁道出版社有限公司
CHINA RAILWAY PUBLISHING HOUSE CO., LTD.
北 京

图书在版编目（CIP）数据

精准扶贫 铁路情怀：中国铁路扶贫成果集 / 中国国家铁路集团有限公司编 . — 北京：中国铁道出版社有限公司，2025.2
ISBN 978-7-113-31034-9

Ⅰ . ①精… Ⅱ . ①中… Ⅲ . ①扶贫—案例—中国 Ⅳ . ① F126

中国国家版本馆 CIP 数据核字 (2024) 第 041315 号

书　　名：精准扶贫　铁路情怀——中国铁路扶贫成果集
JINGZHUN FUPIN TIELU QINGHUAI——ZHONGGUO TIELU FUPIN CHENGGUO JI
作　　者：中国国家铁路集团有限公司

责任编辑：王晓罡　陈晓钟　　　　**电　话：**（010）51873697
特约编辑：任　君　刘　贺　郭新杰　张建森　李　斌　姚　斌　申晓春　马王钰青　朱德兴
封面设计：闰江文化
责任校对：安海燕
责任印制：赵星辰

出版发行：中国铁道出版社有限公司（100054，北京市西城区右安门西街 8 号）
网　　址：https://www.tdpress.com
印　　刷：北京盛通印刷股份有限公司
版　　次：2025 年 2 月第 1 版　2025 年 2 月第 1 次印刷
开　　本：787 mm×1 092 mm 1/16　**印张：**38　**字数：**630 千
书　　号：ISBN 978-7-113- 31034-9
定　　价：168.00 元

编　委　会

PREFACE

前言

大道通达　铺就脱贫致富路

按照中央部署，国铁集团（原铁道部、中国铁路总公司）定点扶贫河南省栾川县、陕西省勉县、宁夏回族自治区固原市原州区、新疆维吾尔自治区和田县，省级扶贫 53 个村。党的十八大以来，国铁集团以习近平新时代中国特色社会主义思想为指引，团结带领铁路 200 多万干部职工，坚决扛起国铁企业政治和社会责任，践行人民铁路为人民的宗旨，充分发挥铁路行业企业优势，尽锐出战、勇当先行，在打赢脱贫攻坚战、助力乡村振兴的道路上迈出铿锵步伐。

持续推进铁路建设扶贫，创新实施“铁路网 + 无轨站 + 永临结合”模式。党的十八大以来，老、少、边、贫地区铁路建设投资达 3.6 万亿元，占铁路建设总投资的 78.2%；投产新线达 3.9 万公里，其中高铁 2.2 万公里；覆盖贫困县 257 个，其中 100 多个国家级贫困县结束了不通铁路的历史；统筹推动建设铁路无轨站 155 个，“铁路网 + 无轨站”已覆盖 600 余个国家级贫困县。拉林铁路、西成高铁、张吉怀高铁等一条条铁路在中华大地纵横延展、打下钢筋铁骨，让闭塞的聚落变为秀美的乡村。

全面加强运输扶贫，创新实施“精准运输＋公益性‘慢火车’＋旅游扶贫＋农产品专列”模式。党的十八大以来，老、少、边、贫地区发送旅客6.7亿人、货物27.2亿吨，减免物流等费用60.5亿元；81对公益性“慢火车”有效覆盖21个省区、35个民族地区、104个国家级贫困县，每年运送沿线赶集务工求学的贫困群众约2200余万人；2017—2020年组织开行旅游扶贫专列1480列、运送93万人。快慢结合、客货共振、内外兼修，铁路大动脉激活了乡村资源活力，搭建了共同富裕的快速通道。

精准实施定点扶贫，创新“铁路扶贫＋龙头企业＋合作社＋贫困户”模式。党的十八大以来，在定点扶贫的4县（区）累计投入了3.76亿元、引进扶贫资金3.4亿元，精准实施352个项目，打造了栾川县“铁路小镇”、原州区“万亩冷凉蔬菜”、勉县“生态家园”、和田县“火车头打馕车间”等一批产业示范项目，与脱贫群众携手走出致富路。

创新实施进站上车、电商带货等五项消费扶贫行动，2018—2020年消费扶贫约8.4亿元（连续三年翻倍增长），其中2020年6.04亿元，为上年的3.5倍，在全国431个车站、2237列客车（1871列高铁动车组）上设置了2880个扶贫直销店或专区，搭建广大旅客与扶贫产品的爱心通道，多个案例入选全国消费扶贫典型案例。深化“点对点”务工专列运送、建设优先培训使用等“五个一批”就业扶贫模式，直接扶贫832个国家级贫困县15万贫困人口就业，促进贫困群众增收致富。

铁路帮扶县区如期实现脱贫摘帽，先后获得中国最美县域，全国“一村一品”示范村镇等国家级荣誉和典型；铁路帮扶工作荣获全国脱贫攻坚组织创新奖、先进集体，全国企业管理现代化创新成果一等奖，世界旅游联盟旅游减贫典型案例等。

历史的奋斗已收获累累硕果，未来的梦想亦终将成为现实。在巩固拓展脱贫攻坚成果、全面推进乡村振兴的道路上，国铁集团将持续加大建设、运输、定点帮扶力度，全面推动乡村产业、人才、文化、生态、组织振兴，为乡村振兴注入源源不断“铁动力”，擘画流动的美丽乡村新画卷。

目录

CONTENTS

领导讲话 …… 001

在铁路脱贫攻坚总结表彰大会上的讲话 /002
陆东福

在全路扶贫工作电视电话会议上的讲话 /008
甄忠义

自评报告 …… 017

中国铁路总公司关于报送 2017 年定点扶贫工作自评报告的函 /018

中国铁路总公司关于报送 2018 年定点扶贫工作自评报告的函 /025

国铁集团关于报送 2019 年中央单位定点扶贫工作自评报告的函 /039

国铁集团关于报送 2020 年定点扶贫工作自评报告的函 /056

扶贫年鉴 …… 075

《中国扶贫开发年鉴（2013）》· 铁路扶贫 /076

《中国扶贫开发年鉴（2014）》· 铁路扶贫 /083

《中国扶贫开发年鉴（2015）》· 铁路扶贫 /086

《中国扶贫开发年鉴（2016）》· 铁路扶贫 /091

《中国扶贫开发年鉴（2017）》·铁路扶贫 /097
《中国扶贫开发年鉴（2018）》·铁路扶贫 /103
《中国扶贫开发年鉴（2019）》·铁路扶贫 /108
《中国扶贫开发年鉴（2020）》·铁路扶贫 /114
《中国扶贫开发年鉴（2021）》·铁路扶贫 /120

专报案例 ······ 127

国铁集团定点扶贫成就总结——中央和国家机关定点扶贫成就巡礼集 /128
国铁集团认真学习贯彻习近平总书记重要批示精神　持续提升公益性“慢火车”开行质量 /135
充分发挥铁路行业企业优势　积极探索精准帮扶宁夏脱贫攻坚新路子 /138
国铁集团创新实施“5+4”消费扶贫模式　为贫困地区开辟“脱贫致富路”/146
打造“栾川印象”品牌　全面助力脱贫攻坚 /151
扶贫列车，前行中的铁路担当 /156

创新成果 ······ 161

铁路运输企业基于行业优势的扶贫脱贫攻坚管理 /162
2012—2020 年铁路建设在打赢脱贫攻坚战中的效果和作用研究 /175

中央单位定点扶贫 ······ 267

定点扶贫河南省洛阳市栾川县情况 /268
定点扶贫陕西省汉中市勉县情况 /274

定点扶贫宁夏回族自治区固原市原州区情况 /281
定点扶贫新疆维吾尔自治区和田地区和田县情况 /286
中国铁路投资集团有限公司协同扶贫河南栾川情况 /290
铁总服务有限公司协同扶贫河南栾川情况 /295
中铁集装箱运输有限责任公司协同扶贫陕西勉县情况 /301
中国铁道科学研究院集团有限公司协同扶贫陕西勉县情况 /304
中铁快运股份有限公司协同扶贫宁夏原州情况 /312
中国铁路经济规划研究院有限公司协同扶贫宁夏原州情况 /318
中铁特货物流股份有限公司协同扶贫新疆和田情况 /322
中国铁路信息科技集团有限公司协同扶贫新疆和田情况 /327
中国铁道出版社有限公司协同扶贫情况 /332
《人民铁道》报业有限公司协同扶贫情况 /336
中国铁路文工团有限公司协同扶贫情况 /339
铁道党校协同扶贫情况 /344
铁路青少年发展捐助中心协同扶贫情况 /348
中国铁路设计集团有限公司协同扶贫情况 /353

省级扶贫 359

中国铁路哈尔滨局集团有限公司帮扶黑龙江省工作情况 /360
中国铁路沈阳局集团有限公司帮扶辽宁省和吉林省工作情况 /368
中国铁路北京局集团有限公司帮扶河北省和天津市工作情况 /372
中国铁路太原局集团有限公司帮扶山西省工作情况 /379
中国铁路呼和浩特局集团有限公司帮扶内蒙古自治区工作情况 /385
中国铁路郑州局集团有限公司帮扶河南省工作情况 /393
中国铁路武汉局集团有限公司帮扶湖北省工作情况 /397

中国铁路济南局集团有限公司帮扶山东省工作情况 /405
中国铁路上海局集团有限公司帮扶江苏省和安徽省工作情况 /411
中国铁路南昌局集团有限公司帮扶江西省工作情况 /417
中国铁路广州局集团有限公司帮扶广东省和海南省工作情况 /426
中国铁路南宁局集团有限公司帮扶广西壮族自治区工作情况 /431
中国铁路成都局集团有限公司帮扶四川省和贵州省工作情况 /437
中国铁路昆明局集团有限公司帮扶云南省工作情况 /446
中国铁路兰州局集团有限公司帮扶甘肃省和宁夏回族自治区工作情况 /452
中国铁路青藏集团有限公司帮扶青海省和西藏自治区工作情况 /458

制度文件 465

中国铁路总公司办公厅关于印发《中国铁路总公司“十三五”定点扶贫规划》的通知 /466
中国铁路总公司关于做好新时期铁路扶贫开发工作的意见 /471
中国铁路总公司办公厅关于印发《扶贫资金审批（备案）程序》的通知 /475
中国铁路总公司办公厅关于印发《铁路扶贫工作考核办法》的通知 /477
中共中国铁路总公司党组关于印发打赢脱贫攻坚战三年行动实施方案的通知 /480
中国铁路总公司关于印发《铁路建设扶贫行动方案（2018—2020 年）》的通知 /489
中国铁路总公司办公厅关于印发扶贫领域作风问题专项治理工作方案的通知 /498

中国铁路总公司办公厅关于印发扶贫资金项目公告公示实施细则的通知 /502
国铁集团办公厅关于进一步加强铁路消费扶贫工作的通知 /505
国铁集团发改部（扶贫办）、财务部关于进一步加强扶贫项目和资金管理的通知 /509
中国铁路总公司办公厅关于开展协同扶贫工作的通知 /513
国铁集团关于学习贯彻习近平总书记重要讲话精神确保全面完成铁路决战决胜脱贫攻坚任务的通知 /516
国铁集团建设部 发改部关于印发《铁路决战决胜脱贫攻坚深化建设扶贫工作方案》的通知 /521
直属机关党委、国铁集团扶贫办关于进一步深化直属单位消费扶贫的通知 /525
国铁集团党组关于巩固脱贫攻坚成果持续提升公益性“慢火车”开行质量的通知 /528
国铁集团发展和改革部（扶贫办）关于投放运营“中国铁路消费扶贫柜”的通知 /532
关于组织扶贫干部参加决战决胜脱贫攻坚网上专题班学习的通知 /535

扶贫干部 ………………………………………………… 537

精准扶贫

铁路情怀

在铁路脱贫攻坚总结表彰大会上的讲话

2021年2月26日

陆东福

中国国家铁路集团有限公司原党组书记、董事长

昨天上午，习近平总书记在全国脱贫攻坚总结表彰大会上向全世界庄严宣告，经过全党全国各族人民共同努力，在迎来中国共产党成立一百周年的重要时刻，我国脱贫攻坚战取得了全面胜利，区域性整体贫困得到解决，完成了消除绝对贫困的艰巨任务，创造了又一个彪炳史册的人间奇迹。习近平总书记在重要讲话中，全面总结了我国脱贫攻坚取得的重大历史性成就，深刻阐述了中国特色减贫道路和中国特色反贫困理论，精辟概括了伟大的脱贫攻坚精神，对巩固拓展脱贫攻坚成果、做好乡村振兴工作作出重要部署，号召全党在全面建设社会主义现代化国家新征程中，把促进全体人民共同富裕摆在更加重要的位置，努力让广大人民群众获得感、幸福感、安全感更加充实、更有保障、更可持续。习近平总书记的重要讲话，统揽全局、思想深邃、内涵丰富、催人奋进，为我们巩固脱贫攻坚成果、推进乡村振兴指明了方向、提供了根本遵循。

今天我们召开铁路脱贫攻坚总结表彰大会，就是要认真学习贯彻习近平总书记在全国脱贫攻坚总结表彰大会上的重要讲话精神，总结铁路扶贫工作成效，表彰铁路脱贫攻坚先进集体和个人，动员全路在以习近平同志为核心的党中央坚强领导下，以永不懈怠的精神状态和一往无前的奋斗姿态，牢记初心使命，主动担当作为，充分发挥优势，大力弘扬伟大的脱贫攻坚精神，巩固拓展脱贫攻坚成果，为推进乡村振兴作出新的贡献，以优异成绩庆祝建党100年。

党的十八大以来，在以习近平同志为核心的党中央坚强领导下，特别是在习近平

总书记的亲切关怀和高度重视下，全路坚决响应党中央打赢脱贫攻坚战的号令，充分发挥铁路行业优势，全路动员、尽锐出战，以钉钉子精神全力推进铁路建设扶贫、运输扶贫和定点扶贫，为打赢脱贫攻坚战作出了应有的贡献。

——我们坚决扛起国铁企业政治责任和社会责任，以脱贫攻坚的实际行动自觉践行“两个维护”。坚决把打赢脱贫攻坚战作为一项重大政治任务，全面加强党对铁路脱贫攻坚工作的领导，逐级成立由主要领导亲自上手的扶贫开发领导小组，从上到下建立了强有力的脱贫攻坚工作体系，层层压实脱贫攻坚责任，加大调研督导和检查考核力度，为完成铁路脱贫攻坚任务提供了坚强组织保障。坚持把铁路脱贫攻坚工作放到铁路整体工作中进行系统谋划，制定铁路服务脱贫攻坚的总体方案、行业指导意见和各类专项制度，在推进铁路规划建设、深化铁路运输供给侧结构性改革中，优先考虑脱贫攻坚需求，形成了铁路高质量发展与服务脱贫攻坚协同推进的有利格局，确保了党中央关于脱贫攻坚决策部署的落实落地。

——我们深入实施铁路建设扶贫，从根本上改变了贫困地区交通基础设施落后的局面。坚持国家利益和社会效益优先，把贫困地区作为铁路建设的主战场，结合实施西部大开发、中部崛起、东北振兴和乡村振兴等国家战略，推动共建“一带一路”，持续加大贫困地区铁路建设力度。党的十八大以来，老、少、边及脱贫地区铁路建设投资达 3.6 万亿元，占铁路建设总投资的 78%；投产新线 3.9 万公里，其中高铁 2.2 万公里，109 个县结束了不通铁路的历史，198 个县跨入高铁时代。在铁路建设中，坚持永临结合，统筹实施道路、桥梁等基础设施，优先采购当地建筑材料、优先培训使用当地劳动力，有力带动了沿线贫困地区脱贫致富。铁路基础设施突飞猛进的发展，打开了贫困地区脱贫致富的道路，引导脱贫地区加快融入国家现代化进程、大踏步赶上了时代发展步伐。

——我们全面加大运输扶贫力度，为贫困地区脱贫奔小康提供了强有力的运输保障。坚决落实习近平总书记重要批示精神，持续提升 81 对公益性“慢火车”开行品质，有效覆盖 21 个省区、35 个民族地区、104 个原国家级贫困县，每年运送沿线群众 1 200 万人次，车票 26 年不涨价，成为边远地区群众外出务工、求医就学、赶集购物的主要交通工具，被沿线群众亲切地称为便民车、致富车、连心车，被中央领导誉为“国企的品牌、社会主义的广告”。主动适应脱贫地区运输需求，持续增加客货运输有效供给，推出旅游扶贫专列、惠农助学列车、疫情返岗务工专列以及农产品运输专列等一系列运输产品，为脱贫攻坚提供了强有力的运输保障。党的十八大以来，铁路在原贫困地区累计发送旅客 6.7 亿人次，发送货物 27.2 亿吨，减免铁路建设基金等 60.5 亿元。铁路运输条件的大幅改善，不仅让贫困地区经济社会发展步入了快车道，跑出了加速度，而且通过拉近贫困地区与发达地区的时空距离，带来了人们思想和观念的深刻转变，焕发出自力更生、奋发图强的内生动力。

——我们高质量实施定点扶贫，助力帮扶对象全部摘掉了贫困的帽子。坚决落实习近平总书记“中央单位要在定点扶贫工作中作出表率”的重要指示精神，切实履行帮扶责任，向定点帮扶的河南栾川、陕西勉县、宁夏固原市原州区、新疆和田县累计投入 3.76 亿元，引入帮扶资金 3.4 亿元。落实精准扶贫方略，充分发挥铁路行业优势和资源优势，创新开展消费扶贫行动，累计实现消费扶贫 8.4 亿元，连续三年翻番增长；精准实施 352 个帮扶项目，打造了“铁路小镇”等特色产业提升工程；突出抓好就业扶贫、教育扶贫，直接帮扶原国家级贫困县 15 万余名贫困人口就业增收；深化抓党建促脱贫攻坚，组织与贫困村党支部联学联建，让鲜红的党旗在脱贫攻坚主战场上高高飘扬。经过不懈努力，国铁集团定点帮扶的 4 县区和所属企业重点帮扶的 53 个村全部脱贫摘帽。铁路定点扶贫，帮助脱贫地区有效改善了发展条件，增强了发展能力，实现了由“输血式”扶贫向“造血式”帮扶的有效转变，让发展成为消除贫困最有效的办法、创造幸福生活最稳定的途径。

回顾党的十八大以来波澜壮阔的脱贫攻坚历程，铁路之所以能够担当作为、建功立业，关键在于习近平新时代中国特色社会主义思想的科学指引，在于以习近平同志为核心的党中央英明决策、坚强领导，在于习近平总书记对铁路工作的高度重视、亲切关怀，在于新型举国体制优势在铁路行业的充分体现。

在这场脱贫攻坚的伟大斗争中，全路坚决听从党中央号令，以顽强的意志、扎实的作风、不懈的努力，全力抓好脱贫攻坚任务落实。特别是具体承担扶贫工作的单位和广大铁路扶贫干部倾力奉献、埋头苦干，同贫困群众想在一起、过在一起、干在一起，涌现出许多先进事迹和感人事迹。这次受到表彰的先进个人和先进集体，就是他们中间的优秀代表。

在这里，我代表国铁集团党组、国铁集团，向受到表彰的先进集体和先进个人，表示热烈的祝贺！向为铁路脱贫攻坚作出重要贡献的全体扶贫干部，致以崇高的敬意！向积极投身铁路脱贫攻坚的各级组织和广大干部职工，表示衷心的感谢！

习近平总书记指出，脱贫攻坚战的全面胜利，标志着我们党在团结带领人民创造美好生活、实现共同富裕的道路上迈出了坚实的一大步；同时，脱贫摘帽不是终点，而是新生活、新奋斗的起点。解决发展不平衡不充分问题、缩小城乡区域发展差距、实现人的全面发展和全体人民共同富裕仍然任重道远。进入新发展阶段，巩固拓展脱贫攻坚成果，接续做好乡村振兴工作，首先要认真学习贯彻习近平总书记的重要讲话精神，进一步增强责任感和历史使命感。

我们要认真学习贯彻习近平总书记关于我国脱贫攻坚取得的重大历史性成就的重要论述，更加坚定听党话、跟党走的政治自觉和行动自觉。要充分认识我国脱贫攻坚之所以能够取得全面胜利，关键在于中国共产党从成立之日起，就坚持把为中国人民谋幸福、为中华民族谋复兴作为初心使命，团结带领中国人民为创造自己的美好生活进行了长期艰辛奋斗。尤其是党的十八大以来，党中央把脱贫攻坚摆在治国理政的突出位置，把脱贫攻坚作为全面建成小康社会的底线任务，组织开展了声势浩大的脱贫攻坚人民战争。在 8 年极不平凡的脱贫攻坚历史进程中，习近平总书记亲自部署、亲自挂帅、亲自出征、亲自督战，先后作出一系列重要论述和重大部署，引领我国脱贫攻坚工作不断取得新的历史性成就。通过学习感悟，我们要进一步增强“四个意识”、坚定“四个自信”、做到“两个维护”，切实把思想和行动统一到习近平总书记的重要讲话精神和党中央决策部署上来，坚决听从中央号令，切实担负起新时代使命任务。

我们要认真学习贯彻习近平总书记关于中国特色减贫道路和中国特色反贫困理论的重要论述，更加坚定走中国特色社会主义道路的政治自觉行动自觉。要充分认识脱贫攻坚取得举世瞩目的成就，靠的是党的坚强领导，靠的是中华民族自力更生、艰苦奋斗的精神品质，靠的是新中国成立以来特别是改革开放以来积累的坚实物质基础，靠的是一任接着一任干的坚守执着，靠的是全党全国各族人民的团结奋斗；尤其是党中央立足我国国情，把握减贫规律，构建了一整套行之有效的政策体系、工作体系、制度体系，走出了一条中国特色减贫道路，形成了中国特色反贫困理论。这条道路、这一理论，是马克思主义反贫困理论中国化最新成果，也是我们在新起点、新征程迎接新的任务挑战时需要坚持的思想方法和工作方法。要紧密结合铁路实际，在巩固脱贫攻坚成果、实现乡村振兴的新的伟大实践中，长期坚持并不断发展，有力有效地把各项工作不断推向前进。

我们要认真学习贯彻习近平总书记关于伟大脱贫攻坚精神的重要论述，更加坚定牢记初心使命、人民铁路为人民的政治自觉行动自觉。要充分认识在脱贫攻坚伟大斗争中，锻造形成的“上下同心、尽锐出战、精准务实、开拓创新、攻坚克难、不负人民”的脱贫攻坚精神，是中国共产党性质宗旨、中国人民意志品质、中华民族精神的生动写照，是爱国主义、集体主义、社会主义思想的集中体现，是中国精神、中国价值、中国力量的充分彰显，赓续传承了伟大民族精神和时代精神。要大力弘扬伟大的脱贫攻坚精神，团结一心、勇毅前行，不畏艰险、英勇奋斗，坚持以人民为中心的发展思想，牢记人民铁路为人民的宗旨，不断推进铁路现代化事业，为坚持和发展中国特色社会主义作出新的贡献。

我们要认真学习贯彻习近平总书记关于巩固拓展脱贫攻坚成果、实现乡村振兴的重要论述，更加坚定为实现中华民族伟大复兴担当作为的政治自觉行动自觉。要充分认识取得脱贫攻坚全胜，没有任何理由骄傲自满、松劲歇脚，必须乘势而上、再接再厉、接续奋斗，切实做好巩固拓展脱贫攻坚成果同乡村振兴有效衔接各项工作，让脱贫基础更加稳固、成效更可持续；要充分认识乡村振兴是实现中华民族伟大复兴的一项重大任务，坚持把解决好“三农”问题作为全党工作重中之重，坚持农业农村优先发展，走中国特色社会主义乡村振兴道路，持续缩小城乡区域发展差距，让低收入人口和欠发达地区共享发展成果，在现代化进程中不掉队、赶上来。要按照中央的决策部署，压紧压实各层面巩固脱贫攻坚成果、实现乡村振兴的责任，为促进全体人民共同富裕作出国铁企业新的努力和贡献。

同志们！铁路是国家重要基础设施和重大民生工程，在巩固拓展脱贫攻坚成果、推进乡村振兴工作中承担着重大政治责任和社会责任。全路要把思想和行动统一到习近平总书记重要讲话精神和党中央决策部署上来，立足新发展阶段，贯彻新发展理念，服务新发展格局，不断提高政治判断力、政治领悟力、政治执行力，坚持在党和国家工作大局下行动，坚持以人民为中心的发展思想，充分发挥铁路行业优势，全面抓好巩固拓展脱贫攻坚成果同乡村振兴有效衔接各项工作的落实。

我们要进一步压紧压实巩固脱贫攻坚成果的责任，保持帮扶机制和力量总体稳定，配合地方党委政府建立和落实防止返贫机制，对脱贫地区尤其是定点帮扶地区扶上马送一程，建立健全产销帮扶长效机制，推动定点帮扶提质升级，增强脱贫地区发展的内生动力，促进脱贫人口稳定就业增收，帮助脱贫地区稳定发展，防止发生规模性返贫问题，坚决守住脱贫攻坚的胜利果实，真正让脱贫成效经得起历史和人民检验。

我们要接续做好铁路建设和铁路运输帮扶支持工作，科学有序推进脱贫地区铁路规划建设，安全优质抓好在建项目实施，确保百项交通扶贫工程中重点铁路项目按期建成投产；持续完善和补强老少边地区和乡村的铁路服务设施，扩大铁路覆盖面和通达水平，适应老少边地区运输需求，精准安排列车开行方案，持续提升公益性“慢火车”开行质量，开好旅游专列、涉农物资专列，增加运输产品有效供给，不断强化铁路对老少边地区的运输服务保障能力。

我们要聚焦乡村振兴目标任务，结合编制实施“十四五”铁路发展规划，深入分析面临的新形势新任务，加强系统统筹，注重整体谋划，对事关乡村振兴的项目重点部署、优先保障，增强铁路服务乡村振兴的系统性、前瞻性，更好地发挥铁路在实施乡村振兴战略中的重要支撑作用。

实现人的全面发展和社会全面进步，全面建设社会主义现代化国家，责任极其重大，使命极其光荣。征途漫漫，惟有奋斗。让我们紧密团结在以习近平同志为核心的党中央周围，大力弘扬伟大的脱贫攻坚精神，真抓实干、埋头苦干、坚持不懈加油干，努力在建设交通强国、构建新发展格局中当好先行，以优异成绩庆祝建党100周年！

在全路扶贫工作电视电话会议上的讲话

2017年5月3日

甄忠义

原中国铁路总公司党组副书记

这次全路扶贫工作电视电话会议，是经陆总经理批准、总公司党组决定召开的一次重要会议。会议的主要任务是：认真学习习近平总书记扶贫开发战略思想，深入贯彻中央扶贫开发工作会议和国务院扶贫开发领导小组全体会议精神，全面落实总公司党组关于扶贫工作的部署和陆总经理的指示要求，对做好当前和今后一个时期铁路扶贫工作进行部署。

刚才，6个铁路局介绍了扶贫工作开展情况。这些单位的扶贫工作，措施得力、特色鲜明、效果明显，从不同侧面反映了铁路扶贫工作的生动局面和良好态势，体现了铁路企业履行政治责任和社会义务的工作成效，值得大家学习借鉴。

下面，我讲四个方面的意见。

一、坚持用习近平总书记扶贫开发战略思想统领铁路扶贫工作

党的十八大以来，以习近平同志为核心的党中央把扶贫开发工作摆到了治国理政的突出位置，作为全面建成小康社会、实现第一个百年奋斗目标的最艰巨任务和最突出短板，纳入“五位一体”总体布局和“四个全面”战略布局。习总书记在深刻把握世情国情党情的基础上，提出了一系列新思想新观点，系统阐述了我国扶贫开发的重大理论和实践问题，形成了新时期扶贫开发重要战略思想，进一步丰富发展了中国特色社会主义理论体系和治国理政新理念新思想新战略。深入学习领会习总书记扶贫开发战略思想，是我们做好扶贫工作的首要任务和前提基础。

一是要深刻领会扶贫工作的重大意义。习总书记指出，消除贫困、改善民生、

实现共同富裕，是社会主义的本质要求，是我们党的重要使命；做好扶贫开发工作，是我们党全心全意为人民服务根本宗旨的重要体现，也是党和政府的重大职责；如果贫困地区长期贫困，面貌长期得不到改变，群众生活长期得不到明显提高，那就没有体现我国社会主义制度的优越性，那也不是社会主义。习总书记讲的“社会主义的本质要求”“社会主义制度的优越性”“党全心全意为人民服务根本宗旨”等关键论述，阐明了扶贫工作的政治意义。

二是要明确掌握扶贫工作的主要目标。习总书记指出，农村贫困人口如期脱贫、贫困县全部摘帽、解决区域性整体贫困，是全面建成小康社会的底线任务，是我们作出的庄严承诺；全面建成小康社会、实现第一个百年奋斗目标，农村贫困人口全部脱贫是一个标志性指标；深入推进扶贫开发，帮助困难群众特别是革命老区、贫困山区困难群众早日脱贫致富，到 2020 年稳定实现扶贫对象不愁吃、不愁穿，保障其义务教育、基本医疗、住房，是中央确定的目标。习总书记讲的“全面建成小康社会”和“两不愁、三保障”，指明了扶贫工作的主要目标。

三是要重点把握扶贫工作的任务措施。习总书记指出，要按照贫困地区和贫困人口的具体情况，实施“五个一批”工程，即发展生产脱贫一批、易地搬迁脱贫一批、生态补偿脱贫一批、发展教育脱贫一批、社会保障兜底一批。习总书记强调，要发挥政治优势，突出各级党委领导作用，建立并落实脱贫攻坚一把手负责制，实行省市县乡村五级书记一起抓，为脱贫攻坚提供坚强政治保障；要激发内生动力，注重扶贫与扶志、扶智相结合，组织和支持贫困群众自力更生，调动贫困地区和贫困人口的积极性。这些任务措施，是我们做好扶贫工作的主要着力点。

四是要清晰明了扶贫工作的方向路径。习总书记指出，推进扶贫开发、推动经济社会发展，首先要有一个好思路、好路子；要坚持因地制宜、科学规划、分类指导、因势利导；要做好特色文章，实现差异竞争、错位发展；目前脱贫的做法大概有 10 多种，如发展特色产业脱贫、组织劳务输出脱贫、资产收益脱贫、易地搬迁脱贫、生态保护脱贫、发展教育脱贫、医疗保险和医疗救助脱贫、低保兜底脱贫、社会公益脱贫等，要总结这些模式做法，使其不断完善，发挥更大更有效的作用；要防止层层加码，防止形式主义，防止忽视贫困群众主体作用；要发挥考核指挥棒作用，推广先进典型经验，坚决纠正问题，不断完善考核工作。习总书记讲的“做好特色文章”“因地制宜、科学规划、分类指导、因势利导”“三个防止”“发挥考核指挥棒作用”等，为我们做好扶贫工作指明了方向、明确了路径。

五是要认真遵循扶贫工作的基本经验。习总书记在中央政治局第三十九次集体学习时，系统总结了我国脱贫攻坚工作的五条经验，强调“加强领导是根本、把握精准是要义、增加投入是保障、各方参与是合力、群众参与是基础”，这是习总书记对我国脱贫攻坚实践深入思考后得出的规律性认识，也是指导当前和今后一个时期脱贫攻坚工作的重要遵循。每一条经验，都有充分的事实作支撑，都有十分丰富的内涵。比如，精准扶贫问题，习总书记强调扶贫开发贵在精准，重在精准，成败之举在于精准；搞大水漫灌、走马观花、大而化之、“手榴弹炸跳蚤”不行；要因乡因族制宜、因村施策、因户施法，扶到点上、扶到根上；要做到六个精准，即扶贫对象精准、项目安排精准、资金使用精准、措施到户精准、因村派人（第一书记）精准、脱贫成效精准等。这对于我们进一步加强改进扶贫工作提供了重要标尺。

习总书记扶贫开发战略思想，高屋建瓴、内涵丰富、指导性强。这源于习总书记一以贯之、一心为民的家国情怀，源于习总书记使整个国家和民族尽早摆脱贫困的历史使命和责任担当。习总书记扶贫开发战略思想，充分体现了社会主义的本质要求，彰显了人民至上的价值取向，反映了新发展理念的内在要求，贯穿了科学的思想方法，是深入推进扶贫开发工作、打赢脱贫攻坚战的理论指导和行动指南。我们一定要深刻领会，积极实践，不断提高铁路扶贫工作水平。

二、准确把握铁路扶贫工作的形势任务

习总书记指出，要坚持专项扶贫、行业扶贫、社会扶贫等多方力量有机结合的“三位一体”大扶贫格局，发挥各方面积极性。根据中央扶贫开发的工作部署，铁路总公司、原铁道部积极参与国家级贫困县的扶贫工作，至今已达20余年，累计投入资金2.77亿元，帮扶新疆维吾尔自治区和田县、宁夏回族自治区固原市原州区等贫困地区实施生态移民村建设、特色产业开发、科技教育普及、医疗卫生改善、基础设施建设等300多个项目，在促进贫困人口脱贫、维护民族地区稳定方面作出了积极贡献。

近年来，特别是2016年以来，总公司组织各单位各部门全面落实各项扶贫任务，铁路扶贫工作取得了新进展。

一是“十三五”铁路扶贫工作任务已经明确。印发关于做好新时期铁路扶贫开发工作的意见和“十三五”定点扶贫规划，确定了“十三五”期间铁路扶贫工作的指导思想、基本原则、目标任务、保障措施。

二是贫困地区铁路建设稳步推进。今年一季度，中西部地区累计完成铁路基建投资561.7亿元，占同期全国铁路基建投资的56.7%；区域路网密度由2016年的每万平方公里111.1公里提高到111.3公里。中西部地区铁路营业里程达到9.8万公里，占全国的78.6%，其中高铁营业里程1.6万公里，占全国的68.8%。14个集中连片贫困地区、五大革命老区、民族地区、边境地区铁路建设，累计完成铁路基建投资612.5亿元，投产新线120.2公里。百项交通扶贫骨干通道工程安排的16个铁路项目中，有12个已开工建设，有3个今年开工，有1个今年二季度可完成预可研评估。

三是铁路运输扶贫工作不断加强。结合新线投产和路网完善，多次优化调整列车运行图，提出开好公益性慢火车、增开客车、增加停站、改善设施和保障农民工出行等措施，通过倾斜运力、落实运价政策、设立“无轨站”、发展快运班列和“门到门”运输，保障新疆棉花、东北粮食、西北化肥、西南果蔬等重点物资运输，不断提高对贫困地区扶贫开发的运输保障能力。

四是年度定点扶贫任务全面完成。总公司安排4名干部分别在栾川县、勉县、原州区、和田县挂职，1名干部在栾川县潭头镇大王庙村任第一书记。各铁路局选派40余名挂职干部和第一书记进县入村，实现了扶贫县、村的全覆盖。2016年，总公司实施定点扶贫项目25个，涉及生态移民村建设、特色产业开发、教育扶贫等领域，投入扶贫资金1030万元。各铁路局实施扶贫项目46个，投入扶贫资金1380.71万元。

五是扶贫氛围逐步形成。围绕扶贫主题，在主流媒体、《人民铁道》报、铁路新媒体平台广泛发布扶贫图文消息、刊发铁路扶贫故事；在各车站、旅客列车循环播放扶贫公益宣传视频、专题公益广告及相关节目；开展“希望工程——快乐阅读”项目募捐，干部职工踊跃参与，受到了社会各界的广泛好评。

进入新时期，铁路扶贫工作面临新的形势和任务。

一是中央正式启动脱贫攻坚工作。2015年以来，中央吹响打赢扶贫攻坚战的号角，各地区各部门对扶贫工作重视程度之高、政策举措之实、推进力度之大前所未有，扶贫工作呈现出崭新局面，取得了良好开局。近一段时间，国务院扶贫开发领导小组连续召开第十五次、第十六次全体会议，对巩固脱贫攻坚大好局面、深化精准扶贫精准脱贫工作提出更高的要求。汪洋副总理在第十五次会议上强调，要落实《政府工作报告》中关于今年再减少农村贫困人口1000万以上的总体部署，坚持稳中求进工作总基调，坚持现行标准和时限，防止急于求成；坚持精准扶贫精准脱贫基本方略，增强“绣花”的能力，防止浅尝辄止。在第十六次会议上指出，要充分发挥考核指挥棒作用，强化问题导向，强化脱贫攻坚全方位监管，用好考核监督成果，确保脱贫攻坚成效经得起实践和历史检验。我们要按照党和国家关于扶贫工作的新要求，进一步增强政治意识、大局意识，积极主动地抓好扶贫任务的落实。

二是铁路扶贫责任重大。从总公司层面看，目前，铁路总公司身兼“国务院扶贫开发领导小组成员单位、打赢脱贫攻坚战参与单位、秦巴山区扶贫开发牵头单位、定点扶贫职责单位”四种身份，是各部委、各央企中扶贫任务最重的单位之一，在扶贫工作中肩负着四项职责。第一，要发挥国务院扶贫开发领导小组成员单位作用，参与并推动相关工作落实。第二，要落实《中共中央 国务院关于打赢脱贫攻坚战的决定》分解的任务，推动国家铁路网连接贫困地区的重大项目建设，落实全国革命老区开发建设相关工作部署。第三，要完成中央单位定点扶贫任务，到 2020 年结对帮扶 4 个国家级贫困县（河南省栾川县、陕西省勉县、宁夏回族自治区固原市原州区、新疆维吾尔自治区和田县）。第四，要参与全国 14 个集中连片特困地区区域发展与脱贫攻坚联系工作，协同科技部、国家铁路局共同牵头联系秦巴山片区。从总公司所属单位层面看，承担总公司和省级党委政府部署的扶贫任务落实责任。完成总公司定点扶贫任务，参加省级党委政府统一组织的扶贫帮困工作，每年要对帮扶点（贫困县、镇或村）投入一定数量的扶贫资金。铁路扶贫各层面的职责要求十分明确和清晰，各项工作任务非常紧迫和繁重。

三是铁路扶贫的重点突出。关于做好新时期铁路扶贫开发工作的意见和“十三五”定点扶贫规划明确提出，从现在起到 2020 年，铁路扶贫工作要围绕《中共中央 国务院关于打赢脱贫攻坚战的决定》和中央扶贫开发工作部署，突出抓好三个方面的工作。一是要围绕改善贫困地区发展环境和条件，大力支持中西部地区铁路建设。继续当好建设先行，努力扩大铁路公共服务对贫困地区、革命老区、民族地区、边疆地区的覆盖率和辐射面，为到 2020 年如期实现脱贫攻坚目标提供基础支持。二是要瞄准贫困地区扶贫开发和贫困人口脱贫致富需求，实施铁路运输扶贫。把保证扶贫脱贫运输需求作为铁路运输工作的重要任务，落实对贫困地区的各项运输支持政策，提高铁路对扶贫开发和脱贫攻坚的服务保障能力。三是要落实精准扶贫精准脱贫要求，帮扶定点扶贫县贫困群众脱贫致富。按照中央脱贫攻坚的部署要求，把承担定点扶贫任务、帮扶贫困群众脱贫作为义不容辞的任务，加大工作力度，确保帮扶结对地区如期实现脱贫。

当前铁路扶贫工作新的形势任务，要求我们进一步提高政治站位、增强政治自觉、落实政治责任，紧紧围绕铁路扶贫各项任务，全面落实脱贫攻坚责任，巩固发展扶贫工作的良好势头，推动铁路扶贫工作再上新台阶。

三、更加扎实地推进铁路扶贫工作

陆总经理强调，贯彻中央要求，抓好扶贫工作，是铁路企业的政治责任和社会义务。各级党政领导、班子要高度重视，坚持发挥铁路行业优势，用好铁路资源，突出规划建设、运输保障和定点扶贫，努力支持配合地方党委政府为实现脱贫攻坚目标多作贡献。陆总经理的指示精神，为做好当前和今后一个时期铁路扶贫工作指明了方向，提供了基本遵循。

一是要充分发挥铁路行业优势。脱贫攻坚是一项极其重要、极为严肃的政治任务。各单位各部门不仅要认识到位，而且要行动到位。要增强扶贫工作意识，善于从扶贫角度谋划本部门本单位工作，切实发挥铁路行业的作用。要抓好建设扶贫，继续在资金、项目等方面对中西部地区给予倾斜，集中力量抓好重大在建项目建设和规划项目推进，力争建成一批西部地区连接中东部地区的区际干线、中西部地区资源开发性铁路。认真研究、积极回应贫困地区对铁路建设的关切和期待，科学有序地推进“十三五”百项交通扶贫骨干通道工程铁路项目建设，推进国家铁路网连接贫困地区的重大项目建设，重点在贫困人口绝对数量多、贫困发生率高的地区，规划实施好16个铁路项目。加强与地方政府和国家有关部门的沟通协调，规划实施各集中连片特困地区铁路项目，搞好省级规划有关项目的衔接。要加强运输扶贫，坚持公益性运输优先原则，切实保证关系国计民生的重点物资运输，对粮食、棉花、化肥等各类涉农物资运输执行优惠运价。坚持扶贫运输特事特办，对贫困地区货物运输做到敞开受理、随到随办，创造条件在没有铁路覆盖的贫困地区建立“无轨站”，开展适应贫困地区的物流服务。根据贫困地区果蔬、鲜活产品等外运需求，安排快运班列和冷链等特需货物列车。根据贫困地区群众出行需求，进一步优化公益性“慢火车”开行方案和运输组织，为沿线群众出行提供更加便利的条件。结合全国务工格局变化和农民工季节性运输特点，以春运和四川、河南、湖北、安徽等农民工集中地为重点，及时优化调整运力安排，满足农民工运输需求。要创新扶贫开发，支持中西部地区和贫困地区旅游业发展，与地方对接旅游开发需求特别是旅游扶贫项目，重点为有条件的贫困地区、革命老区增开动车组和提速客车，增加客车停站、改善服务设施等，进一步提升旅游景区铁路客运能力和通达范围，打造更多的“铁路扶贫＋旅游”等品牌。围绕贫困地区扶贫开发和贫困人口脱贫实际，主动研究、综合运用人才技术、市场信息等方面的资源，创建更多领域的“铁路扶贫＋服务”等新亮点，为贫困地区、革命老区、民族地区、边境地区脱贫攻坚提供更为实用的服务。

二是要更加精准地做好定点扶贫工作。精准扶贫精准脱贫是扶贫工作的基本方略，需要继续探索、不断完善。要紧紧围绕定点扶贫任务，增强精准扶贫“绣花”的本领，坚持真扶贫、扶真贫，决不搞有名无实、华而不实的形象工程，更不搞数字脱贫、弄虚作假。今年，总公司进一步加大资金投入力度，计划安排扶贫资金 1200 万元，在栾川县、固原市原州区、和田县 3 个定点扶贫县实施 13 个扶贫项目，帮扶和受益建档立卡户 1522 户 5496 人；支持定点扶贫县勉县推进定军山大道、武侯北路畅通工程建设。郑州、兰州、乌鲁木齐、西安局要按照要求，把定点扶贫工作抓紧抓好。其他铁路局也要按照依法合规、力所能及的原则，参与省级党委政府部署的扶贫工作。要加强与地方党委政府的沟通协调，对省级党委政府组织的扶贫工作进行全面对接，进一步明确扶贫任务，避免出现省级以外地方政府随意安排扶贫项目、扶贫资金等现象。落实扶贫资金和项目，确保扶贫资金项目入村到户、点对点促进贫困群众脱贫增收，做到扶贫对象、项目安排、资金使用等“六个精准”，切实帮助建档立卡贫困人口脱贫。挂职扶贫干部和选派的驻贫困村第一书记要深入乡村农户，掌握扶贫实情，跟踪项目进度，落实帮扶举措，解决实际困难，推动扶贫任务圆满完成。

三是要集中完成几件有影响力的扶贫工作。今年以来，总公司明确了建设扶贫、运输扶贫、定点扶贫、片区扶贫、社会扶贫等方面的任务，并印发了工作要点。各单位各部门要把让贫困地区群众获得实实在在的好处作为脱贫攻坚工作的着眼点和落脚点，结合实际，做到能倾斜的资源就要倾斜安排，能凝聚的力量就要动员使用，力争每年完成一至两件扶贫工作重点事项。总公司层面要组织好“十三五”百项交通扶贫骨干通道工程中的铁路建设，无轨站、慢火车以及运量较大的片区运输，定点扶贫的重点项目，确保取得好的社会效果。要协同科技部、国家铁路局组织好片区扶贫工作，发挥好秦巴山区脱贫攻坚的牵头协调作用，畅通片区有关省区市和中央部委互动联系渠道，协调解决规划实施中存在的问题，建好部际、省际间齐抓共管、协力攻坚的工作平台。各单位要结合今年拟完成的扶贫工作重点事项，主动策划，精心组织，实现期到必成的目标。挂职扶贫干部和选派的驻贫困村第一书记要解放思想、勇于创新，加强沟通协调、调查研究、督促检查、基础管理，突出工作重点，抓实扶贫项目，拿出惠民生、有影响的扶贫成果。

四、加强对铁路扶贫工作的组织领导

打赢脱贫攻坚战，必须加强基层基础工作。要突出强基达标、提质增效工作主题，进一步构建适应脱贫攻坚工作的组织领导体系，坚持实字当头，以干为先，保证脱贫攻坚工作蹄急步稳地向前推进。

第一，要进一步强化责任意识。陆总经理对铁路扶贫工作高度重视，多次听取扶贫工作汇报、研究扶贫工作措施，在党组会等多个会议上部署扶贫工作。今年 1 月 21 日，陆总经理亲自到总公司定点扶贫县勉县调研，宣讲习总书记重要指示和李克强总理要求，检查总公司定点扶贫工作实施情况，看望慰问困难群众，听取地方同志意见建议。这次会议之前，陆总经理亲自审定会议方案，对开好会议提出明确要求。陆总经理身先士卒、亲力亲为抓扶贫、促攻坚，为我们作出了表率。各单位各部门要进一步增强做好扶贫工作的责任感和紧迫感，加强对扶贫工作的领导，主要领导要亲自上手，研究扶贫，安排力量，部署工作，强化指导，全力推进脱贫攻坚工作。要坚持问题导向，对本单位本部门负责的扶贫工作开展一次“回头看”，查找问题和短板，不断改进工作。要注意完善扶贫具体措施，经常到扶贫现场开展对接，摸清扶贫地区现状、脱贫需求及当地规划和安排，发现和解决存在的问题，与地方政府一道，共同推进工作落实。

第二，要进一步完善运行机制。新形势下，中央建立健全了扶贫开发成效考核、精准扶贫、干部驻村帮扶、扶贫资金管理、金融服务、社会参与等机制，总公司根据中央部署研究制定了贯彻措施。各单位各部门要按照做好新时期扶贫工作、打赢脱贫攻坚战的思路，全面贯彻中央扶贫工作会议精神和总公司的部署要求，抓准抓实精准扶贫精准脱贫方略的着力点和突破点。目前，中央和各省区市党委政府对扶贫工作都实行了最严格的评估考核制度。最近一段时间，国务院扶贫开发领导小组正式约谈综合评价较差省份的党政主要负责同志，考核动真碰硬；并将出台定点扶贫考核办法，每年分类开展定点扶贫工作考核。总公司的扶贫工作，要坚决贯彻中央精神，严格要求、压实责任、规范运行。突出扶贫项目、资金这一关键，严格执行扶贫资金审批备案程序，落实扶贫领域反腐倡廉规定，加强警示教育和资金项目监管，规范扶贫资金使用和项目管理。畅通沟通交流渠道，通过“铁路扶贫”“铁路扶贫论坛”微信群等渠道，搭建扶贫干部、挂职干部和驻村第一书记学习交流平台。

推行通报制度，总公司将每半年对各单位组织领导、调研指导、项目资金、帮扶人数、选派干部、经验交流、社会评价等情况进行通报，促进扶贫工作抓落实、出成效。

第三，要进一步加强帮扶力量。确保脱贫攻坚各项部署落地见效，必须从严从实、管好用好扶贫力量，使扶贫力量下得去、待得住、干得好、作用大。及时调整本单位扶贫开发领导小组，明确成员部门、责任部门和责任人。选好配强扶贫干部、挂职干部和驻村第一书记，在总公司定点扶贫县同时选派总公司、铁路局两级扶贫人员。对扶贫干部、挂职干部和驻村第一书记，要在政治上关心，提高他们对脱贫攻坚的思想认识；在工作上指导，有计划地给他们交任务、压担子；在管理上加强，对他们日常工作情况进行督查评价；在保障上完善，为他们全身心投入扶贫工作创造条件。

第四，要进一步加大宣传力度。围绕扶贫工作的重点事项和先进典型，宣传扶贫工作的进展情况，讲好铁路扶贫故事。搞好扶贫宣传活动的策划，综合运用主流媒体、《人民铁道》报、铁路新媒体平台以及车站、旅客列车宣传阵地加强宣传，开展相关主题活动，促进全路形成压实责任抓扶贫、全面动员促攻坚的格局，推动铁路扶贫工作健康发展。

同志们，做好铁路扶贫工作是中央的要求、群众的期盼、铁路的责任。让我们更加紧密地团结在以习近平同志为核心的党中央周围，凝心聚力，攻坚克难，以铁路扶贫工作的优异成绩迎接党的十九大胜利召开！

精准扶贫

铁路情怀

中国铁路总公司
关于报送 2017 年定点扶贫工作自评报告的函

中央和国家机关工委：

根据国务院扶贫办等 9 部门印发的《关于进一步完善定点扶贫工作的通知》（国开办发〔2015〕27 号）精神，铁路总公司定点扶贫河南省栾川县、陕西省勉县、宁夏回族自治区原州区、新疆维吾尔自治区和田县。按照《国务院扶贫开发领导小组关于印发〈中央单位定点扶贫工作考核办法（试行）〉的通知》（国开发〔2017〕7 号）、《国务院扶贫办关于印发〈2017 年中央单位定点扶贫工作考核实施方案〉的通知》（国开办发〔2017〕59 号）要求，铁路总公司从帮扶成效、领导组织、选派干部、督促检查、工作创新、基层满意情况 6 个方面，对 2017 年定点扶贫工作进行了总结自评。现将有关情况报告如下：

一、铁路定点扶贫工作进展情况

自 1994 年与和田县、2002 年与原州区、2012 年与栾川县和勉县建立定点扶贫关系以来，铁路总公司（原铁道部）始终高度重视 4 县（区）扶贫工作，结合当地实际和贫困群众需求，发挥铁路行业专业优势，累计投入定点扶贫资金 3.06 亿元，全力帮扶贫困群众脱贫。2017 年，铁路总公司认真学习贯彻习近平新时代中国特色社会主义思想和党的十九大精神，尤其是习近平总书记扶贫开发战略思想和定点扶贫的系列指示，落实中央扶贫开发工作会议关于定点扶贫工作的重要部署，进一步发挥优势，加大资金投入力度，较好地完成了 4 县（区）2017 年定点扶贫任务。

（一）实施精准扶贫精准脱贫方略，持续提升帮扶成效

一是精准安排扶贫项目。组织郑州、西安、兰州和乌鲁木齐铁路局集团公司先后22次深入现场调研、对接项目，紧密结合定点扶贫县经济发展和贫困群众脱贫需求，选定12项产业扶贫项目、1项文化建设项目、1项党建扶贫项目。各项目均做到入村到户，点对点帮扶贫困村建档立卡户。同时，结合推进铁路建设，确定1项畅通工程建设项目，主动服务勉县县域经济发展。

二是精准投入扶贫资金。全年直接投入资金1604.5万元。其中，产业扶贫、文化扶贫项目资金1200万元，党建扶贫项目资金179.5万元，项目补充资金156万元，其他捐助物资折款69万元。结合阳（平关）安（康）二线铁路建设，投入4000万元实施勉县境内公铁立交项目。制定并落实《扶贫资金审批（备案）程序》，明确“资金额度、计划拨付、资金使用、检查监督”等环节要求，确保扶贫资金足额拨付、规范使用。

三是精准实现帮扶效果。扶贫项目的落实落地直接帮扶1289户建档立卡户4180人。其中，栾川县354户建档立卡户942人；勉县129户建档立卡户377人，铁路帮扶的阜川镇唐家湾村实现脱贫摘帽；原州区480户建档立卡户1515人；和田县326户建档立卡户1346人。

（二）切实加强组织领导，凝聚帮扶合力

一是完善领导力量。调整铁路总公司扶贫开发领导小组，由总公司党组副书记担任常务副组长，并进一步明确了各成员单位的责任。指导相关铁路局集团公司结合实际调整本单位扶贫开发领导机构，进一步强化了总公司负总责、相关铁路局集团公司具体实施的管理机制，完善了两级组织第一负责人亲自抓、各成员单位分工负责的工作责任制。

二是加强调研指导。2017年1月和11月，铁路总公司党组书记、总经理、扶贫开发领导小组组长陆东福先后两次到勉县、和田县现场调研督导铁路定点扶贫工作，看望慰问困难群众，听取地方党委政府意见建议。总公司党组副书记、扶贫开发领导小组常务副组长甄忠义，党组成员、副总经理黄民等分别到4县（区）调研，

现场查看铁路产业扶贫项目，与地方政府座谈铁路建设、运输服务和脱贫攻坚等工作。各相关铁路局集团公司根据铁路总公司统一部署，组织班子成员、相关处室负责人先后46次深入定点扶贫县(区)检查督导，常态化与贫困村镇、群众面对面交流，宣讲扶贫政策，慰问困难群众。

三是合力推进扶贫。2017年，铁路总公司召开2次党组会议，专题听取定点扶贫工作汇报，研究确定扶贫开发计划和目标；召开3次扶贫开发领导小组会议，研究部署定点扶贫工作；多次通过全路扶贫工作电视电话会议、音频对话会等形式通报扶贫工作推进情况，督促各项工作落实。各相关铁路局集团公司把扶贫项目计划、任务等分解到各职能部门，压实挂职干部、驻村第一书记及驻村工作队责任，组织扶贫办和扶贫干部实地检查帮扶效果，推进了铁路定点扶贫工作扎实开展。

（三）突出抓好选派干部工作，进一步加强帮扶力量

一是选好挂职干部。选派4名干部到4县（区）挂职，协助县（区）开展定点扶贫工作。特别是结合和田县扶贫工作特点，选派1名维吾尔族副处职干部到和田县挂职。4名挂职干部全身心投入脱贫攻坚工作，协助地方政府落实脱贫攻坚主体责任。

二是加强驻村力量。2015年10月，总公司选派1名干部到栾川县潭头镇大王庙村任驻村第一书记，2017年10月期满后，及时选派另1名干部接任大王庙村第一书记。西安局集团公司从8个铁路基层单位选派18名优秀干部（其中，第一书记8名）驻村联户帮扶，组织180名铁路干部采取“一对一”“一对多”方式结对帮扶贫困户416户。乌鲁木齐局集团公司向2个乡镇4个村选派32名驻村工作队员（其中，第一书记4名），驻村第一书记和驻村干部带头“结对子”，每人包保7户困难户；组织集团公司65名处级以上干部与贫困户“结对认亲”，累计开展331人次。

三是严格考核管理。铁路总公司主动会同当地政府建立激励机制，加强派驻干部的考核管理工作。西安局集团公司设立扶贫奖励，对2016年扶贫工作成绩突出的4个基层单位和20名同志给予奖励。乌鲁木齐局集团公司细化驻村职责，加强日常督促，引导驻村队员定期入户走访，累计走访10230户，收集诉求823件，解

决712件。3名驻村干部获得2016年度自治区“访汇聚”驻村工作先进工作者称号，铁路帮扶的达奎村2016年摘掉“基层组织软弱涣散”和贫困村两顶帽子。

（四）履行督查责任，携手推进扶贫重点任务落实

一是落实协调联动机制。推行联系沟通“两个一”制度，组织相关铁路局集团公司每年向地方党委政府专题汇报1次，每季同定点扶贫县面对面协商1次，听取对铁路定点扶贫工作的意见。推行日常监督“两个必须”制度，铁路局集团公司党委定期听取扶贫工作情况汇报，扶贫机构每季组织相关部门开展实地督导。2017年以来，铁路总公司和4县（区）先后座谈6次，相关铁路局集团公司和4县（区）先后座谈20余次，促进了有关问题的解决。

二是加强现场督导。郑州局集团公司采取书面督办、结果反馈、闭环管理的形式，跟进督促扶贫事项的落实。西安局集团公司组织纪检、人事和扶贫部门，重点加强对县乡（镇）帮扶工作以及各扶贫村精准识别、精准帮扶、资金使用情况的督促检查，并将发现的问题，按照县、乡（镇）、村三级分类纳入问题库，督促解决。兰州局集团公司实行征询制度，对发现的问题进行征询，协调涉事单位拿出工作方案，确保工作落地。乌鲁木齐局集团公司选派4名干部进驻和田县，对和田县扶贫对象建档立卡信息数据复核工作进行检查督导，核实情况，提出改进工作的意见建议。

三是用好督查成果。乌鲁木齐局集团公司对问题整改到位，扶贫项目管理规范、按期完成、效益明显的重点帮扶乡镇，在扶贫项目资金安排上给予倾斜。各铁路局集团公司在督查的基础上，协助4县（区）做好脱贫攻坚规划编制和项目库储备工作，加强财政扶贫项目资金管理，推进2017年脱贫攻坚任务全面完成。同时督促4县（区）结合扶贫工作推进情况，健全完善教育资助、安全饮水、健康体检、易地扶贫搬迁、贫困村退出验收及年度脱贫攻坚等制度，进一步强化了脱贫攻坚工作的长效机制建设。

（五）发挥行业和资源优势，拓展铁路帮扶渠道

一是抓好铁路建设扶贫。在栾川县所在区域建成宁西复线铁路基础上，推进建设蒙西—华中通道，进一步扩大路网覆盖。在勉县所在区域建成西成高铁的同时，抓紧建设阳安铁路二线工程。在原州区既有宝中铁路基础上，将宝中铁路扩能改造

纳入中长期规划，将中卫经固原至平凉段改造纳入“十三五”规划。在和田县建成投产喀什—和田铁路，结束不通铁路历史基础上，积极推进和田—若羌铁路前期工作。

二是加强铁路运输扶贫。向勉县倾斜运力，勉县地区发运货物 146.44 万吨，到达货物 597.83 万吨，发送旅客 5 万人。组织开行“幸福乡村号”公益性“慢火车”，其中经过勉县 1 对，为贫困山区群众出行提供便捷服务。在原州区固原站区增加调车机 1 台，进一步优化货运组织方式，2017 年以来，固原车站货物发送量 317.07 万吨，货物到达量 60.49 万吨，同比增幅明显。在和田地区开行 6 趟专列，运送 6000 名富余劳动力前往北疆、东疆等地转移就业，开好乌鲁木齐—和田、喀什—和田“慢火车”。为弥补栾川县没有铁路的不足，专门设立铁路“无轨车站”，2017 年以来，共发送货物 189 吨，运输收入 6.9 万元。

三是创新帮扶方式。组织当地政府、扶贫挂职干部乘坐西安—成都、兰州—张掖等高铁，体验公益性“慢火车”，外出考察扶贫项目，开拓帮困视野，拓宽致富思路。举办脱贫攻坚干部培训班和“劳动力就业培训班”“养殖技术培训班”，邀请农业、金融领域专家学者讲课，到外地学习考察，组织技术专家深入田间地头、养殖大棚，手把手教群众农牧业科学技术。在推进产业项目中推行“集体 + 合作社 + 贫困户”等模式，进一步提升扶贫项目帮扶效果。为驻村干部配备电脑，开通互联网，推进电商扶贫。2017 年以来，铁路驻勉县贫困村干部帮助贫困户售卖茶叶 1896 斤、野菊花 988 袋、土蜂蜜 646 瓶、干香菇 620 斤、木耳 530 斤，销售收入合计 36 万元，还把“汉中仙毫”等茶叶产品远销到了美国。

四是动员社会力量参与铁路定点扶贫工作。争取茅台集团帮扶资金 25 万元，在栾川县举办“国酒茅台 · 国之栋梁”大型公益助学活动。筹措 20 余万元为和田县边远小学维修校园设施，在全路范围内募捐为原州区火车头中学捐助 90 台电脑。在勉县中小学开展“关心关爱下一代、精准扶贫在行动”“献爱心互助帮困、骑单车传递真情”等支教、捐助活动，捐献图书 1000 余册。

五是宣传推广典型。组织各级媒体深入贫困村、贫困户采访，营造浓厚的扶贫氛围。中央、省市媒体、铁路内部媒体以及省市扶贫简报刊发了大量反映铁路定点扶贫工作的稿件。1 月 26 日中央电视台新闻频道《新春走基层》栏目用时 7 分 31 秒播出了反映铁路驻村扶贫工作的纪录片《“第一书记”的山货节》，12 月 9 日央视《焦点访谈》栏目《穿越蜀道的高速列车》，专题报道了铁路定点扶贫工作。“民族团结一家亲”活动、“慢火车”开行等新闻报道在中央电视台《新闻直播间》和《光明日报》《经济日报》等媒体播出和刊登。

铁路开展定点帮扶工作以来，为当地群众带来了看得见、摸得着的实惠，帮扶的村镇生产生活条件不断改善，大批贫困群众走出了贫困。

一是解决了当地政府和贫困群众的难题。坚持扶贫项目进村入户，精准帮扶贫困群众，尤其是发挥企业优势解决当地政府和贫困群众共同关注的难事。围绕阳安二线铁路建设涉及的勉县城市交通问题，主动与勉县政府、设计部门研究，比对优化方案，最终确定将勉县政府提出的武侯北路、定军山大道 2 处公铁立交上跨方案优化为下穿方案，将有关投资纳入铁路项目变更设计，一揽子解决了该路段城市交通的瓶颈问题。围绕原州区贫困地区特色产品销售难题，主动帮助当地新月养殖有限公司产品进站上车，2 个月销售产品 1 万件，带动就业岗位 120 个、带动养鸡户 1002 户，增强了贫困群众稳定脱贫的信心。

二是发挥了精准扶贫的关键作用。结合和田县实际需求，3 月 25 日开行乌鲁木齐—和田“民族团结一家亲号”列车，开启了铁路进疆 60 年来首次开行乌鲁木齐直达和田特快旅客列车历史。中央政治局委员、自治区党委书记陈全国批示：此事创意好，效果好，反映好，望坚持下去，形成制度，成为“民族团结一家亲”的品牌。积极探索煤炭直销直供新模式，开行“北煤南运”列车，为和田各族群众每吨用煤节约支出 200 元以上。自治区人民政府主席雪克来提・扎克尔批示：全疆人民感谢铁路总公司，感谢乌鲁木齐铁路局。积极推行“铁路 + 旅游 + 扶贫”模式，第 35 届中国洛阳牡丹文化节期间，在郑州东站举行“奇境栾川”高铁列车冠名首发仪式，通过铁路微信、微博等平台和 12306 网站“旅游超市”专区，定期推送旅游资讯及旅游产品。2017 年以来，累计接待赴洛阳栾川旅游专列 13 列 3200 人次，促进当地资源转化为经济效益。

三是树立了扶贫干部的良好形象。铁路派驻的挂职干部和第一书记进驻后，迅速转换身份，与当地政府和贫困群众一道优选扶贫项目、拓展经济发展空间。挂职干部和第一书记任劳任怨，忘我工作，体现出铁路干部的过硬作风。和田挂职的铁路干部 2017 年以来休息时间仅为 16 天。西安局集团公司 18 名驻村干部平均驻村时间 271 天，较陕西省规定的全年驻村不少于 220 天的要求多 51 天。铁路总公司驻和田县挂职干部和驻村第一书记积极开展党组织“五星级”创建工作，其经验被和田县委树为标杆。和田县委在铁路驻村的达奎村和巴什拉依喀村召开 4 次基层党组织“五星级”创建现场观摩会，组织 260 多个自治区、地区驻村工作队现场观摩。在调研扶贫工作过程中，铁路总公司实地走访县乡镇干部和贫困群众，4 县（区）各界均对铁路帮扶工作和挂职干部工作表示满意。

二、下步工作打算

2018 年，是全面贯彻习近平新时代中国特色社会主义思想和党的十九大精神的第一年，是打响深度贫困地区脱贫攻坚战的第一年，是扶贫领域腐败和作风问题专项治理的第一年。铁路总公司将认真学习贯彻习近平新时代中国特色社会主义思想和党的十九大作出的坚决打赢脱贫攻坚战的战略部署，全面落实党中央、国务院关于定点扶贫工作的各项任务，科学有序推进定点扶贫县（区）所在地区铁路规划建设，充分发挥铁路运输优势，进一步聚焦国家扶贫开发深度贫困地区和田县和计划 2018 年年底脱贫摘帽的栾川县，加大定点扶贫工作力度，加强铁路扶贫领域作风建设，为 4 县（区）脱贫攻坚作出新贡献。

中国铁路总公司

2017 年 12 月 31 日

中国铁路总公司
关于报送 2018 年定点扶贫工作自评报告的函

中央和国家机关工委：

2018 年以来，中国铁路总公司认真学习贯彻习近平新时代中国特色社会主义思想和党的十九大精神，坚决落实党中央、国务院关于打赢脱贫攻坚战三年行动的战略决策，按照中央单位定点扶贫工作推进会（以下简称推进会）精神，全员参与，全力攻坚，扎实推进铁路定点扶贫工作。根据 2018 年脱贫攻坚成效考核相关要求，铁路总公司从《中央单位定点扶贫责任书》（以下简称《责任书》）落实、组织领导、选派干部、督促指导、工作创新 5 个方面，对定点扶贫河南省栾川县、陕西省勉县、宁夏回族自治区固原市原州区、新疆维吾尔自治区和田县工作进行了总结自评。现将有关情况报告如下：

一、铁路定点扶贫工作进展情况与成效

面对栾川县 2018 年脱贫摘帽，勉县、原州区和深度贫困地区和田县 2019 年脱贫摘帽的攻坚任务，铁路总公司进一步突出帮扶重点，发挥行业专业优势，加大资金帮扶力度，全力助推 4 县区打好脱贫攻坚战。

（一）坚决贯彻落实中央脱贫攻坚决策部署，兑现《责任书》各项扶贫任务

一是进一步提升政治站位。深入学习习近平总书记关于定点扶贫工作的重要论述，进一步增强责任担当和行动自觉。总公司党组书记、总经理、扶贫开发领导小组组长陆东福同志就贯彻落实中央脱贫攻坚决策部署、做好铁路扶贫工作 40 余次

作出批示，5 次主持召开党组会议专题研究铁路扶贫各项工作任务。党组副书记、扶贫开发领导小组副组长甄忠义同志 4 次主持召开领导小组会议，与相关铁路局集团公司共同研究，把《责任书》任务分解为 10 项重点工作，拟定并签署《铁路定点扶贫责任书》，明确相关铁路局集团公司党委书记、董事长和总经理的双推进责任。制定《总公司党组关于打赢脱贫攻坚战三年行动实施方案》，召开全国铁路扶贫工作推进会议，全面部署相关任务，进一步促进定点扶贫工作深化发展。向党中央报告铁路扶贫工作情况，汪洋同志作出批示，充分肯定铁路扶贫工作。

二是突出重点逐项落实。按照《责任书》约定责任，调整定点扶贫工作计划，在加强力量、加大投入、增强实效上下功夫。精选建设扶贫、旅游扶贫、就业扶贫、消费扶贫等 12 个项目，与定点扶贫 4 县区分别签署扶贫协议，解决地方党委、政府最为关注、最难解决的问题。每月督办《责任书》约定事项的落实情况，及时补强薄弱环节。主动向中央和国家机关工委、国务院扶贫办以及 4 省区党委、政府请示汇报，争取支持和帮助。新疆维吾尔自治区党委书记陈全国、河南省省长陈润尔、陕西省副省长魏增军、宁夏回族自治区原副主席马顺清等领导同志通过批示等形式对铁路定点扶贫工作提出表扬。铁路总公司贯彻推进会精神、推进消费扶贫等信息分别在中央和国家机关工委、国务院扶贫办相关刊物上刊登。

三是超额完成《责任书》任务。2018 年累计投入 4 县区扶贫资金 4911 万元，超计划 52.9%，同比增长 205.9%；引进帮扶资金 219.6 万元，超计划 74.3%，同比增长 68%；培训基层干部 521 名、技术人员 872 名，分别超计划 31.6%、196.6%；购买和帮助销售国家级贫困县农产品 1264.5 万元、4454.4 万元，分别超计划 271.9%、97.3%。此外，积极发挥行业优势助力脱贫攻坚。累计投入 4 县区所在地市铁路建设资金 3616 万元。开行“慢火车”4 列，旅游专列 21 列，旅客发到量 3577 万人。货物发到量 2146 万吨，节约扶贫地区物流费用 7370 万元。梳理铁路岗位 2140 个，帮助 156 名贫困群众就业。

（二）加强组织领导，强化攻坚态势

一是强化领导力量。汇集总公司本级和相关铁路局集团公司两级力量，着力构建适应公司制管理新要求的定点扶贫工作领导机构。陆东福同志担任总公司扶贫开

发领导小组组长，甄忠义同志和总会计师余邦利同志担任副组长，新增调度部、纪检组（监察局）为成员单位，成员单位由15个增至17个，增加了对铁路扶贫工作的组织领导力量，有利于调动更多资源推动铁路扶贫工作。明确相关铁路局集团公司主要负责同志的扶贫工作责任，调整充实成员单位，配齐配强工作人员，强化主要负责同志亲自抓、各成员单位分工负责的责任机制，完善总公司负总责、铁路局集团公司具体实施的落实机制。

二是加强调研指导。陆东福同志5月和12月分别与河南省、陕西省、宁夏回族自治区主要领导共商脱贫攻坚大计；2月和12月到栾川县、原州区现场调研，推动定点扶贫工作。甄忠义同志1月、6月、11月到勉县、和田县和栾川县调研指导定点扶贫工作。副总经理黄民同志6月到原州区现场踏勘宝中二线建设项目。余邦利同志3月、7月、11月与栾川县、勉县、原州区负责同志就脱贫攻坚进行座谈。实现了总公司领导对定点扶贫县区调研指导工作的全覆盖。各铁路局集团公司建立工作沟通协调机制，完善工作对接制度，向地方省级党委、政府汇报扶贫工作16次，局级以上领导深入定点扶贫县区调研75人次。扶贫责任部门深入现场对接131人次，常态化与地方政府、贫困村镇和群众沟通交流，掌握脱贫攻坚情况，解决扶贫工作难题。

三是压实帮扶责任。印发2018年铁路扶贫工作要点，确定定点扶贫6项重点任务，责任分解到人。出台《关于明确铁路定点扶贫有关工作要求的通知》，细化6项重点工作的考核标准。把定点扶贫工作纳入总公司党组第二轮巡视内容，完善《铁路扶贫工作考核办法》，明确15项评价内容，强化责任落实。相关铁路局集团公司累计召开16次党委会、董事会和16次扶贫开发领导小组会、28次推进会、10次现场会，印发本单位2018年扶贫工作要点，配套制订工作方案，扎实推进帮扶工作。

（三）增派扶贫干部，进一步加强工作力量

一是选优派强扶贫干部。新增39名干部到扶贫县区挂职、驻村任第一书记和工作队员。到2018年底，4县区挂职扶贫干部7人、驻村第一书记22人、驻村工作队员63人。注重向深度贫困地区和田县选派扶贫力量，把政治素质高、工作能

力强的民族干部、年轻后备干部派驻扶贫一线，和田县扶贫干部达到 51 人。组织 67 名干部与和田县 377 户贫困户结为“亲戚”，与贫困群众同吃、同住、同劳动。组织 187 名干部结对帮扶勉县 536 户贫困户，定期走访慰问，加强政策宣传和思想引导，手拉手帮助脱贫致富。

二是严格扶贫干部日常管理。在打赢脱贫攻坚战三年行动实施方案中进一步明确相关要求，切实加强扶贫干部管理。指导成立栾川县扶贫干部临时党支部，组织 8 次“忆党恩模范引领，真扶贫不忘使命”主题党日活动；制订扶贫干部管理办法，落实驻村干部周汇报、月学习制度。与勉县县委组织部共享“智慧党建云平台”管理数据，每月召开驻村会议、半年进行工作述职，及时掌握扶贫动态。对原州区扶贫干部 6 次组织履职检查，坚持月度写实、年中总结和年底述职，强化扶贫工作责任落实。成立和田县驻村工作队党支部和工会工作委员会，制订“访惠聚”驻村工作管理办法，加强扶贫干部现场管理。举办全国铁路扶贫干部培训班，培训 4 县区扶贫干部 30 名。各铁路局集团公司按照统一安排，组织扶贫干部全部参加培训。加强路地联动考核，对 11 名扶贫干部提拔使用或重点培养。对工作成绩突出的单位和扶贫干部进行表彰奖励，1 名个人荣获中央和国家机关脱贫攻坚优秀个人称号，2 个集体、5 名个人获得铁路火车头奖杯、奖章，20 个集体、50 名个人获得铁路扶贫工作先进集体、个人称号，1 名个人荣获铁路“新时代・铁路榜样”提名奖。

三是强化对扶贫干部的关心关爱。认真落实挂职、驻村干部工资福利待遇及挂职、驻村期间交通、食宿和通信补助等规定。为扶贫干部办理意外保险、安排健康体检，为驻村干部配备电脑、空调、洗衣机、厨具和交通工具，为在较为寒冷、潮湿地区的扶贫干部配置羽绒服、蚊帐等。每半年了解分析一次扶贫干部待遇落实情况，动态督促问题解决。在扶贫干部派出单位开展到扶贫村听一次汇报、解一个难题、送一份爱心、吃一顿驻地家常饭“四个一”活动，举办“冬送温暖，夏送清凉”等活动，定期慰问驻村扶贫干部家属，帮助解决扶贫干部家庭遇到的困难，为扶贫干部解除后顾之忧。

（四）扎实开展调研督查，共同推进任务落实

一是督促地方党委、政府履行脱贫攻坚主体责任。铁路总公司、铁路局集团公

司和派驻的扶贫干部，从不同层面督促地方党委、政府履行脱贫攻坚主体责任。11 月下旬至 12 月初，陆东福同志、甄忠义同志分别带队，组成 4 个调研督导组，深入 4 县区了解主体责任落实情况，推动各项扶贫工作全面发展。由相关铁路局集团公司领导牵头，以座谈了解、联席会议、专题研究等多种形式，30 余次面对面督促落实主体责任。每月对栾川县定点扶贫工作重点项目推进情况进行督办，7 次向相关部门反馈情况。发挥勉县、和田县挂职、驻村干部熟悉基层情况的优势，及时向所在地方党委、政府汇报，协助修订相关制度。制定原州区督查问责办法，组织纪检监察、机关党委、人事和扶贫办等部门，3 次深入现场督查，推动主体责任的落实。

二是推动政策和工作落实。以扶贫项目、资金管理为重点，督促地方党委、政府抓好扶贫政策和各项工作的落地。印发铁路扶贫资金项目公告公示办法，严格内部决策和审批备案程序，完善各相关铁路局扶贫项目管理、资金公告公示等措施。协调栾川县建立铁路扶贫项目申报、资金管理办法，更加精准地推进扶贫工作。在勉县建立脱贫攻坚动态信息报送制度，汇集扶贫政策、任务落实等方面的情况，编发《脱贫攻坚简报》11 期。在原州区组成督查问责小组，以书面督办、座谈反馈等形式督促落实各项任务。组织铁路审计部门深入和田县拉依喀乡、色格孜库勒乡，实地查看扶贫项目资金的使用情况，有效促进相关问题解决。

三是促进工作作风转变。认真落实脱贫攻坚作风建设年工作部署，扎实开展扶贫领域作风问题专项治理工作。在栾川县进一步明确工作推进、调研对接等要求，严格扶贫干部驻村期间工作纪律，防止不作为、乱作为及“吃、拿、卡、要”现象的发生。邀请陕西省检察院会同人事、纪检监察、扶贫等部门，到勉县开展现场专项督查，组织 8 个铁路基层帮扶单位纪委书记分别到各定点帮扶贫困村，督查项目建设、干部履职、廉政防控、从严治党等工作。为原州区扶贫干部配发相关书籍，加强警示教育。与和田县纪委监委加强联系，建立问题线索快速沟通机制，起到了教育引导作用。

（五）发挥铁路行业专业优势，创新提升帮扶实效

一是推进建设扶贫，优化扶贫地区发展环境。制定铁路建设扶贫行动方案

（2018—2020年），集中力量、科学有序推进定点扶贫地区铁路建设。在栾川县所在的洛阳地区，投入49万元整治洛阳车站服务环境，投入110万元改造厕所等服务设施，提升服务品质。在勉县所在的汉中市，安排2494万元建设大型物流基地“褒河物流园”、改善站场环境。在原州区所在的固原市，投资963万元推进固原铁路综合货场建设，加快途经原州区的宝中二线铁路建设项目前期工作，力争2019年开工建设。和田地区的和田—若羌铁路已于12月20日开工，各族群众出疆路程有望缩短1000多公里。

二是加强运输扶贫，拉动扶贫地区经济发展。加大扶贫县区所在的洛阳、汉中、固原、和田等地运力支持。针对栾川县没有铁路的实际，推动高铁无轨站建设，协调开通栾川至洛阳龙门高铁站、洛阳车站专用巴士，投入38万元安装自动售票机等设施设备。发挥栾川县旅游产业园区无轨站作用，至2018年年底，该无轨站已发送货物2万余件、260多吨。推进汉中市公铁联运工作，在汉中高铁站设立“汉中枢纽站”，每日发往勉县巴士470个班次。新增勉县车站到发线6条，发运货物180.6万吨、到达637.7万吨，同比增长23.4%、5.8%。将银川至成都的K1615/6次列车径路调整至固原方向，提升原州区旅客运输能力。全力保障当地利税重点企业运输需求，王洼煤矿煤炭发运360万吨，同比增长350%。打造乌鲁木齐—和田“民族团结一家亲”品牌列车，开行1209趟发送旅客214.7万人次，得到广泛认可。加大南疆民用扶贫煤炭运力支持，共发送民用煤炭近30万吨，同比增长3倍，全面服务贫困群众生产生活。

三是深化旅游扶贫，助推扶贫地区盘活优势资源。利用车站墙面灯箱、列车广告等媒体加强宣传，为栾川节约旅游推介费用580万元。投入200万元对栾川县77户贫困户住房实施民宿改造，资助购买扶贫观光车，探索开发体验式农业旅游项目。组织洛阳地区5个铁路单位1700余名职工利用休假时机赴栾川自费旅游，组织赴栾川旅游专列3趟1000余人，组团1510人。在汉中油菜花节期间，增开到汉中高铁旅游专列4列。投资145万元支持勉县建设唐家湾农旅主题公园，设立20个农产品流动销售车，组织5万余名游客到贫困村观光，推动农家驿站、特色小吃、农产品售卖等项目见效。多次与固原市、原州区联合组织旅游扶贫推进会和现场勘察，深度开发“环西部火车游”系列产品，在铁路旅游平台发布周末游、乡村游、六盘山红色游等方案，开行“环西部火车游”5列、入宁专列80列。联合旅游企业、当地景区在和田县成立旅游扶贫爱心基金，开行“缘满南疆”旅游专列9列，组织560余名游客到重点联系的拉依喀乡、罕艾日克镇开展乡村旅游体验和“民族团结一家亲”活动，引导客流、消费流向扶贫地区聚集。

四是开展就业扶贫，创造条件促进稳定增收。推进栾川县务工基地建设，培训基层干部240人，培训电焊工、厨师和教师等315人。定期与栾川县人社局联系对接，联合开展铁路务工宣传，组织符合条件、有意愿的群众到郑州南高铁车站施工现场务工。联合勉县举办2期扶贫干部培训班，4期种植、养殖培训班，组织64名农业技术骨干巡回技术指导25次，培训141名技术人员、400余名贫困群众提升劳动技能。组织勉县黑滩子村21名贫困群众参加铁路业务培训，9名考试合格的贫困群众被聘用为汉中工务段重点维修车间劳务工。在中国铁路人才招聘网上发布用人信息时，同步在原州区相关网站上发布，吸引贫困家庭大学生应聘。与原州区合作开行“丝路扶贫列车”，在农闲的8、9月份，分4批组织1100余名贫困群众赴新疆采棉。组织34名原州区贫困群众到邻近的铁路单位和银吴铁路建设单位务工。梳理中兰铁路1982个用工需求，召集原州区贫困群众务工，人均月工资达4500元以上。结合和田县脱贫攻坚特点，通过干部夜校、实地授课等形式培养村干部、后备干部110人，木工、泥瓦工、核桃种植技术人员84人，开展养殖、种植培训5904人次，提供140个岗位，吸纳140人次贫困家庭劳动力到铁路务工。

五是积极动员各方参与，汇集脱贫攻坚合力。在栾川县引进隐心谷旅游开发有限公司，投资400万元建设精品民宿等设施；开展“助力扶贫、青年先行”等志愿服务活动，发放学习文具、书包等900余件，捐助校服75套。在勉县引进天臻农业公司，投资100万元开发350亩无性系茶园；募集25万元为贫困户建设鸡舍、扩建标准化卫生室；捐赠25万元的物资为9个贫困村爱心超市补充“道德积分”礼品。在原州区引进宁夏尚农生物公司，投资285万元建成年产450吨的牛肉熟制品生产线；举办“国酒茅台·国之栋梁——2018希望工程圆梦行动大型公益助学”活动，为100名原州区等建档立卡户子女每人提供5000元的助学金；组织书画家、医务人员深入原州区贫困村开展“送文化、送健康、送关爱”活动，送字画100余幅、扶贫政策折页1000余册、卫生知识手册500余册。在和田县引进新疆东山建设公司，投资 8 万元建设“创业市场”，方便贫困户经营餐饮项目；持续开展“民族团结一家亲”联谊活动，累计捐款 7.3 万元、捐物 5900 多件；组织铁路等相关单位捐赠衣物和学习用品 23.5 万元。

六是加强脱贫攻坚宣传工作，营造浓厚的扶贫氛围。组织中国铁路“精准扶贫、铁路情怀”纪实摄影展。从 1 万幅照片中筛选 604 幅，制成 51 块展板，其中定点扶贫 10 块展板，在总公司机关展示，到郑州、西安等铁路局集团公司巡展，在铁路办公网上举办电子展览，部分优秀作品刊载在《人民铁道》报等媒体上。累计在省级以上新兴和传统媒体刊登《发挥行业优势　助推旅游脱贫——中国铁路总公司积极开展栾川县定点扶贫工作》《秦岭大山里的“公益慢火车”》等反映铁路定点扶贫工作情况的新闻报道 767 篇；在省级以上扶贫系统刊物如《扶贫信息》《扶贫简报》《脱贫攻坚动态》等上刊登铁路扶贫相关文章 10 多篇，充分展现铁路扶贫的生动实践和攻坚克难的精神风貌。

二、2017 年考核发现问题整改落实情况

铁路总公司高度重视2017年中央单位定点扶贫试考核中反馈问题的整改工作。2018 年以来，突出抓党建促扶贫、加强督促检查、提升群众满意度 3 个重点，进一步完善制度措施，加大工作力度，全面提升定点扶贫工作质量。

一是高度重视抓党建促扶贫工作。借鉴铁路党建好经验好做法，抓好“传帮带”，积极促进扶贫地区党组织建设。用好中央和国家机关工委、总公司直属机关党委拨付的 5 万元专项资金，筹资 81 万元资金，改善 23 个村的党群服务中心设施，为开展党群活动创造条件。驻村干部完成 23 个村的“两委”换届工作，发展 75 名致富能手、农业技术骨干加入党组织，培养入党积极分子 236 人。结合实际开展联学联建活动，栾川县挂职扶贫干部坚持每月到党建联系点开展主题党日活动，组织铁路帮扶单位与帮扶村先后 3 次举办“不忘初心，履职担当”等主题党日活动。勉县扶贫干部派出单位开展送温暖、送点子、送文化、送信息、买特产“四送一买”活动，组织党员 16 批次 281 人捐赠物品 842 件，资助贫困学生 36 人，购买蜂蜜、天麻等农产品 5 万余元。原州区附近的铁路单位组织优秀党支部书记、党员与帮扶村党支部开展上主题党课、赠红色书籍、参加义务劳动、展示党建成果的联学联展联建活动，

将党的温暖带给贫困群众。和田县扶贫干部开展“星级化”创建活动，推动2个村达到自治区“五星级”党组织标准，1个村被评为和田地区“五星级”党组织示范村。

二是进一步改进和加强督促检查工作。充分认识督查地方党委、政府履行主体责任、推进政策任务落实、促进作风转变的重要意义。陆东福同志亲自带队深入定点扶贫县区开展督查工作。甄忠义同志亲自确定帮助查找问题、帮助解决困难的督查思路，并进行现场督查。相关铁路局集团公司按照统一部署，建立现场督查制度，主要领导牵头，利用与帮扶单位面对面协商工作的机会，督促帮扶单位落实主体责任。对查找的问题，采取书面督办、结果反馈、闭环管理的形式，跟进督促扶贫事项的落实。对问题整改到位，扶贫项目管理规范、按期完成、效益明显的铁路重点帮扶乡镇，在扶贫项目资金安排上给予倾斜，有效督促4县区健全完善安全饮水、健康体检、易地扶贫搬迁、贫困村退出验收等制度，进一步加强脱贫攻坚长效机制建设。

三是围绕群众满意推进定点扶贫工作。把定点扶贫工作作为让贫困群众感受帮扶温暖，巩固党的执政基础的伟大事业，更加重视贫困群众的合理意愿，选择扶贫项目时，坚持遍访回访贫困群众，倾听呼声，找到扶贫和贫困群众需求的契合点，坚持公平公开公正，坚持扶贫标准，将扶贫资金用在最需要的地方。引导铁路干部融入扶贫事业、融入老百姓实际生活，勇于直面困难，主动解决问题，赢得贫困群众的信任。铁路驻栾川县扶贫干部，经过近一个月20余次家访调解、6次修改调解方案，彻底化解贫困户邻里间长达20年的宅基地纠纷，为扶贫工作的开展打下了良好基础。全面加强资金投入和扶贫力量，着力推进新型农业经营主体与贫困户联动发展的利益联结机制建设，让贫困群众看到扶贫带来的变化，真正得到实惠。注重解决当地最为关注、最难解决的问题，同地方党委、政府共同研究扶贫工作的重点难点，通过签署协议方式，凝聚双方力量，以“真扶贫、扶真贫，真脱贫、脱真贫”的实际行动赢得贫困群众认可。

三、典型经验与创新做法

2018年，铁路总公司定点扶贫工作在提升产业帮扶效果、解决农产品销售、服务贫困群众出行等方面进行了积极探索，取得了新的成效。

（一）拉长产业链条，破解贫困群众稳定增收难题

一是加强系统规划。面对定点扶贫县区区域经济发展活力不足、单项产业项目抗风险能力弱、贫困群众持续增收难等实际情况，注重从完整产业链的角度筛选产业项目，从原料采购、劳务用工、生产加工、产品销售等方面拉长产业链条，提高项目抗风险能力，创造更多就业和增收机会。2018 年，在扶持勉县打造麻辣鸡食品项目过程中，从项目规划开始，着手建立云雾山土鸡养殖基地、禽类屠宰冷链车间、花椒生产基地、铁路超市销售平台，尽可能实现产业项目各环节相互衔接和补充。二是统筹路地资源。紧紧围绕产业项目发展的各环节，与当地政府签署扶贫项目协议，发挥路地双方优势。铁路方面加大资金、人力、物力等方面投入，推动兴办产业，帮助销售产品。协调地方党委、政府方面给予土地使用、产品检疫、市场销售等方面的政策支持，优化产业项目发展环境。在推进栾川县旅游产业时，协调栾川县推出免除部分时段高速公路通行费、8 家 4A 级以上景区对全国铁路职工免费等政策，迅速提升旅游产业竞争力。三是完善利益联结机制。本着“资金跟着贫困户走、贫困户跟着能人走、能人跟着项目走、项目跟着市场走”的“四跟四走”思路，建设利益联结机制。成立村集体合作社，吸引贫困户入股，由村集体和能人大户牵头，兴办与产业链相关的企业。村集体按贫困户股权资金的一定比例保底分红，保底收入重点用于产业发展、基础设施建设和贫困户帮扶救助，促进集体经济持续发展，贫困群众稳定增收。2018 年，勉县云雾山土鸡养殖基地向每个贫困户分红 400 ～ 500 元。四是推动规模化生产。组织公职人员、能人大户、贫困群众到当地农业高新技术产业示范区进行考察，调研了解规模化种养殖所需的技术、装备、原料，借鉴成功经验。从规模化生产、标准化管理角度出发，组织村集体在土地流转、临时用工、代种代养等方面创新管理方式，为企业大规模生产创造条件。提前储备劳动力，优先聘用当地贫困户务工，强化技能培训，确保劳动力满足项目生产需求。2018 年，铁路总公司投入 100 万元在原州区开城镇柯庄村建设标准化养鸡扶贫示范车间 3 栋，协调固原新月养殖有限公司负责鸡苗饲料赊欠和活鸡收购，提前培训养殖人员，帮助产品进站上车推介销售。柯庄村入股养鸡的建档立卡户 50 户，通过车间打工、经营分红、提供饲料等途径，每户增收 3000 元以上。

（二）发挥企业资源优势，解决农副产品销售难题

一是保障农副产品外运需求。持续向4县区所在地市倾斜铁路运力，优化农副产品外运组织方式，落实国家运价政策，打通农副产品外运通道，降低物流成本。二是推动农副产品进入铁路消费市场。一方面组织农副产品进企业，满足企业需求、供给职工选购；另一方面组织职工到村购，建立稳定销售通道、降低销售成本。目前，已将帮扶地区企业纳入铁路单位采购产品供应商名录。铁路总公司机关开展“支持消费扶贫、奉献铁路爱心”活动，购买农产品136万元。在京铁路直属单位对扶贫地区农特产品进铁路食堂、超市开绿灯，免收其他费用。铁路企业和职工自购农产品已达1200万元以上。三是帮助农副产品进站上车。向扶贫地区农产品开放车站、列车广告和销售市场，按照“是否最大限度地使用了贫困户作为员工，是否最大限度地将企业获得的效益反馈于贫困村户，是否最大限度地带动当地贫困村户脱贫致富”标准筛选企业，与帮扶区县党委、政府联合举办农特产品上站车推介会，在高铁车站设立扶贫农产品展示专柜，统筹安排车站灯箱广告，以及高铁列车视频、杂志和12306、95306网站等媒介资源，加强推介销售。2018年，在原州区推行农产品进入铁路市场销售试点工作，5家企业40余种产品在12个车站、11对普铁列车、30对高铁列车上销售。帮扶企业提供就业岗位由17个增加到1677个，受益贫困户由150户增加到2016户。四是发挥驻村干部优势推动互联网销售。铁路驻村干部充分利用电子商务平台帮助农产品销售，借助QQ、微信网上营销等方式，向本单位职工销售推介。借助“6·18”电商购物节，铁路挂职扶贫干部主动出镜，在央视财经频道推介扶贫地区产品，搭建农户对接市场的桥梁。五是组织集中展销活动。协调栾川县优质产品进驻中欧班列展厅，31种“栾川印象”系列优质农副产品得到展示。2018年2月至3月，支持勉县在西安北站候车大厅举办为期40天的优质农副产品展销暨旅游宣传推介会，现场展销魔芋面、菜籽油等特色农副产品。“扶贫日”前后，在各铁路小区举办“村口到门口·消费扶贫直通车”活动，展示销售勉县等贫困地区农特产品，计5大类48个品种80余个单品。举办“帮扶原州区特色产品铁路销售展销会”，对宁夏宏晨龙食品、碧峰源蜂蜜、正杞红枸杞等5家进入铁路站车销售的企业产品进行展示和销售，进一步提升当地农副产品知名度。

（三）开好公益性“慢火车”，方便贫困群众出行

2018年以来，铁路总公司在4县区开行公益性“慢火车”4列，努力打造“慢火车、优生活”服务品牌，为贫困地区群众提供实惠便利的出行条件。一是保持实惠票价。严格执行1995年国家批准的普速旅客列车运价率，每人公里不到6分钱。在和田地区，开行乌鲁木齐—和田、喀什—和田2对“慢火车”，其中和田—皮山全程158公里，票价仅9.5元，运行时间为公路的一半，方便了贫困群众的出行，被群众誉为“民族团结大篷车”。二是创造安全便利的乘车环境。坚持沿途停靠基本站台、旅客乘降干部盯控、高峰期干部添乘，抓好锅炉、消防、车门等安全关键点，确保列车运行安全。投资36万余元，对途经勉县的8361/2次“慢火车”进行改造，将一节行李车厢改造为“乡村集贸市场”赶集车，使各类鲜活农产品通过铁路运输在列车上直接交易，日最高销售额达2200元。三是提供温馨服务。投资20万元对固原车站旅客引导标识升级改造。在“慢火车”上推行全过程无障碍服务，提供针线、纸杯、捆扎绳、胶带等用品；配备农林、养殖等科普类书籍，摆放“央视”农经栏目播放时间表、外出务工安全须知、农民工维权方法等资料；滚动播放农林科技、牲畜养殖、竹编工艺等视频，途经原州区“慢火车”，被贫困群众亲切地称为“连心车”。

四、问题与不足

在总结工作成绩的同时，我们也清醒地认识到铁路定点扶贫工作的问题和不足。

（一）产业扶贫项目筛选上还需进一步加强

调研确定产业项目时，非常尊重当地党委、政府的意见，深入市场调研、把握产业发展规律不够，一些产业项目的利益联结机制还不够紧密。

（二）对脱贫攻坚与乡村振兴战略有机衔接的思考还需进一步深化

注重做好脱贫攻坚的现实工作，对脱贫攻坚目标实现后的长效机制建设，特别是如何认识脱贫攻坚与乡村振兴战略的辩证关系，实现脱贫工作与乡村振兴战略有序衔接，研究和思考不够。

（三）个别铁路干部扶贫工作素质还需提升

铁路扶贫干部普遍缺乏“三农”工作经验，接触相关知识和信息较少，对如何开展扶贫工作，个别同志思路不宽、方法不多，带领群众脱贫致富的素质能力有待提高。

以上三个方面的问题，我们一定认真对待，在今后工作中采取有效措施加强改进。

五、下一步工作思路

2019 年是新中国成立 70 周年，是打赢脱贫攻坚战为全面建成小康社会收官打下决定性基础的关键一年。铁路总公司将继续坚持以习近平新时代中国特色社会主义思想为指导，全面贯彻落实中央关于打赢脱贫攻坚战决策部署，按照总公司党组关于打赢脱贫攻坚战三年行动实施方案，坚持脱贫攻坚目标和现行扶贫标准，坚持精准扶贫精准脱贫基本方略，聚焦深度贫困地区、特困群众和影响“两不愁、三保障”实现的突出问题，进一步加大攻坚力度，综合发挥建设扶贫、运输扶贫、定点扶贫效力和作用，促进定点扶贫县乡村和贫困人口科学合理有序退出，为打赢脱贫攻坚战作出新贡献。重点做好以下几个方面的工作。

一是深入学习贯彻习近平总书记关于扶贫工作的重要论述，进一步增强脱贫攻坚的政治担当。全面增强铁路各单位、各部门的政治站位和行动自觉，全力推进定点扶贫工作。督促地方党委、政府落实脱贫攻坚主体责任，携手推进脱贫攻坚。

二是围绕实现“两不愁、三保障”目标，加大投入力度和帮扶力量。安排定点扶贫县资金 6000 万元以上，派驻扶贫干部保持 60 人以上。

三是落实高质量发展要求，提升脱贫攻坚质量。坚持既定目标、标准不变，注重利益联结机制建设，激发贫困群众的内生动力。推进脱贫攻坚与乡村振兴战略相衔接，坚持贫困县乡村脱贫摘帽后不脱政策、不脱帮扶，做好防止返贫工作。

四是进一步探索拓宽扶贫方式和渠道，推动产业、就业和消费扶贫实现新突破。增强扶贫产业项目的帮扶实效。鼓励和促进贫困地区学子和群众就近就业，在推进消费扶贫上下大功夫，全面完成各项扶贫任务。

五是坚持抓党建促扶贫，把党建优势转化为脱贫攻坚的成效。认真贯彻《中国共产党农村基层组织工作条例》，把党组织建在脱贫攻坚产业链上，筑牢扶贫、脱贫堡垒，进一步提升贫困村党组织的凝聚力和战斗力。

六是持续推进扶贫领域作风建设。突出严实导向，继续开展扶贫领域作风问题专项治理工作，持续发现、解决扶贫领域存在的突出问题，确保铁路定点扶贫工作风清气正、健康发展。

中国铁路总公司

2019 年 1 月 7 日

国铁集团关于报送 2019 年
中央单位定点扶贫工作自评报告的函

中央和国家机关工委：

2019 年以来，国铁集团认真学习贯彻习近平总书记关于扶贫工作的重要论述，坚决落实党中央、国务院关于打赢脱贫攻坚战三年行动的决策部署，聚焦解决“两不愁三保障”突出问题，综合发挥铁路行业专业优势，全员参与，全力攻坚，扎实推进铁路定点扶贫工作。根据 2019 年脱贫攻坚成效考核相关要求，围绕《中央单位定点扶贫责任书》（以下简称《责任书》）约定事项，现就国铁集团定点扶贫 4 县区（河南省栾川县、陕西省勉县、宁夏回族自治区固原市原州区、新疆维吾尔自治区和田县）工作报告如下。

一、2019 年工作进展情况与成效

2019 年是巩固栾川县减贫成果，推动勉县、原州区、和田县达到脱贫标准的关键一年，国铁集团进一步加强组织领导，全面加大帮扶力度，切实提升帮扶实效，全力助推 4 县区打好脱贫攻坚战。5 月，河南省政府批准栾川县退出贫困县序列；撰稿时勉县、原州区、和田县贫困发生率下降至 0.8%、0.68%、0.06%。在新疆、宁夏、陕西、河南省（区）年内脱贫攻坚成效考核中，均对承担国铁集团定点扶贫实施任务的乌鲁木齐、兰州、西安、郑州局集团公司综合评价为“好”。

（一）坚决贯彻落实党中央国务院决策部署，全面兑现《责任书》目标任务

1. 切实加强组织领导

一是提高政治站位。将学习贯彻习近平总书记关于扶贫工作的最新指示作为公司党组中心组理论学习重要政治任务，作为党组会、扶贫开发领导小组会、全路扶贫干部培训班的重要内容，配发 8900 余册《习近平扶贫论述摘编》组织学习培训。在公司董事长、党组书记陆东福同志担任扶贫开发领导小组组长同时，副组长增至 4 人，新增总经理杨宇栋等 2 名同志；将牵头部门调整为发展和改革部，增加 2 个专职人员编制，新增机辆部为成员单位。结合脱贫任务较重的和田县、原州区实际，指导乌鲁木齐局集团公司选派 3 名专职扶贫人员，兰州局集团公司按 6 人编制配备本单位扶贫办。向党中央汇报工作，向中央和国家机关工委、国务院扶贫办以及 4 省区党委、政府报告情况，相关信息在国务院扶贫办《扶贫简报》、相关省区《脱贫攻坚动态》等刊发。

二是强化调研指导。陆东福同志于 10 月到栾川县现场考察，11 月在京与新疆维吾尔自治区党委副书记、主席共商定点扶贫工作，杨宇栋同志 8 月到原州区指导，党组副书记甄忠义同志 2 月到勉县调研，副总经理黄民同志 7 月到和田县调研，总会计师余邦利同志 8 月、11 月与原州区领导座谈，总经济师韩江平同志、副总工程师黄殿辉同志 10 月到栾川县调研，公司领导调研考察实现全覆盖。按照统一部署，相关铁路局集团公司主动向地方省级党委、政府专题汇报 12 次。全路局级及以上领导深入 4 县区调研考察 142 人次，处级及以下 1643 人次。

三是强力推进落实。陆东福同志 42 次作出批示，8 次主持党组会研究扶贫议题；杨宇栋同志 40 次作出批示，甄忠义同志 83 次作出批示；杨宇栋同志、甄忠义同志 4 次主持扶贫开发领导小组会议、总经理办公会研究部署扶贫工作；扶贫办 14 次召开会议推进工作。印发 2019 年铁路扶贫工作要点，确立定点扶贫 5 项任务，与相关铁路局集团公司签署《铁路定点扶贫责任书》，把工作情况纳入党组第 4 轮巡视，坚持半年通报、全年综合评价考核制度，落实月度督导制度，推动责任落实。相关铁路局集团公司制定扶贫 4 县区工作要点和配套文件，与帮扶乡镇签订《帮扶项目协议书》，与扶贫干部派出单位签订《定点扶贫任务书》，召开 14 次党委会、

董事长会，9 次领导小组会，38 次推进会、专题会，全力推动工作落地。

2. 进一步增强扶贫力量

一是再次增派力量。在 2018 年派驻 92 名扶贫干部基础上，再次向栾川县、原州区各增派 4 名扶贫干部，截至撰稿时，铁路派驻定点扶贫县区干部 100 人，其中挂职扶贫干部 7 人、驻村第一书记 22 人、驻村工作队员 71 人，现场推进扶贫工作。针对和田县属深度贫困地区和民族地区，轮换补充 15 名优秀干部驻村，派驻干部保持 51 名、占 4 县区 51%，其中少数民族 38 名、占 4 县区 38%，居 4 县区之首。同时组织 77 名干部与和田县 377 户贫困户“结亲戚”，184 名干部与其他 3 县区 549 户结对子，与贫困群众同吃同住同劳动。

二是严格管理考核。落实扶贫干部管理考核办法，发挥栾川县铁路扶贫临时党支部作用，开展 16 次“不忘初心、牢记使命”主题党日活动，坚持周总结、月学习制度，保持攻坚态势。在勉县，与地方政府共建监管信息共享机制，坚持驻村干部月度会议、半年述职制度，扶贫干部年均驻村 276 天，超标准 56 天。在原州区，组织纪委、人事、扶贫办等部门明察暗访铁路扶贫干部履职情况，调整 1 名进入状态慢、作风不实的驻村干部并约谈派出单位主要负责人。在和田县，按照“访民情、惠民生、聚民心”驻村工作管理办法，对 1 名重点工作落实不到位的驻村领导干部给予通报批评。全部参加中组部脱贫攻坚网络等专题培训，举办全路扶贫干部培训班，培训 24 名 4 县区扶贫干部，2 个驻村扶贫案例被《中央和国家机关驻村第一书记扶贫典型案例集》收录。加强路地联动考核，6 名扶贫干部获得提拔使用或重点培养，37 名驻村干部被当地政府评价为“优秀”，18 名年内获得县级以上荣誉。

三是加强关心关爱。用好国务院扶贫开发系统、公司计划统计系统等信息化平台，压缩会议文件检查活动，减轻工作负担。结合所在省区相关文件精神和工作生活实际，落实挂职、驻村干部工资福利待遇及挂职、驻村期间交通、食宿和通信补助、健康体检、人身保险等规定。进一步明确派驻栾川县扶贫干部补助标准和人身保险，细化扶贫经费具体内容，逐项推进落实。在派驻勉县驻村干部中开展“冬日棉衣送温暖，夏日饮料带清凉”活动，拨付 2 万余元配备御寒棉大衣、皮棉鞋套装等。在派驻原州区扶贫干部中开展安全警示教育、入冬安全隐患排查等活动，确保交通等相关待遇落实、“健康小药箱”等配备到位。为和田县驻村干部免费上门健康体检，驻村期间免费就餐，帮助解决子女就业、职工住房困难等问题，解除后顾之忧。

3. 扎实推进督促指导工作

一是组织力量加强督导。细化量化本级、铁路局集团公司和扶贫干部督导标准。陆东福、杨宇栋、甄忠义、黄民同志围绕地方党委、政府落实脱贫攻坚主体责任分别到4县区全面督导，本级发送督导函4件，督导问题15个。相关铁路局集团公司主要领导带头到4县区，就地方政府落实主体责任、推动扶贫工作等加强督导，发送反馈情况函8件，督导问题59个。铁路扶贫干部就地方政府落实主体责任、抓实扶贫项目等适时督导，报送报告109件，督导问题316个。相关铁路局集团公司每月或每季梳理扶贫资金项目以及发挥行业优势情况，编发《重点项目推进情况月度督办》和相关简报信息等69期。各层面督导136人次，形成督导报告121件，通报地方政府，协调整改390个问题。

二是督导地方党委、政府落实脱贫攻坚主体责任。与地方党委、政府共同学习习近平总书记关于扶贫工作的最新指示，传达党中央、国务院关于打赢脱贫攻坚战的最新决策部署。听取落实主体责任情况介绍，并征求促进县域经济发展的问题和建议。对提出的加强宝中二线铁路建设、拓展消费扶贫渠道等，认真研究推进落实；对需其他方面解决的问题，及时向省级党委、政府报告，积极协调解决。坚持问题导向，以发送函件、通报情况等形式，指出苗头性、倾向性问题，强化路地双方目标同向、合力共为的工作格局。

三是督导政策落实、工作推进和作风建设。围绕坚持现行标准、聚焦解决“两不愁三保障”问题、扶贫项目资金管理、消费扶贫等决策部署落实情况加强督导。与地方共同研究、慎重指出解决栾川县贫困村与非贫困村平衡发展、勉县易地搬迁点入住率、原州区消费扶贫反哺机制建设、和田县内生动力等问题。铁路挂职干部牵头县督查局、财政局、扶贫办等部门对滞后事项跟踪督查，推进政策、工作落实落地。抓住“不忘初心、牢记使命”主题教育契机，在栾川县开展驻村期间执行八项规定的教育，组织勉县90余名路地扶贫干部前往西安市监狱开展警示教育，组织兰州局集团公司审计、纪委分别对铁路扶贫原州区工作进行专项审计和督查，在和田县集中开展廉政教育大课堂等活动，防止路地扶贫干部不作为、乱作为等问题。

4. 大幅增加资金投入

一是加大投入力度。高定投入资金、引入资金年度指标，分别增至8000万元、500万元，较上年计划增长149%、296%。在本级和相关铁路局集团公司、协同扶贫单位等多方筹措下，直接投入10038.8万元、引入4689.3万元，超计划25%、838%。向和田县倾斜资金，年初计划2400万元（较其他3县区平均增加28.6%），完成2856.4万元，超计划19%，为4县区之首。

二是规范资金管理。印发进一步加强扶贫项目和资金管理文件。落实概算审核制度，督导地方党委政府对铁路项目资金相关预算编制、执行、决算实施全过程绩效管理。属于工程建设类的，组织铁路规划、工程、财务等专业力量加强对概预算编制的审核把关。协调当地财政部门在相关文件中明确铁路扶贫资金的使用安排，确保专款专用。严格各帮扶单位内部审核决策、公告公示程序，落实公司核备制度，确保资金使用安全。

三是强化资金监管。公司纪检监察组深入开展扶贫领域腐败和作风问题专项治理工作，组织专门力量深入4县区现场检查资金使用、项目管理情况，形成专题报告。公司审计局将推动铁路精准扶贫纳入审计工作要点，集中4个月时间重点对扶贫项目落实和资金管理使用情况进行专项审计，形成专项审计报告。扶贫办将通报的相关问题单列清单，纳入年度自查自纠活动，举一反三抓好整改，确保资金安全和效益。

5. 加强干部人才培训

一是加大培训组织力度。把培训基层干部和技术人员作为年度重点任务，将年度计划分别增至1200人次、2000人次，较上年计划增长203%、580%。结合4县区实际，有效利用行业专业优势和社会力量，发挥扶贫干部作用，全年培训基层干部2799人次、技术人员8547人次，超指标133%、327%，其中培训村“两委”班子成员761人次、创业致富带头人340人次。

二是发挥资源优势提升质量。邀请中央党校、铁道党校、和君咨询公司等专家，在栾川、勉县举办基层干部培训班。组织勉县、和田县乡村干部和贫困群众代表乘坐高铁，观摩先进农产品加工销售企业、国家农业科技园、高铁站车等，举办农村合作社经营管理等讲座，开阔思路、增强信心。在原州区组织基层帮扶单位开展“送党课到帮扶一线”活动，手把手培训村两委班子、基层干部和致富带头人等，增强内生动力。

三是路地携手加强培训。运用路地联建的栾川县铁路务工培训基地，结合当地就业形势和贫困群众需求，培训挖掘机、电焊工、厨师等人员。与勉县合作，加强铁路单位招工上岗专业培训，提升贫困群众就业技能。利用原州区铁路帮扶企业的种植、养殖培训基地，对临近贫困村群众加强技能培训；投入 10 万元组织贫困群众加强实操培训，帮助取得挖掘机就业资质。联系和田县农牧民技术培训中心，安排专家团队上门授课，集中培训鹅、兔、羊养殖和葡萄栽培等技术，增强脱贫技能。

6. 推动消费扶贫实现新突破

一是推动消费扶贫全面展开。将购买贫困地区农产品计划增至 1400 万元（4 县区 400 万元），较上年计划增长 312%；帮助销售 4000 万元（4 县区 2000 万元），较上年计划增长 77%。推动开放铁路市场，创新销售渠道，广泛动员路内外全员参与，全年购买和帮助销售 4 县区农产品 1789.6 万元、3220.3 万元，超指标 347%、61%；其他国家级贫困县 5140.8 万元、7304.8 万元，超指标 414%、265%。购买和帮助销售共计 1.75 亿元。

二是广泛动员参与消费扶贫。印发进一步加强铁路消费扶贫工作通知。组织各单位建立定向采购机制，统筹预留相关预算，将产品纳入单位食堂、福利采购名录，按市场化原则同等条件下优先采购。推动建成铁路 12306 扶贫商城、快运商城扶贫馆，加强与建行善融商城扶贫馆等平台合作，面向路内外开展直采直销活动。在“郑铁·易采家园”网上建立栾川印象品牌店，在郑州、洛阳组织举办栾川县特色农产品暨旅游推介会；组织西安局集团公司升级“消费扶贫直通车”电商平台；兰州局集团公司运用铁路营业用房建立铁路帮扶农特产品直营店，组织和田县等参加“一乡一品”国际商品博览会，在京举办特色农产品展示会，推介销售扶贫产品。建立建设扶贫季度督导制度，动员参与铁路建设的施工单位购买贫困县农产品，以实际行动支持消费扶贫。

三是全面推进站车消费扶贫。组织各站车单位利用候车大厅墙面灯箱广告、高铁列车视频等开展产品宣传推介，在火车站等区域举办农副产品展销推介会。在确保食品卫生安全和质量前提下，对优质扶贫产品在站车消费市场准入、店面租用、广告宣传等方面优先给予扶持。按照“是否最大限度地使用了贫困户作为员工，是否最大限度地将企业获得的效益反馈于贫困村户”标准筛选企业，组织 11 家企业 41 种产品在 20 个车站、88 对高铁列车上销售。将公益性“慢火车”打造成为“乡村农贸市场”等，每人公里不到 6 分钱，为贫困群众销售农产品提供条件；向 4 县区组织旅游专列 245 列，推动贫困地区消费升级。

（二）充分发挥铁路行业专业优势，创新提升帮扶实效

1. 加强建设扶贫。按照铁路建设扶贫行动方案（2018—2020 年），落实建设扶贫季度督导制度，优先安排、科学推进定点扶贫地区铁路建设。在和田地区，进一步加快和田—若羌铁路建设，年内完成投资 45 亿元，争取尽早投用。在原州区所在的固原市，抓紧推进宝中二线建设前期，现已进入可研报批阶段；投入 30 万元推进固原货场改造，进一步改善运输服务设施。在栾川县所在的洛阳市，加快推进总投资 3 亿元的动车存车场建设。在勉县境内，年内投入 2.15 亿元建设阳安二线勉县段，计划年内开通；建成定军山大道跨线桥等 13 座桥涵，更加方便群众通行；投入 66 万元整治勉县火车站站区旱厕，整修勉县、勉县西火车站房屋，优化发展环境。

同时在铁路施工进程中，坚持与当地规划紧密结合，将永临结合的设施设备无偿移交地方使用；优先选用当地物料、使用当地贫困劳动力。在勉县地区，无偿移交施工道路 8.7 公里、临建设施 5 处，采购工程物料和生活物资 2800 余万元，使用贫困家庭劳务工 1000 余名、支付工资 2000 余万元，租用车辆 190 余辆、支付租赁费 500 余万元。在和田地区，使用贫困劳动力 190 余人、支付工资 257.7 万元；采购工程物料、生活物资等 628.4 万元。

2. 增强运输产品有效供给。建立运输扶贫季度督导制度，精准落实国家支农惠农政策。发挥栾川县高铁无轨站作用，发送旅客 1 万余人；实施“引客入栾”计划，向洛阳地区开行旅游专列 3 列、引流 1677 人；优化旅客列车开行方案，洛阳地区

年内发到旅客2517万人，同比增长6%；增加洛阳地区集装箱、快运等新型货运产品，年内发到货物1107.3万吨，同比增长12.8%，减免相关费用4000余万元。

持续开好途经勉县的1对公益性“慢火车”，将车厢打造成“乡村集贸市场”，方便贫困群众在车上售卖农产品；在汉中高铁站与当地共建“客运枢纽站”，每半小时发送勉县1班客车，勉县“油菜花节”期间每日加开7对动车，运送9万余名旅客，促进勉县发展农家驿站和农产品售卖；汉中地区年内发到旅客1508万人、同比增长14.9%。优先受理、装车、发送货物，年内汉中地区发到货物1286万吨、同比增长3%，减免相关费用540余万元。

开好途经原州区的1对公益性“慢火车”，推行全过程无障碍服务，被贫困群众称为“连心车”；在固原市新建2个无轨站（原州区1个），方便贫困群众出行；持续开行“环西部火车游”和红色专列，引导客流向原州区聚集；固原市年内发到旅客62万人，与上年基本持平；组织农产品“点对点”运输专列，与王洼煤业等重点利税企业实施“一对一”精准服务，签订运量互保战略合作协议，固原市年内发到货物535.4万吨，同比增长41%，减免相关费用约112万元。

途经和田县1对公益性“慢火车”，车厢更换为空调车，提升贫困群众对“民族团结大篷车”的体验；持续开好乌鲁木齐—和田“民族团结一家亲号”品牌列车，运行时间压缩至24小时之内；联合旅游企业、当地景区成立旅游扶贫爱心基金，开行9列“缘满南疆”旅游专列进入和田地区；年内和田地区发到旅客215万人、同比增长13.2%。集中抓好民生用煤保障工作，每吨用煤为贫困群众节支200余元，年内和田地区发到货物87.1万吨，同比增长61.6%，减免相关费用约58万元。

3.聚焦解决“两不愁三保障”突出问题。制定印发学习贯彻习近平总书记解决“两不愁三保障”突出问题重要讲话精神的工作方案，优先安排扶贫资金支持解决“两不愁三保障”突出问题。由挂职干部牵头，组织民政、卫健、教育、房建等部门开展排查，调整铁路扶贫项目资金方向，并向中国扶贫基金会、詹天佑基金会等多方筹资，合计投入1547.8万元，协助补强义务教育、基本医疗、住房安全、饮水安全等方面短板，帮扶贫困人口58376人。在栾川县重点解决小学教育设施条件差、山区就诊不便、巩固贫困户居住条件、老旧供水管网改造等问题。在勉县引入“希望工程精准扶贫学生资助”项目、会同中国红十字会开展应急救护培训、修整贫困户住房和饮水等设施。在原州区为固原六中捐赠图书、开展青年志愿者公益助学、改造贫困户危房、为贫困村购置医疗设施、建造水井等。资助和田县义务教育阶段学生、贫困村小学建设配套设施、新建医务室、开展义诊活动并发放药品、帮助贫困户改善居住条件、更新维修饮水管道等，赢得贫困群众普遍欢迎。

4. 因地制宜开展精准帮扶。坚持精准扶贫精准脱贫基本方略，强化扶贫项目调研论证、审核把关、带贫联结机制等重点环节的精准性、规范性和实效性，突出选好项目，精准实施 67 项让贫困户就近就业、持续性受益项目。在栾川县，结合县域经济特点，坚定不移发展旅游产业项目，全年投入 1782 万元，占总投资 69%。在勉县，投入资金 455 万元建设阜川茗茶标准化加工厂及产品研发中心，精准解决当地茶产业加工技术落后、品牌不强、附加值不高等问题，提升产业品质和带贫效益。在原州投入 580 万元，精准发展到户产业项目，发展特色种植 4189 亩等，促进形成多元化种养产业链条，推动贫困群众稳定长期受益。在和田县，投入资金 2183.3 万元，持续选择适合当地经济发展的特色种植、养殖、手工业和旅游等特色产业，占总投资 76%，精准促使贫困户人口受益。

5. 创新帮扶方式。一是以发展壮大集体经济为突破点，探索推广“铁路帮扶 + 龙头企业 + 合作社 + 贫困户”等带贫模式，引导贫困群众投资入股、参与经营、生产托管等方式融入产业链条，推动贫困户长期受益和产业持续发展，巩固脱贫成果。二是创新消费扶贫方式，用消费扶贫推动脱贫工作。充分利用铁路 12306、快运商城等网络载体，建成面向 12306 广大受众、铁路内外部企业的电商扶贫平台，为广大受众线上、线下参与消费扶贫建立新的通道。同时组织各单位建立了定向采购机制，最大限度地组织铁路职工参与消费扶贫；开放铁路站车市场，并引导路内外单位支持消费扶贫。三是下大力气加大扶志扶智力度，有效发挥铁路党校系统和社会知名专家作用，加大基层干部和技术人员培训（1.1 万人，为上年 16 倍）；组织当地贫困群众乘坐高铁、公益性“慢火车”，引导转变观念、转变行为；突出抓党建促脱贫攻坚工作，把贫困村党建优势转化为攻坚优势，促进贫困群众从“他助”向“自助”转变。

6. 扎实推进就业扶贫。坚持“就业一人、脱贫一户”思路，铁路企业招用贫困家庭人口 779 人，帮助实现转移就业 1064 人。在和田县通过资助产业项目经营，解决贫困劳动力就业 276 人；招录南疆四地州应届毕业生 1037 人（和田县 51 人）到铁路站段工作，就业扶贫工作得到新疆维吾尔自治区党委书记陈全国同志的充分肯定。在原州区，铁路企业用人信息同步在地方网站发布，招聘 15 名贫困学生到铁路系统工作，提供劳务派遣制岗位 240 个，举办扶贫专场招聘会招聘 7 名贫困子女担当列车乘务员，协调铁路建设单位提供 1905 个务工岗位。在栾川县，协调帮扶的龙头企业、合作社招用当地建档立卡劳务工，促进转移就业 90 人，利用郑州南站等铁路项目，招用贫困劳动力 5 人。在勉县积极发动贫困家庭在家富余劳动力外出务工，赴新疆采棉 53 人次，开行进穗务工专列 20 趟。

7. 突出抓党建促脱贫攻坚。印发抓党建促脱贫攻坚通知。结合“不忘初心、牢记使命”主题教育，全年组织 32 个单位与 32 个贫困村党支部联学联建，35 个单位结对共建 35 个贫困村。在栾川县用好中央和国家机关工委、国铁集团机关党委拨付的 5 万元专项资金，另筹资 80 万元资金，改善 17 个村的党群服务中心设施，结对帮扶党支部集中学习研讨 11 次、上党课 8 次、志愿服务 10 次。在勉县持续开展送温暖、送点子、送文化、送信息、买特产“四送一买”活动，组织党员 28 批次捐赠 11 万元，购买农产品 40 余万元。在原州区制定党支部联建、党内活动联搞、党课联上、贫困户联帮的“四联”方案，明确 8 项具体措施，组织“手拉手”支部建设互学互鉴活动。配强和田县驻村第一书记，实行队员兼任“两委”一岗双责，落实“四议两公开”等制度，每村选取 3 名以上青年群众或党员加强重点培养，增强贫困村“两委”班子的凝聚力、战斗力和号召力。

8. 动员社会力量参与定点扶贫。在举全行业之力开展扶贫工作的同时，发挥扶贫干部作用，牵线搭桥引入 4 县区 16 个企业投资 8150 万元，带动建档立卡贫困人口 29201 人。引导参与铁路建设的施工企业，把临建工程打造成为贫困地区基础设施，优先选用贫困地区人力物力；动员新疆天池能源公司捐赠优质煤 300 吨，解决和田县贫困群众取暖燃眉之急；开展形式多样的爱心物资及善款捐赠活动；引进中国扶贫基金会、中国青少年发展基金会、中国少年儿童发展服务中心等资金资助 4 县区贫困学生，全年引入无偿帮扶资金 4689.3 万元。

同时，组织在全路主要客站、铁路酒店、铁路单身公寓设立 655 个公益扶贫宣传点，编发《铁路扶贫直通车》刊物投放到 278 组高铁列车 6 万余册，在 12306 网站和移动客户端发布铁路希望工程公益项目，面向旅客募捐近20万元。

9. 营造浓厚的攻坚氛围。将铁道出版社、《人民铁道》报业有限公司、铁路文工团纳入铁路协同扶贫单位。抓住新中国成立70周年、国家第6个扶贫日契机，发挥铁路报、刊、网、台、端等平台力量以及铁路站车资源，开设专题专栏、拍摄专题片、微电影等宣传铁路扶贫故事。利用央视、人民网、新华网等媒体及时扩大宣传，全年在路内外主流媒体刊发4县区报道1000余篇、制作微电影7部。铁路文工团利用1个半月时间深入4县区开展扶贫现场专场演出，结合勉县扶贫实践创作话剧《火火火车头》。组织300余名铁路职工参观中央和国家机关工委定点扶贫工作成果展；组织参加全国“时代新人说——我和祖国共成长”演讲大赛“脱贫攻坚”主题演讲赛并获得金奖；印制《中国铁路扶贫纪实摄影作品集》1200册，激发扶贫工作热情。

二、脱贫攻坚专项巡视和成效考核发现问题整改情况

（一）举一反三开展自查自纠活动

印发开展铁路扶贫工作自查自纠问题整改工作通知，全面梳理中央脱贫攻坚专项巡视指出的突出问题和共性问题、定点扶贫成效考核反馈问题、铁路扶贫检查发现问题，整理出26项共性问题，组织各成员部门和帮扶单位开展自查自纠。明确扶贫办、财务部、组织部等部门推进责任，组织各单位把查找问题、补强短板作为“不忘初心、牢记使命”主题教育重点内容，深入现场对表对标边查边改。实行整改工作督办制度，每月汇总整理4县区整改情况，对查找不深入、整改无效果的，责令重新查找，纳入工作通报。各成员部门和相关单位制定96项具体措施，推动精准扶贫精准脱贫、扶贫资金项目管理、扶贫干部队伍建设、督导落实脱贫攻坚主体责任等18类93项问题整改落实。

（二）突出抓好重点问题的整改

定点扶贫工作成效考核反馈问题是：对深度贫困县还需进一步加大帮扶力度，产业扶贫项目的精准度和有效性还需进一步加强。国铁集团高度重视，采取有力措

施，落实整改责任，推动问题较好解决。

1. 加强对和田县的帮扶工作。和田县属铁路帮扶的深度贫困县。国铁集团把帮扶和田县作为定点扶贫工作的首要任务，在人财物等方面支持倾斜。一是持续增加资金投入。在 2017、2018 年计划投入 450 万元、550 万元基础上，2019 年计划 2400 万元，完成 2856.4 万元，年度投入再创新高，也高于其他扶贫县区。二是持续加大帮扶力量。在 2017、2018 年派驻扶贫干部 34 人、51 人基础上，2019 年保持 51 人规模，多于其他扶贫县区，保持扶贫力量最高水平。并组织特货公司、信息公司协同帮扶，进一步增强扶贫力量。三是加大培训和产业扶贫、就业扶贫力度。培训贫困家庭技术人员 2400 人次，为上年的 28 倍。投入产业资金 2183.3 万元，购买和帮助销售农产品 2613.4 万元（为上年 3.6 倍），均高于其他扶贫地区。招录和田县应届毕业生 51 人，得到自治区主要领导充分肯定。四是加大工作推进力度。陆东福同志在会见新疆维吾尔自治区主席时，专门协商扶贫工作；黄民同志深入和田县现场调研督导，各帮扶单位现场调研 457 人次，帮助解决问题，推动群众生活进一步改善。和田县群众自发编排文艺节目、制作锦旗、撰写感谢信感念党的恩情。铁路扶贫干部走村入户，村民主动献上民族小花帽和亲手制作的手工花。

2. 提升产业扶贫项目的精准度和有效性。制定进一步加强扶贫项目和资金管理文件，促进产业扶贫项目更加精准有效。一是提升产业项目立项质量。聚焦解决“两不愁三保障”问题优先安排资金，协同地方党委、政府加强扶贫项目调研论证，邀请专家加强现场指导，突出选好项目、用好资金，精准实施 67 个产业项目。二是严格审核把关。组织各帮扶单位按照相关程序，先后调整产业项目近 10%，重点对带贫机制和扶贫效果的精准性和有效性进行审核决策，进一步确保项目选择精准性和群众受益。三是扎实推进项目落地。与地方党委、政府共同建立健全扶贫项目实施协作监管机制。注重完善产业带贫机制，把防止返贫放在更加重要的位置，帮助地方政府建立健全脱贫长效机制，保证产业扶贫项目效果。

（三）提升脱贫县的帮扶力度

2019 年 5 月栾川县退出贫困县序列。国铁集团认真落实“四个不摘”要求，提高政治站位，持续加大帮扶力度。一是增加资金投入。在 2017、2018 年计划投入

300 万元、450 万元基础上，2019 年计划 1700 万元、完成 2582 万元，再创扶贫栾川县新高。二是持续增加帮扶力量。继 2017、2018 年派驻干部 2 人、8 人基础上，2019 年再增派 4 人，派驻干部达到 12 人。并组织铁路投资公司、服务公司协同帮扶。三是加强调研督导。陆东福同志亲赴栾川县现场调研，各帮扶单位现场调研 492 人次、督导 26 人次，巩固提升帮扶成果。“不离土、不离乡，铁路助我奔小康；守青山、护绿水，环境带来生活美”广为流传，铁路定点扶贫工作得到地方党委政府充分认可、基层群众广泛赞誉。

三、典型经验与做法

（一）动员路内外力量推动消费扶贫工作实现新突破，购买和帮扶销售农产品 1.75 亿元

1. 建设面向路内外群众的铁路电商平台。组织铁道科学研究院投入 680 余万元，推进“12306 网 + 扶贫”，面向 12306 网广大受众，历时半年打造 12306 扶贫商城，10 月 17 日扶贫日当天上线。同时投入 514 万元在 12306App、车票预订及餐饮预订等页面分阶段宣传推广，撰稿时已入驻商品涵盖 4 县区及其他国家级贫困县 7 个品类 260 种，销售 639 万元。组织快运公司投入 248 万元，历时 8 个月时间，建立快运商城扶贫专区，集推介、展示、购买、售后、物流等全流程服务于一体，7 月份上线运营，上架 237 种商品，撰稿时已销售 544.8 万元。

2. 最大限度组织铁路职工参与消费扶贫。组织各铁路单位建立定向采购机制，统筹预留相关预算，在采购职工福利、职工食堂、配餐中心、疗养基地餐料等时，按市场化原则同等条件下优先采购贫困地区农产品。在铁路职工中推介 12306 扶贫商城、快运商城扶贫专区，开展“支持消费扶贫、奉献铁路爱心”等活动，在铁路小区开展 11 场展销活动，组织 106 批职工到贫困村直接购买，扩大销售规模。全年购买贫困地区农产品 6930.4 万元，其中购买 4 县区 1789.6 万元。

3. 千方百计引导社会各界支持消费扶贫。建立建设扶贫督导制度，定期督促引导参与铁路建设的单位购买贫困地区农产品（已购买 4223.9 万元）。组织各铁路局向扶贫地区农产品开放站车、广告和销售市场，与帮扶县区联合举办农特产品推介会，

在高铁车站设立扶贫农产品展示专柜，统筹安排车站灯箱广告，以及高铁列车视频等加强推介销售。全年帮助销售贫困地区农产品 1.05 亿元，其中 4 县区 3220.3 万元。

（二）推动企业优势与贫困县域优势相融合，实施特色产业提升工程，打造行业元素鲜明的“铁路小镇”

1. 精准设计特色项目方案。积极与栾川县政府沟通对接，就放大栾川县产业优势多次调研，收集研究当地地形地貌、风土人情及交通设施等多方面情况。立足伏牛山脉良好生态资源，研究制定“铁路小镇”项目建设实施方案，推动“铁路 + 旅游 + 扶贫”相结合模式，确定将农家宾馆、中央餐厅、游客接待中心、铁路主题公园等子项目融入其中，路地双方联合发力，共同打造特色项目、带动脱贫致富的新业态。

2. 全力推动项目落实。针对贫困群众广泛关注的农家宾馆改造项目，投入扶贫资金 358 万元，配合栾川县对深度贫困村王坪村、新南村进行农家宾馆改造，提升院落环境，配备家具、电器、布草等，使其具备旅游住宿接待能力。撰稿时已建成“铁路人家”农家宾馆 130 户，每年户均增收 7000 元。实施“引客入栾”计划，引入游客接待中心、中央餐厅经营模式，打造舒适便捷的旅游环境，为游客提供优质服务。自 8 月份营业以来，已接待 20 多批 1000 多名游客。

3. 以行业元素提升旅游品位。完善“铁路小镇”主题公园建设方案，细化火车头、车厢、钢轨、信号机等铁路元素布局、装修装饰等环节，加强亲水平台、火车站台等配套工程建设，实现铁路元素与当地环境相得益彰，提升小镇品质。撰稿时已将 1 台机车、2 辆车厢、8 个轮对、200 米钢轨、6000 根木枕、10 架信号机、184 根混凝土枕及相应配套扣件等铁路报废物资设备在“铁路小镇”主题公园安装完毕，增强旅游吸引力。

近年来，国铁集团在和田县等其他县区实施特色产业提升工程，打造了一批特色鲜明的火车头餐饮广场、火车头农贸市场、火车头打馕合作社、火车头主题餐厅等产业，通过行业文化理念和企业精神，提升扶贫产品影响力，辐射带动贫困群众脱贫致富。

（三）全员参与、全力攻坚，强力推进定点扶贫工作

1. 举全路之力推进扶贫。在加大扶贫干部派驻力度的同时（100 名，较上年增

加 8.7%），建立协同扶贫机制，组织 13 家在京单位协同帮扶，聚合更多智慧和力量增强帮扶效果。安排 58 个铁路基层站段支持驻村干部开展工作，组织 15 个临近的基层站段与重点贫困村开展联学联建、对口帮扶等。

2. 资金投入创最高水平。在铁路建设、运输经营的巨大压力下，最大限度地筹措资金帮扶 4 县区。特别是 2019 年直接投入超过 1 亿元，较上年实现翻番。另外为搭建新的消费扶贫渠道，迅速投入 1400 余万元，研发推动 12306 扶贫商城、快运商城扶贫专区上线运营等。

3. 全力用好企业资源。充分发挥铁路行业企业优势，进一步加大铁路建设扶贫、运输扶贫、消费扶贫、就业扶贫力度，优化发展环境，助推资源优势转化为经济优势和脱贫活力。并广泛动员铁路单位和广大职工积极参与，全面拓展“全员参与、全力攻坚”态势。

四、问题与不足

（一）产业带动作用需进一步增强

部分贫困地区扶贫产业项目还存在同质化倾向，缺乏价值链长、深加工能力强、抗风险能力高的龙头企业；村集体经济发展和带贫能力比较薄弱；扶贫产业市场风险防控和竞争能力有待提升，“合作社 + 公司 + 农户”等扶贫模式可持续发展能力还需增强。

（二）部分贫困群众内生动力仍待激发

绝大多数贫困群众脱贫意愿强、内生动力较足，但还有少数贫困群众仍不同程度存在“等靠要”或“小富即安”思想，一方面主动脱贫意愿不强，害怕“脱贫会脱政策”；另一方面习惯于满足现状，进取心不够，内生动力有待激发。

（三）基层干部人才培训需要进一步深化

基层干部、技术人员的教育、培训和管理还有待强化，尤其是掌握政治理论和“三农”等方面知识还不够，还需要进一步强化培训，提高扶贫、脱贫能力水平。

五、下一步工作思路

2020 年是全面建成小康社会目标实现之年，是脱贫攻坚全面收官之年，也是铁路定点扶贫县脱贫摘帽巩固提升之年。

（一）总体思路

深入贯彻习近平总书记关于扶贫工作的重要论述，全面落实党的十九届四中全会和全国扶贫开发工作会议精神，按照打赢脱贫攻坚战三年行动实施方案，坚持精准扶贫精准脱贫基本方略，聚焦深度贫困地区和“两不愁三保障”，把落实“四个不摘”要求、巩固脱贫攻坚成果、防止贫困群众返贫、完善长效带贫机制、增强脱贫内生动力作为重中之重，进一步发挥铁路行业企业综合优势，高质量推进实施铁路定点扶贫巩固提升工程，为打赢打好脱贫攻坚战、全面建成小康社会作出新贡献。

（二）工作目标

全面实现《打赢脱贫攻坚战三年行动实施方案》目标，进一步加大力度，高质量完成定点扶贫责任书年度任务。2020 年责任书主要指标：投入资金 8000 万元，保持 2019 年计划水平；引入帮扶资金 600 万元、培训基层干部 1400 人、培训技术人员 2500 人，购买、帮助销售定点县农产品 800 万元、2100 万元，购买、帮助销售其他贫困县农产品 1500 万元、2500 万元，各项指标均高于 2019 年计划水平。

（三）重点工作安排

一是坚决贯彻落实党中央国务院决策部署。把学习贯彻习近平总书记关于扶贫工作的重要论述作为重要政治任务，进一步增强推进铁路扶贫工作、打赢打好脱贫攻坚战的思想自觉、政治自觉和行动自觉，采取有力措施抓好中央决策部署的贯彻落实。持续加大定点扶贫调研督导力度，帮助和督促地方党委、政府落实主体责任、巩固脱贫攻坚成效。

二是持续加大深度贫困地区帮扶力度。持续发挥铁路建设和运输对深度贫困地区脱贫攻坚的帮扶带动作用，加快推进宝中二线、和田—若羌铁路等重点项目规划建设，加大公益性“慢火车”、无轨站、涉农物资等运输服务保障力度，集中力量打好深度贫困歼灭战，全面巩固定点扶贫和田县脱贫成果。

三是高质量推进实施定点扶贫巩固提升工程。把巩固脱贫、强化带贫、防止返贫，作为铁路定点扶贫工作的重要着力点，坚决落实“四个不摘”要求，确保脱贫县乡村帮扶政策和队伍稳定、工作力度不减，巩固提升定点扶贫质量。聚焦巩固提升“两不愁三保障”成效和防止返贫，帮助当地政府高质量做好“三保障”和饮水安全查遗补漏工作。突出选好项目、用好资金，强化项目后续管理和带贫联结机制落实，精准实施能够让村集体经济持续发展壮大、让贫困群众就近就业持续受益的产业项目。巩固提升消费扶贫质量，动员各方力量积极采购贫困地区产品和服务，持续加大铁路站车和电商消费扶贫力度，引导提升产品附加值和市场竞争力。巩固提升脱贫增收内生动力，加大教育培训和就业创业帮扶力度，引导贫困地区干部群众转变观念、开阔思路、提升自我发展能力。同时持续组织铁路单位面向贫困地区培训使用劳动力和招聘毕业生。巩固提升党建帮扶质量，发挥铁路扶贫干部“领头雁”作用，把贫困村党建优势转化为巩固脱贫成效、防止返贫的强大优势，把村党支部建成带领群众脱贫增收的坚强堡垒。

（四）组织保障措施

一是凝聚脱贫攻坚工作合力。持续加强对定点扶贫工作的组织领导，健全考核评价机制，严格兑现《定点扶贫责任书》各项任务，进一步细化压实帮扶责任和目标要求，坚决防止定点扶贫地区脱贫摘帽后帮扶工作松劲懈怠。

二是加强扶贫干部作风建设。加强扶贫干部日常管理和培养选用，在关心扶贫干部和减轻工作负担等方面持续加大力度，严格落实扶贫领域廉洁纪律和作风建设各项规定，扎实推进问题整改落实，坚决杜绝形式主义、官僚主义，引导扶贫干部强化宗旨意识，坚守法纪底线，创新担当、主动作为。

三是加强脱贫攻坚总结宣传。系统总结定点扶贫成果，充分挖掘选树一批铁路扶贫优秀干部和先进事迹，利用各类媒体深入贫困乡村讲好铁路扶贫故事，宣传脱贫攻坚成果，营造打赢打好脱贫攻坚战、全面建成小康社会的良好舆论氛围。

中国国家铁路集团有限公司

2019 年 12 月 18 日

国铁集团关于报送2020年定点扶贫工作自评报告的函

中央和国家机关工委：

脱贫攻坚战实施以来，国铁集团认真学习贯彻习近平总书记关于扶贫工作的重要论述，坚决落实党中央、国务院决策部署，充分发挥行业企业优势，积极践行“人民铁路为人民”的责任担当，凝聚全行业之力持续加大铁路建设、运输扶贫和定点扶贫力度，助力打赢脱贫攻坚战。现将有关情况报告如下。

一、坚决贯彻落实党中央、国务院决策部署，5年来铁路扶贫工作强力推进

（一）工作进展情况

2016年以来，聚焦定点扶贫特别是深度贫困地区定点扶贫目标任务，加大组织力度，创新帮扶方式，凝聚合力攻坚。一是持续加大帮扶力度。向定点扶贫河南省栾川县、陕西省勉县、宁夏回族自治区固原市原州区、新疆维吾尔自治区和田县（以下简称4县区）投入3.42亿元（含捐赠折算等），派驻157人；特别是2018年三年行动以来进一步加大力度，投入3.16亿元，引入无偿帮扶1.47亿元、社会投资1.93亿元，增派54人，撰稿时已派驻106人。其中向深度贫困地区和田县投入9729万元、引入无偿和企业投资7798万元、派驻53人，投入和力量为4县区最高。二是多措并举精准帮扶。投入4000万元助力解决“两不愁三保障”和饮水安全突出问题。精准实施152个产业项目，惠及贫困人口9.3万人。创新开展消费扶贫行动，

2018年以来采购和帮销8.4亿元（连续三年翻番增长），其中4县区2.14亿元。积极拓展就业扶贫渠道，培训4县区基层干部、技术人员43325人次，培育致富带头人1190余名、帮助就业1.4万人次。加大扶志扶智力度，增强脱贫攻坚内生动力。深化抓党建促脱贫，帮助建强贫困村党支部60个，其中在和田县每年组织扶贫干部与贫困户结对认亲330余人次。三是健全完善管理体系。组织构建覆盖公司16个业务指导部门+18个铁路局等属地帮扶单位+14个协同帮扶单位的工作架构。公司党组领导每年带头深入4县区调研督导实现全覆盖，局级以上干部调研380人次，完成督导报告246个，发现和解决问题725个。系统形成3个总体方案+4个行业意见+22个专项机制的扶贫工作制度体系（贯彻落实打赢脱贫攻坚战三年行动、“两不愁三保障”和决战决胜脱贫攻坚工作方案等，铁路建设扶贫、公益性“慢火车”等行业帮扶措施，扶贫资金项目管理等定点帮扶机制）。动员铁路职工和社会力量积极参与扶贫，刊播新闻报道14360篇，筹集捐赠物资1426万元。四是不断扩大行业帮扶成效。持续加大贫困地区铁路建设投资力度，14个集中连片特困等地区投入2.11万亿元，占总投资76.9%；新投产1.7万公里覆盖155个贫困县，其中57个结束不通铁路历史。在不通铁路贫困地区建设公铁接驳无轨站155个，截至撰稿时，铁路网+无轨站已覆盖600多个贫困县。在4县区所在地市陆续建成西成高铁、阳安复线、库格铁路等重大工程，建成3个无轨站，大幅改善交通和发展环境。持续加大运输帮扶力度，组织开好惠农助学务工列车和农产品运输专列，2019年贫困地区运送旅客1.19亿人、货物6.64亿吨，较2015年增长49%、69.4%（4县区所在地市增长66.7%、141.3%）；减免物流费用40.1亿元（4县区2亿元）。

（二）取得成效

4县区分别于2019年5月和2020年1季度宣布脱贫摘帽，373个贫困村脱贫出列。2016年以来累计减贫27.6万人，贫困发生率从2015年底的9.1%、16.9%、21.7%、30%，到2020年全部清零；农村居民人均可支配收入从2015年底的2371元、8189元、7296元、2539元，提高到2020年的13000元、11000元、12000元、9900元。贫困群众生产生活条件明显改善，“两不愁三保障”和饮水安全问题全面解决。产业发展和就业创业环境明显优化，基本实现了县有龙头企业、乡有产业基地、村有扶贫车间、户有增收项目的“四有”目标。铁路交通等基础设施服务水平不断提升，发展活力和招商引资明显增强。基层党组织凝聚力和战斗力不断增强，贫困群众内生动力、致富理念、精神面貌、文明素养等明显提升，贫困群众幸福感、获得感明显增强，感恩之情日益深厚。如和田县铁路帮扶的贫困村先后有572人递交入党申请书、236人光荣入党，49名民族地区青年成长为合格“村官”，为基层组织建设注入了新活力。

（三）探索形成扶贫模式

1. 形成“精准运输＋公益性‘慢火车’＋旅游扶贫＋农产品专列”的运输扶贫模式。持续优化扶贫地区的列车开行方案，组织开行惠农助学列车和疫情返岗务工专列等；常态开好81对公益性“慢火车”，票价每人公里不到6分钱且25年不涨价；积极组织开行旅游扶贫专列，有效带动贫困地区消费升级；精准服务产销对接，组织开行农产品“点对点”运输专列、集装箱班列、高铁快运等，并减免物流费用。

2. 形成“铁路网＋无轨站＋永临结合”的建设扶贫模式。在不断扩大扶贫地区铁路网规模、畅通“大动脉”基础上，对不通铁路的贫困地区建设无轨站，助力融入区域经济圈；同时统筹实施道路、桥梁、水电通信等永临结合设施，无偿服务当地生产生活。

3. 形成“五项消费扶贫行动＋四项长效帮扶机制”的消费扶贫模式。充分用好铁路企业200万职工、每年运送30多亿人次旅客、60多万建设施工人员、5亿多网络用户等消费市场资源，创新开展扶贫产品定向采购、“进站上车”、电商带货、建设消费、疫情防控帮运帮销等五项行动，构建12306、快运商城、掌上高铁等电商平台与铁路消费扶贫柜组成的“三网一柜”平台，同时强化带贫减贫、品质提升、营销宣传、物流服务等长效帮扶机制。

4. 形成“铁路帮扶＋龙头企业＋合作社＋贫困户”的产业带贫模式。注重培育龙头企业、壮大合作社等集体经济、发展循环经济，引导贫困群众以投资入股、参与经营、生产托管、就业增收等方式融入产业链条。推动铁路行业文化与贫困县域优势相融合，打造“铁路小镇”“火车头打馕车间”等一批特色产业提升工程。

5. 形成“五个一批”的就业扶贫模式。铁路运输助力扶贫地区“点对点”稳岗返岗、铁路建设优先培训使用、铁路企业岗位用工、拓展扶贫产业和公益岗位、加强教育培训增强就业技能等。

（四）中央领导对铁路扶贫工作给予批示肯定

2017 年 8 月 18 日，汪洋同志在国务院扶贫办第 111 期《扶贫信息》“中国铁路总公司开好公益扶贫‘慢火车’”上批示：“铁路总公司认真落实中央的扶贫攻坚举措，展示了国有经济的社会责任感及能力水平，值得充分肯定”；2018 年 4 月 23 日在《中国铁路总公司党组关于做好铁路扶贫工作坚决打赢脱贫攻坚战情况的报告》上批示：“成绩可圈可点，目标令人鼓舞，认真抓好落实，不断完善提高”；2020 年 9 月 10 日在《国铁集团关于认真学习贯彻习近平总书记重要批示精神持续提升公益性“慢火车”开行质量的报告》上批示：“慢火车是国企的品牌、是社会主义的广告”。2019 年 12 月 30 日，胡春华同志在《国铁集团关于铁路服务乡村振兴战略有关情况的报告》上批示“国铁集团发挥自身优势，有力推动了乡村振兴战略和脱贫攻坚战略的实施，应予充分肯定”，给予我们极大鼓舞。2018、2019 年铁路扶贫工作连续获得中央单位定点扶贫考核“好”的等次，2020 年荣获全国脱贫攻坚奖组织创新奖、全国消费扶贫优秀典型案例。

二、以更大决心、更强力度推进 2020 年脱贫攻坚，巩固提升工作

2020 年以来，国铁集团持续加大 4 县区投入力度、工作力度、帮扶力度，在 2019 年栾川县脱贫基础上，全力推进勉县、原州区、和田县如期脱贫，并按照“四个不摘”要求，巩固提升脱贫成果，截止撰稿时，4 县区贫困发生率全部清零。

（一）全面超额完成 2020 年责任书目标任务

1. 进一步强化组织领导

一是提高决战决胜脱贫攻坚政治站位。董事长、党组书记陆东福同志 22 次主持党组会、党组中心组集体学习、扶贫开发领导小组会和全路电视电话会议，及时学习习近平总书记决战决胜脱贫攻坚座谈会、调研考察等重要讲话精神，研究制定铁路决战决胜脱贫攻坚工作方案、扶贫工作年度计划等；总经理杨宇栋同志、党组

副书记甄忠义同志等 10 次主持扶贫开发和建设领导小组会、月度例会等，部署推进扶贫任务；扶贫办 25 次召集会议推进工作；郑州、西安、兰州、乌鲁木齐铁路局召开 29 次党委会、董事会和领导小组会、专题推进会，全力抓实扶贫资金、扶贫项目、扶贫力量、扶贫成果、扶贫监督检查机制“五落实”。

二是加强调研指导。结合疫情防控，坚持现场考察与视频调研相结合，陆东福同志 10 月赴和田县现场考察，并分别于 6 月、10 月与河南、新疆主要领导共商决战决胜脱贫攻坚重要任务；杨宇栋同志 10 月深入栾川县调研考察，甄忠义同志 4 月、9 月深入原州区、勉县调研指导，实现调研指导全覆盖；总经济师韩江平同志 10 月到和田县调研，副总工程师黄殿辉同志 11 月与宁夏领导座谈；司局级及以上领导 105 人次、处级及以下干部 1203 人次现场调研指导，300 人次视频对接指导。

三是强化攻坚任务落实。将领导小组调整为双组长制，由陆东福同志、杨宇栋同志担任，负责同志由 5 人增至 6 人；指导 4 个铁路局新增 5 名同志到本单位扶贫办工作、1 名同志到原州区扶贫办帮助工作，新增 5 名同志驻村扶贫。并抓紧与各帮扶单位签署《铁路定点扶贫责任书》，将扶贫情况纳入党组第 5 轮巡视、专项审计，坚持每月重点督促、半年评价通报、全年考核表彰等；相关铁路局印发工作要点和配套文件，全力推动工作落地。向党中央汇报工作，每季向中央和国家机关工委、国务院扶贫办报告情况，向 4 省区省级党委政府专题报告 15 次，“慢火车”、消费扶贫等 13 篇文章在国家和相关省区扶贫简报刊发。

2. 持续加强扶贫力量

在保持驻村第一书记不撤、不轮换基础上，增派 6 名扶贫干部，截至撰稿时共派驻 106 人，其中挂职扶贫干部 7 人、驻村第一书记 22 人、驻村工作队员 76 人、原州区扶贫办 1 人。进一步强化深度贫困地区和田县的扶贫力量，撰稿时已派驻 53 人（新增 2 人），居 4 县区之首，其中少数民族 44 人。

坚持严管与厚爱相结合，一是发挥铁路临时党支部作用，组织学习党的扶贫政策和扶贫典型案例，每季测试考评。安排扶贫干部 280 人次参加中国干部网络学院决战决胜脱贫攻坚网络专题班、2 期 5 批铁路扶贫工作网络培训班等，实现全覆盖；与地方政府建立监管信息共享机制，坚持周汇报、月写实、季小结、半年总结和年度述职制度，强化驻村日常管理；加强路地联动考核，年内提拔或重点培养 44 人，25 个集体和个人获得地方县级以上表彰，68 个集体和个人获得铁路单位局级以上表彰，其中 1 人荣获中央和国家机关脱贫攻坚优秀个人称号，5 个集体和个人获得铁路扶贫工作“火车头”奖杯和奖章，1 人入选新时代铁路榜样。**二是用好扶贫开发等信息化平台，将全路性专题会议、文件压缩至 4 次、12 件。**结合相关省区政策实际，落实挂职、驻村干部工资福利待遇及挂职、驻村期间交通、食宿和通信补助、健康体检、人身保险等规定，加大节日慰问力度；同时为栾川县扶贫干部办理重大疾病保险，为勉县驻村干部配备医疗小药箱、落实免费就餐，为原州区扶贫干部配备衣物套装，为和田县扶贫干部解决子女就业、职工住房等问题。疫情期间，扶贫干部及时到岗到位，坚持疫情防控、帮扶工作两手抓，得到当地政府和百姓充分肯定。

3. 抓实督促指导工作

细化量化督导标准，全年督导 145 人次，形成反馈函和报告 125 件，协调整改问题 335 个。其中本级督导函、问题 8 件、17 个；帮扶单位 8 件、28 个；扶贫干部督导报告和问题 109 件、290 个；帮扶单位编发《项目推进月度督办反馈》《脱贫攻坚简报》等 53 期，通报路地双方，进一步推动日常发现问题的解决。

围绕督导脱贫攻坚责任落实、政策落实、工作落实和作风建设等重点，一是陆东福、杨宇栋、甄忠义等同志就落实主体责任、决战决胜脱贫攻坚到 4 县区进行全面督导；帮扶单位主要领导等带队就政策、工作落实等进行重点督导；扶贫干部就推进扶贫项目等进行日常督导。二是针对反馈问题，由铁路挂职干部牵头县区督查局、财政局等进行跟踪督导，推动问题整改。三是通过督导推动脱贫攻坚成色进一步提升。路地双方巩固脱贫成果的系列措施进一步落地；龙头企业、村集体经济、致富带头人培育培养，消费扶贫推进、带贫机制建设等问题进一步解决；围绕作风建设，组织帮扶单位与地方政府组成专项检查组，对帮扶纪律、驻地环境、产业管理等进行检查，形成《扶贫督导检查情况报告》加以通报，防止路地双方扶贫干部不作为、乱作为等问题发生。

4. 进一步加大资金投入

在2020年铁路建设、经营较大压力下，实际投入1.67亿元（含物资捐赠费用等），超计划108%，为上年完成的1.7倍；实际引入无偿资金9815万元，超计划1536%，为上年完成的2.1倍。持续向和田县倾斜，年计划、实际投入为4县区之首，其中实际投入4463.4万元，超计划86%，为上年完成的1.56倍；实际引入1161.9万元，超计划674%，为上年完成的4.19倍。

为确保扶贫资金安全和效益，一是与地方政府建立扶贫项目库和信息共享机制，组织专业力量按照疫情防控分区分级要求，路地共同精选项目，审查规模、标准，确保扶贫项目节俭、经济、实用，杜绝铺张浪费。二是严格项目资金审核决策、公告公示、核备把关等程序，落实资金预付制度，提前备工备料，及时启动项目。三是与地方政府共同建立扶贫项目实施和资金使用协作监管机制，对项目实施全过程监管；组织扶贫干部定期报告情况；增设审计局为成员单位，利用6个月时间专项审计扶贫项目157个、资金1.07亿元，确保了项目和资金规范实施。

5. 突出抓好干部人才培训

投入培训资金400万元，培训基层干部12338人次、技术人员17745人次，超计划781%、610%，分别为上年完成的4.4倍、2.1倍，其中创业致富带头人850人次。

面对突发疫情，坚持网络培训与集中培训、现场培训相结合，一是邀请中央党校、国家发改委、中国农业科学院、铁道党校等专家开展“云培训”，举办2期5批铁路扶贫网络培训班，培训4县区基层干部和技术人员11252人次。二是分4批组织220余名致富带头人等到国务院扶贫办培训基地、浙江大学、西北农林科技大学等参加培训，期间先后有5名致富带头人与泉州电商创业园、八马茶叶等企业开展商业合作。三是协同地方政府利用当地资源、铁路扶贫务工基地等开展针对性培训。在栾川县实施培训工作项目制，确保培训质量；在勉县投入200万元资金，坚持内培与外训并举，提升培训效果；在原州区利用100万元资金，举办专业技能培训班，聘请农技专家、行业能手“送课下乡”；在和田县通过春海培训学校等开展农牧民实用技术培训，举办“火车头干果加工”技术培训、现场实训等，帮助掌握务实管用技能。

6. 全面扩大消费扶贫

购买和帮销4县区农产品6437万元、7646万元，超计划704%、264%；购买和帮销其他国家级贫困县农产品16137万元、30182万元（购买和帮销52个脱贫攻坚挂牌督战县3466万元，湖北国家级贫困县10474万元）。全年购买、帮销6.04亿元，为上年完成的3.5倍。

持续深化“五项消费扶贫行动”，举全行业之力统筹解决定点扶贫4县区、52个挂牌督战县、湖北地区及其他国家级贫困县农产品销售问题。一是加大铁路单位“菜篮子”和职工福利、配餐中心等定向采购力度，购买2.2亿元。二是加大“进站上车”力度，在全国431个车站（313个高铁站）、2237列客车（1871列高铁动车组）上设置2880个扶贫直销店或专区；组织开行旅游扶贫专列，带动贫困地区旅游消费。三是构建“三网一柜”铁路消费扶贫平台，覆盖从购票、候车、乘车等全过程消费场景，入驻扶贫产品4000余种。四是引导施工单位优先采购沿线国家级贫困县农产品1.27亿元。五是有针对性地帮助解决疫情期间扶贫产品滞销问题，采购、帮销挂牌督战县和湖北农产品1.39亿元。

（二）努力克服疫情灾情影响，创新推动决战决胜脱贫攻坚

1. 精准推进帮扶工作

（1）下大力气提升产业扶贫质量。一是坚持把产业扶贫作为推动贫困人口稳定脱贫的主要途径和长久之策，加大投入比重，全年投入5732.6万元，占直接投入（不含折合资金）64%。二是突出培育龙头企业、延伸产业链条、发展特色产业、壮大集体经济等重点，精准实施34项能够让贫困人口持续受益的产业项目。三是推进“铁路帮扶＋龙头企业＋合作社＋贫困户”等带贫模式，强化“资金跟着贫困户走，贫困户跟着能人走，能人跟着项目走，项目跟着市场走”的“四跟四走”利益联结机制，深化“资源变资产、资金变股金、农民变股东”的“三变”改革，吸纳贫困户参与。四是落实分区分级精准防控要求，组织帮扶资金、扶贫干部及时到位，尽早组织扶贫项目调研立项、开工复工；组织帮扶单位与地方政府共同验收，确保帮扶效果。

（2）巩固拓展消费扶贫工作。一是拓展消费扶贫五项行动，强化铁路单位定

向采购、加大扶贫产品“进站上车”、推进电商扶贫直播带货、加强工程建设消费扶贫、组织疫情防控帮运帮销等；同时定制“中国铁路消费扶贫柜”，在56个省会级和客流较大车站首批投放，日均最高销售额为北京南站2835元，单台单日销售额最高800多元。二是着力解决扶贫产品滞销问题，先后800余人次对接，集中引进挂牌督战县、湖北、新疆等地区71家企业800余种扶贫产品入驻“三网一柜”平台，作为线上线下推销重点，动员路内外单位和群众购买、帮销1.75亿元。与中国扶贫志愿服务促进会、宋庆龄基金会等携手组织勉县、原州区等价值130万元农产品驰援湖北。利用旅客列车行李车、高铁动车组，运送湖北小龙虾2万余件、货值3700万元，茶叶1854件、货值400万元。三是加大宣传推介，利用全国145个车站738块大屏和灯箱、2093组动车视频、7.7万册宣传折页、18万册《旅伴》等宣传杂志，以及655个公益宣传点等，为扶贫企业节约费用1.8亿元。与外交部、科技部、财政部等部委，建行、工行、扶贫832平台等开展战略合作。四是在本级机关和铁路文化展组织展销；在郑州、新乡、洛阳举办4场展销会；在西安北站、汉中站等开展5场“消费扶贫直通车”活动；在兰州、银川组织2场冷凉蔬菜推介会；把“流动的扶贫巴扎”引进“慢火车”，在和田站展销，扩大消费群体覆盖面。

（3）全力帮助贫困人口返岗稳岗拓岗就业。落实中央稳就业、保民生决策部署，推动实施“五个一批”就业扶贫模式，在发挥优势助力贫困人口返岗就业同时，直接帮扶832个国家级贫困县15万贫困人口就业，其中定点扶贫4县区9749人、湖北省1.03万余人、挂牌督战县1.01万余人。一是铁路运输助力稳岗返岗，开行“点对点、一站式”返岗复工直达专列401列、运送45.4万人，其中4县区8876人。二是拓展铁路建设用工，组织途经国家级贫困县的72个重点在建项目，优先培训使用沿线国家级贫困县劳动力9万人，其中4县区915人。三是充分利用铁路企业用工资源，组织铁路单位先后招录国家级贫困县毕业生、优秀劳务工等8600余人，其中4县区100人；拓展装卸搬运、卫生保洁等外包用工。四是用好扶贫产业和公益岗位，采取“长期+短期”用工模式，帮助4县区贫困人口就近就业2361人。五是引导返乡创业，会同当地政府加强对返乡创业人员业务培训和政策帮扶，培育一批致富带头人；引导4县区顺利转岗从事当地旅游产业、辣椒、花椒和番茄秋收采摘等6000余人。

（4）聚焦补强“两不愁三保障”短板弱项。制定“两不愁三保障”整体补强提升计划，投入4县区2120万元推进“三保障”和饮水安全查漏补缺工作，帮扶贫困人口7.81万人，其中结合疫情防控投入912.7万元加强乡村基本医疗保障。一是投入栾川县550万元改善义务教育办学条件、配备乡镇卫生院紧缺医疗设备、解决住房安全问题、改造贫困村饮水设施。二是安排勉县1120万元，为贫困山区医院配置基本医疗设备、急救车辆等，为山区小学安装采暖系统，组织青年志愿者连续5年开展支教活动，在“慢火车”上开辟“通学助教”车厢，邀请自然博物馆讲解员和西北农林科技大学教授等上车讲授知识。三是安排原州区174.5万元，资助贫困学生完成学业、改造供水设施、为乡镇及村级卫生机构配置制氧机及其他设备、安全补强住房。四是投入和田县276万元，修缮房屋、改善义务教育和饮水条件，帮助和田县装运3.5万吨扶贫煤，运价优惠30%，帮助14.5万贫困人口安全过冬。

（5）深化抓党建促脱贫攻坚工作。组织36个单位与30个贫困村党支部联学联建，开展联学联建活动62次、主题党日活动123次；33个单位结对共建30个贫困村；培训贫困村两委班子1258人次。一是在栾川县投入190万元，帮建脱贫攻坚主题教育馆等阵地，宣传党的扶贫政策和脱贫攻坚成果。二是在勉县与贫困村共同组建“党员服务队”和“党员突击队”，主题党日活动重点研讨帮贫益贫措施，到产业区及贫困户家中劳作，增强贫困人口脱贫增收信心。三是在原州区坚持“党内活动联搞、组织生活联过、制度机制联建、帮扶措施联抓”的四联机制，制定7条巩固和加强党建扶贫措施。四是在和田县坚持每周一升国旗活动，每月一次主题党日活动，每村选取3名青年积极分子或党员作为村级后备干部实行“一对一”传帮带，增强贫困村“两委”班子的凝聚力、战斗力和号召力。

（6）扎实做好巩固脱贫成果防止返贫致贫工作。一是印发落实防止返贫监测和帮扶机制通知，协同4县区完善制度，构建并实施县乡村权责分明、分工负责的动态监测机制；抓住勉县、原州区、和田县宣布脱贫契机，致函3县区明确后续帮扶措施16项。二是组织扶贫干部密切跟踪边缘户和因灾因疫等收入骤减、支出骤增户，精准落实产业就业、综合保障、扶志扶智等措施，4县区没有返贫现象。三是持续优选扶贫产业，壮大集体经济，加强带贫监管监控，推动贫困户持续稳定受益；加大贫困村“两委”班子、基层干部以及致富带头人培训，促进稳定就业，提升脱贫致富内生动力。四是结合乡村振兴战略和“十四五”发展规划等，投入120万元帮助原州区、和田县做好区域经济发展规划，推动脱贫攻坚与实施乡村振兴战略有效衔接。

（7）进一步推进帮扶方式创新。一是创新产销帮扶长效机制，着重帮助打造特色产业、培育龙头企业、延长产业链，下功夫完善“铁路帮扶＋龙头企业＋合作社＋贫困户”等带贫模式；并全力推动“五项消费扶贫行动”，分批投放消费扶贫柜，构建铁路网与互联网、线上与线下深度融合的铁路消费扶贫体系。二是深化“五个一批”就业扶贫措施，通过“点对点”直达专列助力贫困人口外出务工、铁路建设用工、铁路单位招聘、扶贫产业和公益岗位、加强技能培训促返乡创业等，提升就业扶贫质量。三是创新行业帮扶模式，完善“铁路网＋无轨站＋永临结合”的建设扶贫模式；深化“精准运输＋公益性‘慢火车’＋旅游扶贫＋农产品专列”的运输扶贫模式，助力脱贫攻坚。四是加大教育扶贫，结合疫情防控聘请知名专家开展远程“云培训”；组织部分贫困人口到国家专业培训基地、高等院校等培训，提升培训质量；组织群众代表体验高铁、乘坐“慢火车”、考察产业等，促进转变观念。

2. 发挥行业扶贫的助推作用

（1）加强建设扶贫工作。印发《铁路决战决胜脱贫攻坚深化建设扶贫工作方案》，全力推动建设项目开工复工，2020年以来国家铁路基建投资3388亿元、增长1%，有效发挥稳投资、稳就业作用。2020年投产新线覆盖了26个国家级贫困县，其中6个结束不通铁路历史；在建的项目还将新增覆盖79个国家级贫困县（挂牌督战县6个）。并强力推进4县区铁路规划建设，向栾川县所在的洛阳地区投资2.65亿元，实施洛阳动车存车场、关林站改造等工程；抓紧完成途经勉县的阳安铁路复线的收尾工程；积极推进经过原州区的宝中线中卫—固原段扩能工程前期工作；加快建设途经和田地区的和若铁路，优化区域发展环境。

同时在建设施工中，紧密结合当地规划，将永临结合的设施设备无偿移交地方使用；优先选用当地物料、使用当地贫困劳动力。据不完全统计，途经国家级贫困县的72个重点项目，修建便民道路240条986公里，2020年以来采购沿线扶贫农产品1.27亿元。其中为勉县保留便桥2座，采购汉中地区生活物资等255万元；发放工资、租赁设备994万元。组织临近洛阳、固原地区铁路参建单位采购栾川县、原州区农产品46.7万元、55.8万元。在和田地区租赁机械设备、采购工程物料等43897万元，采购农产品及生活物资581万元，建设道路6.7公里、水井13口，为改善民生、促进就业、加速发展注入新动力。

（2）增强运输产品有效供给。结合疫情要求，优化途经贫困地区客车开行，81对“慢火车”发送1189.5万人，开行北京—和田等扶贫旅游专列174列、发送10.3万人次，用好155个无轨站。2020年以来贫困地区发到旅客1.47亿人。加大货运精准服务，开行农产品“点对点”运输专列等，全力保障复工复产、复商复市、春耕备耕等物资供应，促进产业链顺畅连通。2020年以来贫困地区发到量5.7亿吨，同比增长4.9%，减免费用12.8亿元。

4县区所在地市的旅客、货物发到量2454万人、2679万吨，减免物流费用7065万元。一是完善栾川县高铁无轨站功能，售票2000余张，开通栾川—洛阳龙门站等专用巴士，发送18.3万人次；实施货运“一口价”项目14个、运送38万吨。二是将勉县“慢火车”的行李车改造为惠民助农主题车厢；开行务工专列3列、运送3600人外出务工；常态化开行D6857次西安—汉中高铁旅游专列，节假日增开旅游扶贫专列；帮助汉中钢铁公司、汉中锌业公司等在勉企业组织原材料，签订政府、铁路、企业三方战略合作协议。三是持续提升原州区“慢火车”品质、运送12.7万人，用好2个无轨站，组织旅游专列2列、向固原地区运送600余人；与宁煤集团等签订运量互保协议并组织直达运输，开行鲜活产品等“点对点”运输专列。四是投入196万元改造和田地区的皮山站、墨玉站、和田站候车座椅及检票闸机等设施，并解决和田2对“慢火车”沿途风沙大问题；开行旅游专列5列、运送910人；确定准东、将军庙站等为扶贫煤炭发运站并下浮运费，联合自治区商务厅等成立“集拼集运货运班列”协调组，助力区域脱贫攻坚。

3. 动员社会力量广泛参与

铁路单位和扶贫干部牵线搭桥为4县区引入无偿资金9815万元；引入社会企业14个、资金1.11亿元，带动建档立卡贫困人口5.69万人。一是引导参与当地铁路建设的施工企业，把临建工程打造为永久基础设施，优先选用贫困人力物力。二是促成栾川县与河北白云环保设备制造有限公司联姻，引进资金 2000 万元及相关技术，实施钒酸铵等产品烘干仓储项目；在勉县引进资金 1300 万元，发展红辣椒种植、阜川茗茶标准化加工中心等项目；邀请供应铁路劳保制服、列车卧具产品等 4 家企业到原州区考察，引进 2000 万元；在和田县引入新疆米兰食品开发公司、和田徽杭坚果加工公司等，投入 3500 万元实施核桃、大枣、葡萄种植等，带动贫困人口 4200 人。三是开展爱心捐赠活动，并引进中国扶贫基金会、中国青少年发展基金会等资金 240 余万元，资助 4 县区贫困学生、发展产业。

4. 积极助力挂牌督战县脱贫攻坚

一是组织铁路各单位加强帮扶，尤其是对管内有挂牌督战县的南宁、昆明等 5 个铁路局、10 个铁路建设单位，进一步明确建设、运输、就业、消费等帮扶任务；对于直接承担广西融水苗族自治县 3 个村和贵州望谟县坝奔村帮扶任务的南宁、成都铁路局，均要求实施月督战。二是强力推进覆盖挂牌督战县的贵南、渝昆、银西高铁，兰合、和若铁路等项目建设，确保银西高铁年内全线贯通。2020 年建成和在建铁路覆盖 10 个挂牌督战县，其中 6 个结束无铁路历史。并抓好永临结合工程，优先选用当地劳务工、采购农产品等。三是加大运输支持，优化客车停站停点，开好 3 对“慢火车”、23 列务工专列，用好 5 个无轨站，2020 年以来发送旅客 34 万人；组织货运发到量 244.3 万吨，同比增长 11.9%，减免费用 1600 余万元。比如利用凉山地区的尼波车站整治场地，临时办理玉米、化肥、矿建等货物 13110 吨，全力支持彝族区域农业发展。四是助力就业、消费扶贫，招录挂牌督战县毕业生等 175 人，铁路建设使用劳务工 9962 人。将挂牌督战县 20 家企业、195 种扶贫产品入驻“三网一柜”平台，并动员购买、帮销 3466 万元。五是为望谟县、融水苗族自治县 600 名女教师捐赠 600 套、21 万元的健康防护用品。组织南宁铁路局投入 266 万元（同比增长 3.5 倍），把良陇小学改造成乡村小学示范点，帮助 3 个村发展高山特色种养产业；组织成都铁路局投入 50 万元，帮助已脱贫的坝奔村实施义务教育等项目，巩固成果防止返贫。

5. 营造决战决胜脱贫攻坚氛围

印发“脱贫攻坚、铁路情怀”主题宣传方案，策划100多个扶贫选题。组织近70名中央媒体记者前往勉县、栾川县开展“铁路扶贫一线见闻”系列采访，5名铁路扶贫干部出席国新办一线人物见面会；利用人民日报、新华社、央视、学习强国等媒体及时扩大宣传，央视等媒体推出系列主题报道《坐着高铁看中国》、“慢火车”系列报道，在省级以上媒体刊发4县区报道2789篇，创作微电影和扶贫歌曲等宣传作品925个，组织铁路网评员撰写扶贫网评，提升宣传效果。开展女职工“百万家庭亲情一线牵”公益活动，为和田县贫困儿童编织100件过冬衣物。组织铁路文工团深入4县区开展扶贫专场演出17场，拍摄扶贫公益电影《慢火车》，扶贫主题话剧《火火火车头》剧本通过了国家艺术基金复审，积极展示国铁企业责任担当和脱贫攻坚成果。

三、2019年考核发现问题整改情况

（一）深入开展自查自纠工作

召开全国铁路电视电话会议，对深查深改作出部署。把问题查摆和整改作为调研督导重要内容，纳入党组第5次巡视，组织专项审计，并建立月督办制度，组织各帮扶单位协同地方政府共同完善措施，补强脱贫攻坚短板弱项。

（二）有针对性地提升产业帮扶质量和效果

围绕反馈的“部分产业扶贫项目缺乏龙头企业带动，市场风险防控和竞争能力有待提升”问题进行专项自查和整改。一是与地方政府共同整合扶贫企业，打造32家经济实力雄厚的龙头企业，增强扶贫产业抗风险和带贫能力。二是探索创建农业产业化联合体，提高扶贫产业项目开发深度，成立铁路消费扶贫运营中心合作社，进一步延伸扶贫项目产业链条，推动产业集约化发展。三是推动企业优势与贫困县域优势相融合，实施特色产业提升工程，打造“铁路小镇”等火车头系列产业，扩大扶贫产业品牌价值。四是以发展壮大集体经济为突破点，扶持4县区118家合作社发展，通过企业带动、政府推动、合作社经营、铁路帮扶等方式，推动当地优势产业发展，增强市场竞争能力。

（三）举一反三抓好共性问题整改

抓实定点扶贫成效评价、脱贫攻坚成效考核通报的共性问题整改。按照“四个不摘”要求，4县区投入和引入资金，培训基层干部和技术人员，购买和帮销农产品均超计划和上年完成。协同督导地方政府建立防止返贫动态监测和帮扶机制，有针对性地开展帮扶。用好行业资源，助推贫困人口返岗稳岗拓岗就业、消费扶贫及52个挂牌督战县脱贫攻坚和湖北消费、就业扶贫等。强化作风建设，确保扶贫项目节俭、经济、实用；严格驻村期间执行八项规定的措施，防止形式主义官僚主义等问题发生，展示铁路扶贫干部过硬作风。

四、典型经验与做法

（一）创新“慢火车”服务品牌，助力贫困群众脱贫致富

1. 坚持服务边远地区群众

在强力推进铁路建设、加大运输服务保障的同时，常态化开好81对“慢火车”，覆盖21个省区、35个民族地区、104个国家级贫困县，票价25年不涨价，成为边远地区群众外出务工、求医就学、赶集主要交通工具，被贫困群众亲切地誉为便民车、致富车、连心车。2020年以来运送旅客1189.5万人。其中途经4县区“慢火车”4对、运送94.6万人；途经勉县“慢火车”全程运行117公里、硬座票价7元。汪洋同志作出批示“慢火车是国企的品牌、是社会主义的广告”。

2. 持续提升服务质量

2020年5月专门组织调研，并制定实施《巩固脱贫攻坚成果、持续提升公益性“慢火车”开行质量措施》。因地制宜补强车站候乘区、进出站通道、站台雨棚，适应性改造部分车辆等。坚持一线一策，优化列车停站停点，使沿线群众乘火车早进城、晚出城，“两头不摸黑”；并规范提供适需服务，做好助老、助农、微公益等帮扶工作。比如2020年投资1500余万元，对和田县“慢火车”沿线12个客运站增加降温、照明设施等；勉县的“慢火车”将行李车改造为“惠民助农列车集市”车厢，各类

鲜活农产品可在列车上交易，日最高销售额2200元；原州区“慢火车”上设立“百宝箱”，配备针线、胶带、钳子等用品，方便群众自用。

3. 持续扩大效果、打造品牌

主动与沿线地方政府沟通对接，深入了解贫困群众需求，协调推动进出站公路、便道、厕所等基础设施建设，促进铁路与公路客运班线有机衔接；并积极推进具备购取票候车、公交接驳、农产品推介等服务功能的无轨站建设，扩大“慢火车”服务范围。目前4县区“富民号”“幸福乡村号”“民族团结一家亲号”等“慢火车、优生活”品牌深受百姓青睐。

（二）推动消费扶贫实现新突破，购买和帮销超6亿元

1. 创新消费扶贫模式

充分用好200万铁路职工“菜篮子”、每年运送30多亿人次旅客、60多万建设施工人员、12306网络5亿多注册用户等蕴含的巨大消费市场，举全行业之力创新实施“五项消费扶贫行动”；构建“三网一柜”铁路消费扶贫新平台，形成覆盖广大旅客从网络订票、进站候车、乘车旅行等全过程的消费场景。2020年购买和帮销6.04亿元，为上年的3.5倍，连续三年实现翻番增长。相关经验在国新办消费扶贫新闻发布会上介绍，“创新实施5+4消费扶贫模式”“打造栾川印象品牌”等2项案例入选2020年全国消费扶贫优秀典型50案例。

2. 强化带贫益贫机制

把“是否最大限度帮助贫困人口就业增收、是否最大限度反哺集体经济持续发展”作为筛选扶贫企业的重要标尺，健全消费扶贫管理办法，协同当地政府严格把关审查。落实帮扶企业、当地政府、电商平台的责任，完善准入退出机制，促进消费扶贫按照公开、公正、公平的市场行为良性发展，引导企业诚信经营，最大程度反哺贫困人口脱贫致富。

3. 强化服务保障措施

利用大数据技术动态分析、反馈市场体验，适时优化调整品类结构，并引导企

业提升产品质量和品牌形象。充分运用铁路媒体、站车广告等加大营销宣传，减免广告、平台入驻、场地使用等费用，降低成本、提升竞争力。发挥铁路网络优势，组织“点对点”运输专列等，并与顺丰、京东等社会物流企业合作形成高效物流网络，努力降低物流成本。

（三）探索扶贫产业发展新模式，推动产业扶贫稳定发展

1. 培育带贫能力强的龙头企业

发挥铁路行业企业优势，协同地方政府共同整合扶贫企业，打造抗风险韧性强、适合带动贫困人口稳定增收的龙头企业。2020 年在 4 县区打造龙头企业 32 家，其中投入 1000 万元资助勉县建设整县辣椒产业园，引入龙头企业——四川九曲水生态农业公司，提升抗风险能力和市场竞争力，带动 5000 贫困户年人均增收 3140 元，增加就业 120 人；在栾川县打造的“栾川印象”农产品加工销售龙头企业，带动 5250 名贫困人口年人均增收 1100 余元。

2. 构建产供销对接的产业链条

推动扶贫产业链上下游企业的纵向合作，创建农业产业化联合体和消费协作机制，打通生产、流通、消费等环节，延长扶贫产业链条，释放扶贫产业集聚效应。2020 年安排原州区 1200 万元，帮助建设净菜分拣包装加工车间、高标准智能温室，成立铁路消费扶贫运营中心合作社，畅通下游销售渠道，每年增加贫困人口收入 710 万元、带动就业 540 人，成为当地扶贫示范项目。投入 523 万元，与勉县汉中锦绣公司等企业合作，增强“元庄村蚕桑基地”等项目开发深度，与临近的宁强县麻辣鸡加工厂签订供销合同，促进形成多元化种养产业链条，推动产业集约化发展。

3. 创新实施特色产业提升工程

推动铁路企业优势与贫困县域特点有机整合，提升扶贫产业品牌价值。在栾川县新南村、王坪村，集中改造“铁路人家”主题民宿、配套集体餐厅等，捐赠价值近 230 万元的机车、车厢等元素，“铁路小镇”项目成为当地乡村旅游“网红打卡地”和旅游新地标，运营以来带动村集体增收 13 万元，贫困户户均增收

2 万元；在勉县捐赠 20 英尺报废集装箱 50 个，支持发展民宿旅游项目，增强扶贫产业品牌影响力。

4. 扶持以集体经济为主体的合作经济

完善利益联结机制，引导贫困群众通过参与经营、务工就业、生产托管等方式融入产业链条，形成村集体、农户共同经营管理的新型农业经营主体。2020 年共扶持 4 县区 118 家合作社发展，其中在原州区与齐力种植专业合作社等合作，通过企业带动、政府推动、合作社经营、铁路帮扶等方式，发展当地优势明显的种植业；在和田县先后投入 3800 万元，以村为单位，通过帮扶合作社经营发展乡村旅游餐饮、营养馕加工等系列产业，增强扶贫产业风险防控和竞争力。

（四）凝聚路内外资源和力量，推进决战决胜脱贫攻坚

1. 帮扶力度创最高水平

构建覆盖公司机关、18 个铁路局、14 家协同单位的扶贫工作体系，派驻干部 106 名，为历年最多。组织 36 个临近的基层站段与 30 个贫困村联学联建、对口帮扶等。全力筹措资金帮扶 4 县区，投入 1.67 亿元、引入 9815 万元，为上年的 1.7 倍、2.1 倍，为历年之最。

2. 凝聚全行业之力推进脱贫攻坚

充分发挥铁路建设、运输优势，努力改善 4 县区等贫困地区发展环境。同时用好行业企业资源，助力贫困人口返岗稳岗就业、消费扶贫，以及 52 个挂牌督战县脱贫攻坚。积极引导铁路 200 万职工、60 余万施工人员、30 多亿人次旅客共同参与，形成合力攻坚的决战决胜态势。

3. 动员社会力量拓展扶贫效果

组织各帮扶单位、扶贫干部克服疫情影响，引入社会帮扶资金和企业。积极与国家部委、社会组织、扶贫 832 平台等央企电商战略合作，汇聚资源推进定点扶贫。搭建覆盖广大旅客全过程消费场景的“三网一柜”平台，充分挖掘可以动员的巨大消费市场，提升消费扶贫成效。

五、问题与不足

目前4县区已按期脱贫，并不断巩固提升脱贫成果。但还需在激发群众内生动力、提升脱贫群众稳定致富能力等方面持续用力；在产业持续发展、完善利益联结机制等方面巩固提升；在全面脱贫与乡村振兴有效衔接工作方面统筹深化，接续推进脱贫摘帽地区乡村振兴。

六、下一步工作思路

2021年是“十四五”开局之年，也是巩固拓展脱贫成果、接续推进乡村振兴战略的重要一年。国铁集团将认真学习贯彻习近平总书记关于扶贫工作和乡村振兴的重要论述，聚焦农村低收入人口和脱贫摘帽地区，持续发挥铁路行业企业帮扶优势，加快连接脱贫地区铁路规划建设，提升铁路覆盖通达水平，更好地发挥铁路建设服务乡村振兴的基础保障作用；加强运输服务保障，更好地满足脱贫地区群众出行和物流需要、促进产业链顺畅连通；巩固拓展脱贫成果，保持帮扶举措和工作力度总体稳定，不断扩大产业、消费、就业、教育等帮扶成效，研究建立铁路服务保障乡村振兴战略的工作机制，为推动全面脱贫与乡村振兴有效衔接作出新贡献。

国铁集团

2020年11月29日

精
准
扶
贫

铁
路
情
怀

《中国扶贫开发年鉴（2013）》·铁路扶贫

一、概述

原铁道部历来高度重视扶贫工作，部党组认真贯彻中央关于扶贫开发工作部署要求，将扶贫工作纳入重要议事日程，每年多次专题研究部署铁路扶贫工作。特别是2011年中央扶贫开发工作会议召开以来，结合新阶段扶贫工作更加艰巨和繁重的实际情况，进一步增强了部扶贫开发领导小组领导力量，由过去一位副部长任组长，调整为部长任组长、副部长任常务副组长。领导多次听取铁路扶贫工作汇报，并就贯彻落实中央关于新阶段扶贫开发工作决策部署作出指示，要求铁路部门以党的十八大精神为指导，继续站在讲政治、讲大局、讲奉献的高度，深入总结铁路扶贫工作，主动适应新形势、新任务和新要求，坚持真抓实干，不断开拓创新，努力巩固扩大铁路扶贫开发成果，更好地服务全国扶贫开发工作大局。

从2002年开始，原铁道部承担对宁夏回族自治区固原市原州区、新疆维吾尔自治区和田县3个乡的定点扶贫工作。11年来，原铁道部坚持“真扶贫、扶真贫”，组织有关部门和兰州、乌鲁木齐铁路局负责同志以及参加扶贫工作的同志785人次深入原州区和和田县进行实地调研，了解扶贫需求，克服经营困难，每年安排专项资金用于定点扶贫，累计投入资金1.98亿元，实施农村特色产业开发、教育扶贫、医疗卫生扶贫、生态移民村建设等项目200个。经过原铁道部的对口帮扶和贫困地区人民的艰苦奋斗，原州区和和田县3个乡的贫困面貌有了较大改善。

一是贫困人口数量大幅下降。原州区的贫困人口数由2001年末的22.4万人下降到2012年末的10.8万人，减幅51.8%，贫困发生面由58.5%下降到32.7%；贫困发生面最低的年份为2008年，贫困人口2.9万人，贫困发生面9%。和田县3个乡的贫困人口数由2001年末的4.2万人下降到2012年末的3.1万人，减幅26.2%，3703名绝对贫困人口数全部消除，贫困发生面由72.9%下降到60%；贫困发生面最低的年份为2009年，贫困人口0.7万人，贫困发生面14.3%。两地的温饱问题基本得到解决。

二是农民人均收入大幅提高。原州区的农民年人均纯收入由2001年的927元提高到2012年的4792元，增长了4.2倍。和田县3个乡的农民人均年收入由2001年的938元提高到2012年的4299元，增长了3.6倍。

三是地方经济实力明显增强。原州区的GDP由2001年的5.85亿元提高到2012年的67.87亿元，增长了10.6倍。和田县3个乡的GDP由2001年的0.67亿元提高到2012年的2.19亿元，增长了2.3倍。原州区和和田县3个乡的经济产业结构不断优化，逐步由单一的农业经济模式开始向农、工、商多种产业共同发展的格局转变。

与此同时，原铁道部始终坚持“人民铁路为人民”的宗旨，积极发挥铁路行业建设扶贫、运输扶贫等方面的优势。紧密围绕贫困地区扶贫开发面临的突出矛盾和需求，加强与地方政府的联系沟通，加快推进铁路建设，加大运力倾斜力度，因地制宜制定和落实支持、帮扶政策，为地方经济社会发展和扶贫开发提供了有力保障。

铁路建设方面。原铁道部参与扶贫工作以来，重点支持中西部地区铁路建设加快发展，一大批路网干线、大能力通道、国土开发性新线陆续开工建设，部分项目已建成投产，路网规模和质量大幅提升。特别是“十一五”期间，中西部地区铁路基本建设投资完成9321亿元，是“十五”期间的4.8倍。2011年、2012年，中西部地区铁路基本建设投资分别完成2907.63亿元、3238.36亿元，年均增幅高于全国平均水平4.3个百分点。2012年末，西部地区铁路营业里程达到3.7万千米，中部地区铁路营业里程达到2.2万千米，分别占全国铁路营业里程的38.2%、22.9%。在定点帮扶的宁夏回族自治区、新疆维吾尔自治区，2002年以来建成投产了库车西至俄霍布拉克铁路支线、精伊霍铁路北疆线扩能、兰新线红柳河至阿拉山口电化、乌准线小黄山至五彩湾、太原中卫银川铁路、喀什至和田铁路、哈密至罗布泊铁路、既有兰新铁路电化、哈密枢纽南环线、银川站改造、包兰线惠农至银川段增建第二线等项目，兰新第二双线、南疆铁路吐鲁番至库尔勒段增建二线、乌鲁木齐新客站、霍尔果斯口岸站等在建项目正在加快推进。

铁路运输方面。加大中西部地区铁路运输支持力度，对关系国计民生的重点物资运输予以重点保证，对粮食、棉花、化肥等涉农物资运输执行优惠的运输价格，对贫困地区蕃茄、马铃薯等农副产品外运坚持特事特办，极大地促进了贫困地区经济社会发展。“十一五”期间，中西部地区铁路旅客发送量、货物发送量分别完成31.28亿人、106.35亿吨，是“十五”期间的1.4倍、1.6倍。2011年、2012年，中西部地区铁路旅客发送量分别完成7.83亿人、8.18亿人，年均增幅高于全国平均水平0.5个百分点；铁路货物发送量分别完成26.55亿吨、26.52亿吨，年均增幅高于全国平均水平0.8个百分点，进一步发挥了铁路在服务扶贫开发大局、促进区域协调发展上的重要作用。在定点帮扶的宁夏回族自治区、新疆维吾尔自治区，铁路客货运量实现大幅度增长。2012年，宁夏回族自治区铁路货物发送量完成8467万吨，比2001年增加6340万吨，年均增长13%，高于全国平均水平6.3个百分点；铁路旅客发送量完成535万人，比2001年增加285万人，年均增长6.7%，高于全国平均水平1.7个百分点。2012年，新疆维吾尔自治区铁路货物发送量完成6840万吨，比2001年增加2885万吨，年均增长4.6%，其中南疆线完成2365万吨，年均增长17%；铁路旅客发送量完成2125万人，比2001年增加1197万人，年均增长5.7%，高于全国平均水平0.7个百分点。

二、秦巴山片区联系工作

2012年，原铁道部认真落实国务院扶贫办关于片区联系工作的部署要求，适应秦巴山片区经济社会发展需要，与科技部一起扎实推进调查研究、联系沟通、督促指导三项任务，推动片区区域发展和扶贫攻坚联系工作有序实施。

1. 成立联系工作领导小组。通过充分沟通协调，科技部、原铁道部共同成立了片区联系工作领导小组，领导小组下设联合办公室、专家咨询组等工作机构。为发挥铁路整体优势，原铁道部决定，秦巴山片区涉及的郑州、武汉、西安、成都、兰州5个铁路局，各指定一名局级领导干部负责联系扶贫工作，并明确了负责具体工作的人员和职责。

2. 开展扶贫联合调研。为充分了解秦巴山片区扶贫开发面临的共性问题和突出矛盾，准确把握秦巴山片区扶贫开发的需求和方向，2012 年 3 月 ~ 4 月，科技部、原铁道部和 6 个省市成立 6 个调研组，由 6 名局级领导干部带队，对秦巴山片区 6 省市 80 个贫困县进行了全面深入的调研。按照分工，原铁道部负责河南和湖北调研，同时参与科技部负责的重庆、四川、陕西、甘肃调研。通过调研，了解了现状，掌握了需求，特别是针对秦巴山片区人多地少、山大沟深、环境复杂、农业脆弱等特点，提出了加快交通基础设施建设、提高科技扶贫能力、实施安置型移民搬迁、加强产业化扶贫开发等方面的意见和建议。

3. 参与筹备启动会。按照国务院扶贫开发领导小组的部署，原铁道部协助国务院扶贫办和科技部，参与筹备启动会的各项工作。2012 年 5 月 10 日，秦巴山片区区域发展与扶贫攻坚启动会在四川广元召开，回良玉副总理出席会议并作重要讲话。相关领导主持会议，对贯彻落实回良玉副总理讲话精神提出要求，对铁路部门做好秦巴山片区扶贫工作作出部署。范小建主任宣读《国务院关于秦巴山片区区域发展与扶贫攻坚规划（2011 — 2020 年）的批复》，国家发展改革委杜鹰副主任介绍《秦巴山片区区域发展与扶贫攻坚规划》的编制情况和主要内容，张来武副部长代表片区牵头联系单位发言，河南、湖北、重庆、四川、陕西、甘肃 6 省市人民政府负责同志分别发言。

4. 建立沟通协调机制。原铁道部结合实际，积极配合科技部建立片区部际协调和联系会议制度。在各有关部门和 6 省市的大力支持下，成立了由科技部、原铁道部等 24 个部委（局）和 6 省市有关部门负责同志组成的部际协调小组，明确了部际联系会议的职责、工作规则等。2012 年 12 月，科技部、原铁道部在北京铁道大厦召开秦巴山片区区域发展与扶贫攻坚部际联系会议，范小建主任、陆东福副部长、张来武副部长出席会议并讲话，部际联系会议成员单位和郑州、武汉、成都、西安、兰州铁路局负责同志参加会议。会上，各成员单位对 6 省市提出的建议和需要支持的事项一一作了答复，通过了《秦巴山片区区域发展与扶贫攻坚部际联系会议制度》。

5. 认真研究答复省市需求。对秦巴山片区 6 省市提出的建议和需要支持的事项，原铁道部高度重视，多次组织有关部门进行认真研究。在秦巴山片区部际联系会议上，对铁路建设、合资铁路财政补贴和运价定价事项、车站升级和专用线改造、对口帮扶和组织人员到片区挂职等事项，作了认真答复。

三、定点扶贫工作

2012 年，原铁道部积极配合宁夏回族自治区、新疆维吾尔自治区党委、政府实施扶贫开发纲要和整村推进扶贫规划，组织兰州、乌鲁木齐铁路局继续做好对固原市原州区和和田县 3 个乡的定点扶贫工作，在推进生态移民村建设、深化特色产业扶贫开发、落实教育扶贫举措、规范扶贫项目管理等方面，取得了新的成效。全年共投入定点扶贫资金 1074.6 万元，其中原州区 500 万元、和田县 574.6 万元（含上年度结余）；实施扶贫项目 14 个，其中原州区 6 个、和田县 8 个，为改善贫困群众生产生活条件、巩固发展边疆稳定和民族团结局面、促进贫困地区经济社会发展作出了积极贡献。在地方各级党委、政府和广大人民群众的共同努力下，宁夏回族自治区固原市原州区和新疆维吾尔自治区和田县贫困状况有了较大改善，各项事业呈现稳步发展的良好态势。2012 年，原州区农民人均纯收入达到 4792 元，比上年增长 14.4%；全年减少贫困人口 1.44 万人。和田县拉依喀乡农牧民人均纯收入 4902 元，比上年增长 10.9%，全年减少贫困人口 0.12 万人；色格孜库勒乡农牧民人均纯收入 3729 元，比上年增长 7%，全年减少贫困人口 0.1 万人；朗如乡农牧民人均纯收入 3574 元，比上年增长 5.7%，全年减少贫困人口 0.09 万人。

四、原州区生态移民村建设

2012 年，原铁道部投入 340 万元与原州区自筹资金 2000 余万元捆绑，在原州区三营镇建成了由 316 户搬迁户组成的“金轮村”。共建移民住房 316 套，每户院落占地 600 平方米，其中一半面积用于种植或养殖，每户房屋 3 间、使用面积 54 平方米，1 间客厅、1 间卧室、1 间分隔为厨房和洗浴室，为每户安装太阳能热水器。为解决村民的生计问题，为每户村民新建面积 600 平方米的蔬菜温室 1 座，用于种植经济作物。同时，为“金轮村”建设了村部活动中心（兼村委会办公室）和幼儿园、超市、文化广场各 1 处，硬化、绿化道路 6 千米，形成了欣欣向荣、文明整洁、积极向上的新农村，初步实现了移民“搬得出、稳得住、能致富”的目标。在推进“金轮村”移民村建设的同时，投入资金90万元用于头营镇三和村“三个确保”重点村建设，整修道路4千米，帮助贫困户发展养殖业，为村民配发基础母羊988只，配备铡草机253台；投入20万元在河川乡康沟村修建漫水桥，从根本上解决了沿途4个村200余户1000人过河难的问题。这些措施，极大地改善了农业生产生活条件，有力促进了当地社会主义新农村建设。

五、和田县产业扶贫开发

2012年，原铁道部结合和田县自然条件和传统产业优势，继续帮助贫困户大力发展种植业和传统手工业，推进开发式扶贫和滚动式发展。累计投资7895万元，实施和田县核桃深加工工程建设，乌鲁木齐铁路局成立项目建设指挥部对项目可研、工程招标、建设组织等环节实行全过程管理，使其成为“交钥匙”工程。2012年，顺利完成了核桃深加工工程建设，并于3月30日正式交付和田县经营。该项目对促进和田县经济发展、带动当地农民持续增收，发挥了重要作用。在抓好核桃深加工项目的同时，继续加大和田县特色产业扶贫开发投入，先后投入扶贫资金340万元，援助色格孜库勒乡新建1000亩红枣滴灌基地和枣苗，以及相关机井等配套设施，为朗如乡新建1000亩核桃滴灌基地并配发核桃苗。投入85.5万元，为色格孜库勒乡实施葡萄立架改造300亩，提高葡萄产量和品质。投入122万元，为拉依喀乡新建现代化的地毯编织厂，引进半自动流水地毯编织机，并投入9万元为300户农民采购地毯编制架进行补助，在改善劳动条件、提高生产效率、促进农民增收上发挥了重要作用。在多年来持续产业扶贫的带动下，和田特色种植业和地毯编织业得到长足发展，产品质量和附加值有了较大幅度提高，农民增收渠道得到进一步拓展，当地“造血”功能和自我发展能力进一步增强，扶贫开发工作逐渐形成良性循环。

六、教育扶贫工作

2012年，原铁道部坚持“扶贫先扶智”，继续实施教育扶贫项目。在原州区，为重点贫困村和生态移民村农民开办实用技术和劳动技能培训班15期，共有3100人参加培训，进一步提高了村民的致富能力。投入20万元资助新入学的100名贫困大学生，为这些家庭减轻了负担。在和田县，投入近30万元，为朗如乡高山牧民配备了100套马背便携式太阳能发电设备，使屯垦祖国边陲的牧民用上了电；为解决部分贫困生因为家庭贫困而交不起学费的问题，继续对两个乡2011年考取大中专院校的100名贫困户子女给予学费资助，资助10万元。通过持续教育扶贫投入，当地村民整体受教育水平、教育环境有了较大改善。

七、规范扶贫项目管理

原铁道部对扶贫项目和扶贫资金管理极为重视，明确要求有关部门和单位建立健全制度办法，规范项目管理和资金使用管理，确保资金及时到位、使用安全，确保项目顺利实施、质量优良。有关铁路局认真制定执行各项扶贫管理制度，加强项目实施中的监管，做好项目验收评估，做到了一个项目、一项制度、一套资料。成立由主管副局长任组长的项目验收评估小组，对项目管理、进度及质量、项目覆盖范围、资金管理和使用、项目效益等进行全面评估验收，肯定取得的成效，指出存在的不足和差距，提出今后实施项目的意见和建议，使扶贫项目管理工作水平不断提升。积极发挥挂职扶贫干部的作用，指导挂职扶贫干部搞好协调沟通，参与帮扶项目的调研、启动和实施工作，加强日常实施过程中的监管和工程验收，使项目实施有条不紊、扎实推进。

为深入做好联系秦巴山片区的工作，探索联系扶贫与定点扶贫相结合的扶贫方式，原铁道部主动向国务院扶贫办提出申请，从秦巴山片区6省市增加一些贫困县作为新的定点帮扶点。按照国务院扶贫办等8部委《关于做好新一轮中央、国家机关和有关单位定点扶贫工作的通知》，原铁道部除继续做好原有2个帮扶点的定点扶贫工作外，还做好秦巴山片区内河南省栾川县、湖北省丹江口市、重庆市云阳县、四川省苍溪县、陕西省勉县、甘肃省西和县6个新增帮扶点的定点扶贫工作。2012年11月以来，已专门召开两次扶贫开发领导小组会议，研究部署定点扶贫工作，确定了“铁路扶贫点增加，扶贫资金总量不减少”原则，决定从帮扶县所在地的铁路车务站段、建设指挥部选派政治素质高、作风过硬、德才兼备的优秀中青年干部开展挂职扶贫。组织有关铁路局，加大联系扶贫与定点扶贫工作融合力度，积极与帮扶县协调沟通，开展调查研究，掌握扶贫需求，大力推进开发式扶贫，努力帮助贫困群众实现脱贫致富，促进秦巴山片区经济社会发展和扶贫开发。

《中国扶贫开发年鉴（2014）》·铁路扶贫

一、概述

2013 年 3 月铁路政企分开管理体制改革后，中国铁路总公司（以下简称“铁路总公司”）党组高度重视扶贫开发工作，相关领导就贯彻落实中央关于新阶段扶贫开发工作决策部署作出指示，要求铁路部门以党的十八大精神为指导，始终坚持“人民铁路为人民”的宗旨，主动适应新形势、新任务和新要求，不断巩固扩大铁路扶贫开发成果。党组主要领导召开总公司扶贫开发领导小组会议进行研究部署，要求继续站在讲政治、讲大局、讲奉献的高度，切实做到“认识不滑坡、力度不减小”，积极履行总公司职责，进一步发挥铁路优势，更好地服务于全国扶贫开发工作大局。铁路系统自觉贯彻铁路总公司部署要求，克服困难，全力以赴落实扶贫开发工作任务，发挥铁路行业优势，大力开展铁路建设和运输扶贫，在促进区域经济社会发展和贫困地区扶贫开发上发挥了积极作用。

二、秦巴山片区联系工作

按照国务院扶贫办有关片区联系工作任务安排，中国铁路总公司认真落实秦巴山片区区域发展与扶贫攻坚启动会精神和国务院扶贫办有关片区工作要求，加强与科技部、国家铁路局的沟通协调，参与配合做好秦巴山片区联系工作。继续落实联系沟通、调查研究、督促指导三项任务，组织相关单位参与了片区规划实施监测和评估等工作。明确郑州、武汉、西安、成都、兰州 5 个铁路局各 1 名局领导和有关部门参与有关扶贫工作，加强与秦巴山片区6省市扶贫办、科技厅、铁路办等部门的联系沟通，统筹抓好各项支持政策、扶贫项目和帮扶措施的落实。铁路建设方面，按照国家加快中西部铁路建设的总体部署，多次与秦巴山片区6省市沟通协商，会同地方政府积极有序推进有关铁路项目建设。2013年，秦巴山片区铁路建设投资完成约400亿元，截至2013年底片区在建铁路新线里程约2300公里，投资规模约3000亿元。铁路运输方面，主动听取秦巴山片区6省市政府和重点企业的意见，落实货物运输和旅客列车开行等各项运力支持政策，全力保障6省市重点运输任务，为秦巴山片区经济社会发展提供了有力支撑。

三、铁路建设扶贫

加快实施《中长期铁路网规划》和铁路“十二五”发展规划，继续重点支持西部地区铁路建设加快发展。按照《国务院关于改革铁路投融资体制加快推进铁路建设的意见》（国发〔2013〕33号）和李克强总理在促进西部发展和扶贫工作座谈会上的重要讲话精神，在“十二五”后三年铁路建设中，从服务西部经济社会发展和促进扶贫开发大局出发，把西部特别是贫困山区铁路作为建设重点，加大建设投资力度，全力推动西部铁路优先发展、加快发展。2013年，国家铁路完成固定资产投资6638亿元，其中铁路建设投资5308亿元，新线投产5586公里。西部地区完成铁路建设投资2307亿元，新线投产1866公里。截止2013年底，全国铁路营业里程10.3万公里，其中西部地区铁路营业里程4.0万公里，占全国铁路的38.4%。西安至宝鸡客专、柳州至南宁城际、湘桂扩能衡阳至柳州段、西安至平凉铁路、重庆至利川铁路、西康铁路复线等项目建成投产，兰渝铁路、西安至成都铁路、巴中至达州铁路、重庆至万州铁路、成都至兰州铁路、宁西复线等在建项目有序推进，渝黔线扩能、成贵铁路、敦格铁路、呼准鄂铁路等重点项目开工建设。西部地区铁路建设加快推进，在带动贫困地区扶贫开发、促进区域经济社会发展上发挥了不可替代的作用。

四、铁路运输扶贫

紧紧围绕贫困地区扶贫开发面临的突出矛盾和需求，加强与地方政府的联系沟通，加大对贫困地区和贫困群众的运力倾斜力度，努力为促进中西部地区经济社会发展和扶贫开发提供可靠的运力支撑。农民工运输方面，根据全国务工格局的变化，及时优化调整运力安排，在农民工客流长期饱满的方向上增开多趟图定旅客列车，在高铁开通后的同方向既有线上大量保留普速列车。2013 年春运期间，大量开行满足农民工单方向流动的临客列车。8 ~ 12 月份开行新疆往返郑州、西安、兰州、天水、信阳等方向临客列车 425 列，运送棉农工 127 万人次。2013 年全国铁路运送农民工旅客超过 4 亿人次。贫困地区货物运输方面，健全完善铁路运输沟通协调机制，适应涉农物资运输季节波动性大、临时调运任务多且集中的要求，加强各铁路局之间的运输组织和协调配合，圆满完成了各项重点运输任务。克服线路条件差、空车调配困难、外运能力有限等困难，积极组织开行特色农产品货运班列，极大地方便了广大农村地区、贫困山区货物外运。2013 年，国家铁路粮食、化肥、棉花、农副产品、农机、鲜活等涉农物资发送量完成 1.95 亿吨。全力保障青海、西藏、西南山区、南疆等路网尽头地区运输需求，2013 年，新疆、西藏、青海、宁夏、陕西、甘肃、云南、贵州、广西 9 个省区铁路货物发送量完成 51021 万吨，在全路货物发送量同比持平的情况下，实现了正增长。

《中国扶贫开发年鉴（2015）》·铁路扶贫

一、概述

2014 年，铁路改革发展迈上了新的台阶，铁路扶贫工作也取得了新的成绩。中国铁路总公司（以下简称“铁路总公司”）相关领导对扶贫开发工作非常重视，多次作出重要批示，要求各单位认真学习贯彻习近平总书记关于新时期扶贫开发工作的战略思想和党中央、国务院关于扶贫开发工作的系列部署，根据国家扶贫工作需要，按照铁路总公司管理职责，全力以赴做好扶贫相关工作。按照铁路总公司党组和相关领导要求，各单位讲政治、讲大局、讲奉献，充分发挥铁路特点和优势，扎实做好定点扶贫和联系扶贫工作，大力开展铁路建设扶贫和运输扶贫，在促进贫困地区扶贫开发上发挥了积极作用。

二、秦巴山片区联系工作

加强与科技部、国家铁路局的沟通协调，参与片区规划实施监测和评估工作，配合召开了秦巴山片区扶贫攻坚推进会。组织郑州、武汉、西安、成都、兰州 5 个铁路局加强与片区 6 省市扶贫办、科技厅、铁路办等部门的沟通协调，认真履行好联系沟通、调查研究、督促指导 3 项职责，扎实推进片区扶贫攻坚规划及各扶贫项目、帮扶措施的落实。2014 年，秦巴山片区新开工了阳平关—安康二线及安康直通线、蒙西—华中地区铁路煤运通道等项目，片区 6 省市铁路建设投资完成 1575 亿元，至年底 6 省市在建铁路项目投资规模达到 10500 亿元。同时，郑州—万州铁路、武汉—襄阳—十堰城际铁路等项目前期工作加快推进，争取早日开工建设。在秦巴山片区增开了至北京、齐齐哈尔、乌鲁木齐等地的12对直通客车，开行了成都—上海、厦门等多趟动车组列车，进一步扩展了秦巴山片区6省市旅客列车通达范围。

三、铁路建设扶贫

2014年，按照中央关于加快铁路建设的部署，铁路总公司与国家有关部门和地方政府建立多层面协调机制，采取超常规措施，全面加快项目上报、审批和实施进度，全力以赴推进铁路建设。同时，以中西部地区特别是贫困地区为重点，加快推进国家规划的铁路重大项目前期工作，为项目建设做好储备，保持铁路加快建设的良好势头。拉萨—日喀则铁路、大西铁路太原—西安段、沪昆客专杭州—怀化段、兰新第二双线、成绵乐客专、南广铁路、贵广铁路等中西部地区重大项目顺利投产，京沈客专、杭州—黄山铁路、哈尔滨—佳木斯铁路、怀邵衡铁路、哈密—额济纳铁路、丽江—香格里拉铁路、干塘—武威南增建二线、大瑞铁路保瑞段等项目开工建设。全国14个片区所在的21个省区市国家铁路基建投资完成3874亿元，占全国的70.3%，投产新线6878公里，占全国的81.6%，其中高铁4711公里，占全国的85.8%，开工新项目50个，对推动区域经济协调发展、促进贫困地区扶贫开发的作用非常显著。

四、铁路运输扶贫

统筹利用好京石武高铁、汉宜铁路、大西铁路等区域干线开通后形成的新增运能，对宝成线等运能受限枢纽或区段进行改造，不断优化列车开行结构，最大限度提高中西部地区铁路网综合运能，千方百计保证中西部地区运输需求。在此基础上，瞄准不同贫困地区的不同需求，有针对性地实施运输扶贫。一方面，对关系国计民生的重点物资运输予以重点保证，对粮食、棉花、化肥等涉农物资运输执行优惠的运输价格，对蕃茄、马铃薯等农副产品外运和劳动力转移坚持特事特办，为促进贫困地区经济社会发展和扶贫开发提供了有力保障。另一方面，通过增开旅客列车、增加客车停站、改善服务设施等系列措施，使中西部地区铁路客运能力进一步增加，较好地满足了广大人民群众出行和相关地区旅游开发需求。青藏线客车近年来保持每年 0.5 对的增量，拉萨—日喀则铁路顺利开通运营，西藏人民群众出行更加便利，旅游旺季进出藏客流持续增长。随着滇南地区铁路网的进一步完善，在河口站新安排开行旅客列车 2 对，去往昆明的最短时间压缩至 6.5 小时。新疆增开 5 对城际列车、4 对出疆普速客车、3 对动车组列车，交通环境得到极大改善。不仅新疆，贵州、内蒙古、甘肃、青海也首次开行动车组列车，贵广铁路开行 29 对，南广铁路开行 21 对，集包线密集开行 15 对。宜万线首开上海、杭州、南京、南昌—成都、重庆的动车组列车，哈大高铁增开吉林—北京南、哈尔滨西—武汉等动车组列车。在四川、河南、湖北、安徽等农民工较为集中的省区，较多安排开行普速旅客列车，对农民工客流较大的方向增开普速客车，竭尽全力做好农民工运输工作。东北地区增开齐齐哈尔—成都、长春—厦门、哈尔滨西—松原等进出关旅客列车，新配属 1281 辆新造空调客车。经过多次优化，全国尤其是中西部地区的旅客列车通达范围进一步扩大，旅行时间大幅压缩，客运产品的速度等级、服务对象等更加丰富并有针对性，对农村地区、民族地区、贫困地区的对外交流和经济发展发挥了巨大的促进作用。

五、定点扶贫

继续扎实做好对宁夏回族自治区固原市原州区、新疆维吾尔自治区和田县、河南省栾川县、湖北省丹江口市、重庆市云阳县、四川省苍溪县、陕西省勉县、甘肃省西和县 8 个国家扶贫开发工作重点县的定点扶贫工作，铁路总公司拨付扶贫资金 940 万元，实施整村推进扶贫、农村特色产业开发、教育扶贫、医疗卫生扶贫、乡村公路建设等项目 29 个，取得了实实在在的成效。此外，按照中央和国家有关部门、地方党委政府要求，铁路总公司所属各单位也积极参与扶贫工作，投入资金 3625 万元，组织实施帮扶项目 59 个，项目直接受益人数达 8.9 万人，形成了扶贫合力。全年铁路部门共计投入 4565 万元，实施扶贫项目 88 个。

1. 扎实落实原州区整村推进扶贫规划。按照“规划到村、项目到户”的要求，把培育“造血”功能作为主攻方向，大力发展设施农业和种植养殖，为原州区寨洼村新建 60 平方米标准养殖棚圈 100 栋，补栏良种基础母牛 293 头、母羊 600 只，并根据养殖规模，配套发展种植草畜产业，形成了循环互补的良性发展。同时，建成了寨洼村联户道路，翻修了 4 公里沙化路；新建了寨洼村文化广场，配齐了健身器材、篮球场、乒乓桌等活动设施；为贫困户购置太阳能热水器100台，全村1/3的家庭首次用上了自动热水。

2. 深化贫困地区特色产业扶贫开发。继续对和田县实施开发式扶贫，在色格孜库勒乡，实施250亩葡萄立架改造、500亩葡萄定植和葡萄苗嫁接，建设风冷保鲜库2座，全乡葡萄产量、品质及经济效益进一步提升；在拉依喀乡，建设养殖棚圈，发展畜牧家禽养殖户600户；在朗如乡，新建便耕农机合作社，购置旋耕机10台，为米提孜村新建羊毛加工厂1座，为普吉村整治低质土地500亩，实施提水灌溉工程。同时，帮助河南省栾川县因地制宜发展农村特色产业，联系引进"双胞菇"种植项目和麝香鼠特种养殖项目，总投资约2000万元，筹划铁路扶贫栾川农村特色产业基地，支持特色农产品进入铁路车站柜台销售。

3. 扶持贫困地区基础设施建设。组织乌鲁木齐铁路局将定点扶贫与"三民"活动结合起来，成立工作组进驻新疆维吾尔自治区和田县拉依喀乡达奎村开展工作，走访全村460户家庭，修缮了村文化活动室、广播室、阅览室等设施，增配200多套图书杂志和健身器材，制作了2处文化墙；对篮球场进行改造，更换了塑胶地板和篮球架；新建小型人造草坪足球场；建成了8亩精品土桃园，带动了村集体经济发展；改造村老化水管道，解决了200余户村民饮水问题，在促进贫困群众脱贫致富、维护社会稳定等方面取得了较好成效。同时，着力改善定点扶贫地区农村医疗卫生、道路、灌溉条件，在云阳县，投入30万元资助双土镇卫生院医疗综合楼修建，改善了当地群众医疗卫生条件；在西和县，投入30万元资助十里乡段集村防洪和道路设施建设，修建过水路面3处，解决了1500多人和1000多亩农田机具过河问题；在丹江口市，投入30万元资助浪河镇浪河口村移民安置点道路建设；在苍溪县，投入30万元资助村道建设和山坪塘建设，有力扶持了当地猕猴桃产业发展；在勉县，投入30万元帮助元墩镇元墩村修建堰坝1座，解决了255亩农田灌溉问题。

4. 着力做好教育扶贫。坚持"扶贫先扶智"，继续实施教育扶贫项目。在栾川县，投入30万元援建白土镇马超营小学。在和田县，资助新考入大中专院校的50名贫困生10万元学费。在原州区，资助100名农村贫困大学生30万元。铁道团委继续实施大型公益助学活动，资助定点帮扶县200名优秀特困大学生100万元；捐助50万元援建地震中受损的陇西县仙源小学，新建教室6个，建筑面积300平方米。

成都铁路局自筹资金 85 万元，资助巴中市思源试验小学和五一社区建设。

5. 发挥挂职扶贫干部作用。根据帮扶县需求，继续在栾川县、丹江口市、勉县、西和县、原州区各派驻了 1 名挂职干部，明确要求干部挂职扶贫须履行沟通协调、调查研究、督促检查、基础管理四项职责。5 名挂职干部经常深入乡村农户，开展扶贫调研，跟踪项目进度，落实帮扶举措，为当地扶贫开发献计献策，在掌握扶贫需求、实施精准扶贫、解决实际困难上发挥了积极作用，受到当地干部群众的充分肯定。2014 年 1 月，乌鲁木齐铁路局扶贫办、在原州区挂职的杨晓宏同志，分别荣获“中央国家机关等单位定点扶贫”先进集体和先进个人称号。2014 年 9 月，在丹江口市挂职的李德林同志、在勉县挂职的鹿继明同志荣获“全国社会扶贫”先进个人称号。

《中国扶贫开发年鉴（2016）》·铁路扶贫

一、概述

2015 年，铁路扶贫工作取得了新的成绩，为贫困地区扶贫开发和贫困群众脱贫致富发挥了积极作用。中国铁路总公司（以下简称“铁路总公司”）领导就贯彻落实习近平总书记关于新时期扶贫开发的重要战略思想和党中央国务院扶贫开发工作决策部署，多次组织研究、作出批示，要求有关部门和单位大力支持扶贫开发工作，落实好当前和今后一个时期铁路扶贫“三项重点任务”。第一，围绕改善贫困地区发展环境和条件，继续大力支持中西部地区铁路建设。第二，瞄准贫困地区扶贫开发和贫困群众脱贫致富需求，继续大力实施铁路运输扶贫。第三，落实精准扶贫、精准脱贫的要求，全力帮扶定点扶贫县贫困群众尽快脱贫。

二、铁路建设扶贫

2015 年，铁路总公司认真贯彻落实国家战略要求，按照中央扶贫开发工作决策部署，以中西部地区和贫困地区为重点，采取有力措施，加快推进相关区域铁路规划建设。沪昆高铁贵阳—怀化段、哈尔滨—齐齐哈尔高铁、成都—重庆高铁、额济纳—哈密铁路、赣州—龙岩铁路扩能、南疆铁路吐鲁番—库尔勒段增建二线等中西部地区重大项目顺利投产，商丘—合肥—杭州、大同—张家口、郑州—万州、吴忠—中卫、玉溪—磨憨、安顺—六盘水、阿勒泰—富蕴—准东等新建铁路和青藏铁路格尔木—拉萨段等扩能项目开工建设。2015 年，中西部地区（含东北地区）国家铁路基本建设固定资产投资完成4210亿元，占全国的71.1%，新线投产6465千米，占全国的73.8%，其中高铁投产2509千米，占全国高铁投产里程76%，开工新项目41个。14个片区所在的21个省（区、市）投资完成4154亿元，新线投产6677千米。铁路建设投资不仅直接拉动了当地经济发展，也为改善这些地区发展环境和条件提供了重要支撑。

三、旅游开发扶贫

铁路总公司积极支持和配合中西部地区、贫困地区和革命老区旅游开发，统筹利用新线和既有铁路，通过增开旅客列车、增加客车停站、改善服务设施等系列措施，进一步改善这些地区对外交通条件，提高旅游开发运力保障和服务水平。沪昆高铁贵州东段和合肥—福州、哈尔滨—齐齐哈尔、沈阳—丹东、丹东—大连、吉林—图们—珲春、赣州—瑞金—龙岩等铁路开通，高铁网络进一步扩大完善，中小城市与临近中心城市间旅行时间大幅压缩，如安庆至上海由11小时缩短至4小时，图们至北京由24小时缩短至9小时，多个著名旅游城市、革命老区首次通达动车组列车，专门开行赣州经于都、瑞金、古田等红色革命根据地去往上海、南京的动车组列车，对于促进沿线区域融合发展，拉动中西部地区、贫困地区、革命老区旅游开发发挥了重要支撑作用。同时，按照供给侧改革的要求，优化调整列车运行图，继续将运力向中西部地区、贫困地区、革命老区倾斜，增开了包头—南宁、上海南—重庆北、银川—杭州、包头—深圳东、厦门—兰州等跨区域普速旅客列车，进一步增强中西部与东部、贫困地区与发达地区的交通联络。

四、农民工运输

铁路总公司坚持把支持农业发展、方便农民工出行作为义不容辞的责任，全力做好农民工运输组织工作。2015年多次调整列车运行图，在农民工客流较大的方向继续增开普速旅客列车，在高铁并行的既有线路上保留普速旅客列车，春运期间实行车辆“零备用”，大量开行价格低廉的绿皮车临客，临客数量占到旅客列车总列数的近五分之一。认真落实针对务工人员的便民利民举措，延长互联网售票、电话订票预售期，优化调整改签、退票规则，最大限度地方便务工人员通过12306网站、电话订票、车站窗口和代售点购票，2015 年春运提前办理务工人员团体票 116 万张。调配运力支持进疆棉农运输，组织开行郑州、西安、兰州、天水、信阳等方向进疆临客列车 108 列，运输棉农工 54 万人次。

五、农产品外运

铁路总公司高度重视并大力支持涉及“三农”利益的农产品运输，加强运力倾斜和运输组织，全力保证农产品外运。组织有关铁路局加强与海南、广西、云南、河南、河北等重点蔬菜生产地区，以及北京、上海等主要蔬菜销区的联系，全面掌握蔬菜运输需求，及时制定运输方案，落实运输能力，压缩在途时间，确保产运需各环节的紧密衔接、畅通无阻。大力开行快运班列，组织南宁铁路局对广西百色地区的果蔬，成都铁路局对贵州威宁地区的马铃薯、凉山地区的洋葱，昆明铁路局对云南省的粮食、食糖，兰州铁路局对甘肃陇西地区的土豆、宁夏固原地区的玉米，开行了多趟客车化的快运班列，有力地保障了特色农产品外运需求。同时，全力保障关系国计民生的重点物资运输，精心组织完成了救灾物资运输、粮食跨省移库调运、新疆棉花外运、青海新疆地区钾肥外运、华北地区发往南方地区的氮肥运输、西南地区发往东北地区的磷肥运输工作。

六、联系秦巴山片区

认真落实秦巴山片区区域发展与扶贫攻坚启动会精神和国务院扶贫办 2015 年片区联系工作要点，积极配合科技部、国家铁路局做好秦巴山片区联系工作，召开秦巴山片区扶贫攻坚协调推进会，建立片区跨省重大基础设施项目协调推进机制和扶贫攻坚跨省协调机制，组织郑州、武汉、西安、成都、兰州 5 个铁路局积极推进各项工作落实。片区铁路建设投资大幅增加，兰州—重庆铁路广元—重庆段、西安—合肥铁路增建二线等建成投产，郑州—万州铁路、武汉—十堰铁路等重大项目开工建设，西安—成都高铁、重庆—万州高铁、蒙西—华中通道等在建工程抓紧实施，2015 年对秦巴山片区 6 省市的国家铁路基本建设固定资产投资完成 1471 亿元，新线投产 1351 千米，在建铁路新线里程约 7600 千米，投资规模 1.09 万亿元。片区旅游开发得到有力支持发展，武汉铁路局配合地方多个旅游节开幕，对十堰、武当山等车站的服务设施和环境进行整治，成都铁路局增开多趟成都—达州、广元、巴中的动车组列车或普速客车，增开万州—西昌—攀枝花环线客车，为当地旅游业发展创造了良好条件。片区重点物资运输和特色产品外运得到有力保障，十堰、武当山、胡家营等铁路物流作业站建成，丹江口等站办理集装箱班列业务，关中—陕南环线货物快运列车开行，天水站运输能力给予重点倾斜，有力支持了当地劳务输出、农用物资运输和农产品外运。

七、定点扶贫

认真落实精准扶贫、精准脱贫的要求，继续做好对 8 个国家扶贫开发重点县的定点扶贫工作。选派 5 名干部分别在栾川县、丹江口市、勉县、西和县、原州区挂职，1 名干部在栾川县潭头镇东山村任第一书记。2015 年铁路总公司拨付扶贫资金 897.7 万元，实施帮扶项目 22 个，涉及整村推进扶贫、农村特色产业开发、教育扶贫、医疗卫生扶贫、乡村公路建设、农田水利工程建设等，取得了实实在在的成效。各铁路局和有关单位按照地方党委政府或国家主管部门部署要求参与扶贫工作，投入财力物力实施帮扶项目，扩大了帮扶覆盖面。将定点扶贫与片区联系扶贫结合起来，资助云阳县桑平镇卫生院综合楼重建项目，为栾川县 3 个乡镇卫生院购置 120 救护车，为苍溪县 3 个乡镇硬化村道和水渠 6.5 千米，为西和县十里乡硬化村道 1.5 千米，为勉县阜川镇修建 1 千米道路，资助丹江口市浪河镇农田水利工程建设，努力为秦巴山片区 6 个定点扶贫县脱贫致富创造条件。

八、整村推进

配合宁夏回族自治区实施扶贫开发纲要和整村推进扶贫规划，组织兰州铁路局实施原州区张易镇上马泉村（示范村）整村推进建设。一方面，着力完善该村基础设施，硬化主要道路 17 条 6.1 千米，砂化生产道路 1 条 2.5 千米，修建漫水桥 1 座，有效解决了农户出行难、农田机械化耕种难问题。安装太阳能路灯 40 套、太阳能热水器 224 台，全村 2/3 的家庭首次用上了自动热水淋浴。建成村级文化中心一处，健身器材、篮球场、乒乓桌等活动项目第一次走进了广大村民生活。另一方面，把发展富民产业作为脱贫致富的主渠道，良种基础母牛补栏 50 头，母羊补栏 300 只，新建60多平方米标准的养殖圈棚50栋，配套铡草机100台，配套发展种植草畜产业，形成了种植、养殖等循环互补模式，为该村奠定了“一村一业、一户一品”的产业雏形。经过“整村推进”后的上马泉村，被全国“三西”扶贫会议确定为观摩对象，被宁夏回族自治区政府确定为“整村推进”样板工程。2015年全村人均增收786元，贫困人口减少140户545人。

九、产业扶贫

夯实和田县支柱产业体系和持续增收基础。在因葡萄闻名的色格孜库勒乡，补贴300亩葡萄园农药化肥、整形修剪、疏花疏果支出，扶持农户对葡萄低架结构进行立架改造，帮助贫困户对200亩葡萄进行嫁接改良，进一步提高了葡萄品质，丰富葡萄品种，为持续增产增收奠定了基础。同时，为朗如乡迫普那村整治低质土地100亩，因地制宜帮助农户种植香梨10亩、黑枸杞30亩，进一步拓宽了农民增收致富渠道。在拉依喀乡和色格孜库勒乡新建牲畜棚圈150座，每座不少于80平方米，全部为半封闭式砖混结构，为提高牲畜出栏率打下了基础。鼓励农牧民利用自家院落发展家禽养殖，为3个乡的贫困户提供雏鹅、鸡苗4万只，2015年每户平均收益都在2000元以上。

十、民族融合发展

积极支持新疆维吾尔自治区党委有关工作部署，组织乌鲁木齐铁路局将开展定点扶贫与“三民”活动工作结合起来，继续由铁路局领导带领工作组常驻和田县开展工作，在发现解决实际问题、落实扶贫脱贫举措、维护社会稳定、促进各民族文化融合和民族团结等方面发挥了重要作用。补强拉依喀乡达奎村村委会便民基础设施，对人流集中的葡萄架及葡萄架花墙、地面、厕所、锅炉房、村委会值班室等进行新建或整修，方便了村委会办公议事。为拉依喀乡吐完拉依喀村更换3千米严重老化的自来水管道，新建篮球场、文化墙、文化小广场，并配备文化宣传设备，引导村民自信、自尊、自强，远离非法宗教，追求文明健康的生活方式。在朗如乡新建1座建筑面积270平米的民族文化活动站和1座篮球场，对传承和发扬当地维吾尔族民间艺术，丰富农民精神文化生活发挥了积极作用。

十一、教育扶贫

铁路总公司继续关爱贫困家庭学生，给予重点资助。资助原州区 100 名新考入二本以上大学生，帮助他们顺利入学。对和田县 47 名贫困家庭大学生给予学费资助，不仅减轻了这些家庭的负担，而且在农牧民群众中树立了尊崇知识、向往学习的良好风气。继续以铁路青少年发展捐助中心的名义协调有关企业开展助学活动，资助 200 名新入校贫困家庭大学生各 5000 元，继续援建陇西县文峰镇仙源火车头希望小学震后重建，为云南省鲁甸县 10 所受灾小学建设“希望厨房”。开展“圆梦助学庆六一”帮扶活动，为勉县镇川镇中心小学捐赠图书、书包、文具、体育用品和 1 组动车模型，为栾川县白土镇马超营铁路希望小学捐赠 10 万码洋图书、150 套棉服。

《中国扶贫开发年鉴（2017）》· 铁路扶贫

一、概述

2016 年，中国铁路总公司（以下简称“铁路总公司”）印发《关于做好新时期铁路扶贫开发工作的意见》《总公司“十三五”定点扶贫规划》，明确“十三五”期间铁路扶贫开发工作和定点扶贫工作的指导思想、基本原则、目标任务、保障措施。调整总公司、所属单位扶贫开发领导小组，各铁路局成立扶贫开发领导小组，主要领导担任组长，建立起覆盖铁路总公司机关和全国 18 个铁路局的扶贫工作组织架构。继续加强建设扶贫和运输扶贫工作，履行片区联系职责，铁路总公司、所属单位实施定点扶贫项目 71 个，投入 2410 万元，铁路扶贫工作全面发展。

二、贫困地区铁路建设

铁路总公司认真落实《中共中央国务院关于打赢脱贫攻坚战的决定》和贫困地区发展规划，大力推进呼张、大张、京沈、成贵、银西、郑万、郑阜、合安高铁，库格、敦格、拉林、丽香、大瑞、成都—川主寺、兰州—合作、青藏线格拉段改造、渝黔新双线、渝怀复线、阳安复线等重大工程。开通运营沪昆高铁贵阳—昆明段、云桂铁路百色—昆明段、渝万高铁，武孝城际、巴达、兰渝铁路兰州—夏官营段、岷县—广元段、织纳铁路等重大项目。中西部及集中连片贫困地区完成铁路基建投资 4435 亿元，新线投产 2954 公里，其中高铁 1694 公里，区域运输能力和服务质量大幅提升。会同地方政府做好赣州—深圳、贵阳—南宁、兰州—中卫、重庆—昆明、安庆—九江、西宁—成都、敦化—白河、牡丹江—佳木斯铁路等项目前期工作。开工建设赣深、贵南、张家界—吉首—怀化高铁，兴国—泉州、浦梅铁路建宁—冠豸山段、新疆博州支线、南疆铁路至兰新铁路联络线等工程。落实相关部署，推进川藏铁路、和田—若羌铁路等重大项目前期研究和方案论证，为加强贫困地区铁路建设打牢基础。

三、交通扶贫骨干通道工程

铁路总公司突出抓好交通扶贫骨干通道工程建设，推进银川—西安、张家口—大同、郑州—阜阳高铁和渝怀二线梅江—怀化段增二线、隆黄铁路叙永—毕节段、弥勒—蒙自、大理—临沧、青藏铁路格拉扩能等 8 个在建项目。开工建设贵南高铁和兴国—泉州、浦梅铁路建宁—冠豸山段、张家界—吉首—怀化等 4 个项目。深入开展重庆—昆明、西宁—成都（黄胜关）铁路项目可研工作，会同地方政府深化贵阳（盘县）—兴义、和田—若羌铁路等研究论证。交通扶贫骨干通道工程在建及新开工的 12 个项目完成投资 265 亿元。

四、旅游开发扶贫

铁路总公司统筹运用新线和既有线路能力，支持和配合中西部地区、贫困地区和革命老区旅游开发工作。相继开通沪昆高铁贵昆段、南昆、郑徐、渝万等高铁，沿线城市首次开通动车组列车。在旅游资源丰富的车站增开旅客列车、增加客车停车、改善服务设施，设立游客接驳换乘服务中心，将铁路旅客引入铁路线路未通达地区，进一步改善贫困地区旅游开发运力保障水平。相继举办“中国铁路旅游·绚丽甘肃、亮丽内蒙古、大美新疆、祖国正北方—祖国正南方”和“千年帝都·老家河南”等系列主题推介，利用铁路局旅游企业的旅游综合门店、宣传媒体或旅游体验店等推介贫困地区旅游资源、精品线路和旅游产品。组织相关铁路局旅游企业与贫困地区旅游发展委员会签订战略合作协议，共同开发铁路元素丰富、比较优势明显的旅游产品。实施“红色旅游”、“探险旅游”、“田园旅游”等精准扶贫项目，联合开行旅游专列，形成规模效应。全年共开行入疆旅游专列 156 列、入甘旅游专列 120 列、入蒙旅游专列 116 列等，全面助推贫困地区经济发展。

五、农民工运输

铁路总公司在农民工客流较为集中的四川、河南、湖北、安徽等省区，农民工客流长期饱满的方向增开旅客列车。根据客流需求，开通高铁时，安排既有线保留大量普速列车。在西南地区未通达铁路的县区，积极与地方政府对接，在广西、贵州等省区的23个县市确定高铁“无轨站”的建设意向，与其中的横县、博白、容县、北流、陆川等5县签署合作协议，分别接驳南宁东、玉林、梧州南等高铁站，无轨站拓展到6个。在西南、西北、东北等偏远地区，开行81对站站停、票价低的“慢火车”，公益性支出达到8.4亿元，累计发送旅客2752万人。春运期间，坚持公益性运输优先原则，实行客车“零备用”，每日开行单方向临客687对，占总开行列数近五分之一，最大限度满足农民工出行需要。

六、重点物资运输

铁路总公司进一步完善与贫困地区、中西部省区各级政府之间的沟通协调机制，在铁路运需矛盾突出地区定期召开铁路运输联席会议，加强运需衔接。根据地方经济发展需求，科学合理优化铁路运输组织，为地方经济和重点企业发展提供运力保障。结合不同地区的货源特点，与地方政府共同确定重点物资的范围，优先安排运力，优先保障重点物资运输。对新疆棉花、东北粮食、春耕化肥、西北农副产品等季节性强的重点物资，根据地方政府需要，提前制定预案，及时调配运力，集中突击抢运。贫困地区所在21个省市区国铁货物发送量达到204330万吨，货物到达量188101万吨。

七、片区扶贫攻坚

铁路总公司认真履行片区联系职责，配合科技部、国家铁路局做好秦巴山区联系工作，组织郑州、武汉、西安、成都、兰州5个铁路局落实各项任务。进一步推进西安—成都、郑州—万州、武汉—十堰高铁，兰渝、蒙华铁路，阳安复线等重大工程建设。秦巴山片区所涉及的河南、湖北、重庆等6省市共完成铁路建设投资1544亿元，新建线路1161公里，其中高铁575公里。抓好西安—十堰等铁路前期工作，为早日开工创造条件。开通兰渝线广元至岷县段，开行旅客列车 2 对，结束岷县、陇南地区不通火车的历史。继续在贫困地区车站增开旅客列车，优化停站和运行时刻，为秦巴山片区群众出行提供便利条件。持续加大运力倾斜力度，秦巴山片区铁路货物发送量达到 7905 万吨，同比增加 767 万吨、增长 10.7%；货物接卸量 12326 万吨，同比增加 900 万吨、增长 7.9%。

八、教育扶贫

铁路总公司继续关爱贫困家庭教育，投入 30 万元资助宁夏回族自治区固原市原州区 100 名贫困大学生、投入 10 万元资助新疆维吾尔自治区和田地区和田县 50 名贫困大学生上学，投入 12 万元资助和田县达奎村小学改善教学环境。铁路青少年发展捐助中心携手中国青少年发展基金会开展网络认捐活动，筹集 10 万元资助陕西勉县 120 名贫困小学及初中生。8 月，铁路青少年发展捐助中心联合全国铁道团委，面向社会筹集 50 万元，向 100 名湖北麻城市贫困学子每人发放助学金 5000 元，举办心理辅导和参观高铁等活动。10 月，在总公司机关开展扶贫日公益募捐活动，募捐衣物 3500 余件，铅笔、书包、文具盒等学习用品 7 箱，捐赠青海玉树称多县和 25 所铁路援建的希望小学。在全国 124 个铁路车站同步开展“希望工程——快乐阅读”项目募捐活动，以支付宝扫码支付方式，接受铁路职工和乘客捐赠 25368.55 元，由铁路青少年发展捐助中心资金配比至 5 万元，为四川平昌县、青海湟源县、陕西西安市临潼区和勉县、新疆维吾尔自治区和田县当地小学捐建 5 间希望工程图书室。

九、扶贫宣传

铁路总公司发挥铁路点多线长、连接城乡、人员流动、受众广泛等优势，开展“人民铁道报宣传、新媒体活动、铁路站车宣传”等活动。依托每日在全国铁路车站、旅客列车发行的《人民铁道》报，以扶贫脱贫为主题，宣传中央脱贫攻坚决策部署和铁路扶贫工作重点任务，宣传铁路扶贫的生动实践和先进典型。10 月 17 日扶贫日及前后，在头版、专版共刊发通讯、消息等 7 篇，图片 4 张。在全国铁路车站、旅客列车的宣传屏、广告栏等平台上，持续播放扶贫公益宣传视频、专题公益广告及相关节目。利用全国铁路微博、微信、客户端、门户网站“两微一端一网”新媒体平台共60余个账号，发布以扶贫脱贫为主题的图文消息80余篇条、铁路扶贫故事20篇条，网上阅读量780余万人次。

十、定点扶贫概述

根据《关于进一步完善定点扶贫工作的通知》（国开办发〔2015〕27号）精神，铁路总公司定点扶贫结对帮扶县（区）由8个调整为4个，分别为：河南省洛阳市栾川县、陕西省汉中市勉县、宁夏回族自治区固原市原州区、新疆维吾尔自治区和田地区和田县。年初，组织郑州、西安、兰州、乌鲁木齐铁路局领导分别赴4个定点扶贫县，调研24个贫困村，召开20个座谈会，慰问32户贫困户，初步摸清贫困现状、脱贫需求及当地规划和安排。年内，铁路总公司领导分别与固原市和原州区、洛阳市和栾川县、勉县等有关领导会见，分赴定点扶贫县现场调研，保持铁路与地方良好的工作联系和互动。选派4名干部到4个县（区）挂职，1名干部到栾川县潭头乡大王庙村任第一书记，履行沟通协调、调查研究、督促检查、基础管理等职责。投入1030万元资助25个项目，涉及生态移民村建设、农村特色产业开发、教育扶贫等领域，帮扶建档立卡户3579人脱贫。

十一、产业扶贫

铁路总公司把定点扶贫项目资金精准到户，投入110万元资助栾川县83户建档立卡户改造农家宾馆、参与香菇种植和羊养殖3个项目。投入100万元援建勉县阜川镇晏河村墩青坪（茶区）茶叶产业扶贫项目。其中，60万元修建茶叶加工厂，40万元建设茶叶产业园道路。投入270万元资助原州区培育富民产业，为寨科乡蔡川村168户配套投放基础母牛168头，为108户配套新建养殖圈棚108栋；为中河乡小沟村48户配套补充獭兔种兔2400只、购置兔笼9600个，为80户配套投放基础母牛240头，建设养殖园区1个，新建围栏1200米。投入334万元，资助和田县色格孜库勒村和苏盖提波斯坦村114户修建葡萄架7000米，资助414户改造棚圈81座，搭建葡萄架296个，扶持养羊1380只，养土鸡11040只，资助528户发展庭院经济，点对点帮扶贫困群众脱贫增收。

十二、民族融合发展

铁路总公司指导乌鲁木齐铁路局继续深化“访民情、惠民生、聚民心”活动，选派9名优秀干部入驻和田县拉依喀乡达奎村，工作组组长兼任达奎村第一书记，帮助村民新建木材加工厂、磨面房、锅炉房，改造中小学体育设施，修缮村文化活动室、广播室、阅览室，慰问“四老人员”和困难群众，培训农民种植养殖，宣传现代文化。在新疆贫困地区开展“民族团结一家亲”活动，组织铁路干部与驻村贫困户结对子、交朋友。11月，组织达奎村42名结对认亲户代表乘坐和田至喀什的5810次旅客列车“民族团结大篷车”，感受铁路“扶贫快车”带给和田人民的新变化。在宁夏回族自治区固原市原州区投入20万元资助张易镇上马泉村盐水沟自然村修建文化广场1处。8月，由兰州铁路局组织甘肃省第二人民医院、兰州爱尔眼科医院16名医疗专家，到原州区中河乡小沟村为近600名村民开展送健康义诊活动，送去1万余件药品。

《中国扶贫开发年鉴（2018）》· 铁路扶贫

一、概述

2017 年，中国铁路总公司（以下简称“铁路总公司”）把铁路扶贫工作摆在更加突出的位置。党组书记、总经理、扶贫开发领导小组组长陆东福亲自部署铁路扶贫工作，1 月、11 月分别到勉县、和田县现场调研。总公司党组其他成员按照统一安排，结合分工抓好相关任务落实。通过党组会议、扶贫开发领导小组会议、总公司电视电话会议等形式安排具体事项。突出强基达标、提质增效工作主题，开展扶贫工作“回头看”，充实铁路总公司和各铁路局集团公司扶贫开发领导小组，制定落实《扶贫资金审批（备案）程序》，定期通报扶贫工作进展情况，全面推进铁路建设扶贫、运输扶贫、定点扶贫工作。全年，铁路扶贫干部和扶贫工作获得 35 项县级以上荣誉。

二、贫困地区铁路建设

铁路总公司以中西部和贫困地区为重点，加大铁路建设力度。中卫—兰州高铁、白河—敦化铁路、克塔铁路铁厂沟—塔城段、乌北—准东铁路扩能、成昆铁路昆广达速扩能改造工程、焦柳铁路怀化—柳州电化改造等项目开工建设，宝鸡—兰州高铁、西安—成都高铁、兰渝铁路、南昆铁路南宁—百色段增二线等中西部地区重大项目顺利投产。全年，中西部完成铁路基建投资 3960 亿元，14 个集中连片贫困地区完成铁路基建投资 3360 亿元。全面加强百项交通扶贫骨干通道工程建设，16 项铁路项目开工 12 项，完成铁路基建投资 528 亿元，项目推进中优先选用贫困地区人力物力，全年，用于支付劳务人员工资、租赁机械、采购生产生活物资等费用48.3亿元；开展当地劳务人员技能培训2.6万人次；推动把临建工程打造成为贫困地区基础设施，修建乡村道路2381千米，打井224口，建设通信基站45个，进一步发挥铁路建设对贫困地区经济社会发展的拉动作用。

三、贫困地区旅客运输

铁路总公司运用新开通铁路运能，大量增开途经贫困地区的旅客列车。开通兰渝铁路等线路，结束了甘、陕、川、渝等沿线贫困地区不通铁路的历史，开通西成、渝黔客专，进一步改善“蜀道难”的状况。目前，途经592个国家级扶贫工作重点县的旅客列车达1651列，占全国铁路旅客列车总数21.6%；发送旅客8890万人次，同比增长12.8%，高于全国铁路平均增幅3.2个百分点。印发《关于开好公益性“慢火车”服务老少边穷地区脱贫攻坚的意见》《关于加强公益性“慢火车”安全服务工作的通知》《关于做好“慢火车”客车车辆相关工作的通知》，合理安排途经老少边穷地区“绿皮车”开行对数、停站、停点，改善站车条件、改造列车内部结构和设施，方便贫困群众携带生鲜农副产品进站上车。全国铁路开行公益性“慢火车”81对，经停530个车站，途经35个民族地区，覆盖21个省区市，发送旅客2246.1万人次。“慢火车”被贫困群众誉为“赶集车”“大篷车”“连心车”。在铁路运力无法覆盖的贫困地区，与当地政府、企业共同建设客货运输服务功能完备、公铁无缝接驳的无轨车站，老少边穷地区建成投用70个高铁无轨站。

四、重点物资运输

铁路总公司加强与贫困地区地方政府和重点企业的沟通协调，根据地方经济发展需求优化运输组织，提供安全可靠、适应需求、群众欢迎的货物运输产品。14个集中连片特困地区铁路发送运量1.65亿吨，同比增加2478万吨、增长18%；到达运量0.93亿吨，同比增加1439万吨、增长18%。全面落实国家运价政策，在对整车化肥、黄磷、粮食等物资减免铁路建设基金基础上，结合市场价格情况，对贫困地区发送的3000多万吨货物实行运价下浮政策，为当地企业节省运费9亿元，全面助力贫困地区经济社会发展。

五、旅游扶贫

铁路总公司持续探索“铁路扶贫＋旅游”模式，召开铁路旅游扶贫工作现场会，推动铁路旅游企业与当地政府签订旅游战略合作协议，联手开展大美新疆、绚丽甘肃、亮丽内蒙古、奇境栾川等旅游主题推介活动，共同开发地域特色鲜明、比较优势明显的铁路旅游产品，协商制定专列、高铁等不同层面的优惠政策，帮助地方政府深度开发贫困地区旅游资源。全年，向贫困地区开行旅游专列 309 列，发送 17.99 万人。加强贫困地区特色旅游资源宣传，运用 12306 及 95306 网站持续推介，通过在车站设置固定广告牌、为列车冠名、将相关内容布装于列车广告等方式加大宣传力度，提升贫困地区旅游资源知名度。

六、连片特困地区扶贫攻坚

铁路总公司参与并配合科学技术部、国家铁路局联系秦巴山片区脱贫攻坚工作。大力推进郑万、西成高铁、阳安复线铁路等在建项目，完成铁路基建投资 770 亿元，基本形成由西成客专、宝成、襄渝、西康、宁西、阳安、兰渝、广元—巴中等铁路构成的铁路网骨架，路网规模 3108 千米，其中高速铁路 355 千米，路网密度 141.27 千米 / 万平方千米，人均路网里程 1.10 千米 / 万人，均高于全国平均水平。抓住西成客专开通运营契机，在朝天、青川、城固、洋县、宁强、佛坪等县首次通达动车组列车。在片区 8 个高铁车站、28 个普速车站日均安排列车 281 列，其中高铁 109 列，全年，发送 1199.2 万人次，其中高铁 71.5 万人次。加大运力倾斜力度，全年，发送货物运量 893 万吨，同比增加 195 万吨、增长 28%；到达货物运量 1206 万吨，同比增加 272 万吨、增长 29%，对片区发送的 122 万吨货物，实行运价下浮政策，为当地企业节省运费 3000 余万元。助推旅游产业开发，全年，向片区开行旅游专列 19 列，发送 6088 人次，支持土特产品在 15 个车站 145 列列车上销售。

七、扶贫宣传

铁路总公司统筹铁路内部、外部宣传资源，营造浓厚的扶贫氛围。抓住宝兰、西成等贫困地区重点铁路工程开工、开通节点，在中央媒体上展示铁路改善民生、助力脱贫等成效。围绕开行公益性“慢火车”，在新闻媒体上推出“绿皮车那些事儿”“移动在大凉山的索玛花”等报道。通过中央电视台《新春走基层》栏目，宣传铁路驻村第一书记带领村民脱贫致富的典型事迹，推出专题节目“驻村第一书记的山货节”，并在《工人日报》等70余家媒体上作了报道。扶贫日前夕，在《人民铁道》报一版头条推出“铁肩担重责彰显新作为——党的十八大以来铁路推进扶贫工作综述”；扶贫日当天，组织《人民铁道》报刊发铁路扶贫消息，推出“草原上开来慢火车”图片专版和“那些穿行在深山里的慢火车”等整版报道。全年，中央媒体推出铁路扶贫宣传报道900余篇（条），《人民铁道》报等铁路内部媒体刊发消息、通讯等211篇。

八、定点扶贫概述

铁路总公司定点扶贫河南省栾川县、陕西省勉县、宁夏回族自治区固原市原州区、新疆维吾尔自治区和田县。铁路总公司本级和郑州、西安、兰州、乌鲁木齐局集团公司选派挂职干部4名、驻村第一书记13名、驻村工作队员38名，22次深入现场调研、对接项目，46次深入定点扶贫县（区）检查督导。选定14个产业、文化等扶贫项目，直接投入1604.5万元，点对点帮扶贫困村和建档立卡户，直接帮扶1289户建档立卡户4180人。结合阳（平关）安（康）二线铁路建设，投入4000万元实施勉县境内公铁立交项目。向定点扶贫县拨付120万元党建专项经费，在7个扶贫村修缮、建立党员活动室。在勉县开展路地基层党支部“组织共建、队伍共管、困难共帮、资源共享”活动，在和田县开展党组织“五星级”创建活动，抓党建促扶贫。各铁路局集团公司按照省级党委政府的部署，选派驻村第一书记20名、驻村工作队员18名，投入1469万元，实施78个帮扶项目，帮扶46个村。

九、产业扶贫

铁路总公司落实精准扶贫精准脱贫方略，投入栾川县300万元，资助白土镇槲树庙村农宿改造、白土镇辽宁五味子种植、陶湾镇协心村民宿改造及生态观光园建设、潭头镇东山村羊养殖、潭头镇大王庙村驴养殖5个项目，帮扶354户建档立卡户942人；投入原州区450万元，资助彭堡镇蒋口村、河川乡明川村、张易镇张易村、黄铎堡镇和润村和开城镇下青石村5个村补栏基础母牛806头，新建养殖圈棚共347栋，帮扶480户建档立卡户1515人；投入和田县450万元，资助色格孜库勒乡色格孜库勒村搭建葡萄架2800米、新建葡萄晾干房60座，吾尔奴西村新建葡萄立架130亩，资助朗如乡迫普那村和罕艾日克镇拉依喀村新建庭院棚圈和葡萄架、购买牛羊鸡鹅，发展庭院经济，帮扶326户建档立卡户1346人。腾让企业内部市场，组织扶贫县部分农副产品进铁路企业，入职工食堂，组织土特产品在201列列车和31个车站销售，推动解决农副产品销售难问题。

十、教育扶贫

铁路总公司坚持扶贫与扶志扶智相结合，组织当地政府工作人员、扶贫挂职干部乘坐西安—成都、兰州—张掖等高铁，体验公益性“慢火车”，开拓帮困视野。举办脱贫攻坚干部培训班和劳动力就业培训班、养殖技术培训班等20期，培训扶贫干部和贫困群众1055人。向固原希望中学捐赠90台电脑并配备教学软件，为教师提供专业培训。为秦巴山片区、新疆和田等地16个学校购置图书21400余册。筹措20余万元维修和田县乡村小学校园设施，为贫困学生捐助6万余元学习生活用品。筹措茅台集团公益资金50万元，资助栾川县等100名农村困难学生圆了大学梦。

十一、民族融合发展

铁路总公司在和田县深化“访民情、惠民生、聚民心”活动，组织驻村干部坚持大村每季入户走访1次、中村两月走访1次、小村每月走访1次，全年，共入户走访10230户，收集困难诉求823件，解决712件。开展“民族团结一家亲”活动，组织65名干部职工与贫困户结对认亲，深入农户5轮331人次，现场为贫困户排忧解难。依托文化阵地举行升国旗仪式，全年，有贫困群众10万人次参加；在节假日举办文艺演出200余场次，组织篮球赛等300余场次。投入142万元资助和田县拉依喀乡、罕艾日克镇的三个村加强村级文化阵地建设，完善村委会基础设施，为村委会新建篮球场、村民大舞台。深入开展慰问活动，冬季为458户村民发放煤炭50吨，慰问宗教人士、四老人员、贫困户1628户，发放价值4万元面米油和其他生活急需品。

《中国扶贫开发年鉴（2019）》·铁路扶贫

一、概述

2018 年，中国铁路总公司（以下简称“铁路总公司”）把铁路扶贫工作摆在更加突出的位置，深入学习贯彻习近平总书记关于扶贫工作的重要论述，坚决贯彻落实党中央、国务院关于打赢脱贫攻坚战三年行动的决策部署，进一步提高政治站位，强化责任担当，坚持精准扶贫精准脱贫基本方略，坚持聚焦深度贫困地区，坚持全员参与，全力攻坚，充分发挥铁路行业专业优势，统筹抓好铁路建设扶贫、运输扶贫和定点扶贫等各项工作，取得明显成效。总公司党组书记、总经理、扶贫开发领导小组组长陆东福同志就贯彻落实中央脱贫攻坚决策部署、做好铁路扶贫工作先后 40 余次作出批示、5 次主持召开党组会议专题研究。扶贫开发领导小组制定了《总公司党组关于打赢脱贫攻坚战三年行动实施方案》，修订完善了《铁路扶贫工作考核办法》，组织相关铁路局集团公司签署了《铁路定点扶贫责任书》，主动及时向党中央报告铁路扶贫工作情况，汪洋同志作出批示给予充分肯定。在 2018 年度中央单位定点扶贫工作考核中铁路总公司被评定为等次“好”。

二、贫困地区铁路建设

铁路总公司以中西部和贫困地区为重点，加大铁路建设力度。制定《铁路建设扶贫行动方案（2018—2020 年）》，对 14 个集中连片贫困地区，特别是深度贫困地区铁路建设项目逐一规划。陆东福同志先后同西藏、四川等深度贫困地区省区主要领导共同研究铁路建设等工作，两次对川藏铁路进行现场踏勘，组织川藏铁路规划建设工作。结合开展“十三五”现代综合交通运输体系发展规划、兴边富民行动“十三五”规划等的研究，统筹规划贫困地区铁路网建设。全面推进百项交通扶贫骨干通道工程铁路项目建设，16 个项目开工建设 14 项，开通 1 项，建成投产 1110 公里，完成基建投资 705.4 亿元，其他 2 个项目正在推进可研报批。14 项交通扶贫铁路项目施工过程中，支付当地劳务人员工资 7.46 亿元，培训当地劳务人员 5.88 万人，留给当地永久使用的道路 3290 公里、施工场坪 580 万平方米、水井 425 口、通讯基站 92 座。

三、贫困地区旅客运输

铁路总公司结合实施客运提质计划，运用新开通铁路运能，大量增开途经贫困地区的旅客列车。截至 2018 年底，途经 592 个扶贫重点县的旅客列车达到 1795 列，占全国铁路旅客列车总数的 23.6%。2018 年，贫困地区旅客发送 7426 万人次，同比增长 11.0%，比全国水平高出 1.8 个百分点，其中，“三区三州”旅客发送 1666 万人次，同比增长 9.4%。继续开好公益性“慢火车”。合理安排开行对数、停站、停点，改善站车设施，方便贫困群众携带生鲜农副产品进站上车。2018 年，全路 81 对公益性“慢火车”日均发送旅客 7.8 万人次，累计发送 2368 万人次。其中，在南疆四地州、四川凉山州开行“慢火车”4 对，累计发送 328 万人次。对于铁路运力无法覆盖的贫困地区，与当地政府、企业共同建设客货运输服务功能完备、公铁无缝接驳的无轨车站，为不通铁路贫困地区群众出行提供综合运输服务。2018 年，先后建设具备购票、候车、高铁快运等 6 项功能的铁路无轨站 124 个。

四、重点物资运输

铁路总公司加强与贫困地区地方政府和重点企业的沟通协调，根据地方经济发展需求优化运输组织，提供安全可靠、适应需求、群众欢迎的货物运输产品。针对春耕化肥、农副产品以及新疆棉花、东北粮食等季节性强的涉农物资，提前制定运输方案，及时调配运力，组织突击抢运。组织开行跨局大宗货物直达列车和特色快运班列，为贫困地区重点物资供给、特色农产品外运等提供方便快捷的货物运输服务。全年贫困地区铁路货物发送4.24亿吨，同比增加6644万吨、增长18.6%；货物到达1.72亿吨，同比增加1589万吨、增长10.2%。落实国家支农惠农政策，对涉农物资实施运价优惠政策，对整车化肥、黄磷、粮食等免征铁路建设基金，为贫困地区节约物流成本。全年对贫困地区发送货物减免铁路建设基金约8.6亿元，其中，减免“三区三州”铁路建设基金约2.2亿元。

五、连片特困地区扶贫攻坚

铁路总公司参与并配合科学技术部、国家铁路局联系秦巴山片区脱贫攻坚工作，大力推进郑万、阳安复线铁路等在建项目。同时，推动开工一批连接贫困地区的国家铁路建设项目，其中，途经14个集中连片特困地区的有8个，途经“三区三州”的有2个，投资规模分别为1135亿元、245亿元。强化与贫困地区相关的铁路建设项目的施工组织，建成渝贵、哈佳、广大新双线、哈牡、成蒲、川藏铁路成雅段等线路。2018年中西部地区铁路项目建成投产2918公里，其中高速铁路2474公里，累计完成基建投资3714亿元，占全国铁路基建投资的66.7%；14个集中连片贫困地区、革命老区、民族地区、边疆地区等相关省区铁路项目投产新线2990公里，其中高速铁路2685公里，累计完成基建投资4140亿元，占全国铁路基建投资的77.6%；“三区三州”铁路项目投产新线306公里，其中高速铁路274公里，累计完成基建投资747亿元。发挥铁路建设对贫困地区经济发展的带动作用，同等条件下优先选用贫困地区人力物力，坚持永临结合组织临建工程施工，将其打造成为贫困地区基础设施。

六、定点扶贫

铁路总公司定点扶贫河南省栾川县、陕西省勉县、宁夏回族自治区固原市原州区、新疆维吾尔自治区和田县。面对栾川县2018年脱贫摘帽，勉县、原州区和深度贫困地区和田县2019年脱贫摘帽的攻坚任务，2018年铁路总公司加大投入力度，累计投入4911万元，引进帮扶资金219.6万元。增派39名干部到定点扶贫4县区挂职、任驻村第一书记和工作队员，铁路总公司定点扶贫4县区扶贫干部达到92人。组织254名铁路干部结对帮扶913户贫困户，手拉手帮扶贫困群众脱贫致富。举办全国铁路扶贫干部培训班，培训30名定点扶贫县区扶贫干部。坚持月度写实、年中总结和年底述职制度，加强扶贫干部日常管理。扶贫干部克服生活困难，坚持驻村，部分驻村干部每年驻村时间超过280天，较地方政府规定的220天超60余天。加强路地联动考核工作，用好考核结果，全年对11名扶贫干部提拔使用或重点培养，1名个人荣获中央和国家机关脱贫攻坚优秀个人称号，2个集体、3名个人获得铁路火车头奖杯、奖章，4个集体、12名个人获得铁路扶贫工作先进集体、个人称号。

七、产业扶贫

铁路总公司落实精准扶贫精准脱贫方略，从原料采购、劳务用工、生产加工、产品销售等方面拉长产业链条，提高项目抗风险能力，创造更多就业和增收机会。建设利益联结机制。成立村集体合作社，吸引贫困户入股，促进集体经济持续发展，贫困群众稳定增收。实施规模化生产，组织村集体在土地流转、临时用工、代种代养等方面创新管理方式，为企业大规模生产创造条件。2018年，实施产业项目116项，帮扶建档立卡户3.17万人。其中投入100万元在原州区开城镇柯庄村建设标准化养鸡扶贫示范车间3栋，协调固原新月养殖有限公司负责鸡苗饲料赊欠和活鸡收购，提前培训养殖人员，帮助产品进站上车推介销售。

八、消费扶贫

铁路总公司大力推进消费扶贫，组织农副产品上列车、进车站、入食堂，组织职工直接选购，推出动车组列车互联网预订农副产品业务，在火车站举办优质农副产品展销推介会，在铁路住宅小区举办“消费扶贫直通车”等活动，帮助扶贫地区农副产品外销。累计在62个车站开设157个土特产品展示销售点，在371趟列车组织土特产品销售，全路购买国家级贫困地区农产品1264.5万元，销售特产20余种4454.4万元。

九、旅游扶贫

铁路总公司持续探索“铁路扶贫＋旅游”模式，召开铁路旅游扶贫工作现场会，推动铁路旅游企业与当地政府签订旅游战略合作协议，联手开展大美新疆、绚丽甘肃、亮丽内蒙古、奇境栾川等旅游主题推介活动，共同开发贫困地区地域特色鲜明、比较优势明显的铁路旅游产品。投入200万元对定点扶贫的栾川县77户贫困户住房实施民宿改造，探索开发体验式农业旅游项目。利用车站墙面灯箱、列车广告等媒体加强宣传，为栾川县节约旅游推介费用580万元。组织赴栾川旅游专列3趟1000余人，组团1510人。投资145万元支持定点扶贫的勉县建设唐家湾农旅主题公园，设立20个农产品流动销售车，增开高铁旅游专列，组织5万余名游客到贫困村观光，推动农家驿站、特色小吃、农产品售卖等项目见效。深度开发“环西部火车游”系列产品，帮助定点扶贫的固原市原州区在铁路旅游平台发布周末游、乡村游、六盘山红色游等方案，开行“环西部火车游”5列、入宁专列80列。联合旅游企业、当地景区在定点扶贫的和田县成立旅游扶贫爱心基金，开行“缘满南疆”旅游专列9列，组织560余名游客开展乡村旅游体验和“民族团结一家亲”活动，引导客流、消费流向扶贫地区聚集。2018年，累计向贫困地区开行旅游专列335列，组织游客23万人次。

十、教育扶贫

在栾川县开展“助力扶贫、青年先行”等志愿服务活动，发放学习文具、书包等900余件，捐助校服75套。在原州区举办“国酒茅台·国之栋梁——2018希望工程圆梦行动大型公益助学”活动，为100名原州区等建档立卡户子女每人提供5000元的助学金；组织书画家、医务人员深入原州区贫困村开展“送文化、送健康、送关爱”活动，送字画100余幅、扶贫政策折页1000余册、卫生知识手册500余册。在和田县组织铁路等相关单位捐赠衣物和学习用品23.5万元。

十一、民族融合发展

铁路总公司在和田县深化“访民情、惠民生、聚民心”活动，聚焦新疆社会稳定和长治久安总目标，自2017年3月25日，开行乌鲁木齐—和田“民族团结一家亲号”列车。在做好服务保障的同时，乌鲁木齐局集团公司深化“民族团结一家亲”联谊活动，67名各级干部与和田县拉依喀乡、罕艾日克镇的377户基层群众结对认亲，同吃、同住、同劳动、同娱乐，为贫困群众办实事好事687件，捐款73457

元，捐物 5900 多件。壮大党员队伍，提高村民素质，培养入党积极分子 236 人，发展党员 75 人。加强扶志引领，激发内生动力，开展宣传教育 432 场次 19000 余人。做好困难群众工作，慰问“四老人员”、贫困户 1628 户，做好事、实事 1256 件。收集各类困难诉求 823 件，解决 712 件。

十二、扶贫宣传

持续讲好铁路扶贫故事。协调人民日报、新华社、中央广播电视总台等中央主流媒体及地方媒体推出铁路扶贫报道近 1000 余篇（条），《人民日报》头版、《新闻联播》《焦点访谈》推出铁路扶贫报道。其中，《我们一起走过——致敬改革开放 40 周年》节目中讲述的四川凉山州“慢火车”故事，高速铁路、高铁无轨站等服务举措，贫困地区建设成就，铁路扶贫干部先进事迹等引起广泛共鸣，赢得社会舆论好评。组织扶贫日宣传。在《人民铁道》报推出《铁路部门发挥行业优势谱写扶贫工作新篇章》等报道和《扶贫路上，我们一直在努力》等整版特别报道。在“人民铁道”“中国铁路”新媒体平台推送《这些照片，记录了铁路扶贫路上的点点滴滴》等图文报道。在车站电子显示屏、动车组车载显示屏上播放铁路扶贫工作视频短片和公益广告，向社会公众展示了铁路扶贫工作成果。组织中国铁路“精准扶贫、铁路情怀”纪实摄影展。从 1 万余幅铁路扶贫纪实摄影作品中筛选出 604 幅照片在铁路系统巡展，部分优秀作品在《人民铁道》报等媒体刊载，收到良好宣传效果。

《中国扶贫开发年鉴（2020）》·铁路扶贫

一、概述

2019 年，中国国家铁路集团有限公司（以下简称“国铁集团”）深入学习贯彻习近平总书记关于扶贫工作的重要论述，坚决落实党中央、国务院关于打赢脱贫攻坚战三年行动的决策部署，聚焦“两不愁三保障”突出问题和深度贫困地区，充分发挥铁路行业企业优势，多措并举创新帮扶方式，精准推进铁路建设扶贫、运输扶贫、定点扶贫等工作，展示了国铁企业的责任担当。适应国铁企业公司制改革的新体制，在董事长、党组书记陆东福同志担任扶贫开发领导小组组长的同时，新增总经理、党组副书记杨宇栋担任副组长。陆东福同志就贯彻落实中央决策部署、做好扶贫工作 42 次作出批示，自觉承担第一责任，多次主持召开党组会研究部署。扶贫开发领导小组及时研究制定贯彻落实“两不愁三保障”要求的工作方案，形成了“三年行动方案 + 专项工作制度办法”的铁路扶贫工作制度体系，组织 18 个铁路帮扶单位签订《定点扶贫责任书》、与帮扶乡镇签订《帮扶项目协议书》、与扶贫干部派出单位签订《定点扶贫任务书》。把扶贫工作情况纳入公司党组巡视和专项审计，严格实施月度督导、半年通报、全年综合评价考核制度。在 2019 年度中央单位定点扶贫工作考核中国铁集团被评定为等次“好”。

二、贫困地区铁路建设

以中西部和贫困地区为重点，加大铁路建设力度。落实《铁路建设扶贫行动方案（2018—2020年）》，加快推进14个集中连片特困地区特别是深度贫困地区铁路项目规划建设。陆东福同志先后与新疆、甘肃、青海等深度贫困地区省区主要领导会商铁路建设和扶贫工作，5次带队现场踏勘，为高起点高标准高质量推进川藏铁路等重大项目规划建设奠定了基础。截至2019年底，百项交通扶贫骨干通道工程16个铁路项目，已开通3项（青藏铁路格拉段扩能、张家口至大同、郑州至阜阳铁路）、在建12项、近期国家批复1项（西宁至成都铁路）；14个集中连片特困地区等老少边穷地区2019年投产铁路7440公里，完成铁路基建投资4175.8亿元，占铁路基建投资总额的75.9%。2019年新投产铁路覆盖和惠及了51个国家级贫困县，结束了部分贫困地区不通铁路的历史。

同时，坚持将铁路建设与沿线贫困地区发展规划紧密衔接、深度融合，贯彻永临结合方针，统筹规划实施道路、水电、通讯等基础设施。2019年，在14个集中连片特困地区实施的铁路建设中，累计修建永临结合道路970公里、水井288口、通信基站135座；使用当地农民工4.8万人次、支付劳务费23亿元、技能培训15万人次，采购农副产品4200万元，有效带动了贫困地区经济发展和贫困群众增收。

三、贫困地区旅客运输

有效运用大数据分析贫困地区出行需求，适时开行棉农、高考、返乡专列等助学惠农列车，增强了服务的精准性和有效性。持续优化开行途经贫困地区的旅客列车，2019年日均开行2328列（其中高铁、普速列车分别为1042列、925列），是2012年的2倍多。重点组织开好81对公益性“慢火车”，经停500余个车站，分布在21个省（区、市），覆盖湘西、云贵、川北、东北、南疆等35个民族地区，方便贫困地区、边远山区群众出行，2019年运送旅客2600余万人次，其中途经南疆四地州、四川凉山州“慢火车”发送旅客120余万人次，被贫困群众亲切地誉为“赶集车”“大篷车”“连心车”。在不通铁路的地区建设具备购取票、公铁接驳、农副产品销售等功能的铁路无轨站154个，打通了百姓出行与物流运输的“最后一公里”，让偏远地区成功融入“高铁经济圈”。因地制宜改善铁路站车服务条件，最大限度满足贫困群众出行需求，2019年14个集中连片特困地区旅客发送量约2.4亿人次、同比增长5.9%。

四、贫困地区重点物资运输

进一步调整贫困地区物流基地布局，加强货运服务设施建设，不断提升货运服务能力。目前在国家级贫困县开办的货运站达到 512 个，较上年增加 7 个。全面落实国家支农惠农政策，全力保障贫困地区重点物资供给和农产品外运需求。积极组织开行新疆棉花、东北粮食等农产品“点对点”运输专列、大宗货物直达列车、集装箱特色快运班列等，为贫困地区提供方便快捷的货运服务。2019 年，累计运输贫困地区货物 6.63 亿吨、同比增长 11.4%。同时对涉农物资实施运价优惠政策，全年减免费用 17.5 亿元。比如：在云南省境内，推进“高铁 + 扶贫”运输模式，每天组织 15 吨鲜花通过高铁和普客销往全国各地，助力云南鲜花成为广大群众的芬芳礼物。在革命老区广西百色市，组织“百色一号”果蔬绿色专列，运行 6 年来开行 112 趟，运量近 4 万吨，丰富了北京及周边地区的“菜篮子”，也为百色带来了经济效益和社会效益，每年解决扶贫就业岗位超 4000 人次。

五、定点扶贫

国铁集团定点扶贫河南省栾川县、陕西省勉县、宁夏回族自治区固原市原州区、新疆维吾尔自治区和田县。围绕定点扶贫河南栾川县 2019 年 5 月正式脱贫摘帽，陕西勉县、宁夏回族自治区固原市原州区、新疆维吾尔自治区和田县以及部分省级定点扶贫村 2019 年底达到脱贫条件等目标任务，落实精准扶贫精准脱贫方略，举全路之力进行帮扶。加大资金投入，2019 年向中央和省级定点扶贫地区投入帮扶资金（含捐助物资折算等）约 1.35 亿元，其中，向定点扶贫 4 县区投入资金超过 1 亿元，较上年翻了一番。组织 18 个铁路局集团公司签订年度定点扶贫责任书，组织 13 家在京铁路单位协同做好帮扶工作。对深度贫困地区和田县加大倾斜帮扶力度，全县贫困发生率由 2018 年底的 9.2% 下降到 2019 年的 0.06%。对退出贫困县序列的栾川县坚持落实“四个不摘”要求，持续加大投入，帮助其培育发展“铁路小镇”等旅游产业项目和“栾川印象”特色品牌，巩固提升脱贫摘帽质量。

加大帮扶力量，全路扶贫干部增加到 165 人，其中定点扶贫 4 县区 100 人。在组织 4 县区所在地铁路局重点帮扶的基础上，增加 13 家在京铁路单位协同帮扶。

对已正式退出的栾川县坚持落实“四个不摘”要求，增派4名驻村干部，铁路扶贫干部达到12人。认真落实中央关于关心基层扶贫干部的相关要求，严格执行派驻干部待遇补助、健康体检、人身保险等规定，帮助解决工作生活困难。坚决克服形式主义、官僚主义，大力压缩会议文件和检查活动，进一步减轻了基层工作负担。强化铁路扶贫领域廉政建设和作风建设，2019年，有37名驻村干部被当地政府评价为“优秀”，18人获得县级以上荣誉。2人事迹被《中央和国家机关驻村第一书记扶贫典型案例集》收录。

六、产业扶贫

以发展壮大集体经济和强化带贫机制为着力点，加强龙头企业培育，实施“铁路帮扶 + 龙头企业 + 合作社 + 贫困户”等产业发展模式，因地制宜精准选好项目、规范用好资金，推动贫困户长期受益和产业持续发展，2019年在定点扶贫地区实施产业项目174个，取得了明显的经济效益和带动脱贫效果。一是与地方政府合力培育能够带动贫困户产业发展、增收致富的龙头企业。协同栾川县对当地12家企业、7个生产扶贫基地进行整合，扶持洛阳市川宇农业开发有限公司，打造栾川印象农产品加工销售的龙头带贫企业，带动贫困家庭农产品生产销售，可带动1751户贫困人口年人均增收1100余元。二是进一步延伸扶贫项目产业链条，推动产业集约化发展。在勉县，结合当地茶产业历史悠久、资源丰富的实际，投入资金455万元建设标准化加工厂及产品研发中心，精准解决产业加工技术落后、品牌不强、附加值不高等问题。在宁夏原州区投入580万元，精准发展“铁路帮扶 + 龙头企业 + 合作社 + 致富带头人 + 贫困户”的养鸡、养牛扶贫车间和到户产业项目，推动贫困群众稳定长期受益。三是实施特色产业提升工程，进一步提升产业项目影响力。推动企业优势与贫困县域优势相融合，通过铁路行业文化理念和企业精神，提升扶贫产业品牌价值。在栾川县投入1782万元实施“铁路报废列车利用 + 集中搬迁 + 民宿旅游”的“铁路小镇”旅游产业项目。四是以发展壮大集体经济为突破点，推动当地优势产业发展。探索发展合作制集体经济，引导贫困群众以资金、资源、技术等要素入股，形成村集体、农户共同经营管理的新型农业经营主体，增强产业项目抗风险能力，让贫困群众充分享受集体经济发展红利。在和田县，投入资金 2183.3 万元，持续选择适合当地经济发展的葡萄庭院经济、多胎羊基地、打馕合作社、火车头餐厅等特色种植、养殖、手工业和旅游等特色产业，精准带头贫困户持续受益。

七、消费扶贫

重点实施定向采购专项行动，组织铁路单位建立集中采购消费扶贫机制，定期开展贫困地区农副产品直采直销活动；实施进站上车专项行动，在全国 129 个车站、1396 列高铁动车组设立 1624 个扶贫产品直销店（专柜）帮助推介销售，将公益性“慢火车”和铁路无轨站打造成为流动便民的“乡村农贸市场”，为贫困群众携带生鲜活禽等农副产品乘车赶集或在列车车厢集中售卖提供便捷周到服务；实施电商扶贫专项行动，投入 1400 余万元开发运营面向广大旅客和路内外企业的铁路 12306、中铁快运商城电商扶贫平台，对入驻企业免收平台费，利用铁路媒体资源广泛宣传推介；建立铁路建设消费扶贫督导机制，引导铁路建设施工单位优先采购贫困地区农副产品和劳务服务。同时强化产销对接、带贫效果和质量保障，帮助引导贫困地区企业提升市场竞争力和可持续发展能力。2019 年购买和帮助销售 4 县区农副产品 5010 万元、其他国家级贫困县 12446 万元，分别为上年 2.2 倍、3.6 倍。国务院扶贫办领导对铁路消费扶贫工作给予批示肯定。

八、两不愁三保障

认真学习贯彻习近平总书记在解决“两不愁三保障”突出问题座谈会上的重要讲话精神和国务院有关文件部署，注重发挥铁路行业企业优势，研究制定贯彻落实工作方案和细化措施，举全路之力帮助贫困地区重点解决“两不愁三保障”突出问题，扎实推进中央决策部署在铁路扶贫工作中落实落地，进一步增强铁路扶贫工作的精准性和实效性。聚焦定点扶贫地区义务教育、基本医疗、住房安全、饮水安全等短板，优先安排和调整铁路扶贫资金和项目的投入方向。同时通过中国扶贫基金会、詹天佑基金会等多渠道筹集帮扶资金。全年投入“两不愁三保障”资金 2167 万元，其中投入定点扶贫 4 县区 1547.8 万元，帮扶贫困人口 5.8 万人。

九、强化扶志扶智

持续增强贫困地区脱贫攻坚内生动力。一是抓党建促脱贫。充分发挥铁路驻村第一书记和铁路基层单位党组织的优势作用，积极与贫困村进行党支部联建、党内活动联搞、党课联上、贫困户联帮，组织铁路单位与 32 个村党支部联学联建、261 名干部与 926 户贫困户“结对认亲”，定期开展送温暖、送点子、送文化、送信息、买特产“四送一买”活动，带动村“两委”班子战斗力进一步增强。铁路帮扶的和田县贫困村先后有 572 人递交了入党申请书，其中 236 人光荣入党，49 名优秀少数民族青年成长为合格“村官”。二是抓培训帮脱贫。邀请中央党校教授和知名管理专家深入定点扶贫县举办基层干部培训班，组织乡村干部和贫困群众代表乘坐高铁，观摩先进农产品企业。全年培训基层干部 2799 人次、村“两委”班子成员 761 人次、创业致富带头人 340 人次。三是抓就业助脱贫。按照“一人就业全家脱贫”的思路，路地联建务工培训基地，组织定点扶贫县区贫困群众参与挖掘机、电焊工、厨师等技能培训 8547 人次。持续加大铁路单位劳务用工和招聘大学毕业生向贫困地区倾斜力度，全年为贫困地区安排劳务用工和毕业生就业岗位 6780 个。

十、扶贫宣传

国铁集团积极参加中央和国家机关工委“不忘初心、牢记使命——优秀驻村第一书记先进事迹巡回宣讲”报告会和定点扶贫工作成果展。以国家扶贫日和新中国成立 70 周年庆祝活动为契机，组织开展 12306 电商扶贫平台上线推介、“贫困儿童乘高铁看发展、立大志圆梦想”、“创青春”铁路定点扶贫青年创业大赛等扶贫主题活动。组织铁路文工团创作话剧《火火火车头》，印制《中国铁路扶贫纪实摄影作品集》。充分利用铁路宣传资源和学习强国、央视、人民网、新华网等主流媒体平台，讲好铁路扶贫故事，全年刊播宣传报道 2600 余篇、视频 47 部，编发《铁路扶贫直通车》6 万册投放到 270 组高铁列车，在铁路主要车站设立 655 个公益扶贫宣传点，取得了良好的社会效应。

《中国扶贫开发年鉴（2021）》·铁路扶贫

一、概况

2020 年，中国国家铁路集团有限公司（以下简称“国铁集团”）认真学习贯彻习近平总书记关于扶贫工作的重要论述，坚决贯彻落实党中央、国务院决策部署，充分发挥行业企业优势，努力克服疫情灾情影响，积极践行“人民铁路为人民”的国铁企业责任担当，凝聚全行业之力持续加大工作力度。栾川县、勉县、原州区、和田县如期脱贫，贫困发生率全部清零。2020 年荣获“全国脱贫攻坚奖组织创新奖”、“全国脱贫攻坚先进集体”称号。

二、行业扶贫篇

1. 建设扶贫

持续加大连接贫困地区铁路规划建设和投资倾斜力度，制定《铁路决战决胜脱贫攻坚深化建设扶贫工作方案》，推动实施“铁路网＋无轨站＋永临结合”建设扶贫模式，促进建设项目开工复工。2020 年，老少边贫地区完成铁路基建投资 4322.7 亿元，占基建投资总额的 74.4%，投产新线覆盖 26 个国家级贫困县，其中 6 个结束不通铁路的历史。向栾川县所在的洛阳地区投资 2.65 亿元，实施洛阳动车存车场、关林站改造等工程；完成途经勉县的阳安铁路复线收尾工程；推进经过原州区的宝中线中卫—固原段扩能工程前期工作；加快建设途经和田地区的和若铁路，优化区域发展环境。同时，对不通铁路的贫困地区统筹建设无轨站，目前铁路网＋无轨站155个已覆盖约600个贫困县，占全国832个贫困县73%。

统筹永临结合工程，途经国家级贫困县的72个重点项目，修建便民道路240条986公里，采购沿线扶贫农产品1.27亿元。其中，在和田地区租赁机械设备、采购工程物料等43897万元，采购农产品及生活物资581万元，建设道路6.7公里、水井13口。为勉县保留便桥2座，采购汉中地区生活物资等255万元；发放工资、租赁设备994万元。组织临近洛阳、固原地区铁路参建单位采购栾川县、原州区农产品46.7万元、55.8万元。

2. 运输扶贫

客运方面，大力实施贫困地区客运提质计划，优化客车开行方案，途经贫困地区的旅客列车日均开行2095列，用好155个无轨站，贫困地区发到旅客1.47亿人。81对“慢火车”发送1396万人。开行北京—和田等扶贫旅游专列174列、发送10.3万人次；货运方面，持续优化货运产品供给，加大货运运输保障力度，开行农产品“点对点”运输专列等，保障复工复产、复商复市、春耕备耕等物资供应。年内，贫困地区发到量6.94亿吨、同比增长4.9%，减免费用15.4亿元。

4县区所在地市的旅客、货物发到量2454万人、2679万吨，减免物流费用7065万元。一是完善栾川县高铁无轨站功能，售票2000余张，开通栾川—洛阳龙门站等专用巴士，发送18.3万人次。实施货运“一口价”项目14个、运送货物38万吨；二是将勉县“慢火车”行李车改造成惠民助农主题车厢。开行务工专列3列、运送外出务工3600人。常态化开行D6857次西安—汉中高铁旅游专列，节假日增开旅游扶贫专列。帮助汉中钢铁公司、汉中锌业公司等在勉企业组织原材料，签订政府、铁路、企业三方战略合作协议；三是提升原州区“慢火车”品质，用好2个无轨站，运送旅客12.7万人。组织旅游专列2列，向固原地区运送600余人。与宁煤集团等签订运量互保协议并组织直达运输，开行鲜活产品等“点对点”运输专列；四是投入196万元改造和田地区的皮山站、墨玉站、和田站候车座椅、检票闸机等设施，解决和田2对“慢火车”沿途风沙大问题。开行旅游专列5列、运送910人。确定准东、将军庙站等为扶贫煤炭发运站、并下浮运费，联同自治区商务厅等成立

“集拼集运货运班列”协调组，助力区域脱贫攻坚。

3. 消费扶贫

购买和帮销 4 县区农产品 6437 万元、7646 万元，超计划 704%、264%；购买和帮销其他国家级贫困县 16137 万元、30182 万元（52 个脱贫攻坚挂牌督战县 1839 万元、1627 万元，湖北国家级贫困县 1993 万元、帮销 8481 万元）。全年购买、帮销 6.04 亿元，为 2019 年的 3.5 倍。一是拓展消费扶贫五项行动，强化铁路单位定向采购、加大扶贫产品“进站上车”、深化铁路旅游消费扶贫、推进电商扶贫直播带货、加强工程建设消费扶贫、组织疫情防控帮运帮销等，特别是定制“中国铁路消费扶贫柜”，在全国 56 个省会和客流较大车站首批投放，日均最高销售额北京南站 2835 元，单台单日销售额最高 800 多元。二是着力解决扶贫产品滞销问题，先后 800 余人次对接，集中引进挂牌督战县、湖北、新疆等地区 71 家企业 800 余种扶贫产品入驻“三网一柜”平台，作为线上线下推销重点，动员路内外单位和群众购买、帮销 1.75 亿元。与中国扶贫志愿服务促进会、宋庆龄基金会等携手组织勉县、原州区等价值 130 万元农产品驰援湖北。利用旅客列车行李车、高铁动车组，运送湖北小龙虾 2 万余件、货值 3700 万元，茶叶 1854 件、货值 400 万元。三是加大宣传推介，利用全国 145 个车站 738 块大屏和灯箱、2093 组动车视频、7.7 万册宣传折页、18 万册《旅伴》等宣传杂志，以及 655 个公益宣传点等，节约费用 1.8 亿元。与外交部、科技部、财政部等部委，建行、工行、扶贫 832 平台等开展战略合作。四是在本级机关和铁路文化收藏集邮展上组织展销；在郑州、新乡、洛阳举办 4 场展销会；在西安北站、汉中站等开展 5 场“消费扶贫直通车”活动；在兰州、银川组织 2 场冷凉蔬菜推介会；在和田站展销，把“流动的扶贫巴扎”引进“慢火车”，扩大消费群体覆盖面。

4. 返岗稳岗拓岗

落实中央稳就业、保民生决策部署，推动实施“五个一批”就业扶贫模式，在发挥优势助力贫困人口返岗就业同时，直接帮扶 832 个国家级贫困县 15 万名贫困人口就业，其中定点扶贫 4 县区 9749 名、湖北省 1.03 万余名、挂牌督战县 1.01 万余名。一是铁路运输助力稳岗返岗，开行“点对点、一站式”返岗复工直达专列401列、运送45.4万人，其中4县区8876人。二是拓展铁路建设用工，组织途经国家级贫困县的72个重点在建项目，优先培训使用沿线国家级贫困县的劳动力9万人，其中4县区915人。三是充分利用铁路企业用工资源，组织铁路单位先后招录国家级贫困县的毕业生、优秀劳务工等8600余人，其中4县区100人；拓展装卸搬运、卫生保洁等外包用工。四是用好扶贫产业和公益岗位，采取“长期+短期”用工模式，帮助4县区贫困人口就近就业2361人。五是引导返乡创业，会同当地政府加强对返乡创业人员业务培训和政策帮扶，培育一批致富带头人；引导4县区顺利转岗从事当地旅游产业、辣椒、花椒和番茄秋收采摘等6000余人。

5. 挂牌督战

推进贵南、渝昆、银西高铁，兰合、和若铁路等建设，统筹永临结合，优先选用当地劳务工、采购农产品等，建成和在建铁路覆盖10个挂牌督战县，其中6个结束无铁路历史；优化客车停站停点，开好3对“慢火车”、23列务工专列，用好5个无轨站。年内，发送旅客34万人，组织货运发到量244.3万吨、同比增长11.9%、减免费用1600余万元；招录挂牌督战县毕业生等175人，铁路建设使用劳务工9962人。将挂牌督战县20家企业、195种扶贫产品入驻“三网一柜”平台，购买、帮销3466万元；组织南宁局集团公司投入266万元，改造良陇小学示范点，帮助3个村发展高山特色种养产业。组织成都局集团公司投入50万元，帮助已脱贫的坝奔村实施义务教育等项目。

6. 社会扶贫

引导施工企业，把临建工程打造成永久基础设施，优先选用贫困地区人力物力。促成栾川县与河北白云环保设备制造有限公司联姻，引进资金2000万元及相关技术，实施钒酸铵等产品烘干仓储项目。在勉县引进资金1300万元，发展红辣椒种植、阜川茗茶标准化加工中心项目。邀请供应铁路劳保制服、列车卧具产品等4家企业到原州区考察，引进2000万元。在和田县引入新疆米兰食品开发公司、和田徽杭坚果加工公司等，投入3500万元实施核桃、大枣、葡萄种植等，带动贫困人口4200人。引进中国扶贫基金会、中国青少年发展基金会等资金240余万元，资助4县区贫困学生、发展产业。年内，累计为4县区引入无偿资金9815万元，引入社会企业14个、资金1.11亿元，带动建档立卡贫困人口5.69万人。

三、定点扶贫篇

1. 强化组织领导

一是提高政治站位。深入学习贯彻习近平总书记重要讲话精神，落实党中央、国务院决策部署，研究制定落实方案，全力抓实扶贫资金、扶贫项目、扶贫力量、扶贫成果、扶贫监督检查机制“五落实”。二是强化政策落实。将领导小组调整为双组长制，负责同志由5人增至6人，构建形成覆盖机关16个业务部门+18个铁路局集团公司+14个协同扶贫单位的组织架构。三是加强调研督导。结合疫情防控，细化量化督导标准，全年督导145人次，形成反馈函和报告125件，协调整改问题335个。其中本级督导函、问题8件、17个；帮扶单位8件、28个；扶贫干部督导报告和问题109件、290个；帮扶单位编发《项目推进月度督办反馈》《脱贫攻坚简报》等53期，通报路地双方，推动问题解决。

2. 加强扶贫力量

在保持驻村第一书记不撤、不轮换基础上，增派6名扶贫干部，共106名，其中挂职扶贫干部7名、驻村第一书记22名、驻村工作队员76名、原州区扶贫办1名。强化深度贫困地区和田县扶贫力量，派驻53名（新增2名），居4县区之首，其中少数民族44名。

3. 资金投入

2020年，实际投入1.67亿元（含物资捐赠费用等），超计划108%，为2019年的1.7倍；实际引入无偿资金9815万元，超计划1536%，为2019年的2.1倍。持续向和田县倾斜，年计划、实际投入为4县区之首，其中实际投入4463.4万元，超计划86%，为2019年的1.56倍；实际引入1161.9万元，超计划674%，为2019年的4.19倍。

4. 干部人才培训

投入培训资金 400 万元，培训基层干部 12338 人次、技术人员 17745 人次，超计划 781%、610%，分别为 2019 年完成的 4.4 倍、2.1 倍，其中创业致富带头人 850 人次。

5. 产业扶贫

坚持把产业扶贫作为推动贫困人口稳定脱贫的主要途径和长久之策，全年投入 5732.6 万元，占直接投入（不含折合资金）64%。精准实施 34 项产业项目，推进“铁路帮扶 + 龙头企业 + 合作社 + 贫困户”等带贫模式。落实分区分级精准防控要求，组织帮扶资金、扶贫干部及时到位，尽早组织扶贫项目调研立项、开工复工。组织帮扶单位与地方政府共同验收，确保帮扶效果。

6. 两不愁三保障

制定“两不愁三保障”整体补强提升计划，投入 4 县区 2120 万元推进“三保障”和饮水安全查漏补缺工作，帮扶贫困人口 7.81 万人，其中结合疫情防控投入 912.7 万元加强乡村基本医疗保障。一是投入栾川县 550 万元改善义务教育办学条件、配备乡镇卫生院紧缺医疗设备、解决住房安全问题、改造贫困村饮水设施。二是安排勉县 1120 万元，为贫困山区医院配置基本医疗设备、急救车辆等，为山区小学安装采暖系统，组织青年志愿者连续 5 年开展支教活动，在“慢火车”上开辟“通学助教”车厢，邀请自然博物馆讲解员和西北农林科技大学教授等上车讲授知识。三是安排原州区 174.5 万元，资助贫困学生完成学业、改造供水设施、为乡镇及村级卫生机构配置制氧机及其他设备、安全补强住房。四是投入和田县 276 万元，修缮房屋、改善义务教育和饮水条件，帮助和田县装运 3.5 万吨扶贫煤，运价优惠 30%，帮助 14.5 万贫困人口安全过冬。

7. 防止返贫致贫

印发落实防止返贫监测和帮扶机制通知，协同 4 县区完善制度，构建并实施县乡村权责分明、分工负责的动态监测机制。抓住栾川、勉县、原州区、和田县宣布脱贫契机，致函4县区明确后续帮扶措施16项；组织扶贫干部密切跟踪边缘户和因灾因疫等收入骤减、支出骤增户，精准落实产业就业、综合保障、扶志扶智等措施，4县区没有返贫现象；持续优选扶贫产业、壮大集体经济，加强带贫监管监控，推动贫困户持续稳定受益。加大贫困村“两委”班子、基层干部以及致富带头人培训，促进稳定就业，提升脱贫致富的内生动力；结合乡村振兴战略和“十四五”发展规划等，投入120万元帮助原州区、和田县做好区域经济发展规划，推进脱贫攻坚与实施乡村振兴战略有效衔接。

8. 抓党建促脱贫

组织36个单位与30个贫困村党支部联学联建，开展联学联建活动62次、主题党日活动123次；33个单位结对共建30个贫困村；培训贫困村两委班子1258人次、致富带头人850人次。

9. 扶贫宣传

组织近70名中央媒体记者前往勉县、栾川县开展“铁路扶贫一线见闻”系列采访，5名铁路扶贫干部出席国新办一线人物见面会；利用人民日报、新华社、央视、学习强国等媒体扩大宣传，央视等媒体推出系列主题报道《坐着高铁看中国》、“慢火车”系列报道，省级以上媒体刊发4县区报道2789篇、制作微电影25部。组织铁路文工团深入4县区开展扶贫专场演出17场，拍摄扶贫公益电影《慢火车》，扶贫主题话剧《火火火车头》剧本通过国家艺术基金复审。

精准扶贫

铁路情怀

国铁集团定点扶贫成就总结

——中央和国家机关定点扶贫成就巡礼集

党的十八大以来，中国国家铁路集团有限公司认真学习贯彻习近平总书记关于扶贫工作重要论述和中央关于脱贫攻坚决策部署，积极践行“人民铁路为人民”的国铁企业责任担当，充分发挥行业优势，加大组织力度，凝聚攻坚合力，创新帮扶方式，助力贫困地区打赢脱贫攻坚战。截至 2020 年 3 月，定点帮扶的河南省栾川县、陕西省勉县、宁夏回族自治区固原市原州区、新疆维吾尔自治区和田县全部脱贫摘帽。

一、发挥行业扶贫优势，助力贫困地区打通“大动脉”、畅通“微循环”

（一）持续扩大铁路建设对贫困地区脱贫攻坚的带动效应

一是优化完善贫困地区路网。组织制订了《铁路建设扶贫三年行动方案》等，持续加大贫困地区铁路规划建设和投资倾斜力度。党的十八大以来，老、少、边、贫地区铁路建设投资达 3.6 万亿元，占铁路建设总投资的 78.2%；投产新线达 3.9 万公里，其中高铁 2.2 万公里，覆盖 257 个贫困县，其中 100 多个县结束了不通铁路的历史，198 个县跨入高铁时代，大幅改善了贫困地区交通和发展环境。二是积极带动贫困地区旅游产业经济发展。新开通铁路助推脱贫攻坚效果明显，为方便老区人民出行、加速经济发展注入活力，带动沿线旅游、商贸、餐饮等产业发展，吸引一批特色产业项目落地生根，进一步促进当地经济发展和群众就业增收。如途经秦巴山片区的西成高铁，自 2017 年 12 月开通运营以来，乘坐高铁游汉中、赏油菜花的人越来越多，汉中地区年发送旅客较开通前增长数倍。同时，在不通铁路的贫困地区，统筹推动建设铁路无轨站 155 个，打通群众出行与物流运输的“最先和最后一公里”，推动部分偏远贫困地区快速融入“高铁经济圈”。截至 2020 年底，“铁路网 + 无轨站”已覆盖 600 余个国家级贫困县。三是统筹实施便民服务设施。在铁路建设施工中，紧密结合当地规划，坚持实施永临结合工程，优先选用当地物料、使用当地贫困劳动力等。如在广西贵南高铁建设中，为沿线环江毛南族自治县修建乡村道路约 30 条 70 余公里，培训使用当地贫困劳动力 2300 余人次、支付工资 674 万元，采购生产物资 0.75 亿元、农产品 1300 余万元，同时吸引旱藕、沃柑等一批特色产业项目落地生根，进一步促进当地经济发展和群众就业增收。截至 2020 年底，途经国家级贫困县的 72 个重点在建项目，为沿线贫困地区修建便民道路 240 条 986 公里，促进了铁路与贫困地区发展规划深度融合。

（二）开好公益性“慢火车”和农产品专列，提升贫困地区铁路运输服务保障能力

客运方面。一是创新运用大数据分析，优化贫困地区旅客列车开行方案，精准开行惠农助学列车，最大限度满足群众出行需要。二是持续开好 81 对公益性“慢火车”，有效覆盖 21 个省区、35 个民族地区、104 个国家级贫困县，积极打造流动的“惠民助农列车集市”和服务品牌，每年运送沿线赶集务工求学的贫困群众约 2200 余万人，车票二三十年不涨价，成为边远地区群众外出务工、求医就学、赶集购物的主要交通工具，被沿线群众亲切地誉为便民车、致富车、连心车，成为“国企的品牌、社会主义的广告”。途经大小凉山的成昆铁路“慢火车”，95% 以上乘客是带着鸡鸭土产赶集或求学务工的彝族群众。三是充分挖掘贫困地区旅游资源，2017 年以来组织开行旅游扶贫专列 1480 列、运送 93 万人（4 县区 77 列、3.7 万人），有效带动沿线旅游、商贸、餐饮等产业发展和消费升级。利用专列优势实现精准扶贫、栾川农家特色旅游扶贫、中国扶贫——与新疆旅游互通的桥梁等 3 项入选 2020 年世界旅游联盟旅游减贫案例。

货运方面。落实国家支农惠农政策，精准开行农产品“点对点”运输专列、集

装箱快运班列和高铁快运等，对贫困地区农副产品外运和生产生活物资优先保障。党的十八大以来，向老、少、边、贫地区发送货物 27.2 亿吨，减免物流等费用 60.5 亿元。特别是 2020 年疫情防控期间，全力保障各行各业复工复产、重点物资、春耕备耕等物资供应。同时，围绕中西部等深度贫困地区经济发展，创新货运组织方式，加大国际货运班列开行，努力打通"肠梗阻"，为促进产业链顺畅连通、落实"一带一路"建设加油助力。

二、创新消费扶贫模式，打通农产品到铁路市场"最后一公里"

充分用好 200 万铁路职工"菜篮子"、每年运送 30 多亿人次旅客、60 多万建设施工人员、12306 网络 5 亿多注册用户等蕴含的巨大消费市场，举全行业之力创新实施"五项消费扶贫行动 + 四项长效帮扶机制"。2018—2020 年消费扶贫约 8.4 亿元（连续三年翻番增长），其中 2020 年 6.04 亿元，为上年的 3.5 倍。相关经验在国新办消费扶贫新闻发布会上介绍，"创新实施 5+4 消费扶贫模式""打造栾川印象品牌"等 2 项案例入选 2020 年全国消费扶贫优秀典型 50 案例。一是开展定向采购行动。建立定向采购消费扶贫机制，开展铁路单位"菜篮子"和职工福利、配餐中心等定向采购行动，鼓励职工优先采购扶贫产品，2018—2020 年采购贫困地区农产品 3 亿元。二是开展"进站上车"行动。推动铁路站车商业场景与扶贫产品供应链深度融合，组织扶贫产品"进站上车"，已在全国 431 个车站、2237 列客车（1871 列高铁动车组）上设置 2880 个扶贫直销店或专区，直采直销国家级贫困县扶贫产品。三是构建"三网一柜"铁路消费扶贫平台。先后开发面向广大网络订票用户的"12306"、面向动车 WiFi 网络用户的"掌上高铁"、面向企业集采用户的"中铁快运商城"3 个电商扶贫平台。在 56 个省会级和客流较大车站投放"铁路消费扶贫智能售货柜"400 余台，构建"三网一柜"铁路消费扶贫平台，覆盖了铁路旅客从网络购票、进站候车、乘车旅行等全过程消费场景，扩大扶贫产品消费，也丰富提升了旅客出行和消费体验。截至 2020 年底，"三网一柜"平台累计入驻扶贫产品 4000 余种，帮销 5000 余万元。四是开展建设消费扶贫行动。引导施工单位优先采购沿线贫困县农副产品，2018—2020 年采购 1.8 亿元。五是开展疫情防控消费扶贫专项行动。集中引进挂牌督战县、湖北、新疆等地区 71 家企业 800 余种扶贫产品入驻"三网一柜”平台，作为线上线下推销重点，动员路内外单位和群众购买帮销1.75亿元。与中国扶贫志愿服务促进会等携手组织勉县、原州区等价值130万元农产品驰援湖北。利用旅客列车行李车、高铁动车组，运送湖北小龙虾2万余件、茶叶1854件，货值4000余万元。

同时，强化消费扶贫服务保障措施。一是强化带贫益贫机制保障，加强对扶贫企业的产品质量、带贫情况等监督监管，引导企业诚信经营，最大限度利益反哺。二是利用大数据技术动态分析、反馈市场体验，及时优化丰富品类，精准适配客户差异化需求。三是利用铁路媒体、站车广告资源加大营销宣传力度，2020年减免广告营销、场地使用等费用2亿多元，帮助提升品牌形象、增强持续发展能力。四是充分发挥铁路运输网络优势，实施精准服务和重点保障，组织开行农副产品“点对点”运输专列、集装箱特色快运专列，依托高铁快运产品和顺丰、京东等物流企业合作形成高效物流网络，最大限度降低物流成本，为消费扶贫提供有力保障。

三、创新就业扶贫方式，“五个一批”助力稳岗拓岗

积极落实中央稳就业、保民生决策部署，推动实施“五个一批”就业扶贫模式，在发挥优势助力贫困人口返岗就业的同时，直接帮扶832个国家级贫困县15万贫困人口就业，其中定点扶贫4县区9749人、湖北省1.03万余人、挂牌督战县1.01万余人。一是铁路运输助力稳岗返岗，开行“点对点、一站式”返岗复工直达专列401列、运送45.4万人，其中4县区8876人。二是拓展铁路建设用工，组织途经国家级贫困县的72个重点在建项目，优先培训使用沿线国家级贫困县劳动力9万人，其中4县区915人。三是充分利用铁路企业用工资源，组织铁路单位先后招录国家级贫困县毕业生、优秀劳务工等8600余人，其中4县区100人。四是用好扶贫产业和公益岗位，采取“长期+短期”用工模式，帮助4县区贫困人口就近就业2361人。五是引导返乡创业，会同当地政府加强对返乡创业人员业务培训和政策帮扶，培育一批致富带头人；引导4县区顺利转岗从事当地旅游产业、辣椒、花椒和番茄秋收采摘等6000余人。

四、创新产业帮扶长效机制，着力打造特色产业品牌

把产业扶贫作为促进贫困人口稳定脱贫的长久之策，运用行业企业先进管理理念帮助贫困地区打造特色产业、提升品牌价值、推动集约化发展，确保产品适销对路、产业持续发展、群众稳定增收。相关做法获得全国企业管理现代化创新成果一等奖。一是突出培育龙头企业、延伸产业链条、发展特色产业、壮大集体经济等重点，党的十八大以来在 4 县区精准实施 152 个能够让贫困人口持续受益的产业项目，打造抗风险韧性强、适合带动贫困人口稳定增收的村集体合作社和龙头企业。其中支持原州区好水川等 26 家扶贫企业，培育 90 余种品牌产品投入全国市场，年销售额 2 亿元，带动长期和临时性用工贫困人口 4000 余人、年均增收 15 000 元以上；投入 1000 万元帮扶勉县建设县域辣椒产业园，带动 5000 贫困户年人均增收 3140 元，增加就业 120 人；在栾川县打造“栾川印象”农产品加工销售龙头企业，带动 5250 名贫困人口稳定增收。二是推进“铁路帮扶 + 龙头企业 + 合作社 + 贫困户”等带贫模式，强化“资金跟着贫困户走，贫困户跟着能人走，能人跟着项目走，项目跟着市场走”的“四跟四走”利益联结机制，深化“资源变资产、资金变股金、农民变股东”的“三变”改革，吸纳贫困户参与产业扶贫。三是创新实施特色产业提升工程。推动铁路企业优势与贫困县域特点有机整合，提升扶贫产业品牌价值。在栾川县新南村、王坪村，集中改造“铁路人家”主题民宿、配套集体餐厅等，捐赠价值近 230 万元的机车、车厢等物资，“铁路小镇”项目成为当地乡村旅游“网红打卡地”和旅游新地标，年均带动村集体增收 13 万元、贫困户户均增收 2 万元；向勉县捐赠 20 英尺报废集装箱 50 个，支持发展民宿旅游项目，增强扶贫产业品牌影响力。四是构建产供销对接的产业链条。推动扶贫产业链上下游企业的纵向合作，创建农业产业化联合体和消费协作机制，打通生产、流通、消费等环节，释放扶贫产业集聚效应。如投入 1200 万元帮助原州区姚磨村建设净菜分拣包装加工车间、高标准智能温室，成立铁路消费扶贫运营中心合作社，畅通下游销售渠道，形成万亩冷凉蔬菜基地多元化产业链条，成为当地循环经济示范产业，每年增加贫困人口收入 710 万元、带动就业 540 人。五是聚焦补强“两不愁三保障”短板弱项。制订“两不愁三保障”整体补强提升计划，投入 4000 万元助力 4 县区“三保障”和饮水安全查漏补缺工作，

惠及贫困人口10余万人，其中结合疫情防控投入912.7万元加强乡村基本医疗保障。

五、创新完善扶贫工作体系，形成决战决胜攻坚合力

（一）强化组织领导

构建覆盖公司16个业务指导部门、18个铁路局等属地帮扶单位和14个协同帮扶单位的工作架构，将领导小组调整为双组长制，负责同志由5人增至6人；把扶贫工作纳入党组巡视、专项审计内容，为每个单位分配“责任田”、签署“军令状”，落实分类督导、半年通报、全年考核制度。

（二）持续加大资金投入

党的十八大以来，向定点扶贫4县区投入3.76亿元、派驻干部349人（其中4县区180人），持续为贫困地区注入“源头活水”。其中在2020年铁路建设、经营较大压力下，实际投入1.67亿元（含物资捐赠费用等），超计划108%，为上年完成的1.7倍；实际引入无偿资金9815万元，超计划1536%，为上年完成的2.1倍，为历年最高。持续向深度贫困地区和田县倾斜，年计划、实际投入为4县区之首。

（三）精准施策

研究制订贯彻落实打赢脱贫攻坚战三年行动，聚焦解决“两不愁三保障”问题，决战决胜脱贫攻坚，细化实化扶贫资金项目管理、消费扶贫、就业扶贫、抓党建促脱贫、考核评价、疫情期间定点扶贫等制度措施，系统形成3个总体方案、4个行业意见、22个专项机制的扶贫工作制度体系。

（四）尽锐出战

党组领导每年带头深入4县区调研督导实现全覆盖。脱贫攻坚战以来，局级以上干部调研380人次、督导报告246个、发现和解决问题725个。帮助建强贫困村党支部60个，组织261名干部与926户贫困户“结对认亲”，其中在和田县每年组织扶贫干部与贫困户结对认亲330余人次。铁路扶贫干部始终带头冲在一线、盯

在现场、用心用情，他们中有遇到车祸伤未痊愈就赶回村里盯项目、防疫情的工作队长，有带动 200 多名民族贫困群众脱贫致富、光荣入党的驻村第一书记等。扶贫干部筑牢攻坚堡垒，在脱贫攻坚战中付出艰苦努力、作出较大贡献，得到当地政府和群众充分认可，共有 293 人次考核评价为优秀、509 人次获得各类表彰（期间 3 人去世、40 余人伤病住院），被当地群众称为扶贫“铁书记”“铁干部”。其中 7 个集体、3 名个人荣获全国脱贫攻坚先进集体和个人；3 人荣获中央单位脱贫攻坚先进个人。

国铁集团认真学习贯彻习近平总书记重要批示精神
持续提升公益性“慢火车”开行质量

国铁集团坚持以习近平总书记重要批示精神为遵循，切实履行国铁企业社会责任，建立完善长效机制，持续提升公益性“慢火车”开行质量，努力为沿线人民群众提供优质运输服务，使公益性“慢火车”成为铁路扶贫工作的务实举措。为决战脱贫攻坚、服务乡村振兴作出了积极贡献。

一、公益性“慢火车”开行取得明显成效

公益性“慢火车”实现常态化开行。2017—2020年，全路常态化开行公益性“慢火车”81对，覆盖21个省（区、市），经停530个车站，途经吉林延边、内蒙古东部、湘西地区、云贵地区、凉山藏区、南疆地区等35个民族地区、104个国家级贫困县市。公益性“慢火车”始终执行国家1995年批准的普速旅客运价率，25年未涨价，远低于公路票价水平。比如，穿行大凉山崇山峻岭间的由普雄至攀枝花的5633/34次列车全程运行353公里，硬座票价仅为25.5元。由于票价低、安全方便、运行稳定，公益性“慢火车”已成为沿线老百姓外出务工、求医就学、逢会赶集的主要交通工具，极大改善了贫困地区群众出行条件，为沿线群众脱贫致富提供了强有力支撑。2017—2019年，公益性“慢火车”共运送旅客8174.8万人；2020年1—8月，运送旅客923万人。

公益性“慢火车”服务条件明显改善。建立投入保障长效机制，对存在安全隐患的进出站通道、雨棚、跨线设施等基础设施进行提升改造，对车站供水、供暖、供电、照明、引导警示标识等设备设施进行补强，显著改善了乘降条件，确保了群

众出行安全。针对沿线群众携带大件行李及家禽、牲畜出行等特点，对部分车辆进行拆除座席等适应性改造，为群众乘车提供便利。特别是考虑群众换乘需求，合理安排枢纽火车站接续换乘时刻，使沿线群众乘火车早进城、晚出城，两头不摸黑，最大限度方便群众出行。

公益性“慢火车”服务品牌效应凸显。规范执行铁路站车服务标准，按规定配齐服务备品，尊重沿线民族地区风俗习惯，落实常态化疫情防控措施，确保站车卫生达标、厕所干净整洁、开水供应到位，不因车速慢而降低服务品质。在此基础上，适应惠民助民需要，打造列车“乡村集贸市场”，开办车站“扶贫专柜”，助力贫困地区群众脱贫致富；针对群众出行遇到的困难，积极做好助老、助幼、助残、助农、微公益等帮扶工作，着力打造具有地方特色“慢火车”服务品牌，“彝族情”“牧民之家”“富民号”“民族团结一家亲号”等一批品牌列车深受当地百姓青睐，有效增强了沿线群众的幸福感、获得感。

二、进一步完善公益性“慢火车”开行机制

优化列车开行方案。结合当地经济社会发展、人民群众出行需求和交通设施变化情况，加强对客流特点、季节性规律等情况的调研分析，持续优化公益性“慢火车”开行方案，合理安排列车编组、停站、停点，在旅客人数较多的车站适当增加停站时间，提升铁路客运服务供给质量，为群众出行提供更加便利的条件。综合考虑旅客接续换乘需求，统筹安排枢纽火车站接续换乘时刻，充分发挥公益性“慢火车”的辐射带动作用，进一步扩大服务保障范围。

持续放大开行效果。针对不同地区经济社会发展特点和地域特色，将公益性“慢火车”开行与当地产业发展、惠农助学、旅游开发等有机结合起来，用好列车“乡村集贸市场”、车站“扶贫专柜”等经验，研究制定契合乡村地区脱贫致富的帮扶措施，使公益性“慢火车”由服务沿线群众的“扶贫车”“便民车”逐步发展成为“致富车”。继续严格执行国家铁路票价规定，让利人民群众。

强化路地协调联动。主动与沿线地方党委、政府进行沟通对接，深入了解群众需求，协调推进进出站公路、便道、厕所等基础设施建设，促进铁路与公路客运班线有机衔接，打通“最后一公里”，更好地方便沿线群众出行。研究建立公益性“慢

火车”路地共建共赢新模式，探索经营开发等新机制，增强铁路运输企业持续经营能力，更好地服务沿线地区经济社会发展。

三、推动公益性“慢火车”开行质量和服务升级

强化安全基础。加强“慢火车”运行线路固定设备和机车车辆安全隐患的排查整治和日常养护检修，提高设备保安全能力。针对“慢火车”途径地区山体滑坡、泥石流等灾害易发多发的情况，加强对重点区段的检查监测，完善汛期安全防范措施，确保汛期行车安全。针对“慢火车”中非空调车底较多的特点，加强燃煤锅炉、茶炉、发电机、蓄电池、电扇等设备检修运用管理，确保防火安全。根据沿线线路、车站（乘降所）条件，完善行车组织等安全管理制度，强化无外勤人员乘降所联控措施，补强安全警示和引导标识，确保旅客乘降安全。

改善站车条件。规范沿线乘降所基本设施配备标准，因地制宜加强乘降所客服设施建设，在具备条件且客流量大的车站（乘降所）增加集中候乘区设施，增建上车台阶、坡道、短站台等基础设施，积极改善群众候车和乘降条件。对不具备建设厕所条件的车站及乘降所，开放铁路办公区厕所供旅客使用。充分考虑当地气候环境、旅客需求，适当更换部分非空调车体，持续改善公益性“慢火车”旅行条件。

提升服务质量。坚持以旅客需求为导向，全面落实站车基本服务标准，按规定配齐服务备品，确保基本服务质量不断提升。推进具备购取票、候车、公交接驳、旅游咨询、农特产品推介等服务功能的无轨站建设，探索利用客票代售点、邮政大厅、超市等场所提供综合运输服务，扩大公益性“慢火车”辐射范围。尊重少数民族地区风俗习惯，规范提供适需服务。严格落实疫情防控常态化条件下站车卫生防疫规定，宣传引导旅客养成良好个人卫生习惯。

强化品牌效应。坚持一线一策略、一车一品牌，根据不同区域、不同线路特点，完善公益性“慢火车”开行方案和服务举措，打造通学助学、惠民助农、红色教育等主题车厢。加强品牌宣传，讲好公益性“慢火车”故事，进一步提升公益性“慢火车”品牌的社会影响力和群众认可度。

充分发挥铁路行业企业优势
积极探索精准帮扶宁夏脱贫攻坚新路子

——全国脱贫攻坚奖组织创新奖

2020年3月，有苦瘠甲天下之称的宁夏回族自治区固原市原州区（以下简称原州区）正式脱贫摘帽，至此国铁集团帮扶的4个国家级贫困县全部如期脱贫。党的十八大以来，国铁集团扶贫办按照公司党组贯彻落实中央脱贫攻坚决策部署的要求，积极践行“人民铁路为人民”的国铁企业责任担当，充分发挥行业企业优势，加大组织力度，凝聚攻坚合力，创新帮扶方式，助力宁夏等贫困地区迈上经济社会发展“快车道”和“脱贫致富路”。国铁集团扶贫工作连续两年在中央单位考核中评为好的等次。中央领导同志对铁路扶贫工作给予批示肯定。

一、创新铁路建设扶贫模式，“塞上江南”迈入高铁时代

一是加快连接贫困地区铁路规划建设。组织制定了《铁路建设扶贫三年行动方案》等，完善支持举措，持续加大贫困地区铁路规划建设和投资倾斜力度。党的十八大以来，14个集中连片特困地区、革命老区、民族地区、边疆地区累计投入3.3万亿元，占铁路基建总投资的78%；投产新线3.6万公里（高铁2万公里），占全国83%；新投产铁路覆盖了274个国家级贫困县，其中100个结束了不通铁路的历史。

期间宁夏地区相继建成了银川—吴忠、吴忠—中卫高铁等，撰稿时即将全线贯通银西高铁，融入全国高铁网，大幅改善交通条件和发展环境，“塞上江南”焕发全新活力，也促进沿线旅游、商贸、餐饮等产业快速发展，吸引外出务工人员纷纷

铁路建设扶贫助力贫困地区跨入高铁时代

返乡就业创业，增强脱贫致富奔小康的信心。

同时，对不通铁路的贫困地区统筹推动建设铁路无轨站 154 个，通过购取票、公（空）铁接驳、旅游咨询、物流运输、农产品销售等服务，打通了群众出行与物流运输的“最先和最后一公里”，让包括宁夏闽宁镇、彭阳县在内的部分偏远贫困地区融入“高铁经济圈”。撰稿时铁路网 + 无轨站已覆盖约 600 个国家级贫困县，推动贫困地区在打赢脱贫攻坚战的同时加快融入国家现代化进程。

二是推动铁路建设与贫困地区发展规划深度融合，统筹实施永临结合工程等。 撰稿时途经国家级贫困县的 72 个重点在建项目，为沿线贫困地区修建便民道路 240 条 986 公里，仅 2020 年上半年使用当地贫困劳动力 9 万余人次，采购农产品 7000 余万元。其中宁夏地区的铁路建设项目为沿线贫困地区留下了众多便民设施，比如修建道路 100 余公里、开凿水井 26 处等；并在铁路沿线推进生态扶贫，创新实施“五带一体”治沙防护体系，扎设草格 5.5 万顷、造林 254 万亩，促进沙坡头茫茫沙海变为国家 5A 级景区，有效带动当地光伏、旅游等产业和消费扶贫。当地干部讲“以前这里庄稼、房子经常受沙害，吃顿饭碗里都是沙子。现在却成了有名的旅游景点，铁路治沙可谓是创造了生态治理奇迹”。

二、创新铁路运输扶贫模式，“慢火车”加速脱贫致富路

党的十八大以来，聚焦贫困地区脱贫攻坚目标，持续加大客货运输精准帮扶力度，为宁夏等地区人便其行、货畅其流提供强有力支撑。

（一）创新实施客运提质计划，“慢火车”成为致富车

一是持续扩大客运产品有效供给，创新运用大数据分析，优化贫困地区旅客列车开行方案，2019 年途经贫困地区的旅客列车日均开行 2328 列（其中宁夏地区日均开行 90 多列），是 2012 年的 2 倍多，最大限度满足群众出行需要。二是创建公益性“慢火车”服务品牌，开行 81 对“慢火车”，覆盖 21 个省区、35 个民族地区，每人公里票价不到 6 分钱且几十年不涨价。其中宁夏地区的“慢火车”每年运送沿线赶集务工求学的贫困群众 55 万人，打造流动的“乡村集贸市场”，尤其是帮助赶集群众节省路途和售卖成本、实现稳定增收，被誉为便民车、致富车、连心车。三是创新实施“铁路旅游 + 扶贫”模式，2019 年全国组织旅游扶贫专列 594 列、运送 37.6 万人，是 2017 年的 2 倍多。其中到宁夏的旅游扶贫专列 224 列、运送旅客 11.5 万人，有效带动贫困地区旅游消费升级。“利用铁路旅游专列优势实现精准扶贫”等 3 项成果入选 2020 年世界旅游联盟旅游减贫案例。

铁路沿线贫困地区群众担着自家的瓜果蔬菜从各小站乘坐公益性“慢火车”赶集售卖

（二）全力拓展物流运输通道，“大后方”变成“新前沿”

精准开行农产品“点对点”运输专列、集装箱快运班列和高铁快运等。2018 年以来，14 个集中连片特困地区、革命老区、民族地区、边疆地区运送货物 17.1 亿吨，减免物流费用 43.6 亿元。特别是疫情期间全力保障各行各业复工复产、春耕备耕等物资供应，2020 年上半年运输 3.85 亿吨，同比增长 6%，高出全国铁路增幅 2 个百分点。围绕宁夏等西部地区经济发展，铁路相关部门创新货运组织方式，加大国际货运班列开行力度，加快铁路专用线建设，努力打通“肠梗阻”，为促进产业链顺畅连通、落实“一带一路”倡议加油助力，推动原来的大后方变为对外开放新前沿。

三、创新产销帮扶长效机制，“12306”带火宁夏农产品

（一）精准实施产业扶贫，着力打造特色产业品牌

把产业扶贫作为促进贫困人口稳定脱贫长久之策，运用行业企业先进管理理念帮助贫困地区打造特色产业、提升品牌价值、推动集约化发展。通过与县乡村户、龙头企业和致富带头人精准对接产业项目、市场需求、带贫机制等，确保产品适销对路、产业持续发展、群众稳定增收。2013—2020 年在定点扶贫 4 县区精准实施 684 个项目，惠及贫困人口 20 余万，其中原州区 77 个项目，惠及建档立卡贫困户 5 万余人。如在姚磨村安排 1200 万元帮扶建设净菜分拣包装车间、智能温室，形成万亩冷凉蔬菜基地多元化产业链条，成为当地循环经济示范产业，每年可增加当地农户收入 410 万元、带动就业 240 余人次；支持龙头企业好水川等 26 家扶贫企业，培育 90 余种农产品投入全国市场，年销售额达 2 亿元，带动长期和临时性用工贫困人口 4000 余人、年均增收 15000 元以上。

（二）创新消费扶贫模式，线上线下一体互动

充分用好 200 余万铁路职工“菜篮子”、60 余万建设施工人员、每年运送 30 多亿人次的旅客、“12306”网络 5 亿注册用户等蕴含的巨大消费市场，举全行业之力创新实施“五项消费扶贫行动”，2018 年以来购买和帮销约 6 亿元（连续三年翻番增长），其中宁夏地区 5000 余万元。一是开展铁路单位定向采购行动，建

帮扶姚磨村建设净菜分拣包装车间、智能温室

积极开展“进站上车”消费扶贫行动，在列车上举办扶贫年货节，在车站投放铁路消费扶贫智能专柜

立采购机制、预留份额、优先采购，2018年以来采购贫困地区农产品2.1亿元，其中宁夏2000余万元。二是拓展“进站上车”行动，在全国129个车站、1396列高铁设立1624个扶贫产品直销店，分批投放消费扶贫智能专柜，并在全国铁路655个公益宣传点广泛宣传营销（免费广告折合人民币约1.5亿元）。其中2018年以来帮销宁夏扶贫产品1270万元。三是创新开展电商扶贫行动，2019年以来先后开发了面向广大网络订票用户的“12306”、面向动车WiFi用户的“掌上高铁”、面向企业集采用户的“中铁快运商城”等平台，累计帮销5000余万元，其中宁夏1000余万元。四是开展铁路建设消费扶贫行动，引导施工单位优先采购扶贫产品，2018年以来铁路建设消费扶贫1.5亿元，其中宁夏400余万元。五是开展疫情防控消费扶贫行动，截至撰稿时，已采购、帮销湖北和挂牌督战县因疫滞销农产品4000余万元。国铁集团“创新实施5+4消费扶贫模式”“打造栾川印象品牌”等2项成果入选2020年全国消费扶贫优秀典型案例。

四、创新就业扶贫方式，“五个一批”助力贫困户稳岗拓岗

深入落实中央稳就业、保民生部署，在充分发挥铁路行业优势、精准助力返岗稳岗的同时，2020年以来直接帮扶国家级贫困县15万余名贫困人口就业增收，其中宁夏地区3200余名。一是铁路运输助力返岗解决一批，疫情期间开行“点对点”直达专列401列、运送45.4万人，其中宁夏59列、6.6万人。二是铁路建设用工解决一批，组织72个重点在建项目优先培训使用沿线国家级贫困县劳动力9万余人，其中宁夏2205人。三是铁路企业用工解决一批，组织铁路单位招录国家级贫困县毕业生、优秀劳务工等4000余人，通过业务外包等使用贫困县劳务工4万余人，其中宁夏毕业生139人、劳务工747人。四是用好扶贫产业和公益岗位解决一批，定点扶贫4县区实现就地就近就业2000余人，其中宁夏300余人。五是强化扶志扶智解决一批，通过组织“云培训”和现场指导、组织乡村干部与贫困群众乘坐体验高铁和观摩先进企业，开阔眼界，转变观念，激发内生动力，提升脱贫致富能力。2018年以来培训定点扶贫县区基层干部、技术人员、致富带头人2.4万人次，其中宁夏3070人次。

通过铁路建设用工等“五个一批”就业扶贫措施，帮扶国家级贫困县 15 万余名贫困人口就业增收

五、创新完善扶贫工作体系，举全行业之力形成决战决胜攻坚态势

一是加强组织助力攻坚。在公司党组高度重视下，积极构建覆盖国铁集团机关和全国 18 个铁路局、13 个在京单位的扶贫工作组织架构；把扶贫工作纳入党组巡视、专项审计，为每个单位分配“责任田”、签署扶贫“军令状”；落实分类督导、半年通报、全年考核制度，凝聚全行业之力形成攻坚态势。

二是持续帮扶助力攻坚。党的十八大以来，向定点扶贫 4 县区投入 3.1 亿元、派驻干部 324 人，特别是 2018 年三年行动以来投入 2.4 亿元、增派干部 43 人，持续为贫困地区注入“源头活水”。加大原州区帮扶倾斜力度，在 2018—2019 年投入 3300 万元、助力如期脱贫的基础上，2020 年落实“四个不摘”要求，继续安排资金 2200 万元，进一步巩固脱贫、防止返贫。

三是精准施策助力攻坚。及时研究制定了贯彻落实打赢脱贫攻坚战三年行动、聚焦解决“两不愁三保障”问题、决战决胜脱贫攻坚等工作方案；组织制定了扶贫资金项目管理、消费扶贫、就业扶贫、抓党建促脱贫、考核评价、疫情期间定点扶贫等细化实化制度措施，形成 3 个工作方案 +22 个专项制度的扶贫管理体系。

四是尽锐出战助力攻坚。对各层级领导干部调研督导细化量化要求，公司党组领导每年多次到帮扶地区调研督导，与地方政府共商扶贫大计。2018 年以来各级干部到原州区等定点扶贫4县区调研督导2889人次、帮助解决和整改问题471个。同时组织铁路单位与32个村党支部联学联建、261名干部与926户贫困户“结对认亲”。铁路扶贫干部始终带头冲在一线、盯在现场、用心用情，他们中有遇到车祸伤未痊愈就赶回村里盯项目、防疫情的工作队长，有带动200多名民族贫困群众脱贫致富、光荣入党的驻村第一书记等，他们以“铁军”作风带强村两委班子、筑牢攻坚堡垒，被当地群众称为扶贫“铁书记”“铁干部”。2018年以来国铁集团有50余名扶贫干部被当地政府评为“优秀”，2人被收录到《中央和国家机关驻村第一书记扶贫典型案例集》。

下一步，铁路扶贫工作将全面贯彻中央关于脱贫攻坚和乡村振兴决策部署，聚焦巩固脱贫防止返贫和农村低收入人口帮扶等重点，坚持落实“四个不摘”要求，创新完善帮扶举措，为决战脱贫攻坚、决胜全面小康作出新贡献！

国铁集团创新实施“5+4”消费扶贫模式 为贫困地区开辟“脱贫致富路”

——2020年全国消费帮扶助力乡村振兴优秀典型案例

国铁集团认真贯彻落实中央关于深入开展消费扶贫助力打赢脱贫攻坚战的决策部署和国务院扶贫办等七部委联合印发的《关于开展消费扶贫行动的通知》要求，在中央和国家机关工委、国务院扶贫办、国家发展改革委的指导下，制定实施铁路消费扶贫指导意见，充分发挥铁路行业企业帮扶优势，坚持带动就业增收、巩固脱贫成果的目标导向，创新实施“五项消费扶贫行动+四项长效帮扶机制”的铁路消费扶贫模式，积极构建铁路网与互联网双网融合、线上线下互动、产运销一体化的消费扶贫体系，精准助力贫困地区打赢脱贫攻坚战。铁路消费扶贫做法在国务院扶贫办《扶贫简报》刊发，中央和社会媒体广泛关注报道。

一、铁路扶贫工作基本情况

按照党中央、国务院脱贫攻坚部署，国铁集团承担铁路行业扶贫任务和定点扶贫任务。主要工作情况及成效如下：

（一）持续实施铁路建设扶贫。围绕改善贫困地区发展环境和条件，持续加大贫困地区铁路规划建设力度，2013—2019年14个集中连片特困地区、革命老区、民族地区、边疆地区累计完成铁路基建投资31245亿元，占铁路基建投资总额的78.7%；新增铁路里程3.5万公里，占同期全国铁路投产里程的83.4%，其中新增高铁2.1万公里，占同期全国高铁投产里程的81%，结束了部分贫困地区不通铁路的历史，一批贫困地区跨入高铁时代。同时，坚持铁路建设与贫困地区发展规划紧密融合，统筹带动沿线产业扶贫、消费扶贫、就业扶贫等，助力贫困地区脱贫攻坚和群众就业增收。

（二）持续实施铁路运输扶贫。聚焦贫困地区扶贫开发和贫困人口脱贫致富需求，持续加大客货运输精准帮扶力度。客运方面，一是创新运用大数据分析，优化贫困地区旅客列车开行方案，精准开行惠农助学列车，2019 年以来运送贫困地区旅客 2.8 亿人。二是开好途经 21 个省区和 35 个民族地区的 81 对公益性“慢火车”，积极打造“惠民助农列车集市”和服务品牌。如途经湖南麻阳苗族自治县的“慢火车”每年帮助沿线农户推销冰糖橙数万斤；途经大小凉山的成昆铁路“慢火车”，95% 以上乘客是带着鸡鸭土产赶集或求学务工的彝族群众，被誉为便民车、致富车、连心车。三是在不通铁路的贫困地区建设 154 个铁路无轨站，完善购取票、候车、公铁接驳、农副产品销售、旅游咨询等功能。如广西凌云县全国首个高铁无轨站，每年运送 4000 余名劳动力外出务工，吸引游客 4.6 万人次，帮销和运输农产品价值 260 余万元。四是充分挖掘贫困地区旅游资源，2019 年开行旅游扶贫专列 500 余列，发送游客 32 万人次，带动沿线旅游、商贸、餐饮等产业发展和消费升级。如开行哈尔滨—新疆的“龙泰号”旅游专列 10 趟、运送 7000 余名游客，带动新疆旅游消费 2100 余万元。

货运方面，落实国家支农惠农政策，采取农副产品“点对点”运输专列、集装箱快运班列、冷链物流运输、高铁快运“门到门”等措施，对贫困地区农副产品外运和生产生活物资优先运输、精准服务，2019 年以来运送贫困地区货物 10.5 亿吨，特别是 2020 年 1~7 月克服疫情影响，重点运输贫困地区春耕备耕、复工复产、滞销农产品等 3.85 亿吨，同比增长 6%，减免费用 5.7 亿元。

（三）精准实施定点扶贫。国铁集团承担中央安排的定点扶贫新疆维吾尔自治区和田县、宁夏回族自治区固原市原州区、陕西省勉县、河南省栾川县任务；同时按照省级党委政府部署，全路 18 个铁路局集团公司、设计集团承担 53 个贫困村的定点帮扶任务。2013—2019 年累计投入扶贫资金 4.4 亿元，实施 600 多个扶贫开发项目，累计派驻扶贫干部 329 人。2019 年以来累计购买和帮销扶贫产品 4.3 亿元；2020 年安排国家级贫困县毕业生、贫困劳动力就业约 15 万人。截至 2020 年 3 月，定点帮扶 4 县区和 52 个省级贫困村如期脱贫摘帽。2018 年、2019 年国铁集团获得中央单位定点扶贫考核“好”的等次。

二、铁路消费扶贫的主要做法

围绕 200 万铁路职工蕴含的食堂“菜篮子”、职工福利、家庭餐桌等企业消费市场，100 余个重大铁路项目 60 多万施工人员的建设消费市场，每年运送 30 多亿人次旅客（其中动车组 20 余亿人次）的运输消费市场，12306 等手机注册用户 5 亿人的网络消费市场等巨大潜力，创新消费扶贫方式，广泛动员铁路和社会力量，巩固拓展脱贫攻坚成效。

（一）开展定向采购消费扶贫行动。一是组织铁路单位采购职工福利、防暑降温用品、会议用品和职工食堂、配餐中心、铁路招待所餐料时，通过优先采购、预留采购份额等方式“以购代捐”“以买代帮”贫困地区农副产品。如组织铁路单位采购定点扶贫陕西勉县茶叶作为职工防暑降温用品，每年采购约 1500 余万元。二是利用节假日、国家扶贫日等在铁路机关、社区、车站等开展农副产品直采直销推介活动，公司党组领导和各级领导干部带头参与购买，年均组织活动 120 余场次；利用党建结对帮扶等活动，定期组织党员干部职工进村入户现场购买鲜活农副产品。

（二）拓展“进站上车”消费扶贫行动。充分发挥铁路站车消费市场资源优势，帮助推介销售沿线国家级贫困县农副产品。一是构建站车销售网络。在全国 129 个客流较大车站、1396 列高铁动车组设立 1624 个扶贫产品直销店（专柜）；2020 年在省会级城市车站、客流较大高铁站等分批投放消费扶贫智能售货柜，精选符合旅客出行需求的扶贫产品进行推介销售。二是强化营销宣传。在全国客流较大车站、列车等 655 个公益宣传点以及铁路报网媒体为扶贫产品进行营销宣传，投放消费扶贫刊物 15 万余册，开展直播带货等网络促销活动，累计减免广告营销费用 1.45 亿元；探索实施“铁路文创 + 消费扶贫”，将站车品牌形象建设与扶贫产品营销有机融合，进一步提升扶贫产品市场竞争力。

（三）开展铁路电商消费扶贫行动。投入 3000 余万元，分别开发运营面向广大网络订票用户的铁路 12306 电商扶贫平台、面向高铁站车 Wi-Fi 网络用户的“爱购扶贫馆”、面向有集采需求的路内外企业用户的中铁快运扶贫馆等铁路电商扶贫平台，集扶贫产品推介、展示、购买、售后、物流等服务功能于一体，大力支持贫困地区发展“铁路电商＋龙头企业（合作社）＋农户”直采直销模式，对地方政府审定的扶贫企业免收平台费，并通过开发消费扶贫电子券、创建淘宝抖音等直播平台、与供销总社832平台和建设银行等电商平台加强合作等方式，不断拓展电商扶贫新渠道。铁路电商扶贫平台2019年上线以来，累计入驻扶贫企业300余家、产品3000余种，完成销售额约2800余万元。

（四）开展铁路建设消费扶贫行动。在加快推进贫困地区铁路项目建设的同时，积极引导和鼓励参建施工单位优先采购当地农副产品等生产生活物资，优先培训使用贫困家庭劳动力。如广西贵南高铁建设为沿线环江毛南族自治县修建乡村道路70余公里，培训使用贫困劳动力2300余人次、支付工资480余万元，采购工程物资3.7亿元、农产品2300余万元，同时还吸引了麻竹、旱藕等一批特色产业落地，助力该县2020年5月正式脱贫摘帽。

（五）开展疫情防控消费扶贫行动。努力克服新冠肺炎疫情影响，多措并举解决扶贫企业复工复产、贫困群众就业增收、农副产品滞运滞销等难题。一是积极支持扶贫龙头企业、扶贫车间、农产品生产基地等复工复产，通过“点对点、一站式”直达务工专列，帮助45.4万名农民工疫情期间安全返岗务工。二是加大农畜产品销售力度。将贫困地区滞销扶贫产品作为疫情防控期间铁路单位“菜篮子”重点供给来源，2020年前7月购买和帮销国家级贫困县农产品2.6亿元，其中湖北和挂牌督战县滞销扶贫产品3500余万元。三是与中国扶贫志愿服务促进会、宋庆龄基金会等合作开展“为鄂拼单、奉献爱心”消费扶贫活动，协调社会企业采购定点扶贫县200余万元滞销农产品，支援湖北贫困地区和武汉定点医院抗疫。

三、消费扶贫的经验启示

在消费扶贫探索实践中，始终把消费扶贫作为巩固脱贫成果、实施乡村振兴战略、建立解决相对贫困机制的长期性、系统性工程，积极探索建立消费扶贫长效帮扶机制。

（一）建立铁路行业长效帮扶机制是创新拓展消费扶贫的重要支撑。探索实施“铁路市场挖潜、铁路建设引流、铁路运输保障”的帮扶思路，用好用足铁路行业企业市场资源优势，引导铁路单位和覆盖群体积极参与消费扶贫，完善形成定向采购帮扶机制和产销运保障体系，为贫困地区农副产品稳定销售、畅通运输、保障有效供给提供有力支持。

（二）建立市场化经营长效帮扶机制是促进消费扶贫转化升级的重要举措。坚持铁路帮扶与市场机制相结合，为扶贫产品提高质量、改善服务、打造品牌提供有力支持。通过帮助贫困地区发展市场有需求、本地有优势的特色扶贫产业，培育壮大龙头企业、村集体合作社和致富带头人，进一步延长扶贫产品产业链条，推动消费扶贫多元化融合发展、提质升级。同时，与地方政府共同组建消费扶贫专业工作团队，全过程参与生产运营、产品销售、市场营销等，助力推进无公害农产品、绿色食品、有机农产品和农产品地理标识的“三品一标”建设，探索完善产品追溯、产品认定、统计监测、信用监管等长效机制，培育更多的优质产品进入国家认定扶贫产品目录，持续提升品牌影响力和市场竞争力。

（三）建立带贫长效机制是检验消费扶贫成效的重要标尺。坚持把“是否最大限度帮助贫困群众就业增收、是否最大限度反哺集体经济持续发展”作为铁路消费扶贫的重要标尺，对帮扶企业和农副产品带贫情况进行严格审核、定期督导，保证带贫成效可核查、可追溯、可持续。引导地方政府和企业健全完善带贫益贫联结机制，与扶贫产业经营发展有机衔接、互补共赢。

（四）建立扶志扶智长效帮扶机制是促进消费扶贫持续发展的动力保证。围绕消费扶贫、产业扶贫、就业扶贫等需求，充分用好铁路党校系统、铁路扶贫务工培训基地、国家创业致富带头人培训示范基地等平台，组织开展远程“云培训”和现场培训等，帮助贫困地区加大对基层干部、经营管理人才尤其是创业致富带头人的培训培养，2019 年以来培训定点扶贫县区基层干部、技术人员、致富带头人 2.4 万人次，教育引导干部群众转变思想观念、行为方式，提高经营管理水平和创业致富能力。

打造“栾川印象”品牌
全面助力脱贫攻坚

——2020年全国消费帮扶助力乡村振兴优秀典型案例

“栾川印象”是河南省洛阳市栾川县主导创建的优质农产品区域品牌，从扶贫产品认定入手，通过线下采购、线上营销、入驻平台、直播带货等方式，近年来“栾川印象”先后与国铁集团、中石化、中国邮政等156家单位合作，实现消费收入4000余万元，为全县打赢脱贫攻坚战提供了强力支撑。2018年以来，“栾川印象”先后荣获河南省科技扶贫基地、洛阳市消费扶贫示范基地、洛阳市电商扶贫示范点等荣誉称号，成为栾川县农业发展和消费扶贫的典范。

一、基本情况

栾川县地处豫西伏牛山腹地，独特的地理环境和良好的气候优势造就了一大批优质农产品，但是，由于缺乏系统的营销策略，产品一直销售不畅，不仅挫伤了农民群众的生产积极性，更从市场终端阻碍了产业扶贫工作的有效开展。2017年，栾川县提出建设“栾川印象”农产品区域品牌的战略部署，“栾川印象”以农业精准扶贫为导向，以优质农产品为基础，以扶贫基地为支撑，严格按照“政府引导、企业运营、市场运作”的建设方针，由县农业农村局利用农业产业化龙头企业协会搭建平台，制定品牌准入机制和质量追溯机制，对农产品进行筛选提升、品牌授权和质量监控，拥有品牌所有权；以实力强的农业龙头企业联合组建洛阳川宇农业开发有限公司，按照市场规律对品牌进行营销，拥有品牌使用权，使其既能体现政府

栾川印象旗舰店

背书的权威性，又有行业的约束性，同时不失市场主体的灵活性。目前，“栾川印象”已经涵盖了高山杂粮、食用菌、特色林果、中药材、果酒饮料、非遗传统类等 6 大系列 107 款优质农产品。在北京、郑州、洛阳以及县内主要区位建设线下品牌实体店 24 家，在京东、淘宝、天猫等网络平台建设线上专营店 11 家。实现了对郑州铁路局下属 19 家职工食堂和省委、省政府 4 家机关食堂的食材供货，与洛阳师范学院、郑州陆港集团公司签订长期合作协议，“栾川印象”的多元化营销体系已经全面铺开，成为栾川农产品消费扶贫的主战场。

二、主要做法

（一）农旅融合，搭建消费扶贫平台。近年来，栾川县立足山区优势，大力发展休闲农业乡村旅游产业，先后打造了“荷香小镇”“王府竹海”“牛堡文化园”等特色旅游点 30 余个，年接待游客 70 万人，是消费扶贫的一个重要客户群体，“栾川印象”立足游客资源，大力开发旅游产品，积极搭建产销平台，着力推进区域品牌与乡村旅游业的有机融合。一是加快旅游商品转化，“栾川印象”通过深入挖掘地域文化、提炼产品故事，对产品包装、规格、品质等进行提升，推进农产品向旅游商品有效转化，先后研发了果冻杯土蜂蜜、糖水板栗、卤香菇、卤猴头、五香核桃等倍受市场欢迎的旅游快销品，为消费扶贫提供物质保障。二是完善乡村销售网络，“栾川印象”与家庭宾馆、民宿建立合作供货机制，利用节日庆典、旅游旺季举办产品展销会，加快产品销售。如在2019年中国农民丰收节期间，川宇公司组织6家涉农企业、70余款产品，先后在陶湾镇协新村、西沟村向游客展销“栾川印象”产品，受到游客青睐并争相购买。三是推动产业基地升级，引导生产企业利用农业种植基地，建设配套设施设备，实现农业基地与休闲旅游服务业融合发展。如君山红酒业有限公司，以周边“铁路小镇”“老虎园”为依托，围绕原有的红色猕猴桃种植基地建设儿童游乐场等配套设施，把农产品种植区转变为休闲农业乡村旅游的配套服务区，吸引游客观光采摘、休闲度假，形成吃、住、行、游、购、娱“一条龙”服务，实现了企业、村集体和农民群众的多方共赢。

（二）综合发力，提升消费扶贫成效。“栾川印象”通过推行“品牌＋企业＋基地＋贫困群众”的扶贫模式，从产品溢价、扩大就业、扶持创业等方面对贫困户

扶持贫困户创业

进行精准帮扶，使贫困户在生产创业中实现脱贫致富。一是“栾川印象”实现产品溢价收购，使农民朋友原来滞销难卖的农产品转变为畅销好卖的“香饽饽”，带动贫困户增收。二是“栾川印象”引领企业发展，为贫困群众打开了就业门路，使贫困户在就业中脱贫。三是“栾川印象”引导贫困户以劳力、土地、技术等自身资源在基地创建中参股分红，使贫困户在生产创业中致富。据统计，“栾川印象”区域品牌创建以来共建设农产品加工生产线 23 条，发展扶贫基地 27 个，通过溢价、就业、创业等方式带动 1751 户贫困户实现增收，受益贫困群众 5250 人，已经成为栾川县农业精准扶贫的一项支柱产业。

（三）拓宽渠道，大力推进网络销售。疫情期间，“栾川印象”相关企业先后投入 30 余万元开通消费扶贫网络直播间，连续 3 期举办县长直播带货活动，带动“栾川印象”6 个直播平台开展全天不间断直播，累计销售额达 68.7 万元，实现疫情期间电商扶贫新突破，保护了贫困群众利益。栾川抖音达人网红到冷水镇开展“公益助农直播带货”活动，向粉丝推介高山石磨玉米糁和纯手工酸菜，帮助农户解决农产品滞销问题，增加农民收入。

国铁集团消费扶贫整车发车仪式

（四）建立机制，稳固持续引领增收。栾川县将消费扶贫作为各党政机关、国有企事业单位和民营企业等各类帮扶的重要工作内容，建立长期稳定的供销关系，变“输血式”帮扶为“造血式”帮扶。如不断加强与国铁集团的沟通对接，2018 年以来，“栾川印象”与 40 余家铁路职工食堂签订购置协议，58 款优质产品进驻国家铁路系统职工食堂，33 款产品登陆中铁快运扶贫商城，41 款产品搭乘 12306 平台，60 余款产品进驻郑州局集团公司采购名录，累计购销农产品达 1000 余万元。同时，国铁集团组织近万名铁路职工开展“到村游、到村购”行动，累计帮助农户增收近百万元。创新实施“公路 +”行动政策，积极发挥高速公路服务区“窗口”作用，协调栾卢高速、尧栾西高速 2 个在建高速项目作为首批试点，接收贫困群众鸡蛋 1000 斤、蔬菜 1500 斤、玉米糁和豆腐 520 斤，并达成长期供销协议。

三、经验启示

（一）通过农旅融合发展，推进消费扶贫升级。以栾川县大力发展乡村旅游为依托，在洛邑古城、白云山、重渡沟、鸡冠洞、老君山、龙峪湾、石庙官星村、陶湾镇协心村等景区建立农产品展销中心 10 余个，在钼都丽豪酒店、东山宾馆、伊水湾大酒店、君山饭店、白玉兰酒店等 12 家酒店开设栾川农产品专柜，确保游客在洛期间，可轻松地购买到优质的栾川土特产品，有效带动扶贫企业和贫困群众增收致富。

（二）通过网络直播带货，创新消费扶贫模式。政府积极搭建直播平台，引导栾川县本地企业——川宇农业、深山科技、山川生态农业、君山红酒业等开通网络直播间，引导企业员工积极投入到各大平台直播活动当中，通过网络直播，县长带货等形式加快农产品的线上线下联动销售，推动“栾川印象”公共品牌与驴妈妈网、享游洛阳等直播平台合作，进一步提升栾川农产品的知名度和影响力。

（三）通过建立长效机制，提升消费扶贫成果。引导国铁集团、洛钼集团、洛阳师范学院等帮扶单位与“栾川印象”签订长期购销合同，与贫困户建立稳定订货关系，积极采购玉米糁、豆腐、粉条、鸡蛋、核桃等特色农产品，开展持续帮扶，实现扶贫企业可持续发展，农民可持续增收。

扶贫列车，前行中的铁路担当

——2018年世界旅游联盟旅游减贫案例

旅游业作为我国国民经济的战略性支柱产业，在扶贫工作中承担着重要角色，发挥着重要作用。特别是铁路作为国民最为重要的出行方式，担负着促进旅游业发展和旅游扶贫工作的重任。近年来，国铁集团充分发挥铁路行业优势，加强与政府间的合作力度，调动市场，整合资源，集中发力，以一系列“火车游”产品为纽带，带动了贫困地区旅游业的发展。2018年，全路开行旅游扶贫专列403列，向贫困地区发送游客27.12万人次；2019年，全路开行扶贫专列594列，向贫困地区发送游客37.64万人次，开创了“路地双赢”的新格局和“铁路+旅游+扶贫”高质量融合发展的新局面。

一、问题与挑战——以新疆维吾尔自治区为例

大美新疆，名胜遍布。位于祖国西北边陲的新疆维吾尔自治区，不仅有着集冰川、湖泊、森林、草原、牧场河流、珍稀动植物于一体的旅游资源，也有着荒漠戈壁恶劣的自然环境，漫长而艰险的内地与新疆之路、极为不便的交通导致支柱产业薄弱，致使新疆地区贫困人口较多，成为国家脱贫攻坚战的主战场。特别是南疆4州是国家主要贫困区域之一，虽然经过多年的脱贫攻坚，2003年，新疆维吾尔自治区52.75万的贫困人口，约92.5%的贫困人口分布在南疆4州，其中和田、喀什两地区占85%左右。

南疆地区经济发展水平较低，旅游基础设施投入有限，周边配套设施不完善，

旅游产业发展不平衡。特别是各个旅游景点比较分散，距离比较远，缺乏有效的交通衔接，一定程度上影响游客旅行选择。由于长期缺乏客源，加之旅游配套设施如旅行社、星级酒店、旅游车队、特色餐饮、导游人员严重匮乏，无法给游客提供优质的旅游服务，南疆旅游业没有形成相对完整的产业链，造成旅游产业进入了发展的“死循环”。

二、铁路旅游扶贫措施

人民有需求，铁路有行动。自脱贫攻坚战打响以来，国铁集团积极响应党中央号召，认真贯彻落实“一带一路”“脱贫攻坚”国家战略，对发挥铁路优势、加强跨局合作、支持新疆旅游业发展做出重点部署，充分发挥铁路交通运输优势，深挖区域旅游消费需求，把“引流新疆”作为支持新疆经济社会发展和脱贫攻坚的务实举措。通过开行扶贫旅游专列，不但盘活了新疆的旅游资源，而且进一步释放了经济发达地区的旅游消费能力，激活了新疆旅游市场，以全域旅游新动能助推新疆脱贫攻坚步入“快车道”。

1. 旅游专列特点和优势。旅游专列具有定时、定点、定线路的特点和“一线多游、一票到底”的优势。一线多游，是指一趟旅游专列可以提供多个不同地区的景点，极大地满足游客想一次出游游览众多景点的愿望。一票到底，是指乘坐旅游专列出行，让游客一次出游游览众多景点却不用遭遇买票难的情况。旅游专列运行中，中途不存在中转换乘的情况，省去了其他出行方式的节奏紧张和舟车劳顿，真正实现“车随人走、专属享受”。旅游专列大多“夕发朝至、夜行昼游”，相比其他旅游出行方式，节省白天游玩时间、节省夜间住宿成本，是经济高效的出游方式。同时，旅游专列组客量大，每趟专列可运送游客 500 人左右，不仅为目的地旅游市场带来丰富的客源，而且可以发挥游客的规模优势，制造新闻热点，产生较大的轰动效应，为后期客源开发打下更好的基础。

2. 援疆扶贫旅游专列开行情况。为进一步发挥好铁路安全、舒适、便捷优势，振兴新疆旅游业，助力脱贫攻坚，拉动新疆经济社会发展，国铁集团会同自治区政府全面规划了“坐着火车游新疆”品牌战略，牵头全路 18 个铁路局集团公司加大扶贫旅游专列开发力度，从北京、上海、广州、福建、郑州、武汉、西安、长沙、成都、重庆、西宁、大同、九江、上饶、常州、赤壁等16个城市组织开行扶贫旅游专列援疆。自2015年以来，年均向新疆开行扶贫旅游专列超100列，年均乘坐火车进疆旅游人数超10万人。

根据北京市对口支援新疆和田地区、国铁集团定点帮扶和田县总体工作计划，由北京局集团公司首发开行的“京和号”旅游专列。运行线路为北京西—吐鲁番—和田—喀什—哈密—柳园—张掖—北京西，运行时间为16天。因产品的独特性和创新性，受到市场极大欢迎，出现了旅游淡季满员发车、一票难求、提前封团、加挂车厢的火爆局面。“京和号”旅游专列加深了京、和两地人民的相互了解，提升了民族团结，被誉为南疆旅游的“破冰之旅”“一趟心连心的民族团结之旅”和“与新疆旅游互通的桥梁”。“京和号”成为援疆项目品牌，成为旅游产业援疆的示范项目，是促进和田旅游产业发展之旅，是“一带一路”的促进之旅，拉开了铁路旅游援疆的序幕。“京和号”也作为全球唯一铁路减贫案例，以其“铁路＋旅游＋扶贫”新模式、突出的减贫效果，成功入围世界旅游联盟2018年旅游减贫案例。在“京和号”的带动下，北京局集团公司开行了“津和号”天津—和田扶贫旅游专列、“冀疆情·巴州行号”石家庄—巴州扶贫旅游专列；上海局集团公司开行了“皖和号”合肥—和田扶贫旅游专列；广铁集团开行了“活力广东号喀什之旅”广州—喀什扶贫旅游专列，均取得了良好的社会和经济效益，得到了社会各界的积极响应和高度赞赏。

乌鲁木齐局集团公司围绕新疆全域旅游新形势，加大旅游列车产品供给，在巩固升级“环游北疆”旅游产品基础上，持续打造“辽阔疆域，无限风光，新疆是个好地方”品牌，积极开发南疆、东疆地区的文化旅游资源，通过串联疆内主要旅游线路、景区景点，形成了“4+1”（“环游北疆”“畅览南疆”“奇幻火洲”和“新东方快车”）等“大美新疆”铁路旅游产品系列，通过优化调整管内旅游列车线路，依托铁路融媒体资源优势，多渠道宣传营销铁路旅游专列产品，加大铁路旅游成为全域旅游、扶贫旅游的重要支撑，尤其是“畅览南疆”“人民红号时光列车”旅游专列的开行，推动了南北疆全域旅游发展，极大促进了当地扶贫工作和社会经济发展。2016年以来，共计开行疆内旅游专列269列，接待各地游客14万人次。

为响应黑龙江和新疆制定的“以旅游产业为主体，牵动一产、托举二产”的绿色可持续发展战略，从哈尔滨到阿勒泰的“龙泰号”援疆旅游专列成功开行，这是黑龙江直达新疆维吾尔自治区阿勒泰地区的唯一扶贫旅游专列。专列全程横跨黑龙江、吉林、内蒙古、甘肃、宁夏、新疆6省13市，全程16天，成为一趟助力新疆阿勒泰地区振兴发展的减贫富民专列。为促进黑龙江与阿勒泰两地间的旅游文化交流，还开启了两地旅游交流新模式，即专列在哈尔滨发车时，预留部分铺位，待到返程时，搭载阿勒泰地区的中老年游客来到黑龙江，观赏黑龙江的美景，受到两地游客的一致好评。

三、取得的成效

当前，已成功开行“京和号”20列，累计输送游客10000余人；“津和号”9列，累计输送游客4500余人；“冀疆情·巴州行号”2列，累计输送游客1000余人；“诗画浙江·阿克苏号”6列，累计输送游客3000余人；“皖和号”5列，累计输送游客4000余人；“龙泰号”18列，累计输送游客11500余人。根据当地旅游主管部门统计，旅游行程中，通过当地政府组织的精品玉器、民族特产、国际大巴扎的参观活动，专列客人在疆期间用于购买特色纪念品、土特产的人均消费约4000元。

发展旅游业，吃上旅游饭。全疆各地特别是南疆地区通过铁路对旅游业的带动效应，提升拉动当地“吃住行游购娱”的消费，促进酒店、餐饮、文化、休闲、土特产等相关产业集聚和壮大，很多贫困户通过从事旅游相关产业实现脱贫，让更多人共享旅游业发展带来的红利。以和田地区为例，2019年，接待国内外游客创纪录达到541.42万人次，是2014年的近5倍，同比增长395.31%；实现旅游总消费65.42亿元，是2014年的近36倍，同比增长3455.43%。与此同时，为了做好旅游专列大团队的接待，和田地区还下大力推进旅游扶贫示范点项目建设，培养了一批导游服务人员，打造了一批如浩瀚沙漠、大美胡杨、高山牧场、尼雅国家湿地公园、龙湖湿地公园等自然景观，一批如和田夜市、地区博物馆和非物质文化遗产等人文风情，旅游业因铁路进入了良性循环。

除了开行扶贫旅游专列，国铁集团还大力开发“公益性慢火车”的旅游功能，为深度贫困地区通过旅游脱贫攻坚提供源源不断的动力。西安局集团公司开行的6063/6064次列车从陕西宝鸡始发，穿越秦巴山片区，终到四川广元，单程运行

350 公里，往返运行 23 小时 21 分钟，全程票价 21.5 元，最低票价仅 1 元。沿途秀丽的风光、迷人的景色深受许多火车迷和摄影爱好者喜爱。每逢周末，经常能看见带着各种照相机的游客在车窗前边看边拍，这趟列车因此也得名“秦岭最美小慢车”。济南局集团公司开行的往返淄博、泰山 7053/7054 次列车，曾是鲁中山区百姓进出大山唯一的交通工具，沿线独特的山林景观吸引不少游客坐列车进山体验“慢生活”，济南局集团公司充分挖掘慢火车旅游价值，相继开发出“淄博开元溶洞一日游”“淄博潭溪山一日游”和“淄博齐山一日游”等线路，吸引游客乘车观光，到沿线旅游，带动沿线旅游经济发展。南博山车站旁的上瓦泉村原先是省级贫困村，靠天吃饭，人均年收入不到 2000 元。随着大批游客乘坐火车进山，开始发展生态农业，老乡们通过开办农家乐、乡村民宿、采摘园得到了实惠，现在的上瓦泉村已经实现了人均年收入 1.6 万元，成了远近闻名的富裕村。这趟列车也被誉为山里人的“致富车”，城里人的“旅游车”。

不忘初心，牢记使命；交通强国，铁路先行。未来，国铁集团将进一步总结经验，进一步发挥铁路行业优势，以一系列“火车游”产品为纽带，继续承载人民对美好生活的向往，在乡村振兴道路上砥砺前行。

精准扶贫

铁路情怀

铁路运输企业基于行业优势的扶贫脱贫攻坚管理

——第 27 届全国企业管理现代化创新成果一等奖

中国国家铁路集团有限公司（原铁道部、铁路总公司，以下简称“国铁集团”）是经国务院批准、依据《中华人民共和国公司法》设立、由中央管理的国有独资公司，为国家授权投资机构和国家控股公司。公司注册资本为 17395 亿元，由财政部代表国务院履行出资人职责。国铁集团以铁路客货运输服务为主业，实行多元化经营。负责铁路运输统一调度指挥，负责国家铁路客货运输经营管理，统筹安排路网性运力资源配置，承担国家规定的公益性运输，保证关系国计民生的重点运输和特运、专运、抢险救灾运输等任务。负责拟订铁路投资建设计划，提出国家铁路网建设和筹资方案建议。负责建设项目前期工作，管理建设项目。负责国家铁路新线投产运营的安全评估，保证运输安全，提升服务质量，提高经济效益，增强市场竞争能力。坚持高质量发展，确保国有资产保值增值，推动国有资本做强做优做大。目前，国铁集团下设铁路局集团公司 18 个（设置运输站段 845 个），专业运输公司 3 个，其他企业 12 家及事业单位 3 个，全公司共有职工 178.9 万人。

党的十八大以来，国铁集团深入学习贯彻习近平总书记关于扶贫工作重要论述和中央关于脱贫攻坚决策部署，积极践行“人民铁路为人民”的国铁企业责任担当，结合铁路扶贫工作实际，形成了以行业企业优势为核心的铁路扶贫管理体系，助推贫困地区打赢脱贫攻坚战取得显著成效。

一、构建铁路扶贫管理体系的背景

（一）落实中央脱贫攻坚决策部署的需要

党的十八届五中全会从实现全面建成小康社会奋斗目标出发，将“扶贫攻坚”调整为“脱贫攻坚”，进一步明确了新时期扶贫开发工作的目标，集中力量推进脱贫攻坚，到 2020 年实现“两个确保”：确保农村贫困人口实现脱贫，确保贫困县全部脱贫摘帽。从一定意义上讲，全面建成小康社会，实现第一个百年奋斗目标，农村贫困人口全部脱贫是一个标志性指标。

习近平总书记在 2015 年中央扶贫开发工作会议上指出，党政军机关、企事业单位开展定点扶贫，是中国特色扶贫开发事业的重要组成部分，也是我国政治优势和制度优势的重要体现。做好新形势下的定点扶贫工作，要深入贯彻中央扶贫开发工作会议精神，切实增强责任感、使命感、紧迫感，坚持精准扶贫、精准脱贫，坚持发挥单位、行业优势与立足贫困地区实际相结合，健全工作机制，创新帮扶举措，提高扶贫成效，为坚决打赢脱贫攻坚战作出新的更大贡献。

（二）扶贫开发进入脱贫攻坚新阶段的需要

党的十八大以来，党中央、国务院坚持以人民为中心的发展思想，明确了到 2020 年我国现行标准下农村贫困人口实现脱贫、贫困县全部摘帽、解决区域性整体贫困的目标任务。贫困人口从 2012 年底的 9899 万人减到 2019 年底的 551 万人，贫困发生率由 10.2% 降至 0.6%，连续 7 年每年减贫 1000 万人以上。到 2020 年 2 月底，全国 832 个贫困县中已有 601 个宣布摘帽，179 个正在进行退出检查，未摘帽县还有 52 个，区域性整体贫困基本得到解决。贫困群众“两不愁”质量水平明显提升，“三保障”突出问题总体解决。贫困地区基本生产生活条件明显改善。目前看，脱贫进度符合预期，在脱贫攻坚领域取得了前所未有的成就，彰显了中国共产党领导和我国社会主义制度的政治优势。

但是，脱贫攻坚战不是轻轻松松一冲锋就能打赢的，从决定性成就到全面胜利，面临的困难和挑战依然艰巨。全国还有 52 个贫困县未摘帽、2707 个贫困村未出列、建档立卡贫困人口未全部脱贫。同时新冠肺炎疫情给脱贫攻坚工作也带来新的挑战。

已脱贫的地区和人口中，有的产业基础比较薄弱，有的产业项目同质化严重，有的就业不够稳定，有的政策性收入占比高。因此，需要建立起中国特色脱贫攻坚责任体系、政策体系、投入体系、动员体系、监督体系、考核体系，五级书记一起抓，以前所未有的精度、力度、深度推进，创新实施精准扶贫精准脱贫基本方略。

（三）创新实施铁路精准扶贫的需要

习近平总书记强调，扶贫工作要坚持从实际出发，勇于探索，扬长避短，找到能够发挥当地优势的有效途径和办法，把优势和潜力迅速转化为经济效益。铁路作为国民经济大动脉、国家重要基础设施、大众化交通工具，如何根据贫困地区脱贫攻坚和经济社会发展实际，加大贫困地区铁路规划建设和运输服务保障力度，带动贫困地区经济发展是关键性问题之一。把中央指定的定点扶贫河南栾川县、陕西勉县、宁夏固原市原州区、新疆和田县（以下简称 4 县区）和集中连片特困地区作为铁路精准扶贫的主战场，加快构建立体化、现代化的铁路基础设施网络，有利于尽快改变滞后面貌，改善空间布局、调整产业结构；有利于增强产业转移能力，促进地区资源优势转化为经济优势；有利于推进基本公共服务均等化，保障和改善民生，让贫困人口共享发展成果。

基于以上推动因素，国铁集团从十八大以来开始对铁路扶贫管理体系进行深入改革，并把打造以行业企业优势为核心的铁路运输企业扶贫脱贫攻坚管理模式作为公司扶贫开发工作的核心任务之一。

二、铁路扶贫管理体系的内涵和主要做法

按照党中央、国务院脱贫攻坚部署，国铁集团承担铁路建设、运输等行业扶贫任务和定点扶贫 4 县区以及 53 个省级贫困村等帮扶任务，充分发挥铁路行业企业优势，完善扶贫工作体系和制度，积极推进铁路建设扶贫、运输扶贫，精准实施“铁路帮扶 + 龙头企业 + 合作社 + 贫困户”产业扶贫，创新“五项消费扶贫行动 + 四项长效帮扶机制”模式，积极开展“就业 + 教育”扶贫，持续发展带贫益贫产业、助力贫困群众致富增收，防止返贫致贫，多点发力推进扶贫开发工作，助力贫困地区打赢脱贫攻坚战。主要做法如下：

（一）明确决战决胜扶贫脱贫任务和目标，完善扶贫工作体系和制度

1. 明确任务和目标。围绕学习贯彻习近平总书记关于扶贫工作重要论述和党中央、国务院脱贫攻坚决策部署，先后研究制定了做好新时期铁路扶贫开发工作意见、打赢脱贫攻坚战三年行动方案（2018—2020 年）、贯彻落实“两不愁三保障”要求工作方案、确保完成铁路决战决胜脱贫攻坚任务工作方案等重要政策和措施；围绕发挥铁路行业帮扶优势，研究制定了铁路建设扶贫行动方案（2018—2020 年）、深化建设扶贫工作方案、开好公益性“慢火车”服务老少边穷地区脱贫攻坚的意见等，统筹研究制定了铁路贯彻落实西部大开发、中部崛起、东北振兴、乡村振兴等重大发展战略的实施意见；聚焦定点扶贫县区脱贫攻坚目标任务，研究制定了“十三五”定点扶贫规划、扶贫资金项目管理、消费扶贫、就业扶贫、抓党建促脱贫、考核评价、疫情期间定点扶贫等细化实化制度措施。公司系统形成了 3 个工作方案 +3 个行业意见 +N 个专项制度的扶贫管理制度体系。

2. 健全组织机构。国铁集团党组对贯彻中央决策部署、落实铁路扶贫任务高度重视，持续加大扶贫工作组织力度，2016 年扶贫开发领导小组有 2 名负责同志、成员覆盖 13 个业务指导部门。到 2020 年，扶贫开发领导小组负责同志增加到 6 名，董事长、党组书记和总经理共同担任组长，逐步构建形成覆盖 16 个业务指导部门的公司扶贫开发领导小组 +18 个铁路局等属地帮扶单位 +14 个协同扶贫单位的扶贫工作组织架构。

3. 加强调研督导。坚持目标和问题导向，公司党组领导每年带头深入定点扶贫 4 县区调研督导至少一次以上，2016 年以来局级以上领导干部累计现场调研扶贫工作 900 余人次，发现和解决各类问题 350 余个。

4. 强化责任落实。公司党组将扶贫工作纳入国铁集团月度工作会议部署、党组政治巡视、专项审计检查重点内容，每年与各铁路帮扶单位签署《铁路定点扶贫责任书》，严格落实月度督导、半年通报、全年综合评价考核，扎实推动各项工作任务落地见效。

（二）打通“大动脉”，畅通“微循环”，推动建设扶贫见实效

1. 打通路网“大动脉”。全面组织实施《铁路建设扶贫三年行动方案》，不

断扩大贫困地区铁路网规模，发挥铁路在脱贫攻坚中的基础设施支撑作用，集中力量扎实推进 14 个集中连片特困地区、革命老区、民族地区、边疆地区，特别是深度贫困地区的铁路规划建设项目，2016 年以来相继建成途经乌蒙山片区的成贵高铁、武陵山片区的黔常铁路、秦巴山片区的汉十高铁、罗霄山片区的京港台高铁昌赣段、沂蒙山革命老区的日照至曲阜高铁，三区三州地区的库格铁路等，百项交通扶贫骨干通道工程 16 个铁路项目全部开工建设，已开通 5 项。

2. 畅通末梢“微循环”。对不通铁路的贫困地区统筹推动建设铁路无轨站 155 个，通过购取票、公（空）铁接驳、旅游咨询、物流运输、农产品销售等综合服务举措，打通群众出行与物流运输的“最先和最后一公里”，让部分偏远贫困地区融入“高铁经济圈”。

3. 拓展建设扶贫成效。推动铁路建设与沿线贫困地区发展规划、脱贫攻坚、生态保护等深度融合，坚持多渠道融资、多方式建路，破解贫困地区铁路建设融资难问题，有效带动当地金融产业发展和招商引资工作；统筹实施当地道路、桥梁、水电、通讯等永临结合基础设施，并无偿移交当地服务生产生活；优先选用沿线贫困地区劳务人员，优先采购当地生产生活物资，带动了当地产业扶贫、就业扶贫、消费扶贫等同步发展。

（三）破除“肠梗阻”，畅通产业链，精准实施运输扶贫

1. 依托客运提质计划，积极解决贫困地区群众出行难题。一是优化开行方案。有效运用大数据分析，密切掌握贫困地区群众出行信息，结合实际组织开行棉农、高考、返乡专列等惠农助学列车，新冠肺炎疫情期间实施务工专列、包车等定制化直达运输服务，增强客运服务的精准性和有效性。二是打造“慢火车”品牌。组织开行 81 对公益性“慢火车”，覆盖 21 个省区市，经停 530 个车站，途经湘西、云贵、川北、东北、南疆 35 个民族地区。通过合理安排开行对数、停站、停点，改善站车条件、改造列车内部结构和设施，方便贫困群众携带牲畜活禽蔬菜等农副产品进站上车、赶集售卖，打造流动的“乡村集贸市场”，为贫困地区群众提供更加实惠、更加便利的出行条件，被贫困群众亲切地誉为便民车、致富车、连心车。三是拓展旅游扶贫。针对部分贫困地区环境优美、风光秀丽、人文浓郁的自然条件，尤其是

革命老区的红色旅游资源等，推动“铁路扶贫＋旅游”。与当地政府共同举办“千年帝都•老家河南”“塞上江南•神奇宁夏”“专列开进六盘山”等旅游主题推介会，组织铁路旅游企业与贫困地区签订战略合作协议，开行由华南、华东等经济发达地区到老少边贫地区的旅游专列、红色专列，有效带动贫困地区旅游消费升级。

2. 持续开展货运增量行动，提升货运服务保障能力。一是加强运力有效供给。将铁路运力向贫困地区重点物资供给和农产品外运倾斜，针对春耕化肥、农副产品等季节性强的涉农物资开辟绿色通道，精准制定运输方案，组织开行新疆棉花、东北粮食等农产品“点对点”运输专列、大宗货物直达列车、集装箱特色快运班列等，运用大数据信息追踪运行状态，为贫困地区生产生活提供坚强运输保障。二是降低物流成本。全面落实国家支农惠农政策，指导铁路运输单位开展公益运输优先工作，对粮食、棉花、化肥等涉农物资给予优惠运价，全面清缴各类运输杂费，批复让利性“一口价”项目，为贫困地区节约物流成本。三是促进运输方式融合。进一步调整贫困地区货运办理站布局，在国家级贫困县开办货运站 512 个。加快多种交通方式融合，依托铁路运输优势、仓储优势、资金优势，统筹协调公路、商贸、税务、海关等部门，发展“铁路＋电商＋物流”等综合运输服务，加快铁路专用线建设，努力打通“肠梗阻”，激发区域经济发展活力。

（四）实施“铁路帮扶＋龙头企业＋合作社＋贫困户”产业扶贫，持续发展带贫益贫

坚持精准扶贫精准脱贫基本方略，强化扶贫项目调研论证、审核把关、带贫联结机制等重点环节的精准性、规范性和实效性，精准实施“铁路帮扶＋龙头企业＋合作社＋贫困户”等产业发展模式，大力发展让贫困群众就近就业、持续性受益项目，增强风险防控和竞争能力，推动产业扶贫稳定发展。

1. 培育龙头企业。积极发挥铁路行业企业优势，协同地方政府共同打造经济实力雄厚、抗市场风险能力强、适合带动贫困人口稳定脱贫的龙头企业。协同栾川县对当地 12 家企业、7 个生产基地进行整合，打造栾川印象农产品加工销售的龙头带贫企业，带动 1751 户贫困人口年人均增收 1100 余元。在勉县投入资金 1000 万元资助当地企业发展辣椒种植产业，带动 5000 户贫困户年人均增收 3140 元，增加

就业岗位120个。

2. 延伸产业链条。为进一步延伸扶贫项目产业链条，推动产业集约化发展，在原州区安排1200万元帮助建设净菜分拣包装加工车间和高标准智能温室，成立铁路消费扶贫运营中心合作社，促进形成多元化种养产业链条，每年增加贫困人口收入410万元、带动就业240人。在勉县与汉中锦绣公司、陕西美腾实业有限公司等企业合作，创建农业产业化联合体，增强“元庄村蚕桑基地”“唐家湾村果蔬种植园”项目开发深度，延伸产业链条；加强与勉县周边县域食品加工产业的强强联手，与临近的宁强县羌寨凤园麻辣鸡加工厂签订供销意向合同，畅通3个铁路土鸡养殖项目的下游销售渠道，帮助群众增收。

3. 实施特色产业提升工程。为进一步提升产业项目影响力，推动企业优势与贫困县域优势相融合，运用铁路行业文化理念和企业精神，提升扶贫产业品牌价值。在和田县先后投入3800万元，持续打造火车头餐饮广场、文化广场、养殖场、农贸市场、电器控制设备厂等系列特色产业，在当地形成品牌带动效应和稳定的扶贫产业链。

4. 推动发展优势产业。以发展壮大集体经济为突破点，推动当地优势产业发展，探索发展合作制集体经济，引导贫困群众以资金、资源、技术等要素入股，形成村集体、农户共同经营管理的新型农业经营主体，增强产业项目抗风险能力，让贫困群众充分享受集体经济发展红利。在原州区，与齐力种植专业合作社、瑞丰蔬菜产销农民专业合作社等合作，通过企业带动、政府推动、合作社经营、铁路帮扶等方式，重点发展当地优势明显的种植业，增强产业项目的竞争力；协同和田县以村为单位，通过帮扶合作社经营等措施，盘活当地餐饮、旅游、特色养殖种植、特色加工业等优势资源，发展乡村旅游餐饮、营养馕加工、畜禽养殖、葡萄核桃种植等特色产业，把贫困户家庭收入与集体经济、合作社经营加以捆绑，确保脱贫户长久稳定脱贫。

（五）建立“五项消费扶贫行动＋四项长效帮扶机制”，助力贫困群众致富增收

充分用好200余万铁路职工“菜篮子”、60余万建设施工人员、每年运送30多亿人次的旅客、“12306”网络5亿人注册用户等蕴含的巨大消费市场，广泛动

员铁路和社会力量，举全行业之力创新实施“五项消费扶贫行动”，线上线下融合助推产销对接。

1. 开展定向采购消费扶贫行动。充分用好铁路企业200万职工的内部消费市场，开展铁路单位“菜篮子”、职工福利、配餐中心等定向采购。一是组织铁路单位采购职工福利、防暑降温用品、会议用品和职工食堂、配餐中心、铁路招待所餐料时，通过优先采购、预留采购份额等方式“以购代捐”“以买代帮”贫困地区农副产品。如组织铁路单位采购定点扶贫陕西勉县茶叶作为职工防暑降温用品，每年采购约1500余万元。二是利用节假日、国家扶贫日等在铁路机关、社区、车站等开展农副产品直采直销推介活动，公司党组领导和各级领导干部带头参与购买，年均组织活动120余场次；利用党建结对帮扶等活动，定期组织党员干部职工进村入户现场购买鲜活农副产品。2018年以来采购贫困地区农产品3亿元，其中2020年2.2亿元。

2. 拓展“进站上车”消费扶贫行动。用好每年运送30多亿人次的客运市场资源，推动扶贫产品“进站上车”，目前已在全国431个车站、2200多列高铁动车组设立2900多个扶贫直销店和专区，直采直销国家级贫困县扶贫农产品；2020年在55个省会级城市车站、客流较大高铁站等分批投放消费扶贫智能售货柜，精选符合旅客出行需求的扶贫产品进行推介销售。探索实施“铁路文创+消费扶贫”，将站车品牌形象建设与扶贫产品营销有机融合，进一步提升扶贫产品市场竞争力。

3. 开展铁路电商消费扶贫行动。用好5亿多铁路互联网用户的消费市场资源，创新实施新零售新业态，先后开发运营面向广大网络订票用户的铁路12306扶贫商城、面向高铁站车WiFi网络用户的“爱购扶贫馆”、面向有集采需求的路内外企业用户的中铁快运扶贫馆等铁路电商扶贫平台，集扶贫产品推介、展示、购买、售后、物流等服务功能于一体，大力支持贫困地区发展“铁路电商+龙头企业（合作社）+农户”直采直销模式，对地方政府审定的扶贫企业免收平台费，并通过开发消费扶贫电子券、创建淘宝抖音等直播平台、与供销总社832平台和建设银行等电商平台加强合作等方式，不断拓展电商扶贫新渠道。铁路电商扶贫平台2019年上线以来，累计入驻扶贫企业300余家、产品4000余种，完成销售额5000余万元。

4. 开展铁路建设消费扶贫行动。在加快推进贫困地区铁路项目建设的同时，用好60余万铁路建设施工人员的消费市场资源，积极引导和鼓励参建施工单位优先采购当地农副产品等生产生活物资，优先培训使用贫困家庭劳动力，2018以来采购2亿元，其中2020年1.4亿元。如广西贵南高铁建设为沿线环江毛南族自治县修建乡村道路70余公里，培训使用贫困劳动力2300余人次、支付工资480余万元，采购工程物资3.7亿元、农产品2300余万元，同时还吸引了麻竹、旱藕等一批特色产业落地，助力该县2020年5月正式脱贫摘帽。

5. 开展疫情防控消费扶贫行动。加大铁路单位组织力度，主动对接贫困地区疫情防控和脱贫攻坚目标任务，多措并举及时助力解决企业复工复产、贫困群众就业增收、扶贫产品滞运滞销等难题。一是发挥铁路运输优势，积极支持扶贫龙头企业、扶贫车间、农产品生产基地等复工复产。二是加大农畜产品销售力度。将贫困地区滞销扶贫产品作为疫情防控期间铁路单位“菜篮子”重点供给来源，2020年前10月购买和帮销国家级贫困县农产品约6亿元，其中湖北地区和挂牌督战县1.2亿元。三是与中国扶贫志愿服务促进会、宋庆龄基金会等合作开展“为鄂拼单、奉献爱心”消费扶贫活动，协调社会企业采购定点扶贫县200余万元滞销农产品，支援湖北贫困地区和武汉定点医院抗疫。

6. 建立消费扶贫服务保障机制。一是强化带贫益贫机制保障，加强对扶贫企业的产品质量、带贫情况等监督监管，引导企业诚信经营，最大限度利益反哺。二是利用大数据技术动态分析、反馈市场体验，及时优化丰富品类，精准适配客户差异化需求；同时利用铁路媒体、站车广告资源加大营销宣传力度，帮助提升品牌形象、增强持续发展能力，2020年以来累计减免广告营销费用1.6亿元。三是充分发挥铁路运输网络优势，对贫困地区农副产品外运和扶贫企业生产物资供给优先安排运力，实施精准服务和重点保障，组织开行农副产品“点对点”运输专列、集装箱特色快运专列，依托高铁快运产品和顺丰、京东等物流企业合作形成高效物流网络，最大限度降低物流成本，为促进消费扶贫提供有力保障。

（六）开展“就业＋教育”扶贫，增强致富能力防止返贫

就业方面，落实中央稳就业、保民生要求，充分调动铁路用工资源，尤其围绕深度贫困地区、挂牌督战县、定点扶贫县区就业需求，积极帮助贫困群众稳岗拓岗就业。一是铁路运输助力稳岗返岗解决一批，在持续优化客车开行方案、开好81

对公益性“慢火车”和旅游专列、用好155个铁路无轨站基础上，建立疫情期间农民工返岗复工“点对点”服务平台，2020年累计开行点对点、一站式直达专列401列、运送45.4万人。二是铁路建设用工解决一批，组织途经国家级贫困县的72个重点在建项目施工单位，优先培训使用沿线国家级贫困县的劳动力9万人。三是铁路企业用工解决一批，组织铁路单位先后招录国家级贫困县的毕业生、优秀劳务工等8600余人；积极拓展装卸搬运、卫生保洁、安检查危等外包用工，使用国家级贫困县劳务工3.6万余人。四是用好扶贫产业和公益岗位解决一批，采取“长期+短期”用工模式，提升产业带动就业效果，通过发展扶贫产业、用好扶贫车间、拓展公益岗位等累计在定点扶贫4县区帮助贫困群众就地就近就业3000余人。五是引导返乡创业解决一批，会同当地政府加强对返乡创业人员的关心支持、业务培训和政策帮扶，引导鼓励返乡创业人员带领贫困群众积极参与扶贫项目，培育一批致富带头人，实现创业带动就业。

教育方面，强化扶志扶智，着力在教育培训方面下功夫，安排专项资金、突出精准适用、激发内生动力，防止边缘户和已脱贫人口致贫返贫。一是组织致富带头人和技术人员培训。充分发挥致富带头人带动贫困群众持续增收发展的优势作用，分4批组织220余名致富带头人到国务院扶贫办致富带头人培训基地等开展培训，通过集中学习、现场观摩、交流研讨等形式，学习借鉴先进企业创业精神和发展经验。期间先后有5名致富带头人与泉州电商创业园、八马茶叶等企业开展商业合作。组织技术人员到西北农林科技大学等开展技术培训，定期邀请种植养殖专家深入田间地头“送课下乡”，有效提高技术人员业务能力；主动对接新疆采棉、南方企业招工、建设项目用工需求，有针对性地开展技能培训和推荐就业2000余人。2020年以来累计培训定点扶贫4县区技术人员1.2万人次。二是强化基层干部培训。把村两委干部的业务素质和党性修养作为培训重点，定期培训各项政策和脱贫攻坚能力，增强村两委作用发挥。疫情期间创新开展“云培训”，邀请中央党校、中国农业科学院、铁道党校等专家通过网络直播方式对定点扶贫县1.6万多名基层干部进行专题培训。三是开展各类支教助学活动。以阻断贫穷代际传播为出发点，投入专项资金扶持贫困地区建立“火车头”班、希望厨房等，组织铁路企业和职工向贫困学生捐献电脑、桌椅、书籍等学习设施用品，定期组织贫困地区师生乘坐体验高铁、开阔视野，激发摆脱贫穷的内动力。

三、实施铁路扶贫管理体系取得的成效

通过创新实施以行业企业优势为核心的铁路扶贫管理体系，持续加大资金投入和帮扶力量，综合运用建设扶贫、运输扶贫以及产业、消费、就业等扶贫措施，铁路扶贫工作取得了较大成效，其中“创新实施5+4消费扶贫模式”和“打造栾川印象品牌”两个案例入选2020年全国消费扶贫优秀典型50案例，“利用专列优势实现精准扶贫”等3个案例被收录进2020年世界旅游联盟旅游减贫案例。2020年，国铁集团荣获全国脱贫攻坚奖组织创新奖，铁路扶贫管理体系创新做法在国新办中外记者见面会上作专题介绍。

（一）贫困地区铁路建设得到快速发展

2016—2020年，14个集中连片特困地区、革命老区、民族地区、边疆地区累计完成铁路基建投资21900亿元，占投资总额的77%；新增铁路里程1.6万公里，占同期全国铁路投产里程的82.6%，其中新增高铁1.3万公里，占同期全国高铁投产里程的81%。一批国家级贫困县结束了不通铁路的历史，有的地区跨入高铁时代。铁路网+无轨站已覆盖约600个国家级贫困县，占全国832个贫困县73%。贫困地区铁路的建设发展，有效补强了当地交通基础设施短板，方便了人民群众出行，改善了当地发展环境，加速了对产业转移的承接，使欠发达地区加快融入到国家现代化进程。如途经秦巴山片区的西成高铁，2017年12月开通运营以来，汉中地区年发送旅客较开通前增长近6倍，带动沿线贫困地区旅游、商贸、餐饮产业发展，也吸引了附近村庄外出务工人员返乡就业创业、脱贫致富。汉中市国家级贫困县洋县2017—2019年GDP年均增长12%，2019年贫困发生率下降至0.79%。广西凌云县全国首个高铁无轨站2016年底建成运营后，每年运送4000余名劳动力外出务工，吸引游客4.6万人次，帮销和运输农产品价值260余万元。

（二）贫困地区铁路运输条件进一步改善

贫困地区运输供给得到不断优化和加强，客货运输服务保障能力明显提升，人

畅其行、货畅其流等成效正逐步显现。

客运方面，目前途经贫困地区的旅客列车日均开行1967列，其中高铁、普速列车分别为1042列、925列，占全国铁路总量的14%、41%。2016年以来14个集中连片特困地区发送旅客4.74亿人。81对公益性“慢火车”每年运送旅客2200万人次，人公里票价不到6分钱，且几十年不涨价，每年帮助沿线贫困群众增收上万元。2016年以来累计开行旅游扶贫专列1480列，成为进一步助推贫困地区经济发展的新动力。如哈尔滨—新疆北屯“龙泰号”援疆旅游专列，单程5175公里，2019年开行10趟累计发送6958人，在新疆地区消费2100余万元。

货运方面，2016—2020年，贫困地区铁路货物发到量大幅增加，14个集中连片特困地区、革命老区、民族地区、边疆地区年发到量从2016年的4.3亿吨增至2020年的6.85亿吨，年均增长12%，高于铁路同期货物发送量增幅21.4个百分点，累计为贫困地区减免物流费用等40.1亿元。如在云南省，每天组织15吨鲜花通过高铁和普客销往全国各地，助力云南鲜花成为广大群众的芬芳礼物；在革命老区广西百色市，组织“百色一号”果蔬绿色专列，运行6年来开行112趟，运量近4万吨，丰富了北京及周边地区的“菜篮子”，也为百色带来经济和社会效益。

（三）定点扶贫县区如期脱贫摘帽

2013年至2020年，国铁集团累计在定点扶贫4县区精准实施684个项目，惠及贫困人口20余万。2018年创新实施“五项消费扶贫行动”以来，累计购买和帮销国家级贫困县农产品约8亿元，连续3年实现翻番。铁路定点扶贫工作2018、2019年连续获得中央单位定点扶贫考核“好”的等次。

定点扶贫4县区分别于2019年5月和2020年2月、3月、1月相继宣布脱贫摘帽。4县区贫困人口由2015年底的27.5万人至2020年清零，贫困发生率从最高的29.94%降至2020年清零；建档立卡户人均可支配收入从5099提高到11805元。贫困地区产业结构不断优化，村容村貌发生很大变化，贫困群众生产生活条件得到明显改善，脱贫致富的内生动力明显增强。如定点扶贫4县区先后培育涌现330余名致富带头人和技术能手，带动贫困群众脱贫致富；在定点帮扶和田县贫困村，先后有572人递交了入党申请书，其中236人光荣入党，49名优秀少数民族青年成长为合格“村官”。

“铁路运输企业基于行业优势的扶贫脱贫攻坚管理”课题组成员名单

成果主要创造人　黄殿辉　韩树青

成果参与创造人　任　君　郭新杰　李朝飞　赵永涛　刘　禹
尹行平　刘建中　刘　峰　何　杰　付　睿

2012—2020 年铁路建设在打赢脱贫攻坚战中的效果和作用研究

中国铁路经济规划研究院有限公司

一、概述

（一）研究背景

消除贫困、改善民生、实现共同富裕，是社会主义的本质要求，是我们党的重要使命。党的十八大以来，以习近平同志为核心的党中央把脱贫攻坚摆在治国理政突出位置，作出一系列重大部署和安排，脱贫攻坚力度之大、规模之广、影响之深，前所未有。

铁路是国民经济的大动脉、关键基础设施和重大民生工程，进一步加强铁路在脱贫攻坚中的作用，既是党和国家交给铁路行业的政治任务，也是铁路行业自觉肩负的社会义务和责任担当。中国国家铁路集团有限公司高度重视铁路扶贫工作，先后印发了《铁路建设扶贫行动方案（2018—2020 年）》（铁总发改〔2018〕88 号）、《打赢脱贫攻坚战三年行动实施方案》（铁总党〔2018〕63 号），结合铁路扶贫工作实际，充分发挥行业优势，从建设扶贫、运输扶贫、定点扶贫等方面作出了安排和部署。科学有序稳步推进贫困地区铁路规划建设，进一步增强铁路的基础设施支撑作用，切实加强铁路建设扶贫的力度和效果，对于打赢打好脱贫攻坚战具有重要的意义。

铁路建设扶贫要坚持精准扶贫基本方略。14 个集中连片特困地区是我国脱贫攻坚战的主战场，是深度贫困地区，是铁路建设扶贫的重点。14 个集中连片特困地区涉及 689 个县级行政区（其中 592 个为国家扶贫开发重点县级单位），土地总面积 438 万平方公里，片区总人口约 2.1 亿人。

分析贫困地区铁路建设发展状况，总结铁路建设扶贫取得的成绩，研判“十三五”末贫困地区铁路建设发展态势，研究铁路建设在贫困地区经济社会发展中发挥的作用，对于强化铁路建设扶贫成果，持续提升交通公共服务均等化水平，促进巩固拓展脱贫攻坚成果同乡村振兴有效衔接，不断加强铁路在新时代经济社会高质量发展中的支撑和保障具有重要的意义。

（二）研究节点年度

本次研究重点分析党的十八大以来以及“十三五”时期贫困地区铁路建设成效，因此选取 2012 年、2015 年作为对比参考年度，选取 2019 年作为现状基础年度，同时研判 2020 年建设成果和发展态势。

（三）研究范围

本次研究以全国 832 个贫困县、14 个集中连片特困地区为研究范围，从总体到局部，从全国到片区，研究铁路建设扶贫成效。

（四）研究主要结论

1. 贫困地区铁路建设成果及态势

到 2020 年底，全国 832 个贫困县中的 467 个实现铁路网覆盖，覆盖率达到 56.1%；对于 14 个集中连片特困地区，铁路网规模将达到约 2.6 万公里，其中高速铁路 4649 公里，复线率和电气化率分别达到 57.9% 和 78.8%，路网密度达到 59.0 公里 / 万平方公里，铁路网覆盖县级行政区 354 个，覆盖率达到 51.4%；“十三五”以来，14 个集中连片特困地区新增铁路网规模 5318 公里，增长 25.9%，其中新增高速铁路 3263 公里，增长了约 2.35 倍，复线率和电气化率将分别提升 12.8 个百分点和 10.8 个百分点，铁路网新增覆盖县级行政区 47 个，覆盖率增长 6.8 个百分点。

预计“十三五”规划项目全部实施完成后，全国 832 个贫困县中铁路网将覆盖 546 个，覆盖率达到 65.6%；14 个集中连片特困地区铁路网规模将达到约 3.3 万公里，其中高速铁路 8867 公里，复线率和电气化率将分别达到 62.4% 和 87.6%，路网密度将达到 75.2 公里 / 万平方公里，铁路网覆盖县级行政区 429 个，覆盖率达到 62.3%。

2. 铁路建设在贫困地区经济社会发展中发挥的作用

结合对甘肃省六盘山区、秦巴山区等相关地区的现场调研，以已建成投产的兰渝铁路、宝兰高铁、银西高铁（撰写本研究报告时处于在建状态）作为典型案例，研究分析认为铁路建设在贫困地区经济社会发展中发挥作用显著，建设项目开通运营后能够有效改善交通区位条件，促进农业、工业、旅游业、现代物流业等产业发展和矿产资源开发，推动城镇化发展进程，扩大贫困人口就业，加强与发达地区思想文化交流，促进生态文明和绿色发展，项目施工建设期间能够与沿线贫困地区发展规划、脱贫攻坚、生态保护等深度融合，能够直接帮扶沿线贫困群众，实现精准扶贫。

二、2012—2019 年贫困地区铁路发展基础

（一）全国 832 个贫困县总体情况

1. 基本情况

2014 年国务院扶贫办公布了全国 832 个贫困县名单，涉及 22 个省区市。截至 2018 年底，贫困地区农村贫困人口已经从 2012 年末的 6039 万人减少至 1115 万人，年均减少近 821 万人；贫困区发生率较 2012 年末的 23.2% 下降至 4.2%，下降了 19.0 个百分点；贫困地区农村居民人均可支配收入首过万元，达到 10371 元，较 2012 年末增长了近一倍。2018 年底全国贫困地区贫困状况如表 2–1–1 所示。

表 2–1–1　2018 年底全国贫困地区贫困状况

片区名称	农村贫困人口		农村贫困发生率		农村居民人均可支配收入		脱贫摘帽情况	
	规模（万人）	较 2012 年末减少（万人）	水平（%）	较 2012 年末下降（%）	（元）	较 2012 年末增长（%）	已摘帽县（个）	未摘帽县（个）
全国贫困地区	1115	4924	4.2	19.0	10371	98.9	436	396

2. 铁路发展基础

截至 2019 年底，铁路网覆盖了全国 832 个贫困县中的 461 个，覆盖率达到

55.4%，党的十八大以来分别增加103个和12.4个百分点，其中“十三五”以来，分别增加51个和6.1个百分点。

（二）14个集中连片特困地区总体情况

1. 基本情况

14个集中连片特困地区是我国脱贫攻坚战的主战场，包括六盘山区、秦巴山区、武陵山区、乌蒙山区、滇桂黔石漠化区、滇西边境山区、大兴安岭南麓山区、燕山—太行山区、吕梁山区、大别山区、罗霄山区、西藏，青海、四川、云南、甘肃四省涉藏州县以及新疆南疆四地州，涉及21个省市区133个地市州的689个县，土地总面积438万平方公里。

截至2018年底，14个集中连片特困地区农村贫困人口935万人，较2012年末减少1940万人；贫困发生率为4.5%，较2012年末下降9.4个百分点；农村居民人均可支配收入达到10260元，较2012年末增长36.3个百分点。片区335个县已脱贫摘帽，尚未摘帽贫困县354个。

2018年底14个集中连片特困地区贫困状况如表2-2-1所示。

表2-2-1　2018年底14个集中连片特困地区贫困状况

片区名称	农村贫困人口		农村贫困发生率		农村居民人均可支配收入		脱贫摘帽情况	
	规模（万人）	较2012年末减少（万人）	水平（%）	较2012年末下降（%）	（元）	较2012年末增长（%）	已摘帽县（个）	未摘帽县（个）
合计	935	1940	4.5	9.4	10260	36.3	335	354
1. 六盘山区	96	184	5.6	10.6	8429	32.3	25	36
2. 秦巴山区	101	245	3.6	8.7	10751	34.9	26	49
3. 武陵山区	111	268	3.8	9.1	10397	37.2	31	33
4. 乌蒙山区	124	249	6.2	12.3	9650	38.0	10	28
5. 滇桂黔石漠化区	140	258	5.3	9.8	10073	34.6	29	51
6. 滇西边境山区	72	120	5.8	9.7	9560	37.7	35	21
7. 大兴安岭南麓山区	19	40	3.5	7.6	10721	43.3	12	7
8. 燕山—太行山区	40	82	4.5	9	9701	35.4	14	19
9. 吕梁山区	16	41	4.6	11.8	8890	40.7	10	10
10. 大别山区	99	242	3.0	7.4	11974	32.6	25	11
11. 罗霄山区	31	71	3.0	7.2	10637	38.1	19	4
12. 西藏	13	35	5.1	13.5	11450	38.9	55	19

续表

片区名称	农村贫困人口		农村贫困发生率		农村居民人均可支配收入		脱贫摘帽情况	
	规模（万人）	较2012年末减少（万人）	水平（%）	较2012年末下降（%）	（元）	较2012年末增长（%）	已摘帽县（个）	未摘帽县（个）
13. 青海、四川、云南、甘肃四省涉藏州县	30	58	5.6	10.9	9160	41.9	40	37
14. 新疆南疆四地州	42	48	5.9	9.8	10762	52.6	4	29

2. 铁路发展基础

党的十八大以来，14个集中连片特困区累计投产新线7749公里，新增高速铁路里程4027公里，新增复线里程8084公里，新增电气化里程8581公里。其中“十三五”以来，14个集中连片特困区累计投产新线4407公里，其中高速铁路2873公里，完成既有线改造2883公里。

截至2019年底，14个集中连片特困地区内铁路营业里程达到约2.5万公里，较2012年增长43.5%，其中高速铁路规模达到4259公里，复线率和电气化率分别达到57.1%和76.8%，较2012年分别提高20.6个百分点和14.9个百分点；路网密度达到56.9公里/万平方公里，远低于全国平均水平；铁路网覆盖县级行政区349个，较2012年新增76个，覆盖率达到50.7%。

2019年底集中连片特困地区铁路发展基础如表2-2-2所示。

表2-2-2 2019年底集中连片特困地区铁路发展基础

序号	集中连片特困区	县数量（个）	面积（万平方公里）	铁路规模（公里）	路网密度（公里/万平方公里）	高铁规模（公里）	复线率（%）	电气化率（%）	覆盖县数（个）
1	六盘山区	61	17.8	3062	172.0	515	63.1	93.4	39
2	秦巴山区	75	22	3321	151.0	399	76.4	90.2	48
3	武陵山区	64	17.2	2825	164.4	656	63.1	92.5	43
4	乌蒙山区	38	10.8	1178	109.6	275	32.3	87.9	20
5	滇桂黔石漠化区	80	22.8	3519	154.3	1356	60.5	87.0	48
6	滇西边境山区	56	20.9	581	27.8	130	29.3	74.0	10
7	大兴安岭南麓山区	19	12.3	1285	104.5	0	60.6	59.5	10
8	燕山—太行山区	33	9.3	2071	222.4	289	65.4	64.1	28
9	吕梁山区	20	3.6	776	215.0	0	67.3	96.6	15
10	大别山区	36	6.9	1292	187.2	483	83.9	89.1	28
11	罗霄山区	23	5.3	845	159.4	96	44.5	77.3	15
12	西藏	74	123	787	6.4	0	0.0	0.0	10

续表

序号	集中连片特困区	县数量（个）	面积（万平方公里）	铁路规模（公里）	路网密度（公里/万平方公里）	高铁规模（公里）	复线率（%）	电气化率（%）	覆盖县数（个）
13	青海、四川、云南、甘肃四省涉藏州县	77	107	2001	18.7	60	43.1	58.1	14
14	新疆南疆四地州	33	59	1369	23.2	0	23.6	23.6	21
合计		689	437.9	24912	56.9	4259	57.1	76.8	349

（三）14 个集中连片特困地区分片区情况

1. 六盘山区

（1）基本情况

六盘山区处于甘肃、陕西、青海、宁夏四省区交界地带，包括 15 个地州市的 61 个县区，其中陕西省 7 个，甘肃省 40 个，青海省 7 个，宁夏回族自治区 7 个，片区面积为 17.8 万平方公里。片区集革命老区、民族地区和贫困地区于一体，区域内 61 个县级行政单位中有国家扶贫开发工作重点县 47 个，革命老区县 13 个，民族自治县 20 个。

截至 2018 年底，片区农村贫困人口 96 万人，较上年减少 56 万人，贫困发生率为 5.6%，较上年下降 3.2 个百分点，农村居民人均可支配收入 8429 元。片区 25 个县已脱贫摘帽，尚未摘帽贫困县 36 个。

六盘山区分县名单如表 2-3-1 所示。

表 2-3-1 六盘山区分县名单

省名（片区贫困县个数）	地市名	县名
陕西（7）	宝鸡市	扶风县、陇县、千阳县、麟游县
	咸阳市	永寿县、长武县、淳化县
甘肃（40）	兰州市	永登县、皋兰县、榆中县
	白银市	靖远县、会宁县、景泰县
	天水市	清水县、秦安县、甘谷县、武山县、张家川回族自治县、麦积区
	武威市	古浪县
	平凉市	崆峒区、泾川县、灵台县、庄浪县、静宁县
	庆阳市	庆城县、环县、华池县、合水县、正宁县、宁县、镇原县
	定西市	安定区、通渭县、陇西县、渭源县、临洮县、漳县、岷县
	临夏回族自治州	临夏市、临夏县、康乐县、永靖县、广河县、和政县、东乡族自治县、积石山保安族东乡族撒拉族自治县

续表

省名（片区贫困县个数）	地市名	县名
青海（7）	西宁市	湟中县、湟源县
	海东市	民和回族土族自治县、乐都县、互助土族自治县、化隆回族自治县、循化撒拉族自治县
宁夏（7）	吴忠市	同心县
	固原市	原州区、西吉县、隆德县、泾源县、彭阳县
	中卫市	海原县

六盘山区由于自然条件恶劣、自我发展能力小、抵御灾害能力脆弱等原因，属于特殊贫困地区。其特点：一是干旱缺水严重，贫困面广、程度深、扶贫压力大；二是基础设施落后，生产生活条件差，与全国的发展差距较大；三是社会事业发展滞后，人才支撑不足，公共服务严重滞后；四是产业发展乏力，县域经济薄弱。六盘山区煤炭、石油、天然气等能源资源丰富，风能、太阳能等新能源开发潜力大，铅锌矿、石灰岩、岩盐等矿产资源储量较大，具有一定的发展优势。

（2）铁路发展基础

党的十八大以来，六盘山片区铁路建设取得了重要进展，先后建成了兰新第二双线(兰新高铁)、西安至平凉铁路、天平铁路、兰州至重庆铁路、宝鸡至兰州铁路、干武线增建二线等项目6个，累计投产新线968公里，其中高速铁路515公里，完成既有线改造100公里。其中“十三五”以来，累计投产新线575公里，其中高速铁路355公里，完成既有线改造100公里。

截至2019年底，六盘山片区基本形成了以兰州为中心的区域铁路网格局，片区内铁路营业里程达到3062公里，较2012年增长46.2%，其中高速铁路实现零的突破，规模达到515公里，复线率和电气化率分别达到63.1%和93.4%，较2012年分别提高10.7个百分点和3.1个百分点；路网密度达到172.0公里/万平方公里，高于全国平均水平；铁路网覆盖县级行政区39个，较2012年新增13个，覆盖率达到63.9%。此外，片区内西安至吴忠铁路、兰州至合作铁路、兰州至中卫铁路、咸阳机场至法门寺（乾县至法门寺）城际、西安南至法门寺城际等项目在撰写本研究报告时也已开工建设，在建新线项目748公里，其中高速铁路650公里。

六盘山区既有铁路情况如表2-3-2所示。

表 2-3-2 六盘山区既有铁路情况表

时期	项目名称	路网里程（公里）			
		片区内铁路营业里程	高铁里程	复线里程	电化里程
2012 年底既有线路	小计	2094	—	1098	1891
	陇海线	598	—	598	598
	包兰线	301	—	72	301
	宝中线	471	—	7	471
	兰青线	160	—	160	160
2012 年底既有线路	青藏线	86	—	86	86
	兰新线	127	—	127	127
	干武线	100	—	—	100
	红会线	114	—	—	—
	其他	137	—	48	48
2013—2019 年投产项目	兰新第二双线（兰新高铁）	160	160	160	160
	干武增二线	—	—	100	—
	西平铁路	120	—	—	120
	天平铁路	113	—	—	115
	兰州至重庆铁路	220	—	220	220
	宝鸡至兰州铁路	355	355	355	355
2019 年底规模		3062	515	1933	2861
十八大以来增加		968	515	835	970

2. 秦巴山区

（1）基本情况

秦巴山区包括河南、湖北、重庆、四川、陕西、甘肃六省市的 75 个县（市、区），是涉及省份较多的连片特困地区，其中，河南省 10 个县，湖北省 7 个县（市、区），重庆 5 个县，四川 15 个县（市、区），陕西 29 个县（市、区），甘肃 9 个县。片区集革命老区、民族地区和贫困地区于一体，区域内 75 个县级行政单位中有国家扶贫开发工作重点县 60 个，革命老区县 46 个，民族自治县 1 个。

截至 2018 年底，片区农村贫困人口 101 万人，较上年减少 71 万人，贫困发生率为 3.6%，较上年下降 2.5 个百分点，农村居民人均可支配收入 10751 元。片区 26 个县已脱贫摘帽，尚未摘帽贫困县 49 个。

秦巴山区分县名单如表 2-3-3 所示。

表 2-3-3　秦巴山区分县名单

省名 （片区贫困县个数）	地市名	县名
河南（10）	洛阳市	嵩县、汝阳县、洛宁县、栾川县
	平顶山市	鲁山县
	三门峡市	卢氏县
	南阳市	南召县、内乡县、镇平县、淅川县
湖北（7）	十堰市	郧县、郧西县、竹山县、竹溪县、房县、丹江口市
	襄樊市	保康县
重庆（5）	重庆市	城口县、云阳县、奉节县、巫山县、巫溪县
四川（15）	绵阳市	北川羌族自治县、平武县
	广元市	元坝区、朝天区、旺苍县、青川县、剑阁县、苍溪县
	南充市	仪陇县
	达州市	宣汉县、万源市
	巴中市	巴州区、通江县、南江县、平昌县
陕西（29）	西安市	周至县
	宝鸡市	太白县
	汉中市	南郑县、城固县、洋县、西乡县、勉县、宁强县、略阳县、镇巴县、留坝县、佛坪县
	安康市	汉滨区、汉阴县、石泉县、宁陕县、紫阳县、岚皋县、平利县、镇坪县、旬阳县、白河县
	商洛市	商州区、洛南县、丹凤县、商南县、山阳县、镇安县、柞水县
甘肃（9）	陇南市	武都区、成县、文县、宕昌县、康县、西和县、礼县、徽县、两当县

秦巴山区集革命老区、大型水库库区和自然灾害易发多发区为一体，内部差异大，致贫因素复杂，贫困面广程度深，是涉及省份最多的连片特困地区。片区内部产业支撑能力弱，矿产资源和农业旅游资源丰富，天然气蕴藏量大，是国家重要的生物多样性和生态涵养功能区。但资源优势还没有完全转化为发展优势，经济发展滞后，社会发育程度较低，贫困程度深。

（2）铁路发展基础

党的十八大以来，秦巴山区铁路建设取得了长足进步，先后建成了西安至成都铁路西安至江油段、兰渝铁路、巴中至达州铁路、宁西铁路西安至合肥增二线、西康线增二线、阳安线增二线工程大岭铺至安康东直通线、阳安线增二线、武十高铁、蒙西至华中煤运通道等 9 个项目，累计投产新线 1317 公里，其中高速铁路 399 公里，完成既有线改造813公里。其中"十三五"以来，累计投产新线1147公里，其中高速铁路399公里，完成既有线改造330公里。

截至2019年底，秦巴山片区基本形成了由西成、武十、宝成、襄渝、西康、宁西、焦柳、阳安、兰渝、广元—巴中等铁路构成的铁路网骨架，路网规模达到3321公里，较2012年增长65.7%，其中高速铁路实现零的突破，规模达到399公里，复线率达到76.4%，较2012年提高42.8个百分点；电气化率达到90.2%，较2012年下降2.0个百分点；路网密度达到151.0公里/万平方公里，略高于全国平均水平；铁路网覆盖县级行政区48个，较2012年新增11个，覆盖率达到64.0%。此外，片区内郑万高铁襄阳至万州段、成都至兰州铁路成都至黄胜关、西安南至法门寺城际等项目在撰写本研究报告时也已开工建设，在建新线项目329公里，其中高速铁路329公里。

秦巴山区既有铁路情况如表2–3–4所示。

表2–3–4 秦巴山区既有铁路情况表

时期	项目名称	路网里程（公里）			
		片区内铁路营业里程	高铁里程	复线里程	电化里程
2012年底既有线路	小计	2174	—	843	2017
	宝成线	315	—	158	315
	襄渝线	515	—	515	515
	西康线	189	—	—	189
	宁西线	294	—	—	294
	焦柳线	170	—	—	170
	阳安线	364	—	—	364
	广元至巴中铁路	157	—	—	—
2013—2019年投产项目	兰渝铁路广元至重庆段	170	—	170	170
	西康线复线	—	—	189	—
	宁西铁路西安至合肥段增建第二线	—	—	294	—
	西安至成都铁路西安至江油段	355	355	355	355
	兰渝铁路兰州至广元段	370	—	200	200
	巴中至达州铁路	85	—	—	85
	阳安线增二线工程大岭铺至安康东直通线	35	—	23	35
	阳安铁路增建二线	—	—	330	—
	武汉至十堰高铁	44	44	44	44
	蒙西至华中煤运通道	258	—	258	258
2019年底规模		3321	399	2536	2994
十八大以来增加		1317	399	1863	1147

3. 武陵山区

（1）基本情况

武陵山片区处于湖北、湖南、重庆、贵州四省市交界地带，包括12个地州市的64个县，其中，湖北11个、湖南31个、重庆市7个、贵州15个，片区面积为17.18万平方公里。片区集革命老区、民族地区和贫困地区于一体，有国家级扶贫开发工作重点县32个、革命老区县14个、民族自治县13个。

截至2018年底，片区农村贫困人口111万人，较上年减少77万人，贫困发生率为3.8%，较上年下降2.6个百分点，农村居民人均可支配收入10397元。片区31个县已脱贫摘帽，尚未摘帽贫困县33个。

武陵山区分县名单如表2–3–5所示。

表2–3–5　武陵山区分县名单

省名 （片区贫困县个数）	地市名	县名
湖北（11）	宜昌市	秭归县、长阳土家族自治县、五峰土家族自治县
	恩施土家族苗族自治州	恩施市、利川市、建始县、巴东县、宣恩县、咸丰县、来凤县、鹤峰县
湖南（31）	邵阳市	新邵县、邵阳县、隆回县、洞口县、绥宁县、新宁县、城步苗族自治县、武冈市
	常德市	石门县
	张家界市	慈利县、桑植县
	益阳市	安化县
	怀化市	中方县、沅陵县、辰溪县、溆浦县、会同县、麻阳苗族自治县、新晃侗族自治县、芷江侗族自治县、靖州苗族侗族自治县、通道侗族自治县
	娄底市	新化县、涟源市
	湘西土家族苗族自治州	泸溪县、凤凰县、保靖县、古丈县、永顺县、龙山县、花垣县
重庆（7）	重庆市	丰都县、石柱土家族自治县、秀山土家族苗族自治县、酉阳土家族苗族自治县、彭水苗族土家族自治县、黔江区、武隆县
贵州（15）	遵义市	正安县、道真仡佬族苗族自治县、务川仡佬族苗族自治县、凤冈县、湄潭县
	铜仁地区	铜仁市、江口县、玉屏侗族自治县、石阡县、思南县、印江土家族苗族自治县、德江县、沿河土家族自治县、松桃苗族自治县、万山特区

武陵山片区是跨省交界面大、民族群众聚集多、贫困人口分布广的连片特困地区，也是重要的经济协作区。片区内土地和旅游资源丰富，矿产资源品种多样。“十二五”时期武陵山片区农业生产稳中向好，投资消费双向驱动，扶贫投入不断增加，社会民生持续改善，但自然生态环境较差，发展先天优势不足，贫困面广、程度较深，基础设施建设滞后，经济发展明显不足，产业结构不合理等状况依然存在。

（2）铁路发展基础

党的十八大以来，武陵山片区铁路建设取得了长足进步，先后建成了渝利铁路、沪昆高铁长新段、石长线扩能改造、铜玉铁路、怀邵衡铁路和黔张常铁路等 6 个项目，累计投产新线 1016 公里，其中高速铁路 656 公里，完成既有线改造 22 公里。其中“十三五”以来，累计投产新线 556 公里，其中高速铁路 326 公里，完成既有线改造 22 公里。

截至 2019 年底，武陵山片区基本形成了以怀化为中心的区域铁路网格局，路网规模达到 2825 公里，较 2012 年增长 56.2%，其中高速铁路规模达到 656 公里，复线率和电气化率分别达到 63.1% 和 92.5%，较 2012 年分别提高 21.9 个百分点和 5.4 个百分点；路网密度达到 164.4 公里 / 万平方公里，高于全国平均水平；铁路网覆盖县级行政区 43 个，较 2012 年新增 9 个，覆盖率达到 67.2%。此外，片区内渝怀铁路涪陵至梅江段增建第二线、郑万高铁襄阳至万州段、重庆至黔江高铁、张吉怀及渝怀铁路涪陵怀化复线、焦柳铁路怀化至柳州电化等项目在撰写本研究报告时也已开工建设，在建新线项目 281 公里，其中高速铁路 281 公里，既有线改造 554 公里。

武陵山片区既有铁路情况如表 2-3-6 所示。

表 2-3-6 武陵山片区既有铁路情况表

时期	项目名称	路网里程（公里）			
		片区内铁路营业里程	高铁里程	复线里程	电化里程
2012 年底既有线路	小计	1809	—	745	1576
	渝怀线	482	—	—	482
	宜万线	300	—	300	300
	石长线	22	—	—	—
	沪昆线	445	—	445	445
	焦柳线	526	—	—	349
	其他	34	—	—	—

续表

时期	项目名称	路网里程（公里）			
		片区内铁路营业里程	高铁里程	复线里程	电化里程
2013—2019 年投产项目	渝利铁路	130	—	130	130
	沪昆高铁长新段	330	330	330	330
	石长线扩能改造	—	—	22	22
	铜玉铁路	46	46	46	46
	怀邵衡铁路	230	—	230	230
	黔张常铁路	280	280	280	280
2019 年底规模		2825	656	1783	2614
十八大以来增加		1016	656	1038	1038

4. 乌蒙山区

（1）基本情况

乌蒙山区处于四川、贵州、云南三省区交界地带，包括 10 个地州市的 38 个县区，其中四川省 13 个，贵州省 10 个，云南省 15 个，片区面积为 10.75 万平方公里。片区集革命老区、民族地区和贫困地区于一体，区域内有国家扶贫开发工作重点县 32 个，革命老区县 14 个，民族自治县 13 个。

截至 2018 年底，片区农村贫困人口 124 万人，较上年减少 75 万人，贫困发生率为 6.2%，较上年下降 3.7 个百分点，农村居民人均可支配收入 9650 元。片区 10 个县已脱贫摘帽，尚未摘帽贫困县 28 个。

乌蒙山区分县名单如表 2-3-7 所示。

表 2-3-7　乌蒙山区分县名单

省名（片区贫困县个数）	地市名	县名
四川（13）	泸州市	叙永县、古蔺县
	乐山市	沐川县、马边彝族自治县
	宜宾市	屏山县
	凉山彝族自治州	普格县、布拖县、金阳县、昭觉县、喜德县、越西县、美姑县、雷波县
贵州（10）	遵义市	桐梓县、习水县、赤水市
	毕节地区	毕节市、大方县、黔西县、织金县、纳雍县、威宁彝族回族苗族自治县、赫章县
云南（15）	昆明市	禄劝彝族苗族自治县、寻甸回族彝族自治县
	曲靖市	会泽县、宣威市

续表

省名（片区贫困县个数）	地市名	县名
云南（15）	昭通市	昭阳区、鲁甸县、巧家县、盐津县、大关县、永善县、绥江县、镇雄县、彝良县、威信县
	楚雄彝族自治州	武定县

乌蒙山区片区集革命老区、民族地区和贫困地区于一体，是贫困人口分布广、民族群众聚集多的连片特困地区。片区人口资源环境矛盾突出，贫困程度深，经济发展滞后，社会发育程度低，基础设施落后，基本公共服务不足。片区内矿产资源和旅游资源十分丰富，具有较大的开发潜力。

（2）铁路发展基础

党的十八大以来，乌蒙山片区铁路建设取得了长足进步，先后建成了织金至毕节铁路、林歹至织金铁路、织金至纳雍铁路、沪昆铁路复线、渝贵铁路及成贵高铁等 6 个项目，累计投产新线 458 公里，完成既有线改造 106 公里。其中“十三五”以来，累计投产新线 458 公里，其中高速铁路 275 公里。

截至 2019 年底，乌蒙山片区基本形成了以成贵、渝贵、沪昆、内六、成昆、川黔铁路等对外铁路通道为骨干的铁路运输网格局，路网规模达到 1178 公里，较 2012 年增长 63.6%，复线率和电气化率分别达到 32.3% 和 87.9%，较 2012 年分别提高 32.3 个百分点和 7.7 个百分点；路网密度达到 109.6 公里 / 万平方公里，低于全国平均水平；铁路网覆盖县级行政区 20 个，较 2012 年新增 8 个，覆盖率达到 52.6%。此外，片区内叙永至毕节铁路和成昆扩能改造项目在撰写本研究报告时也已开工建设，在建新线项目 309 公里。

乌蒙山区既有铁路情况如表 2–3–8 所示。

表 2–3–8　乌蒙山区既有铁路情况表

时期	项目名称	路网里程（公里）			
		片区内铁路营业里程	高铁里程	复线里程	电化里程
2012 年底既有线路	小计	720	—	—	578
	成昆线	160	—	—	160
	沪昆线	106	—	—	106
	川黔线	87	—	—	87
	内六线	198	—	—	198
	隆黄线隆叙段	45	—	—	—

续表

时期	项目名称	路网里程（公里）			
		片区内铁路营业里程	高铁里程	复线里程	电化里程
2012年底既有线路	隆黄线黄织段	27	—	—	27
	东川线	43	—	—	—
	羊场线	54	—	—	—
2013–2019年投产项目	沪昆铁路复线	—	—	106	—
	林歹至织金	43	—	—	43
	织金至纳雍	60	—	—	60
	织金至毕节	80	—	—	80
	渝贵铁路	70	70	70	70
	成贵高铁	205	205	205	205
2019年底规模		1178	275	381	1036
十八大以来增加		458	275	381	458

5. 滇桂黔石漠化区

（1）基本情况

滇桂黔石漠化区处于云南、广西、贵州三省区交界地带，包括15个地州市的80个县区，其中广西壮族自治区29个，贵州省40个，云南省11个，片区面积为22.8万平方公里。该区是全国14个片区中扶贫对象最多、民族群众最多、所辖县数最多、民族自治县最多的地区，区域内80个县级行政单位中有国家扶贫开发工作重点县66个，革命老区县30个，民族自治县73个。

截至2018年底，片区农村贫困人口140万人，较上年减少81万人，贫困发生率为5.3%，较上年下降3.1个百分点，农村居民人均可支配收入10073元。片区29个县已脱贫摘帽，尚未摘帽贫困县51个。

滇桂黔石漠化区分县名单如表2–3–9所示。

表2–3–9　滇桂黔石漠化区分县名单

省名（片区贫困县个数）	地市名	县名
广西（29）	柳州市	融安县、融水苗族自治县、三江侗族自治县
	桂林市	龙胜各族自治县、资源县
	南宁市	隆安县、马山县、上林县
	百色市	田阳县、德保县、靖西县、那坡县、凌云县、乐业县、田林县、西林县、隆林各族自治县

续表

省名（片区贫困县个数）	地市名	县名
广西（29）	河池市	凤山县、东兰县、罗城仫佬族自治县、环江毛南族自治县、巴马瑶族自治县、都安瑶族自治县、大化瑶族自治县
	来宾市	忻城县
	崇左市	宁明县、龙州县、大新县、天等县
贵州（40）	六盘水市	六枝特区、水城县
	安顺市	西秀区、平坝县、普定县、镇宁布依族苗族自治县、关岭布依族苗族自治县、紫云苗族布依族自治县
	黔西南布依族苗族自治州	兴仁县、普安县、晴隆县、贞丰县、望谟县、册亨县、安龙县
	黔东南苗族侗族自治州	黄平县、施秉县、三穗县、镇远县、岑巩县、天柱县、锦屏县、剑河县、台江县、黎平县、榕江县、从江县、雷山县、麻江县、丹寨县
	黔南布依族苗族自治州	荔波县、贵定县、独山县、平塘县、罗甸县、长顺县、龙里县、惠水县、三都水族自治县、瓮安县
云南（11）	曲靖市	师宗县、罗平县
	红河哈尼族彝族自治州	屏边苗族自治县、泸西县
	文山壮族苗族自治州	砚山县、西畴县、麻栗坡县、马关县、丘北县、广南县、富宁县

滇桂黔石漠化区集民族地区、革命老区和边境地区于一体，是国家新一轮扶贫开发攻坚点主战场中民族群众最多的片区。片区贫困面广、程度深，石漠化问题严重，矿产资源和旅游资源十分丰富，资源开发利用水平低，县域经济薄弱，基础设施落后，交通瓶颈制约突出。

（2）铁路发展基础

党的十八大以来，滇桂黔石漠化区铁路建设取得了长足进步，先后建成了贵广高铁、沪昆高铁长贵段、沪昆高铁贵昆段、云桂高铁、白云至龙里铁路、蒙河铁路以及南昆铁路复线、德靖线电气化改造等 7 个项目，累计投产新线 1401 公里，其中高速铁路 1356 公里，完成既有线改造 223 公里。其中“十三五”以来，累计投产新线 782 公里，其中高速铁路 782 公里，完成既有线改造 183 公里。

截至 2019 年底，滇桂黔石漠化区基本形成了以贵广高铁、沪昆高铁、云桂高铁、沪昆铁路、南昆铁路、湘桂铁路、黔桂铁路、焦柳铁路等对外铁路通道为骨干的铁路运输网格局，路网规模达到 3519 公里，较 2012 年增长 66.1%，其中高速铁路规模达到 1356 公里，复线率和电气化率分别达到 60.5% 和 87.0%，较 2012 年分别提高 32.6 个百分点和 10.5 个百分点；路网密度达到 154.3 公里 / 万平方公里，高于全国平均水平；铁路网覆盖县级行政区 48 个，较 2012 年新增 15 个，覆盖率达到 60.0%。此外，片区内翁安至马场坪铁路、怀柳电化扩能、贵南高铁、安顺至六盘水铁路等项目在撰写本研究报告时也已开工建设，在建新线项目 457 公里，其中高速铁路 437 公里，既有线改造 156 公里。

滇桂黔石漠化区既有铁路情况如表 2-3-10 所示。

表 2-3-10　滇桂黔石漠化区既有铁路情况表

时期	项目名称	路网里程（公里）			
		片区内铁路营业里程	高铁里程	复线里程	电化里程
2012 年底既有线路	小计	2118	—	591	1620
	沪昆线	591	—	591	591
	湘桂线	47	—	—	—
	焦柳线	156	—	—	—
	黔桂线	339	—	—	339
	南昆线	578	—	—	578
	隆黄线	40	—	—	40
	田德线	72	—	—	72
	德靖线	40	—	—	—
	三罗线	30	—	—	—
	金红线	135	—	—	—
	湖林线	15	—	—	—
	昆河线	75	—	—	—
2013—2019 年投产项目	贵广高铁	350	350	350	350
	白云至龙里	15	15	15	15
	德靖线电气化	—	—	—	40
	蒙河线	45	—	—	45
	沪昆高铁长贵段	209	209	209	209
	沪昆高铁贵昆段	233	233	233	233
	云桂高铁	549	549	549	549
	南昆线复线	—	—	183	—
2019 年底规模		3519	1356	2130	3061
十八大以来增加		1401	1356	1539	1441

6. 滇西边境山区

（1）基本情况

滇西边境山区处于云南西部地区，包括云南省 10 个地州市的 56 个县区，其中民族自治县有 46 个，边境县 18 个，国家扶贫开发工作重点县 44 个，片区面积为 20.9 万平方公里。

截至 2018 年底，片区农村贫困人口 72 万人，较上年减少 43 万人，贫困发生率为 5.8%，较上年下降 3.1 个百分点，农村居民人均可支配收入 9560 元。片区 35 个县已脱贫摘帽，尚未摘帽贫困县 21 个。

滇西边境山区分县名单如表 2–3–11 所示。

表 2–3–11　滇西边境山区分县名单

<table>
<tr><th>省名
（片区贫困县个数）</th><th>地市名</th><th>县名</th></tr>
<tr><td rowspan="10">云南（56）</td><td>保山市</td><td>隆阳区、施甸县、龙陵县、昌宁县</td></tr>
<tr><td>丽江市</td><td>玉龙纳西族自治县、永胜县、宁蒗彝族自治县</td></tr>
<tr><td>普洱市</td><td>宁洱哈尼族彝族自治县、墨江哈尼族自治县、景东彝族自治县、景谷傣族彝族自治县、镇沅彝族哈尼族拉祜族自治县、江城哈尼族彝族自治县、孟连傣族拉祜族佤族自治县、澜沧拉祜族自治县、西盟佤族自治县</td></tr>
<tr><td>临沧市</td><td>临翔区、凤庆县、云县、永德县、镇康县、双江拉祜族佤族布朗族傣族自治县、耿马傣族佤族自治县、沧源佤族自治县</td></tr>
<tr><td>楚雄彝族自治州</td><td>双柏县、牟定县、南华县、姚安县、大姚县、永仁县</td></tr>
<tr><td>红河哈尼族彝族自治州</td><td>石屏县、元阳县、红河县、金平苗族瑶族傣族自治县、绿春县</td></tr>
<tr><td>西双版纳傣族自治州</td><td>勐海县、勐腊县</td></tr>
<tr><td>大理白族自治州</td><td>漾濞彝族自治县、祥云县、宾川县、弥渡县、南涧彝族自治县、巍山彝族回族自治县、永平县、云龙县、洱源县、剑川县、鹤庆县</td></tr>
<tr><td>德宏傣族景颇族自治州</td><td>潞西市、梁河县、盈江县、陇川县</td></tr>
<tr><td>怒江傈僳族自治州</td><td>泸水县、福贡县、贡山独龙族怒族自治县、兰坪白族普米族自治县</td></tr>
</table>

滇西边境山区集中连片特困区位于我国西南边陲，集边境地区和民族地区于一体，是国家新一轮扶贫开发攻坚战主战场中边境县数量和世居民族群众最多的片区。片区内水电、有色金属等资源丰富，是长江、澜沧江、怒江上游生态环境重要保护区，我国重要的生物多样性宝库和西南生态安全屏障。片区贫困面广、

程度深，生态环境保护任务艰巨，特色产业发展缓慢，经济发展水平较低，基础设施瓶颈突出。

（2）铁路发展基础

党的十八大以来，滇西边境山区完成了广大铁路扩能改造和成昆线永仁至广通段扩能等 2 个项目，投产新线 170 公里，其中高速铁路 130 公里。其中“十三五”以来，累计投产新线 170 公里，其中高速铁路 130 公里。

截至 2019 年底，滇西边境山区基本形成了以广大铁路、大丽铁路等对外铁路通道为骨干的铁路运输网格局，与 2012 年路网结构相同，路网规模达到 581 公里，较 2012 年增长 41.4%；其中高速铁路从无到有，规模达到 130 公里；复线率和电气化率分别达到 29.3% 和 74.0%，较 2012 年分别提高 29.3 个百分点和 10.7 个百分点；路网密度达到 27.8 公里 / 万平方公里，远低于全国平均水平；铁路网覆盖县级行政区 10 个，覆盖率达到 17.9%。此外，片区内大瑞铁路、丽香铁路、玉磨铁路、大临铁路等项目在撰写本研究报告时也已开工建设，在建新线项目 832 公里。

滇西边境山区既有铁路情况如表 2-3-12 所示。

表 2-3-12　滇西边境山区既有铁路情况表

时期	项目名称	路网里程（公里）			
		片区内铁路营业里程	高铁里程	复线里程	电化里程
2012 年底既有线路	小计	411	—	—	260
	成昆线	20	—	—	20
	广大线	151	—	—	—
	大丽线	165	—	—	165
	仁和至丽江	15	—	—	15
	玉蒙线	60	—	—	60
2013—2019 年投产项目	广大扩能	130	130	130	130
	成昆线永仁至广通段扩能	40	—	40	40
2019 年底规模		581	130	170	430
十八大以来增加		170	130	170	170

7. 大兴安岭南麓山区

（1）基本情况

大兴安岭南麓山区覆盖内蒙古、黑龙江、吉林三省（区）的19个县（市、区），其中，内蒙古兴安盟5个县（市、旗），吉林白城市3个县（市、区），黑龙江齐齐哈尔市和绥化市11个县。区域内有国家扶贫开发工作重点县13个，革命老区县3个，民族自治县5个，边境市（旗）2个，牧业和半农半牧业县（旗）15个，片区面积12.3万平方公里。

截至2018年底，片区农村贫困人口19万人，较上年减少16万人，贫困发生率为3.5%，较上年下降3.1个百分点，农村居民人均可支配收入10721元。片区12个县已脱贫摘帽，尚未摘帽贫困县7个。

大兴安岭南麓山区分县名单如表2–3–13所示。

表2–3–13 大兴安岭南麓山区分县名单

省名（片区贫困县个数）	地市名	县名
内蒙古（5）	兴安盟	阿尔山市、科尔沁右翼前旗、科尔沁右翼中旗、扎赉特旗、突泉县
吉林（3）	白城市	镇赉县、通榆县、大安市
黑龙江（11）	齐齐哈尔市	龙江县、泰来县、甘南县、富裕县、林甸县、克东县、拜泉县
	绥化市	明水县、青冈县、望奎县、兰西县

大兴安岭南麓山区集贫困地区和民族地区于一体，是贫困人口分布广、少数民族聚集多的连片特困地区。片区内土地资源丰富，铅锌铝、石油等矿产资源有一定储量，但也存在着农田水利等设施薄弱，农业支撑体系乏力，土地生产力不高，自然灾害频发，农民收入较低，增收困难，产业结构不合理，区域发展活力不足等制约着贫困区发展的不利因素。

（2）铁路发展基础

党的十八大以来，大兴安岭南麓山区铁路建设平稳推进，先后建成了锡林浩特至乌兰浩特铁路、长白铁路扩能改造、白阿铁路扩能改造、齐北线齐齐哈尔至富裕段增建二线、滨洲线电气化改造、通霍线电气化改造、通让线电气化改造、四平至齐齐哈尔铁路郑家屯至榆树屯电化改造等9个项目，累计投产新线220公里，完成既有线改造 829 公里。其中"十三五"以来，累计完成既有线改造 829 公里。

截至 2019 年底，大兴安岭南麓山区已基本形成平齐、富嫩、通让、齐北、滨洲、白阿、通霍等三横两纵铁路网格局，路网规模达到 1285 公里，较 2012 年增长 20.7%，复线率和电气化率分别达到 60.6% 和 59.5%，较 2012 年分别提高 16.2 个百分点和 59.5 个百分点；路网密度达到 104.5 公里 / 万平方公里，低于全国平均水平；铁路网覆盖县级行政区 10 个，覆盖率达到 52.6%。此外，片区内长春至巴彦花铁路在撰写本研究报告时也已开工建设，在建新线项目 70 公里。

大兴安岭南麓山区既有铁路情况如表 2-3-14 所示。

表 2-3-14 大兴安岭南麓山区既有铁路情况表

时期	项目名称	路网里程（公里）			
		片区内铁路营业里程	高铁里程	复线里程	电化里程
2012 年底既有线路	小计	1065	—	473	—
	平齐线	245	—	245	—
	富嫩线	74	—	—	—
	通让线	50	—	—	—
	齐北线	65	—	—	—
	滨洲线	47	—	47	—
	白阿线	260	—	—	—
	通霍线	181	—	181	—
	长白线	115	—	—	—
	伊阿线	24	—	—	—
	滨北线	4	—	—	—
2013—2019 年投产项目	锡乌线	220	—	—	—
	长白线扩能改造	—	—	115	115
	白阿铁路白城至镇西段扩能改造	—	—	72	72
	白阿铁路葛根庙至乌兰浩特段扩能改造	—	—	54	54
	通辽至霍林河铁路电气化改造	—	—	—	181
	滨洲线电气化改造	—	—	—	47
	齐北线齐齐哈尔至富裕段复线	—	—	65	—
	四平至齐齐哈尔铁路郑家屯至榆树屯电气化改造	—	—	—	245
	通辽至让湖路电气化改造	—	—	—	50
2019 年底规模		1285	—	779	764
十八大以来增加		220	—	306	764

8. 燕山—太行山区

（1）基本情况

燕山—太行山区地处河北、山西、内蒙古三省交界地带，包括6个地州市的33个县（市、区），其中河北省22个，山西省8个，内蒙古3个，片区面积为9.31万平方公里。片区集革命老区、民族地区和贫困地区于一体，有26个革命老区县、5个民族自治地方县和26个国家扶贫开发工作重点县。

截至2018年底，片区农村贫困人口40万人，较上年减少31万人，贫困发生率为4.5%，较上年下降3.4个百分点，农村居民人均可支配收入9701元。片区14个县已脱贫摘帽，尚未摘帽贫困县19个。

燕山—太行山区分县名单如表2–3–15所示。

表2–3–15 燕山—太行山区分县名单

省名 （片区贫困县个数）	地市名	县名
河北（22）	保定市	涞水县、阜平县、唐县、涞源县、望都县、易县、曲阳县、顺平县
	张家口市	宣化县、张北县、康保县、沽源县、尚义县、蔚县、阳原县、怀安县、万全县
	承德市	承德县、平泉县、隆化县、丰宁满族自治县、围场满族蒙古族自治县
山西（8）	大同市	阳高县、天镇县、广灵县、灵丘县、浑源县、大同县
	忻州市	五台县、繁峙县
内蒙古（3）	乌兰察布市	化德县、商都县、兴和县

燕山—太行山区生态环境失衡，贫困程度加深；经济基础薄弱，极少特色产业；基础设施落后，交通问题突出。“十二五”以来，河北省按照国家集中连片特困地区扶贫规划安排，依托当地独特的资源和交通基础设施，变“粗放式”扶贫为“精准式”扶贫，助力片区脱贫致富，扶贫效率大提升。但基础设施落后，城镇化水平低，产业发展水平低，市场开拓不够，人口受教育水平低，专业技术人员缺乏，生态建设任务重，环境保护要求高等困难依然存在。

（2）铁路发展基础

党的十八大以来，燕山—太行山区铁路建设取得了长足进步，先后建成了京广高铁、呼张高铁、京张高铁、大张高铁、张唐铁路、多丰铁路、崇礼铁路及京原铁路（太原局段）电气化改造，集通铁路复线改造、虎丰铁路扩能改造等 10 个项目，累计投产新线 582 公里，其中高速铁路 289 公里，完成既有线改造 260 公里。其中“十三五”以来，累计投产新线 327 公里，其中高速铁路 259 公里，完成既有线改造 212 公里。

截至 2019 年底，燕山—太行山区基本形成了以张家口为中心的区域铁路网格局，路网规模达到 2071 公里，较 2012 年增长 39.1%，其中高速铁路规模达到 289 公里，复线率和电气化率分别达到 65.4% 和 64.1%，较 2012 年分别提高 25.2 个百分点和 23.1 个百分点；路网密度达到 222.4 公里 / 万平方公里，高于全国平均水平；铁路网覆盖县级行政区 28 个，覆盖率达到 84.8%。此外，片区内京沈高铁、京原铁路（北京局段）电气化改造、京通铁路昌平至朝阳地段电气化改造、集通铁路电气化改造等项目在撰写本研究报告时也已开工建设，在建新线项目 110 公里，其中高速铁路 110 公里，既有线改造 526 公里。

燕山—太行山区既有铁路情况如表 2-3-16 所示。

表 2-3-16　燕山—太行山区既有铁路情况表

时期	项目名称	路网里程（公里）			
		片区内铁路营业里程	高铁里程	复线里程	电化里程
2012 年底既有线路	小计	1489	—	599	611
	京广铁路	30	—	30	30
	京原铁路	237	—	—	—
	朔黄铁路	67	—	67	67
	京包铁路	180	—	180	180
	大秦铁路	186	—	186	186
	张集铁路	136	—	136	136
	集通铁路	125	—	—	—
	大准铁路	12	—	—	12
	京承铁路	63	—	—	—
	京通铁路	106	—	—	—
	锦承铁路	108	—	—	—
	虎丰铁路	48	—	—	—
	沙蔚铁路	75	—	—	—
	其他	116	—	—	—

续表

时期	项目名称	路网里程（公里）			
		片区内铁路营业里程	高铁里程	复线里程	电化里程
2013—2019 年投产项目	京广高铁	30	30	30	30
	张唐铁路	225	—	225	225
	虎丰铁路扩能改造	—	—	48	48
	多丰铁路	68	—	68	68
	集通铁路复线	—	—	125	—
	京原铁路（太原局段）电气化改造	—	—	—	87
	呼张高铁	76	76	76	76
	京张高铁	20	20	20	20
	大张高铁	110	110	110	110
	崇礼铁路	53	53	53	53
2019 年底规模		2071	289	1354	1328
十八大以来增加		582	289	755	717

9. 吕梁山区

（1）基本情况

吕梁山区地处山西、陕西两省交界地带，包括 4 个地州市的 20 个县（市、区），其中，山西 13 个，陕西 7 个，片区面积为 3.61 万平方公里。片区内的 20 个县全部为国家扶贫开发工作重点县和革命老区县。

截至 2018 年底，片区农村贫困人口 16 万人，较上年减少 13 万人，贫困发生率为 4.6%，较上年下降 3.8 个百分点，农村居民人均可支配收入 8890 元。片区 10 个县已脱贫摘帽，尚未摘帽贫困县 10 个。

吕梁山区分县名单如表 2–3–17 所示。

表 2–3–17 吕梁山区分县名单

省名（片区贫困县个数）	地市名	县名
山西（13）	忻州市	静乐县、神池县、五寨县、岢岚县
	临汾市	吉县、大宁县、隰县、永和县、汾西县
	吕梁市	兴县、临县、石楼县、岚县
陕西（7）	榆林市	横山县、绥德县、米脂县、佳县、吴堡县、清涧县、子洲县

吕梁山区跨黄河两岸，水土流失严重，是国家新一轮扶贫开发攻坚战主战场之一。片区内煤炭、煤层气、岩盐、铁等矿产资源丰富。该区为黄土沟壑地貌，贫困程度深广；产业结构单一，经济缺乏活力；区域资源富集，开发程度较低；基础设施落后，交通问题突出。“十二五”时期，加大推进易地扶贫、金融扶贫、产业扶贫，扶贫效果显著，但片区落后状况依然严峻。

（2）铁路发展基础

党的十八大以来，吕梁山区铁路建设取得较快发展，先后建成了山西中南部铁路、吕临铁路等项目，累计投产新线 192 公里。

截至 2019 年底，吕梁山区基本形成了以绥德为中心的区域铁路网格局，路网规模达到 776 公里，较 2012 年增长 54.0%，复线率达到 67.3%，较 2012 年下降 4.8 个百分点；电气化率达到 96.6%，较 2012 年提高 1.8 个百分点；路网密度达到 215.0 公里 / 万平方公里，高于全国平均水平；铁路网覆盖县级行政区 15 个，较 2012 年新增 4 个，覆盖率达到 75.0%。此外，片区内神木至瓦塘铁路等项目在撰写本研究报告时也已开工建设，在建新线项目 11 公里。

吕梁山区既有铁路情况如表 2-3-18 所示。

表 2-3-18　吕梁山区既有铁路情况表

时期	项目名称	路网里程（公里）			
		片区内铁路营业里程	高铁里程	复线里程	电化里程
2012 年底既有线路	小计	504	—	363	478
	包西通道	98	—	98	98
	太中银铁路	179	—	179	179
	朔黄铁路	10	—	10	10
	神朔铁路	76	—	76	76
	宁岢铁路	57	—	—	57
	岢瓦铁路	58	—	—	58
	宁静铁路	26	—	—	—
2013—2019 年投产项目	山西中南部铁路	159	—	159	159
	太兴线	80	—	—	80
	吕临铁路	33	—	—	33
2019 年底规模		776	—	522	750
十八大以来增加		272	—	159	272

10. 大别山区

（1）基本情况

大别山贫困区地处鄂豫皖交界地带，北抵黄河，南临长江，我国南北重要地理分界线淮河横穿其中。本区包括河南、湖北、安徽三省区的36个县（市、区），其中，河南16个，湖北8个，安徽12个，片区面积6.9万平方公里。片区集革命老区和贫困地区于一体，区域内36个县级行政单位中有国家扶贫开发工作重点县29个，革命老区县27个。

截至2018年底，片区农村贫困人口99万人，较上年减少74万人，贫困发生率为3.0%，较上年下降2.3个百分点，农村居民人均可支配收入11974元。片区25个县已脱贫摘帽，尚未摘帽贫困县11个。

大别山区分县名单如表2-3-19所示。

表2-3-19 大别山区分县名单

省名（片区贫困县个数）	地市名	县名
安徽（12）	安庆市	潜山县、太湖县、宿松县、望江县、岳西县
	阜阳市	临泉县、阜南县、颍上县
	六安市	寿县、霍邱县、金寨县
	亳州市	利辛县
河南（16）	信阳市	光山县、新县、固始县、淮滨县、商城县、潢川县
	驻马店市	新蔡县
	开封市	兰考县
	商丘市	民权县、宁陵县、柘城县
	周口市	商水县、沈丘县、郸城县、淮阳县、太康县
湖北（8）	孝感市	孝昌县、大悟县
	黄冈市	团风县、红安县、罗田县、英山县、蕲春县、麻城市

大别山片区集革命老区、粮食主产区和沿淮低洼易涝区于一体，是国家新一轮扶贫攻坚主战场之一。该区区位条件优越，交通运输骨干网络较完善，劳动力资源优势明显，区域经济加快发展的条件已经成熟。但区域发展存在诸多不利因素，如扶贫对象规模大，矿产资源匮乏、人口密度过高，洪涝干旱危害大，水利等基础设施薄弱，公共服务水平低，城镇化进程滞后等。

（2）铁路发展基础

党的十八大以来，大别山片区铁路建设稳步推进，先后建成了郑徐高铁、商合杭高铁商丘至合肥段、阜阳至六安铁路、郑州至周口至阜阳铁路、宁西铁路复线改造、青阜铁路扩能改造、漯阜线复线改造、阜淮线电气化改造等9个项目。累计投产新线320公里，其中高速铁路267公里，完成既有线改造289公里。其中“十三五”以来，累计投产新线267公里，均为高速铁路，完成既有线改造67公里。

截至2019年底，大别山区基本形成了以京九、京广、郑徐、陇海、宁西等铁路为主骨架，其他铁路为补充的铁路网，路网规模达到1292公里，较2012年增长32.9%，其中高速铁路规模达到483公里，复线率和电气化率分别达到83.9%和89.1%，较2012年分别提高22.7个百分点和10.5个百分点；路网密度达到187.2公里/万平方公里，高于全国平均水平；铁路网覆盖县级行政区28个，较2012年新增4个，覆盖率达到77.8%。此外，片区内安庆至九江铁路、黄冈至黄梅铁路、禹亳铁路灵井至鹿邑段等项目在撰写本研究报告时也已开工建设，在建新线项目309公里，其中高速铁路237公里。

大别山区既有铁路情况如表2-3-20所示。

表2-3-20 大别山区既有铁路情况表

时期	项目名称	路网里程（公里）			
		片区内铁路营业里程	高铁里程	复线里程	电化里程
2012年底既有线路	小计	972	216	595	764
	陇海线	75	—	75	75
	京九线	205	—	205	205
	宁西线	111	—	—	111
	合武线	159	159	159	159
	京广线	69	—	69	69
	合九线	96	—	—	—
	漯阜线	74	—	—	74
	阜淮线	30	—	30	—
	青阜线	37	—	—	—
	石武客专	57	57	57	57
	麻武线	14	—	—	14
	其他	45	—	—	—
2013—2019年投产项目	阜六线	53	—	—	53
	漯阜线复线	—	—	74	—
	宁西线复线	—	—	111	—

续表

时期	项目名称	路网里程（公里）			
		片区内铁路营业里程	高铁里程	复线里程	电化里程
2013—2019 年投产项目	青阜线复线	—	—	37	—
	郑徐高铁	72	72	72	72
	阜淮线电气化改造	—	—	—	30
	青阜线电气化改造	—	—	—	37
	商合杭铁路商丘至合肥段	60	60	60	60
	郑州至周口至阜阳铁路	135	135	135	135
2019 年底规模		1292	483	1084	1151
十八大以来增加		320	267	489	387

11. 罗霄山区

（1）基本情况

罗霄山区地处江西、湖南两省交界地带，包括 5 个地州市的 23 个县市，其中江西省有 17 个，湖南省有 6 个，所有县市均为革命老区县，国家扶贫开发工作重点县有 16 个，片区面积 5.3 万平方公里。

截至 2018 年底，片区农村贫困人口 31 万人，较上年减少 18 万人，贫困发生率为 3.0%，较上年下降 1.8 个百分点，农村居民人均可支配收入 10637 元。片区 19 个县已脱贫摘帽，尚未摘帽贫困县 4 个。

罗霄山区分县名单如表 2–3–21 所示。

表 2–3–21 罗霄山区分县名单

省名（片区贫困县个数）	地市名	县名
江西（17）	萍乡市	莲花县
	赣州市	赣县、上犹县、安远县、宁都县、于都县、兴国县、会昌县、寻乌县、石城县、瑞金市、南康市
	吉安市	遂川县、万安县、永新县、井冈山市
	抚州市	乐安县
湖南（6）	株洲市	茶陵县、炎陵县
	郴州市	宜章县、汝城县、桂东县、安仁县

罗霄山区直接面向广东、福建等东南沿海地区消费市场，具有承接产业转移的明显区位优势；特色资源及旅游资源丰富；区域经济加快发展，已经进入快速发展

的关键时期。该片区是长江支流赣江和珠江支流东江的发源地，是湘江重要水源补给区，其特殊的地理位置构成我国南方重要的交通通道。该片区交通基础设施落后，山洪地质等自然灾害突出，生态环境保护任务重，社会事业滞后，基本服务能力不足。十二五期间，片区加大农业、教育、旅游、基础设施建设等扶贫力度，但落后状况依然存在。

（2）铁路发展基础

党的十八大以来，罗霄山区铁路建设取得较快发展，先后建成了衡茶吉铁路、赣韶铁路、赣龙铁路新双线及京九电气化改造等 6 个项目，累计投产新线 411 公里，完成既有线改造 178 公里。其中“十三五”以来，累计投产新线 80 公里，均为高速铁路。

截至 2019 年底，罗霄山区基本形成了以赣州为中心的区域铁路网格局，路网规模达到 845 公里，较 2012 年增长 94.7%，其中高速铁路规模达到 96 公里；复线率达到 44.5%，较 2012 年降低了 3.9 个百分点，电气化率达到 77.3%，较 2012 年提高了 50.1 个百分点；路网密度达到 159.4 公里 / 万平方公里，高于全国平均水平；铁路网覆盖县级行政区 15 个，较 2012 年新增 5 个，覆盖率达到 65.2%。此外，片区内赣深高铁、兴国至泉州铁路兴国至宁化段在撰写本研究报告时也已开工建设，在建新线项目 260 公里，其中高速铁路 150 公里。

罗霄山区既有铁路情况如表 2–3–22 所示。

表 2–3–22 罗霄山区既有铁路情况表

时期	项目名称	路网里程（公里）			
		片区内铁路营业里程	高铁里程	复线里程	电化里程
2012 年底既有线路	小计	434	16	210	118
	京广线	16	—	16	16
	京九线	178	—	178	—
	京广高铁	16	16	16	16
	赣龙铁路	86	—	—	86
	分文线	59	—	—	—
	向乐线	28	—	—	—
	白杨线	14	—	—	—
	醴茶线	37	—	—	—

续表

时期	项目名称	路网里程（公里）			
		片区内铁路营业里程	高铁里程	复线里程	电化里程
2013—2019 年投产项目	衡茶吉铁路	153	—	—	153
	赣韶铁路	38	—	—	38
	赣龙铁路新双线	86	—	86	86
	京九铁路电气化改造	—	—	—	178
	文茶联络线	54	—	—	—
	昌赣高铁	80	80	80	80
2019 年底规模		845	96	376	653
十八大以来增加		411	80	166	535

12. 西藏

（1）基本情况

西藏片区包括西藏自治区全部 7 个地市的 74 个县级行政单位，区域面积总计 122.84 万平方公里，是唯一一个全域均为集中连片特困地区的省级行政区。

截至 2018 年底，片区农村贫困人口 13 万人，较上年减少 7 万人，贫困发生率为 5.1%，较上年下降 2.8 个百分点，农村居民人均可支配收入 11450 元。片区 55 个县已脱贫摘帽，尚未摘帽贫困县 19 个。

西藏分县名单如表 2-3-23 所示。

表 2-3-23 西藏分县名单

省名（片区贫困县个数）	地市名	县名
西藏自治区（74）	拉萨市	城关区、林周县、当雄县、尼木县、曲水县、堆龙德庆县、达孜县、墨竹工卡县
	昌都地区	昌都县、江达县、贡觉县、类乌齐县、丁青县、察雅县、八宿县、左贡县、芒康县、洛隆县、边坝县
	山南地区	乃东县、扎囊县、贡嘎县、桑日县、琼结县、曲松县、措美县、洛扎县、加查县、隆子县、错那县、浪卡子县
	日喀则地区	日喀则市、南木林县、江孜县、定日县、萨迦县、拉孜县、昂仁县、谢通门县、白朗县、仁布县、康马县、定结县、仲巴县、亚东县、吉隆县、聂拉木县、萨嘎县、岗巴县
	那曲地区	那曲县、嘉黎县、比如县、聂荣县、安多县、申扎县、索县、班戈县、巴青县、尼玛县、双湖县
	阿里地区	普兰县、札达县、噶尔县、日土县、革吉县、改则县、措勤县
	林芝地区	林芝县、工布江达县、米林县、墨脱县、波密县、察隅县、朗县

西藏位于青藏高原，地域辽阔，人口稀少，是我国人口密度最低的省级行政区。西藏的自然环境独特，一个突出特点是海拔高，多在 3000 ~ 5000 米范围，且地形复杂。西藏地域辽阔，旅游资源极为丰富，自然景观奇丽壮观，人文景观粗犷朴实，具有鲜明的民族风情和宗教特色。区域内自然资源丰富，多地分布有野生森林、天然草原、矿产、水能、珍稀动植物等特色资源。区域经济以畜牧业为重。

（2）铁路发展基础

党的十八大以来，西藏铁路建设稳步推进，先后建成了拉日铁路及青藏线格拉段扩能改造等项目，累计投产新线 255 公里，完成既有线改造 532 公里。其中“十三五”以来，累计完成既有线改造 532 公里。

截至 2019 年底，西藏初步形成由青藏线和拉日线组成的路网骨架，路网规模达到 787 公里，较 2012 年增长 47.9%，路网密度达到 6.4 公里 / 万平方公里，远低于全国平均水平；铁路网覆盖县级行政区 10 个，较 2012 年新增 5 个，覆盖率达到 13.5%。此外，片区内川藏铁路拉萨至林芝段在撰写本研究报告时也已开工建设，在建新线项目 435 公里。

西藏既有铁路情况如表 2–3–24 所示。

表 2–3–24　西藏既有铁路情况表

时期	项目名称	路网里程（公里）			
		片区内铁路营业里程	高铁里程	复线里程	电化里程
2012 年底既有线路	小计	532	—	—	—
	青藏铁路格拉段	532	—	—	—
2013—2019 年投产项目	青藏铁路格拉段扩能改造	—	—	—	—
	拉日铁路	255	—	—	—
2019 年底规模		787	—	—	—
十八大以来增加		255	—	—	—

13. 青海、四川、云南、甘肃四省涉藏州县

（1）基本情况

青海、四川、云南、甘肃四省涉藏州县是指除西藏自治区外青海、四川、云南、

甘肃四省藏族与其他民族共同聚居的民族自治地方，包括12个地市的77个县级行政单位。其中甘肃省9个县市，青海省33个县市，四川省32个县，云南省3个县，片区面积总计107万平方公里，占全国的11%。片区集革命老区、民族地区和贫困地区于一体，区域内77个县级行政单位中有国家扶贫开发工作重点县26个，革命老区县17个，民族自治县74个。

截至2018年底，片区农村贫困人口30万人，较上年减少21万人，贫困发生率为5.6%，较上年下降3.8个百分点，农村居民人均可支配收入9160元。片区40个县已脱贫摘帽，尚未摘帽贫困县37个。

青海、四川、云南、甘肃四省涉藏州县分县名单如表2-3-25所示。

表2-3-25 青海、四川、云南、甘肃四省涉藏州县分县名单

省名（片区贫困县个数）	地市名	县名
云南省（3）	迪庆藏族自治州	香格里拉县、德钦县、维西傈僳族自治县
四川（32）	阿坝藏族羌族自治州	汶川县、理县、茂县、松潘县、九寨沟县、金川县、小金县、黑水县、马尔康县、壤塘县、阿坝县、若尔盖县、红原县
	甘孜藏族自治州	康定县、泸定县、丹巴县、九龙县、雅江县、道孚县、炉霍县、甘孜县、新龙县、德格县、白玉县、石渠县、色达县、理塘县、巴塘县、乡城县、稻城县、得荣县
	凉山彝族自治州	木里藏族自治县
甘肃省（9）	武威市	天祝藏族自治县
	甘南藏族自治州	合作市、临潭县、卓尼县、舟曲县、迭部县、玛曲县、碌曲县、夏河县
青海省（33）	海北藏族自治州	门源回族自治县、祁连县、海晏县、刚察县
	黄南藏族自治州	同仁县、尖扎县、泽库县、河南蒙古族自治县
	海南藏族自治州	共和县、同德县、贵德县、兴海县、贵南县
	果洛藏族自治州	玛沁县、班玛县、甘德县、达日县、久治县、玛多县
	玉树藏族自治州	玉树县、杂多县、称多县、治多县、囊谦县、曲麻莱县
	海西蒙古族藏族自治州	格尔木市、德令哈市、乌兰县、都兰县、天峻县、冷湖行委、大柴旦行委、茫崖行委

青海、四川、云南、甘肃四省涉藏州县的自然环境独特，海拔较高，多在2000～4000米范围，且地形复杂，多为典型的高原或高山峡谷区，气候独特，一山分四季，十里不同天，垂直变化明显。藏区地域辽阔，旅游资源极为丰富，自然景观雄浑壮美，人文景观粗犷朴实，具有鲜明的民族风情且宗教特色十分突出。区域内自然资源丰富，多地分布有野生森林、天然草原、矿产、水能、珍稀动植物等，

资源丰富而独特。但藏区生态环境极其脆弱，一旦破坏则难以恢复，向基础设施建设提出了更多难题。而且藏区绝大部分地区气候条件恶劣，灾害性天气较多，不适宜人类生产和生活，给基础设施的日常养护带来巨大困难。

（2）铁路发展基础

党的十八大以来，青海、四川、云南、甘肃四省涉藏州县铁路建设取得了一定成就，先后建成了兰新高铁、锡铁山至北霍布逊地方铁路、敦格铁路马海至饮马峡段、青藏线格拉段扩能改造及敦格铁路肃北至马海段等 5 个项目。累计投产新线 359 公里，其中高速铁路 60 公里，完成既有线改造 608 公里。其中“十三五”以来，累计投产新线 45 公里，完成既有线改造 608 公里。

截至 2019 年底，青海、四川、云南、甘肃四省涉藏州县基本形成了以青藏铁路为主骨架的路网结构，路网规模达到 2001 公里，较 2012 年增长 21.9%，其中高速铁路规模达到 60 公里；复线率达到 43.1%，较 2012 年降低了 5.8 个百分点，电气化率达到 58.1%，较 2012 年增长了 9.2 个百分点；路网密度达到 18.7 公里 / 万平方公里，远低于全国平均水平；铁路网覆盖县级行政区 14 个，较 2012 年新增 2 个，覆盖率达到 18.2%。此外，片区内库格铁路、兰州至合作铁路、塔尔丁至肯德可克地方铁路及丽江至香格里拉铁路等项目在撰写本研究报告时也已开工建设，在建新线项目 731 公里。

青海、四川、云南、甘肃四省涉藏州县既有铁路情况如表 2-3-26 所示。

表 2-3-26　青海、四川、云南、甘肃四省涉藏州县既有铁路情况表

时期	项目名称	路网里程（公里）			
		片区内铁路营业里程	高铁里程	复线里程	电化里程
2012 年底既有线路	小计	1642	—	803	803
	青藏铁路西格段	743	—	743	743
	青藏铁路格拉段	610	—	—	—
	兰新线	60	—	60	60
	柴达尔线	51	—	—	—
	茶卡线	36	—	—	—
	哈木铁路	142	—	—	—
2013—2019 年投产项目	兰新第二双线（兰新高铁）	60	60	60	60
	青藏铁路格拉段扩能改造	—	—	—	—
	锡铁山至北霍布逊地方铁路	54	—	—	54
	敦格铁路马海至饮马峡段	200	—	—	200

续表

时期	项目名称	路网里程（公里）			
		片区内铁路营业里程	高铁里程	复线里程	电化里程
2013—2019 年投产项目	青藏铁路格拉段扩能改造	—	—	—	—
	敦格铁路肃北至马海段	45	—	—	45
2019 年底规模		2001	60	863	1162
十八大以来增加		359	60	60	359

14. 新疆南疆四地州

（1）基本情况

2015 年，国务院扶贫办同意将阿克苏地区纳入连片贫困区，即南疆连片特殊贫困区由原南疆三地州（喀什、和田地区和克孜勒苏柯尔克孜自治州）调整为南疆四地州。南疆四地州行政管辖 33 个市、县，其中有国家扶贫开发工作重点县 19 个。区域面积 59 万平方公里（原南疆三地州地区面积 46 万平方公里），约占全国的 6.1%。片区周边与吉尔吉斯斯坦、塔吉克斯坦、阿富汗、巴基斯坦、印度五国接壤，是我国面向中亚、西亚和南亚的重要门户。

截至 2018 年底，片区农村贫困人口 42 万人，较上年减少 22 万人，贫困发生率 5.9%，较上年下降 3.1 个百分点，农村居民人均可支配收入 10762 元。片区 4 个县已脱贫摘帽，尚未摘帽贫困县 29 个。

新疆南疆四地州分县名单如表 2–3–27 所示。

表 2–3–27 新疆南疆四地州分县名单

省名（片区贫困县个数）	地市名	县名
新疆维吾尔自治区（33）	克孜勒苏柯尔克孜自治州	阿图什市、阿克陶县、阿合奇县、乌恰县
	喀什地区	喀什市、疏附县、疏勒县、英吉沙县、泽普县、莎车县、叶城县、麦盖提县、岳普湖县、伽师县、巴楚县、塔什库尔干塔吉克自治县
	和田地区	和田市、和田县、墨玉县、皮山县、洛浦县、策勒县、于田县、民丰县
	阿克苏地区	阿克苏市、温宿县、库车县、沙雅县、新和县、拜城县、乌什县、阿瓦提县、柯坪县

由于历史、自然、区位和社会等各方面的原因，南疆四地州经济基础较弱，与全国平均水平相比有较大差距，是新疆自然环境最为恶劣、经济基础最为薄弱、贫困人口最为集中的民族聚居区。其发展面临的突出矛盾和困难一是自然环境恶劣，生态环境脆弱；二是贫困面大，低收入人口占比高；三是经济发展层次低，自我发展能力弱；四是基础设施建设滞后，交通制约严重。

（2）铁路发展基础

党的十八大以来，南疆四地州铁路建设稳步发展，完成了南疆线复线改造项目，既有线改造规模为 323 公里。

截至 2019 年底，新疆南疆四地州基本形成了以南疆铁路为骨干的格局，路网规模达到 1369 公里，复线率和电气化率均达到了 23.6%，较 2012 年均提高了 23.6 个百分点；路网密度达到 23.2 公里 / 万平方公里，远低于全国平均水平；铁路网覆盖县级行政区 21 个，覆盖率达到 63.6%。此外，片区内和田至若羌、南疆铁路阿克苏至喀什段提速扩能改造等项目在撰写本研究报告时也已开工建设，在建新线项目 400 公里，既有线改造 475 公里。

新疆南疆四地州既有铁路情况如表 2-3-28 所示。

表 2-3-28　新疆南疆四地州既有铁路情况表

时期	项目名称	路网里程（公里）			
		片区内铁路营业里程	高铁里程	复线里程	电化里程
2012 年底既有线路	小计	1369	—	—	—
	南疆线	798	—	—	—
	库俄支线	86	—	—	—
	喀和线	485	—	—	—
2013—2019 年投产项目	南疆线复线	—	—	323	323
2019 年底规模		1369	—	323	323
十八大以来增加		—	—	323	323

三、“十三五”末期贫困地区铁路建设成果和态势

（一）全国 832 个贫困县总体情况

结合已开工项目建设进展，2020 年计划投产新线覆盖全国 832 个贫困县中的

26个，其中新增覆盖6个。预计到2020年底，铁路网将覆盖全国832个贫困县中的467个，覆盖率达到56.1%。

根据《铁路“十三五”发展规划》，“十三五”时期，全国832个贫困县中铁路网新增覆盖57个，覆盖率提高了6.9个百分点。

自《铁路建设扶贫行动方案（2018—2020年）》实施以来，全国832个贫困县中铁路网新增覆盖32个，覆盖率提高了3.8个百分点。

截至2020年底，在建新线项目覆盖全国832个贫困县中的176个，其中将新增覆盖79个。规划项目全部实施完成后，全国832个贫困县中铁路网将覆盖546个，覆盖率达到65.6%。对于2019年底未摘帽的52个挂牌督战贫困县，在建新线项目覆盖10个，其中6个为新增覆盖。

（二）14个集中连片特困地区总体情况

14个集中连片特困地区将有大量铁路项目计划建成投产（规模911公里），在加快建设在建项目（规模4211公里）的同时，计划新开工一大批铁路项目（规模2850公里）。全年计划完成投资1037亿元，片区在建项目剩余投资6947亿元。

预计到2020年底，14个集中连片特困地区铁路网规模将达到约2.6万公里，其中高速铁路4649公里，复线率和电气化率将分别达到57.9%和78.8%；路网密度将达到59.0公里/万平方公里；铁路网覆盖县级行政区354个，覆盖率达到51.4%。

根据《铁路“十三五”发展规划》，“十三五”时期，14个集中连片特困地区新增铁路网规模5318公里，增长25.9%，其中新增高速铁路3263公里，增长了约2.35倍左右，复线率和电气化率将分别提升12.8个百分点和10.8个百分点，铁路网新增覆盖县级行政区47个，覆盖率增长6.8个百分点。

自《铁路建设扶贫行动方案（2018—2020年）》实施以来，14个集中连片特困地区新增铁路网规模2828公里，增长12.3%，其中新增高速铁路1699公里，增长57.6%，复线率和电气化率将分别提升5.5个百分点和5.4个百分点，铁路网新增覆盖县级行政区24个，覆盖率增长3.5个百分点，累计完成投资3724亿元。

规划项目全部实施完成后，14个集中连片特困地区铁路网规模将达到约3.3万公里，其中高速铁路8867公里，复线率和电气化率将分别达到62.4%和87.6%；路网密度将达到 75.2 公里 / 万平方公里；铁路网覆盖县级行政区 429 个，覆盖率达到 62.3%。

集中连片特困地区铁路“十三五”规划效果如表 3-2-1 所示。

表 3-2-1　集中连片特困地区铁路“十三五”规划效果

序号	集中连片特困地区	“十三五”规划实施完成后						
		铁路规模（公里）	路网密度（公里 / 万平方公里）	高铁规模（公里）	复线率（%）	电化率（%）	覆盖县数（个）	覆盖率（%）
1	六盘山区	3950	221.9	1305	78.2	94.9	47	77.0
2	秦巴山区	4207	191.2	1169	78.6	89.5	57	76.0
3	武陵山区	3276	190.7	1107	83.7	95.0	44	68.8
4	乌蒙山区	1757	163.4	545	43.9	91.9	20	52.6
5	滇桂黔石漠化区	3976	174.4	1793	64.6	92.4	51	63.8
6	滇西边境山区	1373	65.7	130	21.8	89.0	24	42.9
7	大兴安岭南麓山区	1355	110.2	0	57.5	61.5	11	57.9
8	燕山—太行山区	2261	242.9	479	68.3	90.4	30	90.9
9	吕梁山区	787	218.0	0	66.3	96.7	15	75.0
10	大别山区	1685	244.2	804	87.7	91.6	30	83.3
11	罗霄山区	1250	235.8	246	42.1	84.6	18	78.3
12	西藏	1754	14.3	532	30.3	85.5	28	37.8
13	青海、四川、云南、甘肃四省涉藏州县	3429	32.0	757	46.9	93.3	29	37.7
14	新疆南疆四地州	1884	31.9	0	42.4	42.4	25	75.8
合计		32944	75.2	8867	62.4	87.6	429	62.3

集中连片特困地区铁路营业里程示意图、铁路县级行政区划覆盖情况示意图、铁路复线率和电气化率示意图分别如图 3-2-1、图 3-2-2、图 3-2-3 所示。

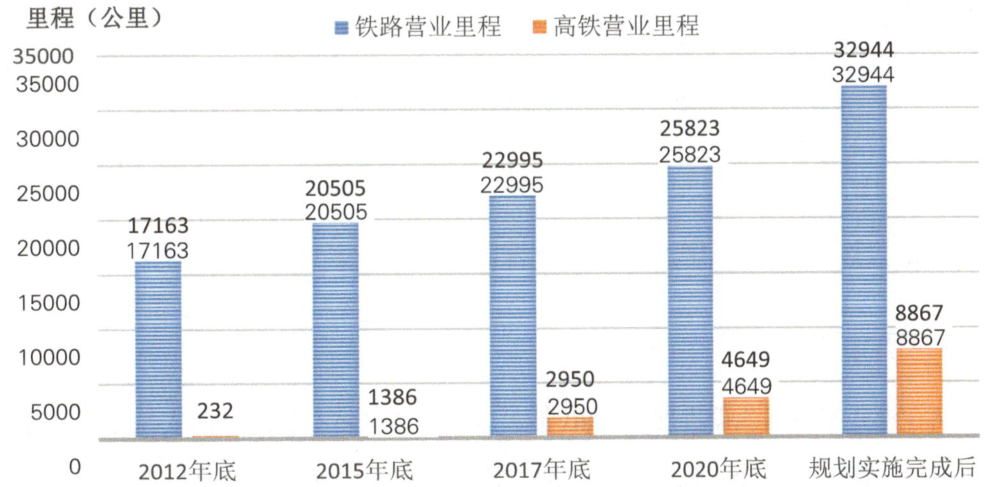

图 3-2-1 集中连片特困地区铁路营业里程示意图

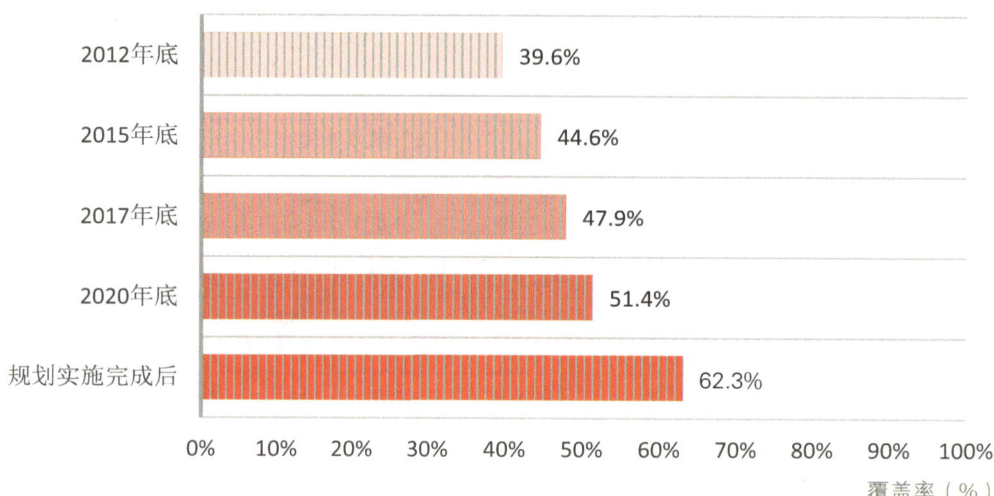

图 3-2-2 集中连片特困地区铁路县级行政区划覆盖情况示意图

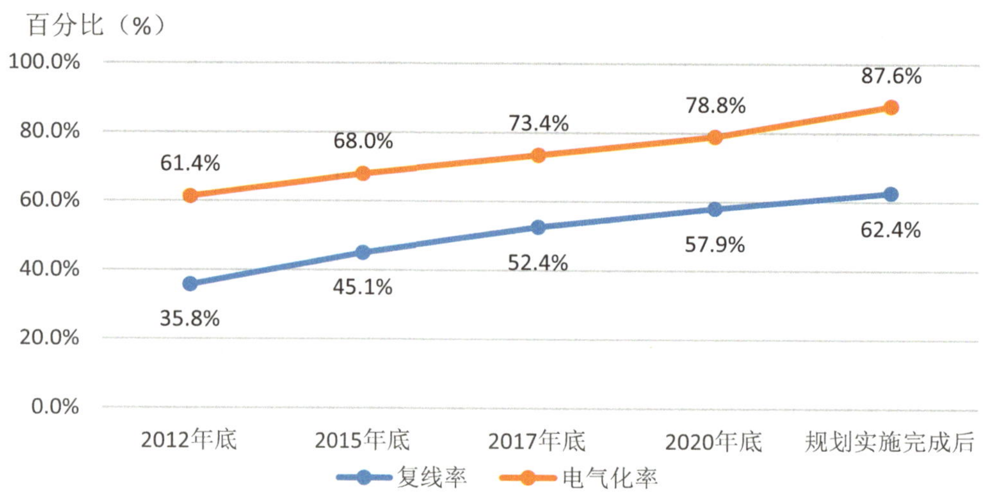

图 3-2-3 集中连片特困地区铁路复线率和电气化率示意图

（三）14 个集中连片特困地区分片区情况

1. 六盘山区

结合已开工项目建设进展，2020 年六盘山区片区将有吴忠至西安铁路计划建成投产（投产新线规模 280 公里），在加快建设兰州至合作、兰州至中卫、中川机场至武威、咸阳机场至法门寺城际（乾县至法门寺）、西安南至法门寺城际 5 项在建项目（新线规模 468 公里）的同时，计划新开工西宁至成都铁路西宁至黄胜关段、宝中铁路扩能 2 项项目（新线规模 140 公里），全年计划完成投资 177 亿元，片区在建项目剩余投资 828 亿元。

预计到 2020 年底，六盘山区铁路网规模将达到 3342 公里，其中高速铁路 795 公里，复线率和电气化率将分别达到 66.2% 和 94.0%；路网密度将达到 187.8 公里 / 万平方公里；铁路网覆盖县级行政区 42 个，覆盖率达到 68.9%。

根据《铁路“十三五”发展规划》，“十三五”时期，六盘山区片区新增铁路网规模 855 公里，增长 34.4%，其中新增高速铁路 635 公里，增长了约 4 倍，复线率和电气化率将分别提升 15.6 个百分点和 2.1 个百分点，铁路网新增覆盖县级行政区 10 个，覆盖率增长 16.4 个百分点。

自《铁路建设扶贫行动方案（2018—2020 年）》实施以来，六盘山区片区新增铁路网规模 280 公里，增长 9.1%，其中新增高速铁路 280 公里，增长 54.4%，复线率和电气化率将分别提升 3.1 个百分点和 0.6 个百分点，铁路网新增覆盖县级行政区 3 个，覆盖率增长 5.0 个百分点，累计完成投资 437 亿元。

规划项目全部实施完成后，六盘山区铁路网规模将达到 3950 公里，其中高速铁路 1305 公里，复线率和电气化率将分别达到 78.2% 和 94.9%；路网密度将达到 221.9 公里 / 万平方公里；铁路网覆盖县级行政区 47 个，覆盖率达到 77.0%。

2020 年六盘山区铁路建设项目如表 3-3-1 所示。

表 3-3-1　2020 年六盘山区铁路建设项目表

时期	项目名称	路网里程（公里）				片区投资（亿元）	
		片区里程	高铁里程	复线里程	电化里程	总投资	剩余投资
2015 年底规模		**2487**	**160**	**1258**	**2286**	—	—
2016—2017 年投产项目	干武增二线	—	—	100	—	—	—
	兰州至重庆铁路	220	—	220	220	—	—
	宝鸡至兰州铁路	355	355	355	355	—	—
2017 年底规模		**3062**	**515**	**1933**	**2861**	—	—
2018 年投产项目	无	—	—	—	—	—	—
2019 年投产项目	无	—	—	—	—	—	—
2020 年计划投产项目	吴忠至西安	280	280	280	280	338	—

续表

时期	项目名称	路网里程（公里）				片区投资（亿元）	
		片区里程	高铁里程	复线里程	电化里程	总投资	剩余投资
2020 年底规模		**3342**	**795**	**2213**	**3141**	—	—
“十三五”以来新增		**855**	**635**	**955**	**855**	—	—
“三年行动方案”实施以来新增		**280**	**280**	**280**	**280**	—	—
2020 年底在建结转项目	**2020 年前开工**	**468**	**370**	**468**	**468**	**665**	**450**
	兰州至合作	98	—	98	98	142	123
	兰州至中卫	170	170	170	170	225	110
	中川机场至武威	150	150	150	150	186	179
	咸阳机场至法门寺城际（乾县至法门寺）	27	27	27	27	72	24
	西安南至法门寺城际	23	23	23	23	40	14
	2020 年新开工	**140**	**140**	**407**	**140**	**391**	**378**
	西宁至成都铁路（西宁至黄胜关）	140	140	140	140	251	247
	宝中线中卫至平凉扩能	—	—	267	—	140	131
在建结转项目完成后规模		**3950**	**1305**	**3088**	**3749**	—	—

六盘山区铁路营业里程示意图、铁路县级行政区划覆盖情况示意图、铁路复线率和电气化率示意图分别如图 3-3-1、图 3-3-2、图 3-3-3 所示。

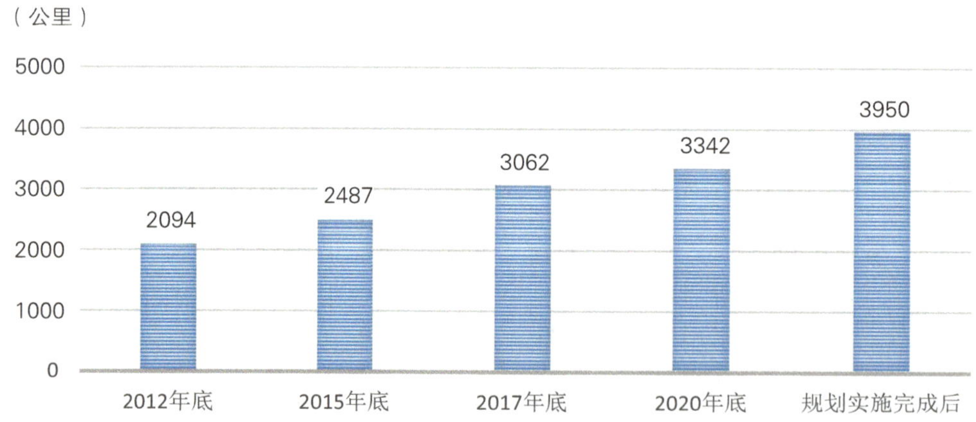

图 3-3-1 六盘山区铁路营业里程示意图

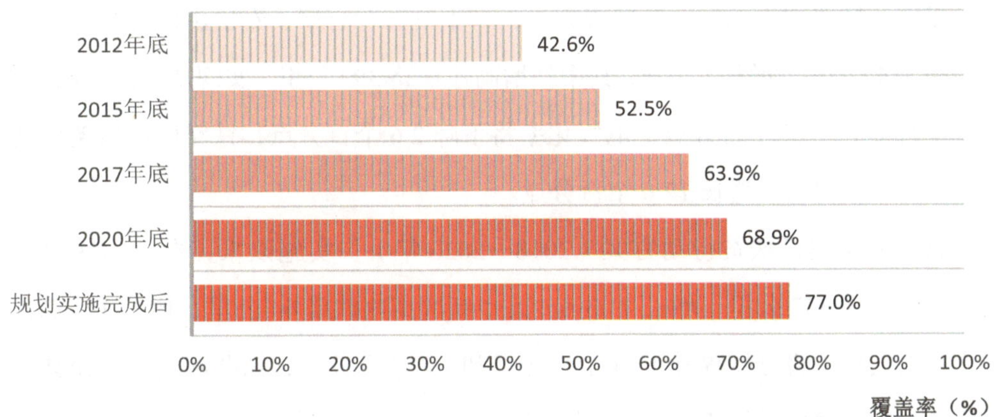

图 3-3-2　六盘山区铁路县级行政区划覆盖情况示意图

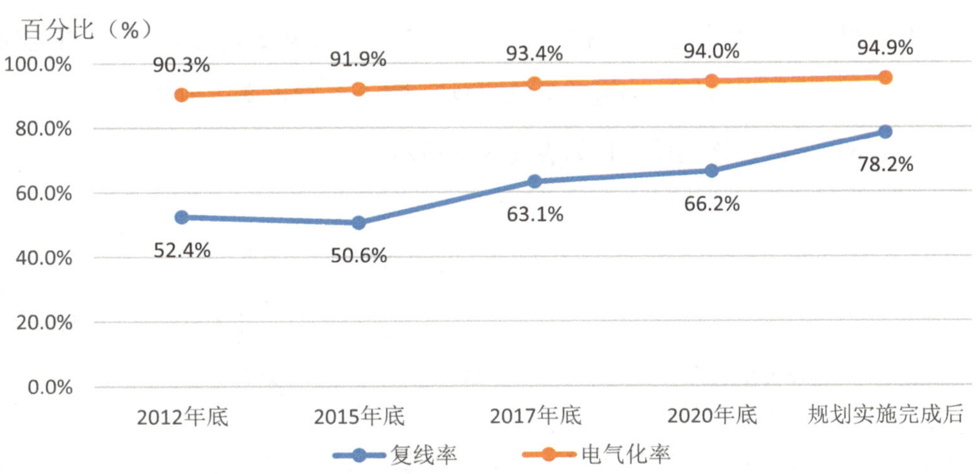

图 3-3-3　六盘山区铁路复线率和电气化率示意图

2. 秦巴山区

结合已开工项目建设进展，2020 年秦巴山区片区将在加快建设襄阳至万州、成都至兰州铁路成都至黄胜关段和西安南至法门寺城际 3 项在建项目（新线规模 329 公里）的同时，计划新开工西安至十堰铁路、西安至安康铁路、三门峡至禹州铁路、巴中至南充铁路 4 项项目（新线规模 557 公里），全年计划完成投资 95 亿元，片区在建项目剩余投资 945 亿元。

预计到 2020 年底，秦巴山区铁路网规模将达到 3321 公里，其中高速铁路 399 公里，复线率和电气化率将分别达到 76.4% 和 90.2%；路网密度将达到

151.0 公里 / 万平方公里；铁路网覆盖县级行政区 48 个，覆盖率达到 64%。

根据《铁路“十三五”发展规划》，“十三五”时期，秦巴山区片区新增铁路网规模 1147 公里，增长 52.8%，其中新增高速铁路 399 公里，实现从无到有的突破，复线率将提升 15.4 个百分点，电气化率将下降 2.6 个百分点，铁路网新增覆盖县级行政区 9 个，覆盖率增长 12.0 个百分点。

自《铁路建设扶贫行动方案（2018—2020 年）》实施以来，秦巴山区片区新增铁路网规模 337 公里，增长 11.3%，其中新增高速铁路 44 公里，增长 12.4%，复线率和电气化率将分别提升 13.4 个百分点和 1.2 个百分点，铁路网新增覆盖县级行政区 3 个，覆盖率增长 4.0 个百分点，累计完成投资 526 亿元。

规划项目全部实施完成后，秦巴山区铁路网规模将达到 4207 公里，其中高速铁路 1169 公里，复线率和电气化率将分别达到 78.6% 和 89.5%；路网密度将达到 191.2 公里 / 万平方公里；铁路网覆盖县级行政区 57 个，覆盖率达到 76.0%。

2020 年秦巴山区铁路建设项目如表 3-3-2 所示。

表 3-3-2 2020 年秦巴山区铁路建设项目表

时期	项目名称	路网里程（公里）				片区投资（亿元）	
		片区里程	高铁里程	复线里程	电化里程	总投资	剩余投资
2015 年底规模		**2174**	—	**1326**	**2017**	—	—
2016—2017 年投产项目	西安至成都铁路西安至江油段	355	355	355	355	—	—
	兰渝铁路兰州至广元段	370	—	200	200	—	—
	巴中至达州铁路	85	—	—	85	—	—
2017 年底规模		**2984**	**355**	**1881**	**2657**	—	—
2018 年投产项目	阳安线增二线工程大岭铺至安康东直通线	35	—	23	35	—	—
2019 年投产项目	武汉至十堰高铁	44	44	44	44	—	—
	阳安铁路增建二线	—	—	330	—	—	—
	蒙西至华中煤运通道	258	—	258	258	—	—
2020 年计划投产项目	无	—	—	—	—	—	—
2020 年底规模		**3321**	**399**	**2536**	**2994**	—	
“十三五”以来新增		**1147**	**399**	**1210**	**977**	—	—
“三年行动方案”实施以来新增		**337**	**44**	**655**	**337**	—	—
2020 年底在建结转项目	**2020 年前开工**	**329**	**329**	**329**	**329**	**463**	**101**
	襄阳至万州	194	194	194	194	279	63
	成都至兰州铁路（成都至黄胜关）	90	90	90	90	106	11
	西安南至法门寺城际	45	45	45	45	78	27

续表

时期	项目名称	路网里程（公里）				片区投资（亿元）	
		片区里程	高铁里程	复线里程	电化里程	总投资	剩余投资
2020年底在建结转项目	**2020年新开工**	**557**	**441**	**441**	**441**	**867**	**844**
	西安至十堰铁路	215	215	215	215	383	375
	西安至安康铁路	146	146	146	146	296	291
	三门峡至禹州铁路	116	—	—	—	70	65
	巴中至南充铁路	80	80	80	80	118	113
在建结转项目完成后规模		**4207**	**1169**	**3306**	**3764**	—	—

秦巴山区铁路营业里程示意图、铁路县级行政区划覆盖情况示意图、铁路复线率和电气化率示意图分别如图3-3-4、图3-3-5、图3-3-6所示。

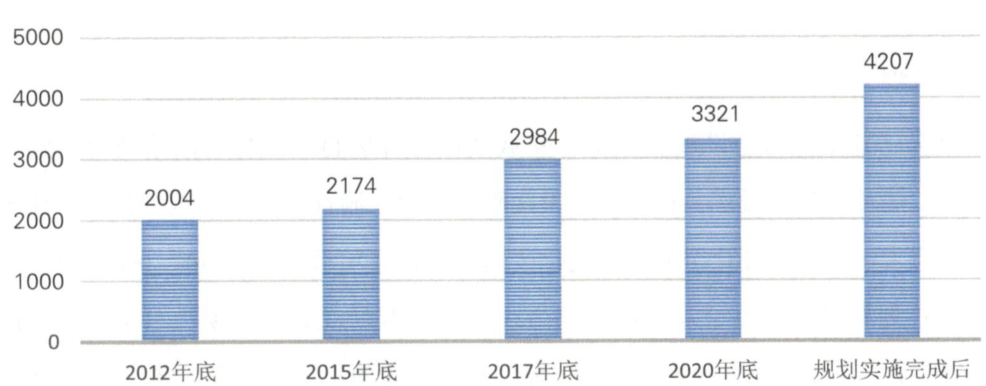

图3-3-4　秦巴山区铁路营业里程示意图

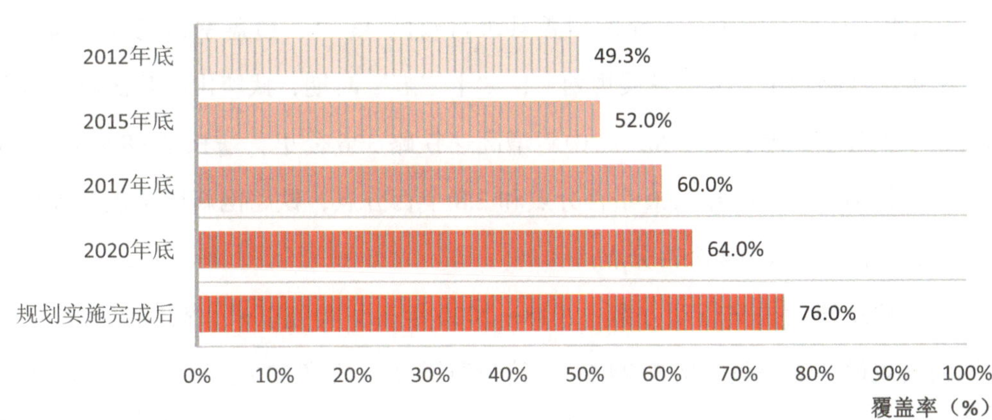

图3-3-5　秦巴山区铁路县级行政区划覆盖情况示意图

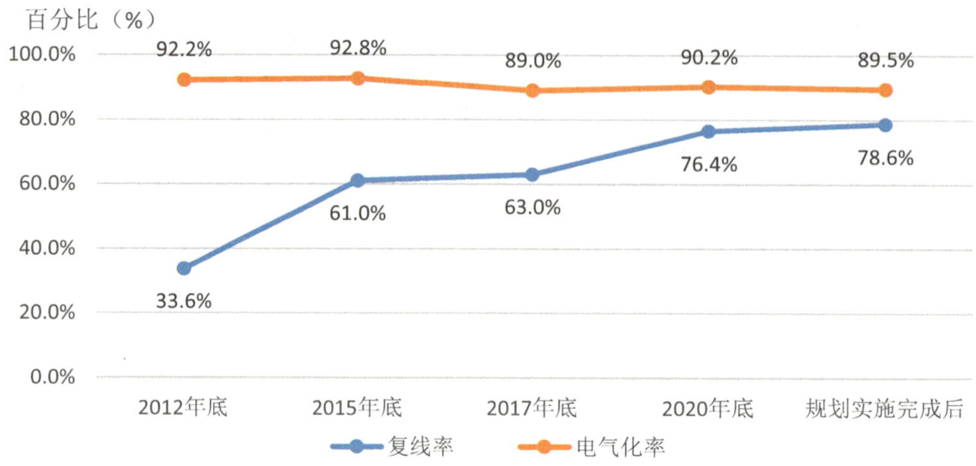

图 3-3-6 秦巴山区铁路复线率和电气化率示意图

3. 武陵山区

结合已开工项目建设进展，2020 年武陵山区片区将有渝怀铁路涪陵至梅江段增建第二线计划建成投产，在加快建设襄阳至万州、渝怀铁路梅江至怀化段增建第二线、张吉怀高铁、怀化至柳州电气化改造 4 项在建项目（新线规模 281 公里）的同时，计划新开工宜昌至郑万高铁联络线和重庆至黔江高铁 2 项项目（新线规模 170 公里），全年计划完成投资 187 亿元，片区在建项目剩余投资 429 亿元。

预计到 2020 年底，武陵山区铁路网规模将达到 2825 公里，其中高速铁路 656 公里，复线率和电气化率将分别达到 75.1% 和 92.5%；路网密度将达到 164.4 公里 / 万平方公里；铁路网覆盖县级行政区 43 个，覆盖率达到 67.2%。

根据《铁路“十三五”发展规划》，“十三五”时期，武陵山区片区新增铁路网规模 556 公里，增长 24.5%，其中新增高速铁路 326 公里，增长了 98.8%，复线率和电气化率将分别提升 22.0 个百分点和 2.8 个百分点，铁路网新增覆盖县级行政区 6 个，覆盖率增长 9.4 个百分点。

自《铁路建设扶贫行动方案（2018—2020 年）》实施以来，武陵山区片区新增铁路网规模 556 公里，增长 24.5%，其中新增高速铁路 326 公里，增长 98.8%，复线率和电气化率将分别提升 21.0 个百分点和 1.8 个百分点，铁路网新增覆盖县级行政区 6 个，覆盖率增长 9.4 个百分点，累计完成投资 749 亿元。

规划项目全部实施完成后，武陵山区铁路网规模将达到 3276 公里，其中高速铁路 1107 公里，复线率和电气化率将分别达到 83.7% 和 95.0%；路网密度将达到 190.7 公里 / 万平方公里；铁路网覆盖县级行政区 44 个，覆盖率达到 68.8%。

2020 年武陵山区铁路建设项目如表 3–3–3 所示。

表 3–3–3　2020 年武陵山区铁路建设项目表

时期	项目名称	路网里程（公里）				片区投资（亿元）	
		片区里程	高铁里程	复线里程	电化里程	总投资	剩余投资
2015 年底规模		**2269**	**330**	**1205**	**2036**	—	—
2016—2017 年投产项目	石长线扩能改造	—	—	22	22	—	—
2017 年底规模		**2269**	**330**	**1227**	**2058**	—	—
2018 年投产项目	铜玉铁路	46	46	46	46	—	—
2019 年投产项目	怀邵衡铁路	230	—	230	230	—	—
	黔张常铁路	280	280	280	280	—	—
2020 年计划投产项目	渝怀铁路涪陵至梅江段增建第二线	—	—	339	—	—	—
2020 年底规模		**2825**	**656**	**2122**	**2614**	—	—
“十三五”以来新增		**556**	**326**	**917**	**578**	—	—
“三年行动方案”实施以来新增		**556**	**326**	**895**	**556**	—	—
2020 年底在建结转项目	**2020 年前开工**	**281**	**281**	**450**	**327**	**627**	**121**
	襄阳至万州	34	34	34	34	49	11
	渝怀铁路梅江至怀化段增建第二线	—	—	169	—	192	15
	张吉怀高铁	247	247	247	247	356	91
	怀化至柳州电气化改造	—	—	—	46	30	4
	2020 年新开工	**170**	**170**	**170**	**170**	**331**	**308**
	宜昌至郑万高铁联络线	28	28	28	28	45	42
	重庆至黔江高铁	142	142	142	142	287	266
在建结转项目完成后规模		**3276**	**1107**	**2742**	**3111**	—	—

武陵山区铁路营业里程示意图、铁路县级行政区划覆盖情况示意图、铁路复线率和电气化率示意图分别如图 3–3–7、图 3–3–8、图 3–3–9 所示。

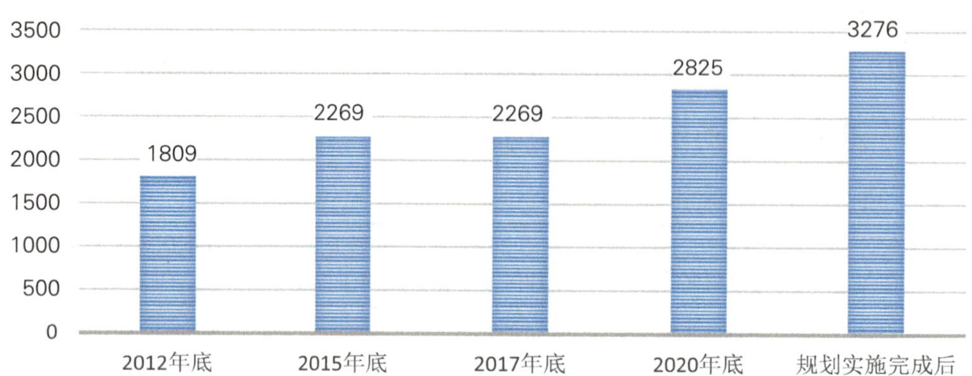

图 3-3-7 武陵山区铁路营业里程示意图

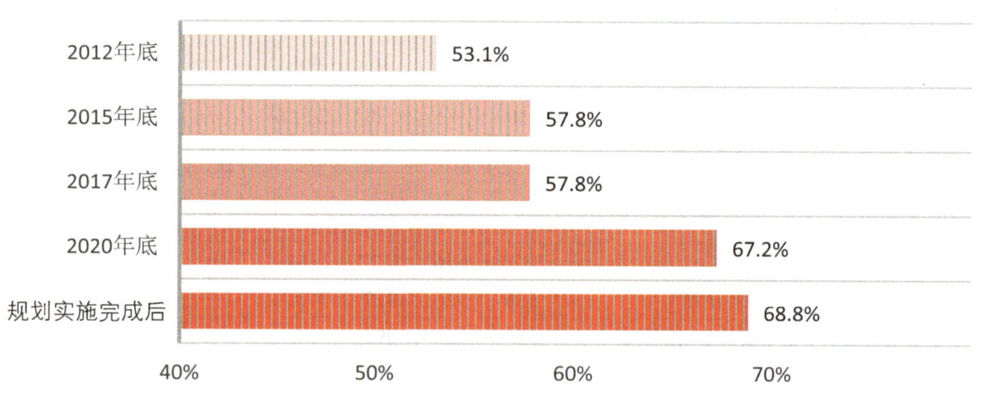

图 3-3-8 武陵山区铁路县级行政区划覆盖情况示意图

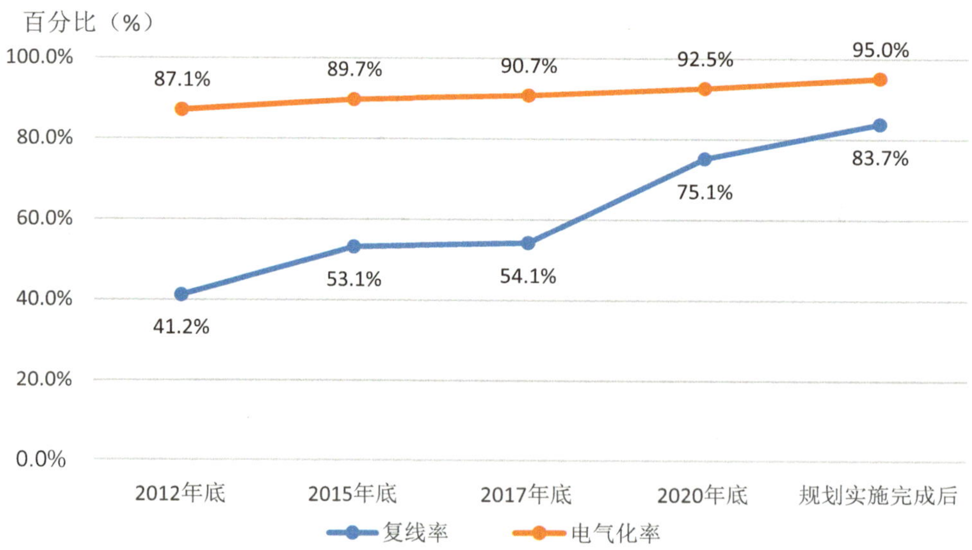

图 3-3-9 武陵山区铁路复线率和电气化率示意图

4. 乌蒙山区

结合已开工项目建设进展，2020 年乌蒙山区片区将在加快建设叙永至毕节、成昆线峨眉至米易段扩能改造 2 项在建项目（新线规模 309 公里）的同时，计划新开工渝昆高铁（新线规模 270 公里），全年计划完成投资 55 亿元，片区在建项目剩余投资 584 亿元。

预计到 2020 年底，乌蒙山区铁路网规模将达到 1178 公里，其中高速铁路 275 公里，复线率和电气化率将分别达到 32.3% 和 87.9%；路网密度将达到 109.6 公里 / 万平方公里；铁路网覆盖县级行政区 20 个，覆盖率达到 52.6%。

根据《铁路“十三五”发展规划》，“十三五”时期，乌蒙山区片区新增铁路网规模 458 公里，增长 63.6%，其中新增高速铁路 275 公里，实现从无到有的突破，复线率和电气化率将分别提升 17.6 个百分点和 7.6 个百分点，铁路网新增覆盖县级行政区 8 个，覆盖率增长 21.0 个百分点。

自《铁路建设扶贫行动方案（2018—2020 年）》实施以来，乌蒙山区片区新增铁路网规模 275 公里，增长 30.5%，其中高速铁路实现从无到有，新增规模 275 公里，复线率和电气化率将分别提升 20.6 个百分点和 3.6 个百分点，铁路网新增覆盖县级行政区 6 个，覆盖率增长 15.8 个百分点，累计完成投资 228 亿元。

规划项目全部实施完成后，乌蒙山区铁路网规模将达到 1757 公里，其中高速铁路 545 公里，复线率和电气化率将分别达到 43.9% 和 91.9%；路网密度将达到 163.4 公里 / 万平方公里；铁路网覆盖县级行政区 20 个，覆盖率达到 52.6%。

2020 年乌蒙山区铁路建设项目如表 3-3-4 所示。

表 3-3-4　2020 年乌蒙山区铁路建设项目表

时期	项目名称	路网里程（公里）				片区投资（亿元）	
		片区里程	高铁里程	复线里程	电化里程	总投资	剩余投资
2015 年底规模		**720**	—	**106**	**578**	—	—
2016—2017 年投产项目	林歹至织金	43	—	—	43	—	—
	织金至毕节	80	—	—	80	—	—
	织金至纳雍	60	—	—	60	—	—
2017 年底规模		**903**	—	**106**	**761**	—	—

续表

时期	项目名称	路网里程（公里）				片区投资（亿元）	
		片区里程	高铁里程	复线里程	电化里程	总投资	剩余投资
2018 年投产项目	渝贵铁路	70	70	70	70	—	—
2019 年投产项目	成贵高铁	205	205	205	205	—	—
2020 年计划投产项目	无	—	—	—	—	—	—
2020 年底规模		**1178**	**275**	**381**	**1036**	—	—
“十三五”以来新增		**458**	**275**	**275**	**458**	—	—
“三年行动方案”实施以来新增		**275**	**275**	**275**	**275**	—	—
2020 年底在建结转项目	**2020 年前开工**	**309**	—	**120**	**309**	**238**	**66**
	叙永至毕节	189	—	—	189	129	39
	成昆线峨眉至米易段扩能	120	—	120	120	109	27
	2020 年新开工	**270**	**270**	**270**	**270**	**544**	**518**
	渝昆高铁	270	270	270	270	544	518
在建结转项目完成后规模		**1757**	**545**	**771**	**1615**	—	—

乌蒙山区铁路营业里程示意图、铁路县级行政区划覆盖情况示意图、铁路复线率和电气化率示意图分别如图 3-3-10、图 3-3-11、图 3-3-12 所示。

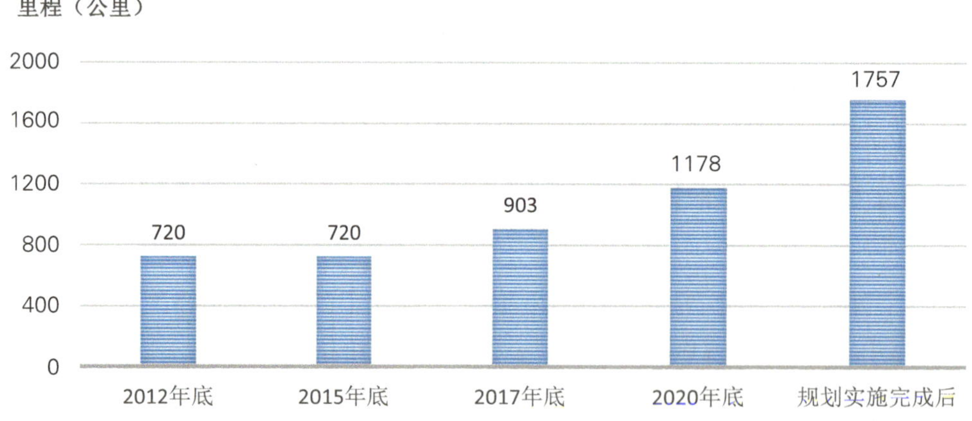

图 3-3-10 乌蒙山区铁路营业里程示意图

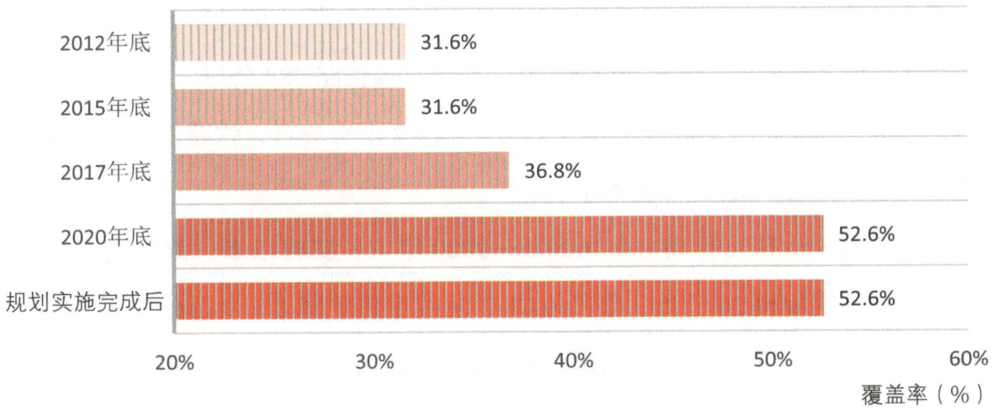

图 3-3-11　乌蒙山区铁路县级行政区划覆盖情况示意图

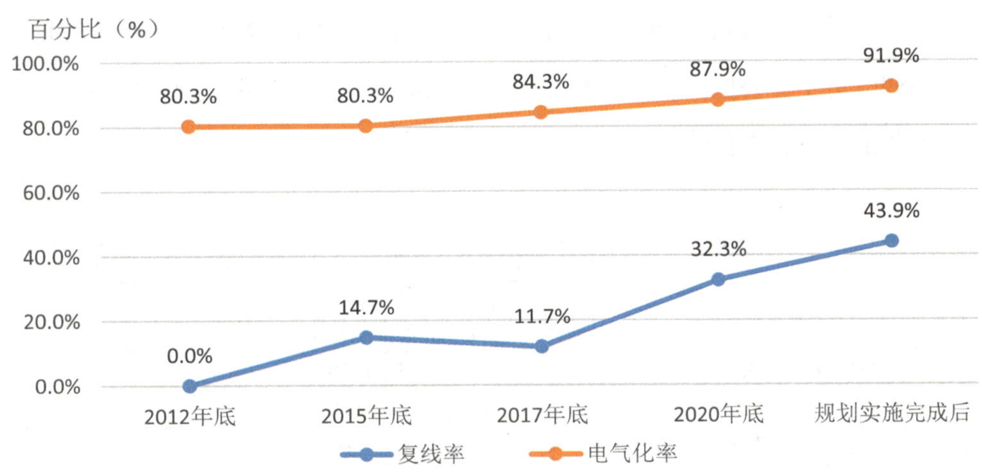

图 3-3-12　乌蒙山区铁路复线率和电气化率示意图

5. 滇桂黔石漠化区

结合已开工项目建设进展，2020 年滇桂黔石漠化区片区将有翁安至马场坪、焦柳铁路怀化至柳州段电气化改造 2 项项目计划建成投产（投产新线规模 20 公里），同时加快建设贵南铁路、安顺至六盘水铁路 2 项在建项目（新线规模 437 公里），全年计划完成投资 92 亿元，片区在建项目剩余投资 237 亿元。

预计到 2020 年底，滇桂黔石漠化区铁路网规模将达到 3539 公里，其中高速铁路 1356 公里，复线率和电气化率将分别达到 60.2% 和 91.5%；路网密度将达到 155.2 公里 / 万平方公里；铁路网覆盖县级行政区 49 个，覆盖率达到 61.3%。

根据《铁路“十三五”发展规划》，“十三五”时期，滇桂黔石漠化区片区新增铁路网规模 802 公里，增长 29.3%，其中新增高速铁路 782 公里，增长约 1.4 倍，复线率和电气化率将分别提升 17.6 个百分点和 8.2 个百分点，铁路网新增覆盖县级行政区 8 个，覆盖率增长 10.0 个百分点。

自《铁路建设扶贫行动方案（2018—2020 年）》实施以来，滇桂黔石漠化区片区新增铁路网规模 20 公里，增长 0.6%，复线率将下降 0.3 个百分点，电气化率将提升 4.5 个百分点，铁路网新增覆盖县级行政区 1 个，覆盖率增长 1.3 个百分点。累计完成投资 282 亿元。

规划项目全部实施完成后，滇桂黔石漠化区铁路网规模将达到 3976 公里，其中高速铁路 1793 公里，复线率和电气化率将分别达到 64.6% 和 92.4%；路网密度将达到 174.4 公里 / 万平方公里；铁路网覆盖县级行政区 51 个，覆盖率达到 63.8%。

2020 年滇桂黔石漠化区铁路建设项目如表 3-3-5 所示。

表 3-3-5　2020 年滇桂黔石漠化区铁路建设项目表

时期	项目名称	路网里程（公里）				片区投资（亿元）	
		片区里程	高铁里程	复线里程	电化里程	总投资	剩余投资
2015 年底规模		**2737**	**574**	**1165**	**2279**	—	—
2016—2017 年投产项目	沪昆高铁贵昆段	233	233	233	233	—	—
	南昆线复线	—	—	183	—	—	—
	云桂高铁	549	549	549	549	—	—
2017 年底规模		**3519**	**1356**	**2130**	**3061**	—	—
2018 年投产项目	无	—	—	—	—	—	—
2019 年投产项目	无	—	—	—	—	—	—
2020 年计划投产项目	翁安至马场坪	20	—	—	20	—	—
	焦柳铁路怀化至柳州段电气化改造	—	—	—	156	—	—
2020 年底规模		**3539**	**1356**	**2130**	**3237**	—	—
“十三五”以来新增		**802**	**782**	**965**	**958**	—	—
“三年行动方案”实施以来新增		**20**	—	—	**176**	—	—
2020 年底在建结转项目	**2020 年前开工**	**437**	**437**	**437**	**437**	**587**	**237**
	贵南铁路	320	320	320	320	436	226
	安顺至六盘水铁路	117	117	117	117	151	11
	2020 年新开工	—	—	—	—	—	—
	无	—	—	—	—	—	—
在建结转项目完成后规模		**3976**	**1793**	**2567**	**3674**	—	—

滇桂黔石漠化区铁路营业里程示意图、铁路县级行政区划覆盖情况示意图、铁路复线率和电气化率示意图分别如图 3-3-13、图 3-3-14、图 3-3-15 所示。

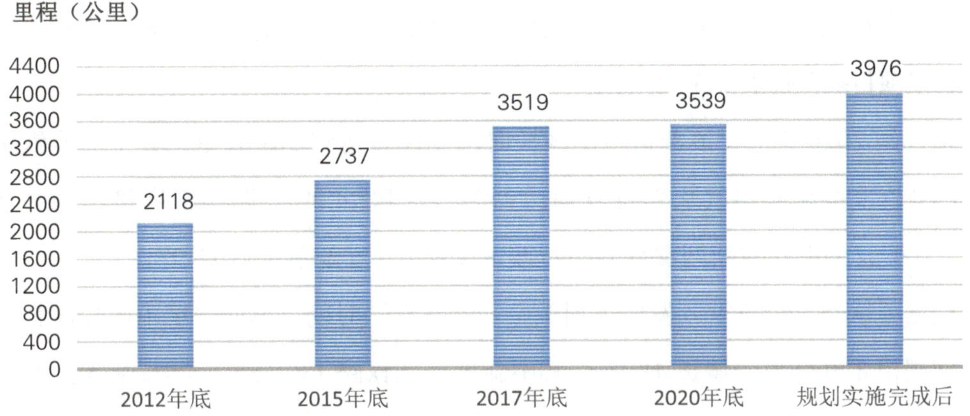

图 3-3-13　滇桂黔石漠化区铁路营业里程示意图

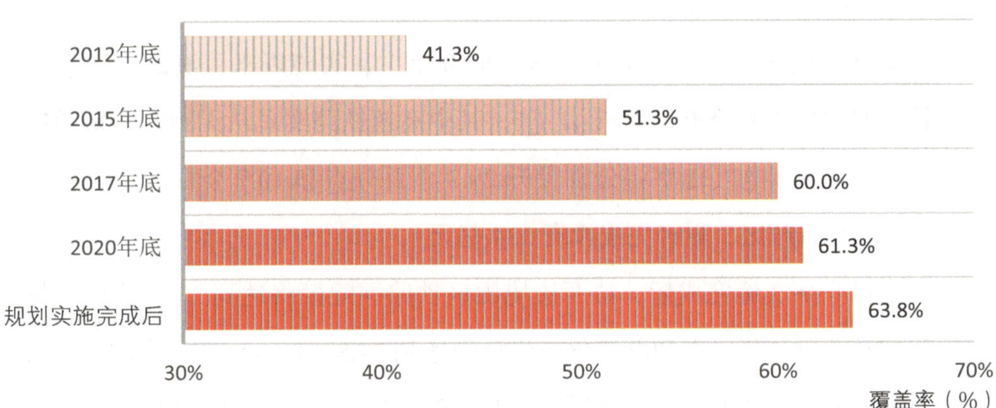

图 3-3-14　滇桂黔石漠化区铁路县级行政区划覆盖情况示意图

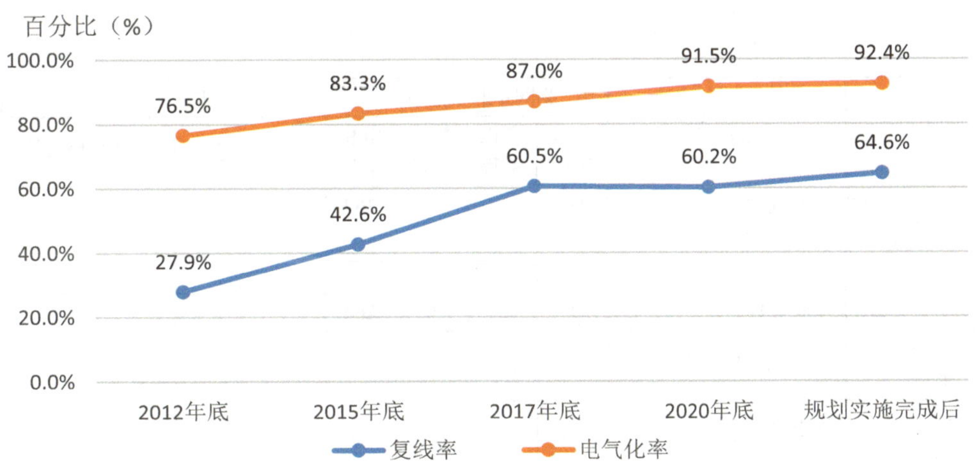

图 3-3-15　滇桂黔石漠化区铁路复线率和电气化率示意图

6. 滇西边境山区

结合已开工项目建设进展，2020年滇西边境山区片区将加快建设丽香线、玉磨线、大临线、大瑞线4项在建项目（新线规模792公里），全年计划完成投资92亿元，片区在建项目剩余投资143亿元。

预计到2020年底，滇西边境山区铁路网规模将达到581公里，其中高速铁路130公里，复线率和电气化率将分别达到29.3%和74.0%；路网密度将达到27.8公里/万平方公里；铁路网覆盖县级行政区10个，覆盖率达到17.9%。

根据《铁路“十三五”发展规划》，“十三五”时期，滇西边境山区片区新增铁路网规模170公里，增长41.4%，其中新增高速铁路130公里，实现从无到有的突破，复线率和电气化率将分别提升29.3个百分点和10.7个百分点，铁路网无新增覆盖县级行政区。

自《铁路建设扶贫行动方案（2018—2020年）》实施以来，滇西边境山区片区新增铁路网规模170公里，增长41.4%，其中高速铁路实现从无到有，新增规模130公里，复线率和电气化率将分别提升29.3个百分点和10.7个百分点，铁路网无新增覆盖县级行政区，累计完成投资334亿元。

规划项目全部实施完成后，滇西边境山区铁路网规模将达到1373公里，其中高速铁路130公里，复线率和电气化率将分别达到21.8%和89.0%；路网密度将达到65.7公里/万平方公里；铁路网覆盖县级行政区24个，覆盖率达到42.9%。

2020年滇西边境山区铁路建设项目如表3-3-6所示。

表3-3-6 2020年滇西边境山区铁路建设项目表

时期	项目名称	路网里程（公里）				片区投资（亿元）	
		片区里程	高铁里程	复线里程	电化里程	总投资	剩余投资
2015年底规模		**411**	—	—	**260**	—	—
2016—2017年投产项目	无	—	—	—	—	—	—
2017年底规模		**411**	**0**	**0**	**260**	—	—
2018年投产项目	广大扩能	130	130	130	130	—	—
2019年投产项目	成昆线永仁至广通段扩能	40	—	40	40	—	—

续表

时期	项目名称	路网里程（公里）				片区投资（亿元）	
		片区里程	高铁里程	复线里程	电化里程	总投资	剩余投资
2020 年计划投产项目	无	—	—	—	—	—	—
2020 年底规模		**581**	**130**	**170**	**430**	—	—
“十三五”以来新增		**170**	**130**	**170**	**170**	—	—
“三年行动方案”实施以来新增		**170**	**130**	**170**	**170**	—	—
2020 年底在建结转项目	**2020 年前开工**	**792**	—	**130**	**792**	**660**	**143**
	丽香线	40	—	—	40	29	1
	玉磨线	240	—	130	240	239	27
	大临线	202	—	—	202	151	17
	大瑞线	310	—	—	310	241	98
	2020 年新开工	—	—	—	—	—	—
	无	—	—	—	—	—	—
在建结转项目完成后规模		**1373**	**130**	**300**	**1222**	—	—

滇西边境山区铁路营业里程示意图、铁路县级行政区划覆盖情况示意图、铁路复线率和电气化率示意图分别如图 3-3-16、图 3-3-17、图 3-3-18 所示。

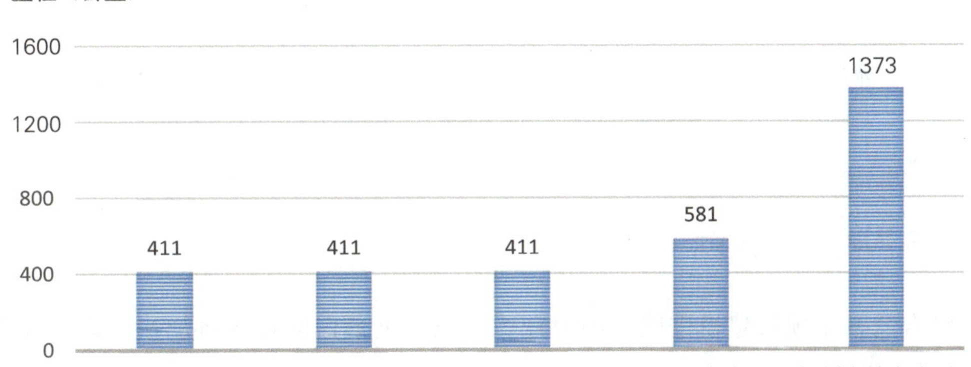

图 3-3-16　滇西边境山区铁路营业里程示意图

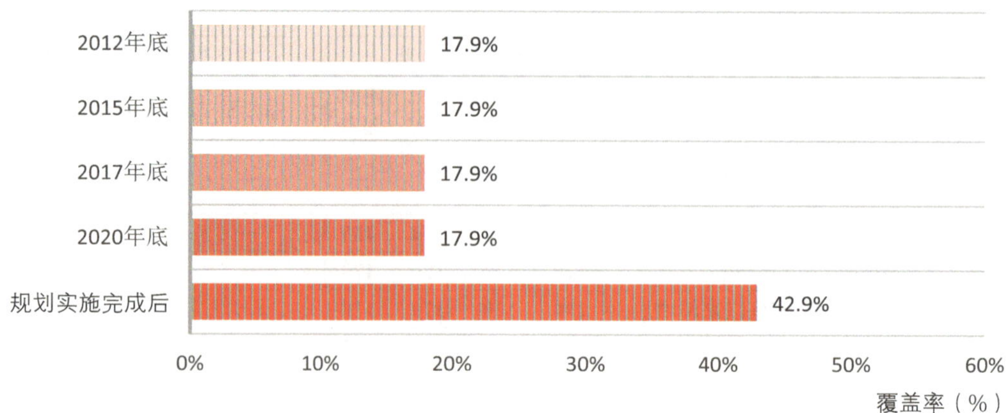

图 3-3-17 滇西边境山区铁路县级行政区划覆盖情况示意图

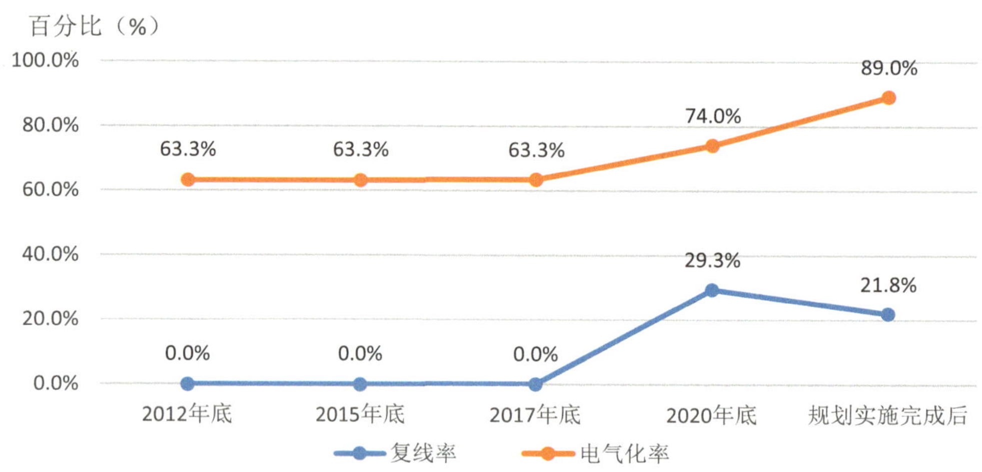

图 3-3-18 滇西边境山区铁路复线率和电气化率示意图

7. 大兴安岭南麓山区

结合已开工项目建设进展，2020 年大兴安岭南麓山区片区将加快建设长春至西巴彦花铁路（新线规模 70 公里），片区在建项目剩余投资 21 亿元。

预计到 2020 年底，大兴安岭南麓山区铁路网规模将达到 1285 公里，复线率和电气化率将分别达到 60.6% 和 59.5%；路网密度将达到 104.5 公里 / 万平方公里；铁路网覆盖县级行政区 10 个，覆盖率达到 52.6%。

根据《铁路“十三五”发展规划》，“十三五”时期，大兴安岭南麓山区片区铁路网维持既有规模，复线率和电气化率将分别提升 23.8 个百分点和 59.5 个百分点，铁路网无新增覆盖县级行政区。

自《铁路建设扶贫行动方案（2018—2020年）》实施以来，大兴安岭南麓山区片区铁路网维持既有规模，电气化率提升23.0个百分点，铁路网无新增覆盖县级行政区，累计完成投资1亿元。

规划项目全部实施完成后，大兴安岭南麓山区铁路网规模将达到1355公里，复线率和电气化率将分别达到57.5%和61.5%；路网密度将达到110.2公里/万平方公里；铁路网覆盖县级行政区11个，覆盖率达到57.9%。

2020年大兴安岭南麓山区铁路建设项目如表3–3–7所示。

表3–3–7　2020年大兴安岭南麓山区铁路建设项目表

时期	项目名称	路网里程（公里）				片区投资（亿元）	
		片区里程	高铁里程	复线里程	电化里程	总投资	剩余投资
2015年底规模		**1285**	—	**473**	—	—	—
2016—2017年投产项目	长白线扩能改造	—	—	115	115	—	—
	白阿铁路白城至镇西段扩能改造	—	—	72	72	—	—
	白阿铁路葛根庙至乌兰浩特段扩能改造	—	—	54	54	—	—
	通辽至霍林河铁路电气化改造	—	—	—	181	—	—
	滨州线电气化改造	—	—	—	47	—	—
	齐北线齐齐哈尔至富裕段复线	—	—	65	—	—	—
2017年底规模		**1285**	—	**779**	**469**	—	—
2018年投产项目	四平至齐齐哈尔铁路郑家屯至榆树屯电气化改造	—	—	—	245	—	—
	通辽至让湖路电气化改造	—	—	—	50	—	—
2019年投产项目	无	—	—	—	—	—	—
2020年计划投产项目	无	—	—	—	—	—	—
2020年底规模		**1285**	—	**779**	**764**	—	—
“十三五”以来新增		**220**	—	**306**	**764**	—	—
“三年行动方案”实施以来新增		—	—	**306**	**764**	—	—
2020年底在建结转项目	**2020年前开工**	**70**	—	—	**70**	**26**	**21**
	长春至西巴彦花铁路	70	—	—	70	26	21
	2020年新开工	—	—	—	—	—	—
	无	—	—	—	—	—	—
在建结转项目完成后规模		**1355**	—	**779**	**834**	—	—

大兴安岭南麓山区铁路营业里程示意图、铁路县级行政区划覆盖情况示意图、铁路复线率和电气化率示意图分别如图3–3–19、图3–3–20、图3–3–21所示。

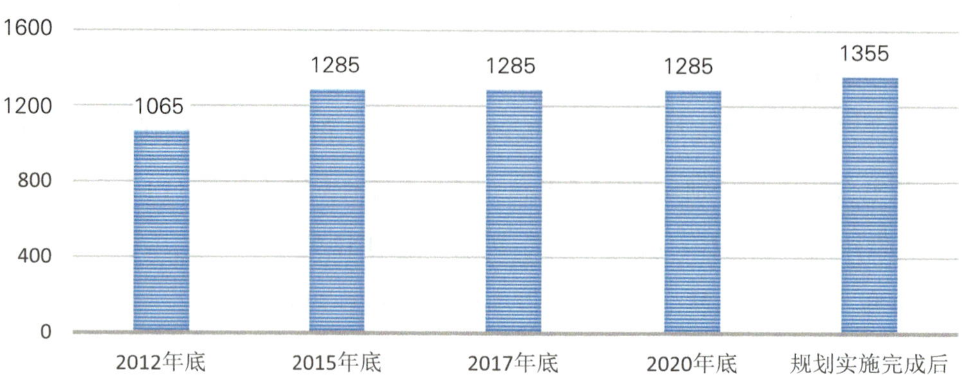

图 3-3-19　大兴安岭南麓山区铁路营业里程示意图

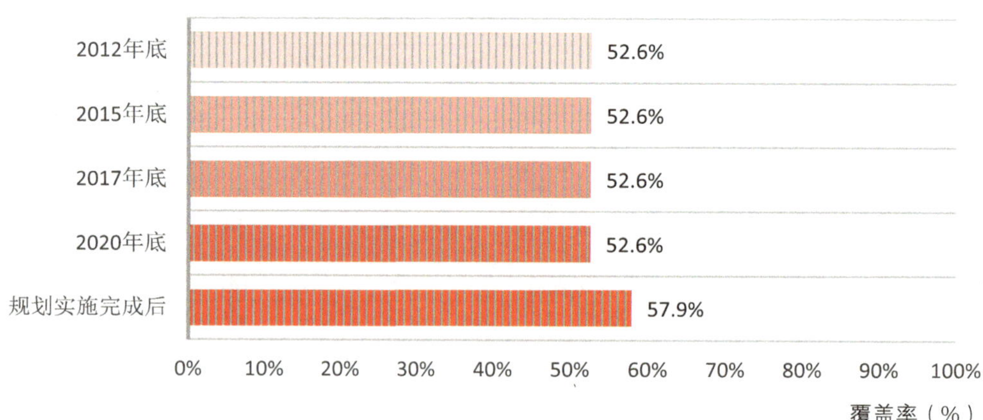

图 3-3-20　大兴安岭南麓山区铁路县级行政区划覆盖情况示意图

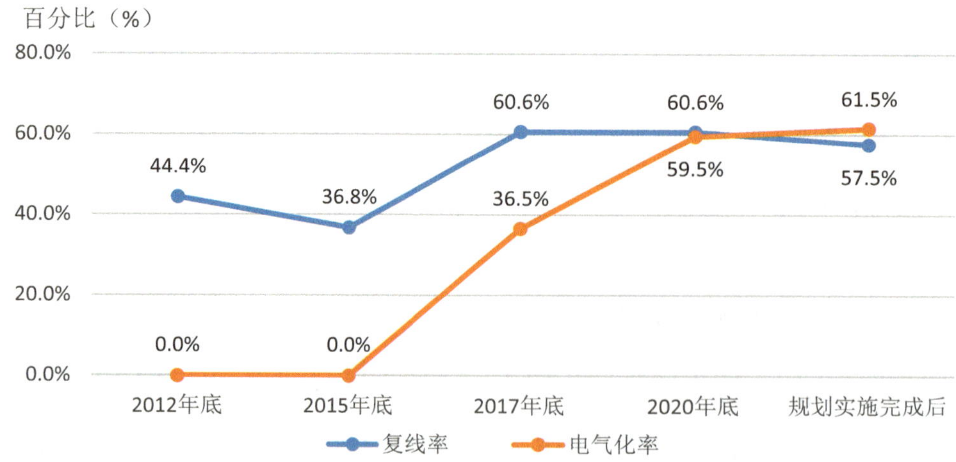

图 3-3-21　大兴安岭南麓山区铁路复线率和电气化率示意图

8. 燕山—太行山区

结合已开工项目建设进展，2020 年燕山—太行山区片区将有京沈高铁、京原铁路（北京局段）电气化改造工程计划建成投产（投产新线规模 110 公里），在加快建设京通铁路昌平至朝阳地段电气化改造工程、集宁至通辽铁路电气化改造工程 2 项在建项目的同时，计划新开工太子城至黑城子铁路（新线规模 80 公里），全年计划完成投资 50 亿元，片区在建项目剩余投资 57 亿元。

预计到 2020 年底，燕山—太行山区铁路网规模将达到 2181 公里，其中高速铁路 399 公里，复线率和电气化率将分别达到 67.1% 和 72.8%；路网密度将达到 234.3 公里 / 万平方公里；铁路网覆盖县级行政区 28 个，覆盖率达到 84.8%。

根据《铁路“十三五”发展规划》，“十三五”时期，燕山—太行山区片区新增铁路网规模 437 公里，增长 25.1%，其中新增高速铁路 369 公里，增长约 12 倍，复线率和电气化率将分别提升 15.4 个百分点和 20.4 个百分点，铁路网无新增覆盖县级行政区。

自《铁路建设扶贫行动方案（2018—2020 年）》实施以来，燕山—太行山区片区新增铁路网规模 369 公里，增长 20.4%，其中新增高速铁路 369 公里，增长了约 12 倍，复线率和电气化率将分别提升 6.7 个百分点和 13.8 个百分点，铁路网无新增覆盖县级行政区，累计完成投资 241 亿元。

规划项目全部实施完成后，燕山—太行山区铁路网规模将达到 2261 公里，其中高速铁路 479 公里，复线率和电气化率将分别达到 68.3% 和 90.4%；路网密度将达到 242.9 公里 / 万平方公里；铁路网覆盖县级行政区 30 个，覆盖率达到 90.9%。

2020 年燕山—太行山区铁路建设项目如表 3-3-8 所示。

表 3-3-8　2020 年燕山—太行山区铁路建设项目表

时期	项目名称	路网里程（公里）				片区投资（亿元）	
		片区里程	高铁里程	复线里程	电化里程	总投资	剩余投资
2015 年底规模		**1744**	**30**	**902**	**914**	—	—
2016—2017 年投产项目	多丰铁路	68	—	68	68	—	—
	集通铁路复线	—	—	125	—	—	—
	京原铁路（太原局段）电气化改造	—	—	—	87	—	—

续表

时期	项目名称	路网里程（公里）				片区投资（亿元）	
		片区里程	高铁里程	复线里程	电化里程	总投资	剩余投资
2017 年底规模		**1812**	**30**	**1095**	**1069**	—	—
2018 年投产项目	无	—	—	—	—	—	—
2019 年投产项目	呼张高铁	76	76	76	76	—	—
	京张高铁	20	20	20	20	—	—
	大张高铁	110	110	110	110	—	—
	崇礼铁路	53	53	53	53	—	—
2020 年计划投产项目	京沈高铁	110	110	110	110	—	—
	京原铁路（北京局段）电气化改造工程	—	—	—	150	—	—
2020 年底规模		**2181**	**399**	**1464**	**1588**	—	—
“十三五”以来新增		**437**	**369**	**562**	**674**	—	—
“三年行动方案”实施以来新增		**369**	**369**	**369**	**519**	—	—
2020 年底在建结转项目	**2020 年前开工**	—	—	—	**376**	**36**	**22**
	京通铁路昌平至朝阳地段电气化改造	—	—	—	251	18	7
	集通铁路电气化改造	—	—	—	125	18	15
	2020 年新开工	**80**	**80**	**80**	**80**	**38**	**35**
	太子城至黑城子铁路	80	80	80	80	38	35
在建结转项目完成后规模		**2261**	**479**	**1544**	**2044**	—	—

燕山—太行山区铁路营业里程示意图、铁路县级行政区划覆盖情况示意图、铁路复线率和电气化率示意图分别如图 3-3-22、图 3-3-23、图 3-3-24 所示。

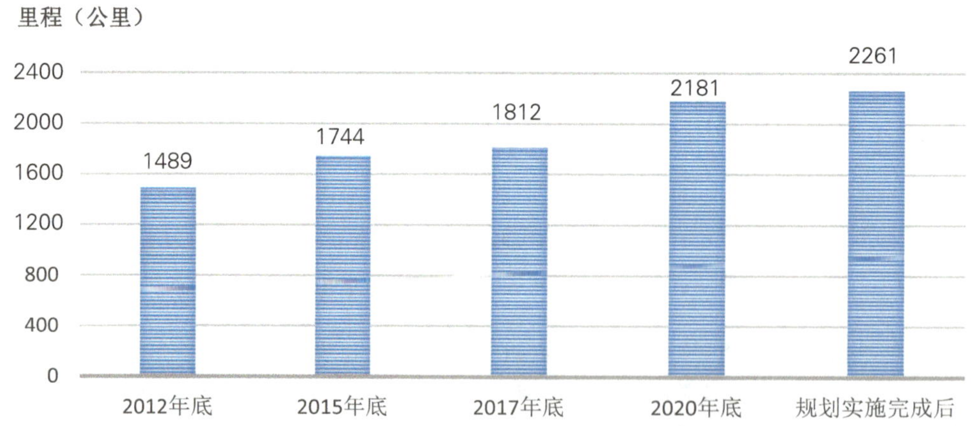

图 3-3-22 燕山—太行山区铁路营业里程示意图

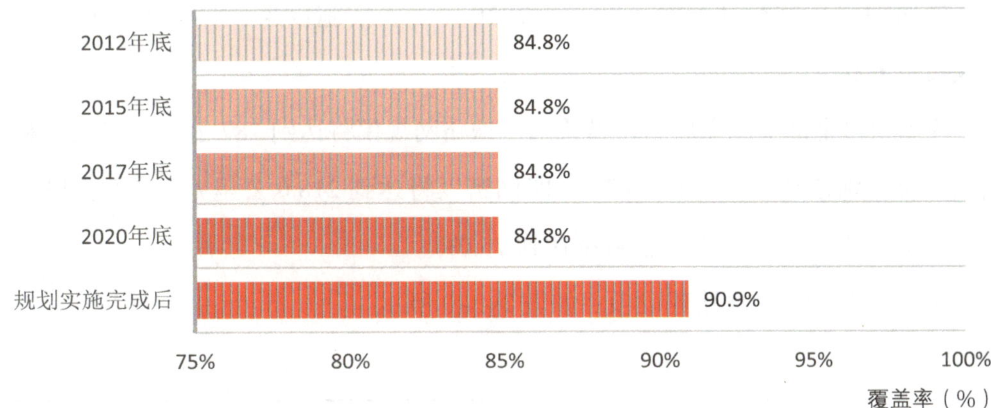

图 3-3-23　燕山—太行山区铁路县级行政区划覆盖情况示意图

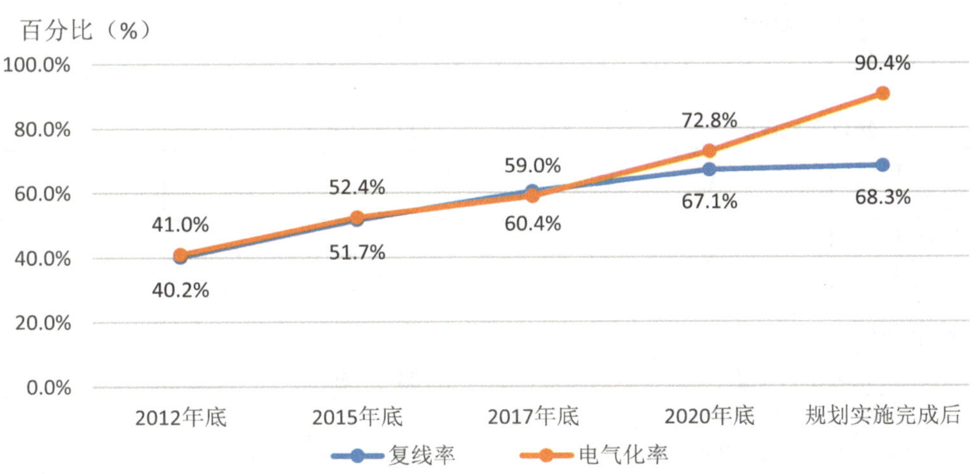

图 3-3-24　燕山—太行山区铁路复线率和电气化率示意图

9. 吕梁山区

结合已开工项目建设进展，2020年吕梁山区片区将加快建设神木至瓦塘铁路（新线规模 11 公里），全年计划完成投资 3 亿元，片区在建项目剩余投资 5 亿元。

预计到 2020 年底，吕梁山区铁路网规模将达到 776 公里，复线率和电气化率将分别达到 67.3% 和 96.6%；路网密度将达到 215.0 公里 / 万平方公里；铁路网覆盖县级行政区 15 个，覆盖率达到 75.0%。

根据《铁路“十三五”发展规划》，“十三五”时期，吕梁山区片区铁路网维持既有规模，复线率和电气化率保持不变，铁路网无新增覆盖县级行政区。

自《铁路建设扶贫行动方案（2018—2020 年）》实施以来，吕梁山区片区累计完成投资 6 亿元。

规划项目全部实施完成后，吕梁山区铁路网规模将达到 787 公里，复线率和电气化率将分别达到 66.3% 和 96.7%；路网密度将达到 218.0 公里 / 万平方公里；铁路网覆盖县级行政区 15 个，覆盖率达到 75.0%。

2020 年吕梁山区铁路建设项目如表 3–3–9 所示。

表 3–3–9 2020 年吕梁山区铁路建设项目表

时期	项目名称	路网里程（公里）				片区投资（亿元）	
		片区里程	高铁里程	复线里程	电化里程	总投资	剩余投资
2015 年底规模		**776**	—	**522**	**750**	—	—
2016—2017 年投产项目	无	—	—	—	—	—	—
2017 年底规模		**776**	—	**522**	**750**	—	—
2018 年投产项目	无	—	—	—	—	—	—
2019 年投产项目	无	—	—	—	—	—	—
2020 年计划投产项目	无	—	—	—	—	—	—
2020 年底规模		**776**	—	**522**	**750**	—	—
“十三五”以来新增		—	—	—	—	—	—
“三年行动方案”实施以来新增		—	—	—	—	—	—
2020 年底在建结转项目	**2020 年前开工**	**11**	—	—	**11**	**12**	**5**
	神木至瓦塘铁路	11	—	—	11	12	5
	2020 年新开工	—	—	—	—	—	—
	无	—	—	—	—	—	—
在建结转项目完成后规模		**787**	—	**522**	**761**	—	—

吕梁山区铁路营业里程示意图、铁路县级行政区划覆盖情况示意图、铁路复线率和电气化率示意图分别如图 3–3–25、图 3–3–26、图 3–3–27 所示。

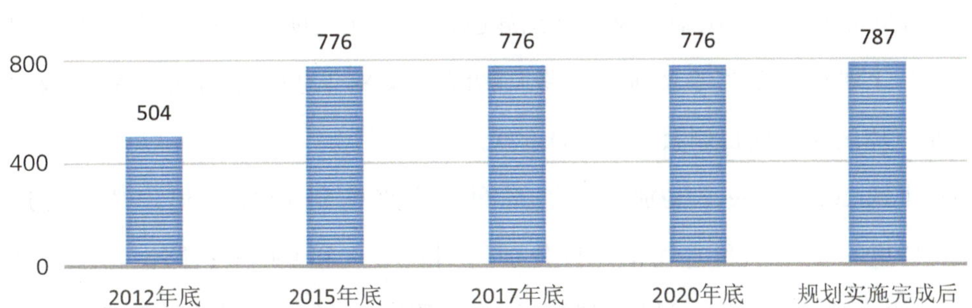

图 3-3-25　吕梁山区铁路营业里程示意图

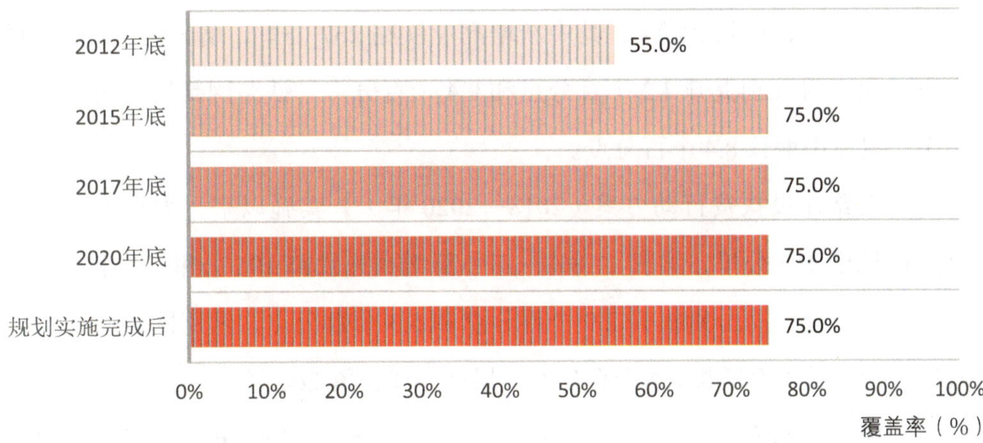

图 3-3-26　吕梁山区铁路县级行政区划覆盖情况示意图

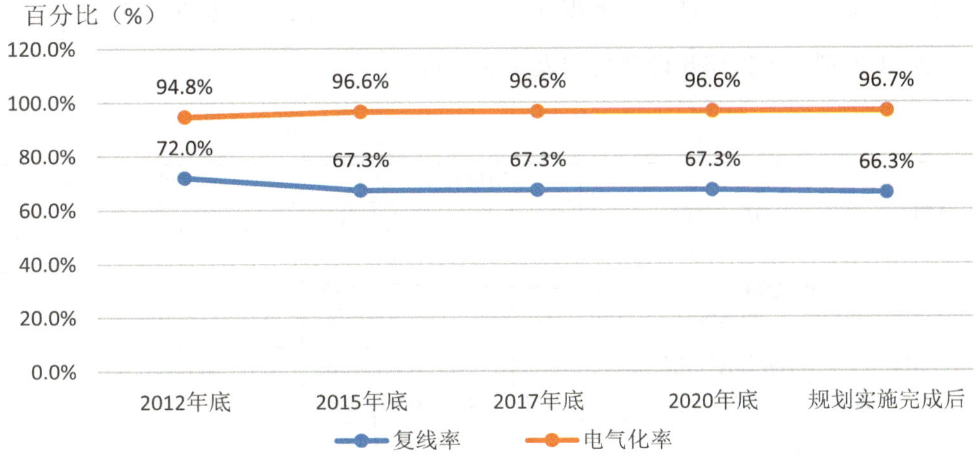

图 3-3-27　吕梁山区铁路复线率和电气化率示意图

10. 大别山区

结合已开工项目建设进展，2020 年大别山区片区将在加快建设安庆至九江铁路、黄冈至黄梅铁路、禹亳铁路灵井至鹿邑段 3 项在建项目（新线规模 309 公里）的同时，计划新开工兰考至菏泽铁路（新线规模 84 公里），全年计划完成投资 47 亿元，片区在建项目剩余投资 164 亿元。

预计到 2020 年底，大别山区铁路网规模将达到 1292 公里，其中高速铁路 483 公里，复线率和电气化率将分别达到 83.9% 和 89.1%；路网密度将达到 187.2 公里 / 万平方公里；铁路网覆盖县级行政区 28 个，覆盖率达到 77.8%。

根据《铁路“十三五”发展规划》，“十三五”时期，大别山区片区新增铁路网规模 267 公里，增长 26.0%，其中新增高速铁路 267 公里，增长约 1.2 倍，复线率和电气化率将分别提升 4.2 个百分点和 9.4 个百分点，铁路网新增覆盖县级行政区 3 个，覆盖率增长 8.4 个百分点。

自《铁路建设扶贫行动方案（2018—2020 年）》实施以来，大别山区片区新增铁路网规模 195 公里，增长 17.8%，其中新增高速铁路 195 公里，增长 67.7%，复线率和电气化率将分别提升 2.9 个百分点和 5.3 个百分点，铁路网新增覆盖县级行政区 3 个，覆盖率增长 8.4 个百分点，累计完成投资 268 亿元。

规划项目全部实施完成后，大别山区铁路网规模将达到 1685 公里，其中高速铁路 804 公里，复线率和电气化率将分别达到 87.7% 和 91.6%；路网密度将达到 244.2 公里 / 万平方公里；铁路网覆盖县级行政区 30 个，覆盖率达到 83.3%。

2020 年大别山区铁路建设项目如表 3–3–10 所示。

表 3–3–10　2020 年大别山区铁路建设项目表

时期	项目名称	路网里程（公里）				片区投资（亿元）	
		片区里程	高铁里程	复线里程	电化里程	总投资	剩余投资
2015 年底规模		**1025**	**216**	**817**	**817**	—	—
2016—2017 年投产项目	郑徐高铁	72	72	72	72	—	—
	阜淮线电气化改造	—	—	—	30	—	—
2017 年底规模		**1097**	**288**	**889**	**919**	—	—
2018 年投产项目	青阜线电气化改造	—	—	—	37	—	—

续表

时期	项目名称	路网里程（公里）				片区投资（亿元）	
		片区里程	高铁里程	复线里程	电化里程	总投资	剩余投资
2019 年投产项目	商合杭铁路商丘至合肥段	60	60	60	60	—	—
	郑州至周口至阜阳铁路	135	135	135	135	—	—
2020 年计划投产项目	无	—	—	—	—	—	—
2020 年底规模		**1292**	**483**	**1084**	**1151**	—	—
“十三五”以来新增		**267**	**267**	**267**	**334**	—	—
“三年行动方案”实施以来新增		**195**	**195**	**195**	**232**	—	—
2020 年底在建结转项目	**2020 年前开工**	**309**	**237**	**309**	**309**	**240**	**113**
	安庆至九江铁路	197	197	197	197	137	58
	黄冈至黄梅铁路	40	40	40	40	56	30
	禹亳铁路灵井至鹿邑段	72	—	72	72	47	25
	2020 年新开工	**84**	**84**	**84**	**84**	**59**	**51**
	兰考至菏泽铁路	84	84	84	84	59	51
在建结转项目完成后规模		**1685**	**804**	**1477**	**1544**	—	—

大别山区铁路营业里程示意图、铁路县级行政区划覆盖情况示意图、铁路复线率和电气化率示意图分别如图 3-3-28、图 3-3-29、图 3-3-30 所示。

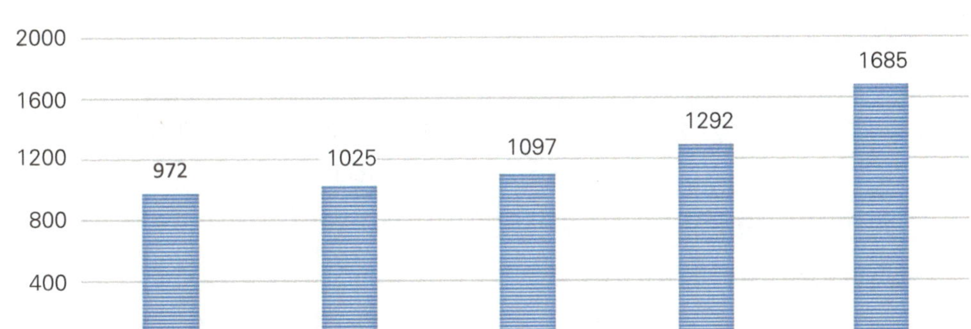

图 3-3-28　大别山区铁路营业里程示意图

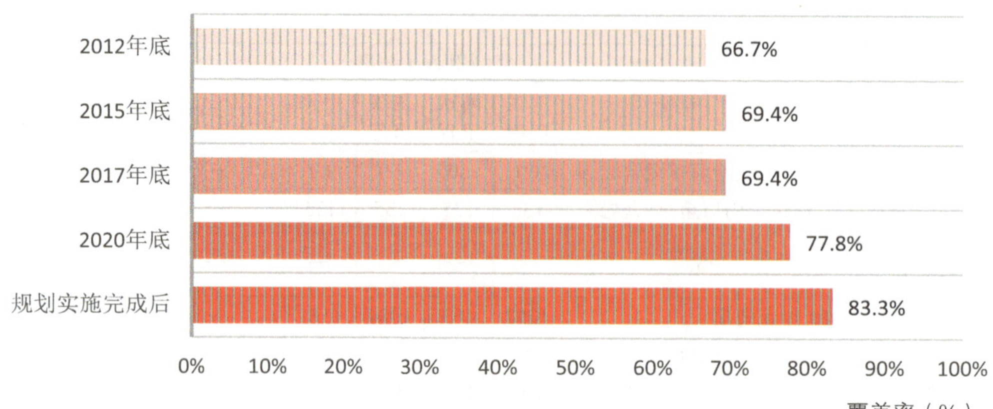

图 3-3-29 大别山区铁路县级行政区划覆盖情况示意图

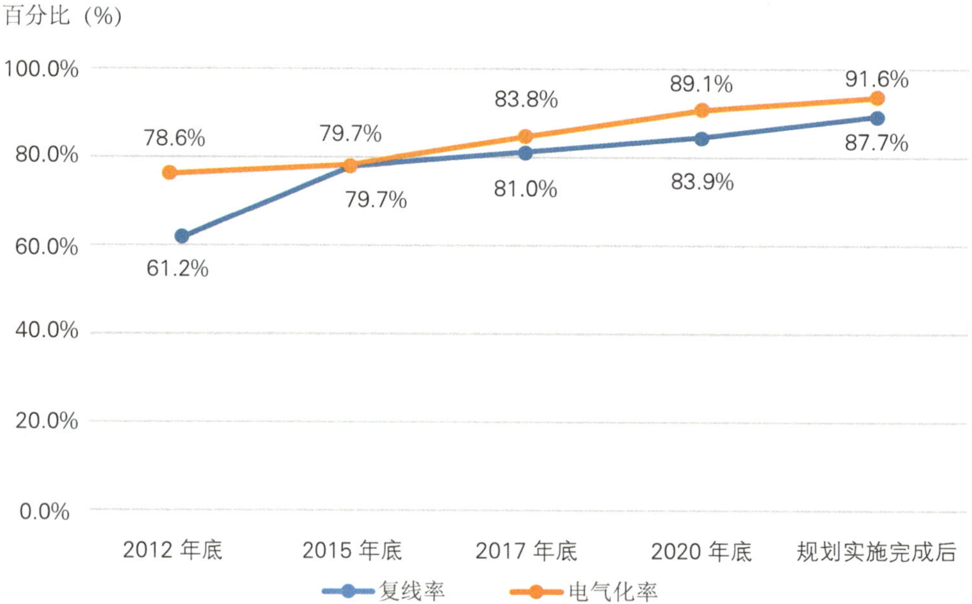

图 3-3-30 大别山区铁路复线率和电气化率示意图

11. 罗霄山区

结合已开工项目建设进展，2020 年罗霄山区片区将在加快建设赣深高铁、兴国至泉州铁路兴国至宁化段 2 项在建项目（新线规模 260 公里）的同时，计划新开工瑞金至梅州铁路（新线规模 145 公里），全年计划完成投资 71 亿元，片区在建项目剩余投资 167 亿元。

预计到2020年底，罗霄山区铁路网规模将达到845公里，其中高速铁路96公里，复线率和电气化率将分别达到 44.5% 和 77.3%；路网密度将达到 159.4 公里 / 万平方公里；铁路网覆盖县级行政区 15 个，覆盖率达到 65.2%。

根据《铁路“十三五”发展规划》，“十三五”时期，罗霄山区片区新增铁路网规模 80 公里，增长 10.5%，其中新增高速铁路 80 公里，增长约 5 倍，复线率和电气化率将分别提升 5.8 个百分点和 2.4 个百分点，铁路网新增覆盖县级行政区 1 个，覆盖率增长 4.3 个百分点。

自《铁路建设扶贫行动方案（2018—2020 年）》实施以来，罗霄山区片区新增铁路网规模 80 公里，增长 10.5%，其中新增高速铁路 80 公里，增长约 5 倍，复线率和电气化率将分别提升 5.8 个百分点和 2.4 个百分点，铁路网新增覆盖县级行政区 1 个，覆盖率增长 4.3 个百分点，累计完成投资 259 亿元。

规划项目全部实施完成后，罗霄山区铁路网规模将达到 1250 公里，其中高速铁路 246 公里，复线率和电气化率将分别达到 42.1% 和 84.6%；路网密度将达到 235.8 公里 / 万平方公里；铁路网覆盖县级行政区 18 个，覆盖率达到 78.3%。

2020 年罗霄山区铁路建设项目如表 3-3-11 所示。

表 3-3-11　2020 年罗霄山区铁路建设项目表

时期	项目名称	路网里程（公里）				片区投资（亿元）	
		片区里程	高铁里程	复线里程	电化里程	总投资	剩余投资
2015 年底规模		**765**	**16**	**296**	**573**	—	—
2016—2017 年投产项目	无	—	—	—	—	—	—
2017 年底规模		**765**	**16**	**296**	**573**	—	—
2018 年投产项目	无	—	—	—	—	—	—
2019 年投产项目	昌赣高铁	80	80	80	80	—	—
2020 年计划投产项目	无	—	—	—	—	—	—
2020 年底规模		**845**	**96**	**376**	**653**	—	—
“十三五”以来新增		**80**	**80**	**80**	**80**	—	—
“三年行动方案”实施以来新增		**80**	**80**	**80**	**80**	—	—
2020 年底在建结转项目	**2020 年前开工**	**260**	**150**	**150**	**260**	**296**	**83**
	赣深高铁	150	150	150	150	213	63
	兴国至泉州铁路兴国至宁化段	110	—	—	110	83	20
	2020 年新开工	**145**	—	—	**145**	**87**	**84**
	瑞金至梅州铁路	145	—	—	145	87	84
在建结转项目完成后规模		**1250**	**246**	**526**	**1058**	—	—

罗霄山区铁路营业里程示意图、铁路县级行政区划覆盖情况示意图、铁路复线率和电气化率示意图分别如图 3-3-31、图 3-3-32、图 3-3-33 所示。

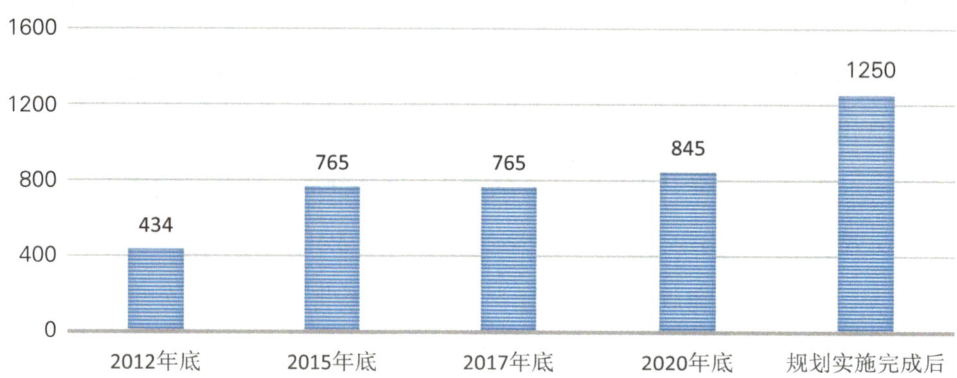

图 3-3-31 罗霄山区铁路营业里程示意图

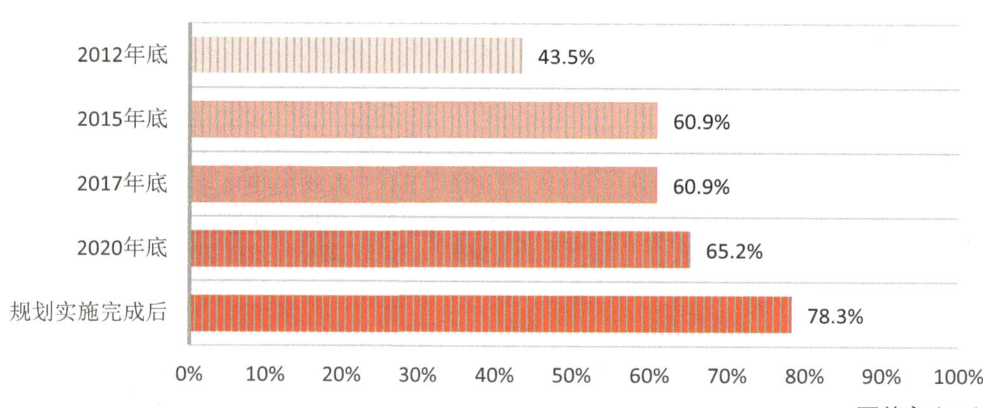

图 3-3-32 罗霄山区铁路县级行政区划覆盖情况示意图

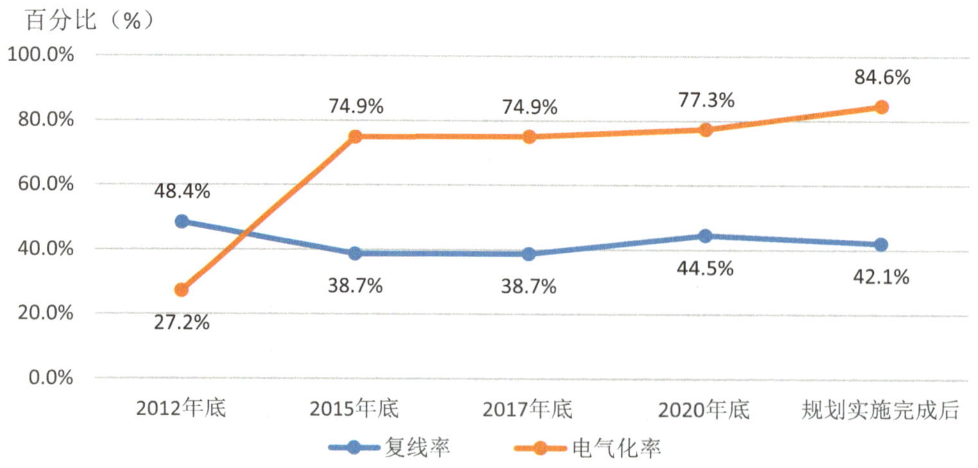

图 3-3-33 罗霄山区铁路复线率和电气化率示意图

12. 西藏

结合已开工项目建设进展，2020 年西藏片区将在加快建设川藏铁路拉萨至林芝段（新线规模 435 公里）的同时，计划新开工川藏铁路雅安至林芝段、青藏铁路格拉段电气化改造 2 项项目（新线规模 532 公里），全年计划完成投资 58 亿元，片区在建项目剩余投资 1518 亿元。

预计到 2020 年底，西藏铁路网规模将达到 787 公里，均为单线内燃铁路，路网密度将达到 6.4 公里 / 万平方公里；铁路网覆盖县级行政区 10 个，覆盖率达到 13.5%。

根据《铁路"十三五"发展规划》，"十三五"时期，西藏片区铁路网维持既有规模，复线率和电气化率保持不变，铁路网无新增覆盖县级行政区。

自《铁路建设扶贫行动方案（2018—2020 年）》实施以来，西藏片区铁路网维持既有规模，复线率和电气化率保持不变，铁路网无新增覆盖县级行政区。西藏片区累计完成投资 152 亿元。

规划项目全部实施完成后，西藏铁路网规模将达到 1754 公里，其中高速铁路 532 公里，复线率和电气化率将分别达到 30.3% 和 85.5%；路网密度将达到 14.3 公里 / 万平方公里；铁路网覆盖县级行政区 28 个，覆盖率达到 37.8%。

2020 年西藏铁路建设项目如表 3–3–12 所示。

表 3–3–12　2020 年西藏铁路建设项目表

时期	项目名称	路网里程（公里）				片区投资（亿元）	
		片区里程	高铁里程	复线里程	电化里程	总投资	剩余投资
2015 年底规模		**787**	—	—	—	—	—
2016—2017 年投产项目	无	—	—	—	—	—	—
2017 年底规模		**787**	—	—	—	—	—
2018 年投产项目	青藏铁路格拉段扩能改造	—	—	—	—	—	—
2019 年投产项目	无	—	—	—	—	—	—
2020 年计划投产项目	无	—	—	—	—	—	—
2020 年底规模		**787**	—	—	—	—	—
"十三五"以来新增		—	—	—	—	—	—

续表

时期	项目名称	路网里程（公里）				片区投资（亿元）	
		片区里程	高铁里程	复线里程	电化里程	总投资	剩余投资
“三年行动方案”实施以来新增		—	—	—	—	—	—
2020 年底在建结转项目	**2020 年前开工**	**435**	—	—	**435**	**344**	**32**
	拉萨至林芝	435	—	—	435	344	32
	2020 年新开工	**532**	**532**	**532**	**1064**	**1504**	**1486**
	雅安至林芝	532	532	532	532	1453	1437
	青藏铁路格拉段电气化改造	—	—	—	532	51	49
在建结转项目完成后规模		**1754**	**532**	**532**	**1499**	—	—

西藏地区铁路营业里程示意图、铁路县级行政区划覆盖情况示意图、铁路复线率和电气化率示意图分别如图 3-3-34、图 3-3-35、图 3-3-36 所示。

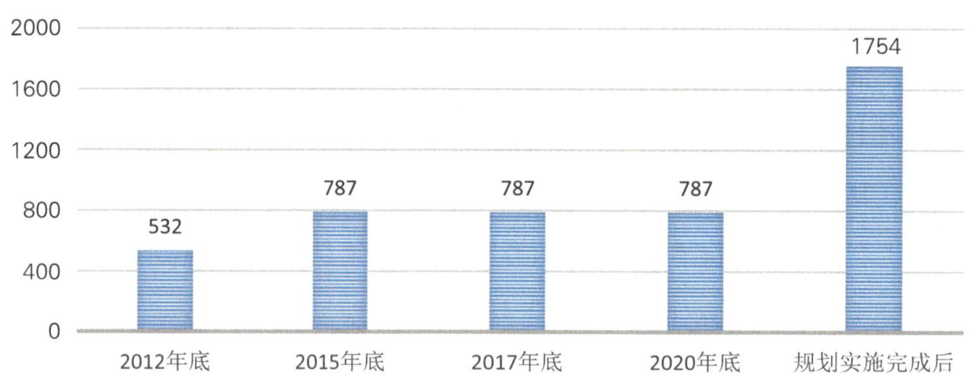

图 3-3-34 西藏地区铁路营业里程示意图

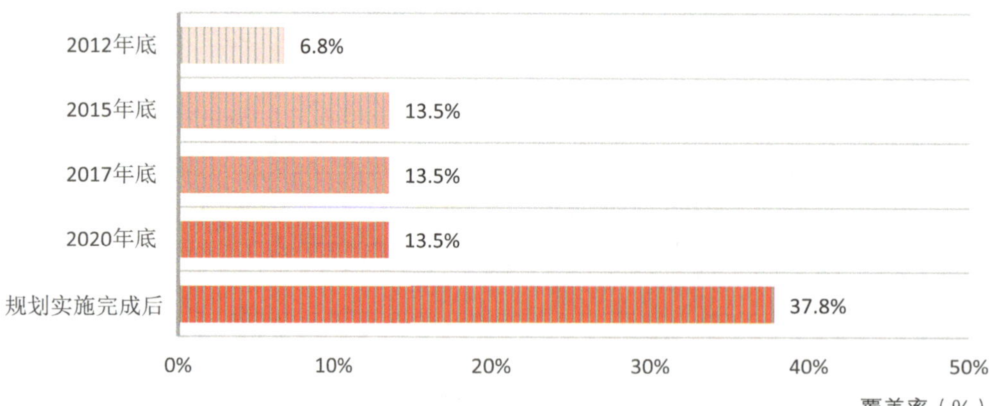

图 3-3-35 西藏地区铁路县级行政区划覆盖情况示意图

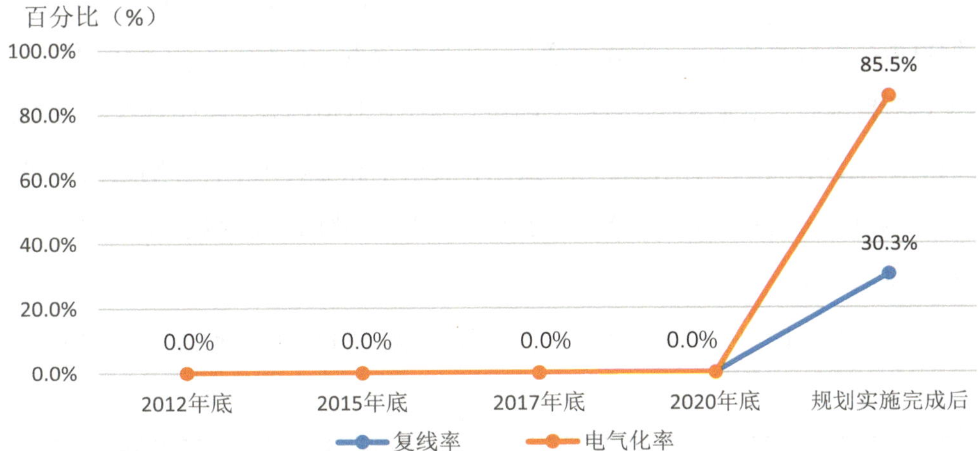

图 3-3-36　西藏地区铁路复线率和电气化率示意图

13. 青海、四川、云南、甘肃四省涉藏州县

结合已开工项目建设进展，2020 年青海、四川、云南、甘肃四省涉藏州县片区将有库格铁路计划建成投产（投产新线规模 501 公里），在加快建设兰州至合作铁路、塔尔丁至肯德可克铁路、丽江至香格里拉铁路 3 项在建项目（新线规模 230 公里）的同时，计划新开工西宁至成都铁路西宁至黄胜关段、青藏铁路格拉段电气化改造、川藏铁路雅安至林芝段 3 项项目（新线规模 697 公里），全年计划完成投资 75 亿元，片区在建项目剩余投资 1 703 亿元。

预计到 2020 年底，青海、四川、云南、甘肃四省涉藏州县铁路网规模将达到 2502 公里，其中高速铁路 60 公里，复线率和电气化率将分别达到 34.5% 和 66.5%；路网密度将达到 23.4 公里 / 万平方公里；铁路网覆盖县级行政区 15 个，覆盖率达到 19.5%。

根据《铁路“十三五”发展规划》，“十三五”时期，青海、四川、云南、甘肃四省涉藏州县片区新增铁路网规模 546 公里，增长 27.9%，其中高速铁路维持既有规模，复线率将下降 9.6 个百分点，电气化率将提升 9.4 个百分点，铁路网新增覆盖县级行政区 2 个，覆盖率增长 2.6 个百分点。

自《铁路建设扶贫行动方案（2018—2020 年）》实施以来，青海、四川、云南、甘肃四省涉藏州县片区新增铁路网规模 546 公里，增长 27.9%，其中高速铁路维持既有规模，复线率将下降 9.6 个百分点，电气化率将提升 9.4 个百分点，铁路网新增覆盖县级行政区 1 个，覆盖率增长 1.3 个百分点，累计完成投资 161 亿元。

规划项目全部实施完成后，青海、四川、云南、甘肃四省涉藏州县铁路网规模将达到 3429 公里，其中高速铁路 757 公里，复线率和电气化率将分别达到 46.9% 和 93.3%；路网密度将达到 32.0 公里 / 万平方公里；铁路网覆盖县级行政区 29 个，覆盖率达到 37.7%。

2020 年青海、四川、云南、甘肃四省涉藏州县铁路建设项目如表 3–3–13 所示。

表 3–3–13　2020 年青海、四川、云南、甘肃四省涉藏州县铁路建设项目表

时期	项目名称	路网里程（公里）				片区投资（亿元）	
		片区里程	高铁里程	复线里程	电化里程	总投资	剩余投资
2015 年底规模		**1956**	**60**	**863**	**1117**	—	—
2016—2017 年投产项目	无	—	—	—	—	—	—
2017 年底规模		**1956**	**60**	**863**	**1117**	—	—
2018 年投产项目	青藏铁路格拉段扩能改造	—	—	—	—	—	—
2019 年投产项目	敦格铁路肃北至马海段	45	—	—	45	—	—
2020 年计划投产项目	库格铁路	501	—	—	501	—	—
2020 年底规模		**2502**	**60**	**863**	**1663**	—	—
“十三五”以来新增		**546**	—	—	**546**	—	—
“三年行动方案”实施以来新增		**546**	—	—	**546**	—	—
2020 年底在建结转项目	**2020 年前开工**	**230**	—	**49**	**230**	**215**	**105**
	兰州至合作	49	—	49	49	71	62
	塔尔丁至肯德可克	91	—	—	91	22	7
	丽江至香格里拉	90	—	—	90	122	37
	2020 年新开工	**697**	**697**	**697**	**1305**	**1621**	**1598**
	西宁至黄胜关	363	363	363	363	651	640
	青藏铁路格拉段电化	—	—	—	608	58	55
	雅安至林芝	334	334	334	334	912	902
在建结转项目完成后规模		**3429**	**757**	**1609**	**3198**	—	—

青海、四川、云南、甘肃四省涉藏州县铁路营业里程示意图、铁路县级行政区划覆盖情况示意图、铁路复线率和电气化率示意图分别如图 3–3–37、图 3–3–38、图 3–3–39 所示。

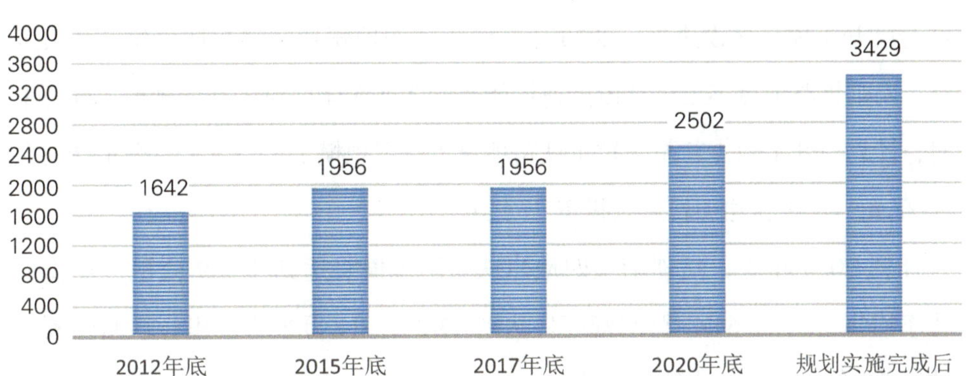

图 3-3-37　青海、四川、云南、甘肃四省涉藏州县铁路营业里程示意图

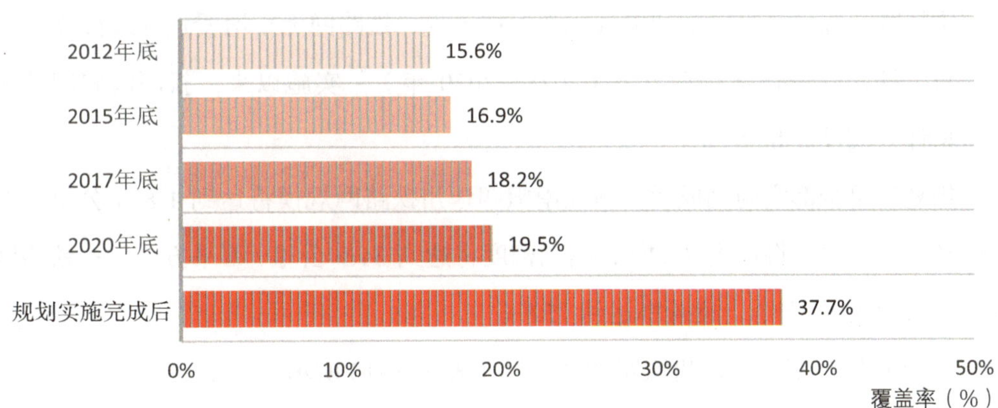

图 3-3-38　青海、四川、云南、甘肃四省涉藏州县铁路县级行政区划覆盖情况示意图

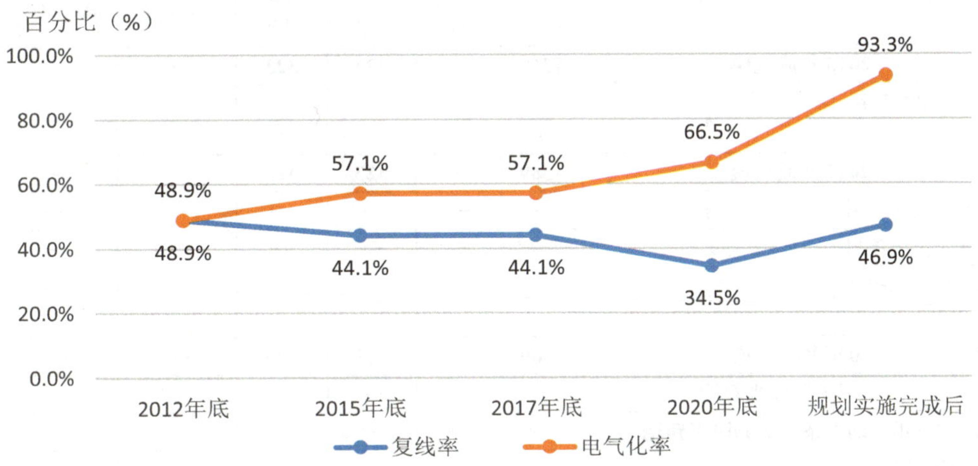

图 3-3-39　青海、四川、云南、甘肃四省涉藏州县铁路复线率和电气化率示意图

14. 新疆南疆四地州

结合已开工项目建设进展，2020 年新疆南疆四地州片区将在加快建设和田至若羌铁路、南疆铁路阿克苏至喀什段提速扩能改造 2 项在建项目（新线规模 400 公里）的同时，计划新开工阿克苏至阿拉尔铁路项目（新线规模 115 公里），全年计划完成投资 33 亿元，片区在建项目剩余投资 77 亿元。

预计到 2020 年底，新疆南疆四地州铁路网规模将达到 1 369 公里，复线率和电气化率均将达到 23.6%；路网密度将达到 23.2 公里 / 万平方公里；铁路网覆盖县级行政区 21 个，覆盖率达到 63.6%。

根据《铁路“十三五”发展规划》，“十三五”时期，新疆南疆四地州片区铁路网维持既有规模，复线率和电气化率保持不变，铁路网无新增覆盖县级行政区。

自《铁路建设扶贫行动方案（2018—2020 年）》实施以来，新疆南疆四地州片区累计完成投资 81 亿元。

规划项目全部实施完成后，新疆南疆四地州铁路网规模将达到 1 884 公里，复线率和电气化率均将达到 42.4%，路网密度将达到 31.9 公里 / 万平方公里；铁路网覆盖县级行政区 25 个，覆盖率达到 75.8%。

2020 年新疆南疆四地州铁路建设项目如表 3-3-14 所示。

表 3-3-14　2020 年新疆南疆四地州铁路建设项目表

时期	项目名称	路网里程（公里）				片区投资（亿元）	
		片区里程	高铁里程	复线里程	电化里程	总投资	剩余投资
2015 年底规模		**1369**	—	**323**	**323**	—	—
2016—2017 年投产项目	无	—	—	—	—	—	—
2017 年底规模		**1369**	—	**323**	**323**	—	—
2018 年投产项目	无	—	—	—	—	—	—
2019 年投产项目	无	—	—	—	—	—	—
2020 年计划投产项目	无	—	—	—	—	—	—
2020 年底规模		**1369**	—	**323**	**323**	—	—
“十三五”以来新增		—	—	—	—	—	—
“三年行动方案”实施以来新增		—	—	—	—	—	—
2020 年底在建结转项目	**2020 年前开工**	**400**	—	**475**	**475**	**125**	**47**

续表

时期	项目名称	路网里程（公里）				片区投资（亿元）	
		片区里程	高铁里程	复线里程	电化里程	总投资	剩余投资
2020 年底在建结转项目	和田至若羌	400	—	—	—	102	46
	南疆铁路阿克苏至喀什段提速扩能改造	—	—	475	475	23	1
	2020 年新开工	**115**	—	—	—	**33**	**30**
	阿克苏至阿拉尔铁路	115	—	—	—	33	30
在建结转项目完成后规模		**1884**	—	**798**	**798**	—	—

新疆南疆四地州铁路营业里程示意图、铁路县级行政区划覆盖情况示意图、铁路复线率和电气化率示意图分别如图 3-3-40、图 3-3-41、图 3-3-42 所示。

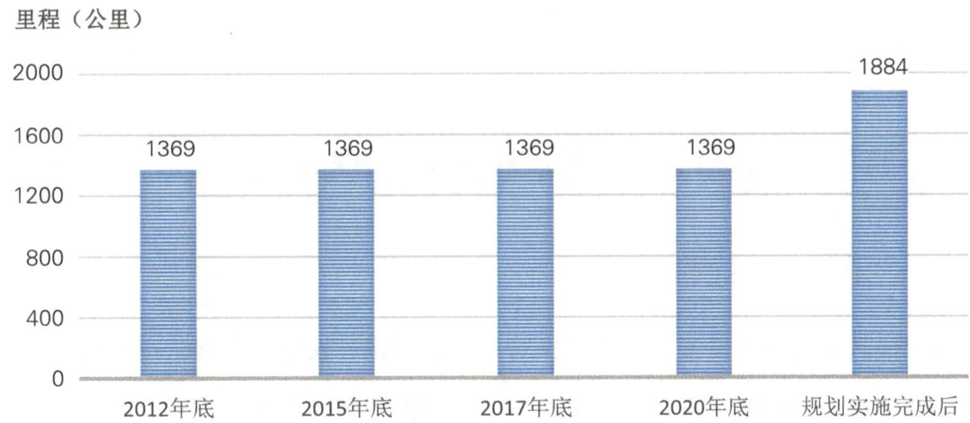

图 3-3-40　新疆南疆四地州铁路营业里程示意图

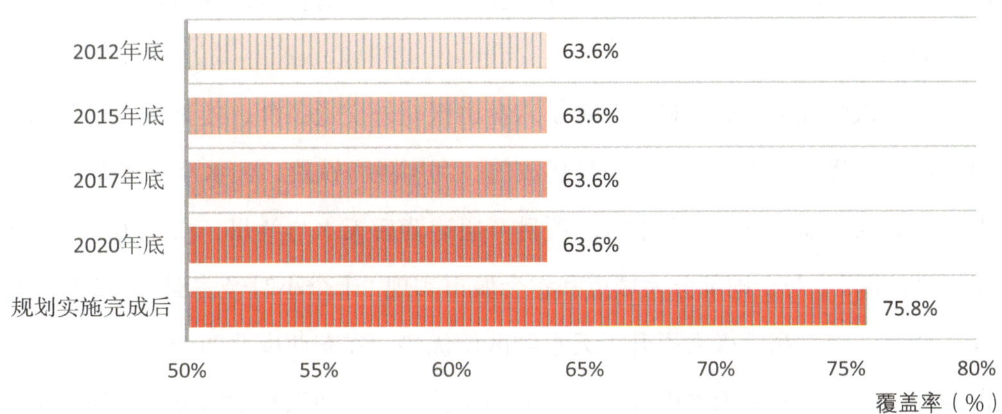

图 3-3-41　新疆南疆四地州铁路县级行政区划覆盖情况示意图

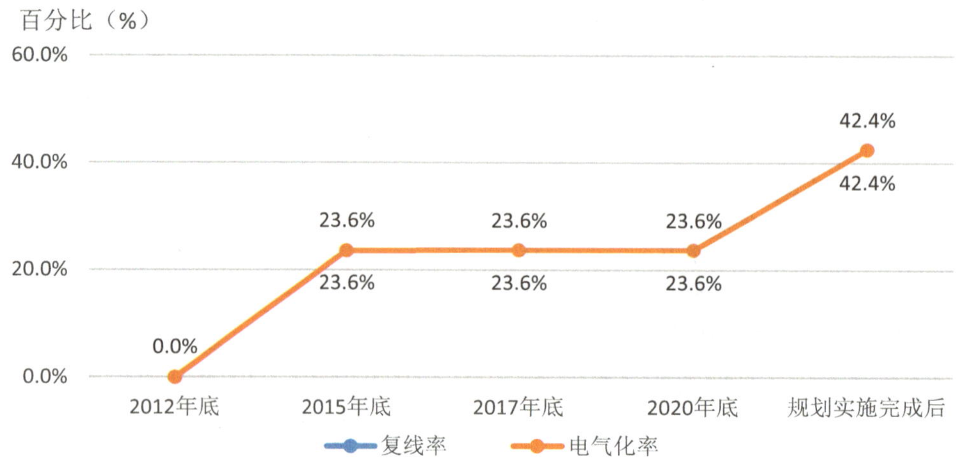

图 3-3-42 新疆南疆四地州铁路复线率和电气化率示意图

四、铁路建设在贫困地区经济社会发展中发挥的作用

（一）改善交通区位条件

贫困地区交通基础设施普遍薄弱，对外联系不畅。铁路建设运营可以显著提升贫困地区交通基础设施水平，缓解交通不便对贫困地区经济社会发展的制约，推动贫困地区更好融入国家战略，提升交通区位优势，改变区域时空格局，节省对外运输时间和成本，改善投资环境，促进经济要素流动，促进贫困地区与发达地区间的区域协调发展。

宝兰高铁建成运营后，显著改善了六盘山区对外交通条件，使天水、定西两市迈进了高铁时代。天水市方面，项目建成前，利用陇海铁路，天水至兰州需要 4 小时左右，到西安需要 4～5 个小时。项目开通运营后天水与兰州、西安实现“一个半小时经济圈”，与全国部分大城市和省会城市实现“十个小时经济圈”，如表 4–1、图 4–1 所示。宝兰高铁极大提升了天水的区位优势，在东西南北四个方向拓展了其发展空间。向东有利于天水更好融入关中平原城市群，加强与中东部地区的联系，更好承接发达地区产业转移，打造关中平原城市群重要节点城市；向西有利于天水加强与丝绸之路经济带沿线国家交流合作，深度融入“一带一路”建设，打造丝绸之路陆海贸易黄金通道；向南有利于天水加强同西南省份和东盟国家开展实质性、多领域合作，深化交流合作，推动天水深度融入西部陆海新通道建设，打造甘肃省南向扩大开放促发展的先行区；向北有利于天水加强与宁夏沿黄城市群及蒙、俄等“一带一路”沿线国家联系，打造西北共建“一带一路”、陆海新通道的协作区。定西市方面，宝兰高铁建成运营后，使定西市区位优势更加突出，助力与周边地区协调发展。宝兰高铁能够进一步缩短定西市与兰州、西安的时空距离。定西市利用该有利条件主动融入兰西城市群，制定了《兰西城市群一小时经济圈定西市实施方案》，印发了《定西融入兰定一体化发展战略研究》，积极与周边地区开展务实互惠合作，努力建设成为黄河上游生态绿色一体化发展示范区、“一带一路”西北陆海联运战略枢纽、带动甘肃南部地区崛起的战略支点和大兰州经济区新的增长极。

表 4–1　宝兰高铁开通前后天水对外运输时间变化

主要方向	天水至兰州	天水至西安	利用线路
开通前时间	4 小时 左右	4~5 小时	陇海铁路
开通后时间	1.5 小时左右	1.5 小时左右	宝兰高铁、西宝高铁
节约时间	2.5 小时	2.5~3.5 小时	—

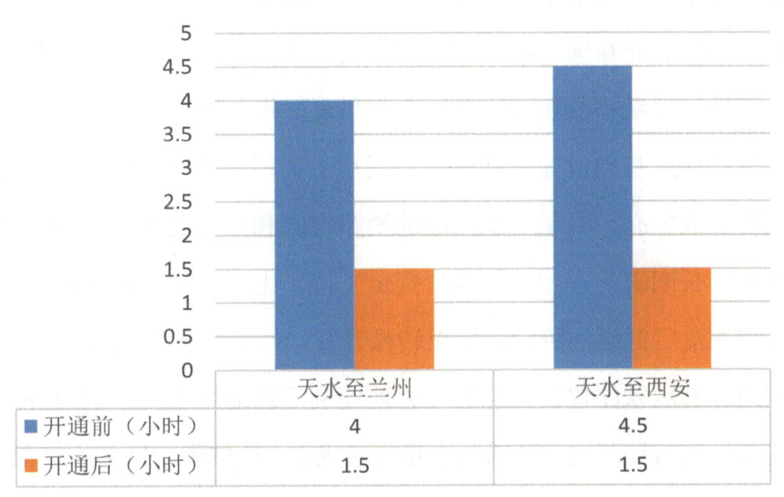

图 4–1　宝兰高铁开通前后天水对外运输时间变化

兰渝铁路全线建成运营后，显著改善了六盘山区、秦巴山区的对外交通条件，填补了甘肃省陇南市的铁路覆盖空白，显著加强了陇南与省会兰州以及川渝等地区的沟通与联系，从根本上扭转了陇南市交通不便的局面，形成了“东进西出、南来北往”的全方位开发格局，使陇南由甘、陕、川三省交界的边缘地带变为便捷连通兰青城市群、成渝双城经济带、关天经济区的战略通道节点和区域融合发展中心。项目建成前，陇南到兰州公路旅行时间将近 6 小时，项目开通运营后，乘动车仅需 2 小时 40 分钟，旅行时间节省超过一半。

西成高铁的开通运营，大幅提高了秦巴山区汉中、广元等地的对外交通条件。汉中与省会西安间的旅行时间由开通前的近 7 小时压缩至开通后的 1 小时 20 分钟；广元与省会成都间的旅行时间由开通前的近 5 小时压缩至开通后的 1.5 小时。

汉宜、宜万铁路建成运营后，显著改善了武陵山区北部对外交通条件，大幅缩短了鄂西、渝东地区沿线城镇与武汉、重庆、成都等周边中心城市间的时空距离，有效实现了相关地区与武汉都市圈、川渝城市群便捷的沟通与联系，带动包括荆州、恩施、万州等城市在内的三峡生态经济合作区协调健康发展。项目开通前，宜昌至武汉、重庆的公路旅行时间分别约 5 小时、10 小时，项目开通后，乘动车仅需 2 小时、4 小时，旅行时间节省超过一半。

（二）促进现代农业发展

受制于区位条件、地形地貌、资源禀赋、自然环境等因素的影响，贫困地区经济发展基础薄弱，农业在国民经济中占有较高比重，虽然与发达地区相比农业发展水平仍相对落后，却是一些地区的支柱产业和重要收入来源。

然而落后的交通基础设施条件进一步制约了贫困地区农业的发展。一方面，对外运输时间长、成本高，限制了农产品的销路空间和市场竞争力，经济效益难以实现；另一方面，长期缺乏人才、技术、资金支持，生产规模和效率难以提高，发展水平始终停留在落后低级的阶段，缺乏转型升级、持续发展的动力。

在贫困地区开展铁路建设，能够极大地便利沿线地区农产品的对外运输条件，提高运输时效性和市场范围，降低运输和流通成本，让贫困地区的农产品运得出去、卖得上价、挣得着钱。同时，交通基础设施条件的改善能够吸引更多专业人才带来先进的农业技术，吸引更多企业投资办厂，既可以大幅提高当地农产品的产量和质量，改善丰富农产品品种结构，又可以围绕特色作物开展农产品深加工，促进形成集培育研发、生产种植、产品加工、流通销售于一体的集约化规模化产业链，实现向现代农业的转型升级。

定西市是甘肃农业大市，产业特色鲜明，是国家中医药产业发展综合试验区核心区和全国首批区域性马铃薯良种繁育基地。兰渝铁路的开通运营，结束了沿线渭源、漳县、岷县等不通铁路的历史，直接降低了当地农业生产物资和农产品的运输成本，运费率平均比公路低 20 元 / 吨公里，有力促进了当地特色农业发展。2020 年定西市中药材种植面积达到 182.6 万亩，较 2017 年扩大了 18%，2019 年总产量 34 万吨，较 2017 年增长了 15%，种植面积和产量在全国地级市中居首位。交通条件的改善也有力支撑了定西向现代农业的转型升级，技术研发、招商引资和市场营销的力度不断增强，通过推广“龙头企业 + 合作社 + 基地 + 农户”的中药材种植模式，建立道地中药材标准化种植基地 193 个，面积约 30 万亩，中药材标准化种植率从 2017 年的 51.4% 提高到 2020 年的 79%，增长了 24.9 个百分点；先后引进广州医药集团、天津红日药业、中国中药、康美药业等知名制药企业落户定西，三年来共签约引进项目 64 个，总投资 141.8 亿元。

青藏铁路的开通运营，从根本上解决了西藏发展的交通“瓶颈”制约，为西藏特色农牧业发展提供了有力运输保证，山羊绒、牦牛绒、皮张、野生菌类等特色农牧产品竞争优势更加明显，显著拓宽了当地特色农牧业及其加工业的发展空间和前景，全区农牧业产值实现了跨越式增长。青藏铁路通车前两年（即 2005 年、2006 年）西藏农牧业产值增速分别为 7.54%、3.84%，通车后两年（即 2007 年、2008 年）快速提升到 13.83%、11.16%，增速明显加快且实现了持续稳定发展，2006 至 2015 年间西藏农牧业产值年均增长率达到 10.23%，增速明显高于通车前水平。

（三）促进工业发展

铁路作为运能大、运距长、运费低的运输方式，在大宗货物长距离运输方面具有显著的比较优势。工业发展所需要的原材料和所生产的产成品大多属于大宗货物，特别对于冶金、建材、化工、装备制造、火力发电等传统重工业企业而言，大宗货物的运输需求尤其突出。东部沿海地区具有便利的交通条件，且更加靠近产品消费市场，具备工业发展的先天优势。然而随着我国经济的转型升级以及产业布局的优化调整，越来越多的工业正逐渐向中西部地区转移。贫困地区普遍工业基础薄弱，加强交通基础设施支撑保障力度，提高对外交通能力，是承接东部地区产业转移、加快当地工业发展的先决条件和重要基础。铁路的建设运营能够有力支撑工业生产物资和产成品运输流通，对于推动贫困地区工业化进程，促进产业结构优化升级具有重要的意义。

陇南市地处秦巴山区，由于长期缺乏大运量、低运价的运输方式，工业发展相对滞后，是社会经济发展的薄弱环节，对一产、三产的带动乏力。兰渝铁路的开通运营有效破解了陇南货物运输的瓶颈制约。截至撰稿时，兰渝铁路日均开行货运列车 40 对，中欧国际班列常态化运行，沿线煤炭、钢铁、粮食、化工、集装箱等货物运输量大幅增长，且呈逐年快速增长态势，对优化陇南产业布局，带动当地工业发展具有重要意义。2019 年，陇南市完成生产总值 445.1 亿元，较 2016 年增长 31%；其中第二产业增加值 106.8 亿元，较 2016 年增长 45.7%，规模以上工业增加值 46.1 亿元，较 2016 年增长 19.4%。

赣瑞龙铁路途经罗霄山区赣县、于都县、会昌县、瑞金市四个县市，2006—2015 年四县（市）规模以上工业增加值年均增幅分别为 19.5%、24.5%、20.1%、18.7%，比全市年均增幅（17.9%）高 1.6、6.6、2.2、0.8 个百分点。赣龙铁路使赣州的工业化进程加速，工业化率由 2005 年的 27.7% 提高到 2015 年的 37.3%，进入工业化中期的特征开始显现。赣龙铁路投产吸引了大量优质的企业进驻会昌，并带动了氟盐化工、农产品加工、新型建材等产业链发展。

（四）促进矿产资源开发

一些贫困区蕴含大量矿产资源，但由于交通条件较差，丰富的资源无法得到充分的开发和利用，资源优势难以转化为现实的经济效益。交通瓶颈不仅堵住了资源外运的渠道，还堵住了群众脱贫致富的道路。铁路具有运力大、运价低、绿色环保的比较优势，特别适用于煤炭、矿石等矿产资源的运输。铁路建设能够打通贫困地区矿产资源外运通路，降低开发和销售成本，扩大市场范围，从而促进当地经济发展，改善贫困群众生活水平。

2014 年底建成投产的瓦日铁路是一条以煤炭运输为主要功能的重载铁路，该项目的建成在“三四”煤炭主产区与东部沿海港口间形成了又一条大能力西煤东运通道，对于完善我国铁路煤炭运输体系具有重要意义。吕梁山区位于山西和陕西两省交界处，是我国重要的煤炭产区，其中吕梁市和临汾市探明煤炭储量均为 400 多亿吨。瓦日铁路途经吕梁市和临汾市的多个贫困县，自开通以来有力促进了当地煤炭资源的开发和外运，铁路煤炭运量实现快速增长。吕梁市煤炭发送量由 2016 年的 2490.6 万吨增长到 2019 年的 7303.2 万吨，年均增速达 43.3%，如图 4–2 所示；其中吕梁山区片区内岚县、临县、兴县三个贫困县铁路煤炭发送量从无到有，快速增长到 2019 年的 4151.9 万吨，如图 4–3 所示。

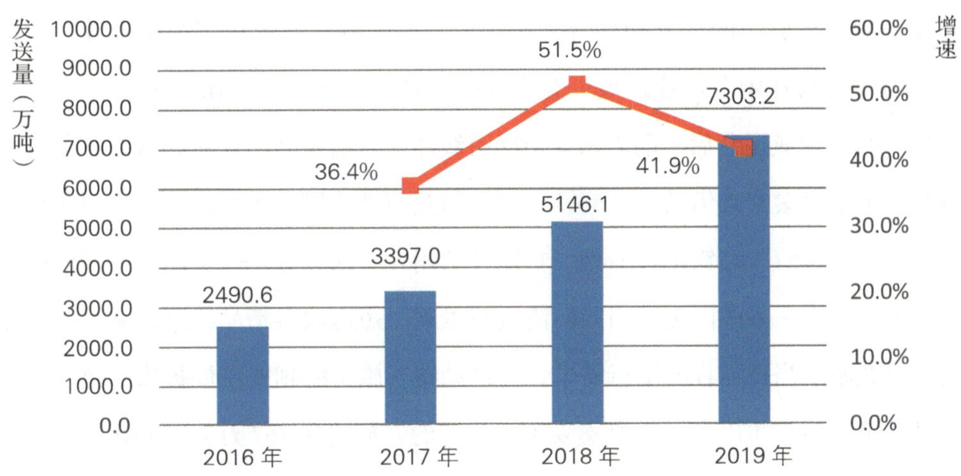

图 4–2　近年来吕梁市铁路煤炭发送量情况

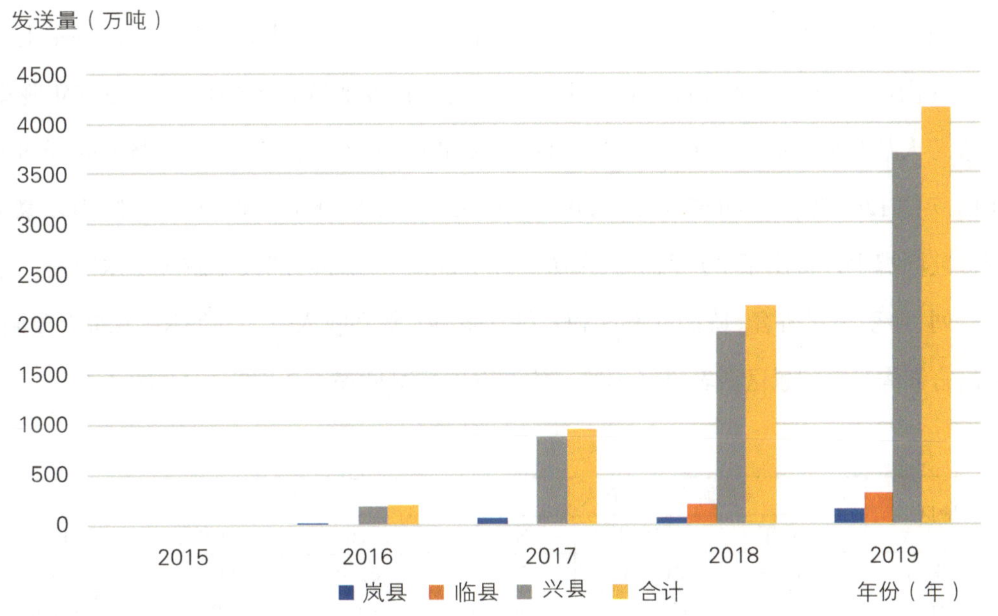

图 4–3　近年来吕梁山区瓦日铁路沿线贫困县铁路煤炭发送量情况

（五）促进旅游业发展

我国贫困地区具有丰富的旅游资源，一方面贫困地区通常位于山区、沙漠、高原等特殊地形地区，具有独特的地质地貌和原始的生态环境，自然景观资源丰富；另一方面部分贫困地区同时也是革命老区，具有光辉的革命历史和厚重的红色情结，人文景观资源丰富。但贫困地区由于交通的不便，旅游产业的发展受到了很大程度的制约。随着铁路建设的持续推进，贫困地区旅游景点景区交通运输条件得到改善，促进了区域旅游资源的提升和整合，形成了交通旅游景观带和旅游品牌效应，推动了“交通 + 旅游休闲”产业发展，有力支撑了贫困地区旅游经济发展。

宝兰高铁建成运营后，助力六盘山区沿线地区打造精品高铁旅游线路和促进旅游业增长。天水市秦安县借助宝兰高铁，积极与兰州铁路局集团对接，精心组织循环开行“环西部火车游”高铁赏花专列，打造“兰州——兴国寺——文庙——明清街——凤山——可泉寺——中国美丽田园何湾桃花景观”短途旅游精品线路，满足上班族利用周末赏花游玩当日返程的出行需求，为推动秦安旅游跨越式发展提供了范例。宝兰高铁开通第二年（2018 年），赴秦安观光旅游的人数达到 267 万人，同比增长 2 成以上，旅游收入 7.78 亿元。另外，宝兰高铁开通当年，天水市旅游人数和旅游收入均大幅增长，达到 3711 万人和 212 亿元，同比增长分别达到 35.3% 和 35.9%。

陇南市地处秦巴山区，环境优美，气候宜人。兰渝铁路建成运营后，从根本上改善了陇南出行条件，来自陕、甘、宁、青、川、渝等地游客人数剧增。2019 年陇南市旅游人数和旅游收入分别达到 2179.86 万人和 117.37 亿元，较兰渝铁路全面开通前 2016 年的 1261.58 万人和 62.45 亿元分别增长 72.8% 和 87.9%。2020 年以来陇南多家旅行社共同携手，推出了“环西部火车游 · 陇上江南”“环西部火车游 · 山水陇南”旅游专列，吸引大量游客。陇南武都区和宕昌县旅游人数和收入也大幅增长，武都万象洞、宕昌官鹅沟等热门景区游客络绎不绝。旅游发展情况见表 4–2、图 4–4、图 4–5。

表 4–2　兰渝铁路开通前后陇南市旅游发展情况

地区	旅游人数（万人）			旅游收入（亿元）		
	2016 年	2019 年	增长率	2016 年	2019 年	增长率
陇南市	1261.58	2179.86	72.8%	62.45	117.37	87.9%
武都区	199.20	336.80	69.1%	10.10	19.20	90.1%
宕昌县	176.30	306.50	73.9%	10.60	17.20	62.3%

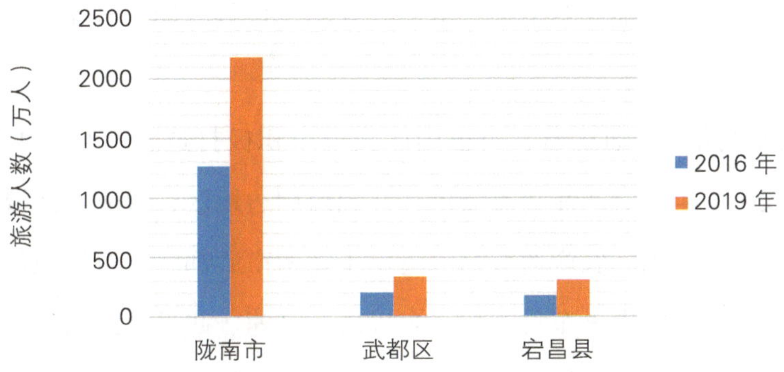

图 4-4　兰渝铁路开通前后陇南市旅游人数增长情况

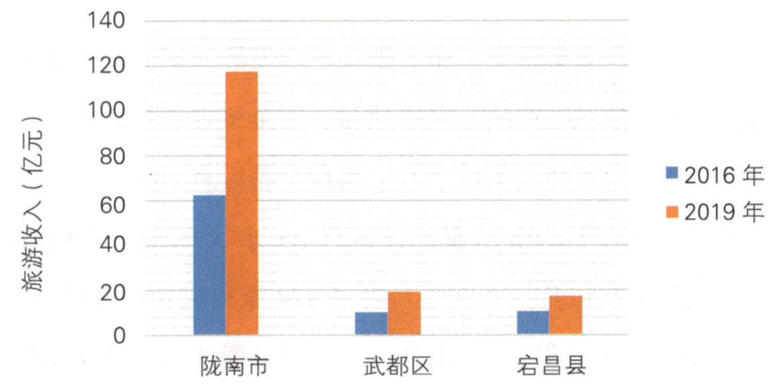

图 4-5　兰渝铁路开通前后陇南市旅游收入增长情况

贵广高铁建成运营后，沿线地区“周末游”“节日游”成为常态，为贵州、广西带来了大量的旅游客流。贵广高铁开通第一年（2015 年）贵州旅游客流和旅游收入同比增长 17%、20%，2016—2019 年贵州省旅游人数连续 4 年增长 30% 以上；广西柳州三江县旅游人数和旅游收入同比增长 66.8% 和 53.7%；广西桂林接待游客突破 4500 万人次，其中 75% 的游客通过高铁来到桂林，显著提升了桂林城市旅游影响力和辐射范围。

（六）促进现代物流业发展

铁路建设能够增强沿线地区运输能力，提高物流效率，促进货物流通，进而扩大城市的吸引范围。贫困地区铁路建设对加快沿线物流基础设施建设，打造形成物流产业园区，促进区域物流业发展都具有积极促进作用。铁路的建成运营，大幅提高了快运的效率，形成了快速物流新的增长动力，并进一步倒逼企业加快提升信息化、集成化管理水平，加快集采购、运输、仓储、包装、加工、配送等于一体的现代物流业发展。

依托兰渝铁路的开通运营，秦巴山区陇南市积极打造陇南东盛国际农产商贸物流港，有效服务当地农产品物流需求，并辐射周边地区，形成了区域农产品物流集散枢纽。陇南东盛国际农产商贸物流港位于陇南市武都区吉石坝现代商贸物流集中发展核心区，南邻陇南火车货运站，东接成武高速、武罐高速出口，总占地面积350亩，总投资13.3亿元，如图4–6所示。物流港立足陇南农业特色产业优势，探索建立了“龙头企业＋合作社＋贫困户＋银行＋电商平台”的运营模式，走出了依托商贸物流港推动企业集聚发展、企业带动产业发展、产业助力贫困群众增收的扶贫路子。物流港定位集农副产品、家居建材、五金机电、仓储物流、电子商务、综合配套于一体的现代商贸物流集散中心，果蔬交易区有200多家客商入驻，形成了陇南最大的果蔬专业批发市场；仓储物流区有100多家商贸批发和物流企业入驻；阿里巴巴陇南产业带上线运营，入驻平台客商424家；成功举办第26届中国西部商品交易会、甘肃省中药材博览会陇南分会、全国电商产业扶贫现场会。物流港的建设运营直接或间接带动贫困人口11.2万人。

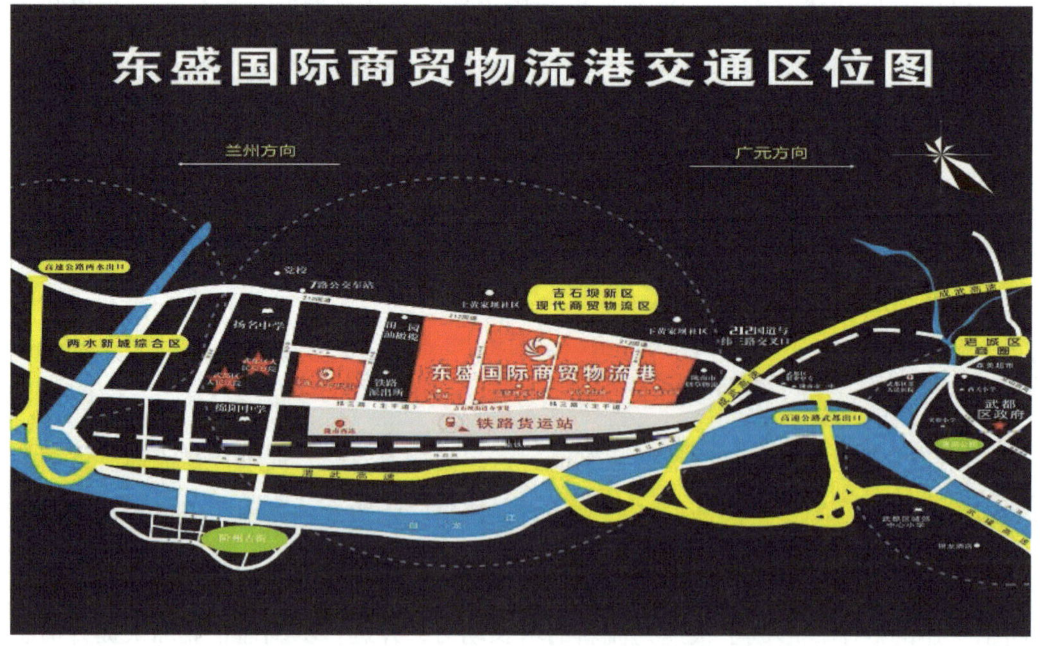

图 4–6 陇南东盛国际农产商贸物流港交通区位图

依托既有陇海铁路、天平铁路、宝兰高铁以及在建的天陇铁路，六盘山区天水市规划建设甘肃（天水）国际陆港铁路物流中心。该铁路物流中心位于陆港规划区域三阳川渭河南岸渭南镇崔范村，占地约 2000 亩，紧邻规划保税中心、公路物流中心，可实现与公路、保税中心无缝衔接，形成公铁联运体系，降低物资运输费用和货运交通干扰。甘肃（天水）国际陆港铁路物流中心将打造成为“一带一路”沿线和中新南向通道重要的物资转运和集散枢纽，西部地区重要的陆港口岸，关中—天水经济区、关中平原城市群区域物流配送基地，天水市外向型与创新型产业集聚区。

（七）促进城镇化发展

贫困地区经济发展水平较低，对人口的吸引力较差，城镇化率普遍较低。铁路建设运营使沿线城市产业和人口承载能力不断提升，带来巨大的人口聚集效应，促进城镇化水平快速提高，激发同城化效应，促进城市群协同发展，为沿线贫困地区新型城镇化建设提供强力支撑。

宝兰高铁建成运营后，沿线天水市的新型城镇化建设不断推进，人口不断聚集，城镇化率快速提升。天水市城镇化率由宝兰高铁开通前的低速增长甚至负增长，转为开通运营后的快速增长态势，城镇化率年均提高 1 个百分点以上，如图 4–7 所示。

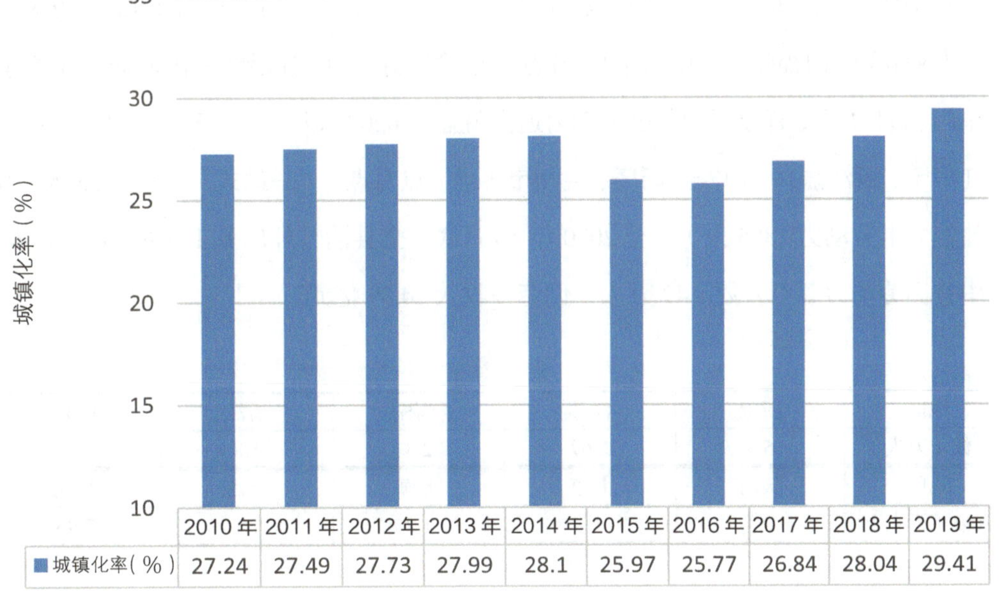

	2010 年	2011 年	2012 年	2013 年	2014 年	2015 年	2016 年	2017 年	2018 年	2019 年
■城镇化率（%）	27.24	27.49	27.73	27.99	28.1	25.97	25.77	26.84	28.04	29.41

图 4–7　近年来天水市城镇化率情况

赣龙铁路于 2005 年 4 月开通，经过罗霄山区，2011—2015 年沿线赣州市的贫困县城镇人口平均增幅达到 21% 左右，高于同期江西省城镇人口平均增幅 6 个百分点。

（八）促进贫困人口就业

铁路客运具有票价低、运力大的优势，铁路建设运营能够为贫困地区劳务输出提供经济、便利的务工渠道，促进贫困地区向发达地区输送富余劳动力，增加贫困地区人民收入。同时铁路建设运营能够全方位带动贫困地区产业经济发展，从而扩大当地就业机会，促进在外务工人员返乡就业。另外铁路建设运营能够密切贫困地区和发达地区的交流，获得劳动技能培训的机会增加，促进贫困人口素质和技能水平的提升，有利于长久稳定就业脱贫。

宝兰高铁建成运营后，极大方便了六盘山区定西市、天水市贫困人口外出务工就业，特别是跨省中长途劳务输出比重明显提高。2019 年，定西全市转移就业 65.3 万城乡劳动力中，省外 26.33 万人，占全市输转总人数的 40%，具体情况见表 4–3、图 4–8。天水市秦安县劳务输转人数明显增加，特别是中长途省外输转，务工人员遍布全国 90 多个城市，绝大多数分布在长三角、珠三角及西北五省。2020 年，为应对新冠疫情对贫困人口就业的不利影响，在地方政府的大力支持下，兰州铁路局利用宝兰高铁开通西北首趟扶贫返岗免费高铁专列，采取“点对点、门对门、一站式”的方式，共发送高铁专列 6 列，向福州、新疆、浙江、江苏等地输送劳动力，让沿线贫困群众“出家门、上车门、进厂门”，有效帮助贫困劳动力返岗就业。2020 年以来，秦安县先后向天津市、浙江海宁、浙江嘉兴、西安高新区、兰州市等地“点对点”“一站式”输转 5433 人（其中建档立卡劳动力 1885 人）。至 2020 年 10 月底，全县输转外出务工人员 11.24 万人，其中贫困劳动力务工人数 5.47 万人，创劳务收入 24.39 亿元。

表 4–3　2019 年定西市省外劳务输出主要目的地分布

地区	新疆	江苏	内蒙古	浙江	广东
人数（万人）	5.3	2.67	2.3	1.8	1.5
地区	陕西	北京	上海	福建	其他
人数（万人）	1.3	1.2	1.2	1.1	7.96

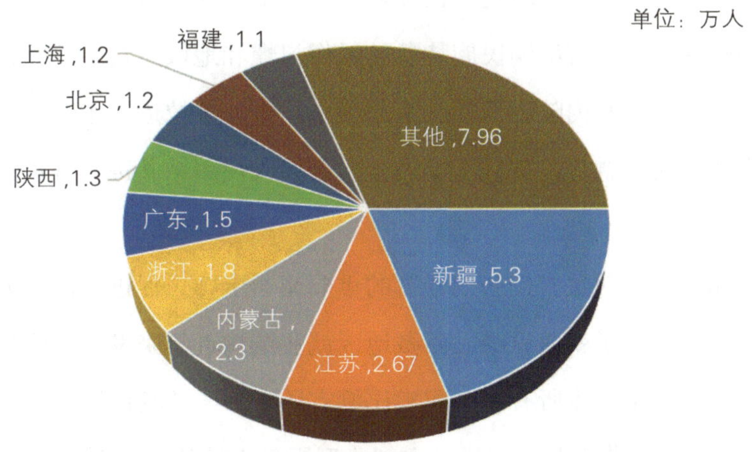

图 4-8　2019 年定西市省外劳务输出主要目的地分布

兰渝铁路的开通运营，不仅促进了陇南地区对外劳务输出，同时也带动了当地经济社会和产业发展，创造更多就业岗位，农村和贫困人口收入大幅提高。陇南市全市农村人均纯收入由 2016 年的 5859 元增长到 2019 年的 7734 元，年均增长 9.7%；贫困人口人均年收入由 2016 年的 3339 元增长到 2019 年的 5588 元，年均增长 18.7%。

（九）促进思想与文化交流

由于交通闭塞，长期从事单一的传统农业，贫困地区人力资源结构相对单一，从业人员思想保守落后，地区经济缺乏活力。习近平总书记曾指出，“要加强扶贫同扶志扶智相结合，让脱贫具有可持续的内生动力”。铁路运输以低廉的运输价格和巨大的运输能力，带动了发达地区和贫困地区之间人员、物资、资金和信息的交流，打通了发达地区和贫困地区间的联系通道，将贫困地区带入区域经济大发展的队伍中，使贫困地区人民在参与经济活动的过程中全面提升发展观念和致富理念，变被动、等待为主动探索，由单方面供给向以市场发展为导向，进而树立起市场观念、流通观念和竞争观念，提高对发展信息的敏感度和协作意识、风险意识，推动贫困地区人力自发地由第一产业向第二、三产业流动，促进贫困地区人力资源优化，进而带动贫困地区脱贫致富。

此外，部分贫困地区同时还是民族地区或边疆地区，这些地区通常位于国土边陲，远离内陆腹地，具有鲜明民族特色的风俗习惯和地域文化。铁路建设能够显著加强民族和边疆地区与内陆省份的交流与联系，进一步拉近国土时空距离，有力推动多民族文化交流与融合，有利于促进全国各族人民团结共进，维护边疆地区和谐稳定。

青藏铁路是打开西藏“创新创业”的重要交通走廊，促进了沿线人民生产、生活理念的提升，拓展了就业思维。西藏地区就业结构近年来发生了明显的变化，其中，“国有”“城镇集体所有制”职工比例有所下降，“其他经济单位”的职工比例有所上升，说明青藏铁路提高了自主创业型服务人员就业比例，例如餐饮服务业、健康保健业、出租车、农贸市场等。

同时青海省的就业结构也在青藏铁路通车后开始调整，如图 4–9 所示。

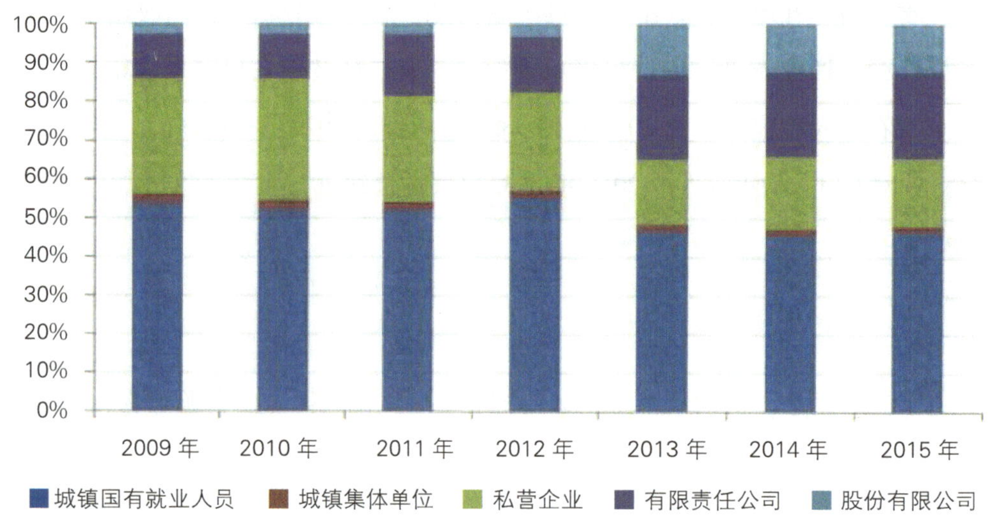

图 4–9 青海省就业结构图

可以看出，青藏铁路开通后，活跃了沿线地区人民思想，提升了择业理念，在选择就业方向时更加多元化。

（十）促进生态文明和绿色发展

习近平总书记多次强调，绿水青山就是金山银山。贫困地区大多拥有良好的生态环境和丰富的自然资源，绿水青山既是自然资源，又是经济财富。在发展过程中，贫困地区应坚持可持续发展道路，避免走对环境先破坏后治理的老路，应坚持脱贫致富与生态保护相互促进、共同发展，为子孙后代留下天蓝地绿水清的家园。优化调整运输结构是我国综合交通运输体系发展的一项重要任务，铁路作为能耗低、排放少的绿色交通工具，在服务保障经济社会发展的同时，更加符合绿色发展理念，能够有效促进生态文明建设。铁路基础设施占地面积相对较少，完成相同的运量，铁路所需的基础设施占地面积仅是公路的 25%，具备很高的土地利用效率。铁路运输能源消耗小，电力牵引铁路可节省大量能源，减少对石油资源的依赖，能够优化整个交通运输业的能源消费构成。铁路运输环境污染小，铁路碳氧化物排放量分别是航空、公路的约 1/60，1/58；氮氧化物排放分别约为航空、公路的 1/5，1/12；硫氧化物排放约是公路的 2/5。

宝兰高铁和兰渝铁路建成运营后，沿线地区铁路客运量快速增长，而同时公路客运量有所下降，铁路市场份额不断上升，运输结构更加优化，有利于减少能源消耗和对环境的影响。定西市铁路客运量由 2016 年的 203.5 万人增长到 2019 年的 511.6 万人，增长 151.4%；铁路占全社会客运量比重由 2016 年的 6.7% 增长到 2019 年的 19.2%，三年提高了 12.5 个百分点，如图 4-10 所示。

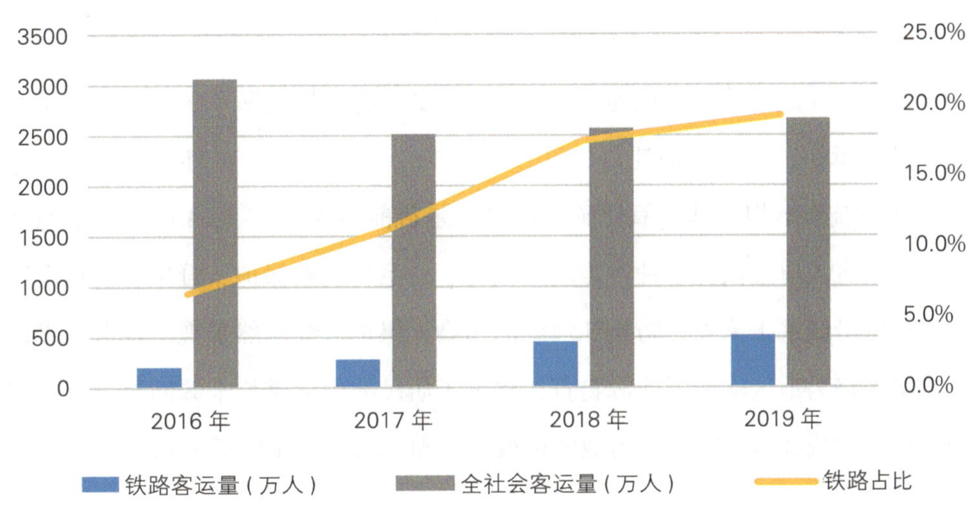

图 4-10 宝兰高铁、兰渝铁路开通前后定西市铁路客运量市场份额变化

陇南市宕昌县地处秦巴山区，以前没有铁路，兰渝铁路建成运营后，宕昌县铁路客运量占全社会客运量比重快速提高，2019 年达到 39.9%，大幅减轻交通运输对环境带来的压力，对生态文明建设和绿色发展起到了积极作用，具体发展见表 4-4、图 4-11。

表 4-4 兰渝铁路开通后陇南市宕昌县铁路客运量市场份额发展

年份（年）	铁路客运量（万人）	全社会客运量（万人）	铁路占比
2016	0	220	0.0%
2017	18	221	8.1%
2018	38	171	22.2%
2019	65	163	39.9%

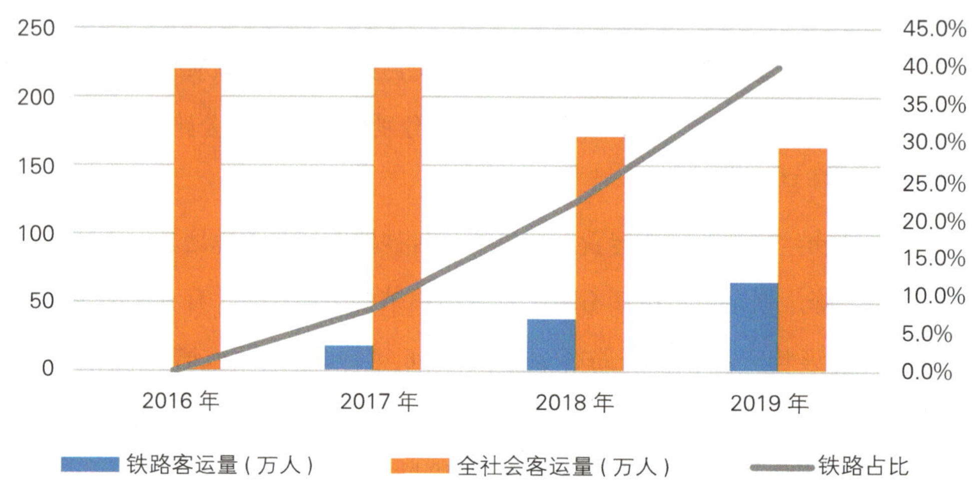

图 4-11 兰渝铁路开通后陇南市宕昌县铁路客运量市场份额发展

青藏铁路建成运营后，在能源消耗方面，如果青藏铁路所承担的客货运量由公路和民航来承担，其能源消耗量将是目前的 3.57 ~ 5.93 倍。在环境污染方面，如由公路和民航来承担，其二氧化碳排放量将是目前的 3.56 ~ 5.64 倍。在生态环保方面，铁路有关单位攻克了种种难题，创建了一系列植被保护、野生动物自由迁徙保护、遏制沿线水土流失、防止江河湖泊污染、保护沿线自然景观的环保技术；另外，青藏铁路为地区输送了能源物资，解决了居民的生活燃料来源问题，有效减少了地区居民砍伐林木的行为，为地区植被保护和生态恢复作出了贡献。

（十一）项目建设过程中实施精准扶贫

贫困地区的铁路项目在建设过程中，通过与沿线贫困地区发展规划、脱贫攻坚、生态保护等深度融合，能够直接帮扶沿线贫困群众，实现精准扶贫。一是统筹贫困地区实际需要，开展临建工程建设。项目建设过程中，按照“节约资源，服务沿线群众”和“永临结合”的原则，在不增加项目投资的情况下，协调当地发展规划，合理设计建设临时道路、水电、通信等配套临建设施，待项目竣工后无偿移交当地留作长期使用，因地制宜改造梁场、拌和站等设施，作为体育场馆、居民住宅、休闲广场、集贸市场、养殖场或其他建设用地，有效改善贫困地区基础设施条件，方便当地群众出行及生活所需，充分体现建设扶贫作用。二是优先选择当地劳务人员。施工单位在项目劳工队伍选择、生产和生活服务配套方面，同等条件下可以优先选择沿线贫困地区当地资源，组织贫困群众，特别是零就业贫困户，积极参与项目建设及相关配套服务，以工代赈，充分体现就业扶贫作用。三是为当地劳务人员提供技能培训。坚持扶贫同扶志扶智相结合，在电焊工、木工、钢筋工、瓦工、电工等特殊岗位加强对当地劳务人员技能培训，提高贫困群众的劳动技能水平和自我发展能力，为解决贫困群众长期稳定就业、实现真脱贫创造良好的基础和条件，充分体现教育扶贫作用。四是优先采购当地生产生活物资。在同等条件下施工单位可以优先采购沿线贫困地区的砂石料、车辆和机械租赁、生活消费物资等，带动当地生活消费，切实为贫困群众增收脱贫提供直接帮助，充分体现消费扶贫作用。五是合理利用隧道弃渣，保护沿线生态环境。加强对隧道弃渣的合理利用，做到与土地整理相结合、与植树造林相结合、与地方建设相结合、与水利防洪防汛相结合，为沿线贫困地区提供工程建设所需的砂石料，节省建设成本，保护生态环境，充分体现生态扶贫作用。

贵南高铁在施工建设期间，为沿线滇桂黔石漠化区环江毛南族自治县修建乡村道路约30条70余公里，培训使用当地贫困劳动力2300余人次，支付工资480余万元，采购生产物资3.7亿元、农产品2300余万元，同时还吸引了麻竹、旱藕等一批特色产业项目落地开花，进一步促进了当地经济发展和群众就业增收，2020年5月该县正式脱贫摘帽。据不完全统计，2019年14个集中连片特困地区铁路建设累计修建便民道路约970公里，使用贫困劳动力4.8万人次，支付工资23亿元，技能培训15万人次，采购农产品近亿元。

银西高铁在施工建设期间，积极落实精准扶贫要求，统筹考虑地方诉求，采取永临结合方式，仅在西安局集团公司管内就修建临时道路27条共计82.8公里，投入资金4616.6万元，并确保项目建成通车后地方可继续使用。同时，建设单位还帮助当地修建水井13口，无偿移交由当地村组使用，有效改善了沿线群众的交通和生产生活条件。项目途径六盘山区咸阳市永寿县30.6公里，施工建设期间就近采购当地工程物料、生活物资，累计金额达 152 万元；使用或租赁当地运输车辆及施工机械，支付费用 18173.14 万元；使用贫困县劳务人员共计 2228 人，其中贫困户劳务人员 971 人，发放劳务工资 7105 万余元，有效带动当地贫困人口增收脱贫和经济社会发展。

五、相关建议

（一）客观进行成果评估，深入总结铁路建设扶贫经验

根据党中央、国务院的统一部署和安排，在全面总结铁路扶贫工作取得成就的基础上，客观评估铁路建设扶贫成果。一方面要着眼全局，系统总结党的十八大以来、"十三五"以来以及《铁路建设扶贫行动方案（2018—2020 年）》实施以来贫困地区铁路建设规模和投资，包括建成投产及开工续建的新线、既有线扩能改造项目，认真梳理贫困地区特别是 14 个集中连片特困地区的铁路网规模、高铁规模、复线率、电气化率、县级行政区划覆盖率等主要指标的变化情况，客观反映铁路建设在地区经济社会发展中的作用和效果；另一方面要着眼局部，聚焦具体项目和地区，挖掘铁路建设助力脱贫攻坚的典型案例，总结贫困地区铁路建设过程中值得借鉴推广的方法、措施和制度，为今后一个时期铁路规划建设积累宝贵的经验基础，提供有益的实践指导。

（二）积极开展成果宣传，大力弘扬铁路建设扶贫正能量

在全面总结成果经验的基础上，积极开展铁路建设扶贫成果的表彰和宣传。本着公平、公正、公开的原则，通过逐级选报和综合评比，对在铁路建设扶贫中不畏艰苦、奋勇担当、积极作为、成果显著、贡献突出的先进单位和个人，在全路范围内予以表彰和通报。面向全社会举办铁路扶贫成就展，通过图文影音等多种形式，集中展示铁路建设扶贫的成果。积极向中央广播电视总台等国家级主流媒体上报，充分利用《人民铁道》报、人民铁道网等铁路官方媒体资源，发挥微博、微信公众号等自媒体平台优势，加强策划，精心选题，全方位宣传铁路建设扶贫显著成就和先进事迹，讲好铁路故事、弘扬铁路精神、凝聚铁路建设扶贫正能量，在全社会形成良好舆论氛围和正确价值导向。

（三）持续强化成果巩固，积极推动铁路建设助力乡村振兴

当前决胜全面建成小康社会取得决定性成就、脱贫攻坚目标任务如期全面完成。同时我们也应清醒认识到，绝对贫困已经消除，相对贫困仍将长期存在。按照党中央部署和要求，保持政策稳定性、连续性，实现已脱贫人口的稳定脱贫，做到摘帽不摘责任，摘帽不摘政策，摘帽不摘帮扶，摘帽不摘监管。根据中央农村工作会议精神，脱贫攻坚后，乡村振兴是历史性重大转折，要把乡村振兴战略放在重要位置，举全党全社会之力全面推进乡村振兴。《新时代交通强国铁路先行规划纲要》要求进一步提高中西部地区特别是贫困地区的路网规模，扩大路网覆盖，解决铁路发展不平衡不充分的矛盾，满足人民群众日益增长的美好出行需要。今后一个时期，铁路建设要坚持巩固拓展脱贫攻坚成果同乡村振兴有效衔接，继续强化相对贫困地区铁路建设，为推动“十四五”时期经济社会高质量发展，到二〇三五年基本实现社会主义现代化提供有力支撑。

（四）深入推动成果转化，切实发挥铁路运输服务保障作用

深入推动铁路建设扶贫成果转化，进一步增强铁路运输产品有效供给。全面提升客运服务水平，统筹新开、既有铁路运能和高铁、普铁资源，进一步增加途经贫困地区的旅客列车；坚持一线一策略、一车一品牌，完善“慢火车”开行方案，打造具有地方特色的“慢火车、优生活”服务品牌；推行铁路＋旅游＋扶贫等模式，组织向贫困地区开行旅游专列，促进贫困地区旅游业发展；在春运、春耕、暑运、秋收等时段，组织开行务工人员专列，为方便贫困地区务工人员出行提供良好服务。进一步增强货运保障能力，加强与贫困地区政府和企业的沟通联系，准确掌握贫困地区货运需求，制定一企一策略运输支持政策；加大贫困地区电煤、化肥、特色农产品、生活物资、应急物资等重点货运需求运力保障；组织开好贫困地区跨局大宗直达列车、客车化快运班列，提升物流质量和效率。有效扩大铁路服务覆盖面，对铁路网无法覆盖的贫困地区，加强与当地政府和企业的协商，持续推进客货运输服务功能完备、公铁无缝接驳的公铁联运无轨站建设，拓展铁路运输在贫困地区的服务范围。

“2012—2020 年铁路建设在打赢脱贫攻坚战中的效果和作用研究”课题组成员名单

课题指导	韩树青	刘文宪	任　君	戴新鎏
课题负责人	杨华峰			
课题组成员	梁　栋	马波涛	黄庆佑	周　丰
	刘昕宇	赵崧淞	于　剑	伍杰源
	郭新杰	刘　贺	徐　翔	赵宇刚
	刘牧涵	陆　瑶	周予婷	余巧凤
	孙洪涛	窦桂丽	冯　捷	廖小苹
	苏　杭			

精准扶贫

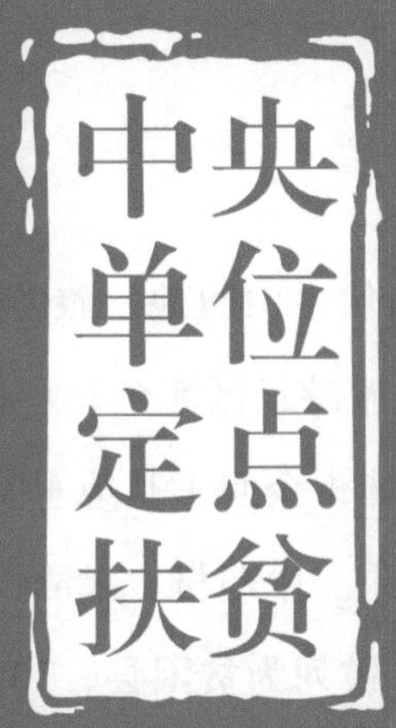

铁路情怀

定点扶贫河南省洛阳市栾川县情况

一、县城县情概况

河南省洛阳市栾川县地处豫西伏牛山腹地，旅游资源丰富，涵盖有 8 大类 26 个亚类 84 种基本类型，4A 级以上旅游景区 8 个、乡村旅游点 45 个。创建区域农产品品牌“栾川印象”，推行“品牌 + 企业 + 基地 + 贫困群众”的产业扶贫模式，涵盖了高山杂粮、食用菌、特色林果、中药材、果酒饮料、非遗传统类等 6 大系列 110 款优质农产品。栾川县 1986 年被列为贫困县，2012 年开始定点扶贫，2019 年 5 月脱贫摘帽。

二、定点扶贫历程

按照国铁集团扶贫工作安排，2012 年 11 月由中国铁路郑州局集团有限公司（以下简称“郑州局集团公司”）定点对口对栾川县进行帮扶。定点帮扶以来，多方面筹措资金，突出解决“两不愁三保障”及饮水安全问题，结合当地自然资源禀赋，探索开发旅游产品，扶持当地企业发展，助推产业扶贫，大力实施人才培训，开展扶志扶智行动，凝聚脱贫攻坚合力。2019 年定点帮扶的栾川县实现脱贫摘帽。

三、主要工作方法

（一）基本情况

脱贫攻坚战以来，郑州局集团公司坚决贯彻落实党中央、国务院关于打赢脱贫攻坚战的决策部署，坚持精准扶贫精准脱贫基本方略，结合交通强国、铁路先行目标任务，对标扶贫“六个精准”，充分发挥行业优势，围绕教育、医疗、住房安全、特色产业发展、党建、人才培训等领域，重点做好以下几个方面工作：

加大投入力度。累计投入栾川县铁路帮扶资金 7240.6 万元，实施 95 个项目，为栾川县引进资金 2758.55 万元，累计选派优秀挂职干部和驻村第一书记、驻村工作队员共 18 名，其中驻村第一书记 3 名、挂职副县长 1 名、驻村工作队员 14 名。

强化调研督导。2016 年以来，集团公司各级干部深入栾川县调研对接扶贫工作 800 余人次，向栾川县反馈《专项督导报告》36 期，形成《栾川县铁路定点扶贫工作重点项目推进情况月度督办反馈》21 期，编发扶贫信息专辑 20 期。

解决“三保障”突出问题。在义务教育方面，累计投入资金 680 万元，在栾川县 8 所中小学实施综合楼、运动场、图书室、计算机教室等 9 个建设项目，有效改善义务教育办学条件，受益学生近 8000 人，其中贫困学生 1189 人。在基本医疗方面，累计投入资金 320 万元，为栾川县城关镇、栾川乡、石庙镇等 12 个乡镇卫生院配备救护车 12 辆、彩超机 5 台，有效改善乡镇医疗诊疗条件，缓解贫困群众“看病难、看病贵”的问题。在住房安全方面，累计投入资金 70.53 万元，帮助 77 户贫困群众改善居住条件。在饮水安全方面，累计投入资金 100 万元，对栾川县潭头镇大王庙村和冷水镇西增河村的饮水设施进行改造，解决 59 户贫困群众吃水难问题。

深入实施产业扶贫。投入产业扶贫资金 3906 万元，实施 48 个项目。特别是在栾川县新南村、王坪村实施“铁路小镇”整村推进扶贫示范项目，累计投入 608 万元建设“铁路人家”130 户、游客接待中心 2 个、集体餐厅 2 个，捐赠价值近 230 万元的 2 台机车、9 辆客车及信号机、钢轨、轮饼、枕木等铁路元素，打造铁路主题景观，将铁路文化深度融入乡村生态旅游，把贫困群众嵌入乡村旅游产业链条，实现贫困群众就近就业增收。

大力实施人才培训。协助栾川县组织、人力资源部门广泛开展人才培训，建好用好栾川县铁路务工培训基地，累计培训栾川县乡村干部 5078 人、技术人员 8057 人。

开展消费扶贫行动。建设高铁无轨站，深入实施“引客入栾”，累计组织赴栾川旅游专列 6 列 3187 人，组织 2 万余名职工赴栾川开展春秋游活动。免费提供郑州东站商铺，帮助建设郑州东站栾川印象旗舰店，免费提供郑州东站、洛阳站、洛阳龙门站以及高铁车厢广告点位，宣传推介栾川旅游、特色农产品，为栾川县减免店面租金和广告推介费用1865万元。推动栾川农产品入驻铁路消费扶贫“三网一柜”等平台，栾川县33款产品登陆中铁快运扶贫商城、41款产品搭乘12306平台、60余款产品进驻国铁集团采购名录，郑州局集团公司直接购买栾川小米、玉米糁等农副产品1187.13万元，通过推介帮助栾川县销售系列农产品1436万元。

深化抓党建促脱贫工作。累计投入360万元，对庙子镇磙子坪村、栾川乡方村等33个村的党群服务中心设备设施进行提升改造，夯实基础党建阵地，有效提升服务群众能力。充分发挥铁路扶贫栾川县临时党支部作用，通过组织党建扶贫培训会等联学形式，培训栾川县贫困村两委班子678人次、贫困村致富带头人285人次。安排洛阳车站、洛阳车务段、洛阳机务段、洛阳供电段4个单位多个先进基层党支部与贫困村党支部建立结对帮扶关系，通过联学联建、开展主题党日活动等形式，促进贫困村党组织提高党建工作水平。

讲好铁路脱贫攻坚故事。充分利用网台报刊等路内外媒体平台，深入挖掘总结宣传铁路在脱贫攻坚中涌现出的先进典型、经验做法。2016年以来，在各类媒体平台刊发通讯报道、工作信息710余篇，其中在《人民日报》、河南省《脱贫攻坚动态》、《人民铁道》报等省级及以上单位或媒体刊登经验176篇。特别是反映“铁路小镇”建设的深度报道《河南栾川：火车驶入贫困县致富道路宽又广》在2020年9月5日CCTV-12频道“善行中国”栏目刊播，反映栾川县铁路驻村干部王延辉先进事迹的通讯报道《干部有劲头　老乡有盼头》以一文三图的形式在2020年1月13日《人民日报》13版刊发，拍摄制作的《我在铁路小镇等你》《国铁扶贫入校园》《栾川山有虎！》在新华社客户端、新华网、人民网、光明网等6家国家级媒体平台刊发，累计点击量超过500万人次。

2019年5月9日，经河南省政府常务会议研究，批准栾川县正式退出贫困县序列。铁路助推贫困地区村集体经济发展、精准实施旅游产业扶贫、探索带贫减贫长效机制等6篇工作经验相继被河南省《脱贫攻坚动态》刊发推广，撰写的论文《定点扶贫视角下发展村级集体经济的实践探索——以铁路定点扶贫栾川县为例》在河南省组织的学习习近平总书记扶贫重要论述征文活动中荣获二等奖，郑州局集团公司作为承担定点扶贫任务的国铁集团驻豫单位在2018年、2019年度河南省脱贫攻坚成效考核中连续两年被综合评价为“好”。当前，“守青山、护绿水，环境带来生活美；不离土、不离乡，铁路帮扶奔小康”在栾川县广为流传，铁路定点扶贫工作已经形成“地方党委政府充分认可、基层贫困群众家喻户晓”的良好局面。

（二）创新帮扶模式

1. 发展壮大集体经济

立足定点扶贫栾川县工作实际，聚焦提升脱贫攻坚工作质量，把防止返贫放在更加重要的位置，以发展壮大村集体经济为突破点，从完善新型经营主体与贫困户联动发展的利益联结机制入手，协助栾川县当地党委政府探索推广“集体经济＋合作社＋贫困户”等带贫模式，引导贫困群众通过参与经营、务工就业、生产托管等方式融入产业链条，以此建立减贫长效机制，激发贫困群众脱贫致富的内生动力，全面巩固既有脱贫成果，确保扶贫资金脱贫致富效能。脱贫攻坚战以来，累计投入3164万元用于充实集体经济资金力量，帮扶实施铁路小镇中央餐厅、赤土店集体民宿、陶湾镇协心村土特产品展销中心、仓房村“铁路扶贫观光车队”、白土镇柿子醋厂以及康庄茶厂等39个集体经济项目，覆盖栾川县15个乡镇63个贫困村。集团公司持续发力助推定点扶贫地区巩固脱贫成果的典型经验在河南省2020年第46期《脱贫攻坚动态》刊发。

2. 实施特色产业扶贫

结合栾川县域经济发展战略与生态资源禀赋，将铁路交通优势、铁路文化元素与精准扶贫有机融合，通过完善旅游设施、改造农家宾馆、加强技能培训等举措，精准实施“铁路小镇”、高铁无轨站、集体民宿、农家宾馆等能够带动贫困群众持续受益的旅游产业项目，丰富乡村旅游业态，助推栾川乡村休闲旅游多点开花，带动贫困群众稳定脱贫。资助购买扶贫观光车，组建野生动物园景区“铁路扶贫观光车队”，打造豫西传统民俗体验园，建设磨坊、豆腐坊、酒坊、农耕书屋，采取“集体＋贫困户”模式，有效带动贫困群众增收脱贫。在重渡沟管委会新南村、王坪村实施“铁路小镇”项目，累计投入帮扶资金608万元，集中改造130家“铁路人家”主题民宿和配套建设游客接待中心2个、集体餐厅2个；捐赠价值近230万元的2台机车、9节车厢及信号机、钢轨、轮饼、枕木等铁路元素，打造铁路主题景观，将铁路文化深度融入乡村生态旅游业，辐射带动区域旅游产业发展。目前，铁路小镇已经成为栾川乡村旅游“网红打卡地”和旅游新地标，投入运营以来，吸引游客10万余人，村集体增收13万元，带动贫困群众户均增收2万元。

铁路定点扶贫栾川县以来，投入产业扶贫资金达3806万元，实施产业项目44个，改造集体民宿23个、农家宾馆242户，覆盖栾川县15个乡镇63个村；培训贫困群众2000余人次，带动300余户贫困户参与乡村旅游业，吸引30余名致富带头人返乡创业，贫困户平均增收1.5万元，脱贫致富效应明显。国铁集团坚持因地制宜助推栾川县精准实施旅游产业扶贫的典型经验在河南省2020年第76期《脱贫攻坚动态》刊发。

3. 培育扶持龙头企业

结合栾川县域农业种植结构禀赋，协同栾川县在深入调研的基础上，探索推行“品牌＋企业＋基地＋贫困群众”的产业扶贫模式，通过整合资源、宣传推介、定向采购等举措，重点扶持打造栾川印象农产品加工销售的龙头带贫企业，着力解决扶贫产业规模总体偏小、带贫益贫能力局限、市场风险防控和竞争能力不强等问题和短板。

一是优化整合资源。协同栾川县对当地12家农产品加工企业、7个生产扶贫基地进行整合，合力打造一个全品类、全产业链条的区域品牌——栾川印象。栾川印象已发展扶贫基地27个，集结13家农产品加工企业，建成生产加工线23条，产品涵盖高山杂粮、食用菌、特色林果、中药材、果酒饮料、非遗传统类等6大系列107款优质农产品，其中12个品类农产品获得国家商标注册。

二是加强宣传推介。充分发挥铁路企业行业优势，免费提供郑州东站商铺，帮助建设郑州东站栾川印象旗舰店，免费提供郑州东站、洛阳站、洛阳龙门14个广告点位，宣传推介“栾川印象”特色农产品；帮助栾川印象在北京、郑州、洛阳、宜阳、伊川等各级市县区建设 19 家线下品牌直营店，在天猫、京东、淘宝、拼多多等主流平台开设 11 家专卖店，帮助栾川印象农产品进驻 12306、832 扶贫网、建行善融、农行扶贫商城等 11 家国家级辅助电商销售平台和铁路消费扶贫“三网一柜”等平台，推动栾川印象品牌向多元化发展。坚持每年在北京、郑州、洛阳、新乡召开不少于 4 场消费扶贫推介对接会，在集团公司机关举办栾川印象农产品展销会，在机关食堂设立栾川印象农产品销售专柜。

三是加大采购力度。制定《关于进一步加强消费扶贫工作的通知》，建立定向采购机制，通过单位食堂定向采购、职工福利集采等方式，帮助当地贫困群众实现增收，提升市场风险防控和竞争能力。自 2017 年 11 月栾川印象运营以来，累计实现销售收入 9800 万元，带动 1751 户 5250 名贫困群众年人均增收达 1100 余元，栾川印象品牌先后获得“一带一路”国际农业合作博览会金奖、第四届全国农村创新创业项目创意大赛优胜奖等 12 项省级及以上荣誉，栾川印象带贫益贫案例荣获 2020 年全国消费扶贫优秀典型案例。

定点扶贫陕西省汉中市勉县情况

一、县域县情概况

陕西省汉中市勉县北依秦岭，南垣巴山，居川陕甘要冲。现辖17个镇、1个街道，198个村（社区），总面积2406平方公里，总人口43万人。境内有武侯墓、武侯祠等文物资源330处，金、锌等矿产资源25种，天麻、猪苓等珍稀中药材17种，陕钢集团、汉中锌业等规模以上工业企业80户。2011年被认定为国家扶贫开发工作重点县和秦巴山区扶贫攻坚片区县。2020年2月经陕西省政府批准，勉县正式退出贫困县序列。

二、定点扶贫历程

中国铁路西安局集团有限公司（以下简称“西安局集团公司”）坚决贯彻党中央、国务院、陕西省关于脱贫攻坚的决策部署，认真落实国铁集团党组全面加强铁路定点扶贫的工作要求，围绕全面决战决胜脱贫攻坚战目标，统筹疫情防控和脱贫攻坚，严格落实“四个不摘”要求，持续加大对勉帮扶力度，以产业、消费、建设、运输扶贫为抓手，积极展示作为，全面巩固提升脱贫攻坚成效。西安局集团公司被陕西省评为扶贫优秀单位，荣获国铁集团脱贫攻坚火车头奖杯。

三、主要工作做法

（一）脱贫攻坚战以来扶贫工作开展情况及成效经验

1. 资金投入

2016年以来，共向勉县地区投入资金7619.25万元，积极动员社会力量参与引入资金2974.3万元；联系路内兄弟单位开展协同扶贫投入资金773.3万元；党员干部捐赠物资146.5万元，实施了68个扶贫项目，其中产业扶贫项目35个，让勉县2万余户、5.4万余人因此受益。

2. 培训各类人才

安排专项资金230余万元，用于勉县扶贫干部、集体经济带头人、农村创业致富带头人和农业产业技术人员的培训。通过集中办班学、网络视频学、外送现场学等多种教学方式，开阔了他们的视野，提升了他们的创业能力、技术水平和发展本领，为巩固脱贫攻坚成果、实施乡村振兴战略筑牢基础。举办脱贫攻坚培训班2期、培训基层干部3649人，大大改善了贫困地区群众"打工没技术，创业没思路，务农没出路"的状况。

3. 选派干部

先后派出两批39人次驻勉扶贫。8个铁路重点运输站段对口帮扶勉县8个贫困村。截至撰稿时，铁路在勉县扶贫干部26人（其中挂职县委副书记1人、挂职副县长1人、第一书记8人、驻村工作队员16人）平均年龄43岁，副科级及以上干部11人，大专及以上学历24人。关心关爱扶贫干部，对所有驻村工作队配备医疗小药箱、每年办理意外保险、定期安排健康体检，落实驻村干部免费就餐和生活补助。对贡献突出的扶贫干部，及时落实相关待遇。截至撰稿时，39名驻村干部已有19名被提拔。

4. 取得的成效及探索形成的模式和经验

（1）取得的成效。在西安局集团公司和勉县县委、县政府共同努力下，勉县于2020年2月正式退出贫困县序列，结对帮扶的4镇8村1045户3204名贫困户全部脱贫退出。5 年来，帮助勉县建成了食用菌车间、金丝皇菊大棚、养牛基地、阜川茗茶标准化加工厂等“短期 + 长效”的全链条标准化产业基地，形成了“五色”种植业和“百千万”养殖业的产业模式，即红色辣椒、绿色茶叶、白色玉木耳、黄色金丝皇菊和黑色香菇，百头肉牛、千张桑蚕和万只土鸡。这些产业的实施投产带动贫困群众 2277 户 6000 余人增收，随着产业的后期发展，预计可再带动贫困群众 1.06 万户、1.7 万人参与生产加工和股权分红。在带动发展的同时，集团公司紧盯民生根本，投入资金 74.5 万元，先后修建元墩镇元墩村拦水坝修建工程、老道寺镇张家湾村人畜饮水工程和元墩镇渭溪沟村饮水管道改建和住房提升工程，解决了 1855 人吃水难和 15 户 53 人住房安全问题；投入资金 720 余万元，完成迁建漆树坝镇卫生院、勉县边远山区配置彩超机等医疗设备、勉县中医院等 4 所医院配置急救车辆等 3 个医疗卫生项目，提升基层卫生院医疗设备条件和应急救助能力，补齐偏远山区公共卫生服务短板，让山区百姓在家门口就能做上心电图和彩超，彻底解决了看病远的难题；投入资金 400 万，为勉县漆树坝镇中心小学等 10 所小学安装空气源热泵供暖系统，让高山上的师生在温暖的教室中安心教学。

（2）形成的模式和经验。脱贫攻坚 5 年来，西安局集团公司总结了以“产业发展为基、消费拉动为翼”的帮扶经验，制定了选择产业的“五看”标准（一看自然禀赋，二看产业传统，三看技术含量，四看市场需求，五看基层组织），形成了“五色”种植业和“百千万”养殖业的产业模式，即红色辣椒、绿色茶叶、白色玉木耳、黄色金丝皇菊、黑色香菇和百头肉牛、千张桑蚕和万只土鸡。以“消费扶贫直通”品牌为引领，打造站上、车上、线下线上、路内路外多渠道消费扶贫方式，销售农产品共计 2800 余万元，带动近 1 万农户增收。积极发挥运输扶贫优势，持续开行方便贫困山区群众出行的公益扶贫“小慢车”，帮助贫困地区劳力外出务工的“丝路扶贫列车”，节假日点对点增开的旅游扶贫列车，主动为勉县重点企业设立“优惠”条项，减少各项费用，实施运价下浮。以阳安二线修建为标志的建设扶贫，强化秦巴山区扶贫开发重要交通基础设施，在建设中统筹考虑永临结合和当地用工用料，让勉县人民也尝到了铁路发展的甜头。

（二）典型经验与做法

1. 产业扶贫

（1）打造全产业链，实施“五色种植＋百千万养殖＋扶贫”模式。一是立足实际，遴选优势项目。茶叶和油菜是勉县两大特色产业，“汉中仙毫”“陕南油菜花”在全国有一定的知名度，全县茶树面积16万亩，油菜6.3万亩，是当地群众创收的主渠道。同时，结合“消费扶贫活动”中绿色、环保、无污染的牛肉供不应求的现象，初步确立围绕绿色生态种养殖产业发展，向勉县地方提供资金、技术支持，助力勉县脱贫摘帽。二是加强培训，提升产品品质。与勉县有关部门联合施策，组织行业部门种养殖技术力量，深入田间地头、致富带头人家中帮扶，定期组织村民开展种养殖技术培训，加快先进技术的推广和普及，降低了禽畜发病、死亡率，提高土鸡、生猪、肉牛品质，提升水稻、茶叶每亩收益。同时，对山区坡地分类指导，组织群众种植中药、花椒、皇菊、核桃、食用菌等农作物以提高收益。8个村共种植中药元胡、天麻100余亩、花椒2万株、金丝皇菊120余亩，核桃60余亩，仅栗子坝村核桃一项就能产出“高山核桃”2万斤，销售额20余万元。三是扩大规模，激发项目效益。针对土鸡、生猪、肉牛养殖分散、难管理的现状，由集体经济和能人大户牵头，组织实施规模化养殖。通过带动困难群众参与，享受股权分红权益，把就近就业、提供饲料、无偿使用有机肥等便利让渡于农户等方式鼓励和吸引贫困户。漆树坝镇唐家坝村的“红永进口肉牛养殖基地扩建项目”，使劳动能力低下的孤寡贫困户也能通过土地流转受益，还可通过种植牧草大幅降低劳动强度，收益却由原本种植玉米的每亩不足400元增长至1200元，涨幅提高3倍。集体经济参与的云雾山土鸡已建设大棚7个，带动困难群众34户96人。四是链条管理，畅通销售渠道。为解决规模化养殖带来的市场销售问题，西安局集团公司提早布局，加大产业投入，实施链条化管理。在土鸡养殖规模化的同时，投资修建禽类屠宰冷链加工车间，引入终端销售机制，搭建全流程产业链，提高产品竞争力。

（2）建立利益联结，创新“股权＋扶贫”模式。鼓励土地相对集中，把外出打工者、老人小孩、失劳人员的土地流转给村集体，为规模化经营创造条件。投入

186万元，扶持杨庄村的菌类种植项目流转土地20多亩，截至撰稿时，已完成玉木耳基地建设大棚18个，年产1.6万吨，带动困难群众404户1365人。铁路帮扶勉县的8个村都设立了村集体经济股份合作社，将闲置资产优先配给村集体，指导贫困户向村集体入股，使村民变成股民，逐步壮大集体经济。一是入股做强集体经济。积极推进“资产变资源、资金变股金、农民变股民”的“三变”改革，根据市场需求，由村集体研究，共同出资投资土鸡养殖、中药材种植、油菜制种等产业，承揽医疗卫生站建设、乡村小路修筑、河坝水渠维护等工程，争取利润最大化，不断做大集体经济。二是丰富利益联结形式。强化“资金跟着贫困户走，贫困户跟着能人走，能人跟着项目走，项目跟着市场走”的“四跟四走”利益联结机制，村集体科学测算生产要素投入，主动吸引贫困户参与集体经济，尽快脱贫致富。对未入股参加集体经济的群众，制定土地流转、土地入股、临时用工、企业就业、代种代养、订单收购等多种增收模式，吸引未脱贫的和已脱贫的群众参与，用诚实劳动换取经济收益，提高集体经济的活力和抗风险能力。三是科学量化股权分红。贫困户实行动态管理，新的贫困户实行同股同酬，对体弱多病等“失能弱能”贫困群体实行差异化分红。村集体按贫困户股权资金的一定比例保底分红，村集体红利收入继续用于乡村旅游和特色产业基础设施建设和贫困户帮扶救助。通过量化股权分红、就近就业、产业收入，确保贫困群众长期稳定受益。

2. 消费扶贫

（1）发挥企业优势，挖掘自购消费潜力。自2018年国家“扶贫日”期间开始，组织勉县4个镇8个村的木耳、蜂蜜、牛肉、茶叶、香菇等100余个单品，在西安、汉中、安康等铁路社区举办“村口到门口”“山里到城里”等主题专场售卖活动，进一步挖掘自身消费潜力，并将直销活动升级打造为“消费扶贫直通车”品牌，常态化组织售卖活动，受到铁路职工家属及周边群众的认可。依托铁路企业内购潜力，在职工劳保用品、节假日慰问、行车公寓食堂等自采领域优先安排贫困地区绿色农产品。2016年以来，持续增加勉县、宁强、西乡、紫阳等秦巴山深度贫困地区茶叶集中采购量，累计采购扶贫茶叶63万余斤，价值3500余万元。

（2）发挥地域优势，打造农旅消费板块。建立“铁路＋旅游＋扶贫”模式，开行红色游、乡村游、周末游等“定制火车”，把“风景”变成产业，带动贫困地区群众增收。在“油菜花海汉中旅游文化节”举办期间，开行西安至汉中、咸阳至紫阳等方向的高铁旅游专列，运送游客近20万人次来当地消费。村集体通过在停车、广告、摊位等方面的收入，以及村民销售农特产品、工艺品和经营农家乐等直接增收50余万元，尝到了农旅结合的“甜头”。

（3）发挥资源优势，构建站车消费矩阵。与勉县政府联合举办“农特产品上铁路站车推介会”，组织铁路单位与贫困县茶叶、蜂蜜、魔芋面等生产厂家对接，完善包装、检疫、证照程序，拓展绿色农产品铁路市场空间。利用铁路辐射范围广、受众较多的优势，减免广告费900余万，在车站大屏幕高频次推介宣传商洛、勉县地区风土人情和自然风光，为贫困地区牵线搭桥，帮助扩大社会影响力。在西安局每日开行的动车组列车上推广销售贫困地区农产品，辐射全国4个直辖市18个省会城市。

（4）发挥平台优势，激活电商消费市场。注重线上线下联动，将偏远地区的特色产品推向市场前沿。线上，拓展消费扶贫电商渠道，在日活动用户超千万的12306、中铁快运、国铁吉讯掌上高铁App等路内外平台中，动态推介宣传当地风景人文和特色物产，将勉县所产茶叶、金丝皇菊等6类21种农产品上线销售，帮销农产品700余万元；线下，在西安车站、西安北站、汉中车站等6个客流较大车站和第26届中国杨凌农高会现场发放宣传折页，专门邀请陕西电视台采访报道“12306扶贫商城”上线情况，进一步宣传推广，提升社会知名度和关注度。组织勉县相关部门和龙头企业前往长沙参加“2019年一乡一品国际商品博览会”，现场宣传推介勉县所产香米、蜂蜜、魔芋等8大类16种产品。借助“6·18”电商购物节，与央视“中国电商扶贫行动”栏目携手，在央视财经频道播出勉县茶叶推介栏目，铁路派驻勉县挂职扶贫副县长出镜，起到了良好效果。在原来8个帮扶单位的基础上，再增加专司经营服务、旅游推介、广告传媒业务的4个单位参与帮扶，专门负责扩大铁路消费扶贫市场，为拓展农产品销售渠道联姻助力。同时，对贫困地区农特产品进铁路超市大开绿灯，一律免收进场费、加盟费、广告费，勉县的茶叶、木耳、魔芋等8类55种优质农产品进入“西铁双维超市”，摆放在超市最醒目区域，供社区内超10万名家属、群众选购。

（5）发挥带动优势，助力消费扶贫提质。持续加大产业发展投入力度，整合产业资源，提高产业抗风险能力，保证农产品质量，以产品质量换市场份额。截至2020年9月28日，铁路共向勉县投入产业项目资金4111.5万元，实施产业扶贫项目40个，形成了以茶叶、肉牛、蚕桑、食用菌等为主导，中药、花椒、皇菊等为特色的产业体系，2.06万户、5.45万人因此受益。稳定供应链，针对贫困户和普通群众自种自养的农产品种类分散、数量有限等情况，加强供给侧引导，与村集体协商，由集体经济和能人大户牵头，组织实施规模化养殖、种植，帮扶的栗子坝村核桃一项就能产出核桃2万斤，销售额20余万元。全力支持勉县沔水丽农商贸有限公司、陕西巴山秦水生态农林科技有限公司等当地农产品运营企业，将优质大米、菜籽油、黑木耳、土蜂蜜、西洋参等产品统一标准、统一分级、统一包装、统一标识、统一价格，提升勉县产业扶贫产品的市场竞争力，倒逼企业产品市场化、规范化、规模化，形成良性循环。发展产业链，按照产销结合、以强带弱的思路，破解扶贫产业弱、规模小、销售渠道少等制约发展因素，加大对勉县龙头企业的扶持力度，以产业龙头带动区域经济资源要素的整合与创新。投资200万元，用于举办人才培训班，对勉县扶贫龙头企业、村集体经济和创业致富带头人进行新农村的特色产业、新经济发展模式、互联网思维、政策法规等内容的针对性培训。投资1000万元，用于勉县发展红辣椒种植，与勉县原味生态农业有限公司、尧蕈食用菌公司等建立了稳定的产销对接机制，延伸产业链条，打造土鸡、肉牛养殖，食用菌、茶叶加工等龙头企业。与汉中锦绣公司、陕西美腾实业有限公司等有实力的龙头企业合作，增强“元庄村蚕桑基地”“唐家湾村果蔬种植园”项目开发深度，创建农业产业化联合体，消除扶贫产业项目发展弱项，从源头上解决产销“瓶颈”问题，力促消费扶贫升级上量。

定点扶贫宁夏回族自治区固原市原州区情况

一、县域县情概况

宁夏回族自治区固原市原州区，于2002年7月撤地设市后由固原县改名而建，位于宁夏回族自治区南部，六盘山东麓，以“苦瘠甲天下”闻名全国，是国务院确定的六盘山片区国家扶贫开发工作重点县区。2002年与国铁集团（原铁道部、铁路总公司）建立定点扶贫关系，经过19年的定点帮扶，2020年3月4日经宁夏回族自治区宣布，原州区实现整体脱贫摘帽。

二、定点扶贫历程

按照中央部署，2002年国铁集团（原铁道部）与宁夏回族自治区固原市原州区建立定点扶贫关系。2012年11月、2015年9月，国务院扶贫办、中组部等部委先后印发《关于做好新一轮中央、国家机关和有关单位定点扶贫工作的通知》（国开办发〔2012〕78号）、《关于进一步完善定点扶贫工作的通知》（国开办发〔2015〕27号），进一步明确国铁集团定点扶贫原州区结对关系至2020年。

三、主要工作做法

按照党中央、国务院关于扶贫开发工作的部署要求，国铁集团自2002年开始承担宁夏回族自治区固原市原州区定点扶贫任务，截至2020年，累计投入帮扶资金1.58亿元，实施帮扶项目157个，主要通过发展教育事业、推动基础设施建设、开发种植养殖产业等途径，务实做好精准扶贫工作。特别是党的十八大以来，国铁集团党组坚持以习近平新时代中国特色社会主义思想为指引，全面贯彻落实党中央决策部署，积极践行“人民铁路为人民”的责任担当，举全路之力持续加大定点扶贫工作力度，多措并举创新帮扶方式，全力助推帮扶县区打赢打好脱贫攻坚战。

在党的扶贫政策推动下，借助铁路在内的社会各界组织帮扶力量，原州区人民奋发图强、攻坚克难，于2020年3月4日宣布脱贫摘帽，累计减贫10.47万人，贫困发生率从32.4%清零，脱贫攻坚成效显著。铁路定点扶贫各项工作得到宁夏回族自治区各级党委、政府的充分肯定和帮扶地区人民群众的广泛好评，国铁集团扶贫工作连续两年在中央单位考核中评为“好”的等次；兰州局集团公司先后荣获宁夏回族自治区“定点扶贫先进单位”“驻村帮扶先进集体”等荣誉称号。在原州区、固原市、宁夏回族自治区逐级推荐下，国铁集团扶贫办荣获“2020年全国脱贫攻坚组织创新奖”；铁路派驻原州区帮扶工作队被授予“全国脱贫攻坚先进集体”荣誉称号。

（一）充分发挥行业优势，努力构建“大扶贫”格局

1. 铁路建设扶贫方面。一是加快连接贫困地区铁路规划建设。长期以来，国铁集团党组高度重视、持续加大包括宁夏在内的中西部地区铁路基础设施规划建设，2018年党组陆东福书记、董事长亲自到宁夏回族自治区固原市调研铁路扶贫工作，现场踏勘宝中线固原至中宁南段扩能改造项目，要求切实做好建设扶贫工作。兰州局认真落实国铁集团铁路建设扶贫行动方案，主动担当科学有序、优质高效推进宁夏铁路建设的重大责任，保开通、保在建、保开工，推动宁夏铁路网规模不断扩充、结构不断优化。相继建成银川—吴忠、吴忠—中卫高铁，银西高铁于2020年12月26日正式开通运营，宁夏地区全面融入全国高铁网。总投资288.55亿元的中卫至兰州铁路在建项目计划2022年底开通运营，总投资109.65亿元的包头至银川铁路（惠农至银川段）在建项目计划2024年7月开通运营。同时，投资估算86.5亿元的宝中线中卫—固原段扩能改造工程、投资估算69.1亿元的包银高铁包头—惠农段（含银川至巴彦浩特支线）前期工作有序推进，力争早日开工建设。截至2020年，兰州局铁路营业里程5698.8公里（其中高铁1263.9公里），其中宁夏境内1239.8公里（其

中高铁 207.1 公里），铁路成为助推贫困地区经济社会发展的“快车道”和人民群众脱贫致富的“幸福路”。二是推动铁路建设与贫困地区发展规划深度融合。在铁路建设当中，统筹实施水、电、通信、道路等永临结合工程，无偿移交当地服务生产生活。2016 至 2020 年，建成水井 40 眼 381 万元，通信基站 73 个 2646.4 万元，道路 334 公里 6065 万元。同时，积极协调施工单位，选用当地劳务工 7489 人，支付工资 22598 万元；优先采购当地生活物资 2233 万元，采购当地工程材料 184568 万元，租赁当地机械设备 25041 万元，促进贫困地区群众增收脱贫。

2. 铁路运输扶贫方面。一是持续加大设备设施投入。国铁集团不断加大贫困地区的铁路设施设备投入力度，特别是 2017—2020 年，先后向宁夏境内投入总价 26 亿元的 CRH5G 动车组、大功率和谐型电力机车等移动设备；投入技术改造资金 2.35 亿元，实施接触网更新、铁路沿线增设防护栅栏等项目；投入 2 亿元补强物流设施，先后新建干塘、平罗、平罗南货场 3 个，对银川南物流中心和惠农、青铜峡、固原 3 个货场进行扩能改造，对迎水桥、中宁、大武口、同心 4 个货场集装箱货区进行补强。这些现代化的铁路设备设施，为宁夏地区铁路运输提供了有力保障。二是努力满足宁夏人民群众出行需求。国铁集团动态调整列车运行图，优化运力资源配置，截至撰稿时，宁夏境内共运行旅客列车 46 对（高铁 12 对、普速 34 对）。持续提升银川至长庆桥、银川至汝箕沟公益性“慢火车”开行品质，以票价低、停站多、乘降便捷等优势，联通沿线县城小镇，打造流动的“乡村集贸市场”，让“慢火车”变成“致富车”。在不通铁路的彭阳县、闽宁镇等贫困地区打造具备购取票、公铁接驳、旅游咨询、物流运输、农产品销售等功能的铁路无轨站，打通群众出行与物流运输的“最先和最后一公里”。积极响应宁夏全域旅游战略，精心谋划银中高铁列车开行方案，在银川至中卫南间开行动车组列车 12 对 24 趟，串联起沙坡头、沙湖、石空寺石窟等旅游胜地；依托“环西部火车游”平台，不断拓展“环西部火车游”产品，精心打造“塞上江南・神奇宁夏”“专列开进六盘山”等品牌，吸引客流进入西部，带动资金流、消费流集聚宁夏，有效促进了当地经济发展和人民群众增收。三是全力保障宁夏地区物资外运。按照国铁集团统一部署，兰州局集团公司发挥铁路运输比较优势，与宝丰能源、宁煤集团等大型企业签订运量互保协议，围绕贫困地区农机、化肥、粮食等涉农物资外运需求，开行“点对点”运输专列，对较大的电厂站组织开行直达专列，开辟了银川南至天津港的铁海快线、银川南至曹妃甸的铁水联运班列，以优质、快捷、便利的服务保障贫困地区物资外运。采取降低增值税税率、取消和减免铁路杂费、竞争性一口价下浮、降低专用线代运营代维护费用等措施，降低宁夏境内企业物流成本。四是不断加大重点企业扶持力度。聚焦打通贫困地区企业产品运输“最后一公里”，大力支持宁夏华夏物流、青铜峡捷安公铁物流公司等重点企业加快推进铁路专用线建设。特别是固原至王洼煤业专用铁路的建成投用，为企业扩大生产、提高产能，带动固原地区经济发展创造良好条件。2020 年王洼煤业发运煤炭 589.2 万吨，是 2013 年发运量的 10 倍之多。新冠疫情对企业生产造成极大冲击影响，在路地双方共同努力下，宁夏境内货物发送量仍保持正增长。

（二）持续加大帮扶力度，推动铁路扶贫措施落地见效

1. 不断加大投入力度。2013—2020 年，铁路部门累计向原州区投入帮扶资金 7493.2 万元，先后派驻扶贫干部 13 人。特别是 2018—2020 年脱贫攻坚战三年行动期间投入力度持续加大，累计向原州区投入资金 5500 万元。同时不断扩大铁路站车广告宣传力度，累计减免帮扶县区农特产品广告宣传、场地租赁等费用 1800 余万元。

2. 努力补强“两不愁三保障”短板弱项。坚持补短板、强弱项，先后投入专项资金 821.5 万元，帮助改造危房 261 栋，新建饮水机井 1 处，帮助改造饮水设施 327 户，为 5 个乡镇卫生院和 63 个村级卫生室配备呼吸机 68 台；投入资金 230 万元，争取捐赠、助学等公益资金 125.5 万元，资助贫困学生 633 名，捐赠图书 14300 余册。从根本上解决了贫困群众“两不愁三保障”突出问题。

3. 精准实施产业扶贫项目。2013—2020 年，累计投入资金 4954 万元用于发展产业项目。其中，投入资金 1874 万元，针对贫困户增收能力弱、自身脱贫致富积极性不高等问题，帮助发展到户种养产业项目，新建养殖圈舍 611 栋，补栏基础母牛 3358 头、母羊 1532 只，种植马铃薯、中药材、红梅杏、优质牧草等 4000 余亩，户均增收 7000 元，实现了精准扶贫从“输血”向“造血”的转变。投入资金 3080 万元，精准实施“铁路帮扶 + 政府推动 + 合作社经营 + 贫困群众参与”模式

的村集体产业项目7个，注重发展循环经济，引导贫困群众以出资入股、参与务工、生产托管、提供原料等方式融入产业链条，确保每个项目都能够最大限度推动贫困户就近就业、长期受益和持续发展。如在习总书记考察过的原州区姚磨村，围绕万亩冷凉蔬菜基地延长产业链、提升科技含量的发展需求，2020年安排资金1200万元建成净菜分拣包装加工车间和高标准智能温室，年产值将达到1500万元，辐射带动周边10个村组发展蔬菜，年用工3000余人次。

4. 积极拓展“铁路扶贫+”成果实效。一是创新推进消费扶贫。坚持以带动扶贫产业持续发展和贫困群众稳定增收为导向，组织开展扶贫产品定向采购、进站上车、电商带货、建设消费、疫情防控帮运帮销等消费扶贫行动，2018—2020年开展消费扶贫行动以来，累计购买和帮销原州区农特产品5700余万元。二是积极拓展就业扶贫渠道。坚持“一人就业，全家脱贫”的帮扶思路，充分用好铁路行业用工、帮扶龙头企业用工、扶贫产业公益岗位等就业渠道。同时，坚持扶智扶志，通过举办专题技能培训、岗前就业培训、观摩学习等方式，帮助贫困群众开阔思路、提升就业增收技能。累计培训基层干部、致富带头人和贫困群众近万余人次，帮助安排贫困群众转移就业2200余人。三是深化党建扶贫措施。组织7个铁路站段优秀党支部与帮扶贫困村党支部结成对子，实施“党内活动联搞、组织生活联过、制度机制联建、帮扶措施联抓”的“四联”帮扶机制，定期开展送温暖、送点子、送文化、送信息、买特产的“四送一买”公益活动，进一步强化贫困村党组织引领示范作用。

定点扶贫新疆维吾尔自治区和田地区和田县情况

一、县域县情概况

新疆维吾尔自治区和田地区和田县位于新疆西南部、昆仑山北麓、塔克拉玛干沙漠南缘，全县面积4.03万平方公里，其中：山区占95%、沙漠占3.7%、绿洲占1.3%，管辖10乡2镇1个园艺场，209个行政村35.69万人，维吾尔族占99%，是典型人多地少的传统农业大县和边境民族贫困大县。

二、定点扶贫历程

1994年10月起，乌鲁木齐局受原铁道部委托，开始负责新疆维吾尔自治区和田县定点扶贫工作。26年来，累计投入资金及物资2.69亿元，帮扶和田县贫困村43个，实施精准帮扶项目254个，惠及贫困人口3万余人，累计驻村扶贫干部100人，现有驻村干部53人。2019年底，重点帮扶的两个乡镇12个深度贫困村全部提前摘帽，带动了各村建档立卡贫困户1352户6058人彻底摆脱贫困，过上了“两不愁三保障”的好日子。

三、主要工作做法及成效

（一）主要工作做法

1. 围绕“产业兴旺”要求，以“铁字号”产业为龙头，推动铁路产业长效扶贫新模式。根据和田资源特点，先后投入3800万元，做强做实“铁字号”产业，在和田当地形成品牌带动效应和稳定的扶贫产业链。一是发展餐饮旅游业。资助巴什拉依喀村、库玛村等打造集乡村休闲旅游、特色农家餐饮、民俗文化体验等为一体的旅游餐饮广场，为75个建档立卡户搭建了就业创业平台，村集体经济收益帮助300户1172人增收，并带动了周边经济繁荣发展。二是发展特色加工业。先后资助达奎村建立火车头面粉加工厂、库木艾日克村建立火车头核桃加工厂、吉格代艾日克村建立火车头配电箱生产加工厂，带动60户215人就业。资助罕艾日克村新建火车头同麦源馕业，与周边4个乡镇签订每天约1万个学生营养馕的订单，同时借助电商平台、12306网站等营销方式，产品远销北上广、成都等12个内地城市，惠及建档立卡贫困户80户250人。三是发展特色养殖业。资助拉依喀村、托奴村、夏买来村新建三个火车头畜禽养殖场，对贫困户牛羊进行托管，解除贫困户外出就业后顾之忧，受益建档立卡贫困户312户1147人。在已建成20座兔养殖大棚的基础上继续资助巴什拉依喀村、托奴村建设火车头兔养殖基地。

2. 围绕“国企担当”要求，畅通扶贫多渠道，保持铁路帮扶行业领先优势。充分发挥铁路行业优势，主动担当、积极作为。一是开展建设扶贫。在铁路建设中优先使用当地资源。和若铁路建设累计雇佣当地劳动力4296人，租赁当地机械、支付5.76亿元，采购当地建材、价值5.76亿元。二是开展运输扶贫。继续开好公益性慢火车，2019年运送旅客93万人；优化“民族团结一家亲”品牌列车开行方案，运行时间压缩至24小时以内，累计运送338万人；积极做好南疆地区重点物资运输保障，仅“扶贫煤”就发运42.94万吨。三是开展就业扶贫。自2018年起吸纳建档立卡贫困户劳动力转移就业406人；通过资助产业项目经营，安置解决贫困劳动力277人；招录南疆四地州应届毕业生1037人到铁路工作，实现“一人就业，全家脱贫”的目标。2020年吸纳南疆四地州2298名劳动力转移安置人员，在铁路上岗就业。四是开展消费扶贫。通过发动铁路职工购买扶贫产品、铁路单位定向采购等方式，帮助当地贫困群众实现增收。3年来，铁路单位直接购买和田县农产品1426.96万元，帮助和田县销售农产品4113.18万元。其中2020年节日期间，采购和田县扶贫产品550万元为职工发放福利和进行慰问，帮助解决因疫情导致产品滞销的实际困难。

3. 围绕“生态宜居”要求，补强农村民生基础设施，打造示范美丽乡村。2013

年以来，累计投入1063万元用于基础设施建设。一是兴修农田水利。资助朗如乡改造低产田750亩，购买收割机、脱粒机等小型农业机械11台，补强提水灌溉工程；资助卡拉维村进行危桥改建和农业灌溉水渠闸口建设；资助色格孜库勒乡建小机井10口；资助达奎村改造老化水管道、修建1.5公里防渗渠，解决220户贫困户1050亩农田节水灌溉问题。资助吐完拉依喀村改造11公里自来水管道，解决497户1531人的饮水难题。二是开展助学助医。资助达奎村小学、拉依喀村小学改善教学环境，建设购置文体设施设备；资助7个贫困村修建爱心托儿所，整修希望中学操场，改造校园设施，配备教学器材；资助乡镇医务室配备基础医疗设施设备，定期为贫困村民开展义诊活动。三是改善人居环境。对村委会和村民老破旧房屋进行修缮，举全局之力捐赠电视机、洗衣机、冰箱、厨具、灶具、家具等现代生活必需物资5200余件、价值150余万元。让4村1768户村民用上了水冲式厕所，看上了电视，洗上了热水澡，实现了庭院养殖、种植、生活、储物“四区分离”。

4. 围绕“扶智扶志”要求，深入实施文化技能帮扶，激发贫困群众内生动力。一是加强红色基因传承。选齐配强12个村第一书记，提升村“两委”班子能力和水平，将青年积极分子或党员作为村级后备干部实行“一对一”传帮带；坚持周一和重大节日升国旗发声亮剑宣讲，把主题党日活动常态化。二是完善基础文化设施。帮助四个村维修国语教室，增配电化教育设备。建设文化小广场、文化馆、活动室、红色健康网吧等文体阵地，配备文体娱乐设施设备，满足贫困群众日常学习。每年开展各类文体活动190余场次。三是开展综合素质技能培训。采取“送出去、请进来”的双向教育培训方式，开展党的民族理论和民族政策教育、法制教育、国语和就业技能培训等。2019年组织安排乡村干部和贫困群众代表201人到乌鲁木齐学习观摩；开展现场养殖、种植技术培训5904人次；国语培训1073场次20万人次；宣传教育432场次19000余人。

5. 围绕“决战决胜”要求，建立防返贫致贫预警监测帮扶措施，确保脱贫攻坚质量。因时制宜制定了防返贫致贫预警监测和动态帮扶工作措施，加大对建档立卡贫困户和边缘户日常走访摸排、动态管理力度，凡发现因灾、因病、因残、失业、产业经营失败等原因，导致收入下降、发生返贫致贫风险的农户，及时组织扶贫力量，开展精准帮扶。同时，有效借助政府帮扶力量，通过民政救助、纳入低保、社会公益性岗位及综合社会保障兜底等系列帮扶措施。自措施出台实施以来，我们重点帮扶的 12 个村未发生一户返贫、边缘户致贫的问题。

（二）取得的成效

1. 增强了基层党组织的战斗力。随着党建基础的不断夯实、党组织作用的充分发挥，村民亲眼看到党给村子和个人家庭带来质的变化，看到铁路驻村干部为改变农村贫穷落后面貌所付出的诸多努力，从内心感念党的恩情，真心拥护党的领导，渴望成为党组织的一员。3 年来，12 个村先后有 572 人积极向党组织递交了入党申请书，其中 236 人光荣入党，党在贫困农村的领导影响力不断巩固提升。

2. 带动了当地经济的发展。我们帮助和田县的 12 个村兴办“铁字号”扶贫产业，带领当地群众闯出了一条在家门口脱贫致富的康庄大道，推动了当地经济的蓬勃发展。2019 年，通过铁路扶贫产业项目建设，为和田县当地企业创收 350 万元；通过产业项目的投入运营，增加村集体收入 62 万元，拉动拉依喀乡、罕艾日克镇村民月生活消费总金额达 5 万元；通过拉依喀村“火车头”养殖合作社的运营，每年给参股贫困户分红，增加了“短板”家庭收入，帮助该村人均年收入由 2018 年的 7683 元提高到 2019 年的 10927 元，超出 2019 年罕艾日克镇人均年收入的 4.61%、和田县人均年收入的 8.65%。

3. 提升了村民的幸福指数。在铁路的大力帮扶下，村民彻底改变长久以来落后的生活习惯，如今村民家家户户都过上“睡觉上床了、做饭进厨房了、洗澡进澡堂了”的幸福生活。村民自发制作锦旗、写信感谢铁路。从我们帮扶资助的村民家庭中培养出的 37 名大学生，看到了村里翻天覆地的新变化，潜移默化影响着他们的思想，毕业后主动回到乡村积极参与家乡的经济建设。

4. 培养了一批吃苦耐劳、甘于奉献的优秀干部。派驻和田县的干部，驻村经历少则 3 年，多则 6 年，在扶贫战线上默默无闻的付出，得到了组织的认可和群众的爱戴。近 3 年来，先后有 72 人次获得县级以上各类先进荣誉称号，15 名驻村干部被予以重用。同时，我们发挥铁路“传帮带”优势，对近年来回村的青年大学生进行重点培养，49 名优秀民族青年成长为合格的“村官”。

中国铁路投资集团有限公司
协同扶贫河南栾川情况

中国铁路投资集团有限公司（以下简称“投资公司”）认真学习贯彻党中央、国务院脱贫攻坚方针政策和决策部署，严格落实国铁集团打赢脱贫攻坚战三年行动实施方案，坚持以精准扶贫为基本方略，充分发挥企业优势，持续加大帮扶力度，协同郑州局集团公司承担栾川县（中央定点）扶贫开发工作，助力打赢脱贫攻坚战，现将有关情况总结如下。

一、坚决贯彻落实国铁集团决策部署，积极推进协同扶贫工作

1. 深入学习贯彻习近平总书记重要批示指示精神和国铁集团相关部署。投资公司认真学习贯彻习近平总书记关于打赢脱贫攻坚战的重要批示指示精神和党中央、国务院、国铁集团相关决策部署，将相关内容纳入党委中心组学习，围绕国铁集团打赢脱贫攻坚战三年行动实施方案和疫情防控阻击战部署要求，提高政治站位，多次召开专题会议研究安排扶贫相关重点工作，充分发挥投资公司及各控股公司优势，加强组织领导，全力推进扶贫工作。

2. 健全完善管理体系。按照国铁集团党组对于协同扶贫工作的部署安排，投资公司成立了扶贫开发领导小组，公司主要负责同志承担第一责任人的责任。扶贫开发领导小组成立之后，每年度制定年度扶贫工作实施方案，确保全面完成每年扶贫开发工作目标，公司负责领导同志定期召开扶贫专题工作会议，传达贯彻国铁集团相关会议精神，坚决落实铁路协同扶贫工作安排部署，对公司协同扶贫

重点工作进行研究部署。

二、定点帮扶工作开展情况

党的十八大以来，投资公司向定点帮扶河南栾川县投入资金 330 万元，分别用于购置乡镇卫生院救护车、改造基层党群服务中心、利用废旧小学改建集体经济民宿、建设生态停车场、配置中小学教学设备等项目。

1. 乡镇卫生院救护车项目。栾川县辖 15 个乡镇，全县总人口约 35 万人，辖区乡镇全部位于大山深处，最远的乡镇如白土、狮子庙、秋扒等距离县城约 60 公里以上。地广人稀，居住分散，最远的自然村距离乡镇所在地有 30 余公里，山高路远，生活条件较差，出行较为不便，就医困难。投资公司投入 45 万元专项资金为庙子镇、三川镇、潭头镇配备的 3 辆救护车在农村急诊急救中发挥了积极重要作用。

救护车

2. 基层党群服务中心改造项目。根据栾川县委组织部 2019 年基层党建工作十件实事要求，拟在大南沟社区党群服务中心 4 楼建设村史馆，建设内容主要包括室内吊顶、粉刷墙面、铺复合地板、房屋改造、装饰造型墙、制作村史版面等内容。投资公司投入 5 万元专项资金用于城关镇大南沟社区党建阵地提升。

3. 唐家庄村集体经济民宿项目。陶湾镇唐家庄村属于贫困村，距镇区 10 公里，全村共有 5 个居民组，303 户 1330 口人，建档立卡贫困户 88 户 307 人。该村依托栾川大峡谷漂流、自行车骑游步道等丰富的生态旅游资源，利用村内原废旧小学改造成总面积 780 平方米、24 个标准间的集体经济民宿。项目建成后，由唐家庄村集体经营管理，有效增加村集体经济年收入约 30 万元，同时，可提供 8 个就业岗位，人均年增收约 1.5 万元。该项目总投资 120 万元，其中投资公司投入 100 万元，为持续发展壮大村集体经济、贫困群众就近就业持续收益，推动产业扶贫多元化融合发展、提质升级。

4. 叫河镇叫河村生态停车场项目。叫河镇叫河村生态停车场依托天河大峡谷景区及牛堡文化园所在地优势，计划建设占地 12 亩、停车位 210 个的生态停车场，总投资共计 95 万元。该帮扶项目建成后，有效改善了乡村旅游交通条件，由叫河村集体经营，每年纯收益达 10 万元，同时可提供 6 个就业岗位，人均增收 5000 元。投资公司充分发挥资本、产业优势，积极协调各控股公司，引入帮扶资金 40 万元，建设叫河镇叫河村生态停车场建设项目，扩大帮扶长期成效。

5. 上沟村集体经济民宿项目。庙子镇上沟村属于深度贫困村，距镇区 15 公里，全村辖 6 个居民组，134 户 395 人，建档立卡贫困户 38 户 127 人，2018 年底全部脱贫。该村距 5A 景区白云山 3 公里，距 4A 景区龙峪湾 4 公里，地理位置优越，区位优势明显，拟利用村内原废旧小学改造成总面积 698 平方米、10 间客房、接待大厅、餐厅、操作间等集休闲、餐饮为一体的集体经济民宿。项目总投资 149 余万元，其中，投资公司投入帮扶资金 100 万元。项目建成后，带动村集体经济年增收 5 万元左右，同时，可提供 6 个就业岗位，人均年增收 9000 元左右。

6. 城关镇中小学教学设备配置等项目。城关镇位于县城中心，现有初级中学 1 所，小学 4 所，在校学生 3684 人，教职工 350 人。近年来，随着进县城务工人员持续增长，这 5 所学校对保障进城务工子女得到优良教学资源起到了积极作用。同时，随着学生人数的逐年增长，教师办公电脑短缺、教室多媒体设备年久失修等问题日益凸显，影响了办公效率，降低了教学效果，也对学校教育工作产生了一定影响，急需为学校配置一批教学设备。此次拟为城关中学配备教师备课计算机 36 台，为城关一小配备教学多媒体 10 套、为西地小学配备教学多媒体 2 套。项目实施后，

多媒体教学设施

将极大改善城关中学教师办公条件和两所小学的教学条件，有效提升教学效果，可惠及 3 个学校 3170 名学生和 293 名教职工。

三、典型做法及成效

1. 扎实推进铁路“四网一柜”体系建设。按照国铁集团部署安排，投资公司控股子公司国铁吉讯负责，不断加强与国铁集团扶贫办的沟通汇报，研究制定基于掌上高铁 App 的消费扶贫商城的系统研发方案，顺利完成“爱购扶贫馆”研发上线工作，投入 600 余万元，历时 3 个多月打造“爱购扶贫馆”，2020 年 5 月 20 日上线。同时，投入 300 多万元在掌上高铁 App、高铁订餐等页面分阶段宣传推广，入驻商品涵盖 4 县区及其他国家级贫困县 9 个品类 356 种，2020 年销售额 52 万余元。

组织国铁物资公司充分利用全路统一的国铁物资采购平台（国铁商城）优势，开通“铁路消费帮扶专区”，拓展脱贫地区农产品销售渠道，实现铁路消费帮扶“四网一柜”帮扶体系，推动铁路消费帮扶高质量发展。

2. 积极开展消费帮扶工作。2020 年，按照国铁集团扶贫办的统一部署，针对湖北地区、挂牌督战县滞销扶贫产品，组织各控股公司开展两次集中采购，在爱购扶贫馆重点引进湖北地区和挂牌督战县扶贫企业，并在首页顶端位置设立湖北地区、挂牌督战县滞销扶贫产品专区，对滞销扶贫产品进行重点推介。帮助湖北地区销售滞销扶贫产品 7.5 万余元，购买湖北地区滞销扶贫产品 5 万余元。

党的十八大以来，投资公司及各控股公司充分利用工会福利采购，累计购买脱贫地区农产品金额近 70 万元（2020 年 31.52 万元，2021 年 36 万元）。

3. 全面为帮扶干部购买团意险。在国铁集团振兴办的协调下，结合各铁路局集团公司帮扶工作实际，为 14 个铁路局集团公司的 172 名帮扶干部购买了人身意外伤害保险，共计保费 13.8 万元。

4. 开展爱心捐助活动。公司工会组织女职工开展“恒爱行动——百万家庭亲情一线牵”公益活动，与扶贫办对口新疆维吾尔自治区和田县拉依喀乡巴什拉依喀小学进行一对一编织捐赠，女职工通过个人和家人“共协作、同编织”等多种形式，积极参与公益活动，编织了毛衣、帽子、围巾、手套、背心等共计 27 件，并捐赠了毛衣、羽绒服等物品 10 件。此外，投资公司发挥行业优势，向栾川县捐赠铁路制服 500 余套，总价值 10 余万元，助力栾川县铁路定点扶贫项目“铁路小镇”打造铁路旅游特色。

5. 多渠道做好铁路扶贫宣传工作。利用公司官网、企业微信“铁投之声”、掌上高铁公众号等平台多次刊登集团公司协同扶贫相关内容，持续报道协同扶贫工作、相关新闻动态和丰硕成果，介绍国家、国铁集团相关扶贫政策，让职工群众更好地理解扶贫、支持扶贫，营造了良好的舆论氛围。尤其在“爱购扶贫馆”上线时，在各类媒体宣传报道 1100 余次。

铁总服务有限公司协同扶贫河南栾川情况

2015年以来，铁总服务有限公司（以下简称“服务公司”）作为铁路扶贫协同单位，紧密围绕国铁集团党组关于打赢脱贫攻坚战行动实施方案部署、国铁集团扶贫工作要点和相关制度性安排，结合单位实际，以基层组织建设为保障，以扶贫扶智为重点，以脱贫攻坚为目标，整合专项扶贫资金，提高扶贫资金的分配和使用效率，扎实推进扶贫工作取得实效，圆满完成国铁集团下达的各项扶贫任务。

一、加强组织领导，落实精准扶贫责任，是服务公司协同扶贫工作落实落地的重要保障

2019年8月，服务公司成立由党政主要负责同志担任组长、班子同志为成员的扶贫工作领导小组，统筹研究推进各项扶贫工作。近年来，服务公司扶贫领导小组共同研究脱贫攻坚事项10余次，对脱贫攻坚工作实行高位推动和全程指导。同时，服务公司党政主要负责同志、分管领导及相关处室负责同志每年多次到帮扶县实地考察，商议确定扶贫项目，实地走访扶贫项目，考察驻村第一书记工作情况及扶贫项目落地情况。

2021年5月，按照国铁集团统一部署，服务公司调整优化工作体系，将扶贫工作领导小组调整为服务公司乡村振兴工作组，工作组办公室由人力资源部（党委组织部）、办公室（党委办公室）、党群工作部、财务部、服务管理部、计划和建设部组成，负责乡村振兴具体工作。

二、严格选人标准，坚持派强用好，精准做好做细，传好驻村书记轮换“接力棒”

2015 年 10 月，根据中组部《关于做好选派机关优秀干部到村任第一书记工作的通知》要求，经国铁集团党组研究，决定由服务公司承担国铁集团定点扶贫县——栾川县潭头镇选派驻村第一书记的任务。近年来，服务公司先后选派时任正科级干部陈蓉国、正处级干部王勤、副科级干部史俊兰 3 名同志任栾川县潭头镇大王庙村驻村第一书记。

大王庙村是栾川县一个贫困村，地处山区腹地，耕地有限，种植业无法形成规模；在村的很多都是老弱病残，等、靠、要思想严重，不能形成有效劳动力，也困住了致富之路，2015 年建档立卡的贫困户有 68 户 237 人。驻村第一书记刚入驻时，如何让贫困户们通过自己的努力摆脱贫困成为首要解决问题，也成为三任驻村书记日思夜想、并为之奔波忙碌的命题。

第二任驻村书记王勤查看贫困户种植情况

自驻村以来，他们始终牢记群众利益无小事的宗旨，坚持问题和目标导向，突出增强造血功能和“扶贫 + 扶智 + 扶志”的帮扶攻略，严守驻村纪律，以高度负责任的态度，全身心投入到脱贫攻坚战中。坚持以建强村党组织为抓手，深入群众走访调研，以产业升级为突破口，通过帮助贫困人员发展种养殖业、负责培训技术人员、鼓励开办农家宾馆、帮困助学等措施实施精准扶贫，逐步打开了从产业扶贫到产业振兴的新局面。

一是以党建促脱贫。强化乡村干部队伍建设，从抓好班子带好队伍入手，协助村“两委”班子建设，落实党建工作责任制，提高党员政治素质，增强党组织的凝聚力和向心力。通过定期上党课、开展党日＋活动、走访慰问老党员、贫困户、设立助学奖励机制等多种途径，进一步密切了党群关系，增强了百姓对国铁集团驻村帮扶工作的认同感和获得感；提升党员干部的综合素养及为民办事的能力，维护并提高党员干部在群众中的形象及公信力。

二是把百姓利益放在首位。实地走访贫困户，开展政策宣传、查清村情民意，调研贫困户的致贫原因，做到有的放矢，因户施策。特别是2020年新冠疫情来势凶猛，村里急缺防控物资，驻村书记史俊兰同志依托国铁集团资源，积极协调，同时作出表率，捐献1500元用于疫情防控，以解燃眉之急；充分利用好第一书记防疫经费2万元，多方探寻渠道及时采购口罩、消毒液、消杀器材等防控物资，马上投入到疫情防控阻击战中。通过干部群众严格管理、科学防控、共克时艰，村里未发生一例新冠感染事件，为外出打工人员安全返岗，逐步恢复正常生活秩序和有序开展脱贫攻坚工作打下坚实基础，得到了县镇党委政府和乡亲们的肯定和认可。

三是因地制宜壮大集体经济，做大做强特色产业。近几年在国铁集团大力帮扶下，到2018年底，大王庙村实现了整体脱贫，依托古村落和河南大学在此办学的优势，整修村落、修建民宿，大力发展乡村特色旅游，先后打造了三座仿古四合院、一处临街店铺、游客接待中心、乡村旅游体验园、供排水系统、研学基地、高端农业大棚以及村集体养殖项目，并于2020年全部对外出租经营，每年为村集体创收20余万元。驻村脱贫攻坚进程中，依托国铁集团的影响力和组织力量，积极落实消费扶贫，驻村第一书记帮助村集体和贫困户增收，累计向国铁集团销售粉条7000余斤，惠农收入达十万余元，让百姓的腰包实实在在鼓起来，助力大王庙村美好新农村的新篇章。

四是开展帮困助学，解决贫困户后顾之忧。脱贫后的3年时间里，大王庙村共有 24 名贫困学生考上大学。其中，2018 年，贫困学生孙宜林以优异成绩考上清华大学土木工程系；在 2020 年的高考中，全村本科录取人数达到了 11 人，创下了历年高考之最，也是潭头镇本科录取人数最多的一个村。为奖励优秀学生，也为了鼓励更多的学生奋发图强，驻村第一书记联合大王庙党支部筹措资金对考取学生进行助学奖励，激励所有学子，促进更多学生进入高等学府接受教育。此举也带动栾川县其他单位和个人纷纷捐资助教，营造了尊师重教的良好氛围。

2018 年，第二任驻村书记王勤祝贺贫困学生孙宜林考取清华大学土木工程系

三、推动产业建设，发挥行业优势，加大扶智扶贫项目的扶持力度

挖掘潜在的扶贫项目和脱贫商机，是服务公司推进协同脱贫攻坚的有力推手。2019 年以来，服务公司会同栾川县政府认真研究扶贫项目，加大扶贫项目资金力度，确定优先考虑产业扶贫和扶智项目，先后投入 200 多万元，主要用于：一是乡镇救护车配置项目，协助栾川县实现村村均配备救护车，落实了全县一万多贫困户（包括已经脱贫的）在县城内接诊、转诊时均可免费使用救护车的扶贫目标。二是狮子庙镇中心小学电教室及配套教室改造项目，配置 40 台电脑及配套设施；

服务公司捐赠电教室

栾川县第三实验小学电教室配置项目，更新 61 台电脑和配套设施，不断加大扶智投入，老师和同学们反响很好，其中栾川县第三实验小学硬件条件已达到全县最好水准。三是 2021 年继续坚持扶智先行，全力打造石庙镇初级中学运动场及配套附属工程项目，该学校是一所农村寄宿制学校，运动场、篮球场、跳远等体育活动年久失修且共用一个场地，达不到规范标准，通过改造大力提升办学条件，为学生创造良好的学习氛围和舒适的生活环境。四是三川镇火神庙村集体经济民宿建设项目，火神庙村为贫困村，现有贫困户 131 户 505 人，该村毗邻 4A 级景区抱犊寨，发展旅游配套经济优势明显，在产业扶贫上采取了将村内荒废小学改造成集体民宿的策略。经过认真组织、规范实施，目前该民宿已投入使用。投入使用后能够增加村集体年收入 10 万 ~15 万元，并可提供 5 个就业岗位，每人每年增加收入约 5000 元。五是基层党群服务中心提升改造项目，在改造过程中修补了赤土店镇刘竹村党群服务中心被冰雹砸坏的屋面，为冷水镇龙王庙村购置了会议室设备。上述项目投入使用后均取得较好的扶智带贫效果。

四、加大消费力度，增强定点扶贫工作

为深入贯彻落实国铁集团关于脱贫攻坚和消费扶贫的决策部署，积极构建线上线下深度融合的铁路消费扶贫体系，服务公司充分利用单位帮扶的优势，认真落实“让消费带动扶贫，让扶贫促进消费”，着眼单位的菜篮子和职工福利，在机关食堂及所属单位食堂原材料采购、工会职工节日慰问品采购等方面发力，以消费扶贫、定向采购带动定点县区消费市场。近几年，消费帮扶共购买新疆维吾尔自治区和田县、河南省栾川县、陕西省勉县等农产品约 240 万元，圆满完成国铁集团下达的消费扶贫年度任务。

五、发挥典型示范的引领带动作用，全面激发脱贫攻坚的内生动力

三名驻村书记在驻村期间，扎根基层攻坚克难，工作成绩有目共睹，得到了国铁集团和当地政府及村民的肯定。陈蓉国挂职期间，连续两年被中共潭头镇委员会评为优秀驻村第一书记。王勤同志在驻村期间荣获潭头镇 2018 年“最美潭头人”好干部、荣获栾川县 2018 年“优秀驻村干部”、荣获洛阳市 2018 年脱贫攻坚战工作先进个人、国铁集团铁路扶贫工作先进个人。史俊兰同志先后获得“全国巾帼建功标兵”和国铁集团铁路扶贫先进个人、河南省优秀驻村第一书记等荣誉。同时，中央扶贫采访组也对史俊兰的先进事迹进行宣传报道，在国家级媒体上发表了《史俊兰：发展特色产业助力古村脱贫》的专访。

中铁集装箱运输有限责任公司
协同扶贫陕西勉县情况

按照国铁集团党组关于协同扶贫工作的统一部署，中铁集装箱运输有限责任公司（以下简称“中铁集装箱公司”）深入学习贯彻习近平总书记关于脱贫攻坚的一系列指示精神，加强组织调研，多次赴陕西勉县实地调研协同扶贫工作，聚焦精准脱贫，扎实做好各项工作，助力勉县于 2020 年 2 月 27 日成功实现脱贫摘帽。

一、基本情况

新铺镇漩水坪村地处勉县西南部，全村 1029 人，有建档立卡贫困户 267 人。漩水坪村地理环境独特、风景优美，村内 400 余亩梯田山水交融、景观奇特，被誉为“陕南最美梯田”。镇川镇位于县城东南 12 公里，属典型浅山丘陵地区。脱贫攻坚以来，镇川镇经过充分调研，在各级帮扶部门的大力支持下，将蚕桑种养产业作为全镇主导产业来推进。张家河镇地处秦岭腹地，距勉县县城约 83 公里，大多为盘山县级公路，汽车往返需 5 个小时以上，尤其是每年 11 月至次年 3 月，遇雨雪天气道路结冰，交通极为不便，辖区内群众对实现本地检查就医的需求极为迫切。

自 2019 年 5 月公司被确定为勉县协同扶贫单位以来，中铁集装箱公司充分发挥自身优势，聚焦精准脱贫，扎实做好各项帮扶工作，投入资金 230 余万元，吸引路外企业（汉中锦绣丝绸有限责任公司）投资 15.6 万元，捐赠 20 英尺报废集装箱 50 个，在助力地方脱贫攻坚进程中发挥了积极作用。

二、经验做法

1. 加强组织领导，落实脱贫攻坚责任

自被确定为勉县协同扶贫单位后，公司领导高度重视，结合实际情况，决定成立公司扶贫工作领导小组，定期召开工作会议研究部署协同扶贫工作。领导小组成立后，迅速开展工作，深入勉县进行实地考察，了解当地实际情况，为精准帮扶奠定基础。公司主要领导每年到勉县开展调研，研究部署推动扶贫工作；分管领导经常性深入现场指导，协调解决困难和问题；小组其他成员单位结合日常工作，及时掌握扶贫工作推进情况，推动脱贫攻坚责任全面落实。经过深入调研和讨论，公司确定给予勉县资金或实物支持，并在同等条件下优先采购勉县地区农产品，以实际行动助力当地经济发展。

2. 以产业扶贫为重点，助推当地特色产业发展

为进一步做大做强乡村旅游，勉县充分挖掘地理环境优势，规划了新铺镇漩水坪村乡村旅游发展总体布局，结合漩水坪村地势地貌，开展集装箱民宿旅游项目。公司积极与国铁集团派驻勉县挂职干部沟通联系，同时组织西安分公司实地调研，了解实际情况，掌握具体需求，最终安排 20 英尺报废集装箱 50 个（按照 2019 年报废集装箱均价 3500 元来算，合计约 17.5 万元），全力支持陕西勉县集装箱民宿综合旅游项目。

勉县镇川镇作为蚕桑产业的主要养殖基地，已建成一个育蚕室和三个养殖室，蚕桑产业已成为镇川镇的示范产业，稳定带动数百贫困户增收脱贫。2019 年，公司投入 98 万元援建勉县镇川镇蚕桑基地一期项目，项目投用以来产生了良好的带贫益贫效益。2020 年 7 月，陕西勉县扶贫办来函，请求公司支持 80 万元帮扶建设蚕桑基地二期项目。9 月 6 日，勉县扶贫办致函公司，请求在 2020 年帮扶勉县建设蚕桑基地二期项目 80 万元的基础上，再增加帮扶资金 50 万元，用于建设蚕桑基地二期项目的相关配套设施。2020 年，公司共投入资金 130 万元，用于建设蚕桑基地二期项目及相关配套设施，同时积极吸引路外企业（汉中锦绣丝绸有限责任公司）投资 15.6 万元，用于购买蚕室温控设施及相关生产用具，大力鼓励经营主体

进一步拓展销售市场，实现更多农户以劳动实现增收致富，持续巩固脱贫攻坚成效。

紧紧围绕“两不愁三保障”，积极与国铁集团派驻勉县挂职干部沟通联系，了解到勉县张家河镇中心卫生院的基本情况以及辖区群众渴望本地就医的迫切愿望，迅速开展医疗扶贫，投入资金3.5万元采购2台医用疫苗储存冰箱、1台尿液分析仪、1台心电图机，填补了国家在陕西勉县医疗扶贫的空白。

3. 规范扶贫资金使用

公司深知扶贫资金使用的重要性，采取多项措施规范扶贫资金使用，防范扶贫资金风险。随时跟进项目进展情况，督导村经济合作社与经营主体间扶贫协议中的各项事宜，落实经营主体与镇政府的扶贫承诺，将扶贫工作做实做细。持续关注项目扶贫效应，加强监管，规范扶贫项目建设程序，防范扶贫资金风险。加强与勉县政府的联系，做到既快又好，依法合规，将扶贫成果落到实处。不断完善扶贫资金使用管理机制，确保每一分钱都用在刀刃上。

三、突出成效

在各方努力下，勉县贫困发生率由16.9%逐步降至0，于2020年2月27日成功实现脱贫摘帽。公司精心挑选的扶贫项目发挥了重要作用，产生了良好的带贫益贫效益。当前蚕桑基地项目建设良好，桑叶产量不断增加，共吸纳劳动力5000余人次，增加务工收入25万元。集装箱民宿综合旅游项目未来发展前景广阔，项目建成后将为当地村民提供大量就业机会，实现更多农户以劳动实现增收致富。蚕桑产业的发展能够保持水土，改善空气环境质量，集装箱民宿综合旅游项目将有效推动周边贫困村的文化旅游产业发展。公司通过因地制宜地选取扶贫项目为勉县提供了一条可持续发展的脱贫之路，更对全县推进乡村振兴起到了示范带动作用。

中国铁道科学研究院集团有限公司协同扶贫陕西勉县情况

按照国铁集团党组部署，2019年起中国铁道科学研究院集团有限公司（以下简称“铁科院”）协同帮扶陕西勉县。铁科院党委高度重视，坚决落实国铁集团党组部署要求，选派帮扶干部赴勉县推进扶贫任务，充分发挥铁科院作为国铁集团战略性科技力量的优势，紧密结合勉县发展需求，一揽子推进产业帮扶、科技帮扶、消费帮扶和志智双扶等帮扶举措，为铁路脱贫攻坚取得决定性胜利注入了鲜活科技动力。

一、铁科院协同扶贫主要做法

做好协同扶贫工作，必须建立在精准对接帮扶对象需求的基础上，充分发挥帮扶主体优势，不断创新帮扶方法，有效帮助帮扶对象发展生产、增加收入，最终实现脱贫致富。在此路径下，铁科院坚持发挥铁路科技企业优势，把精准施策、精准扶贫的要求落实到方案确定、资源调配、措施落实和效果体现等多方面，党政工团齐抓共管，围绕助力产业发展、打造12306扶贫商城、加强消费扶贫、开展智志双扶等重点任务共同发力，有力推动各项帮扶措施落地见效。

（一）助力产业发展，构建扶贫带贫机制

产业扶贫是中国减贫模式的主要特征和主要形式，习近平总书记指出：发展产业是实现脱贫的治本之策。要因地制宜，把培育产业作为脱贫攻坚的根本出路。产

业扶贫效果的评判标准，在于是否精准对接需求，在于群众是否受益，在于是否持续稳定。

一是把好优势产业选择第一关。铁科院委派挂职扶贫干部，积极对接西安局和勉县有关部门，共同调研论证，聚焦解决“两不愁三保障”突出问题，精心筛选带贫效果强、益贫机制完善的特色产业项目，在当地投资立项，并争取土地、税收等优惠政策，推动帮扶企业持续健康发展。2019 年以来，铁科院共向勉县拨付产业帮扶专项资金 850 余万元，帮扶肉牛养殖、防控猪瘟圈舍改造、生猪复养、特色产

铁科院援建勉县特色食品加工项目效果图

品加工等 6 个产业项目以及人居环境提升和人饮工程改造工程。二是完善长效带贫益贫机制。在产业扶贫过程中，铁科院注重真正让贫困户参与到产业发展中，帮扶项目均面向贫困户提供长期就业岗位，确保当前收入得到保障；着力构造长效机制，研究建立村集体、贫困户分红模式，确保未来收入持续增加。同时，严格执行铁路帮扶项目管理有关规定，对发现的问题一盯到底，督促整改到位，确保帮扶资金使用依法合规。三是积极培育农牧产业集群。在全面支持勉县建设肉牛养殖项目的基础上，铁科院结合勉县气候条件特点深入谋划思考，不断挖掘项目益贫潜力，追加资金完善堆粪厂建设，形成有机肥料生产能力，通过打造全产业链项目，助力农牧

养殖产业经济价值不断提升。在铁科院帮扶下，各项目相继投入实施，成功吸引社会资金 230 万元，两千余名贫困户从中受益，生产生活条件得到显著改善。

（二）发挥科技优势，打造 12306 扶贫商城

12306 是国铁集团官方购票网络平台，是铁路服务社会和人民群众的重要品牌和窗口。在 12306 上开设扶贫商城（现名为 12306 铁路商城），是国铁企业贯彻落实党中央、国务院打赢脱贫攻坚战决策部署的重要举措，是主动履行社会责任、造福贫困地区人民群众的实际行动。作为 12306 的运营负责单位，铁科院充分发挥科技平台优势，全力做好 12306 扶贫商城研发、运维及宣传工作，不断加大科技扶贫工作力度。

一是特事特办，打破常规，快速研发。研发立项后，铁科院迅速组织 12306 团队开展线上研发、线下运营和宣传策划工作。系统研发团队主动放弃休假，加班加点，全身心投入到系统设计研发中，仅用一个月时间，赶在 2019 年国家扶贫日前实现了 12306 扶贫商城平稳上线。

二是重点保障，搞好运维服务。专门成立商城运维服务团队，深入定点扶贫区县，调研梳理拟上线商家和产品清单，制定商户入驻和平台管理办法。高质量

党的十九大代表、“最美铁路人”单杏花组织研讨 12306 铁路商城消费帮扶工作

设计制作公益广告、宣传折页，利用 App 开屏首页、车票预订页等自有媒体资源对扶贫商城进行宣传推广，取得良好的社会反响。

三是强化线上线下衔接，提高平台服务水平。铁科院与定点扶贫区县、所属地铁路局集团三方联动，由地方政府与铁路局合力抓好“售前”，严格审核企业资质，把关上线产品质量，铁科院紧盯“售后”，精准提供产品评价、物流反馈信息，做好商户培训指导，同时开发线上“提货券”功能模块，优化工会组织职工福利采购、配送流程，不断推进消费扶贫开源拓面。12306 的品牌效应和流量优势，极大拓展了企业销售渠道，网络商城向扶贫企业可持续赋能的公益生态逐步显现。

四是创新推广模式，打造铁路“爆款”产品。按照国铁集团部署，铁科院负责国铁吉讯管理和 95306 国铁商城技术支持工作。聚焦巩固扩大科技赋能效应，铁科院统筹建好用好“三网”平台，最大限度发挥流量溢出效应，积极策划开展主题促销、直播带货等活动，进一步扩大“互联网 +”帮扶成效。

截至 2021 年底，12306 铁路商城上线两年多来，总交易额近 3000 万元，在售商品涉及 93 个品类、超 3000 种，来自 60 多个市（县）的 120 多家企业持续受益。

（三）鼓励消费扶贫，带动农户增收受益

消费扶贫是带贫益贫的重要措施，是社会力量参与脱贫攻坚的重要途径。铁科院在依托 12306 扶贫商城做好铁路消费扶贫工作的基础上，持续加大自身的消费扶贫力度，帮助贫困户和相关生产企业持续增收收益。

一是统筹做好职工消费扶贫工作。铁科院由工会组织牵头，统筹整合全院资源，落实防暑降温用品等有关政策，研究制定消费扶贫计划，采购勉县等定点扶贫地区农副产品作为职工法定节假日福利。铁科院还在所属饭店、食堂、超市专门开设扶贫产品销售点，鼓励职工及家属采购，帮助扶贫产品打开销路，提高经营效益。2019 年以来，铁科院采购帮扶产品近 2000 万元，其中购买勉县大米、茶叶等特色农产品超 1200 万元，有力引导推动了当地种植业规模化、标准化发展。二是持续加大消费扶贫力度。2020 年，受新冠疫情影响，在各项支出均有所压减情况下，铁科院消费扶贫资金仍保持了 5% 以上的增幅。同时，铁科院积极响应中央号召，

铁科院职工采购勉县农产品作为过年物资

发动所属单位、路外合作企业积极采购湖北地区农副产品，为助力湖北“重启”献出铁路爱心，取得良好社会反响。三是创新帮扶产品采购形式。铁科院积极探索采用“提货券”形式，全过程无接触完成职工福利的采购和发放，打造了消费扶贫采购新常态。

（四）开展智志双扶，激发脱贫内生动力

志不立，天下无可成之事。对于贫困地区群众尤其是青少年来讲，长期的物资匮乏和环境封闭，容易催生出“等、靠、要”意识，使人意志消磨，失去向贫困命运挑战的精神动力。打赢脱贫攻坚战，不仅仅是提供物质脱贫，更需要帮助贫困群众精神脱贫，才能真正拔掉穷根，破除贫困代际传递。

一是积极创新“联学联建、智志双扶”模式。铁科院充分发挥党建引领作用，各级党团组织多次组织党员代表、团员青年赴勉县开展“沉浸式”学习调研，既让职工亲身感受到“真扶贫、扶真贫”的精神实质，也让更多贫困群众深切感受到铁路帮扶的温暖，进一步激发贫困户“脱贫光荣”的内生动力。

铁科院职工到勉县开展联学联建活动

二是开展青年志愿者入户入校帮扶。充分发挥科研型企业特点和优势，组织青年科技骨干赴勉县开展调研交流、小学生科普讲座、音乐美术教学等特色活动，帮助困难群众挺起“精神脊梁”，为贫困学子播下希望的种子。

三是开展图书捐赠活动。连续 3 年组织开展“捐出一本书，传递一份爱”活动，累计捐赠图书 2000 余套，承载着铁科人的关心关怀，向贫困学子传递助力扬帆远航的爱与希望。

在陕西省委的坚强领导和国铁集团的大力支持下，在勉县 43 万干部群众的共同努力下，2020 年 2 月，勉县脱贫摘帽，累计 5.03 万人脱贫，111 个贫困村出列，贫困发生率降至 0.78%，正式退出贫困县序列。

二、协同扶贫典型经验

做好协同扶贫工作是体现铁科院政治担当和社会责任的重要任务，必须讲政治、敢担当、勇创新、求实效。

一是加强组织领导，确保帮扶工作责任落到实处。认真贯彻党中央关于打赢脱贫攻坚战的部署、全面落实国铁集团具体要求，高质量做好协同扶贫工作，服务铁路扶贫攻坚期到必成，是铁科院必须担当的政治任务，也是对铁科院领导班子和扶贫干部政治定力、责任担当、综合素质、工作作风等的一次考验提升。为进一步强化组织领导，铁科院成立了以主要领导为组长的协同扶贫领导小组，明确相关部门职责，建立常态化工作机制，主要领导亲自研究部署，并带队深入勉县实地调研，走访贫困户，详细了解现场情况，督导扶贫项目进展。分管领导认真抓好督促落实，定期召开扶贫专题会议，传达上级要求，研究工作方案，狠抓工作落实，确保各项任务期到必成。

二是强化理论武装，全面夯实干部职工思想基础。铁科院两级党委对扶贫工作高度重视，安排专题研讨，及时跟进学习《习近平扶贫论述摘编》等重要论述和脱贫攻坚重大决策部署，从全面建成小康社会、实现中华民族伟大复兴中国梦的战略高度，深刻认识扶贫工作的重要意义，切实增强党员干部做好扶贫工作的责任感、使命感。同时借助微信公众号、官网、院刊等融媒体平台广泛开展宣传活动，介绍扶贫政策，报道协同扶贫新闻和成果，在全院营造良好舆论氛围，引导广大职工群众在思想上凝聚起支持扶贫、理解扶贫的广泛共识，在行动上激发出参与扶贫、奉献扶贫的强大合力，为共同服务铁路扶贫攻坚，确保期到必成提供坚强保障。

三是聚焦扶贫一线，精准对接地区产业发展需求。精准扶贫是新时期做好扶贫工作，打赢脱贫攻坚这场硬仗的重要方略。要做到精准，就要深入村寨和贫困户，确保每个产业项目、每项帮扶措施都能接地气、见实效。为此，铁科院推荐年富力强的优秀中层干部赴勉县挂职县委副书记，深入一线调查、沟通和协调扶贫工作。扶贫干部充分发挥“传感器”“联络员”的作用，不畏艰苦，访遍全县18个镇，深入60余个贫困村500余户贫困户，全面掌握勉县社会经济发展情况。同时积极对接铁路局等单位，促成农产品进站上车。挂职县委副书记心系群众、作风扎实，受到当地党组织和政府的一致好评，被老百姓亲切地称为“铁路来的雷书记”。正是扶贫干部的辛勤努力，为铁科院确定扶贫项目、开展帮扶活动提供了翔实的一手材料，确保了群众需求与扶贫工作的精准对接。

四是创新方式载体，充分发挥科技企业综合优势。作为国铁集团战略性科技力量，铁科院科技资源富集，人才优势明显，只有不断创新扶贫方式和载体，充分发

铁科院挂职干部雷强（中）走村入户调研

挥自身优势，才能为推动勉县发展注入强大科技动力，啃下脱贫攻坚这块硬骨头。发挥研发能力强的技术优势，快速开发 12306 扶贫商城，创新消费扶贫载体，以大数据等新技术手段实现产销对接、促农增收；发挥青年员工多的人才优势，开展助教、赠书、结对等活动，创新智志双扶方式，激发青少年战胜贫困的精神动力；发挥工会会员多的组织优势，创新网上“消费券”模式，职工通过点“餐”网购贫困地区产品，实现了工会福利发放与精准扶贫工作的有机结合。发挥合作伙伴多的业务优势，动员合作企业投入扶贫资金，采购扶贫产品，在更大范围内凝聚脱贫攻坚的社会合力。

中铁快运股份有限公司
协同扶贫宁夏原州情况

2018 年底以来，中铁快运股份有限公司（以下简称“快运公司”）坚决贯彻落实党中央、国务院和国铁集团关于打赢脱贫攻坚战三年行动的决策部署，在国铁集团扶贫办的指导下，快运公司成立以党委书记、董事长和总经理为组长，分管副总经理为副组长的快运商城消费扶贫工作领导小组，同时成立以具体牵头部门主要负责人为组长的项目工作组，由公司客服质量部作为扶贫工作责任部门开展工作。充分发挥中铁快运商城平台优势，精心组织，整合资源，强化管理，开拓渠道，创新举措，全力推进消费扶贫和协同扶贫工作，取得明显成效。快运商城作为国铁集团指定消费扶贫电商平台，建立专属消费扶贫专区和扶贫县区馆，负责全路单位的消费扶贫集采工作。由快运公司负责运营的中国铁路消费扶贫柜（现更名中国铁路消费帮扶柜）是国铁集团落实国务院扶贫办工作部署，为巩固脱贫成果、构建扶贫长效机制，在铁路车站场景下所创新的重要消费扶贫模式。快运商城和中国铁路消费扶贫柜是国铁集团扶贫办打造“三网一柜”消费扶贫体系的重要组成部分。

一、快运商城，打造路内专属消费扶贫集采平台

1. 持续优化网站，提升线上客户体验

快运商城通过打造扶贫专区和网站技术能力不断升级，已成为集推介、展示、购买、售后、物流等全流程服务于一体，覆盖 30 个贫困县 55 家企业，覆盖铁路

4个定点县区和26个其他国家级贫困县区，上线商品超过1000种。建设成为以不断满足铁路用户使用需求为目标的铁路专业消费扶贫平台。

扶贫专区不断完善。在兼顾设计美观的同时，将扶贫专区作为重点进行突破，直接引用国铁集团消费帮扶工作通知中的内容，对扶贫专区内楼层和扶贫馆进行分层和命名。扶贫专区设有四级分类，首页扶贫专区入口、二级扶贫馆入口、三级店铺展示和四级商品详情信息页。并将二级扶贫馆入口进行细化，将扶贫县区分为国铁集团对口扶贫、各铁路局集团对口扶贫和部委央企对口扶贫三类，更加适合铁路集采客户浏览需求。使客户浏览目标更明确、速度更快、渠道更便捷，提升线上客户体验。

网站技术持续优化。持续升级网站系统技术架构、部署环境、数据库服务器配置，强化网站安全性和稳定性。开发快运商城电脑网页端、移动微信端，实现多渠道便捷浏览。根据铁路单位集采的不同需求，上线扶贫商品集采专区和统采分配功能，进一步丰富渠道和支持功能。

2. 全方位服务，做好铁路消费扶贫集采

通过为铁路集采客户提供全流程、定制化服务，不断提升精细化、标准化水平，引导企业加强专业化管理，高效推进铁路消费扶贫集采工作，带动和提升扶贫企业服务能力和管理能力，从而推动构建社会扶贫长效机制。脱贫攻坚期间，快运商城累计销售扶贫商品超过3867万元，服务单位覆盖国铁集团、全国18个铁路局、铁路在京单位、铁路建设单位等各级铁路单位和非铁路单位。

全流程、定制化服务。在全路率先定制电商平台消费扶贫集采流程，为各铁路集采单位提供咨询比价、扶贫企业信息确认、物流跟踪和售后服务等一站式集采服务。联动扶贫企业按照铁路单位实际需求除常规商品外，提供定制化商品礼盒、食堂大包装商品等“铁路定制”商品。并根据铁路集采需求，提供多家企业同时订购、商品分批配送、CMA质检报告、扶贫企业资质、签订单次采购合同、物流追踪6种特有定制化服务，满足铁路单位的全方位需求。

精细化、标准化工作。不断总结经验，结合铁路单位集采规定，细化并精简全流程服务节点，提升基础工作标准化水平。在把好商品质量关的同时，缩短集采时间，提升工作效率，力求将铁路消费扶贫集采工作做精、做细、做高效。

3. 扶贫企业提质，提高市场化运营能力

快运商城在开展铁路消费扶贫集采工作的同时注重对扶贫企业的帮助和提质工作，培养扶贫企业电商运营能力和参与平台竞争，锻炼和提高市场化能力。

高质量、专业化引导。开展消费扶贫工作中，通过规范扶贫集采工作流程和标准、反馈客户满意度调查情况、定期综合评价扶贫企业和产品服务质量、培训电商相关知识等方式，常态化引导扶贫企业提升服务意识，带动扶贫企业专业化管理，推动构建社会扶贫长效机制。

4. 线上线下立体推进，打造铁路消费扶贫体系

多渠道合力推进消费扶贫工作，打造铁路消费扶贫体系。全力做好线上铁路扶贫集采的同时，同步开展线下现场直销、推介活动。在扶贫单位食堂、商店设立扶贫产品专柜，现场展示、销售扶贫商品，鼓励引导职工全员参与消费扶贫。

利用节日契机，组织优质扶贫企业，到国铁集团等铁路单位举办现场特色农产品推介会，宣传扶贫工作和产品。在国铁集团举办推介会期间，原国铁集团董事长陆东福和总经理杨宇栋等领导多次光顾展台，询问扶贫相关情况。国铁集团总部职工积极参与，踊跃购买，达到良好宣传效果，也成功销售了扶贫商品。

二、铁路消费扶贫柜，创新车站消费扶贫新方式

深入调研，试点高铁站“中国铁路消费扶贫柜”。为深入贯彻国务院扶贫办提出的“鼓励和引导各类企业充分发挥自身优势，利用自有平台渠道，促进扶贫产品销售”的指导意见，中铁快运公司认真落实国铁集团2020年铁路消费扶贫“三网一柜”工作部署，在开展专题调研后，依托对扶贫商品供货、物流运输、高铁车站经营机构及运营人员等多方位资源整合能力，作为运营方，稳步推进“中国铁路消费扶贫柜”项目建设，在高铁站候车区设置消费扶贫专柜销售扶贫商品。2020年8月29日，铁路消费扶贫柜首批投放暨合作签约活动在北京南站举行。国务院扶贫办社会扶贫司司长曲天军、中央和国家机关工委办公厅副主任张慧莹、北京市扶贫支援办副主任姚忠阳、国铁集团副总经理甄忠义，扶贫办韩树青司长，快运公司党委书记、董事长周红云和总经理胡伟及有关负责同志出席。中铁快运股份有限公

司、中国铁路北京局集团有限公司、中科锐星科技发展有限公司分别签订合作协议，首批铁路消费扶贫柜在北京南站候车厅正式投放服务广大旅客。

铁路消费扶贫柜具有点多面广、使用便捷、智能化、零接触等特点，是拓展扶贫产品销售渠道、线上线下一体互动、动员社会力量广泛参与的一项创新扶贫方式。作为铁路车站场景下探索消费扶贫新方式、扩大铁路消费扶贫用户范围、宣传推广铁路消费扶贫的重要举措，将逐步覆盖全国省会、直辖市的主要高铁车站。

快运公司承担运营任务与各铁路局集团合力协作，持续优化丰富扶贫商品，签约扶贫商品超过百种，不断提升产品品牌影响力和市场竞争力。铁路扶贫柜已在全国 31 个省会城市中覆盖 30 个，覆盖率达到 96.8%。帮扶柜在全国 109 个车站投放 500 台货柜，累计销售扶贫商品 137 万件，销售金额 625 万元。着力将铁路消费扶贫柜打造成为促进贫困地区脱贫攻坚与乡村振兴有效衔接、带动贫困群众持续就业增收的“致富柜”和为广大旅客出行消费提供更多选择的“服务柜”。

三、创新举措，扩大消费扶贫规模

通过与其他部委央企开展扶贫战略合作、试点消费扶贫柜项目、参加博览会进行产销对接等创新举措，使得快运商城扶贫区域覆盖更广、扶贫商品更加多样化，铁路扶贫销售渠道更多、客户群体更全面，从而进一步扩大消费扶贫规模。

战略合作，实现优势互补。与外交部、建设银行、工商银行等部委、央企开展消费扶贫战略合作，引进更多优质扶贫企业，同时也将扶贫企业推介到更多的扶贫平台，推介给更多的客户群体。

产销对接，促进与外部市场融合。受国铁集团委派，中铁快运公司代表参加由中国民族贸易促进会、长沙市人民政府等单位主办的一乡一品国际商品博览会。此次博览会有来自 30 多个国家和地区的近 5000 家企业参展参会。博览会期间，国铁集团展位吸引近万人次浏览，现场为扶贫企业协调对接国内外 300 家知名采购商，并为商家代表提供电商扶贫论坛学习机会。博览会后，进一步与中国民族贸易促进协会洽谈合作，力争在一乡一品产业合作上，实现对铁路扶贫地区扶贫企业的商品认证，使之进入一乡一品产业流通渠道。

建行铁路扶贫馆签约仪式

四、强化落实效果，完成协同扶贫工作

2018 年 11 月，快运公司按照国铁集团部署负责协同扶贫固原市原州区，立即选派干部到原州区挂职，任区长助理职务，协助区长协管铁路扶贫项目和消费扶贫工作。快运公司党委书记、总经理等主要领导每年到固原市原州区实地考察调研，深入原州区开城镇柯庄村了解铁路扶贫工作。现场参观考察产业扶贫项目，详细了解了“铁路扶贫 + 村集体 + 龙头企业 + 贫困村户”的运作和帮扶模式，并立足中铁快运的既有资源，结合原州区物流服务需求，和快运商城扶贫专区，研究开展运输扶贫工作与电商消费扶贫工作相结合的特色扶贫工作。

投入扶贫资金，开展扶贫项目。先后投入协同扶贫资金 154.52 万元，用于开展教育资助、住房安全、十四五规划、医疗保障和饮水安全等扶贫项目。截至 2020 年底所有项目均已完成落实，有效提高当地“两不愁三保障”短板，精准落实协同扶贫工作。

积极开展并努力推进当地消费扶贫工作。组织在京铁路单位 2019 年春节消费扶贫集采工作，完成采购 321.79 万元。先后将 14 家当地扶贫企业引入快运商城扶贫专区，利用平台销售当地扶贫商品。积极推进“进站上车”消费扶贫工作，多次

2019 年在固原市原州区实地调研

带领原州区商务局和相关企业，到武汉、上海、南昌、广州、南宁、成都 6 个铁路局进行工作对接，努力实现铁路消费扶贫工作取得新突破。通过多种举措为助力原州区更好开展招商引资、发展旅游、加工合作、产品外销等相关工作，助推原州区综合发展，发挥了积极作用。快运公司对于挂职干部在政治上给予关心，在生活上给予关怀，为干部挂职期间创造良好环境。对回归的挂职干部考核合格后给予提拔，放在领导岗位继续为公司发展奉献力量。

中国铁路经济规划研究院有限公司协同扶贫宁夏原州情况

中国铁路经济规划研究院有限公司（以下简称“经规院公司”）坚决贯彻习近平总书记关于扶贫工作重要论述和对铁路工作的重要指示批示精神，全面落实党中央、国务院脱贫攻坚决策部署，按照国铁集团党组关于全面打赢脱贫攻坚战三年行动实施方案和扶贫工作的部署要求，自 2019 年起积极开展协同兰州局集团公司协同扶贫宁夏回族自治区固原市原州区的扶贫工作。

经规院公司提高政治站位，强化责任担当，聚焦“两不愁三保障”目标，严格落实扶贫任务，立足铁路行业技术优势，结合扶贫地区实际，精心谋划开展技术扶贫工作，全力助推原州区打赢脱贫攻坚战。

一、基本情况

（一）学习贯彻方面

经规院公司深入学习贯彻习近平总书记关于巩固拓展脱贫攻坚成果同乡村振兴有效衔接的重要论述，及时跟进学习党中央和国铁集团党组关于脱贫攻坚工作部署要求，专题研究扶贫工作方案，安排专人参加决战决胜脱贫攻坚网上专题班学习，为做好扶贫工作打牢思想基础。

（二）组织领导方面

经规院公司党委安排扶贫牵头部门和宣传部门，落实好国铁集团主管部门工作

扶贫项目：肉牛养殖基地

安排，聚焦公司职责扎实推进扶贫工作，及时总结报送各类统计材料和报表。结合扶贫日活动安排，认真研究扶贫宣传工作具体措施，组织开展铁路扶贫宣传活动。

（三）调研督导方面

党委书记带队实地考察调研、加快相关铁路建设项目审批。经与兰州局集团公司、原州区扶贫办多次协商，围绕项目情况研究确定每年的扶贫实施方案及项目资金安排，助力定点扶贫资金及时到位。

（四）行业扶贫情况

积极发挥鉴定中心设计咨询的技术优势，推动铁路建设扶贫，为固原市等贫困地区铁路规划提供技术支持。科学有序推进渝西、西十、雄商、雄忻高铁，以及瑞梅、中卫—平凉—庆阳铁路等重点工程前期工作，各项目均已完成可研评审和初步设计审查，其中西十、雄商、雄忻、瑞梅、平庆等项目已批复初设，撰稿时已开工建设。

（五）定点扶贫情况

紧盯扶贫项目推进落实情况，以多项切实举措助力原州区脱贫致富。积极开展协同扶贫宁夏回族自治区固原市原州区的定点扶贫工作，深入推进“扶志扶智”项目、巩固“两不愁三保障”项目成果，利用公司节假日工会发放职工福利的契机，开展消费扶贫帮助贫困群众增加收入。2019—2021 年累计投入扶贫资金 250 万元，购买扶贫产品 42.5 万元。

二、经验做法

（一）做好扶贫工作要深入开展调查研究

调查研究是开展扶贫工作的重要基础。扶贫必先识贫，只有把真正的贫困人口搞清楚，才能做到因人施策、因户施策。接到扶贫任务后，公司主要领导高度重视，组织公司协同扶贫工作，研究扶贫方案、筛选扶贫项目、带队前往扶贫地区开展调研考察。2019 年深入原州区开城镇柯庄村，详细了解该村易地搬迁、危房改造、产业扶贫、村民收入来源等情况，此后连续 2 年实施当地建档立卡户危房改造补贴和教育扶贫 2 个项目。通过调查研究，将地区发展实际情况与群众需要紧密结合，找准协同扶贫工作的切入点，切实促进地区产业发展，改善人民群众生活条件。

（二）做好扶贫工作要因地制宜制定方案

全面打赢脱贫攻坚战，没有一条绝对适用的减贫道路。要坚持精准扶贫，因地制宜、分类施策，科学制定扶贫方案。原州区是典型的老、少、边、贫地区，当地自然条件较为恶劣，基础设施不强，长期依靠传统种植和粗放养殖生活，产业基础薄弱，公共服务领域存在较大短板。与此同时，原州区气候资源清凉独特，对于发展绿色食品具有较大优势。基于以上地区特点，经规院公司组织扶贫专题会议，研究提出扶贫工作方案应聚焦特色农业产业发展、劳动人员技能培训，此外，更加注重教育扶贫和医疗保障，解决制约地区发展的突出问题。

（三）做好扶贫工作要注重发挥企业优势

在协同扶贫工作中，如何发挥结对单位的优势，增加贫困地区发展特色和内生动力，是协同扶贫工作的主要亮点。经规院公司作为国铁集团的高端智库，在扶贫工作中尤为重视注入铁路特色和技术力量。铁路作为国民经济的大动脉、重要基础设施和关键民生工程，能够显著增强普遍运输服务保障能力，消除制约经济发展的交通瓶颈，提高区域自我发展能力。但对于贫困地区来说，铁路建设投资大，投资回报周期长，如何谋划好地区铁路网建设和发展，是极为重要的。经规院公司在对西部地区及固原市铁路网进行研判的基础上，统筹考虑区域铁路建设项目建设时序，科学推进前期工作进程，严把铁路项目设计文件技术审查，为地区铁路可持续发展提供坚实保障。

（四）做好扶贫工作要营造良好舆论氛围

扶贫工作既要注重贯彻落实、真抓实干，又要营造良好氛围、搞好精准宣传，这是实现脱贫攻坚目标的重要因素。一是主动与固原市原州区联系，深入了解当地土特产品有关情况和工程建设情况，精心制作宣传材料，在公司主办的《铁路工程技术与经济》期刊上刊登题为《多措帮扶脱贫路　助力原州换新颜》的公司扶贫事迹。二是充分利用公司内网、企业微信“尚学园”发布关于脱贫攻坚的理论微课，扩大扶贫工作宣传面和影响力，深化公司全体干部职工特别是扶贫干部对扶贫工作的认识。三是组织职工参观“不忘初心、牢记使命——中央和国家机关工委定点扶贫工作成果展”“铁路扶贫摄影展”等，增强职工对铁路扶贫工作的责任感和使命感。

三、扶贫成效

一是配合国家脱贫攻坚普查，了解扶贫定点建档立卡户基本情况、“两不愁三保障”实现情况、主要收入来源、获得扶贫和参与脱贫攻坚项目情况，以及县和行政村基本公共服务情况等，助力精准识贫。二是扎实推进精准扶贫项目，3 年累计投入定点扶贫资金 250 万元，实施 9 个扶贫项目并通过验收，累计购买扶贫产品 42.5 万元。三是发挥鉴定中心设计咨询的技术优势，推动铁路建设扶贫，为固原市等贫困地区铁路规划提供技术支持，科学有序推进区域重点工程前期工作。四是完善扶贫制度体系，将协同扶贫工作向常态化扶贫机制转变，协同扶贫工作做到“摘帽不摘扶贫，摘帽不摘监管”，做好扶贫制度定型后续协同服务保障工作。

协同扶贫地区原州区已于 2020 年 3 月退出贫困县序列，经规院公司将发挥技术优势，持续推进原州区协同帮扶工作，助力原州区乡村振兴发展。

中铁特货物流股份有限公司
协同扶贫新疆和田情况

中铁特货物流股份有限公司（以下简称“中铁特货公司”）认真落实中国国家铁路集团有限公司扶贫开发领导小组工作部署，落实精准扶贫精准脱贫方略，做好协同扶贫和田县工作，注重扶贫与扶志扶智相结合，助力贫困村托奴村如期脱贫，为南疆地区脱贫攻坚、经济发展和社会稳定作出了积极努力。

一、基本情况

自 2019 年起，中铁特货公司认真贯彻落实中央和中国国家铁路集团有限公司有关扶贫工作的指示精神，按照精准扶贫精准脱贫的总体要求，协同中国铁路乌鲁木齐局集团有限公司开始负责新疆和田县罕尔日克镇托奴村定点扶贫工作。

托奴村是乌鲁木齐局集团公司帮扶和田县 12 个贫困村中的一个国家级贫困村，是和田县罕艾日克镇的一个贫困村，辖 4 个村民小组，总人口 223 户 1115 人。全村大部分家庭生活贫困，人均年收入不足万元，远低于全疆农牧民人均全年最低收入。全村共有 82 户贫困户，扶贫低保户 78 户，全村“五保”户 2 户 2 人。托奴村小学承担着周围五个村的学生教学任务，撰稿时有教室 10 余间，有 1 至 3 年级 12 个班 500 余名学生。教室为平房，内外部破旧，门窗破损，仍采取架火炉烧煤取暖。学校食堂比较小，仅能容纳 40 人就餐，无法满足全校学生同时就餐。校园没有绿化，地面也没有硬化，操场都是土路，缺乏体育活动场地及相关设备设施。

3 年来，中铁特货公司累计向和田县罕尔日克镇托奴村投入近 500 万元帮扶资金，消费扶贫 400 万元。实施精准帮扶项目 3 个，涉及基础设施、文体教育、产业发展等一系列对口帮扶项目，重点建设托奴村农牧民数字化培训基地和托奴村小学，用三年时间把托奴村小学打造成一所美丽、和谐、文化气息浓厚的现代化镇级小学，为新疆和田县经济社会发展、贫困人口脱贫致富作出了重要贡献。

二、经验做法

1. 实地调研考察，确定扶贫工作思路。中铁特货公司主要领导深入到新疆和田县深度调研，详细了解掌握和田县贫困村的实际情况，全面分析贫困村致贫致困主要原因和以往扶贫的实际效果，深刻认识到仅靠“输血式”扶贫是不够的，也不是可持续的，最重要的是要利用技能扶贫、教育扶贫、产业扶贫等“造血型”扶贫济困项目，形成长效机制，提高贫困群体自我发展能力。通过反复研究深入论证脱贫攻坚的策略、扶贫的理念、手段、方式和精准帮扶模式、项目等，中铁特货公司确定了扶贫工作思路、规划、目标和重点，突出把握“两不愁三保障”，按照立足当前、着眼长远的原则，制定了托奴村小学三年建设规划，加大教育培训帮扶力度，实施扶志扶智行动，增强贫困村民自我脱贫能力。大力支持乡村振兴战略，推动产业开发、基础设施、文化教育培训等精准扶贫项目取得实效。中铁特货公司主要领导常态化深入和田县调研对接定点扶贫工作，现场解决实际问题，扎实推进扶贫项目。

2. 实施技能扶贫，提升村民脱贫能力。俗话说，授人以鱼不如授人以渔。扶贫工作更是如此，对贫困村和贫困村民来说，提供技能扶贫的服务和支持，比单纯的物质给予和经济帮扶，更有利于帮助贫困地区脱贫。中铁特货公司坚持治标与治本相结合，注重治穷与治愚相结合，增强贫困村民脱贫技能，拓宽脱贫致富的道路，实现帮扶由“输血”向“造血”转变，让村民切实走上可持续的致富路。2019 年中铁特货公司投资建成了托奴村农牧民数字化培训基地，利用乌鲁木齐局集团公司援助托奴村的报废火车头搭建功能齐全、配置完善、具有铁路特色的农牧民数字化学习室、党员学习室，作为托奴村农牧民技术培训、村民普通话教学和党员教育培训的基地、青年红色网吧。该项目配套当地政府的培训计划和网络远程教育方案，成为托奴村开展“技能扶贫”“知识扶贫”“扶志扶智”的重要载体。充分利用托奴村农牧民数字化培训基地，开展农业技术培训、通用语言教学等，引导村民学习

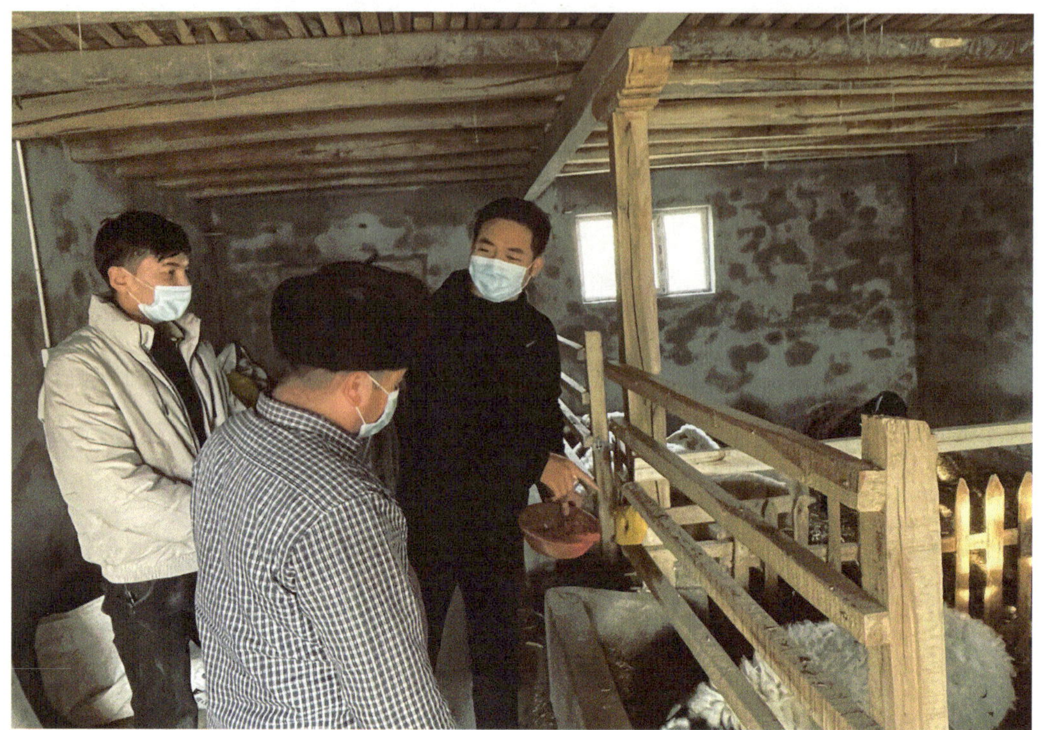

看望托奴村贫困户养殖致富情况

托奴村小学改造后教室图

农耕技术、种植技术和养殖技术等，切实提高村民思想文化素质和科学技术水平，激发村民的内生动力，推动村民蔬菜、林果种植技术、养殖技术走在和田县前列，给村民带来了实惠。

3. 启动文化扶贫，助力高质量脱贫。扶贫的关键是扶人，脱贫的关键是摆脱贫困的思想观念、脱掉文化的“贫”，这就需要文化来滋养。激发贫困村民摆脱贫困、脱贫致富的内生动力，是实现其持续、稳定和高质量脱贫的前提条件。为切实把贫困村民的心思和力量凝聚到增收脱贫、勤劳致富上来，中铁特货公司在托奴村建设火车头文化广场、数字化学习室、篮球场等文体阵地，建成一批小型多样、深受群众欢迎的文化惠民项目，配备了电脑、电视、活动室等一批文体娱乐设施设备，基本满足了贫困村民日常学习、教育和文体活动的需求。通过扶思想、扶观念、扶信心，切实推进文化扶贫，进一步凝聚脱贫攻坚合力，助推贫困地区乡村振兴。

4. 注重教育扶贫，补强学校基础设施。治贫先治愚，扶贫先扶教。教育扶贫是“斩断穷根”的利器，是扶贫的治本之策，是彻底稳定脱贫的重要推手。中铁特货公司坚持扶贫攻坚、教育先行的理念，注重扶贫与扶志扶智相结合，加大教育支持力度，拔除贫根，阻断贫困代际传递，切实把扶贫扶到点上、扶到根上。2020 年实施托奴村小学煤改电改造工程，整修学校操场，搭建主席台，硬化操场地面；2021 年新建托奴村小学教学楼，修建篮球场，改造校园设施，配备教学器材，满足托奴村学生日常学习和文体活动需求，为托奴村小学创造良好的学习生活和文体活动环境。

5. 开展消费扶贫，带动当地产业发展。托奴村农作物主要种植小麦，林果业主要是核桃、大枣等。中铁特货公司积极帮扶托奴村发展养殖、林果、农产品加工等产业，培育有市场、有效益的农特产品。由于种种原因，托奴村农特产品的销售一直不尽人意，正当托奴村为销路一筹莫展时，中铁特货公司在全公司及配送企业中广泛开展“消费扶贫，奉献爱心”活动，帮助托奴村销售核桃、大枣和馕、月饼等农特产品，调动了托奴村依靠自身努力实现脱贫致富的积极性。发挥驻村干部作用，畅通对外销售渠道，帮助销售 45 万元。

6. 选派驻村干部，加大帮扶力量。自 2019 年 12 月起，中铁特货公司主动选派 1 名政治素质高、工作能力强的年轻干部充实到乌鲁木齐局集团公司驻和田县扶贫队伍中，担任驻村队员，履行帮扶责任，做好帮扶托奴村工作。驻村干部 2020 年全年一直吃住在村里、学在村里、干在村里，一手抓维护稳定，一手抓脱贫攻坚。驻村干部与贫困村群众结亲戚、交朋友，帮助理清发展思路，找准脱贫路径，积极协调解决有关实际问题和困难，为贫困村、贫困村民办实事、解难事。认真落实帮扶责任，紧盯帮扶项目的推进落实。该名同志荣获铁路脱贫攻坚先进个人。

三、突出成效

1. 坚持精准扶贫，让和田县贫困村贫困村民如期脱贫。在中铁特货公司和乌鲁木齐局集团公司的精准帮扶下，2020 年完成了和田县脱贫攻坚目标任务，脱贫攻坚成效明显，和田县贫困县摘帽，解决了区域性整体贫困，和田县托奴村等 12 个贫困村如期脱贫。脱贫人口人均纯收入稳定超过当年扶贫标准且吃穿不愁，义务教育、基本医疗、住房安全有保障；基础设施建设和基本公共服务主要领域指标接近全国平均水平；贫困群众的获得感明显增强、满意度明显提升，脱贫攻坚成效得到当地干部群众普遍认可。

2. 坚持“志智双扶”，让贫困村民增强脱贫致富的信心和能力。习近平总书记指出：扶贫先扶志，扶贫必扶智。扶志就是扶思想、扶观念、扶信心，扶智就是扶知识、扶技术、扶方法。中铁特货公司在扶贫工作中始终坚持“志智双扶”，注重物质与精神帮扶并举，帮助贫困村民转变思想观念，克服“等靠要懒”的思想，变“要我脱贫”为“我要脱贫”，引导贫困村民依靠勤劳双手和顽强意志摆脱贫困、改变命运。聚集贫困地区产业和就业需求，量身定制开展技能培训，加强贫困村民在农业生产、农技推广、农业经营等方面的素质能力，激发村民致富活力，实现扶贫与扶志、扶智的有机统一，既富口袋也富脑袋，为实现高质量就业、脱贫致富打下坚实基础。

3. 坚持教育扶贫，让帮扶工作真正扶到点上、扶到根上。“治愚”和“扶智”，根本就是发展教育。普及基础教育，让贫困地区孩子能够接受良好的义务教育，才能让贫困地区的家庭看到希望之光，才能阻断贫困代际传递。中铁特货公司通过发力教育扶贫，把托奴村小学打造成一所现代化镇级小学，牵住了贫困村脱贫致富的“牛鼻子”。贫困地区和贫困家庭只要有了文化和知识，发展就有了希望，这所现代化镇级托奴村小学承载着托奴村数百户家庭的小康梦。

中国铁路信息科技集团有限公司协同扶贫新疆和田情况

2019 年 4 月，中国铁路信息科技集团有限公司（以下简称“信息公司”）被国铁集团确定为协同乌鲁木齐局集团公司帮扶和田县。多年来，信息公司党委深入学习贯彻习近平总书记关于打赢脱贫攻坚战的重要论述，坚决贯彻党中央决策部署，在国铁集团党组的坚强领导下，坚决落实“四个不摘”要求，立足企业实际，进一步强化攻坚态势、巩固脱贫成效，全面开展协同扶贫工作，助力新疆维吾尔自治区和田县对口扶贫村高质量完成脱贫攻坚目标任务。

一、基本情况和经验做法

（一）加强组织领导，凝聚脱贫攻坚力量。两年多来，信息公司党委准确把握形势任务，把协同扶贫工作作为政治任务来抓。一是凝聚思想共识。信息公司党委将习近平总书记关于脱贫攻坚的重要论述及时纳入党委理论学习中心组学习清单，组织公司党委委员和扶贫干部参加中国干部网络学院决战决胜脱贫攻坚网络专题培训班，进一步增强协同扶贫的责任感、使命感、紧迫感，切实统一思想、凝聚共识、提高站位。二是精心筹划组织。以学习贯彻习总书记在决战决胜脱贫攻坚座谈会上的讲话精神为引领，将脱贫攻坚与疫情防控、安全运维、工程建设等中心工作摆在同等重要位置，两年来公司党委会、总经理办公会先后 4 次专题研究部署扶贫工作。三是建立工作机构。按照信息公司党委部署安排，成立了以公司党政主要领导为组长的工作小组，明确 1 名班子成员负责扶贫具体工作，办公室（党办）、计财部、党群工作部、企法和审计部、人力资源部等相关部门密切配合，在扶贫宣传、产业扶贫、消费扶贫等方面分工协作，为有序推进协同扶贫工作提供组织保障。四是科学规划设计。连续 3 年制定《协同扶贫工作安排》《扶贫项目资金计划方案》，明确总体思路、主要任务、责任分工，为做好协同扶贫工作、落实好责任书目标任务，画出“路线图”、列出“时间表”、给出“任务单”，切实“挂图作战”。

（二）紧盯责任目标，力推脱贫攻坚落实。两年多来，信息公司党委突出目标导向，坚持把各项扶贫工作向打赢脱贫攻坚战聚焦，自觉担起扶贫责任，确保实现脱贫目标。一是用好扶贫资金。盯住“两不愁、三保障”脱贫标准，严格扶贫资金预算、过程管理，落实资金决策程序和备案审批、公告公示等制度，2019 年、2020 年信息公司援助新疆和田夏买来村共 178 万元，并在企业门户网站上公示产业扶贫项目实施结果、实施方案，依法合规用好扶贫资金。二是抓好产业扶贫。坚持靶向施策，坚决落实精准扶贫精准脱贫基本方略，立足协同扶贫地点夏买来村产业资源等实际，将发展牛羊养殖业作为产业扶贫项目，真正帮助贫困群众脱贫增收。

发展的养殖场

两年来，信息公司援助夏买来村发展育肥羊养殖、肉牛养殖项目，搭建牛棚 600 平方米。在前期各兄弟单位支持帮助下，夏买来村已实现脱贫，贫困群众收入实现显著提升。三是助力教育扶贫。发挥自身优势，在充分调研论证的基础上，加强与乌鲁木齐局集团公司扶贫办、和田驻村干部沟通协调，2021 年计划援助新疆和田罕艾日克镇托奴村小学新建教学楼建设项目 175 万元，支持帮扶地区改善教育保障条件，真正将扶志扶智政策落到实处。四是抓实消费扶贫。充分利用 12306 电商扶贫商城、国铁集团举办的农产品展示会等平台，加强推介宣传，拓展销售渠道，全方位扩大消费扶贫成效。加大消费扶贫力度，通过发动所属公司购买扶贫产品、定向采购等方式，主动参与消费扶贫。两年多来，信息公司直接购买帮扶地区农产品 36 万元，帮助和田县销售特色农产品 2 万元。

（三）坚持多管齐下，拓展脱贫攻坚成效。两年多来，信息公司党委秉承可持续发展理念，找准定位、多管齐下，持续督导扶贫责任落实，推动帮扶对象“脱真贫”“真脱贫”。一是加强督导落实。充分发挥协同扶贫工作小组的组织领导作用，先后 27 次组织召开协同扶贫专题工作会议，贯彻落实国铁集团扶贫工作要求，对接乌鲁木齐局选定产业项目，加强对扶贫项目的组织、实施和验收等环节落实情况的持续督办，确保帮扶工作有序衔接、高标推进。二是加强现场调研。两年多来，信息公司党委书记、总经理先后 3 次带队到帮扶县区实地督导检查，与乌鲁木齐局集团公司扶贫办、驻村干部沟通协调，及时发现解决存在问题，形成有力、有序、有效的工作态势，确保扶贫工作形成闭环、扎实推进。在 2020 年度经营业绩考核中，信息公司领导班子因铁路扶贫成绩突出加 3 分，协同扶贫工作得到上级主管部门的充分肯定。三是加强扶贫宣传。多渠道、多场合宣传协同扶贫工作开展情况，在办公网站公示信息公司产业扶贫实施成效；在《人民铁道》报刊登《因地制宜选项目，协同扶贫见实效》文章，宣传报道信息公司协同扶贫工作成果，进一步营造决战决胜脱贫攻坚浓厚氛围。两年来，信息公司先后有 1 名扶贫干部和 1 个部门被国铁集团分别授予铁路扶贫工作先进个人和先进集体荣誉称号。

二、收获启示

脱贫攻坚是一项重要的政治任务，是一场必须打赢打好的硬仗，也是我们党向全国人民作出的庄严承诺，更是新时代践行党的初心和使命的伟大生动实践。信息公司党委在扶贫工作中受到了教育、得到了锻炼，获得了宝贵启示。

（一）全面打好脱贫攻坚战，必须深入领会精神、强化政治担当。信息公司党委坚持把深学笃用习近平总书记关于扶贫工作的重要论述精神作为重要政治任务，坚持用党的最新创新理论武装头脑、指导实践、推动工作，不断增强全力打赢脱贫攻坚战的政治自觉、思想自觉和历史自觉。两年多来，信息公司党委通过中心组学习、月度例会、专题培训等方式，持续深入开展学习讨论，引领全体党员干部上下深入领会精神、统一思想认识、提高政治站位，坚定不移把习近平总书记关于扶贫工作的重要论述作为打好脱贫攻坚战的“定盘星”“压舱石”，坚定不移在战略部署上“扣扣子”、责任履行上“担担子”、任务落实上“钉钉子”，切实把学习的成果转化为开拓进取、攻坚克难的思路举措和实际行动，转化为全体扶贫干部抓好脱贫工作的热情和干劲，切实形成公司上下全力打赢脱贫攻坚战的工作合力。

（二）全面打好脱贫攻坚战，必须加强组织领导、压紧压实责任。信息公司党委认真贯彻习近平总书记关于扶贫工作的重要论述精神，认识到脱贫攻坚是“一把手”工程，必须增强政治担当和责任担当，以高度的历史使命感抓紧抓好抓出成效。两年多来，信息公司党委坚持党委统筹、党政同责，主要负责人亲自挂帅、主管部门分工负责、牵头扶贫干部抓好落实的工作体系；公司领导身先士卒、靠前指挥，始终把脱贫攻坚作为重中之重，常态化开展调研指导、督导检查，精准摸清底数；抽调精兵强将负责协同扶贫工作领导小组办公室日常工作，全面建强扶贫工作力量；签订脱贫目标责任书，切实把责任扛在肩上、工作抓在手上。通过以上率下、上下联动，全员参战、奋力攻坚，信息公司协同扶贫工作取得阶段性成果。

（三）全面打好脱贫攻坚战，必须突出问题导向、靶向精准施策。信息公司党委领导班子在学习贯彻习近平总书记提出的“六个精准”扶贫要求中认识到，只有措施精、落脚准才能真正做到“对症施药”，才能彻底挖“穷根”、治“穷病”。两年多来，信息公司党委坚持“精准滴灌”，针对新疆和田帮扶地区现状，因地施策、靶向治疗，精准选择产业帮扶项目，重点加强牛羊养殖业等产业培育发展，打造优势特色扶贫产业链，打通精准扶贫“最后一公里”，推动扶贫政策措施落地落实；

援建的运动场

坚持扶贫与扶志、扶智相结合，结合乡村振兴实际需求，选定援助帮扶对象小学教学楼建设项目，积极实施基础设施定点扶贫，帮助贫困地区群众出主意、干实事，激发内生发展动力，引导贫困群众实现从“输血”到“造血”的根本性转变，树立战胜贫穷、改变落后面貌的信心和决心，切实将扶贫扶到点上、扶到根上。

（四）全面打好脱贫攻坚战，必须健全长效机制、抓好持续问效。信息公司党委注重从源头入手，加强顶层设计，着力构建扶贫工作长效机制，确保落实精准扶贫精准脱贫工作要求。两年多来，信息公司党委坚持常态化开展脱贫攻坚检查，通过“面对面”督导、“点对点”通报、“一对一”交谈等方式，对协同扶贫工作点开展常态化督查，协调路内兄弟单位、地方政府和驻村干部及时解决实际困难，推动落实协同扶贫“四方”责任；定期对扶贫项目及扶贫资金使用情况进行核查，确保资金用到位、用精准，用在“刀刃”上；加强对公司扶贫项目的监督和管理，建立日常沟通联络、定期通报等工作机制，将扶贫工作制度化、项目化管理，确保扶贫项目系统扎实推进，坚决防止脱贫后“返贫”，真正做到“扶真贫”“真扶贫”，让脱贫成效真正获得群众认可、经得起实践和历史检验。

中国铁道出版社有限公司协同扶贫情况

中国铁道出版社有限公司（以下简称“铁道社”）认真贯彻落实协同扶贫各项任务，狠抓消费扶贫、文化扶贫、就业扶贫等各项工作举措落实，积极构建领导带头、全员参与的扶贫工作格局。截至 2020 年底，共采购国铁集团 4 个定点扶贫县区产品 153400 元；捐赠图书价值 2887000 元；为勉县图书馆采购书架等物资设备，专门新建了“中国铁道出版社文化扶贫借阅室”；提供 30 台电脑，援建了电子阅览室，用于图书馆图书电子信息查阅；招收贫困地区职工 2 人。超额完成了各项协同扶贫的目标任务。

一、深入学习习近平总书记关于扶贫工作重要论述，提高政治站位

社党委利用中心组学习、干部培训、季度例会、支部“三会一课”等多种形式，组织全社干部职工深入学习领会并认真贯彻落实习近平总书记关于扶贫工作重要论述，进一步增强使命感和责任感。社党委把协同扶贫作为重要的政治任务，明确一名党委成员分管协同扶贫工作，指导督促做好协同扶贫工作。成立了由党政主要负责人担任组长的协同扶贫工作小组，明确责任分工，并根据领导人员变化，及时调整工作小组成员。协同扶贫工作小组负责组织贯彻国铁集团关于扶贫工作的决策部署，研究落实出版社承担的扶贫任务。综合部、企法部、计财部、党群部、营销中心、后勤保障部负责人为成员，分别承担协同扶贫工作任务，协调推进协同扶贫工作。小组先后完成了协同扶贫工作对接，制定协同扶贫工作方案，组织开展协同扶贫调研，采购农产品、挑选和运送图书等工作，实现预期目标。

2019 年 5 月 28 日，铁道社帮扶勉县文化扶贫、消费扶贫签约仪式

二、深入调查研究，确保协同扶贫工作务实、扎实、有效

围绕出版社承担的各项协同扶贫任务目标，社党委认真开展调查研究，根据调研结果，结合自身实际，精准制定各项扶贫措施。2019 年 5 月 26 日至 5 月 29 日，出版社总经理韩宪军、党委副书记刘廷宜带队前往勉县，就支持勉县图书馆馆藏建设和食堂食材定向采购事项进行实地调研。期间，与在勉县挂职同志进行了沟通，了解当地有关情况，共同商讨出版社协同扶贫项目实施事项。与勉县县委相关负责人及部门进行充分协商，在援建勉县图书馆、采购农产品方面达成一致，双方签订了合作协议。2019 年 9 月，铁道社为勉县图书馆采购了书架等相应物资设备，援建了“中国铁道出版社文化扶贫借阅室”，并提供 30 台电脑，援建了电子阅览室，为勉县地区广大读者送去了精神食粮。2020 年 8 月 26 日，党委副书记、副董事长、总经理章杰同志、副总经理吴和俊同志带队赴勉县开展扶贫工作调研，实地考察了铁道社为勉阳初级中学捐赠的 1 万多册图书阅读使用情况，以及勉县图书馆新建的“中国铁道出版社文化扶贫借阅室”和电子阅览室的使用情况，与在勉县挂职同志进行了沟通，了解当地实际情况，共同商讨下一步文化扶贫的具体举措。2020 年 9 月，根据调研反馈情况，为勉县图书馆提供 5000 册图书，价

值25万元，解决了勉县图书馆图书品种单一、册次缺口较大、馆藏图书少等问题。

三、利用各方资源，积极开展消费扶贫行动

认真落实国铁集团党组关于消费扶贫任务，把消费扶贫作为协同帮扶的重要内容和增长点，充分发挥食堂、所属企业、工会的组织作用，采取定向采购、组织干部职工自发购买等方式，加大对定点帮扶县区扶贫产品的购买力度。2019年定向采购勉县价值4.6万元的大米、食用油、食用菌三种农产品。2020年，采购了国铁集团定点协同扶贫地区蜂蜜、木耳、香菇、杂粮等11.74万元农产品，作为职工福利，在端午节前发放。同时积极利用自身资源，拓宽扶贫产品产销对接渠道，加强宣传推广。2020年，在《旅伴》杂志上及时刊登“爱购扶贫馆”的宣传推广，动员更多社会力量参与消费扶贫，推动消费扶贫“人人皆能为、人人皆有为”的观念深入人心。

四、充分发挥自身优势，积极组织开展文化扶贫和就业扶贫

为有效补强国铁集团四个定点扶贫县区公共文化服务的“短板”，丰富当地居民的精神文化生活，推动当地文化水平的提高，铁道社在全面完成消费扶贫的基础上，2019年和2020年连续两年开展文化扶贫。向国铁集团4个定点扶贫县区图书馆、学校等各地补充出版社出版的图书。2019年，向陕西勉县图书馆提供了价值42万元码洋图书。2019年7月向和田县拉依喀乡库木艾日克村工作队提供价值21.7万元的图书，向宁夏固原提供价值20万元的图书。2020年7月，向陕西省勉县、河南省栾川县、宁夏回族自治区固原市原州区和新疆维吾尔自治区和田县各提供50万元图书，合计200万元；2020年9月，为陕西勉县图书馆补充了价值25万元的图书。同时为保证捐赠图书品类丰富，最大限度满足当地读者需求，捐赠同种图书不超过5本。出版社在推动“铁路帮扶、文化下乡”、开展全民阅读等工作主动作为，文化扶贫工作取得一定成效。

积极落实国铁集团关于精准推进就业扶贫工作指示精神，加大贫困地区毕业生源招聘力度。在计划学生招聘过程中，采取有效措施，鼓励贫困大学生应聘，并优先录用来自贫困地区的毕业生生源。2020年，招收了一名陕西省商洛市商南县（国家级贫困县）生源的北京交通大学本科应届毕业生。

五、扎实推进扶贫宣传，推动扶贫观念深入人心

广泛开展宣传推广，扩大扶贫宣传效果。总结铁道社协同扶贫工作经验，先后在新华网、铁道报以及 4 个定点扶贫县区当地媒体及时宣传报道文化扶贫、消费扶贫等扶贫成果，积极展示扶贫工作成就。积极利用线上线下媒体资源，在《党建阵地》及时转发在铁路扶贫工作中涌现出的先进典型事迹，积极营造人人关心支持参与扶贫工作的浓厚氛围。唱响主旋律，讲好铁路扶贫故事，积极配合国铁集团组织策划出版《“慢火车”的扶贫故事》。

《人民铁道》报业有限公司协同扶贫情况

党的十八大以来，《人民铁道》报业有限公司以习近平新时代中国特色社会主义思想为指引，深入学习贯彻习近平总书记关于脱贫攻坚工作的重要论述和对铁路工作的重要指示批示精神，认真落实国铁集团党组部署要求，充分发挥新闻舆论宣传阵地优势，聚焦铁路建设扶贫、运输扶贫、定点扶贫三大任务，全媒发力、尽锐出战，始终将镜头对准脱贫攻坚最前线，优化完善报道方案，统筹运用全媒体资源，用心用情讲好脱贫攻坚铁路故事，全面立体展示了国铁企业的政治责任和社会担当。

一、聚焦脱贫攻坚，做好一体策划

牢固树立全路一盘棋和大宣传报道意识，发挥铁路“1+18+N”三级媒体平台矩阵优势，强化“人民铁道”龙头牵引作用，协同各铁路局集团公司融媒体中心、站段融媒体工作室，群策群力、信息共享、人员联动，以多样的报道形式、丰富的传播载体、生动的表述语言，全面及时准确报道铁路扶贫工作开展情况，充分展现全路特别是具体承担扶贫工作的单位和广大铁路扶贫干部顽强的意志、扎实的作风和不懈的努力。出台并及时修订完善《铁路“决战决胜脱贫攻坚”全媒体报道方案》，统领全路各级新闻单位和部门，明确做好铁路扶贫报道的总体要求、重点任务、推进节点、各级分工、协作流程，汇聚脱贫攻坚宣传报道的全路合力。成功完成对全路 81 对公益性“慢火车”、铁路四个定点帮扶地区、先进驻村干部和第一书记等重大选题的策划报道，实现了采访统一号令、作品集中发布，形成了重大报道的舆论强势。

二、精心谋篇布局，开设专栏专版

通过专栏集纳报道和专版主题呈现，展示铁路扶贫工作亮点和实际成效。全媒体平台统一设置《决战决胜　脱贫攻坚》《铁路扶贫故事》《第一书记手记》《图说铁路脱贫攻坚》《钢轨上的致富路》等专栏。《人民铁道》报在重要版面的醒目位置开设《铁路扶贫　尽锐出战》《促进乡村振兴　巩固脱贫成果》等多个专栏，策划推出《脱贫攻坚：2020 勇于担当　接续奋斗》《年度特别报道 · 2020 慢火车》《新动力　新农村　新征程》《弘扬脱贫攻坚精神　展现国铁使命担当》《铁路帮，产业兴，乡村美》等多个主题版面，集中刊发动态消息和深度报道。“人民铁道”和“中国铁路”两个微信公众号开设《走向我们的小康生活》《“慢火车”向着小康开》两个专栏，讲述百姓身边的脱贫攻坚故事。人民铁道网开设的《“慢火车”向着小康开》专题，首次全景展示 81 对公益性“慢火车”的开行径路和服务品质，充分彰显铁路运输的重要保障作用。

三、深度挖掘亮点，推出融媒报道

发挥移动端新闻传播的实时性、便捷性优势，以文字、图片、视频融合报道等方式，将国铁集团党组的部署要求、铁路扶贫工作的阶段性成果、扶贫干部和第一

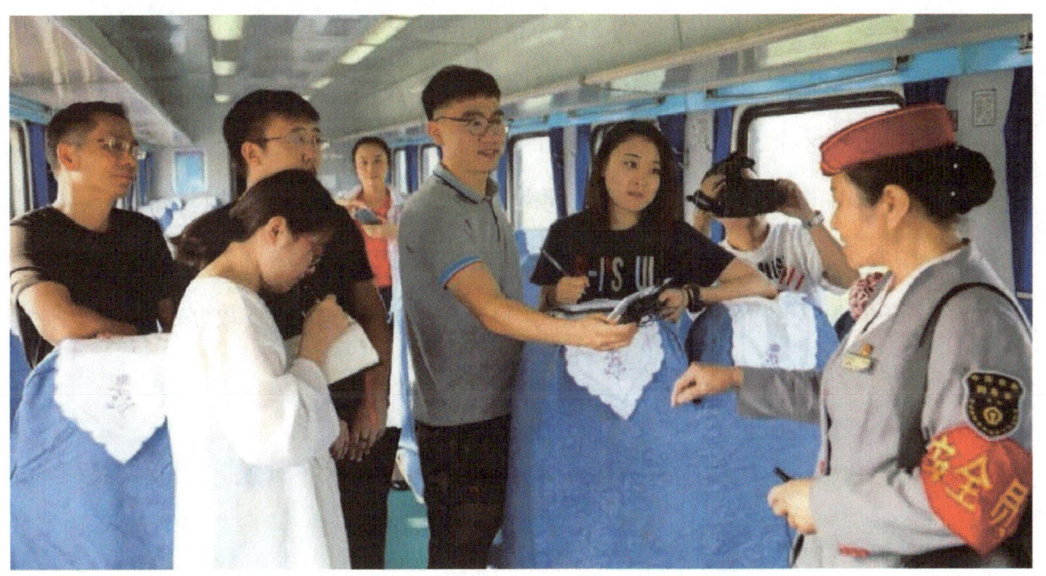

采访中

书记的感人事迹，生动形象向全社会推送。《高铁为何在这个县拐了一个弯》《没有一寸高铁的“高铁站”，真红火》等新媒体推送成为“10 万 +”现象级爆款产品。微电影《扶贫在路上》获得第二届全国电视公益节目推选活动“好扶贫故事奖”和行业电视委员会最佳纪录片奖。2020 年，“人民铁道”视频在抖音平台成功组织了“慢火车”手机端大型实况直播，视觉化呈现了“慢火车”开行成效，有效释放了融合传播效能。此外，“人民铁道”微信公众号还立足内宣平台定位，运用品牌栏目《理论微课 365》，及时做好脱贫攻坚相关政策的宣讲阐释。

四、走进基层一线，传递真情实感

紧紧围绕铁路扶贫重点任务，坚持深入基层、走进一线。党委带头，领导班子成员 15 次带队，公司本级、各记者站和铁路局集团公司融媒体中心近百名采编人员参与，投身脱贫攻坚主战场，身临其境感受、记录、书写，推出一系列鲜活生动、温暖人心的新闻作品。2019 年、2020 年春节期间，连续两年推出“新春走基层”特别采访活动，党委主要领导带队赴广西百色凌云县、河南省栾川县开展采访。广西策划采访组被中宣部、中国记协评为 2019 年“新春走基层”活动先进集体，成为唯一一家获此称号的行业媒体；《高铁无轨站开出扶贫直通车》被评为优秀作品，两名同志被评为先进个人。河南采访组制作的栾川县新南村铁路小镇体验式视频在“学习强国”学习平台播放量达到 253 万次，点赞量达到 1.9 万次。

党的十八大以来，《人民铁道》报刊发脱贫攻坚新闻稿件超过 1000 篇、制作专版（含连版）28 个，“人民铁道”和“中国铁路”两个微信公众号推送扶贫报道 650 余条、“中国铁路”发布扶贫主题微电影 27 部，人民铁道网上载稿件 694 篇，铁道影视中心《铁路新闻联播》节目播发扶贫报道 327 条，中国铁路抖音号发布相关视频 31 条，形成助力脱贫攻坚的强大声势，为助力打赢脱贫攻坚战提供了强大精神动力和有力舆论支持。

中国铁路文工团有限公司协同扶贫情况

中国铁路文工团有限公司党委认真学习习近平总书记关于扶贫工作的重要论述，深入贯彻国铁集团党组关于打赢脱贫攻坚战三年行动实施方案和扶贫、帮扶工作部署要求，充分发挥专业文艺院团优势，以“文化帮扶”为主、消费扶贫为辅，全力开展协同扶贫工作，为国铁集团定点扶贫河南省栾川县、陕西省勉县、宁夏回族自治区固原市原州区、新疆维吾尔自治区和田县4个县区，以及国铁集团各所属单位脱贫攻坚任务取得更大成果、确保如期脱贫、实现乡村振兴贡献力量。

一、加强组织领导，确保协同扶贫任务落地落实

由艺术总监孙鸣笛牵头，综合管理部（党群工作部）、计划财务部、演出联络部、艺术创作部、舞美工程部、歌舞团、曲艺杂技团、影剧中心为成员机构，成立铁路文工团协同扶贫工作组。日常工作由孙鸣笛主管，演出联络部、综合管理部分管协同扶贫工作的机构负责人组织实施。

工作组主要工作任务是发挥铁路专业文艺院团优势，结合国铁集团及所属单位扶贫、帮扶工作需要，深入开展文化下乡慰问演出活动，创作以反映国铁集团助力脱贫攻坚、乡村振兴的担当与实践为主旨的舞台剧等作品，同时结合文工团生产经营与慰问演职员实际需要，积极主动开展消费扶贫与消费帮扶工作。

近年来，文工团共开展文化帮扶活动22场，已初步完成舞台剧剧本创作，正在申报国家艺术基金资助，开展消费扶贫、帮扶3次，累计消费64.643万元。

二、发挥优势开展慰问演出，送文化到田间地头

为了切实传达国铁集团党组对定点扶贫县扶贫干部、铁路职工及家属、当地居民等的关心关怀，丰富他们的文化生活，为脱贫工作鼓舞士气、凝心聚力，近年来文工团结合各铁路局集团公司扶贫工作需要，多次组织艺术骨干到国铁集团及所属单位定点扶贫县区开展专题慰问演出。

2019 年 5 月 11 日下午，文工团赴兰州局集团公司，慰问演出团来到甘肃陇西县通安驿镇东峪村，与当地铁路职工文艺骨干联手为村民们带去了一场精心编排的慰问演出。演出在舞蹈《盛世欢歌》中拉开序幕，歌曲、杂技、相声等 13 个节目轮番上演，一些平时在电视上才能看到的演员此时就在身边，村民们热情高涨，无不拍手叫好。中央电视台梦想剧场冠军选手刘军的歌曲《好汉歌》将演出推向高潮，观众报以经久不息的掌声。

同年 5 月 19 日，积极落实铁路总公司“铁路帮扶、文化下乡”的协同扶贫工作要求，鼎力支持昆明局集团公司开展扶贫工作，文工团慰问演出团行车 8 个半小时来到该集团公司精准扶贫对象云南大理南涧彝族自治县小湾东镇，为当地村民、老师、学生和大临铁路建设者等近千人送上了一台 120 分钟的文艺盛宴。晚会

文化下乡（一）

紧扣“与祖国同行，做时代先锋”主题，在《追梦前行》的舞蹈中拉开序幕，随后为观众带来《我和我的祖国》《在希望的田野上》《红旗飘飘》《等待》等大家耳熟能详的歌曲，还有最新铁路原创歌曲《沿着铁路走走》，以及《黑骏马》《天堂》等歌曲，舞蹈《速度与激情》让现场观众激情澎湃，《空竹》《木偶大师》《博浪》及《花式跳绳》等杂技节目令人眼花缭乱，更有相声令观众捧腹大笑拍手叫好。演出现场气氛热烈、高潮迭起，在舞蹈《龙章凤姿》中落下帷幕。

同年 6 月 30 日上午，文工团慰问演出团一行 45 人经过 17 个小时长途跋涉来到新疆和田，演出团一下车就投入到演出准备中。精彩的《花式跳绳》拉开慰问演出序幕，顿时把现场观众热情调动起来。一首《我爱我的祖国》表达了亿万中华儿女对祖国母亲的赤诚之爱，魔术、相声、杂技把现场气氛推向高潮，观众纷纷拍手叫好。《红旗飘飘》《在希望的田野上》《一杯美酒》《山歌唱出好兆头》等歌曲反映了各族群众生活越来越好，幸福感、获得感越来越强。演出结束前，观众热情不减、意犹未尽，在《让我们跳起来》的音乐声中，情不自禁走向舞台跳起舞来。乌鲁木齐局集团有限公司驻和田县工作队总领队玉素甫·卡德尔说：“当前正值‘不忘初心，牢记使命’主题教育开展之际，铁路文工团的精彩演出，进一步加深了各族干部党员群众之间的亲情、感情，加深了党群、干群关系，丰富了农村的文化生活，把习近平新时代中国特色社会主义思想以群众喜闻乐见的方式进行传播，让全

文化下乡（二）

村各族群众深深感受到党的关怀、国家的变化。”

2020 年 8 月 8 日上午，50 余名演职员组成的慰问演出团到固原市原州区头营镇杨郎文体广场开展“送文化到乡村”慰问演出，饱满深情的演唱、婀娜多姿的舞蹈、动感的萨克斯演奏、惟妙惟肖的口技、“包袱”不断的相声让现场热闹不已，台上台下互动不断，现场掌声经久不息，近千名村民观看了此次演出。

2020 年 10 月 10 日至 12 日，慰问演出团走进栾川，原计划演出 6 场，在当地政府的热情邀请下加演 1 场。先后赴白土镇、鸡冠洞、重渡沟、潭头镇等 7 个乡镇，连续送上 7 场文化帮扶慰问演出，近 7000 名当地群众、驻村第一书记、驻村干部、铁路援建干部观看。为这次慰问演出量身打造的歌曲、杂技、小品、相声等节目轮番上演，令当地群众大饱眼福，一次次将现场气氛推向高潮，赢得掌声不断。

2020 年 10 月 14 日至 16 日，文工团慰问演出团先后在陕西省勉县沔水湾广场、骆驼巷村、唐家湾村文化广场，以“情满勉县　幸福同行”为主题，为勉县社会各界群众送上了一场场精彩纷呈的文化大餐。演出共分为“共筑中国梦”“走进千家万户”“迎来家国繁荣”三个篇章。演出内容包括歌舞、杂技、小品、相声、器乐演奏等 13 个节目。

文工团演出团深入田间地头，走进乡村“送文化”，唱响中华儿女风雨兼程、奋进接力的新时代赞歌，激活了群众心中的文艺种子，为奋战在脱贫攻坚第一线的广大群众加油鼓劲。

文化下乡（三）

三、深入打造主题剧目，讲好助力乡村振兴故事

结合深入定点扶贫县调研以及采风情况，文工团艺术创作人员有感于扶贫、帮扶一线铁路干部职工艰苦奋斗、无私奉献的精神，以扶贫和帮扶为主题打造舞台剧，着力刻画铁路人为深入贯彻落实党中央决策部署，胸怀国之大者，为实现全面脱贫、乡村振兴目标，日复一日年复一年，服务大局、奉献大局的生动实践。经过数次打磨修调，撰稿时剧本正在筹备申报国家艺术基金资助，按照国家艺术基金要求进行修调，申请通过后将进入创排阶段，努力用真实事迹、真情实感雕琢精品力作，讲好国铁集团助力乡村振兴的动人故事。

四、积极开展消费扶贫，全力助力脱贫攻坚

积极参与“支持消费扶贫、奉献铁路爱心”活动，结合演职员节日慰问品购置需求，通过多种渠道先后在国铁集团定点扶贫县区购买农产品。

2019 年中秋节、国庆节期间，文工团采购新疆和田县特级大枣、185 核桃和河南栾川县的玉木耳、香菇、黑木耳，为全团 783 名在职、签约演职人员及离退休人员发放慰问品，人均标准 310 元，合计价值 242730 元。2020 年，结合国庆、中秋两节演职人员慰问品发放，组织购买陕西勉县魔太家家面 1580 盒，合计金额 110600 元。2021 年国庆节期间，拟在“12306 商城”上采购扶贫产品，选定宁夏绿多源生态农业科技有限公司、万源市太一峰业有限公司、陕西沔水丽农商贸有限公司，计划为从业人员 401 人、离退休人员 380 人合计 781 人按人均 500 元标准购买中秋、国庆节慰问品，总计费用 293100 元。

近年来，合计在扶贫、帮扶区县购买农产品 64.643 万元，为推动消费扶贫、消费帮扶工作，加快贫困地区群众脱贫致富步伐、推进乡村振兴作出了应有贡献。

铁道党校协同扶贫情况

习近平总书记指出："打好脱贫攻坚战，关键在人，在人的观念、能力、干劲。"按照国铁集团党组关于开展培训扶贫统一部署，铁道党校发挥专业优势，大力开展扶贫干部培训工作。

一、强化责任意识

把学习贯彻习近平总书记关于扶贫工作重要论述和脱贫攻坚重大决策部署，特别是在解决"两不愁三保障"突出问题座谈会上的重要讲话精神纳入校委中心组理论学习、扶贫工作领导小组日常学习，进一步提高政治站位，对标对表，深刻领悟中央以人民为中心的发展思想，增强聚焦解决"两不愁三保障"突出问题，推进扶贫工作的思想自觉、政治自觉和行动自觉，以更加有力的举措、更加精细的工作，一鼓作气、连续作战，全力帮扶贫困地区攻克突出问题，加快补齐脱贫攻坚短板，以实际行动增强"四个意识"、坚定"四个自信"、做到"两个维护"，推动铁路扶贫工作高质量落实落地。铁道党校主要领导带队，参加现场培训和座谈研讨，为教育扶贫的开展提出具体要求，进一步加大铁道党校对口勉县、栾川的精准教育扶贫工作力度。协助国铁集团扶贫办培训铁路扶贫干部 75 人，为陕西省勉县和河南省栾川县培训各级干部 1463 人次。

二、根据需求精准培训

在国铁集团扶贫办的具体指导下，铁道党校与两县多次深入沟通，了解培训需

培训中

求。此次培训以切实解决问题、讲求实效作为基本出发点和立足点，根据两县所处脱贫攻坚的不同阶段实施精准培训。根据勉县脱贫攻坚已经进入到整县脱贫摘帽冲刺阶段的实际，把《精准扶贫奔小康的兰考实践》作为重点培训内容，同时考虑到脱贫之后与乡村振兴的有机衔接，把《习近平总书记关于乡村振兴的顶层设计》和《深刻认识把握以人民为中心的发展思想》作为辅助培训内容；根据栾川县刚刚实现脱贫摘帽、即将着手实施乡村振兴战略的实际，把《习近平总书记关于乡村振兴的顶层设计》作为重点培训内容，同时考虑到巩固脱贫成果、更好开展乡村振兴，把《提升扶贫产业精准度和市场化可持续发展能力》和《深刻认识把握以人民为中心的发展思想》作为辅助培训内容。

三、注重实效高层次配备授课师资

为确保实效，此次培训按照“专家授课、优势互补”的原则，由中央党校（国家行政学院）、和君咨询公司、铁道党校的专家教授组成送教队伍。其中中央党校（国家行政学院）经济学部副主任张青教授讲授的《精准扶贫奔小康的兰考实践》是在省部级领导干部班讲授的精品课程；徐祥临教授是国内“三农”问题专家、中央党校（国家行政学院）创新工程“深化农村改革”项目首席专家；李国宏教授是拥有 1500 余人、财政部指定第三方咨询机构和君咨询公司的合伙人；铁道党校党建教研部李军燕教授讲授的《深刻认识把握以人民为中心的发展思想》经过全校集体备课精心打磨，直至讲课前还得到常务副校长王晓州的亲自指导。

四、精心组织现场培训

在国铁集团扶贫办驻县干部积极联系和西安、郑州铁路局党校大力配合下，2019 年 10 月，铁道党校常务副校长王晓州带队，参加了现场培训，并与县委和县党校进行会谈。陕西省勉县以全县领导干部脱贫攻坚专题培训会形式进行，会后组织座谈，畅谈学习体会，全体县级领导，各镇办、部门单位负责同志及脱贫办、扶贫办全体干部参加培训。河南省栾川县以中心组扩大学习视频会形式进行，县委理论学习中心组成员、县委各部委、党群各部门、县直各单位、县属企业主要负责人等参加主会场会议，各乡镇设立分会场，乡镇、行政村（社区）主要负责人、驻村第一书记和铁路扶贫干部等收看报告会实况。两县主要领导表示，这次培训规格高、师资强、专业精、影响大，既是对领导干部脱贫攻坚政策知识辅导的一次大讲堂，也是在主题教育深入推进过程中的一次大党课，要以此次专题培训为契机，用更广的思路和更好的方法，为脱贫攻坚和实施乡村振兴战略作出新的努力。参加培训的同志都普遍反映这是在家门口听到的高层次培训，培训内容丰富、贴近实际、指导性很强，专家教授们的授课深入浅出、拨云见日，感到收获很大，很受启发，更加坚定了搞好脱贫攻坚和实施乡村振兴战略的决心和信心。

五、网络培训助力乡村振兴

2020 年以来，国铁集团以习近平总书记关于脱贫攻坚和乡村振兴系列重要讲话精神为指导，认真落实中组部、国务院扶贫开发领导小组关于服务脱贫攻坚干部培训工作的要求，在巩固拓展定点扶贫 4 县区脱贫摘帽成果基础上，结合疫情防控实际，加大扶志扶智教育培训力度，分别于 5 月 20 日和 11 月 21 日对定点扶贫地区县乡村基层干部、村“两委”班子、致富带头人、铁路派驻干部进行网络培训，累计培训 12100 余人次。

2020 年国铁集团教育扶贫工作的突出特点之一是按需精准培训。国铁集团扶贫办和铁道党校深入调研了解定点扶贫县区培训需求，有针对性地设计培训课程，邀请中央党校（国家行政学院）、中国农业科学研究院、国家发展改革委、铁道党校等单位的高层次专家，重点围绕习近平总书记在决战决胜脱贫攻坚座谈会上的重要讲话精神解读、产业扶贫的探索实践与 2020 年后发展建议、脱贫攻坚与乡村振兴有效衔接、疫情对中国经济的影响、学习贯彻党的十九届五中全会精神解读消费扶贫与乡村振兴战略政策等内容进行系统培训。另一个突出特点是创新培训方式。为确保疫情防控常态化条件下的培训质量，扶贫教育培训工作采取集中网络培训和日常网课相结合的方式进行。集中网络培训以铁道党校“好视通”视频会议系统等平台对培训对象进行直播培训；日常网课依托铁道党校“腾讯课堂”网络平台定期进行直播授课，培训对象可自主收看或下载视频学习。

铁道党校培训效果调查结果显示，参培人员对课程设置、教师授课水平、对自身工作帮助等方面的满意度均达 93% 以上。定点扶贫县区党委和政府对国铁集团教育扶贫特别是网络培训工作给予高度评价，一致认为网络培训方式新颖、组织有序，培训主题好、针对性强、专家水平高、学习成效明显，为推动巩固脱贫成果与乡村振兴有效衔接提供了坚强保障。

铁路青少年发展捐助中心协同扶贫情况

铁路青少年发展捐助中心（以下简称“捐助中心”）在国铁集团党组、全国铁道团委的正确指导下，在社会各界爱心人士的帮助支持下，以民政部相关法律法规为指导，积极落实党中央、国铁集团扶贫工作要求，围绕服务中心工作，发挥组织优势，拓展服务领域，完善制度建设和推动铁路公益事业，长期致力于帮困助学、脱贫攻坚、乡村振兴、“一带一路”等重点工作，大力开展“圆梦希望”“茅台助学”“成才圆梦”等公益项目，2012 年以来共资助兴建火车头希望小学 1 所、希望厨房 16 个、希望工程图书室 14 间、电脑教室 3 间、快乐音乐教室 1 个、希望美术教室 1 个、希望小桥 1 座、文体活动中心 1 个。曾获 2012—2016 年全国青基会系统“一致行动奖”、2019 年全国铁路扶贫工作先进集体、2020 年全国铁路脱贫攻坚先进集体等荣誉。

一、开展精准扶贫，助力脱贫攻坚

捐助中心作为国铁集团协同扶贫单位，近年来持续投入资金在国铁集团及所属单位定点扶贫点广泛开展助学以及援建项目。一是根据扶贫工作的实际需求，争取支持、筹措资金帮扶国铁集团定点扶贫地区和边远山区学生及当地村民，为陕西勉县、新疆维吾尔自治区和田县等地捐建希望工程图书室 14 间，充分考虑学生的成长特点量身配置图书 19400 册；出资 50 万元捐建陇西县文峰镇仙源火车头希望小学，辐射周围村落 600 余户家庭，实现了文峰镇 3500 余人的愿望；联合中国青基会投入资金 16 万元为四川省珙县、长宁县捐建希望厨房 4 个。二是启动“希望工程青

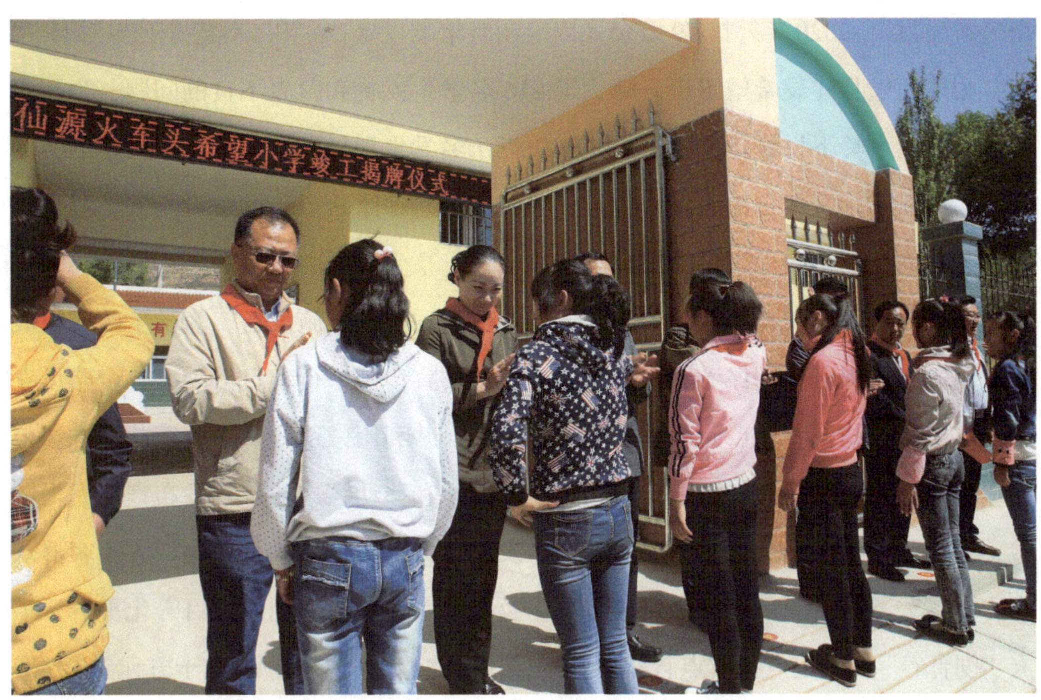

甘肃陇西县仙源火车头希望小学竣工揭牌仪式

四川松潘县同安小学希望工程快乐音乐教室

全公益项目”，2020 年筹措 79 万余元因地制宜精准设立“希望工程青全公益项目”4 个，为陕西勉县建设希望厨房，解决了 216 名学生就餐和营养不良的问题；为江西修水县东港乡岭下村修建希望小桥，解决近千名学生和村民上学难、出行难的实际问题；为新疆维吾尔自治区和田县拉依喀乡达奎村铁路希望小学建设希望工程电脑教室，帮助在校学生进一步掌握电脑实用知识，享受优质的教育资源；为陕西勉县元墩镇杨庄小学建设文体活动中心，配强文体活动硬件设施设备，为学生的成长成才、寓教于乐提供基础保障。三是开展公益扶贫宣传统一行动日活动，在全路设立的 655 个公益扶贫宣传点向旅客开展集中宣传，并利用微信公众平台等载体推送公益募捐活动信息和活动公告，在铁路 12306 网站和移动客户端首页发布宣传海报链接，通过张贴横幅标语、设置宣传展架、发放宣传彩页等形式，面向广大旅客群众大力宣传公益扶贫项目以及铁路扶贫工作及成效。四是搭建创业项目孵化平台，举办“创青春”铁路定点扶贫点青年创业赛，其中铁道系统参赛项目“十方元氣”“栾川县赤土店镇土特产营销信息服务平台”项目获得“创青春”中国青年创新创业大赛铜奖，“道君山滋养代餐粉”项目与相关单位达成了初步投资意向，为贫困地区青年创业就业打下基础。同时，通过大赛对 5 名优秀铁路驻村青年扶贫干部进行表彰奖励，进一步号召青年干部发挥所长，为铁路定点扶贫工作贡献智慧和力量。

二、深化助学项目，实现学子圆梦

长期以来，捐助中心一直致力于帮困助学，组织志愿者包保联系，走访慰问困难家庭和受助学生送去温暖，助力贫困地区、铁路困难家庭学生放飞希望、实现梦想。一是深化“圆梦希望”助学活动，组织志愿者与受助学生长期包保联系，确保“圆梦希望”助学达到助学、暖心、扶志、励学的效果。邀请受助学子为铁路助学扶贫代言，提升铁路公益项目认同，宣传铁路扶贫成效。2012 年以来，已累计资助 2271 名铁路系统大学新生，发放助学金 908.40 万元。二是不断开展“茅台公益助学活动”，为铁路定点扶贫点及铁路沿线山区、老区的 1150 名寒门学子每人提供 5000 元公益助学金帮助其圆梦大学，并开展“学子回家”活动拓宽受助学子视野。2012 年以来，累计争取外援资金支持 575 万元。三是落实“10 万 +”精准助学等资助任务，积极争取专项资金对铁路定点扶贫点新疆和田、陕西勉县

茅台助学金发放仪式

650 名贫困家庭中小学生进行资助。四是实施铁路沿线助学兴教行动，在“中国少年儿童平安行动”中开展“为爱圆梦　扬帆启航”助学活动，募集公益资金用于资助各结对学校中品学兼优、家庭经济困难的义务教育阶段学生，每人一次性资助 1000 元。

三、打造公益品牌，拓展服务平台

一是助力“一带一路”，联合中国青基会共同成立“铁路青年友谊工程专项公益基金”，开展公益募集活动，实施国铁集团境外公益项目，近年来，募集善款已超百万元，已有 4 万多名铁路员工参与。二是打造青年提素成长平台，联合西南交通大学教育基金会设立“圆梦计划奖学金”，先后资助 146 名铁路在职青年再学习、再深造。推进“希望之星”培养工程，与茅以升科技教育基金会达成合作意向并签订协议，联合评选“铁道教育希望之星”，每人 2000 元奖励资助，先后共表彰资助 243 名学子，并通过社会企业定向捐助，遴选成绩优异、家境贫寒的在校大学生 4 人开展连续资助培养，在培养过程中还注重德智双扶，加强受助学生与企业的沟通和接触，为他们开阔了眼界，使他们得到了锻炼。三是完善捐助中心网站建设，展示铁路公益项目，畅通信息发布和意见反馈渠道，积极整合资源，联合开展“中国少年儿童铁路平安行动”走进沿线彝族校园、关爱女教师（为贵州省望谟县和广西壮族自治区融水县在职的600名女教师捐赠物资21.24万元）、送文化进希望小学等活动，借助“美丽铁路”研学旅行专列产品设计大赛，设置展柜，持续组织铁路文创产品义卖活动，进一步拓展公益项目形式和筹集资金渠道。四是深化铁路青年志愿服务，举办公益项目大赛，对铁路志愿服务项目进行了展演和评审，推动全路志愿服务常态化发展以及志愿者队伍的规范化建设。连续参与全国青年志愿服务项目大赛暨志愿服务交流会，推动铁路公益交流和整体品牌价值提升，展示铁路公益新形象。积极组织志愿者长期帮助贵州兔唇女孩吴某，为小女孩募集交通及生活补贴费用4000多元，以公益手术方式进行了手术。五是加强骨干队伍建设，针对当前中小学生学习及成长需求的特点，召开研讨会，举办专项培训班，增强调研走访、写实、辅导的实践工作能力，进一步做好思想教育引导工作。

四、积极筹资捐物，开展爱心援助

积极开展抗震救灾、抗疫行动。一是四川雅安芦山遭遇地震灾害侵袭，为了帮助灾区尽快渡过难关，号召各基层单位广大团员青年踊跃捐款，共计49.7万元全部上缴中国青基会支援灾区重建。二是组织“希望工程昭通紧急救灾助学行动”，共收到6家理事单位捐款82.6万余元，大力开展灾区助学行动，为11所学校捐建希望厨房11个，改善了7000余名学生的就餐环境。三是2020年新冠疫情暴发，全国各地医用物资严重匮乏，捐助中心于2020年2月4日按照中国青基会要求统一开展“抗击疫情 希望同行——希望工程特别行动”，得到爱心企业和人士积极响应。累计接受捐款3748笔合计514568.05元，利用善款共购置防护服2000套、防护帽50000只、一次性灭菌手术衣3600套，剩余捐款125268.05元，按要求上缴至中国青基会账户。接受定向捐赠物资5071件价值1193396元，包括80吨金针菇、320件高铁战士玩具、700件菓珍产品、1箱防护口罩及体温计和5万片一次性使用医用口罩，所有物资全部送达并交付受赠单位。

中国铁路设计集团有限公司协同扶贫情况

中国铁路设计集团有限公司（以下简称“设计集团”）认真学习贯彻习近平总书记关于脱贫攻坚工作重要讲话精神，以及党中央、国务院脱贫攻坚决策部署，深入落实国铁集团打赢脱贫攻坚战三年行动实施方案、历年扶贫工作要点，结合设计集团实际，有针对性地制定扶贫工作措施。

一、脱贫攻坚工作总体情况

1. 设计集团深入学习贯彻习近平总书记重要批示指示精神和国铁集团相关部署，坚持把学习贯彻习近平总书记重要批示指示精神和党中央、国务院、国铁集团相关部署作为一项重要的政治任务，将相关内容纳入党委中心组理论学习和日常学习中，安排 6 次党委中心组进行集体学习，召开 6 次党委会、总经理办公会或班子周例会研究安排扶贫相关重点工作，充分发挥设计集团优势，加强组织领导，全力推进扶贫工作。

2. 建立贯彻落实习近平总书记关于扶贫工作重要批示指示精神工作台账、铁路建设项目扶贫工作台账、总承包项目扶贫工作台账、定点结对帮扶工作台账、消费扶贫工作台账，以“台账管理”为抓手，加强督办落实，推动上级部署在设计集团落地见效。

二、铁路建设帮扶情况

1. 根据国铁集团建设项目年度计划，优先将 14 个集中连片贫困区和交通扶贫“双百工程”16个铁路扶贫项目列为年度重点推进项目，通过技术作业平台等手段盯控执行计划的落实，强化现场服务，满足国铁集团推进计划和设计质量要求。设计集团充分发挥优势，多措并举推进铁路建设帮扶，持续放大铁路帮扶成效。

2. 加大工程总承包项目建设帮扶力度，新建龙岩至龙川铁路龙岩至武平段位于福建省境内，龙岩市武平县为福建省贫困县，为帮助当地群众增收创益，早日脱贫，项目部通过施工图方案优化、充分考虑施工便道与地方道路永临结合等措施，减少铁路建设用地80余亩，修建便道约12公里，极大维护了当地政府及民众的利益。同时通过引导和鼓励施工单位租用当地既有房屋作为项目部驻地及优先聘用当地劳务人员参与项目建设，为当地群众增收30余万元。

三、定点结对帮扶情况

1. 基本情况

2018年以来，设计集团按照中共天津市委、市政府的统一部署，与审计署京津冀特派员办事处、天津商务职业学院三个单位共同结对帮扶蓟州区下营镇张家峪村，天津商务职业学院派驻村干部，设计集团与审计署办事处共同出资金。

（1）定点结对帮扶资金情况。2018—2020年，设计集团按照与张家峪村签订的结对帮扶合作协议，向张家峪村提供帮扶资金71万元，其中55万元用于建设张家峪村党建活动中心，16元万用于改建沟坡特色精品采摘果园项目。

（2）追加的产业扶贫资金情况。2020年，设计集团根据天津市蓟州区下营镇委员会、张家峪村党支部、驻村帮扶组《关于追加结对帮扶困难村张家峪村产业扶贫资金的申请》，经研究，在原帮扶资金预算基础上追加产业帮扶资金32.67万元，该帮扶资金用于张家峪村新增改造提升观光采摘果园项目。

（3）结对帮扶项目完成情况。一是建设完成建筑面积337.33平米的二层砖混结构党群活动中心1座，并于2020年初投入使用。二是建设沟坡特色精品采摘果园项目，完成果树高接换优5936棵，同时对采摘果园进行了土地整理。三是新增改造提升观光采摘果园梯田30亩，架设灌溉钢管3600米，果园全部实现管道灌溉。修建果园采摘观光路990米（宽3.5米），加固坝台439米（均高1.5米）。

2. 经验做法

（1）因地制宜，开展多次现场调研慰问活动。按照年度扶贫工作安排，设计集团主要领导、分管领导及相关工作人员在春节、中秋节及扶贫日活动期间多次带队深入张家峪村现场进行走访调研和慰问，确定帮扶思路、帮扶目标和制定帮扶计划、帮困措施，指导现场结对帮扶工作，并对村困难党员、群众进行慰问。

（2）加大产业扶贫力度。为确保结对帮扶村实现全面脱贫任务，让更多困难群众长久收益受惠，设计集团主动进行实地考察，开展走访调研，找准致困“症结”，积极落实产业扶贫资金缺口，及时拨付产业扶贫资金 48.67 万元用于精品采摘果园建设，扎实有效推进帮扶工作。

（3）深化抓党建促脱贫。开展联学联建扶贫主题党日活动，先后组织多个设计集团基层党支部与张家峪村党组织开展联学联建，提升结对帮扶质量，同时部分党支部向张家峪村党员活动室支援了电视机、音响等党建活动设备及相关书籍。

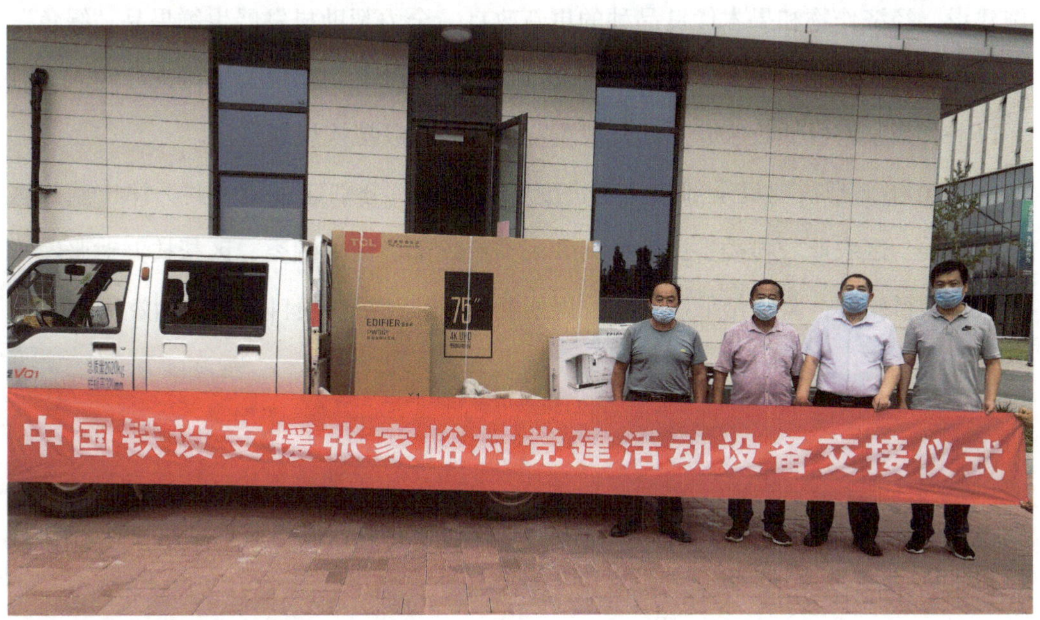

主题党日活动：支援党建活动设备

（4）主动为民解难题办实事。日常注重开展帮扶村消费帮扶，积极组织单位职工多批次采购帮扶村季节果品等共计近 17 万元，切实解决帮扶村因新冠疫情影响带来的销售困难，有力促进农民增收。

（5）全力支持疫情防控。疫情初期，设计集团心系帮扶村，在自身防疫物资一度十分紧张的情况下，对帮扶村紧缺防疫物资及时援助，缓解当地防疫物资紧张局面，得到当地政府高度赞扬。

（6）加强帮扶资金监管。严格帮扶资金公告公示制度，严把资金使用、检查监督等环节。设计集团审计部、扶贫办 3 次深入结对帮扶张家峪村现场对帮扶资金使用情况进行专项审计，确保帮扶资金使用规范。

3. 突出成效

（1）通过帮扶建设完成并投入使用的党群活动中心，有力促进了村组织建设，巩固强化了村党支部领导核心地位，有力提升了村党员日常教育和管理工作水平，村党组织政治功能、村庄凝聚力明显增强。党群活动中心建设达到了综合性服务平台“十有”建设标准，真正建成了让农民群众满意的党群综合服务阵地。

（2）通过大力开展产业帮扶，培育壮大当地特色果木产业，推进农田水利设施建设，经济作物和果木优良品种的更新改良，全力帮助村发展生鲜果品“绿色”产业项目等，2020 年村集体经济收入达到 20 万元以上，实现人均可支配收入 2 万元以上，张家峪村低收家庭全部实现脱贫解困，完成帮扶规划目标。

2020 年，帮扶项目全部按计划进度实施完成，分别通过了中共天津市蓟州区下营镇委、区农业农村委、区商务局、区委组织部、区卫健委、区帮扶办对张家峪村扶贫项目验收，验收结果达到扶贫规划要求标准，帮扶项目达到预期效果。

四、其他帮扶情况

1. 响应天津市委号召，落实扶贫捐款。积极响应天津港保税区广泛动员社会力量参与东西部扶贫协作和支援合作捐款，向天津开发区慈善协会捐款 30 万元，设计集团荣获 2019—2020 年度天津港保税区“爱心企业”荣誉称号。

2. 开展献爱心捐助活动。一是设计集团土建院与天津团市委、天津市青少年基金会以及天津宁河区县委商定，组织干部职工自主发起对较贫困的天津市宁河区板桥中学开展“牵手我和你，铸就爱心桥”精准资助活动。近年来，已累计捐款 11.5 万元，捐款直接汇款至接受帮扶的困难学生家庭，7 年内累计资助贫困学生 82 人次，帮助他们渡过难关。二是设计集团机环院团员青年奉献爱心，自 2015 年起，坚持每年自发组织部分团员青年到“七色花舍”（中华少年儿童慈善救助基金会西部儿童救助基金关爱项目，该项目拾遗补缺，为一些特困地区分担孤残儿童的治疗和养育压力，提供术前护理和术后康复的临时生活场所）探望孤疾儿童，捐助爱心物资近万元。三是设计集团川藏铁路巴塘监理站自 2020 年组织监理站工作人员对贫困藏族罗布老人一家提供帮扶生活物资 0.12 万元。

3. 加大就业扶贫力度。结合设计集团发展现状和需求，制定积极的就业政策，在落实年度招聘计划和制定年度招聘计划过程中，将“加大就业扶贫力度，积极招聘引进国家贫困地区毕业生及成熟型人才”作为招聘工作原则之一，在筹划招聘、实习考察等工作方案时，将“促进贫困地区人才就业”作为重要的参考因素之一。期间，引进国家贫困地区应届毕业生和成熟型人才 36 人。

4. 积极开展消费帮扶。持续发动设计集团各级组织和干部职工积极参与消费帮扶工作，利用“12306”“中铁快运商城”及其他电商平台，积极采购国铁集团定点扶贫县区和其他国家级贫困县的农产品 170 余万元。

精准扶贫

铁路情怀

中国铁路哈尔滨局集团有限公司
帮扶黑龙江省工作情况

党的十八大以来，中国铁路哈尔滨局集团有限公司（以下简称“哈尔滨局集团公司”）坚决贯彻落实党中央、国铁集团党组、黑龙江省委关于开展扶贫攻坚工作的决策部署，把打赢脱贫攻坚战作为重大政治任务和民生工程，切实提高政治站位，充分发挥铁路行业企业优势，加强工作力量，加大帮扶力度，在全面建成小康社会、决战决胜脱贫攻坚中扛起国企责任，彰显“哈铁”担当，助力乡村振兴。

一、认真学习贯彻上级部署要求，坚持党对扶贫工作的领导

一是坚持理论指导。利用哈尔滨局集团公司党委理论学习中心组学习形式，组织对党的十八大以来习近平总书记关于脱贫攻坚、全面建成小康社会的重要论述开展专题学习研讨，哈尔滨局集团公司党委理论学习中心组的理论成果《在打赢脱贫攻坚战中彰显铁路担当》在黑龙江省委《奋斗》杂志 2020 年第 16 期交流。二是加强组织领导。成立扶贫工作办公室，配齐配强工作人员，加强扶贫工作力量。研究制定《进一步深化打赢脱贫攻坚战实施方案》《关于铁路服务乡村振兴战略的实施方案》等多个指导性文件，为统筹开展扶贫工作和推进乡村振兴提供制度保证。三是强化调研督导。哈尔滨局集团公司党委书记、董事长，总经理，分管扶贫工作主管领导每年都多次深入定点扶贫村黑龙江省绥化市绥棱县泥尔河乡卫星村现场调研指导，现场与市、县、乡、村干部座谈交流，共同研讨巩固脱贫成果和衔接乡村振兴的工作思路和具体举措。

二、发挥铁路行业优势，加强贫困地区铁路规划建设

一是建设同江中俄跨江铁路大桥工程。工程位于黑龙江省同江市与俄罗斯列宁斯阔耶市之间，线路长度31.613公里。项目可研批复26.42亿元，计划工期2.5年。同江中俄铁路大桥建成后，将极大地推动黑龙江省对俄经贸合作战略升级，进一步筑牢向北开放新高地。二是新建牡丹江至佳木斯铁路工程。新建线路长度367.190公里，全线设8座车站。项目总投资374.67亿元，于2016年11月份开工建设，计划工期4.5年。该工程途经黑龙江省桦南县、桦川县2个国家级贫困县，目前已开通运营，有效拉动了贫困地区经济发展。三是佳木斯至鹤岗铁路改建工程。项目全长71.6公里，可研批复31.38亿元，于2019年8月31日正式开工建设，计划工期3年，工程途经国家级贫困县汤原县。撰稿时，已完成新建线路长轨更换和静态验收，后续将接续开展动态验收、初步验收、安全评估等工作，为线路开通运营做准备。四是持续加强贫困地区铁路点线配套设施能力。几年来，先后投资建设依安站站场改造、龙江站物流中心改造、新建泰康工业园区铁路专用线等工程，为贫困地区物流服务和农产品销售创造运输条件。五是加大铁路建设消费扶贫力度。积极引导参建单位在项目沿线及省内各县市自购建设物资，租赁当地机械设备及房屋，采购当地农副产品，优先使用当地贫困人口和贫困县劳务人员并加强技能培训。鼓励参建单位优先采购原国家级贫困县汤原、桦南等县区生产生活物资，拉动脱贫地区经济发展。几年来，累计修建永临结合道路196条154公里，工程造价8087万元，采购当地物料及生活物资等37091万元，租赁当地机械设备使用费5877万元，使用脱贫地区劳动力累计7963人，支付劳动力工资18394万元。

三、发挥铁路运输优势，强化贫困地区客货供给质量

一是加强运输组织工作。在春耕、秋收季节，优先保证农用物资运输，从配空及挂线上给予保障，并采取集中装车、集中配车、集中挂运等“三集中”措施，满足贫困地区、边远地区群众的货运需求。几年来，共研发、优化贫困地区货运产品8项，累计发送1.68亿吨，有效拓宽贫困县农产品销售渠道。二是落实运价优惠政策。

主动将国家减税降费效应传递给贫困地区企业，惠及货主特别是小微企业，让企业能有更多的资金进行技术创新和转型升级。落实国家减税降费政策，2017 年以来，面向管内脱贫地区实施铁路运价优惠政策，铁路货物运价下浮运量 492 万吨，运输优惠 13.7 亿元，有效降低了脱贫县区的社会物流成本。**三是组织开好公益性“慢火车”**。针对贫困市县交通不便，一些“庭院经济”农副产品销售难的实际，先后开行到达或经由贫困市县公益性“慢火车”23 对，占全路开行总数的 28.4%。几年来，保持开行对数不减、停站不变、时刻稳定，满足边远、少数民族等贫困地区旅客出行需求，着力打造“慢火车”服务品牌，把公益性慢火车打造成“扶贫车”“连心车”。**四是开展“无轨公铁联运站”建设**。在没有铁路的黑龙江省 25 个县（市）、23 个较大乡（镇）和内蒙古自治区 8 个旗建成“铁路无轨站”56 个，建成“公铁联运站”21 个。在 25 个无轨地区公路客运站设置铁路客票代售窗口。撰稿时已建成的“铁路无轨站”覆盖了 9 个国家级贫困县、8 个省（自治区）级贫困县，解决

龙江玉米专列

了偏远贫困地区居民出行不便问题。五是开好扶贫旅游专列。2018 年以来，先后开行扶贫旅游专列 35 列，其中哈尔滨至新疆北屯“龙泰号”援疆专列 20 列，组客 13150 人；开行抚远等方向旅游专列 15 列，组客 2064 人，极大推动了黑龙江省贫困市县旅游业的发展和区域经济发展。六是及时开行“五定班列”。针对广大贫困市县季节性运输需要，以满足旅客、货主不同时期需求为目标，开行绥化至鲅鱼圈的集装箱精品班列，开行“插秧专列”“高考专列”“农工专列”等季节性个性化的“五定”运输产品，内蒙古呼伦贝尔市大杨树镇开往鄂伦春自治旗所在地阿里河镇的“高考专列”已连续开行 18 年。实施与地方政府公益性“慢火车”共建机制，为沿线 216 座车站、乘降点配备“双站长”，为公益性“慢火车”安全开行提供保障。紧盯三江平原插秧、春耕农工出行需求，连续 23 年开行插秧专列，增开齐齐哈尔—抚远、绥化—抚远、绥化—前进镇插秧农工专列 3 对，累计运送插秧农工 5 万余人，助力龙江垦区农业生产。

援疆旅游专列

四、调动集团公司整体力量，创新开展消费扶贫行动

一是积极组织采购国铁集团定点帮扶 4 县区农副产品。按照国铁集团统一安排，组织定向采购国铁集团定点帮扶的河南省栾川县、陕西省勉县、宁夏回族自治区固原市原州区、新疆维吾尔自治区和田县 4 县区农副产品，累计 223.29 万元。二是积极组织采购其他国家级贫困县农副产品。2019 年，哈尔滨局集团公司与国家级贫困县黑龙江省海伦市人民政府签订《路地扶贫合作框架协议》，结成路地扶贫合作伙伴。连续两年组织哈尔滨局集团公司各单位购买当地扶贫企业大米、豆油等农副产品累计 557.90 万元。响应国家号召，2020 年组织采购湖北贫困地区农副产品 329.77 万元，采购挂牌督战县农副产品 53.43 万元，得到国铁集团扶贫办肯定。三是积极采取措施帮助贫困地区销售农副产品。在哈尔滨局集团公司“火车头商城”和“火车头微商城”电商平台开设“扶贫产品专区”，累计销售贫困地区产品 9.1 万元。利用哈尔滨局集团公司媒体优势，在“抖音”App 平台举办“老铁来了”扶贫助农直播带货活动，累计观看人数达到 3.1 万人，完成订单 3526 单，帮助海伦市销售农副产品 21.44 万元。利用全国扶贫日契机，组织开展“购买一份扶贫产品、奉献一份爱心”活动。消费扶贫做法在黑龙江省消费扶贫行动工作现场培训班上进行交流。四是积极拓展消费扶贫形式，扩大贫困地区产品销售渠道和影响力。积极组织开展铁路 12306、爱购扶贫馆等电商扶贫平台宣传推介活动，组织管内 5 个较大地区的 10 个特、一等站，采取设置展台和宣传点、发放宣传折页等形式广泛宣传，提高铁路扶贫电商平台影响力。协调中铁快运哈尔滨分公司，在哈尔滨站、牡丹江站等分两批投放 24 组“中国铁路消费扶贫柜”，销售脱贫县特色农副产品 100 余万元。落实省客运场站农产品展示展销共同行动方案，已在齐齐哈尔站、兴隆镇站、塔河站、绥化站候车室设立 4 个贫困县扶贫产品专题展区，得到省农业农村厅的认可。积极引导管内列车餐饮外包企业主动销售贫困地区农副产品，2020 年开展消费帮扶以来，累计完成帮扶地区农产品采购和帮销达 3720 万元，有力促进了脱贫地区的农业农村发展和群众致富增收。

五、“输血”与“造血”并举，助推定点扶贫村脱贫“摘帽”

按照黑龙江省委、省政府安排，2017 年 4 月起，哈尔滨局集团公司开始承担绥化市绥棱县泥尔河乡卫星村（省级贫困村）定点扶贫任务。几年来，累计向卫星村直接投入扶贫专项资金 600 余万元，2018 年实现整村脱贫摘帽，2019 年贫困户全部脱贫，至今无一人返贫。哈尔滨局集团公司被黑龙江省评为“全省优秀包扶单位”；驻村工作队被国铁集团评为“铁路扶贫工作先进集体”，2021 年 2 月 25 日荣获“全国脱贫攻坚先进集体”称号。一是不断拓展特色产业项目。实施肉鹅养殖项目，采取村集体集中养、贫困户分散养、聘请专家指导养、消费扶贫回收滞销肉鹅的方式，构筑起肉鹅养殖产业，村集体累计收入 39 万元，贫困户年增收 4000 余元。实施光伏产业项目，建设 316 千瓦的光伏发电站，每个贫困户年均增收千余元。实施庭院经济项目，养殖笨猪、笨鸡，户均年增收 500 余元。实施水稻催芽工厂项目，普惠广大村民，年净利润 6 万元左右。2020 年 74 户贫困户人均年收入 1.23 万元，2021 年底脱贫户人均年收入达到 1.38 万元。二是志智双扶激发脱贫致富内生动力。多方聘请农牧专家系统开展“接地气、能听懂、长本事、能劳作”的肉鹅

水稻催芽大棚

卫星村养鹅技术专家培训

养殖、绿豆种植等技术培训，四年来，培训村民 2000 余人次。三是不断改善基础设施环境。针对卫星村基础设施欠账多和环境卫生“脏乱差”等突出问题，开展“补基础设施和环境‘短板’会战”。四年来，组织硬化村屯道路 7.55 公里，安装太阳能自控路灯 376 盏，打造 1200 平米的文化活动广场，建设 575 平米集“党员活动、卫生服务、文体活动、便民服务”为一体的村民社区服务中心。四是畅通农副产品销售渠道。组织哈尔滨地区 40 多个单位与卫星村 14 个村民小组精准对接，采取党员干部自愿订购，单位集中采购等形式，通过“点对点”“结对子”开展消费扶贫，每年都以不低于市场的价格认购几十万元的农副产品。四年来，采购卫星村的农副产品累计 400 余万元，解决了广大贫困户农副产品销售难的实际问题。

六、深入推进抓党建促脱贫，为脱贫攻坚提供坚强组织保障

一是选派精兵强将驻村。选派政治过硬、作风扎实的 1 名处级干部任驻村工作队队长、村党总支第一书记，选派 2 名优秀科级干部任队员，扎根卫星村开展扶贫

工作。四年来，驻村工作队克服重重困难，与乡村两级班子拧成一股绳，与村民同吃同住同劳动，卫星村发生了翻天覆地的变化，扶贫工作取得了实实在在的成效。2 名同志因表现突出得到提拔重用。二是加强定点扶贫村党组织建设。开展“五星党组织”和“四有”党支部创建活动，投资建设标准化党员活动室、“党的主题实践活动长廊”和各村屯组“两个文明建设活动栏”。三是组织开展联学联建。绥化工务段绥棱线路车间党总支与卫星村党总支开展“联学联建”，通过支部联学、组织联建、活动联办，定期开展互学交流，发挥铁路企业党建工作优势和示范带动作用，进一步帮助卫星村党总支夯实党建基础，强化统领脱贫攻坚、振兴乡村发展的组织保证作用。2018 年卫星村党总支通过县委组织部门验收，摘掉了“软弱涣散”党组织“帽子”，2019 年晋级为绥棱县“五星党组织”。驻村扶贫工作队被集团公司党委评为集团公司党内优质品牌。

中国铁路沈阳局集团有限公司帮扶辽宁省和吉林省工作情况

党的十八大以来，中国铁路沈阳局集团有限公司（以下简称“沈阳局集团公司”）始终把铁路扶贫工作作为重要政治任务，坚持以习近平新时代中国特色社会主义思想为指导，深入学习国铁集团党组关于脱贫攻坚的指示精神，围绕地方省委、省政府部署要求，彰显国企使命担当，主要领导亲自挂帅加快推进建设扶贫，切实增强运输扶贫质量，扎实开展定点扶贫，积极开展消费扶贫，精心选派驻村干部，不断深化教育扶贫和扶贫宣传等工作，为全路打赢脱贫攻坚战作出了积极贡献。

一、领导调研慰问

沈阳局集团公司认真落实国铁集团党组全面加强铁路建设扶贫、运输扶贫、定点扶贫的工作要求，切实加强组织领导，主要领导主动承担扶贫工作第一责任人的责任，担任扶贫工作领导小组组长，组织制定扶贫工作年度计划，明确具体工作部门和责任人，定期研究脱贫攻坚工作，带领相关部门现场调研指导，协调解决包保地区扶贫开发工作中的重要问题。集团公司多次被国铁集团、辽宁省扶贫开发领导小组办公室授予先进单位及先进个人等荣誉。集团公司扶贫办主任赵志刚同志获得铁路脱贫攻坚火车头奖章。

二、推进建设扶贫

2011 年末，沈阳局集团公司营业里程 9843 公里，其中高铁 963 公里。党的

长春至珲春城际铁路开通

十八大以来，相继建成哈大、盘营、沈丹、吉珲、丹大、京沈、新通、喀赤等8条高铁，新建、改扩建和龙至南坪、甘旗卡至库伦铁路、通让线电化、平齐线电化等普速项目40个。营业里程增加4534公里，高铁里程增加2115公里。截至2020年末，沈阳局营业里程14368公里，其中高铁3078公里，复线率、电气化率分别为51%和55%，不仅方便当地群众出行，而且极大拉动贫困地区经济及旅游业发展。

三、开展运输扶贫

大力推进公益性“慢火车”开行，创建“一车一品牌”“一线一策略”，管内开行“慢火车”12.5对。持续优化贫困地区货运产品供给，组织开行农产品“点对点”运输专列、集装箱班列、高铁快运列车等，保证货物运输需求。积极开展消费扶贫，采取定向采购、电商购买等多种方式，组织购买、帮助销售国铁集团定点帮扶以及其他国家级贫困县农产品，帮助贫困群众增加收入。在管内沈阳站、沈阳北站、大连北站、长春站安装16台消费扶贫柜，努力将客运场站打造成展示展销扶贫农产品、扩大贫困地区农产品消费的新平台、新载体。

四、促进消费扶贫

采取定向采购、电商购买等多种方式，组织购买、帮助销售国铁集团定点帮扶以及其他国家级贫困县农产品，帮助贫困群众增加收入。2020 年，沈阳局集团公司消费扶贫共计完成 4120.97 万元，其中建设部组织京沈公司购买贫困地区农产品，工会、土房部结合送清凉等活动购买陕西延川县面粉、油，以及吉林省安图县矿泉水。特别是三江公司在镇赉县收购水稻 5027.6 吨，使当地贫困农户创收 1583.8 万元，被吉林省授予脱贫攻坚先进集体称号。

五、坚持定点扶贫

尤杖子村位于喀喇沁左翼蒙古族自治县城东 26 公里，是辽宁省省级贫困村，全村共有村民 806 户 /3295 人，其中建档立卡贫困户 162 户 /501 人。沈阳局集团公司持续贯彻落实党中央、国务院关于解决“两不愁三保障”突出问题的决策部署，按照“一年实施一个项目，一年解决一个难题”的原则，累计实施扶贫项目 8 个，增强尤杖子村“自我造血”功能。截至 2020 年底，尤杖子村建档立卡贫困户人均收入达到 8000 元以上，全部实现脱贫摘帽目标。

尤杖子村冷棚项目

六、实施驻村帮扶

2014 年 7 月，为深入贯彻党中央提出的精准扶贫战略，沈阳局集团公司主动承担起尤杖子村的定点扶贫任务，并选派 3 名干部组成驻尤杖子村工作队，配合县乡党委政府和村委会做好具体事项落实。按照《中共辽宁省委印发〈关于做好全省第二批大规模选派干部到乡村工作的实施方案〉的通知》（辽组通字〔2018〕23 号）要求，沈阳局集团公司精心选派 20 名党员干部进驻昌图县、桓仁满族自治县、清原满族自治县的 20 个村镇，截至 2020 年底累计带动辽宁省建档立卡贫困户 928 户/2203 人实现脱贫目标。

七、拓展教育扶贫

驻村工作队定期组织开展学习脱贫典型活动，增强村民改变贫穷面貌的干劲和信心。着力强化党建工作，召开党员干部培训班，邀请专家讲党课，培养基层党员干部的责任意识。积极组织志愿者服务、慈善捐助等活动，构建全员参与、内外互补的大扶贫格局。大力实施科技兴农战略，先后组织开展农业科技培训班，对养殖种植专业户精品扶贫送教，举办玉米种植、食用菌栽培等专业知识讲座。组织阜新车务段党委叶柏寿车站党总支全体党员，与尤杖子村党总支开展扶贫帮困主题党日活动，强化党组织在脱贫攻坚中的功能作用。

八、做好扶贫宣传

通过传统媒体、网络媒体和新媒体平台大力宣传驻村干部奋战在脱贫攻坚一线的感人故事和先进事迹。多次邀请中央及地方各级各类主流媒体聚焦沈铁扶贫成就，从一个人、一趟车、一座村的小变化，展现出铁路助力国家脱贫攻坚的大作为。2020 年 10 月 17 日，沈阳局集团公司邀请新华社、中央广播电视总台、光明日报、人民网等 25 家媒体 50 余名记者深入辽西地区开展“发现最美铁路·助力脱贫攻坚”集中采访活动，采取集中座谈、实地观摩、现场采访等多种形式，全方位多角度讲好铁路扶贫故事。

中国铁路北京局集团有限公司帮扶河北省和天津市工作情况

党的十八大以来，党中央、国务院把扶贫开发工作作为实现第一个百年奋斗目标的重点工作，底线任务纳入“五位一体”总体布局和“四个全面”战略布局。中国铁路北京局集团有限公司（以下简称“北京局集团公司”）按照属地政府和国铁集团关于扶贫工作的总体要求和具体部署，发挥首都局区位优势，立足自身实际，积极开展行业扶贫和定点扶贫工作，得到了受助地人民群众的充分肯定和广泛赞誉。

一、提高政治站位，加强组织领导

1. 成立扶贫工作机构。从 2013 年 1 月起，北京局集团公司就专门成立了扶贫开发领导小组，由集团公司主要领导任组长，分管领导任常务副组长，总会计师、各铁路办事处主任任副组长，负责接洽地方政府商定扶贫总体方案，对扶贫工作重要事项、重点项目等进行研究决策，发挥决策事项监督、审查和考核作用，确保精准扶贫及行业扶贫工作扎实、有序、规范推进。

2. 加大传播宣传力度。多次协调配合《人民铁道》《北京铁道报》报社采编人员深入帮扶村调研采访，收集扶贫工作信息，制定宣传报道计划，以消息、通讯、新闻图片等多种宣传形式，对扶贫工作动态、经验和先进人物进行集中宣传报道，详细介绍全局精准帮扶工作的开展情况和显著成绩。

北京局集团公司宣传部充分发挥新媒体传播优势，运用各级官方微博、微信公众号和企业号、手机报等新媒体平台，广泛宣传集团公司扶贫工作开展情况。特别是对时任驻奇峰塔村精准脱贫工作组组长、第一书记张明，北京客运段设立拉萨那曲爱心书屋等多个先进人物和典型事迹进行深入宣传，得到了广大网民的齐声称赞和一致好评。

3. 做好深入调查研究。北京局集团公司主要领导、分管领导多次深入定点扶贫一线，检查驻村工作组工作开展情况，看望慰问困难群众，与地方政府主管扶贫工作负责人座谈，掌握扶贫工作推进落实进度。驻村工作组以召开“两委”班子会、入户摸底、发放调查问卷等形式，全面掌握定点帮扶村基本情况，针对贫困原因制定细致周密工作方案，进一步理清思路、明确任务、严明纪律，推进扶贫工作健康发展。

二、统筹推进定点扶贫工作

1. 选派挂职干部和驻村工作人员。北京局集团公司把精准脱贫工作和选派第一书记、驻村干部作为一项严肃的政治任务，按照河北省委、省政府办公厅相关要求，发动石家庄办事处各部门及属地站段干部报名参加扶贫工作，通过严格评审，遴选出政治素质高、工作能力强的同志组成驻村工作组。组织驻村干部参加河北省委、省政府精准脱贫培训，深入学习贯彻习近平总书记关于扶贫开发重大战略思想，进一步统一思想，增强做好扶贫工作积极性和主动性，提高工作能力。不断健全完善驻村工作组考勤、会议、学习、调研等管理制度。

驻村工作组在所在乡党委领导下，以选好用好“带头人”为重点，狠抓村“两委”班子建设，坚决贯彻“四议两公开”制度，努力带好党员和村民代表两支队伍。每周召开村“两委”干部会议，结合精准脱贫工作，统一思想，提高认识，严格按照“四议两公开”程序开展村级各项工作，时刻想着群众，把群众利益放在首位，千方百计为民办事服务。

在推进扶贫项目过程中，针对征地、补偿、沟通、协调各方面出现的矛盾与纠纷，要求村“两委”干部以身作则，坚持公平、公正、公开，不等不靠，主动向前，化解矛盾，积极推进各项扶贫项目开展。

2. 拨付专项扶贫资金。2013 年以来，北京局集团公司按照河北省、天津市及国铁集团党组关于积极做好贫困地区扶贫攻坚的具体部署，先后对 7 个贫困村进

慰问贫困户：2017 年春节前蔡家庄工作组对全村 25 户贫困家庭进行走访，并给每户带去慰问金 200 元

行结对帮扶。

2013 至 2014 年，共投入扶贫资金 703.64 万元，为河北省阜平县土岭村、第一山村建设完成了村级集体企业、自来水管道、防洪堤坝、村小学校舍等 17 项重要民生工程；2015 年，共投资 161.27 万元，对河北省正定县陈庄村、南和县程庄村的村内道路、照明路灯和垃圾分类设施进行改造补强；2017 至 2018 年，共安排 200 万元定点帮扶资金，为河北省保定市易县奇峰塔、蔡家庄村建设安全饮水工程（打 2 口 200 米深水井，并铺设饮用水主管路、修建截潜流拦水墙、地下蓄水池、铺设饮用水管道）、拓宽村级道路（道宽 4 米，累计长度 1000 米）、安装太阳能照明路灯；2019 至 2020 年，共安排 101.26 万元定点帮扶资金，为天津市宝坻区牛道口镇郑各庄村村民文化活动室和党员活动室配备设备设施、整修村内道路等。

3. 特殊党费参与脱贫攻坚。按照国铁集团党组关于“各单位承担所在省（自治区、直辖市）定点扶贫任务，需从党委清理留存党费中划拨部分资金对定点扶贫单位进行补助”的要求，2017 年 6 月 29 日，局党委会审议通过“关于清理收缴党费具体使用方案”的议题，向奇峰塔、蔡家庄村共计下拨扶贫党费 39.6 万元，用于重建村委会活动室、配备党员电化教育设施。

4. 签订扶贫责任书，认真履责，扎实奉献。根据《中国铁路总公司关于打赢脱贫攻坚战三年行动的实施方案》精神，按照铁路总公司扶贫开发领导小组安排，北京局集团公司严格按照扶贫责任书具体承诺事项，认真履责，扎实奉献。

2018 年对定点扶贫县乡村实施产业项目 4 项，投入帮扶资金 100 万元，引进帮扶资金 86.8 万元，培训基层干部 6 名，在省级单位和媒体推广扶贫工作经验 17 条。

2019 年对结对帮扶的天津市宝坻区困难村实施扶贫项目 3 项，投入帮扶资金 50.04 万元，为河北省保定市易县南城司乡奇峰塔、蔡家庄村引进帮扶资金 66 万元，培训基层干部 9 名，在省级单位和媒体推广扶贫工作经验 18 条。

2020 年对结对帮扶的天津市宝坻区困难村实施扶贫项目 3 项，投入帮扶资金 51.22 万元，为河北省保定市易县南城司乡奇峰塔、蔡家庄村引进帮扶资金 2 万元，培训基层干部和技术人员共 20 名，在省级单位和媒体推广扶贫工作经验 20 条。

三、立足铁路行业优势，服务扶贫开发战略

1. 运输扶贫。奇峰塔、蔡家庄村地处燕山太行山脉，该区域内当时有国家级集中连片贫困县 21 个，分属保定、张家口、承德地区。北京局集团公司充分发挥在运输、物流、服务、就业等方面的行业优势，以点带面，扩大辐射效应，让铁路扶贫成果惠及贫困地区更多人民群众。

货运方面，通过对粮食、棉花、化肥、建筑材料等相关品类执行一口价优惠运价，每年为三个地区近 50 家贫困企业减负。常态运营无轨站 9 个，全面提高铁路沿线贫困地区办理货物运输的便捷性，进一步降低贫困地区物流成本。

客运方面。

一是对农民工往返客流较大的川、贵、陕、豫等方向普速列车实行差异化售票组织，动态调整票额智能预分，满足春耕秋收等不同时段农民工返乡购票需求。

二是在京原、京承、邯长、京通、锦承等线开行 6 对公益性“慢火车”，增加贫困村客车停站，方便沿线老百姓出行，促进旅游经济发展。

三是通过为贫困地区开行旅游专列、增加贫困地区列车停站等方式，推动贫困地区旅游经济发展，带动区域间经济交流和整体发展。北京局集团公司按照国铁集团对口支援和帮扶协作要求，先后开行发往内蒙古乌兰察布、新疆和田等方向旅游列车 10 多列，为贫困地区经济发展注入新活力。

2. 建设扶贫。一是大力推进京津冀地区铁路建设步伐，突出抓好京张高铁、京沈高铁、石济客专等重大交通项目建设，严格兑现时间节点，加快完成投资任务，助力贫困地区实现综合交通网“外通内联”奋斗目标。

二是加大京津冀铁路干线开工建设和扩能改造施工力度。2017 年以来，京通、京原电气化改造工程全面铺开，为完善京津冀路网结构，提高通道能力实现良好开局。

三是按照国铁集团建设扶贫相关工作要求，北京局集团公司积极对标中央决策部署和铁路建设扶贫工作要求，在同等条件下优先采购项目所在地或邻近国家贫困县农产品和工程物料，支持贫困地区优势产业发展。

截至 2020 年底，北京局集团公司建设系统 11 家建设项目管理机构累计购买国家级贫困县农产品共计 319.55 万元，其中河南栾川县 30.08 万元，陕西勉县 75.99 万元，宁夏回族自治区固原市原州区 14.02 万元，新疆维吾尔自治区和田县 21.02 万元，湖北地区 31.88 万元，52 个脱贫攻坚挂牌督战县 76.50 万元，其他国家级贫困地区农产品 70.06 万元。选用国家级贫困县劳动力 393 人，涉及劳务工资约 1179 万元。

3. 用工扶贫。一是按照“依法合规、积极支持”原则，进一步加大铁路就业保障扶贫力度。2016 年以来，北京局集团公司多次面向河北省贫困地区贫困家庭公开选聘劳务派遣工，经岗前培训合格后从事相关铁路岗位工作，真正起到了“解决一个就业岗位，救助一个贫困家庭”的服务和保障作用。

二是根据全局劳动用工需求和新增人员计划指标，最大限度招聘河北省扶贫地区高职、本科毕业生、复退军人以及劳务派遣工，全力支持地方脱贫工作。

三是开展人才智力帮扶。根据扶贫村经济发展对相关专业技能培训需求，在北京局集团公司年度干部培训计划安排中选择部分通用专业（如计算机、财会等）培训班次，对扶贫村选送人员进行义务培训教育，提高贫困地区待就业人口的综合素质和市场竞争力。

四、积极推进脱贫地区消费帮扶提质升级

1. 持续拓展站车市场。围绕铁路“菜篮子”和职工福利、防暑降温等采集需求，健全完善定向采购帮扶长效机制，通过“快运商城”“铁路 12306”“建行善融商务北京消费帮扶特色产品采购馆”采取定向采购及电商采购等多种方式，组织购买国铁集团定点帮扶的栾川县、勉县、原州区、和田县及其他脱贫县农产品。2019 至 2020 年间，北京局集团公司所属北京直属服务中心和四家直属非运输企业完成 610 万元的消费扶贫任务，助力老乡摆脱贫困、迈向小康。

2. 投放铁路消费扶贫柜。北京局集团公司为落实党中央、国务院对消费扶贫工作的有关指导意见，拓宽贫困地区农产品销售渠道，帮助贫困地区解决扶贫产品“卖难”问题，自 2020 年开始，陆续在北京主要车站投放铁路消费扶贫柜，促进脱贫攻坚与乡村振兴有效衔接，带动贫困群众持续增收，推动消费帮扶巩固成果、提质升级。

五、扶贫成效展示

1. 定点扶贫村按计划脱贫摘帽。河北省保定市易县南城司乡奇峰塔村地处太行山深处，距易县县城约 75 公里。现有村民 144 户、457 人，行政区域面积 13000 亩，但耕地面积仅有 389 亩，人均 0.85 亩，且均为旱地。多年来，大多数村民生活主要来源依靠玉米种植，收入微薄。总体来看，全村基础设施落后，村民房屋陈旧，村容村貌杂乱，精神面貌黯然，生活贫困。

2016 年实施精准扶贫时，全村建档立卡贫困户 60 户（205 人），贫困发生率为 44.9%。经过两年来的多方位精准施策和具体帮扶，截至 2017 年底，全村仅剩贫困户 3 户（3 人），且均为五保户，贫困发生率降至 0.66%，实现了全村整体脱贫出列。同年，由北京局集团公司定点帮扶的南城司乡蔡家庄村也完成各级验收，脱贫出列。

2. 获奖情况。2019 年，北京局集团公司石家庄办事处派驻河北省保定市易县南城司乡蔡家庄村精准脱贫工作组荣获“铁路扶贫工作先进集体”；蔡家庄村驻村第一书记、工作队长郭青山同志荣获“铁路扶贫工作先进个人”。

2021 年，北京局集团公司所属中国铁道旅行社集团有限公司荣获“铁路脱贫攻坚先进集体”；董文卫、郭青山、邓振东、商兴华、王朝晖 5 名同志荣获“铁路脱贫攻坚先进个人”。

中国铁路太原局集团有限公司
帮扶山西省工作情况

党的十八大以来，中国铁路太原局集团有限公司（以下简称“太原局集团公司”）以习近平新时代中国特色社会主义思想为指导，深入贯彻山西省委、省政府和国铁集团党组实施脱贫攻坚战略的总体部署，主动承担国铁央企的社会责任和定点责任，多措并举，精准施策，全力推进革命老区山西省晋中市榆社县两个帮扶村帮扶工作，为促进农业增效、农民增收作出了积极贡献。现总结如下。

一、加强组织，扎实推进扶贫帮扶工作

党的十八大以来，太原局集团公司高度重视扶贫帮扶工作，成立了集团公司扶贫开发领导小组，制定了集团公司打赢脱贫攻坚战三年行动实施方案。主要领导组织召开 7 次党委会议，研究部署扶贫帮扶工作。分管领导每年组织制定集团公司年度帮扶工作计划，安排部署当年扶贫帮扶推进工作。太原局集团公司高度重视扶贫帮扶工作成效，主要领导每年至少 4 次到帮扶村检查调研。

二、发挥优势，履行央企社会帮扶责任

党的十八大以来，充分发挥铁路优势，积极履行央企担负的社会帮扶责任。

1. 运输帮扶。对瓦日线吕梁市辖区兴县等 5 个车站分别实施运价下浮 20%~25% 的煤炭运价优惠，降低企业物流成本，共优惠 1.7 亿元。在吕梁等地区开行慢火车 5 对、18270 趟，运送旅客 2247.2 万人次。开行旅游专列 233 列、运送游客 13.98 万人，引

入旅游专列208列、带来游客10.4万人。开行太原—兴县北“蔡家崖号”旅游列车，结束了娄烦、岚县、临县、兴县4个集中连片贫困地区不通旅客列车的历史，推动了当地红色旅游发展。针对新冠疫情影响，组织开行徐州—朔州、烟台—朔州复工专列2趟、帮助1016名矿工顺利返岗，开行复学专列5趟、运送学生15564人。

2. 消费帮扶。发挥铁路站车优势，深化消费扶贫举措。结合大张高铁开通，将习近平总书记视察山西时专门点赞的黄花作物作为重点产品，在大同南站销售，月销售额达6万余元。将22个国家级贫困县48个企业（合作社）消费扶贫产品引入太原局集团公司进站上车，在管内53对动车组餐吧、大西高铁60个特产店内设立“扶贫产品专柜”。在管内各大中型车站、铁路单位机关、铁路职工小区安装扶贫消费柜，助推贫困县农产品进站上车。累计助销国家级贫困县农产品1345万元。

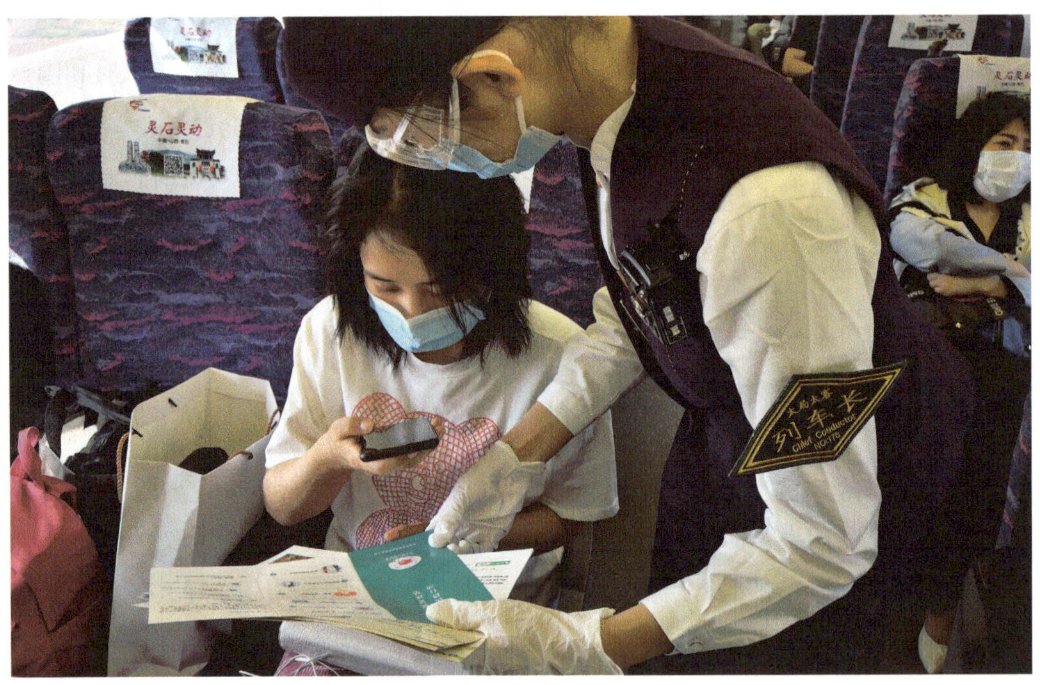

在动车上开展消费扶贫宣传

3. 建设帮扶。按照“节约资源，服务沿线群众”原则和“建管养扶贫一体化”要求，建设大西、准朔、瓦日、太焦等4个铁路项目，山西省内运营里程681公里，覆盖10个国家级贫困县，方便了贫困地区群众出行和物资外运。累计使用国家级贫困县劳动力4584人、支付工资6316万元。采购当地工程物料2.85亿元，租赁当地机械设备588万元。

在帮扶村建设爱心超市

三、全力以赴，履行央企定点帮扶责任

党的十八大以来，全局上下全力以赴，切实履行央企承担的定点帮扶责任。

1. 责任落实到位。一是太原局集团公司每年定点帮扶榆社县云竹镇段家沟村、河峪乡鱼头村2个村，按照“一村一队、一队三人”选派驻村干部，党的十八大以来，共选派驻村干部30人次。二是结对帮扶贫困村民。党的十八大以来，安排30名结对帮扶干部，共计结对帮扶90名贫困村民。三是按照标准按月按时发放驻村干部补贴，每年安排驻村干部进行健康体检，购买人身意外伤害保险。为驻村干部提供冬季取暖、夏季降温等生活保障。

2. 政策落实到位。一是在帮扶村开展教育帮扶，资助学生23人。二是组织省城医疗专家到帮扶村开展“健康帮扶，助力脱贫”医疗专家巡诊活动。三是开展易地扶贫搬迁、同步搬迁、危房改造工作。帮扶村易地扶贫搬迁贫困人口23户，危房改造71户。四是开展光伏扶贫。光伏收益到村到户金额10.36万元。五是通过产业项目加社保兜底的方式，将帮扶村脱贫不稳定户、边缘易致贫户“两类户”，实现稳定脱贫，进入安全脱贫户。

3. 产业落实到位。一是在帮扶村建设蔬菜大棚、鸡舍和铁路配件加工中心。累计雇用当地农民 480 人、支付工资 1000 万元，培养技术型农民 200 人。二是收购时令菜、土鸡蛋、土鸡，用于集团公司沿线伙食团食料供给。三是在帮扶村投入、引进帮扶资金建成肉羊养殖基地、爱心扶贫超市，建设护田大坝、乡村道路、党员活动室，安装路灯、健身器材，开展医疗专家巡诊等。

4. 工作落实到位。一是太原局集团公司助销帮扶村农产品 151.78 万元。二是帮助帮扶村贫困劳动力务工就业 600 人次，利用公益岗位解决就业 80 人次。三是在 2 个帮扶村各建立 1 个爱心扶贫超市，惠及 435 人次。四是开展“十个清零”活动，逐村研究、逐村落实，驻村干部逐户走访、解决“十个清零”问题。五是太原局集团公司在省级以上媒体宣传驻村帮扶典型事迹 25 篇。

5. 帮扶成效显著。一是在太原局集团公司的大力支持下，农民人均可支配收入由 0.26 万元达到 0.54 万元，增幅达 107.69%。二是帮扶村集体经济收入出现大幅度增加，由 5.23 万元达到 11.5 万元，增幅 120.1%。三是帮扶村已经全部通了硬化路，村容村貌、户容户貌发生了巨大变化。四是帮扶村鱼头村被榆社县委、县政府评为 2016 年度脱贫攻坚先进村，党支部书记李建军获得榆社县优秀党支部书记荣誉称号。

四、抓住关键，铁路帮扶取得显著成效

1. 深化消费扶贫举措，提升精准扶贫成效。太原局集团公司发挥铁路窗口消费、内部采购、站车宣传、铁路建设优势，深化消费扶贫举措，引扶贫产品进车站，为扶贫产品设专柜，推扶贫产品上平台。编印《山西省贫困地区农副产品推介手册》，收录山西省 22 个国家级贫困县 48 个企业（合作社）消费扶贫产品，推动山西省国家级贫困县农产品进站上车。结合节日慰问、现场慰问、季节慰问，建立慰问品定向采购机制。在铁路建设中优先雇佣贫困市县农民工，助力山西脱贫攻坚，提升精准扶贫成效。仅 2020 年就定向采购国家级贫困县农产品 837.29 万元，其中山西省内国家级贫困县农产品 556.68 万元。

2. 实施全方位帮扶，助力山西脱贫攻坚决战完胜。一是运输帮扶。在山西省国家级贫困地区 5 个车站实现运价优惠，开行 5 对慢火车，建成 2 个无轨站，组织旅

在帮扶产业就业的脱贫村民

游专列，引入外省专列，开行复工专列、复学专列。二是产业帮扶。推进驻村产业云竹生态农业园和晋中长龙天源科技有限公司，雇佣农民工300余名，年人均收入2.5万余元。举办技能培训班，培训技术人员200人次。三是定点帮扶。拨付党费33.23万元，加强帮扶村“两委”阵地建设。建设4670平方米肉羊养殖基地。整修村内道路、修建护田大坝等。建成了2个爱心扶贫超市。组织省城专家开展“健康帮扶，助力脱贫”巡诊。每年助销帮扶村谷子，解决了农民卖粮难问题。

3. 发挥铁路行业优势，郑太高铁助力脱贫。山西东南部革命老区的首条高铁郑太高铁2020年12月12日正式开通运营。新建太原至焦作段全长约358.8公里，山西境内约325.4公里，于2016年10月全线开工建设，共设太谷东、榆社西、武乡、襄垣东、长治东、长治南、高平东、晋城东等13座车站。在铁路建设中，太原局集团公司鼓励施工企业优先培训使用贫困地区技术人员、农民工。使用国家级贫困县劳动力总人数670人、涉及劳务工资1658万元。采购当地工程物料金额2264.1万元，租赁当地机械设备金额317.6万元。

经过几年不懈努力，帮扶工作取得显著成效。太原局集团公司扶贫办被评为“全国脱贫攻坚先进集体”，其消费扶贫工作做法受到原山西省委书记楼阳生的肯定。被山西省扶贫办收录《百家帮扶案例》汇编。题为《中国铁路太原局集团助力脱贫攻坚决战完胜》《深化消费扶贫举措　提升精准扶贫成效》工作做法在山西省脱贫攻坚简报第 25、44 期刊发推广。太原局集团公司工会被国铁集团评为铁路脱贫攻坚先进集体，1 名扶贫干部被授予铁路脱贫攻坚火车头奖章，8 名驻村或扶贫干部被评为铁路脱贫攻坚或铁路扶贫先进个人。

中国铁路呼和浩特局集团有限公司
帮扶内蒙古自治区工作情况

中国铁路呼和浩特局集团有限公司（以下简称“呼和浩特局集团公司”）把扶贫工作作为铁路履行社会责任的上善之举，主动履行企业责任，彰显企业担当，始终按照习近平总书记“真扶贫、扶真贫、真脱贫”扶贫思想要求，坚决贯彻落实党中央和自治区党委各项决策部署，把助力脱贫攻坚作为一项重大政治任务，坚持精准扶贫、精准脱贫基本方略，做到精准落责、精准施策、精准帮扶、精准选人，厚植铁路运输企业优势，持续发力推进定点扶贫工作，以坚实力量助力脱贫攻坚。

按照自治区《深入推进扶贫攻坚工程“三到村三到户”工作方案》要求，呼和浩特局集团公司先后承担了四子王旗库伦图镇富贵村、兴和县鄂尔栋镇二号村和科尔沁右翼中旗好腰苏木镇南白音套海嘎查（简称富贵村、二号村、南白音套海嘎查）3个贫困村的省级定点帮扶任务。期间共投入帮扶资金808.82万元，截至2020年3月，富贵村、二号村、南白音套海嘎查三个贫困村均退出贫困序列，贫困村民全部脱贫摘帽。

一、精准落责，强化扶贫工作组织领导

呼和浩特局集团公司党委牢记“贫困农牧民再小的事，也是我们铁路人天大的事”的扶贫理念，牢固树立“四个意识”，主动承担帮扶责任，坚持把扶贫工作纳入重要议事日程，主要领导亲自研究帮扶工作，亲自深入扶贫点调研工作，亲自研究制定扶贫推进方案。成立帮扶工作领导小组，坚持精准扶贫、精准脱贫基本方略，

定期召开专题会议，研究制定帮扶方案和措施。主要领导坚持每年2次、分管领导每年4次深入帮扶点，了解掌握贫困村民实际生活情况。在公司党委的领导下，呼和浩特局集团公司凝聚脱贫攻坚合力，提升扶贫工作管理效能，在铁路建设扶贫中坚持把构建四通八达的铁路网作为贫困地区脱贫致富的重要基础，相继建成临哈、锡乌、呼准鄂等多条铁路，开通运营张呼客专呼和浩特至乌兰察布段，集通电气化改造全面实施，新开工包银高铁项目包头至惠农段、银川至巴彦浩特段和集大原高铁等铁路建设项目。结束了边远地区没有铁路的历史，使自治区跨入高铁时代。党的十八大以来，累计建成铁路项目37个，完成投资1054亿元。在运输扶贫中扎实推进"客运提质计划"，开通额济纳、二连、锡林浩特、乌兰浩特等边远地区普速客车。动车组构建起呼包鄂集"1小时交通圈"，深化"货运增量行动"，与区内重点企业开展"点对点"战略合作，规划建设28个铁路综合物流基地，大力发展物流总包、中欧班列，优先抢运粮食、棉花、化肥等涉农物资，拉动企业创效和农民创收致富。

二、精准施策，强化产业扶贫生命力

呼和浩特局集团公司科学调配扶贫资金，全力推动产业帮扶，实施"一村一策"，壮大村集体经济，完善经营机制，规范经营管理，强化教育引导，筑牢精准脱贫的产业支柱。同时，切实加强扶贫专项资金投入与使用的监管力度，严格规范扶贫资金的管理和使用，确保每一分钱花到实处，发挥扶贫帮扶的重大作用，确保扶贫资金安全、有效，保证政策目标的实现。瞄准贫困地区的资源优势和产业潜力，在富贵村积极推广"优质羊种改良""舍饲圈养"畜牧业，建成1个综合饲料加工厂和养羊基地，富贵村形成了机械饲料加工与饲料喂养一体化的养殖模式，探索建立了合作经营管理模式，拓宽了村民脱贫致富路径。在二号村打灌溉井4眼，同步铺设灌溉管800余米，将千亩旱地变成水浇地，种植600多株经济果树，聘请专家进行种植养殖培训，带动贫困户收入大幅增加。在南白音套海嘎查帮扶建成15000平米的养殖小区，目前养殖基础母牛60余头，购置30型铲车、农用翻斗车、拌料机，建设320米硬化道路，新建150平米散养活动牛棚等。养殖小区采用个人承包方式，取得经济收入增长8.5万元，基础母牛数量增长10%的经营目标。通过

科普育羊——扶贫干部为四子王旗富贵村集体经济养殖场合作人传授科学养殖方法

扶贫资金投入使用以及扶贫工作队员的共同努力，呼和浩特局集团公司产业扶贫项目已初见规模并产生较好效益，实现了帮助贫困村民脱贫、帮助增加村集体收入、帮助培养致富带头人的“三同步”。二号村被列为全区脱贫攻坚示范点，先后有全国人大、国务院、自治区、各盟市等多个观摩组到二号村观摩学习，当地村民自发把按满手印的表扬信寄到了自治区党委，《人民日报》《内蒙古日报》等10多家媒体报道了呼铁局扶贫工作。

三、推动党建促脱贫，筑牢基层党组织阵地建设根基

帮扶富贵村新建1栋120平米共8间房的村委会办公及党组织活动用房，购置电脑5台，打复印一体机3台，办公及会议桌椅56套，购置党建图书300余册，农牧业学习资料220份。新建1处900平米的文化广场，配套修建文化长廊、百米文化墙，安装健身器材。帮扶二号村新建1栋350平米共15间的村委会集体用房，包括便民超市、标准化卫生室、村委会办公室、党员活动室、草原书屋和剪纸工作室，购置村委会办公及会议桌椅40套，电脑2台、打复印一体机1台。新建3000平米文化广场1处，并配置健身器材，广场四周绿化植树600株，修建旱厕1处。帮扶南白音套海嘎查购置会议桌1张、电脑1台、打印机1台、办公桌椅30套，进一步补强村委会办公设备，筑牢农村基层党支部阵地建设根基。坚持

富贵村贫困村民住房旧貌换新颜

扶贫与“扶志”“扶智”相结合。开展联学联建和主题鲜明的党日活动，积极开展科学种植养殖知识宣讲培训，为村民党员发放党章党徽、党史学习“口袋书”，组织送学上门，建立党员微信群，宣传党的扶贫政策，为村民赠送“全家福”合影，把贫困村党支部建设优势转化为巩固脱贫防止返贫的优势。组织丰富多彩的扶贫日主题活动，建立“企业文化艺术团＋医疗＋扶贫”工作机制。连续 5 年组织企业文化艺术团、医务工作者、书画院老师赴帮扶点开展脱贫攻坚慰问演出。艺术团倾情演绎，精彩呈现一系列老百姓喜闻乐见的文艺节目，书画院老师挥毫泼墨赠送书画作品，医务工作者精心为贫困村民义诊送药。现场赠送《习近平扶贫故事》等书籍，开展“扶贫知识有奖问答”。拍摄《富贵》《牛》等微电影，制作集团公司《扶贫之路》宣传册。充分发挥党员扶贫干部先锋模范作用。集团公司党员扶贫干部带头与贫困村民同吃同住同劳动，深入村民家中和田间地头，宣传党的扶贫政策和惠民举措，做好思想引领、宣传教育和感情沟通。新冠肺炎疫情期间，扶贫干部积极响应党中央号召，第一时间赶赴贫困村，克服帮扶点距离远、村民居住分散等困难，徒步走遍方圆数百里的土地，挨家逐户走访调查，摸清底

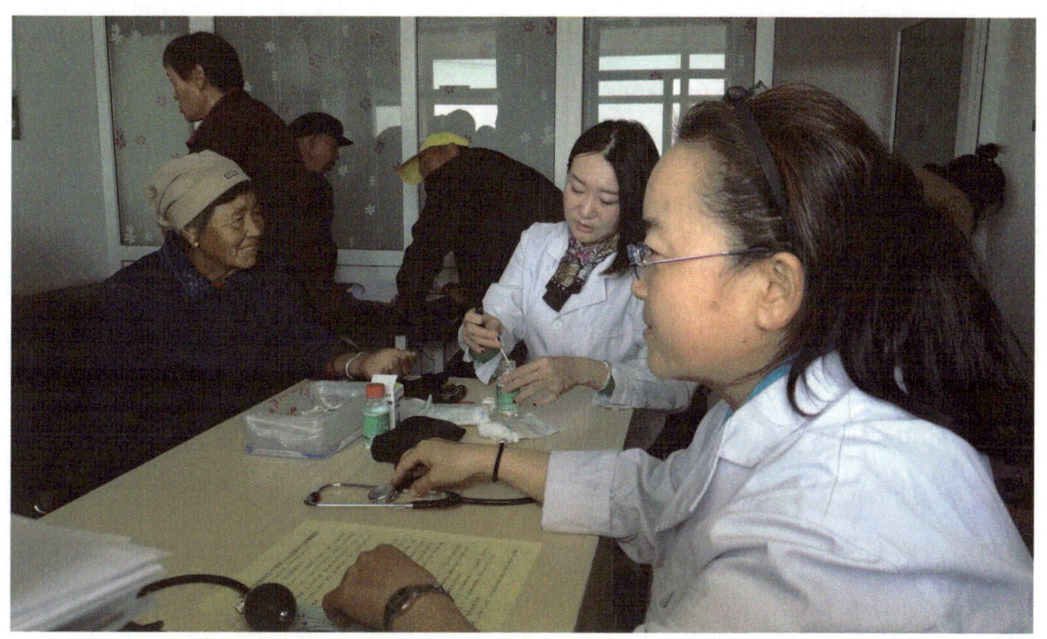

健康扶贫——呼和浩特局集团公司医疗工作队为贫困村民开展义诊服务

数，当面讲述国家关于抗击疫情的政策规定，疫情期间共入户 221 户 550 人。帮扶贫困村委会建立文明团结爱心超市，倡导树立文明新风，弘扬优良家风，将村民卫生习惯、生活习惯、自律习惯、守法新风、勤俭新风等指标进行分值量化。对自力更生、主动脱贫、勤俭持家，积极弘扬优良家风的村民给予物质和精神奖励，通过正向激励，增强村民脱贫创富的自觉性和能动性，让讲文明树新风的优良美德永久传承。

四、开展消费扶贫，破解农产品销售难问题

采取“以购代帮，以买代捐”的形式，与四县区、其他国家级贫困县、定点帮扶贫困村建立长期稳定的购销合作关系。开展贫困地区农产品直供直销进食堂活动，组织机关广大干部职工自发购买贫困地区农产品。协调所属规模较大的车站、客流量较大的旅客列车积极提供站车销售平台，动员广大旅客踊跃参与消费扶贫，形成路地消费扶贫整体合力。2019 年，在呼和浩特东站、包头站、鄂尔多斯站、卓资山东站分别设立铁路消费扶贫专柜专区，通过 12306、“爱购扶贫馆”、“快运商城”等多种销售平台开展消费扶贫。2018 年以来，呼和浩特局集团公司定向

采购四县区、其他国家级贫困县、定点帮扶贫困村木耳、香菇、和田大枣、土豆、羊肉等农畜产品合计 1856.66 万元。

五、推进就业扶贫，解决贫困群众就业问题

集团公司在全局范围内倡导和鼓励所属运输生产单位、运输辅助单位、合资铁路公司、非运输企业为贫困地区劳动力返岗、稳岗、拓岗创造一切可能的条件，最大限度优先使用贫困地区劳动力，及时跟踪和挖潜就业岗位。与铁路建设单位、铁路餐售外包企业座谈，鼓励他们为贫困地区优先提供劳动就业岗位，优先聘用、雇佣当地劳动力或大学生。对技能偏低、就业困难、有就业培训需求的贫困劳动力，按照灵活培训方式，丰富培训课程、注重实际操作的定位，在安置点组织实施有针对性的就业扶贫技能培训，有效提升贫困地区劳动力就业技能。对返岗人员采取业务实践培训，强化返岗人员实际动手能力，杜绝返岗人员因业务技能欠缺而被淘汰，稳定就业岗位。针对新的劳动就业岗位，加大在贫困地区进行宣传，提前针对贫困地区劳动力实施岗前培训，做好入职集中培训，确保贫困地区劳动力就业需求。新冠肺炎期间为国家级贫困地区提供劳动就业岗位 627 个。

六、精准选人，强化扶贫干部监督管理

脱贫攻坚任务能否高质量完成，关键在人，关键在干部队伍作风。呼和浩特局集团公司党委最大限度做好工作、生活、安全等各方面保障，让扶贫干部心无旁骛投入到脱贫攻坚工作中去。集团公司扶贫工作队坚持把决战决胜脱贫攻坚作为最大的政治任务和第一民生工程，自觉强化作风建设，严格履行职责，强化担当作为，在扶贫路上不停顿、不大意、不放松，确保脱贫攻坚目标任务落地见效。

第一任队长李克忠同志，一心扑在扶贫一线，昼夜奋战，为富贵村打出了第一口“安全饮用水井”，终因积劳成疾，献出了宝贵生命，年仅 53 岁。当地村民把这口生命井命名为“克忠井”，立碑作赋。

第二任队长雷继宁同志，始终把脱贫任务扛在肩上，心系百姓，做百姓的贴心人、致富的带头人。因扶贫点居住条件差，饮食休息不规律，驻村扶贫不到一年就患上了糖尿病，心脏病。2016 年、2017 年他的岳父和父亲去世时均在扶贫一线，

集团公司扶贫干部为建档立卡贫困户逐户填写贫困户信息

未见最后一面。2019 年临近退休之际，心脏做手术放了两个支架。2018 年被乌兰察布市授予脱贫攻坚优秀共产党员称号、中国铁路总公司授予“火车头”奖章荣誉。

第三任扶贫队长李枫同志，克服不懂蒙语的困难，常驻南白音套海嘎查扶贫点，远离家 1 千多公里，为南白嘎查养殖小区建设争取资金 200 余万元。副队长王江同志连续六年战斗在扶贫一线，把脱贫攻坚作为自己的初心和使命，和村民一同养羊、喂羊、买羊、卖羊，被誉为“最贴心的铁路人”。2018 年被国铁集团授予铁路扶贫工作先进个人称号。

扶贫队员研究生白嘎力克服慢性肠胃炎疾病影响，远在千里之外扶贫点，父亲病重去世未能见上一面，妻子流产也不在身边。2019 年他被国铁集团授予铁路扶贫工作先进个人称号，被授予“内蒙古好人”荣誉称号。

扶贫队员曹志明同志，连续几个月不回家，顺利完成建档立卡贫困户基础档案整理工作。

扶贫队员张和平同志，与当地农牧民同吃同住同劳动，主动垫钱，联系医院为贫困村民治病等。有付出就有回报，辛勤的汗水换来了丰硕成果。

2015 年 9 月 6 日，自治区“美丽乡村建设”现场会，将二号村列为观摩学习示范点，先后有来自全国人大、国务院、自治区、各盟市、旗县党政机关观摩组 100 余个 4000 余人到该村观摩学习，受到自治区主要领导的表扬和肯定。2016 年 8 月，二号村村民自发将按满了红手印的表扬信送到内蒙古自治区党委。

呼和浩特局集团公司扶贫工作经验和做法在全区推广，在自治区组织的扶贫工作经验交流会上发言，这是唯一一家国有企业帮扶单位做经验交流发言，集团公司扶贫工作经验得到全面推广。

呼和浩特局集团公司直属机关党委扶贫办连续 3 年被国铁集团评为铁路定点扶贫先进集体，2019 年被自治区评为全区定点帮扶优秀单位，2021 年被自治区评为脱贫攻坚先进集体。

中国铁路郑州局集团有限公司
帮扶河南省工作情况

中国铁路郑州局集团有限公司（以下简称“郑州局集团公司”）深入学习贯彻习近平总书记关于扶贫工作的重要指示精神，坚决落实国铁集团党组和河南省委省政府的各项部署要求，坚持精准扶贫精准脱贫基本方略，充分发挥铁路行业优势，持续加大扶贫力度，帮助省级定点扶贫的虞城县刘店乡丁河楼村高质量完成脱贫攻坚任务目标，以实际行动践行铁路企业脱贫攻坚的责任与担当。

一、脱贫攻坚战以来定点扶贫工作情况

脱贫攻坚战以来，郑州局集团公司聚焦定点扶贫虞城县刘店乡丁河楼村脱贫攻坚目标任务，对标扶贫“六个精准”，围绕教育、医疗、住房安全、特色产业发展、党建、人才培训等领域，持续加大攻坚力度。

一是强化组织保障。完善优化扶贫开发领导小组，健全扶贫开发领导工作机构，设立定点扶贫专项工作部门，召开50余次党委会、董事会和领导小组会、专题推进会，全力抓实扶贫资金、项目、力量、成果及监督检查机制“五落实”。强化调研督导，集团公司领导累计40余次深入虞城县刘店乡丁河楼村调研定点扶贫工作，形成《铁路定点扶贫工作重点项目推进情况月度督办反馈》21期，编发扶贫信息专辑17期。健全完善扶贫制度机制，制定集团公司“扶贫项目管理办法”“扶贫项目资金管理办法”“打赢脱贫攻坚战三年工作安排”“关于进一步加强消费扶贫工作的通知”“扶贫资金项目计划方案”等制度办法，为扎实推进定点扶贫工作提供制度保障。

二是加大投入力度。累计投入虞城县刘店乡丁河楼村帮扶资金200万元，实施17个项目，引进帮扶资金815万元，为高质量完成定点扶贫工作提供保障。同时，认真执行扶贫项目资金管理办法和项目管理办法，严格扶贫资金决策程序和审批备案、公告公示等制度，严把资金额度、计划拨付、资金使用、检查监督、验收决算等环节，提高扶贫资金使用效率和效益。累计选派优秀驻村第一书记3名，并于2019年对在定点扶贫工作中表现优秀的原丁河楼驻村第一书记进行提拔重用，同步择优选派集团公司团委副书记接任驻村第一书记，保证扶贫工作力量接续有力。

三是解决“三保障”突出问题。协调县教育部门投资170万元新建三层1041平方米丁河楼小学新教学楼，设置小学一至五年级，招收学生110名，保证学龄儿童接受义务教育，解决适龄儿童就近入学难问题。帮助12户生活困难的贫困户整治破旧墙头251.7米，帮助5户贫困户改造危房、整修院落。利用铁路扶贫资金7万元，解决197户村民安全吃水问题。

四是办好惠民实事。对村容村貌进行整治，硬化道路5.5公里1.8万平方米，实现了村内道路全部硬化。对村内电力进行增容改造，新增200千伏安变压器10台，新修电网线路5000米，解决生产、生活用电紧张问题。整治坑塘2000平方米，硬化地面2000平方米，建设乡村大舞台，安装健身器材20余件，为村民建设一处综合性的健身文化活动广场。修建垃圾池55个，购置垃圾箱236个，铺设污水管道2500米，修建牲畜粪便处理厂，解决了垃圾围村、污水横流问题。安装路灯245盏，修建木护栏800米、木质门楼9个、花木箱240个。修建了乡风民俗文化园，突出孝善文化和感恩文化，制成二十四节气与十二生肖石柱，提升民俗品味。坚持每年春节前夕，购买米、面、油等生活用品，对全村兜底户、大病重残户和高龄老人进行慰问。

五是深入实施产业扶贫。推广“集体经济+合作社+贫困户”带贫模式，积极发展木条加工特色产业，建设扶贫车间，引入帽子加工企业。修建村集体经营性用房，每年为村集体增收1万元。建设村集体牲畜养殖场，建成热镀锌钢结构牛棚6个，草料棚3个，为村集体增收3万元。实施储富于林，组织村民对围村林进行改造，整治闲置土地40余亩，种植泡桐3000余棵、冬枣2000余棵。引进商丘赛越建筑工程有限公司入驻丁河楼村，填补了刘店乡注册建筑公司的空白，增加了当地税收。

六是深化抓党建促扶贫。始终把加强村基层组织建设作为首要任务，累计投入23万元，对丁河楼村党群服务中心设备设施进行提升改造，夯实党建阵地。认真落实党支部“三会一课”和“四议两公开”制度，先后安排商丘车站、郑州机务段、新乡机务段的3个先进基层党支部与丁河楼村党支部建立结对帮扶关系，通过联学联建、开展主题党日活动等形式，促进村党组织提高党建工作水平，有效提升服务群众能力。

七是实施扶志扶智行动。坚持扶贫与扶志、扶智相结合，采取与贫困群众座谈交流、走访谈心等形式，积极宣传党的扶贫开发政策，为群众暖心鼓劲，增强脱贫信心。聚焦贫困群众自我发展动力培养，为贫困户提供集体经济入股资金等，引导贫困群众积极投身参与到村集体经济产业的建设和发展中来，增加贫困群众收入。组织贫困群众、乡村干部、扶贫干部体验高铁，开展“大手拉小手”结对帮扶活动，帮助他们拓展视野。把乡风文明建设与脱贫攻坚有机结合，开展孝善敬老“好媳妇、好婆婆、美丽庭院”评选表彰等活动，树立文明新风。

二、经验做法

健全带贫减贫长效机制。因地制宜探索发展合作制集体经济，重点扶持木材加工、针织品等特色产业，推广“集体经济 + 合作社 + 贫困户”带贫模式，引导贫困群众通过参与经营、务工就业、生产托管等方式融入产业链条，以此建立带贫减贫长效机制，激发贫困群众脱贫致富的内生动力，全面巩固既有脱贫成果，确保扶贫资金脱贫致富效能。丁河楼村在扶贫车间和木材加工产业带动下，实现家门口就业300余人，人均年增收2万元，145户贫困户参与集体分红，50余户老人利用闲暇时间以承接扶贫车间手工活的形式参与生产，每天8至10元的收入起到了补贴生活的效果。

三、突出成效

充分利用网台报刊等路内外媒体平台，深入挖掘总结宣传铁路在脱贫攻坚中涌现出的先进典型、经验做法。郑州局集团公司助推丁河楼村集体经济发展的典型经验在河南省2019年第54期《脱贫攻坚动态》刊发。2019年反映郑州局集团公司定点扶贫丁河楼村的产业扶贫工作案例《“小木条”拼出来的扶贫产业》，相继在新华社客户端、学习强国河南频道、大河网以及《河南工人日报》等报刊媒体予以报道，受到广泛关注。2019年5月9日，经河南省政府常务会议研究，丁河楼村所在虞城县正式退出贫困县序列。郑州局集团公司作为承担定点扶贫任务的国铁集团驻豫单位在2018、2019、2020年度河南省脱贫攻坚成效考核中连续三年被综合评价为“好”，集团公司驻虞城县刘店乡丁河楼村工作队荣获“全国脱贫攻坚先进集体”。

中国铁路武汉局集团有限公司
帮扶湖北省工作情况

中国铁路武汉局集团有限公司（以下简称“武汉局集团公司”）承担湖北省宜昌市长阳土家族自治县贺家坪镇青岗坪村省级定点帮扶任务以来，积极发挥铁路行业优势，着力做好定点扶贫、建设扶贫、运输扶贫、消费扶贫工作，共派出35人次驻村工作队员和53名结对帮扶干部，投入1280万元帮扶资金聚焦解决“两不愁、三保障”突出问题，为该村2018年脱贫出列、所在县2019年脱贫摘帽作出了积极贡献。武汉局集团公司扶贫办获得湖北省脱贫攻坚先进集体荣誉称号，被国铁集团授予铁路脱贫攻坚火车头奖杯。驻村工作队被授予工作突出的省驻村工作队，原驻村第一书记郭兵荣获铁路扶贫工作火车头奖章、工作突出的省驻村第一书记等称号。驻村队员李丰、闫佳鑫等10人次先后被国铁集团和湖北省评为扶贫工作先进个人。

一、加强扶贫工作组织保障

成立扶贫开发组织机构。武汉局集团公司成立了由党委书记、董事长和总经理任组长，工会主席、分管运输副总经理、分管建设副总经理、分管经营开发副总经理、总会计师任副组长，工会、办公室、企法部、运输部、客运部、货运部、计统部、财务部、人事部、劳卫部、审计部、建设部、物资部、经开部、土房部、纪委、团委、宣传部、直属机关党委主要负责同志为成员的扶贫开发领导小组。领导小组办公室设在集团公司工会。完善扶贫制度办法。武汉局集团公司先后出台《打赢脱贫攻坚战三年行动实施方案》《关于进一步做好扶贫工作的通知》《扶贫资金项目公告公示实施办法》《扶贫项目资金管理办法》《年度扶贫工作要点》等文件18个。加强扶贫干部队伍建设。共派出驻村工作队员35人次、结对帮扶干部53名，加强管理，组织业务培训，落实驻村队员津贴待遇和结对帮扶干部保障支持措施。驻村队员全脱产，年驻村220天以上。结对帮扶干部严格落实季度进村入户走访“五个一”活动要求。加大扶贫资金投入。投入467万元用于湖北省“三万”活动和驻村帮扶工作，投入90万元用于湖北省秦巴山片区扶贫攻坚工作，投入1198万元用于湖北省三峡库区对口支援工作，投入140万元用于湖北省定点帮扶脱贫奔小康工作，投入1280万元用于青岗坪村定点扶贫工作。营造良好扶贫氛围。围绕“脱贫攻坚铁路情怀”主题，组织中央和省市媒体开展体验式集中采访，累计发表扶贫工作报道230余篇。2019年4月，组织拍摄《美丽青岗坪　连接你我心》宣传推介片，在宜昌东站和G556次宜昌东始发进京高铁上公益播放，为扶贫村茶叶拓宽销路。2020年6月，在铁路扶贫工作推进电视电话会议上交流发言。2020年11月，郭兵同志参加国务院新闻办“铁路扶贫干部和典型代表中外记者见面会”。郭兵同志的扶贫日记被宜昌博物馆收藏。开展扶贫资金专项审计和扶贫工作专项巡察。按照出台的《扶贫项目资金管理办法》严格管理，每年在集团公司年度审计工作中安排扶贫资金专项审计。纪检部门将“加强扶贫工作监督”作为政治监督重要内容，2020年6月对扶贫工作进行专项巡察。

二、抓好铁路定点扶贫

加强产业道路等基础设施建设。投入580万元，帮助村组修建13条共15.66公里的乡村公路、维修3座桥梁，解决村民出行难和农副产品运输问题。此外，还安排帮扶资金用于贫困户危房拆旧和旧房修缮，村民安全饮水等扶贫项目。村民们一致称赞，铁路扶贫项目急百姓所急、解群众所难，真正做到了对症下药，扶贫扶到点上扶到根上了。扶持产业发展，实现由“输血式”扶贫向“造血式”帮扶转变。投入113.2万元建设茶厂、15万元建设茶叶基地，实现了鲜叶采摘当天采当天卖，真正惠及于民。帮助该村成立青岗翠绿茶叶专业合作社，实施收购贫困户茶叶青叶比非贫困户每斤多1块钱等优惠措施，形成了“公司＋基地＋农户”的茶叶产业链。帮助新建标准茶园1080亩，改造老茶园2000亩。近三年来，累计直购茶叶2.8万斤 236 万元，为村集体经济增收 28.5 万元。帮助抗击疫情保持零感染。疫情期间，安排近 4 万元帮助青岗坪村开展疫情防控，把疫情防控要点编成简单明了的短句植入视频，通过微信群开展宣传，引导村民自觉遵守防疫规定，该村始终保持零感染。协调中国扶贫志愿服务促进会采购价值 50 万元的大米和菜籽油捐赠给该村，帮助解决封闭管理后村民生活物资保障问题。2019 年青岗坪村 338 户贫困户 1035 人全部脱贫，“两不愁三保障”全面实现，极大增强了人民群众获得感、幸福感、安全感。

三、抓好铁路建设扶贫

抓好贫困地区铁路规划建设。沿江高铁、西十高铁、京九高铁、呼南通道等项目正在有序推进前期工作。安庆至九江高铁（湖北段）、黄冈至黄梅高铁等项目正在加快建设。麻城、十堰、枣阳、利川等老旧客站已改造完成投用，汉十高铁、郑万高铁（湖北段）、浩吉铁路以及宜万铁路高坪站建成开通，贫困地区路网规模进一步扩充。建设过程中拉动消费，助力地方发展。发挥铁路建设拉动作用，除必须招标外，建设生产材料和生活物资原则上全部在当地采购。2018 年以来，协调黄黄高铁、郑万高铁、浩吉铁路、汉十高铁等项目在蕲春县、保康县、勉县、英山县等国家级贫困县购买当地农产品 1206.5 万元；在高坪站、宜万隧道整治、客站提质等项目中采购地材、砂石料、水泥等约 6700 万元。支持建设就业扶贫。鼓励施工单位在劳工队伍选择、生产和生活服务配套方面，优先选择沿线贫困地区当地资源。2018 年在宜万线隧道病害整治中招用当地务工人员 240 余人，2020 年新建高坪站招用当地务工人员 529 人，支付工资 747 万元。2019 年以来，恩施地区铁路建设已支付人工费 5700 余万元。同时，对招用的当地劳务工开展技能培训，帮助增强脱贫致富本领。

四、抓好铁路运输扶贫

客运方面，推行“铁路＋旅游＋扶贫”模式，持续提升贫困地区旅客列车开行品质。打造“慢火车 · 优生活”服务品牌，开行开好管内麻城—九江、麻城—淮滨、信阳—固始 3 对公益性“慢火车”，方便群众出行。先后开行十堰至北京的“南水北调扶贫专列”10 余趟，旅游专列 223 趟，疫情稳定后组织加开“点对点”务工

运输扶贫：高坪站开通

返岗专列 189 列，有效带动了当地旅游经济发展和贫困群众增收。不断优化调整途经恩施、十堰、黄冈、信阳等贫困地区旅客列车时刻、停站设置，优化完善贫困地区旅客列车开行结构。货运方面，发挥浩吉铁路作用，进一步提升贫困地区电煤物资运输保障能力。坚持对贫困地区支农惠农物资运输实行“四优先”，组织开行个性化定制货运班列，在十堰、恩施等地区开行石油、硅石、汽车配件专列，在襄阳、十堰、驻马店开行汽车配件、体育休闲品集装箱铁海联运班列，在荆门至恩施间开行油罐车专列等，三年来共开行 691 列。对秦巴山区十堰和襄阳发送的水泥、铁海铁水联运集装箱等项目，大别山区麻城、信阳发送的碎石、粮食等项目，幕阜山区武昌东、武昌发送的矿石、劲酒等项目，武陵山区宜昌水泥、粉煤灰等项目，制定针对性运价优惠方案，三年来共减免物流费用 5191 万元。

五、抓好消费扶贫工作

对照国铁集团下达集团公司《铁路定点扶贫责任书》各项任务指标，强化协调组织，研究指标分配，主动加压，超额完成。强化扶贫产品定向采购，将“青岗翠绿茶叶专业合作社”定为一级定点供应商，推荐青岗坪村“青岗翠绿茶叶”和《全国扶贫产品目录》中精选的湖北扶贫产品在铁路 12306 电商扶贫平台进行网络销售，拓展长阳等贫困地区农产品“进站上车”销售行动，在武汉等客站投放“中国铁路消费扶贫柜”，号召基层单位“以购代帮”，组织采购青岗坪村，国铁集团定点 4 县区，以及长阳等贫困地区农副产品。2017 年以来累计采购和帮助销售贫困地区农产品 6628 万元，特别是 2020 年大力开展疫情防控消费扶贫行动，采购和帮助销售湖北农产品 5262 万元，为国铁集团完成扶贫任务作出贡献。

消费帮扶：运输小龙虾

六、定点帮扶的青岗坪村取得成效

青岗坪村位于贺家坪镇东部，版图面积 27.4 平方公里，平均海拔 950 米，最高处 1200 米。村委会距离集镇 8 公里，距离县城 60 公里。耕地面积 4520 亩，林地面积 31900 亩。现有 4 个村民小组 30 个村民片区，共计 1090 户 3042 人。村内设卫生室 1 所。318 国道横贯全村，4 个村组主线干道实现了全部硬化，光纤宽带入户率 75%、电视 100%，均已实现《中国农村扶贫开发纲要（2011—2020 年）》中关于全面实现广播电视户户通，自然村基本实现通宽带的要求。村内主要以农副产业为主，蔬菜 5500 亩、茶叶 3080 亩、生猪 11000 头。

青岗坪村 2018 年脱贫出列，所在的长阳土家族自治县 2019 年脱贫摘帽，脱贫进度符合预期。2020 年以来脱贫攻坚成果得到全面巩固拓展，乡村振兴各项工作有序推进。

1. 脱贫攻坚全面巩固。开展扶贫工作以来，精准识别贫困户 339 户，共 1042 人。其中 2014 年脱贫 41 户 116 人，2015 年脱贫 23 户 53 人，2016 年脱贫 33 户 119 人，2017 年脱贫 62 户 216 人，2018 年脱贫 174 户 536 人，经上级核查验收，整村脱贫出列。2019 年剩余的 14 户 31 人全部脱贫销号。2020 年以来共有 3 类监测对象 18 户 47 人。已消除风险 10 户 24 人，其中脱贫不稳定户 5 户 12 人，边缘易致贫户 5 户 12 人；未消除风险 8 户 23 人，其中脱贫不稳定 6 户 20 人，边缘易致贫 1 户 1 人，突发严重困难 1 户 2 人，均落实帮扶措施。

2. 村级主要指标收入大幅提升。2013 年扶贫帮扶工作开展以来，青岗坪村从 2013 年经济总收入 3027.95 万元，农业总产值 1462.44 万元，人均纯收入 4709 元；到 2021 年度青岗坪村经济总收入 6141.93 万元，农业总产值 2966.81 万元，农民人均纯收入 9555 元。9 年间青岗坪村总收入增加 3113.98 万元，农业总产值增加 1504.37 万元，人均纯收入增加 4846 元，保持年增速 10%。2013 年至 2021 年，青岗坪村人均可支配收入由 11762 元增加到 13506 元，年均增长 2%。2021 年建档立卡脱贫户人均可支配收入 9433 元，人均纯收入 6100 元，远超 2021 年 4000 元的贫困线，作为脱贫的“硬指标”，每年均向好发展。

3. 生产生活条件有较大改善。村组实现通硬化路，村内有卫生室和村医，村小学办学条件得到改善，农网供电可靠率达到 92%。青岗坪村共有公路 78.9 公里，硬化公路 44.58 公里，已完成安防工程 31 公里，4 个组通硬化公路和砂石路。其中，武汉局集团公司 2017 年至 2020 年共计向青岗坪村投入 266.6 万元用于路基整治扩宽共计 15.26 公里，桥涵加固 3 座；已修建安全饮水集中供水工程 19 处，分散供水 400 处，并建立管护机制；易地扶贫搬迁 144 户 428 人，其中集中安置居民点 4 个；危房改造 215 户，“消危减土”97 户；在校学生均享受学前教育资助、“两免一补”、高中助学金、中职助学金及“雨露计划”等，没有义务教育阶段辍学失学情况；2021 年全村脱贫人口医疗保险参保率达到 100%；还注重改善自然环境，优化生态保护，全村脱贫攻坚成果得到有效巩固，生产生活条件有较大改善。

金秋助学交流活动

4. 特色产业发展初具规模，效益良好。打造本村特色支柱产业，武汉局集团公司 2019 年投入 15 万援建白咸池高山优质茶叶种植基地，茶叶种植面积从 2016 年的 1000 亩发展到 2020 年的 3080 亩。2017 至 2019 年累计出资 38.2 万元用于茶厂建设，75 万元用于购买设备，帮助成立青岗翠绿茶叶专业合作社，2017 至 2021 年累计帮助内部销售茶叶 4.1 万多斤，销售金额 328 万余元，在茶叶特色产业发展方面，从茶叶种植生产，茶叶加工到茶叶销售，实行一条龙帮扶。电商扶贫方面，青岗坪村初步发展，宜昌百誉智慧物流有限公司与青岗坪超市合作开展电子商务业务，以点带面探索发展电商扶贫新方式。光伏扶贫方面，国家电网公司向青岗坪村捐赠 200 千瓦电站一个，带给青岗坪村年均 10 万元的集体经济收入。旅游扶贫方面，传统农家乐休闲避暑经营经济实惠发展势头良好。投资 5000 万元的青乐谷休闲避暑项目 2022 年已完成总工程量的 90%。国闰建设投资集团拟投资 26 亿元的规模型休闲避暑项目 239 亩土地已在自然资源部进行“招拍挂”。

5. 村域治理能力加强。坚持党建引领，巩固脱贫攻坚，助力乡村振兴。青岗坪村党支部下设四个党小组，共计 98 名党员。2017 年武汉铁路局出资 10 万元帮助改造党员活动中心，真正建成“党员之家”。驻村工作队坚持扛起一个责任（脱贫攻坚的政治责任），加强一个建设（两委班子），上好一个党课，抓好一个宣传（村内正能量宣传），发展一个产业（茶叶），指导督促村党支部和村两委严格落实“三会一课”和“四议两公开”制度，提升农村基层组织治理水平和能力，保持青岗坪村经济社会发展持续稳定。

中国铁路济南局集团有限公司帮扶山东省工作情况

党的十八大以来，中国铁路济南局集团有限公司（以下简称“济南局集团公司”）党委深入学习贯彻习近平总书记关于脱贫攻坚工作的重要讲话精神，扎实落实党中央、国务院及国铁集团党组关于决战决胜脱贫攻坚战的部署安排，以高度的政治责任感和务实担当精神，深耕细作、善作善成，从铁路行业优势出发，高质量推进运输扶贫、建设扶贫、定点扶贫、消费扶贫、党建促扶贫等各项工作，全力服务国家级、省级贫困县村脱贫致富、实现小康，为脱贫攻坚取得全面胜利、铁路扶贫圆满收官作出积极贡献。

一、基本情况

2012 年以来，开行扶贫旅游列车 106 列，累计发送旅客约 9 万人次；所属公益性“慢火车”1 对，为淄博、泰安间 7053/4 次。铁路建设同步建设永临结合道路 3 条，合计 2.7 公里、造价 230 万元；采购沿线贫困地区工程物料共计 8692.79 万元，租赁当地机械设备共计 3142.94 万元；选用贫困县劳动力 600 余人；项目留用混凝土拌和站 3 处、价值 294 万元。定点扶贫项目累计 4 个，共投资 308 万元，受益 364 户 3000 余人；消费扶贫组织购买（含帮助销售）国铁集团定点四县区，以及其他国家级贫困县扶贫产品共计 1730.21 万元；在所属 17 个车站投放铁路扶贫柜 44 组。济南局集团公司扶贫工作新闻报道在中央级媒体刊发共计 196 篇。

二、主要做法

1. 坚持理论指导，不断增强扶贫工作的领导力组织力执行力。思想是行动的先导和动力。济南局集团公司党委坚决将各时期习近平总书记关于脱贫攻坚的重要讲话和指示批示精神作为理论中心组学习重点内容，通过组织研讨交流、个人自学、现场调研，理清脱贫攻坚不同阶段的工作思路方向，明确铁路扶贫工作侧重点，为保障工作进度、取得实在成效提供坚实基础。坚持脱贫攻坚工作与中心工作同部署同安排同推进，结合年度工作会、领导干部会，主要领导亲自研究部署强调扶贫工作，分管领导细化制定工作措施，其他班子成员结合分工组织分管部门、单位严格落实。多种形式教育干部职工，定期更新局域网扶贫专区学习资料，每年“国家扶贫日”举办铁路扶贫成果展、推出《济南铁道报》专版报道、制作播发微视频，大力挖掘宣传扶贫先进人物事迹，教育引导全员积极参与支持扶贫工作，干部责任意识、职工主动意识及工作热情不断升温、逐年提升。

2. 发挥行业优势，以客货运输提质增效带动贫困地区发展。铁路是国民经济大动脉，对服务贫困地区脱贫致富具有独特作用。我们用足客货运输政策，将客运提质计划、货运增量行动有效衔接到服务脱贫攻坚中来。一方面，提升客运帮扶质效。强化客运组织，优化“一日一图”，每次调整运行图、铺划交路优先考虑贫困地区人民群众出行和当地营商需求；加快客运设施更新改造，优先保障贫困地区改造资金，下力气改善贫困、边远地区车站候车、乘车环境，助力乡村旅游经济发展，在鲁中山区破旧小站改造中累计投入410余万元；加大7053/4次公益性“慢火车”提速升级力度，组织完成列出动力升级、车厢升级、服务升级，延长运行距离，连通省会圈、省内高铁环线，打造高品质公益服务品牌；推行“铁路+旅游+扶贫”模式，积极组织向“三区三州”以及其他深度贫困地区开行旅游专列，打造“追梦青岛·走进安顺”“追梦青岛·走进陇南”“好客山东·大美新疆”“鲁疆号”等扶贫旅游专列品牌，累计向贫困地区发送游客9万余人。另一方面，发挥货运经济带动作用。落实贫困地区支农惠农物资运输“四优先”政策和运价优惠政策，做好季节性涉农物资运输组织，在运力安排上给予倾斜保障；优化贫困地区货物运输结构，结合济南局集团公司在省内规划建设的物流园集群，充分发挥路网运输资源和物流园商业商贸集聚带动作用，盘活大宗商品产业，组织开行特快货物班列、快速货物班列、中欧班列、中亚班列等高等级货物班列，助力贫困地区经济发展、摆脱落后局面。按照统筹疫情防控和经济社会发展部署要求，济南局集团公司专门研究

2020 年 5 月，济南局集团公司持续升级公益慢火车，举办开行活动

2017 年，济南局集团公司精准组织“济南万人游湘西”扶贫公益旅游列车

2020 年 3 月 23 日，济南局菏泽站开行采茶专列

制定帮扶对策，积极对接地方政府、企业动态需求，高效开行复工务工专列，强化物资运输保障力，释放铁路运输助力稳定经济效能。

3. 因地因需施策，打造安全优质帮扶有力的铁路建设项目。坚持铁路修到哪里，帮扶带到哪里。在保开通、保在建、保开工，科学有序、安全优质推进铁路建设的基础上，大力推动山东省 20 个脱贫任务较重县区的铁路基础建设，因地因需制定建设扶贫举措。强化沿线贫困县区路网支撑能力，潍莱高铁开通运营，完成了潍坊站、章丘站新建站房和曹县站、黄岛站扩能改造，8 条新建改建铁路专用线顺利投产。加速推动省内“三横五纵”高速铁路网规划建设，压缩日兰高铁建设周期，日兰高铁临曲段率先开通并形成省内高铁环线，让沂蒙老区群众提前享受高铁红利；加快推进日兰高铁曲兰段、郑济高铁山东段建设，争取早开通早建成早产生帮扶效益。严格落实永临结合、建管养扶贫一体化要求，针对施工所在贫困地区产业情况和特点，有重点地落实“四优先”政策。日兰高铁建设期间，优先选用贫困县劳动力，留用建筑设备设施，同步建设永临结合道路 3 条，采购沿线贫困地区工程物料、租赁当地机械设备合计 1.1 亿余元。

4. 精准定点帮扶，助力构建宜居宜业宜商新农村新面貌。定点项目效果好不好，关键看选得准不准、做得实不实。切实将解决“两不愁三保障”问题作为定点扶贫的出发点和落脚点，每年帮扶一个省级贫困村，援建一个项目、培训一批人才、打造一个村集体产业，持续推动消费扶贫扩大采购范围、提高采购数量，让贫困群众看到成果、见到效益、感到幸福。改善教育生活环境，投资 60 万元支援菏泽市夹河赵村小学及配套设施建设；培育支撑产业，投资 70 万元援建临沂市柴禾峪村地瓜食品厂，投资 103 万元援建临沂市常坪村大棚桃示范项目；修建致富路，投资 75 万元资助临沂市毛坪村环山路建设。建立定点扶贫项目跟踪回访机制，协助解决生产经营建设过程中的焦点难点问题，确保每个项目有序长效发展。逐年加大消费扶贫力度，深化扶贫产品进高铁、进车站、进集采、进食堂工作举措，持续增加职工节庆慰问品中扶贫产品比重，选择客流集中的 17 个车站设立铁路扶贫柜 44 组，运用直播平台、车站公益广告等方式宣传推介扶贫企业品牌，提升扶贫产品知名度、扩展销售量。

2018 年 9 月 6 日，济南局集团公司援建的菏泽市夹河赵小学正式投入使用

5. 抓党建促脱贫，充分展现党建领航作用战斗堡垒作用。脱贫攻坚，需要支部有活力、党员起作用。我们把党建引领、党建带动、党建保障摆到首要位置，每帮扶一个贫困村，先与村支部结成对子、联创联建，提升村支部的组织意识、担当意识，带动党员发挥先锋表率作用。与临沂市柴禾峪村村支部联创联建期间，指导规范了“三会一课”制度，开展“党员如何服务脱贫攻坚”大讨论，组织联合慰问特困户和孤寡老人，解决了村支部党建基础制度执行不佳、党员突出作用不明显问题；与临沂市常坪村村支部联合开展主题党日活动，组织群众问需走访，捐助党员活动室电教设备，提升教育功能，将活动室建成党员理论学习的中心、培育技术带头人的摇篮。

6. 创新宣传方式，为决战决胜脱贫攻坚战汇聚正能量。抓好宣传鼓舞人心、汇聚力量。济南局集团公司探索实施扶贫工作全方位宣传新模式，在传统纸媒视媒播发扶贫成果、人物传记报道的基础上，用好网媒大众化传播载体，推出图片故事、H5 网页、海报新闻等形式，《7053“公益慢火车”慢出时代温情》《乘高铁回家成沂蒙老区“新时尚”》等一大批新闻报道在各大网媒争相转载。积极对接影视媒体，推荐扶贫精彩故事，济南局集团公司 7053/4 次公益性“慢火车”列车长赵新华人物事迹，被拍成《理想照耀中国之绿皮车》电影短剧、搬上大荧幕。用好中央媒体走基层、进铁路契机，以高铁助力老区人民驶上小康生活快车道为主题，邀请中宣部“走向我们的小康生活”主题采访团到高铁乘车体验，组织定点扶贫村“第一书记”现场面对面，讲述铁路扶贫故事，推介特色农产品，实现了铁路扶贫宣传与扶贫产业推介“双赢”。

中国铁路上海局集团有限公司帮扶江苏省和安徽省工作情况

党的十八大以来，中国铁路上海局集团有限公司（以下简称“上海局集团公司”）深入学习贯彻习近平总书记关于脱贫攻坚系列重要讲话精神，坚决贯彻落实党中央和国铁集团党组脱贫攻坚决策部署，结合地方党委政府脱贫攻坚工作要求，积极发挥铁路行业优势，以三个定点扶贫县（村）为主攻方向，聚焦做好建设扶贫、运输扶贫、定点扶贫，不断拓展消费扶贫、技术扶贫、就业扶贫、党建扶贫，圆满完成国铁集团下达的扶贫任务指标，承担的三个省级定点帮扶县（村）如期脱贫。

一、加强组织领导，健全完善脱贫攻坚“三大工作体系”

1. 健全组织领导体系。上海局集团公司高度重视脱贫攻坚工作，坚持把脱贫攻坚作为重大政治任务来抓，建立集团公司党政一把手负总责的领导工作机制，于2016年成立了由集团公司主要领导任组长、各成员单位主要负责人为第一责任人的扶贫开发领导小组，明确分管领导，责任落实到人。上海局集团公司扶贫开发领导小组下设扶贫办，承担扶贫开发具体工作。5年来，上海局集团公司主要领导亲自部署推动扶贫工作，经常听取工作汇报，定期组织召开扶贫推进会，及时协调解决存在的问题，对扶贫工作重要事项经集团公司党委会、总经理办公会、董事会讨论研究后组织实施，确保帮扶机制规范高效。同时，坚持发挥各层级组织优势，加强组织动员，细化工作措施，严格检查督导，有效推动各项工作落实落地，切实做到组织有保障、实施有方案、检查有督导。

2. 完善制度保障体系。一是健全完善各类规章制度。近年来，编制印发《上海铁路局关于做好新时期铁路扶贫开发工作的通知》《中国铁路上海局集团有限公司关于贯彻铁路建设扶贫行动方案（2018—2020 年）的通知》《中共中国铁路上海局集团有限公司委员会关于印发打赢脱贫攻坚战三年行动工作方案的通知》《中国铁路上海局集团有限公司扶贫资金项目公告公示实施办法》等各项重要文件制度，为脱贫攻坚工作提供扎实制度保障。坚持集团公司年度扶贫工作要点编制工作，为基层各单位提供工作指导和依据，切实推进脱贫攻坚长效机制建设。二是严格落实定点帮扶责任书制度。认真履行工作职责，组织签订国铁集团年度《铁路定点帮扶责任书》，进一步压实帮扶责任，持续在定点帮扶、消费帮扶方面发力，逐年增大帮扶力度，圆满完成国铁集团下达的定点帮扶工作任务。三是坚持调研督导制度。上海局集团公司主要领导、分管领导每年带队到定点扶贫地进行全覆盖调研指导，同时以书面形式向地方党委政府督导通报，努力推动路地合力脱贫攻坚。

3. 健全考核监管体系。一是完善考核制度。修订集团公司经营业绩考核办法，将脱贫攻坚工作纳入各单位经营业绩考核。根据脱贫攻坚工作量，对各单位实行 1~3 分分值的经营业绩考核，实现脱贫攻坚工作与年度经营业绩目标同研究、同部署、同考核。二是加强日常监管。动态跟踪监督扶贫资金使用情况，推动扶贫项目资金精准落地。上海局集团公司审计部到定点扶贫单位对扶贫资金进行专项审计，确保项目方案和资金严格按程序规范实施。三是加大表彰力度。对党的十八大以来在脱贫攻坚工作中表现突出的先进集体和先进个人予以通报表彰奖励，进一步激发集团公司脱贫干部干事创业的动力和活力。

二、发挥行业优势，聚焦聚力脱贫攻坚“三大主战场”

1. 全力抓好建设扶贫。党的十八大以来，上海局集团公司科学有序稳步推进贫困地区铁路建设，集中精力抓好 14 个集中连片贫困地区铁路规划建设和百项交通扶贫骨干通道工程建设，进一步提高贫困地区路网规模质量和对外通道能力。一是加快建成一批重大铁路项目。至 2020 年底，建成投产商合杭铁路、郑阜铁路、徐盐铁路、连镇铁路、合安铁路、衢宁铁路浙江段、沪苏通铁路等多项重大铁路项目。

二是科学高效推进建设项目前期工作。2020 年实现合新铁路安徽段开工，联合地方政府共同加快推进合肥至宿迁铁路宿迁至泗县段、阜阳至淮北铁路、六安至安庆铁路等项目。三是做好建设发展规划编制工作。结合集团公司“十四五”发展规划编制，统筹考虑贫困地区路网建设，征求地方意见，对贫困地区给予倾斜。四是优化劳务用工组织，建设便民设施。至 2020 年底，上海局集团公司建设系统选用贫困地区劳动力总数 84097 人；培训劳动力 9740 人次；修建永临结合道路 11 条，长 11 公里；打水井 22 口，金额 164 万元；修建通信基站 4 个，金额 80 万元。

2. 全力抓好运输扶贫。客运方面：一是持续优化途径贫困地区旅客列车开行方案。历次调图均优先考虑贫困地区出行需求，特别是在 2020 年“10.11”调图优化了覆盖贫困地区的 181 列列车停站方案，安排大别山集中连片贫困区六安、金寨增开始发动车组列车。在全局客运系统劳动组织改革对部分小站减少或停办客车的大背景下，保留黄口、阜南、夏邑县等三个地处贫困地区管内小站办客业务，保障上述地区旅客日常出行。二是结合疫情防控形势开行惠农助学务工专列。在满足基本通达的基础上，最大限度保障贫困地区旅客出行需求，在疫情得到有效控制后，优先安排阜阳、亳州、六安等贫困地区去往江浙沪地区运力，及时满足贫困地区复工复产复学客流需求，累计组织开行 164 列复工返岗专列（包车），运送 10.1 万人次。三是抓住时机积极开发旅游扶贫产品。携手地方政府组织开行“静安—文山号”等旅游扶贫专列，自 2017 年以来，累计开行 67 列，部分旅游列车市场反响积极，取得经济效益和社会效益双丰收。货运方面：一是持续抓好贫困地区货物运输组织工作。2017—2020 年，安徽大别山贫困地区 12 个铁路货运站累计发送货物 853 万吨，到达货物 543 万吨，满足当地货物运输需求。二是对贫困地区实行积极的运价倾斜政策。对安庆、阜阳等贫困地区外运的粮食、化肥等物资给予 15%~44% 的运价优惠，持续降低物流成本。三是抓好贫困地区货运设备更新改造。分别投资 1400 万元、200 万元对吴集站、阜南站货场进行改造，满足集装箱作业需求；加快推进新建阜阳北物流基地、西潘楼货场改扩建、六安钢厂铁路专用线等工程建设；积极实施吴集、阜阳、六安、三堂集等站货运设施设备更新大修整治，进一步提升贫困地区货物运输效率。

3. 全力抓好定点扶贫。按照国铁集团党组工作要求及地方党委政府帮扶工作统一安排，上海局集团公司承担江苏省滨海县（省级定点），安徽省蚌埠市怀远县龙亢镇韩庙村、潜山市龙潭乡白寨村（省级定点）3县（村）定点帮扶任务。近年来，集团公司采取四个到位措施全力推进定点帮扶工作，3个定点帮扶县（村）如期脱贫目标全面实现。一是驻村帮扶到位。坚持选优派强，强化定点驻村帮扶力量，选派新长工务段优秀年轻干部崔灿同志驻滨海县梁港村担任驻村第一书记，经过崔灿

扶贫干部崔灿帮助村民建立梁港村大地山羊合作社，带领村民发“羊”财

同志与当地村民两年的共同努力，梁港村成为江苏省首批5个脱贫村之一。二是资金投入到位。对3个定点帮扶县（村）累计投入帮扶资金370万元，用于建设草莓滴灌设备、茶叶基地、便民服务中心及更新教学设施设备等。三是服务保障到位。发挥铁路行业优势，拓展帮扶渠道，在滨海港高铁站免费提供经营场所，开设扶贫产品销售展示专营店，专营店营业以来，社会反响强烈，多家媒体进行了专题报道。四是教育帮扶到位。坚持扶贫扶智行动计划，投资50万元更新韩庙村中小学电教设备、课桌椅等。加大对因病因残因学的困难人员慰问补助力度，近年来韩庙村多

名学子考试成绩优异被重点大学、示范中学录取。

三、坚持多措并举，形成脱贫攻坚强大合力

1. 加强消费扶贫。近年来，国铁集团累计下达上海局 650 万消费扶贫任务，集团公司积极动员铁路系统内外单位，聚焦 832 个国家级贫困县，围绕职工福利、铁路建设等采购需求，拓展构建“四网一柜”铁路消费帮扶体系，积极采购贫困地区农产品，共计 1200 余万元，完成下达计划的 185%（其中 2019 年下达 150 万元任务，实际完成 192 万元；2020 年下达 500 万元任务，实际完成 1009 万元）。

2. 加强技术扶贫。在贫困地区涉铁工程建设中通过优化技术方案、加快审批程序等措施，缓解国家扶贫开发重点地区建设资金困难。在舒城县北环路穿越合九铁路项目中，集团公司科信部充分发挥技术优势，提出利用既有下穿桥孔并将道路排水由泵排改为直排的穿越方案，节约投资 4578 万元；在阜阳市颍东区 027 县道跨越青阜铁路立交工程项目中，优化技术方案，节约总投资约 1430 万元；在潜山县新市立医院至公交枢纽连接道路穿越合九铁路立交工程项目中，支持工程采用绕避路基、穿越桥孔方案，节约大量工程投资；在潜山县余井镇建军村下穿涵洞改造工程中，同意涵洞扩建采用平改立方式实施，极大减轻当地财政负担。

3. 加强就业扶贫。利用铁路企业用工资源，在院校毕业生招聘、劳务用工使用等方面，对 832 个国家级贫困县就业人员重点关注、优先录用。2020 年，集团公司使用国家级贫困县人员 278 人，其中：新录用职工 238 人（包括接收 2020 届院校毕业生 218 人、录用复转军人 15 人等）、新增使用其他用工 40 人（包括劳务派遣工 10 人，非全日制用工 30 人）。2021 年，新增签订录用协议的国家级贫困县院校毕业生 623 人。

4. 加强党建扶贫。深入开展“党建 + 扶贫”主题活动，推动党建工作与扶贫工作深度融合。2019 年 4 月，集团公司机关组织开展“扶贫在你我心中，小康与滨海同行”募捐主题党日活动，共收到机关 1944 名干部职工捐献的爱心款 164195 元；2020 年 5 月，集团公司机关、合肥铁路办事处、南京铁路办事处、新长工务段分别组织开展“脱贫攻坚，你我同行”主题党日献爱心活动，累计

上海局集团公司机关组织开展“脱贫攻坚　行动有我”募捐主题党日联组活动

收到捐款 95275 元、书籍 510 本，上述捐赠全部用于“腾飞助学基金”和三个定点扶贫点助学助困帮扶上。

5. 加强宣传引导。一是做好对外宣传报道。聚焦铁路建设扶贫、运输扶贫、定点扶贫、消费扶贫，抓住春运、全国“两会”和国庆节假日等重要时间节点，选好新线开通运营助力地方经济发展、开行扶贫旅游专列等课题，加大扶贫报道力度，着重讲好长三角铁路扶贫故事，推出的一系列报道成果在人民日报、新华社、光明日报等中央、省市传统媒体刊登转载 5000 余篇。二是积极开展公益宣传。在管内 6 大枢纽客站 297 台手机智能平台媒体和配属的所有动车组列车电视屏内滚动播放陕西省勉县扶贫宣传片《这里是勉县》，取得良好社会效益。集中宣传“爱购扶贫馆”上线运营，印发宣传折页 10 万册，在新媒体平台推送报道 6 期，在管内 73 个车站 259 块电子显示屏和配属的 447 组动车组列车 3 万余块显示屏上组织播放 41 天，折合市场成本价值 5400 余万元。

中国铁路南昌局集团有限公司帮扶江西省工作情况

中国铁路南昌局集团有限公司（以下简称“南昌局集团公司”）党委站在讲政治的高度，以习近平新时代中国特色社会主义思想为指导，认真学习领会习近平总书记关于扶贫工作的重要论述，全面落实党中央、国务院以及国铁集团党组和江西省委关于打赢脱贫攻坚战的决策部署，积极践行铁路企业社会责任，持续加大建设扶贫、运输扶贫、定点扶贫力度，以实际行动推动铁路扶贫工作高质量落实落地，助力打赢脱贫攻坚战。

2012 年以来，南昌局集团公司根据江西省委省政府统一部署，精准实施铁路定点扶贫工作，先后帮助九江市修水县杭口镇坪下村、上饶市玉山县横街镇塘尾村、上饶市玉山县双明镇窑山村、九江市修水县东港乡岭下村 4 个贫困村顺利实现脱贫摘帽。2015—2017 年，集团公司对上饶市玉山县双明镇窑山村和九江市修水县东港乡岭下村进行了一轮定点帮扶，三年共计投入 226.75 万元（其中上饶市玉山县双明镇窑山村 110.8 万元、九江市修水县东港乡岭下村 115.95 万元）。为窑山村新建村部综合室和 3002 米村道（3 条），为岭下村修建 5600 米灌溉渠、援建 253 平米村级卫生所和供水系统（2 个蓄水池），为 2 个定点帮扶村建设党支部阵地，拨付产业发展专项资金，开展全国扶贫日慰问、春节慰问和洪灾慰问活动，促进 2 个定点帮扶村基础设施的完善和当地经济发展。2016 年底窑山村已脱贫摘帽，鉴于岭下村交通不便、山多地少、基础薄弱、产业发展难等实际情况，根据江西省委省政府统一部署，集团公司继续对九江市修水县东港乡岭下村进行新一轮（2018—2020 年）定点帮扶，三年共计投入180万元。其中上饶市玉山县双明镇窑山村20万元，用于窑山村87户贫困户家庭安装饮用自来水，帮助窑山村可持续发展；九江市修水县东港乡岭下村160万元，主要用于发展产业扶贫、就业扶贫、消费扶贫、完善基础设施和美化村容村貌等扶贫项目。经过集团公司两轮的帮扶，2018年底岭下村已脱贫摘帽，贫困发生率由2015年的14.5%降至2020年为零，贫困户人均收入由2015年的2385元增长到2020年的9500元，岭下村集体经济由三年前零增长到2021年7月积累70万元，2020年4月，江西省人民政府发文宣布修水县正式退出国家贫困县序列。

一、强化扶贫组织领导，全面落实脱贫攻坚责任制

1. 用习近平总书记关于扶贫工作的重要论述统一思想和行动。南昌局集团公司用习近平总书记关于扶贫工作的重要论述武装头脑、指导实践、推动工作。把学习贯彻习近平总书记关于扶贫工作重要论述、在解决"两不愁三保障"突出问题座谈会上的重要讲话精神、视察江西重要讲话精神和党中央、国务院扶贫工作部署作为重要政治任务，纳入年度学习宣传计划，组织干部职工认真学习。将《习近平扶贫论述摘编》和《摆脱贫困》作为两级中心组理论学习重要内容，作为扶贫干部日

跋山涉水，走村串户，是"铁"书记的工作常态

常学习培训的重要教材，深刻领悟中央以人民为中心的发展思想，进一步提高政治站位，进一步强化政治责任和政治担当，切实把脱贫攻坚作为最紧迫、最现实的重大政治任务，推进铁路扶贫工作的思想自觉、政治自觉和行动自觉。进一步加大建设扶贫、运输扶贫和定点扶贫等工作力度，坚决打赢脱贫攻坚战。

2. 加强组织领导，健全完善扶贫工作机制。集团公司结合扶贫工作实际，健全完善扶贫开发领导小组，下发《南昌局集团公司党委　南昌局集团公司关于成立南昌局集团公司扶贫开发领导小组的通知》(南铁办〔2018〕358号)，进一步加强扶贫工作组织领导、政策制定和重大事项决策。组织落实集团公司承担的扶贫任务，协调解决扶贫工作中的重要问题，指导各部门各单位开展扶贫工作。下发《中国铁路南昌局集团有限公司关于印发扶贫资金项目公告公示实施细则的通知》(南铁财〔2018〕306号)，进一步加强扶贫资金项目公告公示，主动接受社会监督。制定打赢脱贫攻坚战三年行动实施方案《南昌局集团公司党委关于印发打赢脱贫攻坚战三年行动实施方案的通知》（南铁委办〔2019〕26号）、年度扶贫工作要点、年度扶贫日活动方案等扶贫工作制度，明确扶贫工作目标、任务和要求，积极推进集团公司脱贫攻坚各项工作，确保抓实见效。

3. 坚持以上率下，推动脱贫攻坚责任落实。南昌局集团公司全面落实脱贫攻坚责任制，把脱贫攻坚工作纳入重要议事日程，集团公司党委定期研究定点扶贫工作，集团公司领导每年到定点扶贫村开展调研，党委书记、董事长和总经理每半年深入现场调研不少于1次，研究部署推动扶贫工作；分管领导定期召开集团公司扶贫开发领导小组会议，经常性深入现场指导，协调解决困难和问题。扶贫开发领导小组成员单位结合日常工作，深入扶贫一线调研指导建设扶贫、运输扶贫和定点扶贫工作，及时掌握扶贫工作推进情况，推动脱贫攻坚责任全面落实。在新一轮(2018—2020年)定点扶贫工作中，南昌局集团公司组织召开扶贫开发领导小组会议8次，扶贫工作协调会34次，集团公司党政主要领导和分管领导先后20人次深入定点帮扶村调研指导扶贫工作。

二、发挥铁路行业优势，为打赢脱贫攻坚战奉献力量

1. 加大推进力度，积极发挥铁路建设扶贫拉动作用。南昌局集团公司发挥铁路

一起调试铁路援建 50 千瓦光伏发电项目并网设备

铁路援建的山泉净水工程，已通到各家各户，走到哪里都可以放心饮用

行业优势，科学规划管内贫困地区铁路建设。加快推进集团公司管内赣深、安九客专，昌景黄、浦梅、兴泉、龙龙铁路等在建项目，昌赣客专铁路2019年已建成通车，瑞金站站房改扩建工程2019年已建成投入使用，衢宁铁路2020年已建成通车，长沙至赣州和瑞金至梅州铁路正在开展前期工作。这些铁路大多经过原赣南苏区和闽西革命老区，对当地经济发展、脱贫攻坚有着积极推动作用。同时，有效发挥建设项目带贫作用，在安排当地贫困群众务工、参加技能培训、采购物资、修建永临结合项目、开展捐资助学等方面加大投入、积极作为，取得明显成效。

2. 提升服务质量，持续增强铁路运输扶贫保障能力。南昌局集团公司不断提高铁路运输扶贫的精准性和有效性，加大客运运力投放，充分用好新投产线路能力，加密开行客运列车和高铁列车，合理调整运行图，科学安排贫困地区各站停点，积极实施客运提质计划，整治站车设施设备，持续加大贫困县车站设备投入，改进站车服务，进一步加大对贫困地区群众的出行服务保障力度，让贫困地区人民感受中国铁路改革发展成果；根据新开通铁路运营能力和贫困地区经济社会发展需求，优化贫困地区货运办理站布局，完善货运设施设备，认真落实国家支农惠农政策，大力扶持罗霄山脉地区经济发展，为贫困地区提供铁路运价支持和运力保障；积极推进贫困地区铁路无轨站建设，满足贫困地区对铁路客货物运输的需求；加大引流工作力度，结合贫困地区旅游资源状况及需求，积极开行援疆、红色老区旅游专列，带动当地旅游及相关产业发展，助力贫困地区脱贫致富。

3. 主动担当作为，开展“精准扶贫　爱行天下”扶贫公益宣传。南昌局集团公司为切实履行好铁路扶贫工作职责，充分体现铁路人对老区贫困人民的关心、关怀和关爱，发挥铁路资源优势，自2019年3月起，开展“精准扶贫　爱行天下”扶贫公益宣传，在赣闽两省境内设区市所在地车站和19个贫困县所在车站LED、LCD、手机充电平台、刷屏机广告媒体及动车组视频媒体上，分别免费为赣闽两省48个贫困县集中播放扶贫公益宣传片，广泛推介贫困县市社会、经济、人文、自然资源、特色产业、品牌产品等，有力促进贫困地区社会经济发展，扩大贫困地区社会影响力，精准助力赣闽两省打赢脱贫攻坚战，得到社会广泛好评。新华网、人民网、福建日报等46家中央、省市媒体对南昌局集团公司扶贫公益宣传进行专题报道，产生良好社会效应。自扶贫公益宣传开展以来，陆续收到江西南康、兴国、宁都、会昌、寻乌、安远、于都、赣县、上犹、瑞金、石城、修水，福建顺昌、蒲城、光泽、松溪、政和等多个贫困县市的书面来函、感谢信、电话等，对南昌局集团公司融入国家扶贫大局，积极调动资源助力脱贫攻坚的主动作为表达感谢感激之情，对集团公司作为铁路企业的责任与担当表示钦佩。2020 年，南昌局集团公司继续开展“精准扶贫 爱行天下”扶贫公益宣传，在去年赣闽两省 48 个贫困县的基础上纳入 2 个国铁集团定点扶贫县区（陕西勉县、宁夏回族自治区固原市原州区）和 1 个国家铁路局对口支援县（江西永丰），促进贫困地区社会经济发展。

三、加大定点扶贫力度，精准助力打赢脱贫攻坚战

1. 持续加大帮扶力度。新一轮（2018—2020 年）定点扶贫集团公司每年安排定点扶贫资金 50 万元以上，坚持严格监管、规范使用，确保资金效能最大化。按照江西省委省政府要求派驻九江市修水县东港乡岭下村 3 名扶贫干部，其中九江车务段工会主席、副处级干部邹道银任九江市修水县东港乡岭下村驻村第一书记、工作队队长，坚决落实“四个不摘”要求，确保帮扶政策和队伍稳定、工作力度不减。2019 年初，正值省市县脱贫摘帽检查验收的关键期，邹道银在落实 4 万斤大米消费扶贫项目自驾返村途中，遭遇严重车祸，送至医院救治，身体尚未痊愈，便匆匆返回岭下村投入工作，全力帮扶岭下村如期脱贫摘帽。邹道银先后被评为 2018 年度江西省国资委“优秀共产党员”、2019 年度集团公司“十大平凡之星”、2019 年度国铁集团“铁路扶贫工作先进个人”和“火车头”奖章、2020 年度江西省脱贫攻坚作为奖。

2. 稳步发展产业扶贫。南昌局集团公司结合岭下村产业扶贫实际，采取稳中求进，由小扩大，长短结合的方式进行综合布局，突出选好项目、用好资金、防范风险，精准实施一批能够让村集体经济持续发展壮大、贫困群众持续受益的示范性产业项目，大力扶持村集体合作社，统筹推进油茶和猕猴桃种植、铁路劳保手套和劳保鞋生产等新型经营主体加快发展。主动为村里上项目、找资金、跑政策，修路建渠，开荒平地，新建 2 座 50 千瓦村级光伏发电产业项目，每年为村集体经济增加 5~8 万元收入；110 亩油茶种植项目预计丰产后每年可为村集体经济增收 17 万元。2019 年，组织修水县稻米协会和岭下村委推广“订单 + 集团公司 + 农户”400 亩水稻种植，帮助当地贫困户家庭增收。

扶贫干部家访贫困五保户村民

贫困户黎外江在村干部的努力下，搬离了山里的危房，住进了崭新的安居房

3. 深入开展消费扶贫。南昌局集团公司结合自办福利、多种经营、机关食堂等制定定向采购计划，统筹安排采购集团公司定点帮扶国家级贫困县九江市修水县农产品，推广以购代帮的扶贫模式，组织扶贫农副产品直接进基层单位，入职工食堂，鼓励职工及家属采购。2019 年以来，南昌局集团公司消费扶贫已采购扶贫农副产品 1100.12 万元。其中国铁集团定点扶贫 4 县区农副产品 174.46 万元、湖北农副产品 12.13 万元、集团公司定点扶贫国家级贫困县修水县农副产品 913.53 万元。在此基础上，集团公司积极宣传营销扶贫地区土特产品，借助电商平台，推出互联网特产预订业务，促进贫困地区农产品销售，扩大贫困地区特产推介销售渠道。2019 年 10 月，集团公司在南昌铁路家属区人口集中的商业地段开设“中国铁路南昌局集团有限公司岭下村扶贫产品直销点”，交由岭下村村民合作社免费经营，用于集中展示、零售批发、物流配送修水县名优特及岭下村农副产品，帮助岭下村培养致富能人，形成“造血功能”。截至 2020 年 9 月，直销点共销售扶贫产品 37.6 万元。

4. 全力强化就业扶贫。南昌局集团公司积极发挥铁路优势，吸纳岭下村剩余劳动力，加快脱贫步伐。组织九江地区所属单位在岭下村举办劳务现场招聘会，优先聘用贫困户，得到村民好评。鉴于岭下村底子薄、地域偏远的实际，为壮大村集体经济，方便村民就近就业，积极推行“党支部 + 扶贫车间”帮扶模式，主动协调企业进村创办扶贫车间，2018 年 9 月 18 日成立“文生鞋业岭下村扶贫车间”，2019 年，集团公司结合集团公司劳保手套、劳保鞋等采购需求，采取定点采购帮扶方式，在修水县渣津镇工业区设立“岭下村扶贫项目合作基地”，每年合作生产铁路劳保手套 80 万双，优先安排岭下村贫困人口就业，明确项目盈利后的岭下村集体收益机制。截至 2020 年 10 月，岭下村扶贫项目合作基地已生产交付劳保手套 73 万双，为村集体创收 8.76 万元。截至 2020 年底，第一批 1.2 万双铁路劳保鞋已交付使用，为村集体创收 0.72 万元。

5. 逐项推进新村点建设。南昌局集团公司积极配合岭下村推进新农村点建设，努力打造环境优美、生态环保、适合宜居的新村点。针对村庄主要通道脏、乱、差现象，追加专项资金重点对村庄马路两侧白色垃圾、杂草、土堆等进行集中整治清理，促进乡村面貌焕然一新。针对新村点推进过程中“三清、三拆”工作严重滞后情况，会同村干部对新村点建设中的“钉子户”上门反复做工作，有序推进 5 个新村点的建设工作。同时全力配合东港乡党委、政府将岭下湾打造成为新村点建设精品示范点，重点帮助解决村民出行的道路交通安全问题。

6. 坚持抓党建促脱贫。南昌局集团公司发挥铁路党建传统优势和扶贫干部的作用，协助乡党委、政府抓好村“两委”班子建设，选配好村级发展“带头人”，坚持“扶志”与“扶智”、授鱼与授渔相结合，推动岭下村各项工作创新发展。完善党支部“三会一课”、集体议事等制度，定期组织召开党员组长会、贫困感恩会、帮扶干部会，分析研判脱贫攻坚中遇到的问题、加强形势任务和政策宣传、做实思想工作，以“党建＋扶贫”引领脱贫攻坚工作，以党风带动民风转变。援建党员电教室、学习室，改善村委会办公条件，新建村民文化体育活动场所，增强凝聚力和向心力。组织九江车务段共青城站党支部与岭下村党支部开展联学联建，把贫困村党建优势转化为巩固脱贫防止返贫优势。

7. 统筹讲好扶贫故事。南昌局集团公司广泛统筹动员各方面力量和资源，精心策划组织，加大扶贫宣传工作力度，积极展示铁路企业助力脱贫攻坚的担当作为。充分运用中央主流媒体传播优势，加强对接策划，邀请主流媒体记者召开扶贫公益宣传座谈会，从媒体记者、社会民众关注的角度出发，根据媒体不同需求分类供稿，组织媒体记者和各单位通讯员深入基层一线采访，大力宣传铁路企业履行的扶贫工作职责。采写拍摄的《菜农老余的“一元专列”》在人民日报刊发；《铁路来的“摘书记”》在江西日报、央广网等媒体刊发；《李乃阳：铁路来的村干部》微视频在人民网“不忘初心、牢记使命”主题教育微视频征集活动中展播；《高铁快运助力赣南农产品“走出去”》《从贫困村到幸福家园》《浦梅铁路：闽西北革命老区致富路》等反映客货运扶贫、建设扶贫的报道在中央电视台、中央人民广播电台播发，产生良好社会效应。深入定点扶贫村开展“精准扶贫　铁路情怀”主题摄影活动，组织纪实摄影采风团到岭下村，到村庄进农户，走访当地贫困户，拍摄系列摄影作品，其中20余幅照片在中国国家铁路集团有限公司纪念改革开放40周年扶贫摄影展中展出。仅2019年，各级媒体累计刊发南昌局集团公司扶贫相关报道365篇（条），其中中央传统媒体刊播稿件134篇（条）。

中国铁路广州局集团有限公司帮扶广东省和海南省工作情况

中国铁路广州局集团有限公司（以下简称“广州局集团公司”）坚持以习近平新时代中国特色社会主义思想为指导，全面贯彻党的十八大、十九大、二十大精神和中央经济工作会议、中央农村工作会议精神，坚决落实党中央、国务院和广东省、海南省省委、省政府关于脱贫攻坚的决策部署，坚持精准扶贫精准脱贫基本方略，以强烈政治担当，充分发挥铁路行业优势，扎实做好脱贫攻坚各项工作。近年来，已经构建了“广铁特色＋铁路扶贫、产业扶贫、就业扶贫、党建扶贫、结对扶贫、精神扶贫、民生扶贫”等多项扶贫措施在内、具有广铁特色的“1+N”扶贫体系。

一、主要做法

1. 定点扶贫方面。2009—2012 年，定点帮扶广东省乳源县大布镇埕头村期间，通过实施“规划到户、责任到人”扶贫开发责任制，采取“一村一策、一户一法”等综合扶贫措施，共投入资金 256.3 万元，完成埕头村扶贫道路铺设、文化医疗站新建、扶贫旧房改造等工程，该村 114 户贫困户全部实现稳定脱贫。2012 年，广州局集团公司在广东省扶贫开发“规划到户责任到人”第一轮工作考核中，被评为“优秀”单位。

2013—2015 年，定点帮扶广东省乐昌市乐城镇洪莲村期间，共投入资金 201.5988 万元，完成资助村道路硬化和扩建、维修村办公楼、慰问受灾贫困户等扶贫项目，该村 171 户贫困户全部实现稳定脱贫。2015 年，广州局集团公司在广东省扶贫开发“规划到户责任到人”第二轮工作考核中，被评为“优秀”单位。

驻村第一书记与村委会干部、村群众察看种植牛大力情况

2016年，按照广东省、海南省扶贫工作安排，广州局集团公司承担广东省茂名化州市中垌镇公居村、海南省定安县新竹镇卜效村帮扶任务。实施帮扶前，公居村贫困户75户，贫困发生率7.3%；卜效村贫困户64户，贫困发生率10.9%，5年后两个贫困村全部脱贫。集团公司党委对扶贫工作高度重视，选派5名驻村扶贫干部（公居村3名，卜效村2名）具体落实各项帮扶任务，及时成立脱贫攻坚工作领导小组，坚持每季度召开专题会讨论扶贫工作，集团主要领导坚持每年到贫困区调研，其中，党委书记、董事长武勇先后8次深入贫困村实地调研指导。抓“产业”，发展集体经济。捐资96万元给公居村村委会，建成广铁中药牛大力种植基地，并成为“一村一品”的特色产业，同时推进与广药集团“陈李济”合作，签订5年每年销售50吨的销售协议；扶持卜效村定安黑猪养殖集体经济，帮助卜效村贫困户入股灵芝鸡、定安黑猪养殖项目，逐步产生可观收益，鼓起贫困户钱袋子。抓“就业”，促进稳定增收。开展就业帮扶，及时提供劳务招工信息，把有劳动能力的贫困户往外“送”；利用铁路务工绿色通道吸纳贫困村民到铁路务工，共帮助225人返岗拓岗就业。抓“民生”，实施惠民工程。在公居村建成广铁扶贫工程项目“1灯1园3桥3路5广场”（137盏路灯、1个发展文化园、巩固新建3座桥、修复

硬化3条村路、5个文化广场）。在卜效村建设排污系统，文化长廊、琼剧文化墙、暖心亭等惠民设施，不断提高贫困户生活质量。抓“党建”，强化扶贫基础。为公居村、卜效村各打造1个“标准农村党员活动室”，解决贫困村党员“有活动、没场所”的难题；精准选派驻村第一书记抓党建，改变贫困村党建工作软弱涣散问题。组织广州、海口房建公寓段等单位党支部与公居村、卜效村党支部联合开展“送党课”等联创共建活动，提升农村基层党建工作水平。抓“扶智”，增强内生动力。帮助贫困学生申请教育补助，每年春、秋开学季为贫困户学生申请教育补助，2016年以来，共发放助学慰问67万元。丰富贫困群众精神文化生活，集团工会组织到公居村、卜效村开展3次“送文化下乡”活动，集团团委积极组织团员青年志愿者服务，在公居小学设立“共青团援教服务点”，组织捐建“公居小学书屋”；组织贫困村贫困户、学校师生乘坐体验江湛高铁、海南环岛高铁，参观海南省东方市海南铁路博物馆等活动，拓展贫困户眼界，增强内生动力。

2. 建设扶贫方面。积极推进张吉怀铁路和渝怀铁路秀山至梅江、梅江至怀化段增建二线2个国家重点扶贫铁路项目建设。建成后带动湘西片区经济增长、满足武陵山片区扶贫需要。渝怀铁路秀山至梅江、梅江至怀化段增建二线项目。在建设过程中，加强贫困地区铁路项目规划建设，统筹规划道路、水电等永临结合基础设施，把临建工程打造成贫困地区基础设施。坚持“节约资源，服务沿线群众”原则和“建管养扶贫一体化”要求，建设单位优先采购当地物资，优先使用当地劳务人员，加强劳务人员技能培训，帮助贫困群众提升技能、增收脱贫。2020年，建设施工单位完成消费扶贫任务1700余万元，培训使用中方、古丈、凤凰县等沿线地区15个贫困县的技术人员和农民工3500余人。

3. 运输扶贫方面。坚持开行公益性“慢火车”，为方便贫困地区人民群众出行，在湖南武陵山区每日开行公益性“慢火车”的普速旅客列车，覆盖焦柳、渝怀两线，开行区间跨及湖南、贵州、重庆两省一市，均为朝发夕至或朝发夕返列车，全程运行距离最远530公里，硬座票价最高31元，邻站票价最低仅1元，是沿线县城、村镇群众出行首选的交通工具。积极组织向贫困地区开行旅游专列和爱心专列。2014年以来，累计运送山区旅客628万人。积极组织开行旅游专列，向新疆南疆三地州、六盘山区、秦巴山区等贫困地区开行旅游专列329趟，运送游客19.1万人。2019年春运以来，已连续两次在春运期间开行扶贫及爱心专列累计45趟，发送旅客3.9万人。推进贫困地区铁路货运支持，主动与当地政府和企业合作，挖掘贫困地区特色工农业产品运输需求，设计运输方案，为当地产业扶贫提供适合的运输产品和优质便捷的货运服务。

4. 消费扶贫方面。制定落实国铁集团关于进一步加强铁路消费扶贫工作要求的建议方案。加大直接采购力度。统筹安排机关事务部、客运段、房建公寓段等相关单位直接采购国家级贫困县大米、菜籽油、香菇木耳等农产品。扩大帮助销售范围。帮助销售贫困县农产品，在广告、档租等方面适当优惠，在高铁车站设置扶贫专柜48个，34个门店均陈列扶贫产品。开展铁路建设消费扶贫。引导管内施工单位在项目建设期间优先采购国家级贫困县的生产生活物资，进一步增加贫困群众收入。2020年，广州局集团公司超额完成国铁集团下达650万元消费扶贫任务指标。

驻村第一书记到广州南站“广铁扶贫馆”直播带货场景

二、主要成效

1. 定点扶贫任务按期高质量完成。搭建“铁路特色+产业、就业、党建、结对、精神、民生扶贫”的“1+N”扶贫体系，在定点扶贫的广东省金坑、官塘、银达等自然村以及公居村村委会投入资金近 870 万元，建成文化广场，组织文艺志愿者六进公居村、三进卜效村。广东省公居村贫困户 66 户 202 人、海南省卜效村贫困户 64 户 263 人全部脱贫，人民日报、新华社、中央电视台等中央主流媒体以专题专访等形式，聚焦集团扶贫工作刊发报道 100 余篇（条）。广州局集团公司派驻公居村第一书记陈长发同志连续 5 年扎根公居村，充分发挥铁路行业优势，发展中药牛大力种植项目，千方百计为贫困户劳动力“找饭碗”，落实村第一书记职责，创新开展“铁路 + 农村”联创共建，为公居村脱贫致富作出不懈努力，2020 年获得全国脱贫攻坚先进个人。

2. 建设扶贫辐射带动作用持续发挥。怀邵衡、黔张常、渝怀铁路（秀山至梅江、梅江至怀化段）增建二线 4 个扶贫项目先后建成投产，张吉怀、赣深铁路建设正在加快推进，管内建设扶贫项目累计完成投资 1266 亿元，新增铁路营业里程 650 公里，武陵山、罗霄集中连片贫困山区的铁路网规模进一步扩大。

3. 运输扶贫效果不断增强。适应贫困地区客货运需求，优化铁路运输供给；坚持开好湘西地区公益“慢火车”，春运、小长假、暑运等安排“慢火车”加挂扩编，满足客流高峰期沿线居民出行需求，定向开发高铁旅游列车及红色旅游产品；服务贫困地区特色工农业产品运输需求，推动实现“货畅其流，降本增效”。

4. 消费扶贫成效持续凸显。组织购买宁夏回族自治区固原市原州区、陕西省勉县等国家级贫困县农产品共 3361 万元。2019 年帮助销售相关农特产品 1148.5 万元，2020 年帮助销售相关农特产品 495.4 万元，并协调相关药企把公居村作为牛大力生产基地，与陈李济药业公司达成 2020—2025 连续五年每年 50 吨的采购协议，帮助贫困村创收 180 万元。

中国铁路南宁局集团有限公司
帮扶广西壮族自治区工作情况

中国铁路南宁局集团有限公司（以下简称“南宁局集团公司”）深入学习领会习近平总书记关于扶贫工作的重要论述，按照国铁集团党组和广西壮族自治区打赢脱贫攻坚战的决策部署，进一步发挥铁路行业优势，以更加精准的措施、更加有效的方法、更加务实的作风，加大建设扶贫、运输扶贫、定点扶贫力度，努力担当国铁企业的政治责任，为助力广西打赢脱贫攻坚战展示宁铁作为、作出宁铁贡献。

一、提高政治站位，切实增强做好铁路扶贫工作的责任担当

一是习近平总书记关于扶贫工作的重要论述，为我们提供了根本遵循。党的十八大以来，习近平总书记站在全面建成小康社会、实现中华民族伟大复兴中国梦的战略高度，把脱贫攻坚摆在治国理政突出位置，提出一系列新思想新观点，作出一系列重大部署和安排，强调把精准脱贫作为决胜全面建成小康社会必须打好的三大攻坚战之一，推动扶贫事业取得决定性进展。习近平总书记关于扶贫工作的重要论述，是习近平新时代中国特色社会主义思想的重要内容，充分体现了以习近平同志为核心的党中央，坚持以人民为中心的根本立场和带领人民与贫困决战的坚定意志，是我们打赢打好脱贫攻坚战的根本遵循和行动指南。**二是国铁集团党组对扶贫工作提出了明确要求，为我们指明了方向。**国铁集团党组高度重视铁路扶贫工作，原党组书记陆东福同志多次对扶贫工作作出重要批示指示，多次深入国铁集团定点扶贫点指导扶贫工作，强调抓好扶贫工作是铁路企业的政治

责任和社会义务，要认真贯彻落实党中央精准扶贫精准脱贫的基本方略，充分发挥铁路行业优势，为打好脱贫攻坚战作出更大贡献。近年来，国铁集团陆续出台打赢脱贫攻坚战三年行动实施方案、铁路扶贫工作考核办法、扶贫工作要点等制度文件，对做好扶贫工作提出明确要求，为我们做好扶贫工作指明了方向。三是广西作出打赢脱贫攻坚战的战略部署，为我们提供了舞台。广西贫困人口多、贫困面大、贫困程度深，属于全国集中连片特困地区的滇桂黔石漠化片区，是全国脱贫攻坚主战场。全区有 29 个贫困县属于重点关注区域，1928 个贫困村、151 万建档立卡贫困人口实现美好幸福生活的愿望非常强烈，脱贫攻坚已经进入攻城拔寨、决战决胜的关键阶段。南宁局集团公司对口援助柳州市融水苗族自治县潘里村、大德村、良陇村，3 个村在册贫困户有 594 户，生产生活设施配套、产业开发能力、贫困户脱贫动力仍旧薄弱，要确保到 2020 年如期脱贫摘帽，确保广西贫困地区和贫困群众和全国一道进入全面小康社会，使命光荣、责任重大。

二、发挥行业优势，高质量做好铁路扶贫工作

一是深入实施建设扶贫，为贫困地区脱贫奔小康拓宽创收致富道路。坚持把贫困地区作为铁路建设的主战场，党的十八大以来相继完成南昆铁路南宁至百色段增建二线、焦柳电气化改造等 6 个建设项目，先后开通运营柳南、贵广、南昆客专等 7 条高铁以及玉林至铁山港普速铁路，全力抓好贵南高铁、防东铁路建设和南崇、南玉城际铁路代建工作。截至 2020 年底，广西铁路营业里程达 5206 公里，其中高铁里程 1771 公里，形成了北通、南达、东进、西联的现代化路网格局，有效带动广西 14 个设区市、10 个国家级贫困县和民族聚居区经济发展，惠及 1700 余万贫困地区群众。在铁路建设中，按照“节约资源、服务沿线群众”的原则和“建管养扶贫一体化”的要求，坚持永临结合，统筹实施道路、桥梁等基础设施；优先选择沿线地区劳动力资源，扩大当地劳务用工数量，加强对广西贫困地区用工人员劳动技能培训，培训使用当地劳务工 7.64 万人次；采购当地生产生活物资 29 亿元，有力带动贫困地区钢材、水泥、砂石、生活、服务等相关产业链发展，特别是贵南高铁建设带动效应在环江县毛南族整族脱贫中发挥了重要作用，为实现真扶贫创造良好条件。二是深度拓展运输扶贫，为贫困地区脱贫奔小康提供了有力服务支撑。坚

2013 年 12 月 11 日，首列“百色一号”果蔬冷链专列在广西百色开行

持统筹经济与社会效益，充分考虑贫困地区的发展需要，在凭祥、百色、河池等贫困地区开行公益性火车，覆盖 11 个贫困县，近 5 年共运送旅客 2060 万人；首创高铁无轨站运营模式，在大浪镇开通全国首个乡镇级高铁无轨站，建成 16 个高铁无轨站联网运营，累计开行接驳班车 37.62 万趟次、运送旅客超 319 万人次，协办电商进村工程物流快递 20 万余件，打破长期制约贫困县发展的交通瓶颈，被文化和旅游部称为“扶贫新动力”并向全国推广。推行“铁路 + 旅游 + 扶贫”等模式，开行全国首列三江南至广州南贫困县始发动车，开行扶贫旅游专列 208 列，运送游客超 10 万人次。在全国首开“南菜北运”货运班列，运输品种从果蔬扩展到海产品、冷冻品等，直通京沪和东北地区，并与西部陆海新通道班列、中越跨境班列对接，极大拓展百色帮扶地区产品消费渠道。开通东盟国家经凭祥、满洲里、新疆霍尔果斯、新疆阿拉山口到欧洲 3 条国际物流线路，成功将崇左蔗糖推向东南亚和欧洲市场，带旺崇左产糖制糖企业，也带火当地蔗农种植甘蔗的热情。实施铁路运价优惠政策 274 项，装运贫困地区物资 940 万吨，运费优惠让利约 2.76 亿元，助力贫困地区把生态资源优势转化为经济发展优势。**三是精准推进定点扶贫，为贫困地区脱贫奔小康打赢了全面摘帽决战。**在产业扶贫上，在 3 个定点扶贫村建设木耳、钩藤、

油茶等 7 个产业基地，年产值近千万元，受益贫困户 290 余户，特色产业覆盖率达 95.34%。开创“高校 + 高新企业 + 电商 + 村民合作社 + 品牌”的“五合一”模式，打造了“潘里小子”食用油专用品牌及“哆耶春”综合品牌，搭上柳州市百亿螺蛳粉产业东风，良陇村木耳种植成为长期稳定的创收项目。在消费扶贫上，按照“围绕产业链、打通区域链、紧盯流通链、拓展特色链”思路，全面实施定向采购、进站上车、电商带货、建设消费、帮运帮销消费帮扶“五项行动”，构建路内与路外、线上与线下、传统与现代、企业采购与市场营销相结合的消费帮扶新模式，不断扩大脱贫地区产品和服务消费渠道。在志智扶持上，突出抓好教育扶贫、文化扶贫、就业扶贫和志愿帮扶，在全国首创“乘高铁看发展”扶志活动，先后 3 次组织贫困村 132 名中小学生参观动车所、高铁站；组织开展爱心捐款、爱心支教、村民健康检查等公益活动，“丹阳爱心服务队”“一米阳光”服务队先后荣获中国青年志愿服务项目大赛金奖。2020 年，潘里村、大德村、良陇村人均纯收入分别达到 11200 元、8300 元、6200 元，较 2016 年分别增长 66%、49%、23.5%，651 户建档立卡贫困户 2631 人全部如期脱贫。

2015 年以来，柳州供电段一米阳光服务队坚持进村开展志愿服务

2020 年 5 月，南宁局集团公司驻大浪镇潘里村第一书记陈国栋与村民宣传交流产业补贴的好政策

三、探索创新党建扶贫，为贫困地区脱贫奔小康注入了强大精神动力

一是强化组织保障。南宁局集团公司党委坚持党建引领与脱贫攻坚深度融合，把党的政治优势、组织优势转化为脱贫攻坚的强大动力。以南昆铁路“中华第一扶贫线”为核心，利用百色起义、湘江战役等红色资源，先后投入党费 200 多万元打造百色铁路地区“红色基因”、凭祥车站“国门车站党旗红”、全州南和兴安北红色文化工程，坚定贫困地区“听党话、感党恩、跟党走”的政治信念，百色铁路地区“红色基因”工程被命名为全路党员教育示范基地，成为铁路系统唯一的全国民族团结进步教育基地。强化定点扶贫村党组织建设，投入党费 27.03 万元，修缮 3 个定点扶贫村党员活动室、配备党员教育设施；组织集团公司先进党支部与定点扶贫村党支部全面对接，开展党建联学联建、主题党日等活动 26 场次，交流党建促扶贫、党建抓生产经验，提升扶贫工作成效。二是强化人才保障。按照习近平总书记“尽锐出战”的要求，按照党员干部优先、后备干部优先、中青年干部优先、本

一系列以广西少数民族县市冠名的动车大幅提升这些区域在广西乃至全国的知名度和吸引力，取得了良好的社会反响，也受到当地老百姓的一致赞誉

地干部优先的“四优先”原则，选优配强扶贫力量，选派到定点扶贫村的第一书记和工作队员学历均在大专以上，平均党龄达 15 年以上，打造出一支懂扶贫、会帮扶、作风硬的扶贫干部队伍，参加扶贫工作队员 80% 以上获得提拔使用。三是强化舆论保障。广泛开展扶贫成果宣传，近年在中央和省部级重点媒体推出铁路扶贫相关报道 1385 篇（条），其中《走出深山的毛南族》写实报道在央视《经济半小时》栏目推出，《高铁越山海，贵广奔小康》《高铁入桂第一站，三江脱贫总动员》等新闻还在央视《新闻联播》《新闻直播间》等栏目滚动播出 25 次，特别是在 2020 年 11 月国新办举办的铁路扶贫干部和典型代表中外记者见面会上，云桂铁路广西公司周军伟同志受邀出席，向国内外媒体讲述了南宁局集团公司特色扶贫做法和工作成效。

中国铁路成都局集团有限公司
帮扶四川省和贵州省工作情况

党的十八大以来，中国铁路成都局集团公司（以下简称“成都局集团公司”）认真贯彻落实习近平总书记关于扶贫工作系列重要指示精神，严格落实管内地方政府和国铁集团党组扶贫工作部署安排，坚持精准扶贫精准脱贫基本方略，聚焦“两不愁三保障”，自觉履行社会责任，注重发挥铁路优势，全力以赴抓好精准脱贫工作，全面完成定点扶贫任务。成都局集团公司荣获2014至2015年度四川省定点扶贫工作先进单位、2016年度四川省国资系统扶贫工作优秀企业、2019年度四川省定点帮扶先进单位、2020年度四川省脱贫攻坚先进集体、2021年度四川省脱贫攻坚先进集体；集团公司办公室（扶贫办）荣获2020年“火车头”奖杯，成铁“川之味”公司、集团公司客运部荣获2021年铁路脱贫攻坚先进集体；达州车务段荣获2018年度铁路扶贫工作先进集体，重庆客运段荣获2021年重庆市脱贫攻坚先进集体；人事部（党委组织部）综合科黄学俊、财务部（收入部）财务清算科孙静等，荣获2021年铁路脱贫攻坚先进个人。

一、基本做法

成都局集团公司聚焦精准扶贫这一主题主线，围绕运输扶贫这一根本要求，紧盯履行政治责任这一关键环节，多措并举，找准企业扶贫定位，精准施策。

（一）加强组织领导，统筹扶贫工作部署

1. 建立领导小组。成都局集团公司高度重视扶贫工作，成立由集团公司主要领导担任组长，分管领导担任副组长的扶贫工作领导小组。在集团公司办公室设立扶贫工作日常联络办公室，20 个成员部门及集团公司所属各单位固定联络人员 100 余名；领导小组定期召开扶贫工作会议 40 余次，及时传达上级精神，研究扶贫计划，安排部署工作。

2. 认真履行职责。一是成都局集团公司主要领导主动承担定点扶贫工作第一责任人职责，亲自指挥、亲自部署、亲自推动，把扶贫工作纳入集团公司工作重点，分管领导定期听取工作汇报并组织召开扶贫专题会议，确保将扶贫工作做在经常、抓在日常、落到实处。二是领导小组成员部门和各单位严格按照分工，围绕工作重点精心组织，精准发挥铁路行业专业优势，创新工作方式，有序推进集团公司建设扶贫、运输扶贫、定点扶贫、消费扶贫、就业扶贫、党建扶贫、扶志扶智等重点工作。

3. 制定工作规划。结合成都局集团公司实际，坚持每年年初制定集团公司扶贫工作要点、帮扶县年度扶贫工作计划、对口联系村制定年度工作推进计划及集团公

帮助松潘县烟囱村种植藜麦

司、帮扶县三年脱贫攻坚实施方案，做到扶贫工作有目标、有计划、有重点、有措施、有落实。

（二）健全工作机制，提升扶贫工作质量

1. 完善工作制度。成都局集团公司先后制定下发《集团公司扶贫工作管理办法》《成都局集团公司扶贫项目资金公告公示实施细则》《关于加强全局公益性旅客列车组织管理的指导意见》等 9 个制度文件，进一步明确扶贫工作职责和任务、规范扶贫项目资金使用和管理，为高质量推进扶贫工作提供制度保障。

2. 建立联系机制。一是加强与省扶贫办、国资委、地税局、环保厅等部门的联系协调，先后参与地方政府组织的各类会议、重大活动 80 余次，及时掌握扶贫工作最新要求和规划，确保集团公司扶贫工作与上级安排保持一致。二是集团公司扶贫工作领导小组成员部门聚焦定点扶贫地区集中攻坚，加强日常沟通联系，上下联动、协同推进、共同行动，科学有序推进各项扶贫任务。三是集团公司扶贫办等部门加强与对口联系村的日常对接联系，及时掌握对口联系村扶贫工作开展情况，随时了解对口联系村急需，确保扶贫工作各项措施落到实处。

3. 落实调研机制。一是集团公司主要领导带头、分管领导及部门负责人 230 多次在定点扶贫县区工作开展调研督导，通过会谈、走访慰问联系村贫困户等形式共形成督促检查报告 53 篇，涉及各类问题 100 余个，并向有关部门和单位通报，推进扶贫各项工作的落实，督促地方党委、政府落实脱贫攻坚主体责任。二是坚持开展扶贫项目调研，集团公司扶贫工作组聚焦解决“两不愁三保障”突出问题，深入帮扶县区，与县、镇、村三级政府部门相关负责人对接沟通，走访询问部分村民代表，先后拟定集体养牛场、集体果园、太阳能路灯、藜麦种植等 20 余个扶贫项目，用于改善帮扶村生产生活条件，确保帮扶成果、帮扶成效和经济效益化。

二、典型经验

成都局集团公司按照“路地协同、全员参与、市场运作、精准带贫”思路，充分发挥铁路行业优势，深入实施“铁路 + 互联网 + 精准扶贫”战略，不断创新机制、畅通渠道、拓展市场，着力打好精准扶贫“组合拳”，促进贫困地区、贫困群众的

产品和服务与市场经济有机衔接，为助力西南地区决战决胜脱贫攻坚、有序实施乡村振兴战略作出积极贡献。

（一）坚持统筹铁路行业资源，抓好建设扶贫，积极打造脱贫致富通道

近年来，西南铁路掀起建设高潮。成都局集团公司扶贫工作以此为契机，集中统筹行业资源，推进贫困地区铁路建设，尽快形成贫困地区经济社会发展“引擎”，打造当地群众脱贫致富通道。

1. 加快路网建设。成都局集团公司将扶贫工作纳入“十三五”规划认真研究，加强与地方政府部门对接协调，持续加大铁路建设力度，统筹各方力量，破解各种施工难题。“十三五”期间，如期建成开通兰渝、成贵等 8 个贫困地区铁路项目，助推四川青川、重庆武隆、贵州黔西等多个贫困县市融入全国高铁网，让人民群众出行更加方便快捷。

2. 紧盯重点项目。聚焦全国 14 个集中连片特困地区和铁路百项交通扶贫骨干通道中涉及的 22 个铁路项目，累计建成铜玉、安六等 6 个项目，加快成兰、贵南客专、西宁至成都铁路等 11 个在建项目进度，做好渝西、大理至攀枝花等项目前期规划研究，努力打通脱贫致富运输通道。

3. 助推经济消费。以铁路建设为契机，在贫困地区积极修建 1000 余公里便民出行道路。结合建设施工、大修改造等，直接或间接使用贫困地区劳动力近万人，及时足额发放劳务报酬，优先采购当地建材物资等 3.7 亿元，大力助推贫困地区经济社会发展。

（二）坚持发挥铁路运输优势，抓好运输扶贫，助推贫困地区经济发展

发展贫困地区经济是解决贫困的根本出路。成都局集团公司根据管内秦巴山区、大小凉山彝区、高原藏区等贫困地区经济发展特点，优化客货运输组织，带动和促进当地资源优势转化为经济优势，有力推动贫困地区经济发展。

1. 开好“便民车”。完善“管内 + 直通”“市域 + 城际”的客运产品布局，打造一站直达、大站直达、小站通达等分级产品，将动车组开进巴中革命老区、攀西地区、乌蒙山区，“十三五”共发送贫困地区旅客 1.13 亿人。尤其是 2020 年组

“慢火车”列车员与彝族同胞共同学习手工品制作

成都局集团公司开行 6 对“慢火车”，方便大小凉山彝族同胞运输农产品

织开行疫情常态化条件下 184 列务工专列、运送 20.38 万人，助力复工复产。

2. 开好“连心车”。常态化开行 6 对公益性“慢火车”，优化开行时刻和停靠站点，投入 3173 万元改造沿线候车厅、风雨棚等客服设施，提升服务标准和质量，年均发送 284.8 万人次，充分满足贫困群众铁路出行需求。

3. 开好“致富车”。积极响应国家“支农惠农”和“减税降费”政策，下浮粮食、矿建等货物运价，取消 6 项、降低 4 项收费标准。近五年共发送贫困地区货运 7762 万吨，降低费用累计 15.2 亿元，保障贫困地区民生物资运输需求，降低企业货主成本支出。

4. 开好“旅游车”。因地制宜开发旅游扶贫产品，首创“高铁 + 旅游 + 扶贫”新模式，打造涵盖武陵山区、滇西片区等地的特色铁路文化旅游项目，“十三五”共开行旅游专列 475 列，进一步带动西南山区的旅游收入，提升经济收益。

（三）坚持加大资金投入力度，抓好产业扶贫，有力促进持续巩固脱贫

成都局集团公司高度重视中央加快推进贫困地区脱贫致富的决策部署要求，精心谋划实施，通过直接投入、捐赠等方式向定点帮扶县的村社、企业等加大产业投入，促进定点扶贫县如期脱贫和持续巩固脱贫成效。

1. 加大资金投入力度。集团公司针对帮扶贫困村具体情况，因地制宜、综合施策，累计投入资金 1020 余万元，实施牌坊村集体养牛场、凤山村集体果园、关路村太阳能路灯、烟囱村藜麦种植等 20 余个扶贫项目，促进帮扶地区由持续“输血”向自我“造血”转变，确保定点帮扶的广元市苍溪县、重庆市云阳县、巴中市平昌县、阿坝藏族羌族自治州松潘县、黔西南布依族苗族自治州望谟县等 5 个县 12 个村如期脱贫“摘帽”。

2. 加强扶贫资金监管。按照国铁集团和地方政府扶贫资金使用和管理规定，集团公司在扶贫资金报批、专款专用、后续监管等方面坚持讲政策、严程序、守规矩，确保扶贫资金和物资专款（物）专用。集团公司扶贫办根据帮扶项目进度，及时跟踪扶贫资金拨付使用情况，确保资金及时足额到位。财务、审计部门等主动参与监督检查，确保扶贫资金安全。

（四）坚持以人为本为关键，抓好干部管理，积极提升精准扶贫工作力

成都局集团公司把扶贫干部的精准扶贫力作为推进地方扶贫工作的关键。选派的扶贫干部发扬铁路优良的传统和作风，和当地干部群众一道开拓进取、勤奋工作，团结和带领贫困群众脱贫致富，帮助当地摘下贫困县、落后县的帽子，促进了帮扶地区的经济建设和社会发展。

1. 严格干部选派。集团公司历来在扶贫干部政治素质、领导经验、思想作风上严格把控，注重干部政治素质、工作能力和年龄优势相结合，真正做到选派的扶贫干部德才兼备。在扶贫干部职务安排上，积极协调对接定点帮扶县，科学安排职务，为扶贫干部较快进入角色创造有利条件。2015 年以来，集团公司选派挂职县委副书记 1 名、驻村第一书记 8 名、驻村工作队员 2 名，促进集团公司扶贫工作深入开展。

2. 强化教育培训。以习近平总书记关于扶贫工作的重要论述为指导，将《习近平扶贫论述摘编》等书籍纳入干部理论学习内容，作为党校干部培训的必修课，作为扶贫干部日常学习的重要教材，充分发挥集中力量办大事的体制机制优势，广泛动员和凝聚全局力量投身扶贫工作，累计培训基层干部、技术人员 3000 余人次。

3. 发挥工作潜能。集团公司严格落实扶贫干部监督和考核机制，坚持通过征求地方县（区）委和挂职单位的意见，广泛了解扶贫干部的工作表现，重点考核扶贫干部的工作业绩，将年度考核结果存入本人档案，极大提高扶贫干部的扶贫能力。选派的 11 名扶贫干部坚持与村民同吃同住同劳动，严格落实考勤、请销假、工作报告、纪律约束等制度，尽心尽力为帮扶县的经济建设和社会发展出点子、办实事，圆满完成下派任务。

4. 关心关爱干部。认真落实选派干部各项待遇，利用工作调研、“246”优秀年轻干部人才跟进考核等契机，加强对扶贫干部日常生活、家庭的关心关注，切实解决后顾之忧。通过开展扶贫工作，扶贫干部开阔了视野，增长了才干，受到地方党委和政府好评，回原单位后，有的得到提拔，有的被列为后备干部重点培养，成为单位的工作骨干。

（五）坚持打好扶贫“组合拳”，统筹其他工作，精准发力打赢攻坚战

多年定点扶贫工作表明，单一的扶贫手段对推动贫困群众脱贫致富有较大的局限性。为此，成都局集团公司抓住贫困地区实际，坚持扶贫方式方法多管齐下，充分发挥扶贫“组合拳”效应，找准扶贫定位精准发力，全力打赢扶贫攻坚战，帮助帮扶地区脱贫致富。

1. 大力实施消费扶贫。为进一步拓宽贫困地区农产品销售和旅游等公益广告推介渠道，成都局集团公司支持贫困地区发展“电商 + 龙头企业 + 农户”销售模式，建成成都东站、重庆北站、贵阳北站“扶贫产品直销店”。同时，充分利用铁路文化广告资源，投入 215.16 万元编制 30.1 万册《扶贫直通车 / 旅服指南》（季刊）投放到 278 组动车组；投入 2179.8 万元印有扶贫产品二维码的头巾片、小桌贴组等，进一步提升铁路带动扶贫产品品质的影响力。2018 年以来，成都局集团公司购买和帮销贫困地区农产品约 1.5 亿余元。

2. 积极抓好就业扶贫。成都局集团公司结合招聘计划，坚持在艰苦贫困地区组织开展区域化、属地化用工招录，择优招录定点帮扶县大学生 116 人。按照招生计划安排，集团公司深入各有关院校开展招生工作，尽可能地招回管内学生，特别是贫困地区的学生。集团公司大修改造、工程施工等各项工作中优先使用贫困家庭劳动力，助力脱贫攻坚。

3. 扎实推进党建扶贫。指导相关站段党委开展联学联建活动，协助抓好村“两委”班子，推进“党支部 + 合作社 + 农户”等发展模式，全面推动贫困村脱贫攻坚工作。2015 年以来，组织与贫困村党组织结对开展政治学习 44 次、上党课 15 次，开展主题党日 14 次、志愿服务活动 19 次，修整党员活动室 4 个，赠送书籍 1420 本、教育设施 15 套，购置 113 台电风扇慰问贫困户等，并在平昌县开展爱国主义教育 7 批次，369 名党员参与。

4. 开展公益扶贫活动。一是在成都局集团公司管内二等及以上 35 个客运站开展公益扶贫宣传募捐活动，扩大影响力。二是认真落实铁路青少年发展中心部署，收集上报符合“希望厨房”援建的巴中市平昌县灵山小学等 4 所学校资料。三是扎实推进“创青春”铁路对口扶贫点青年创业赛，调研指导平昌县、松潘县青年创业

项目培育。四是举办“教育帮扶、温暖童心”欢乐夏令营活动，组织四川省炉霍县高原藏区、同安小学 75 名小学生参观高铁车站，开展松潘县安宏乡同安小学 51 名学生“一对一”帮扶活动，捐赠 500 余件学习、文体用具及 12 种 208 件音乐设备、教材。

5. 认真做好宣传总结。围绕定点扶贫等重点工作，及时邀请人民日报、中央电视台等媒体现场采访，在中央主要媒体刊发相关稿件 1000 余篇（条）。其中，央视《24 小时》栏目播出时长 10 余分钟的《带货列车长》、人民日报头版头条刊发《掘进小相岭》、央视《焦点访谈》栏目推出长达 15 分钟的专题报道《“慢火车”跑出致富路》等重磅报道，取得社会舆论广泛认同和赢得公众普遍点赞。

中国铁路昆明局集团有限公司
帮扶云南省工作情况

中国铁路昆明局集团有限公司（以下简称“昆明局集团公司”）以习近平新时代中国特色社会主义思想为统领，坚持精准扶贫精准脱贫方略和实现“两不愁三保障”目标，不折不扣抓好国铁集团、云南省脱贫攻坚决策部署落实落地，截至2019年底，挂钩贫困县全部摘帽，贫困人口全部脱贫。

一、工作成效

2012年至2020年，昆明局集团公司定点挂钩帮扶南涧彝族自治县小湾东镇营盘村118户建档立卡贫困户（经过几轮逐步筛查、及时剔除不符合条件的家庭，实际挂包89户），派驻扶贫干部5名，定点扶贫投入资金2086.83万元（其中，产业发展扶持1816.58万元，公共设施建设244.8万元，教育帮扶12.63万，健康帮扶5.76万元，走访慰问3.26万元，党建扶智3.8万元），援建了挂钩扶贫点大理州南涧彝族自治县小湾东镇营盘村村委会地震应急避难场所照明灯塔、营盘神舟小学学生餐厅彩钢瓦大棚、自然村太阳能路灯、村委会多功能综合楼等基础设施建设以及两个片区产业配套扶志扶智项目，用心、用情、用力帮助挂包贫困家庭脱贫致富，夯实贫困户发展基础，改善挂包扶贫点群众生产生活条件。

同时，昆明局集团公司结合自身优势，统筹推进铁路建设扶贫、运输扶贫、消费扶贫、就业扶贫、党建促脱贫攻坚等各项工作，助力云南脱贫攻坚，为确保云南人民同步进入小康社会积极贡献企业力量。2012年至2020年，通过铁路建设引导各参建企业积极开展捐资助学、帮扶当地困难户、捐建交通，在帮厨、保洁、临工等就业岗位使用当地贫困人口等帮扶措施共计投入资金 6522 万元。投入资金 81221 万元，修建道路 197 条 / 1463 公里；投入资金 995 万元，修建通信基站 96 个；选用当地劳务人员 26623 人，涉及劳务工资 1952001 万元；租赁当地机械设备资金 144638 万元；采购当地生活物资 61806 万元；采购当地砂石料等工程材料 1634637 万元。施工企业开展特殊岗位培训 54141 人次，使当地劳务人员通过铁路建设学习到较为实用的特殊技能，为以后劳动致富打下坚实基础。2012 年至 2020 年，云南省内革命老区、贫困地区货物发送量 2944.93 万吨、到达量 4726.531 万吨，旅客发送量 4159.97 万人次、到达量 4028.03 万人次，客货运量逐年递增，为服务贫困地区经济社会发展作出突出贡献。8 年来优先招收贫困地区大学毕业生 2313 人作为集团公司正式职工，其中云南省内贫困地区生源 2004 人（含定点扶贫南涧彝族自治县生源 36 人），其他国家级贫困地区生源 309 人，涉及国家贫困县 229 个，为帮助解决贫困地区大学生就业难作出巨大贡献。

在云南省中央及省外驻滇单位定点扶贫考核中，昆明局集团公司 2017 年度、2019 年度均被评定为“好”档次且位列第一名，2018 年度被评定为“较好”档次，荣获南涧彝族自治县人民政府授予的“优秀挂包扶贫单位”荣誉。

二、工作情况

1. 健全组织机构，加强组织领导，确保工作要求落实落地。一是健全工作机构。根据云南省“挂包帮转走访”工作要求，昆明局集团公司及时健全工作机构，成立了以集团公司主要领导为组长、分管扶贫工作的副总经理为副组长、有关单位（处室）主要负责人为成员的脱贫攻坚工作领导小组，为工作开展提供有力组织保证。领导小组下设办公室，办公室设在集团公司人事处（党委组织部），统筹协调推进脱贫攻坚各项工作。二是加强组织领导。集团公司党委会定期研究脱贫攻坚工作，严格落实“三重一大”问题集体决策原则，坚持扶贫项目开发、资金投入党委会研究决策并报国铁集团备案、审批制度，规范扶贫项目资金管理，结合阶段性重点工作任务，脱贫攻坚领导小组适时召开扶贫工作会议，研究制定具体工作措施，解决重点难点问题，确保上级脱贫攻坚决策部署不折不扣得到贯彻落实。三是抓好目标计划管理。扶贫办根据上级年度脱贫攻坚要点，坚持目标问题导向，结合集团公司实际，逐年制定集团公司年度扶贫工作要点，明确阶段目标，分解具体任务，狠抓督办考核，持续推进脱贫攻坚各项工作部署落实落地。四是强化学习教育。持续把学习宣传习近平总书记关于扶贫工作的重要论述，党中央脱贫攻坚决策部署、相关政策规定作为首要政治任务，纳入集团公司党委中心组年度学习计划，处级领导干部培训班进行学习、研讨、培训。同时，组织做好集团公司和国铁集团两级举办的脱贫攻坚培训，2012 年以来，共培训行业部门干部、帮扶干部、扶贫办工作人员、贫困村干部 615 人次，全面提升扶贫干部做好扶贫工作的能力和水平。

2. 严实工作作风，加强自身建设，久久为功推进脱贫攻坚。认真落实国铁集团、云南省关于深入推进扶贫领域作风建设要求，坚持把从严治党贯穿集团公司脱贫攻坚全过程各环节，持续深入推进扶贫领域作风建设，将主要精力投入到扶真贫、真扶贫上，精准确定扶贫开发项目，加强扶贫现场检查调研指导，着力推动解决扶贫一线实际问题，确保脱贫攻坚各项工作取得实效。8 年来，坚持集团公司领导带头，分管领导、各级帮扶干部、扶贫办工作人员经常性深入挂包扶贫点开展扶贫走访、遍访、回访，了解掌握村情贫情，制定帮扶措施，走访慰问挂包贫困家庭和驻村工

2018 年 7 月 19 日，昆明局集团公司扶贫援建营盘村项目移交仪式

作队员，协调解决扶贫现场存在的问题和困难，以务实精神、扎实作风推动脱贫攻坚各项工作期到必成。

3. 加大资金投入，落实帮扶举措，着力解决“两不愁三保障”问题。昆明局集团公司牢牢聚焦精准扶贫精准脱贫方略和实现“两不愁三保障”目标，定点扶贫投入资金 248.6 万元，援建多个公共基础设施和两个扶志扶智项目。根据定点扶贫挂钩帮扶的南涧彝族自治县小湾东镇营盘村村情、贫情和特色产业实际，实施扶贫项目开发 30 余个，惠及挂包扶贫点群众 1800 余人。从 2012 年起，连续 8 年采购南涧彝族自治县“黑龙潭茶厂”茶叶作为职工劳保用茶，产值约 1327.65 万元；2016 年，推动营盘村委会成立泡核桃种植合作社，连续 4 年组织发动集团公司干部职工购买营盘村委会泡核桃种植合作社泡核桃共计 101 吨，产值 312.05 万元；2017 年，推动成立乌骨鸡养殖合作社，连续 4 年组织发动集团公司干部职工购买合作社乌骨鸡 1.55 万只，产值 176.89 万元。极大解决了贫困户农产品卖不出去的困难，确保当地种养殖产业有序发展，贫困户得到持续稳定的经济收入。捐资助学 8 批次，资助学生 49 人次，资助金额 12.35 万元。先后投入资金对定点扶贫的小湾东镇营盘村委会党总支进行补助，对 5 个党支部党员教育设施更新，捐赠党建书籍 170 余册，着力

劳动力转移就业宣传

把基层党组织建设成带领群众脱贫致富的坚强战斗堡垒。集团公司领导带头，在春节、中秋节等重要节日深入扶贫点开展走访慰问送温暖活动，为挂包贫困户送去价值 3.26 万元的米、食用油等生活物资。2019 年 5 月，协调中国铁路文工团到扶贫点小湾东镇开展慰问演出，为当地 3000 多名群众送上高质量的文化大餐，较好地对外展示和宣传了铁路扶贫工作。2019 年 8 月，协调组织大理市第二人民医院 10 名医疗专家到小湾东镇营盘村开展免费健康帮扶活动，为村民进行健康义诊 396 人次，向营盘村卫生所捐赠价值 5.76 万元的医疗器材和常用药品，深受当地村民好评。

2019 年底，昆明局集团公司挂包帮扶的南涧县小湾东镇营盘村委会 89 户建档立卡贫困户全部实现脱贫，南涧彝族自治县成功退出贫困县行列。

4. 选好扶贫干部，加强监督管理，为脱贫攻坚提供有力组织保障。一是按规定选派轮换扶贫工作队员，按照云南省委组织部和省扶贫办扶贫工作队员调整轮换的范围、条件和程序。经认真遴选，2012 年至 2020 年共派驻大理州南涧彝族自治县小湾东镇龙街村委会扶贫干部 5 名，未发生扶贫干部因履职不到位被召回、通报、批评的情况。二是加强对扶贫工作队员的动态管理，适时跟踪了解派驻贫困点扶贫干部工作、思想情况，强化对扶贫干部履职履责情况的监督管理，充分发挥驻村工作优势，认真开展入户走访调查、现场调研踏勘、感恩教育、扶贫政策宣讲解释、贫困户业务技能培训等工作。三是做好扶贫干部关心关爱工作，及时帮助解决工作中遇到的困难问题，消除扶贫干部的后顾之忧，每年给予扶贫干部 2 万元工作经费，为扶贫干部购买 50 万以上保额的人身意外保险，每年进行一次体检，每月给予 1500 元食宿补助，提拔使用到期召回的优秀扶贫干部 2 名。

5. 有序抓好贫困山区铁路建设，充分发挥铁路建设对地方经济社会发展的促进作用。认真贯彻落实党中央、国铁集团和云南省部署要求，聚焦云南铁路网不平衡不充分实际，充分发挥铁路建设对云南经济社会发展的促进作用，将铁路建设和脱贫攻坚有效对接，科学有序推进贫困地区铁路建设，着力拉动贫困地区社会经济发展，改善贫困地区发展环境，促进贫困地区群众脱贫致富。项目建设期间，通过提供劳务用工、采购当地工程材料、采购生活物资、租赁机械设备等举措，切实增加当地群众的经济收入，改善群众生产生活条件。8 年来，昆明局集团公司 6 个铁路建设项目共选用当地劳务人员 26623 人，涉及劳务工资 1952001 万元；租赁当地机械设备资金 144638 万元；采购当地生活物资 61806 万元；采购当地砂石料等工程材料 1634637 万元；培训当地务工人员 54141 人次，使当地劳务人员通过铁路建设学习到较为实用的特殊技能，为以后的劳动致富打下坚实基础。

6. 持续抓好铁路运输扶贫工作，不断满足贫困地区社会人流物流发展需求保障。注重扩大服务贫困地区的能力，提升贫困地区客运服务水平，有序推进服务功能完备、公铁无缝接驳的公铁联运无轨站建设，持续开行公益性“慢火车”。积极优化昆明至攀枝花 6162/1 次、威舍至贵阳 6083/2、6081/4 次 2 对“慢火车”开行方案，陆续投入资金 2240 万元对“慢火车”途经的 13 个客运车站和 18 个乘降所设备设施进行更换补强，投入资金 147 万元对列车服务设施进行维修和更换，全面改善站车候乘环境，进一步提高“慢火车”服务品质。在省内不通铁路的保山、德宏、腾冲等 10 个州市的 49 个区县的汽车站内建成 54 个高铁无轨站，实现购票、候车、大巴无缝换乘高铁，方便边远地区人民群众出行。持续优化贫困地区货运办理站布局，在东川、师宗、罗平等 9 个云南省贫困县设立铁路货运站点。2012 年至 2020 年，云南省内革命老区、贫困地区货物发送量 2944.93 万吨、到达量 4726.531 万吨，旅客发送量 4159.97 万人次、到达量 4028.03 万人次，客货运量逐年递增，为服务贫困地区经济社会发展作出突出贡献。

7. 深入开展消费扶贫，帮助解决产销困难，促进产业发展。昆明局集团公司的消费扶贫起步较早，基于对“产业扶贫是重中之重，扶贫要变输血为造血”精神的深刻把握，从 2012 年即开始统筹谋划推进消费扶贫工作，并逐步形成一套稳定的消费扶贫措施。一是用好用足消费扶贫政策支持，将职工福利费、工会经费使用与脱贫攻坚大局紧密结合起来，在职工食堂餐料、防暑降温夏季饮料采买上重点向扶贫地区产品倾斜；二是广泛宣传发动，鼓励广大职工通过消费扶贫积极投身脱贫攻坚实践，凝聚消费扶贫强大社会力量；三是逐步扩大帮助销售的渠道，在昆明站、昆明南站、昆明生活段南站超市设立扶贫产品专柜，引入、帮助销售贫困地区农产品；四是积极引入贫困地区农产品进车站上列车销售，扩大农产品销售范围和影响力；五是创新帮助销售渠道，推动贫困地区农产品线上销售，在集团公司“昆铁＋”手机 App 上增设扶贫产品帮助销售功能。8 年来，昆明局集团公司消费扶贫投入超过 4923 万元，为贫困地区产业持续健康发展、帮助解决农产品滞销困难作出积极贡献。

中国铁路兰州局集团有限公司
帮扶甘肃省和宁夏回族自治区工作情况

党的十八大以来，中国铁路兰州局集团有限公司（以下简称“兰州局集团公司”）坚持以习近平新时代中国特色社会主义思想为指引，全面贯彻落实党中央决策部署，按照国铁集团党组和甘宁两省区党委、政府安排部署，积极践行“人民铁路为人民”的责任担当，举全局之力持续加大铁路帮扶工作力度，多措并举创新帮扶方式，为帮扶县区打赢打好脱贫攻坚战作出积极贡献。

一、基本情况

兰州局集团公司1986年开始参与甘肃省定西市陇西县帮扶工作（2015至2017年间，参与通渭县碧玉乡碧玉村帮扶工作），至2020年累计投入资金3112.91万元，共实施完成140个帮扶项目，使陇西县农业生产、基础设施、教育水平、医疗条件等明显提升，贫困面貌明显改善，2014至2019年，全县累计减少贫困人口14.22万人，贫困发生率由33.64%下降到0.96%。2020年2月28日，甘肃省人民政府批准陇西县退出贫困县序列。

兰州局集团公司帮扶宁夏彭阳县为延续原银川铁路分局的帮扶任务。2009至2020年间，累计投入帮扶资金557.75万元，实施基础设施补强、种植养殖产业发展等30个项目。累计减贫5.6万人，贫困发生率从28.8%清零，于2019年4月27日宣布脱贫摘帽。

二、强化政治担当、促进真抓实干，脱贫攻坚组织领导更加有力

（一）加强组织领导。兰州局集团公司主动担当脱贫攻坚政治责任，年底、年初赶早超前加强与地方党委政府的密切对接，共同开展年度扶贫项目摸底调查，形成扶贫工作方案，并动态进行优化完善，确保扶贫工作更加精准，更加符合贫困群众意愿和地方发展需要。在原有 2 名党委班子成员分管扶贫工作的基础上，成立党建宣传、督导检查、资金保障专项工作组，增加 3 名班子成员分别担任组长，为有力有效推动扶贫工作提供组织保障。

（二）统一思想认识。坚持把学习作为强化思想引领、了解掌握政策、厘清工作思路的有效途径，将《习近平扶贫论述摘编》，甘肃省委、省政府有关脱贫攻坚工作的文件要求、会议精神作为党委中心组理论学习的重要内容，作为党校和扶贫培训的必修课，作为扶贫干部、机关干部日常学习的重要教材，在党委理论中心组和两级党委中心组联组（扩大）学习会议、扶贫开发领导小组会议、挂职驻村干部会议上全面组织学习培训，加深理解领会，把握精髓要义，在学思践悟中坚定理想信念、强化责任担当，不断提升谋划脱贫攻坚工作的能力和水平。

（三）配强扶贫力量。制定并落实驻村扶贫干部选派管理办法，先后向甘肃陇西县帮扶村派驻 11 名熟悉农村和基层党建工作，能吃苦、有经验、素质高、作风硬的干部脱产开展帮扶工作。强化扶贫干部日常管理，每月对理论学习作出计划安排，每季对扶贫干部政策理论掌握情况进行测试，同时实行月度工作写实、半年工作总结和年底述职报告，促进扶贫干部作用发挥。坚持正向激励，选树了驻村扶贫干部仰彦龙、马国虎等一批在脱贫攻坚帮扶主战场履职尽责、默默奉献的先进典型，对涌现出的 5 名“优秀共产党员”“先进工作者”进行全局表彰奖励，先后提拔使用扶贫干部 8 名。

（四）靠实帮扶责任。按照“甘肃省脱贫攻坚帮扶工作任务清单”“省直和中央在甘单位帮扶工作成效考核评价办法”任务要求，紧扣脱贫人口 6 项指标和贫困村退出 4 项指标，结合“3+1”冲刺清零任务，调整结对帮扶责任部门、单位，制作“帮扶责任清单”分发到帮扶责任人，抓好“一户一策”政策措施的确定和落实。2018 年以来，路局 41 个结对帮扶部门、单位责任人按照“每季不少于 1 次，一年不少于 4 次”的工作要求落实帮扶责任，为帮扶贫困户帮办实事好事，送去

米面油、鸡苗、猪仔、棉衣棉被等生活物资，累积捐赠物品折合人民币 50.5 万元。

三、集聚行业优势、多措并举发力，脱贫攻坚成果多点开花

（一）建设扶贫有序实施

兰州局集团公司认真落实国铁集团《铁路建设扶贫行动方案（2018—2020 年）》，主动担当科学有序、优质高效推进甘肃省铁路建设的重大责任，保开通、保在建、保开工，推动甘肃铁路网规模不断扩充、结构不断优化，为促进地方经济社会发展、助力贫困地区脱贫攻坚多作贡献。2016 年以来，以务实的行动认真落实省委、省政府要求，甘肃省境内铁路基本建设投资实现 550 亿元。投资 547 亿元的银西高铁已于 2020 年 12 月 26 日开通运营，投资 288.89 亿元的中卫至兰州铁路、242.9 亿元的兰张三四线铁路中川机场至武威段等在建项目正在按施工节点加快推进，兰州局集团公司紧盯时间节点，优化施工组织，确保完成建设投资和实物工作量。同时，积极推进兰州至合作、中卫至平凉至庆阳铁路等项目前期工作，力争早日开工建设，持续扩充完善甘肃省路网规模，铁路成为助推贫困地区经济社会发展的“快车道”和人民群众脱贫致富的“幸福路”。

在铁路项目建设过程中，集团公司坚持铁路建设与沿线贫困地区发展规划、脱贫攻坚、生态保护等深度融合，统筹实施道路、桥梁、水电、通信等永临结合基础设施，并将其无偿移交当地服务生产生活。积极协调施工单位，优先采购当地材料物资、租赁机具。2020 年，在银西高铁、中兰客专等铁路项目建设过程中，积极协调参建单位选用当地劳务工 7498 人，修建永临结合道路 46 条，采购工程物料 18.45 亿元，租赁机械设备费用 2.5 亿元，带动沿线地区群众增收致富。

（二）运输扶贫持续扩大

1. 客运方面。着眼于不断满足甘肃人民群众对美好旅行生活的需求，国铁集团动态调整列车运行图，优化运力资源配置，安排全国首批生产下线的时速 160 公里动力集中复兴号动车组开进兰渝线、中川线，兰州西至北京西开行大站车等一系列举措，大幅压缩了旅客出行时间，在拉近省际城市间时空距离的同时，进一步改善

人民群众出行体验。截至撰稿时，甘肃境内共运行旅客列车 139 对，较 2016 年增加 104 对。积极推行日常图、周末图、高峰图组合式的旅游版“一日一图”，持续扩大客运产品有效供给，由兰州开行的旅客列车辐射北京、上海、广州、西安、成都、太原、天津、杭州等全国主要方向。不断提升甘肃省内兰州至武威南、陇西至张家川等 9 对公益性“慢火车”服务品质，以票价低、停站多、乘降便捷等优势，深受沿线老百姓的欢迎。先后在合作、临夏、成县建成 5 个无轨站，联通沿线县城小镇，方便贫困地区人民群众出行。加快 20 条企业铁路专用线建设，打通铁路物流服务“最后一公里”，开行兰州至嘉峪关、张掖等地的“西部快运列车”，在定西、河西地区开行农产品“点对点”货物专列，为贫困地区涉农物资外运和经济发展提供运力支持。

2. 货运方面。坚决贯彻党中央关于“调整运输结构、增加铁路运输量”的要求，充分发挥铁路在国民经济中的大动脉作用，在甘肃省委、省政府和国铁集团的支持指导下，制定了 2018—2020 年货运增量落实方案，与各级地方政府密切配合，共同研究出台了货运“公转铁”实施办法。同时，与 102 家企业签订运输共保协议，合力推进“公转铁”取得成效。2016 年以来，在甘肃境内开行中欧、中亚、南亚等货运班列共 487 列，助推甘肃机械设备、瓷砖石材、电子设备等产品走出国门、走向世界。加快推进甘肃境内 9 条企业铁路专用线建设，着力解决物流链“前后一公里”问题，不断强化铁路服务企业发展的能力。同时，采取下浮铁路运价，降低接取送达、货车延期占有费等措施，在权限范围内尽最大努力下浮铁路运价，2016 年以来累计为甘肃企业降低社会物流成本 13.3 亿元。认真落实省委、省政府要求，发挥桥梁纽带优势，协调联合甘肃电投集团、甘肃能源化工、山西潞安集团成立甘肃陇能煤炭物流有限公司，搭建省级煤炭交易平台和集散、储运基地，推动疆煤入甘入川入渝。加强路港合作，投资参股曹妃甸港集团所属企业，积极推动开行矿石、氧化铝等大宗物资集装箱“水铁联运”班列，并在兰州形成大宗物资集散交易中心，为甘肃经济发展发挥铁路作用。

3. 旅游方面。积极响应甘肃全域旅游发展规划，以实施铁路客运提质计划为契机，开展跨区域、跨行业、跨局合作，在兰州组织召开全国 18 个铁路局、33 家地方单位和企业参加的旅游推介会，携手甘肃省文化和旅游厅开展“1+5”跨省推广宣传交流活动，深入成都、重庆、西安等城市，大力宣传甘肃文化旅游资源，推出

"环西部火车游"系列产品，签约文旅合作和跨省"引客入甘"协议。2018 年以来，兰州局精心打造"环西部火车游"旅游专列，组织开行"山水陇南""最美胡杨""欢乐方特周末休闲亲子游"等一系列旅游专列 108 列，叫响了甘肃省文化旅游品牌，为区域经济社会发展注入新动力。

（三）其他方面

1. 就业扶贫扎实推进。认真落实中央稳就业、保民生要求，积极协调银西高铁、中兰客专等铁路参建施工单位向陇西县提供 5235 个用工岗位。每年向陇西县发布大中专院校毕业生招聘公告，动员符合条件的贫困家庭学生应聘铁路岗位，2018 年以来，累积招聘陇西县贫困毕业生 166 名在铁路就业。按照"一人就业、全家脱贫"的思路抓就业扶贫，针对疫情延期复工、停工期间给贫困户带来的就业问题，铁路工程类扶贫项目优先选择贫困户劳动力，吸纳 154 名贫困群众在扶贫项目临时务工，支付劳务用工工资 32.98 万元。

2. 党建扶贫全面深化。坚持抓党建、强基层、促扶贫，制定党建扶贫工作具体推进落实措施，帮助 5 个帮扶村党支部健全基本制度、建立基本阵地，投资 100 万元为贫困村打造党员活动室，配强党员活动室软硬件设施。建立"党内活动联搞、组织生活联过、制度机制联建、帮扶措施联抓"党建促脱贫"四联"工作机制。搭建路局定点扶贫帮扶村党支部与铁路单位党组织党建工作互学互鉴交流平台，组织铁路帮扶单位党支部与贫困村党支部结成帮扶对子，开展"手拉手"支部建设互学互鉴、"送党课到帮扶村"活动，助力提升帮扶村党支部书记抓党建工作的能力，切实在扶贫中发挥党支部的战斗堡垒作用。

四、巩固脱贫成效、增强发展后劲，脱贫攻坚质量成色更高更足

2017 年 8 月，按照甘肃省委、省政府办公厅《关于调整加强全省帮扶工作力量的意见的通知》（甘办发〔2017〕45 号）要求，兰州局集团公司帮扶对象调整为文峰镇东梁村、通安驿镇东峪村和渭阳乡本驮、水泉、锦屏村等 5 个贫困村，累计投入扶贫资金 1029.6 万元，通过一系列扶贫举措的落地见效，全力帮助贫困村脱贫致富。在宁夏彭阳县投入帮扶资金 185.75 万元，实施农机合作社、特色种植

等村集体产业项目，助力村民脱贫增收。

（一）项目论证实施精准有效。坚持把贫困群众获得实实在在的好处、能够真正脱贫致富作为做好扶贫工作的出发点和落脚点，抓实产业扶贫，强化过程控制，切实做到扶贫工作务实、扶贫过程扎实、脱贫结果真实。在调研立项上，结合扶贫县区、村镇制订的帮扶计划，路地联合开展现场调研论证，精准确定帮扶项目，签订“年度帮扶项目协议书”；在项目实施上，年度项目计划下达后，预付不高于70%的项目资金，压实地方政府组织实施的主体责任；在督导检查上，紧盯项目实施进度和施工质量，定期开展检查，督促指导帮扶项目落实；在资金管理上，严格执行扶贫资金专款专用制度，按规定程序做好资金拨付联签确认等工作；在项目验收上，落实挂职、驻村人员参与帮扶县区、乡镇、村组织的三级验收制度，路局对工程类项目全部验收、对到户项目抽查验收，项目通过路地双方验收合格后，签订“帮扶项目责任落实确认书”，将尾款资金全部拨付地方政府，切实强化扶贫项目闭环管理。

（二）产业项目发展持续壮大。坚持从帮扶乡镇、各村经济基础、区位优势、资源条件等实际情况出发，瞄准解决贫困户“两不愁、三保障”存在突出问题和脱贫验收指标短板，重点发展优势突出和特色鲜明的主导产业。2018 年以来的三年脱贫攻坚期，为甘肃陇西县 5 个帮扶村累计投入产业扶贫资金 664.5 万元，专注打造食用油、面粉加工、肉牛养殖、林下生态鸡、农机合作社为主的“一村一品”集体经济产业。2020 年，帮扶村集体经济实现利润 53.62 万元，136 户贫困户分红 11.82 万元，49 名村民在村集体经济（合作社）稳定就业，带动当地 623 户贫困户从事种养殖配套产业。贫困群众稳定增收的产业体系、就业机制基本形成。

（三）产销平台搭建同步推进。牢牢牵住农产品产销对接这个制约产业扶贫发展的“牛鼻子”，着力解决贫困县区农特产品销售难问题，将 5 个帮扶村集体经济（合作社）、3 家企业的 43 类产品纳入路局消费扶贫名录进行订单式购销，组织农特产品进食堂、上餐桌。在局内 17 个客流量较大的车站设置扶贫专区 35 处，多形式多渠道促进农特产品在普速列车、高铁动车及铁路电商扶贫平台展示销售。疫情期间，积极对接帮扶贫困村的蚕豆、马铃薯、土鸡等卖难滞销问题，组织路局各单位先后采购 17 吨，切实帮助贫困群众解决燃眉之急。2018—2021 年，铁路单位累计购销甘肃省扶贫农特产品 1883.64 万元。

中国铁路青藏集团有限公司
帮扶青海省和西藏自治区工作情况

党的十八大特别是脱贫攻坚战实施以来，中国铁路青藏集团有限公司（以下简称“青藏集团公司”）坚决贯彻习近平总书记关于扶贫工作重要论述，全面落实国铁集团党组以及青藏两省区党委、政府的工作要求，集团公司党委始终坚持将脱贫攻坚作为一项重要政治任务，切实增强推进扶贫开发工作的思想自觉、政治自觉和行动自觉，坚持精准扶贫、精准脱贫基本方略，坚持现行扶贫标准，坚持交通强国、铁路先行，深化“强基达标、提质增效”，充分发挥铁路行业扶贫优势，科学谋划，精准施策，强力脱贫攻坚，尽最大努力做好扶贫开发工作，加大帮扶力度，注重扶贫与扶志、扶智相结合，以提高脱贫攻坚实效为导向，持续推进建设、运输、定点扶贫，拓展产业扶贫、消费扶贫、就业帮扶等新途径，顺利完成了脱贫攻坚任务，有力促进了青藏两省区经济社会发展和扶贫点的民生改善。

一、基本概况

按照青藏两省区扶贫开发工作安排，青藏集团公司主要负责青海省西宁市湟中区李家山镇金跃村、青海省海西州德令哈市柯鲁柯镇莲湖村、西藏自治区安多县帕那镇申格卡岗村的定点帮扶工作。

1. 金跃村基本概况。该村位于李家山镇最北部，距离李家山镇 5 公里，全村现有农户 287 户，1282 人，其中 16 岁以下儿童 364 人，60 岁以上老人 108 人，外出务工劳动力 460 人；全村耕地面积 1997 亩，人均耕地面积 1.6 亩，全村村民均为回族。脱贫攻坚之前该村由于地处脑山地区，传统种养殖产业收入较低，加之交通出行不便，一直处于贫困状态，人均可支配收入徘徊在 2800 元左右，当时金跃村属于矛盾是非多、村内垃圾多、闲散人员多、残疾人员多、危旧住房多、贫困人口多的典型“六多”贫困村。2015 年该村被评定为贫困村后，通过各级组织和驻村工作队共同努力，先后共识别出建档立卡贫困户 36 户 139 人，其中低保兜底户 7 户 23 人，一般贫困户 29 户 116 人，2017 年底实现了贫困户全部脱贫、贫困村退出目标；几年来建档立卡户人均可支配收入由 2015 年的 2800 元提高到 2019 年的 7800 元，全村人均可支配收入由 3400 元提高到 1 万元以上，远远高于当地脱贫标准线，民生得到极大改善，全村实现了“两不愁三保障”的目标。

2. 莲湖村基本概况。该村位于德令哈市柯鲁柯镇政府以西 1 公里处，辖区面积 21 平方公里，于 2004 年 4 月建制，组织机构健全。现设党支部一个，支部委员 3 人，党员 32 名。村委会一个，委员 4 人。监委会一个，委员 3 人。全村户籍人口 531 户 2097 人，主要劳动力 1013 人，全村残疾人 65 人，低保户 25 户 94 人（其中非贫困户 6 户 20 人）。全村耕地面积 5848 亩，主要种植小麦、青稞、马铃薯等农作物和枸杞、油菜、藜麦、温室果蔬等经济作物。全村建档立卡贫困户 19 户 75 人，其中因病致贫 8 户，因残致贫 4 户，缺资金 2 户，缺劳力致贫 3 户，其他 2 户。通过发展产业脱贫 2 户，转移就业脱贫 2 户，生态扶贫脱贫 13 户，低保兜底脱贫 2 户。自 2015 年定点帮扶以来，建档立卡贫困户人均收入由 2894 元增至 15937 元，2016 年底实现贫困户全部脱贫、贫困村退出目标。

3. 申格卡岗村基本概况。该村位于安多县南部，离县城 13 公里，平均海拔 4880 米。属纯牧业村，草场面积 53.53 万亩，其中草畜平衡面积 45.89 万亩，禁牧面积 7.63 万亩，有 3 个自然组，31 个“双联户”小组，全村总人口 298 户、925 人；党员 117 名，总劳力 502 人；建档立卡 98 户，366 人，自 2013 年定点帮扶以来，建档立卡贫困户人均收入由 2800 元以下增至 12743.12 元，2019 年底实现了贫困户全部脱贫、贫困村退出目标。

目前，青藏集团公司三个定点扶贫村均已通过了国家第三方以及省（区）市级脱贫验收，贫困户按照现行标准顺利脱贫，贫困村按六项指标顺利退出，实现了脱贫摘帽。

二、帮扶措施及成效

1. 加强学习，强化政治引领。把学习领会《习近平扶贫论述摘编》作为一项重要的工作来抓，纳入各级党委中心组理论学习的重要内容，组织抓好领导干部的集中学习，充分利用各类培训班，组织党员干部系统学习，充分认识实施精准扶贫方略的必然性和有效性，强化责任担当，坚定打赢脱贫攻坚战的信心。驻村工作队利用援建的村党员活动室平台，定期组织村“三委”成员及贫困村民，集中学习习近平总书记关于扶贫工作的重要讲话精神，宣传党的十八大以来党和国家在减贫事业上取得的伟大成就，开展“路地同心，小康路上共奋斗”为主题的高铁体验活动和“两讲三促”“共产党好、总书记好，听党话、跟党走”“四讲四爱”“爱劳动、改陋习、树新风”“学习小高陵精神，决胜脱贫攻坚”等主题宣传教育活动，引导和激励他们靠自身的努力改变命运。

2. 强化组织，健全工作机制。青藏集团公司成立了以党委书记、董事长，总经理为组长的扶贫开发领导小组，明确了集团公司各相关职能部门的扶贫开发职责。扶贫开发领导小组不定时组织召开领导小组会议，研究解决定点贫困村用水、用电、供暖、道路以及扶贫项目的推进落实，有效推进了集团公司扶贫开发工作。先后制定了《驻村干部选派及管理考核办法》《扶贫资金项目公告公示实施办法》《机关扶贫捐款资金管理办法》等制度，对人员选派、日常管理、项目申报、调研论证、资金管理等方面作出明确细致的规定，逐步实现扶贫工作的制度化、规范化、科学化。

3. 深入帮扶，发挥行业优势。认真遵循“加强领导是根本、把握精准是要义、增加投入是保障、各方参与是合力、群众参与是基础”这一基本经验，结合铁路工作实际，以充分发挥铁路扶贫优势为切入点，每年研究制定年度集团公司扶贫开发工作要点，抓好重点项目推进落实。近年来，青藏集团公司依托川藏铁路拉林段、格库、敦格铁路建设、格拉段扩能改造等工程，以及货场装卸、工务养护、劳服洗涤等岗位，招收1100余名贫困地区农民工和贫困户劳动力参与，有效发挥了就业扶贫的作用。充分挖掘贫困地区丰富的旅游资源，通过优化开行“星空之城”“天空之境”“德令哈号”“唐竺古道号”等旅游列车，在西宁站设立扶贫专柜，无偿销售扶贫地区特色产品，增加偏远站区席位及停车点等便民利民措施，以有效运能供给激发脱贫活力，不断增强贫困地区人民群众获得感。

4. 因地施策，破解发展难题。针对青藏集团公司三个扶贫点分别为蒙古族、藏族、回族聚居村的实际，结合风俗民俗，围绕自然禀赋，加强扶贫产业项目调研论证，帮助引导贫困村从实际出发找准特色主导产业。几年来，集团公司安排近 1000 万扶贫资金，大力培育发展种养殖业、林草业、农产品加工业、畜牧业、特色手工业和乡村旅游等具有当地特点的产业；壮大村集体经济和农村合作社能力，捐资购置了农机具，发展桶装纯净水经营，提升贫困村“造血”能力；抓好当归种植、香子养殖、青稞种植等重点扶贫项目的督导落实，实现贫困户稳定增收。紧紧围绕打赢脱贫攻坚战和疫情防控阻击战、全面建成小康社会、实现第一个百年奋斗目标，广泛开展扶贫日系列活动，展示青藏铁路扶贫成就，讲好青藏铁路扶贫故事，为收官之年决战决胜脱贫攻坚凝聚力量、营造氛围。

为莲湖村贫困户投放猪仔

5. 深化结对，聚力扶贫攻坚。按照“脱真贫、真脱贫”的工作目标，结合精准扶贫“双帮”工作机制，对三个定点贫困村 153 户建档立卡贫困户进行“一对一”“一对多”“多对一”的结对帮扶，做到党员、干部结对帮扶贫困户全覆盖。每逢重大节日或定期、不定期，结对帮扶单位深入贫困户家了解生产生活情况、宣传党的扶

青藏集团公司开展干部结对认亲节日走访活动

贫政策、帮助指导发展生产，对贫困户存在的住房条件差、生病就医难等突出问题，力所能及地给予帮助解决，“一家亲”的氛围更加浓厚。

6. 强化党建，提供可靠保障。紧紧围绕“以扶贫抓党建、以党建促脱贫”的总体思路，充分发挥集团公司援建的 3 个党员活动室作用，通过“不忘初心、牢记使命”主题教育，以开展“六保、六稳”为工作抓手，协调地方党委抓好“联学联建”工作，协助村委会组织召开党员组织生活会，把学党章党规、学习习近平总书记系列重要讲话及党的十九大精神贯穿到扶贫工作中，把建强党支部作为“脱贫支点”，切实把党的组织优势、政治优势转化为发展优势。坚持把扶思想、扶理念、扶志向作为脱贫攻坚的关键环节来抓，积极促进村支部组织建设走上规范化、制度化的轨道，不断强化扶贫组织保障，落实“四议两公开”工作法，规范议事程序，完善财务、档案管理等制度，推进了村委会各项工作规范化和制度化。

7. 广泛宣传，营造浓厚氛围。围绕扶贫主题，在国家扶贫日以及传统节日期间，积极协调地方主流媒体，同时充分利用报台网刊广泛发布集团公司扶贫开发工作图文信息、刊发铁路扶贫故事以及专题公益广告，广泛动员社会各界力量和资源，加大投入力度，扩大产业扶贫项目规模，巩固既有减贫成果。紧密围绕年度扶贫工作重点，发挥站车宣传窗口作用，大力宣传在扶贫工作中作出贡献的先进人物，充分释放先进典型的示范引领作用。近年来，青藏集团公司在各类媒体刊发扶贫开发报道 40 余篇，充分展现了集团公司扶贫开发成果，形成了全员关注、参与、助力扶贫的脱贫攻坚态势。

8. 紧盯目标，推动健康发展。围绕脱贫攻坚目标任务，统筹运用纪律监督、审计监督、财务监督、巡察监督等形式，强化对政策、项目、资金的监管。2018 年，制定了以“四查四看”为主要内容的扶贫领域作风问题专项治理方案，从严整治影响脱贫攻坚的作风问题。2019 年、2020 年青藏集团公司组织公司审计部，以强化扶贫资金的监督管理为目的，对扶贫项目的提出、评估、招投标、验收、资金管理等各环节，全过程进行审计监督，切实保障资金安全，通过审计加强了扶贫资金阳光化管理，做到了脱贫攻坚期内预防到位、帮扶到位、惩治到位，保障了集团公司扶贫开发工作见进度、有成果、出成效，促进了精准扶贫、精准脱贫工作真正惠及贫困群众，为打赢脱贫攻坚战提供了有力制度保障。

9. 激发内生动力，注重扶贫与扶志、扶智相结合。一是坚持扶贫与扶志、扶智相结合，通过加强脱贫户思想、文化、道德、法律、感恩教育，引导脱贫群众树立“宁愿苦干、不愿苦熬”的观念，逐步消除“等靠要”思想，不断激发脱贫攻坚的强大内生动力；二是组织开展“产业示范户”“致富能手”等评比活动，激发群众争先创优的积极性；三是抓好“励志爱心超市”的创建运营管理工作，大力发挥以表现换积分、以积分换物品的“励志爱心超市”作用，激发贫困群众内生动力。

10. 担当责任，助力消费扶贫。一是提高政治站位，担当扶贫责任，综合发挥铁路企业行业优势，充分调动广大干部职工支持参与消费扶贫的积极性和创造性，所属各单位建立定向采购机制，职工福利、文体活动奖品、防暑降温用品，职工食堂等，按市场化原则在同等条件下优先采购贫困地区产品和服务，统筹确定和预留一定比例的采购额度。近年来，青藏集团公司统筹安排采购国铁集团定点扶贫 4 县区产品和其他国家级贫困县产品和服务，鼓励各单位加大采购力度，引导干部职工及家属积极采购贫困地区产品。二是带头宣传和参与电商扶贫，动员所属各单位积极开展电商扶贫宣传推介活动，主动通过中铁快运商城扶贫专区、铁路 12306 扶贫

西宁站扶贫柜

商城等电商平台进行产品集采，引导干部职工带头宣传和参与电商扶贫。三是积极组织集团公司干部职工开展消费扶贫活动，在金跃村扶贫点 2019 年青藏集团公司机关结对帮扶人员“以购代捐”土豆、菜籽油、大葱、牛奶等农产品收益达 6 万元。

11. 教育帮扶，阻断贫困代际传递。青藏集团公司三个扶贫点教育资源短缺，一直以来集团公司把教育扶贫作为必抓项目来抓。2014 年组织申格卡岗村 34 名贫困户学生到北京夏令营；每年开展节日困难群众慰问和金秋助学等活动，提高村民对教育的积极性；帮助莲湖村村民赵彩仙在柴达木职业技术学院参加职业教育学习幼教专业，并认真落实国家义务教育政策，适龄入学率达到 100%。

制度文件

中国铁路总公司办公厅关于印发《中国铁路总公司“十三五”定点扶贫规划》的通知

铁总办办〔2016〕113号

按照国务院扶贫办、中组部、中央国家机关工委等9部委《关于进一步完善定点扶贫工作的通知》（国开办发〔2015〕27号），总公司结对帮扶河南省栾川县、陕西省勉县、宁夏回族自治区固原市原州区、新疆维吾尔自治区和田县4个国家扶贫开发工作重点县，结对关系至2020年。为贯彻落实中央扶贫开发工作会议和中央单位定点扶贫工作会议精神，切实做好总公司定点扶贫工作，加快推进4县（区）脱贫攻坚工作，制定本规划。

一、总体要求

（一）指导思想

深入学习贯彻习近平总书记扶贫开发战略思想，全面贯彻落实十八届五中全会、中央扶贫开发工作会议、《中共中央　国务院关于打赢脱贫攻坚战的决定》和中央单位定点扶贫工作会议精神，实施精准扶贫、精准脱贫方略，发挥铁路优势，创新帮扶方式，在地方党委政府的主导和统筹下，加大帮扶工作力度，确保实现到2020年现行标准下农村贫困人口全面脱贫、定点扶贫县脱贫摘帽的目标。

（二）基本原则

——坚持紧密衔接、协同发力。落实中央统筹、省（自治区、直辖市）负总责、市（地）县抓落实、乡（镇）村组织实施的扶贫开发工作机制，紧紧依靠和发挥定点扶贫县党委政府的主体作用，组织总公司有关单位和部门抓好帮扶举措落实，推动定点扶贫县按期完成脱贫攻坚任务。

——坚持目标导向、精准脱贫。按照中央确定的“十三五”期间脱贫攻坚目标，把工作的出发点、着力点、落脚点聚焦到建档立卡贫困村、贫困户脱贫上，根据致贫原因，因村因户因人施策，确保4个定点扶贫县如期实现脱贫攻坚目标。

——坚持发挥优势、创新方式。把铁路行业优势与地方脱贫需求结合起来，把“输血”和“造血”结合起来，创新扶贫方式，不断改善贫困地区发展环境和条件，不断提高贫困人口增收能力。

二、定点扶贫县贫困状况和脱贫攻坚目标

（一）河南省洛阳市栾川县：地处秦巴山片区，位于伏牛山深山区，大部分贫困群众散居在偏远的深石山区，人均耕地少，基础设施薄弱，收入来源不稳定。

截至2015年底，全县农村贫困人口9054户28752人，贫困发生率8%，贫困村75个，占行政村总数的35%。根据建档立卡资料，现有贫困人口中，因缺技术占36.67%，因缺资金占34.85%，因病致贫占9.77%，因缺劳力占7.6%，因学致贫占5.11%，低保户占3.2%，因灾致贫占1.17%，因残致贫占0.85%。

栾川县提出“3年脱贫、2年巩固”目标，2016—2018年每年保证1万人左右的贫困户稳定脱贫。主要脱贫措施有易地搬迁安置、整村推进扶贫、产业扶贫等。

（二）陕西省汉中市勉县：地处秦巴山片区，基础设施落后，社会事业发展与公共服务配套不足，劳动力整体素质偏低，产业培植难度大，群众自我发展能力弱。

截至2015年底，全县农村贫困人口20507户54532人，贫困发生率5.99%，贫困村111个，占行政村总数的64.2%。根据建档立卡资料，现有贫困人口中，因缺资金占18.76%，因学致贫占18.48%，因缺技术占14.74%，因病致贫占11.09%，因缺劳力占7.54%，因交通不便占3.6%。

勉县提出“3年脱贫、2年巩固”目标，2016年1.8万贫困人口脱贫，30个贫困村退出；2017年1.95万贫困人口脱贫，36个贫困村退出；2018年剩余1.7万贫困人口脱贫，45个贫困村退出。主要脱贫措施有产业扶贫、生态补偿、易地搬迁安置、教育支持、医疗救助、社会兜底保障等。

（三）宁夏回族自治区固原市原州区：地处六盘山片区，半干旱区，自然条件

恶劣，农业生产基础条件差，群众生活水平较低，公共社会事业非常落后，以“苦瘠甲天下”闻名全国。

截至2015年底，全区农村贫困人口7.5万人，贫困发生率24%，贫困村68个，占行政村总数的44.4%。根据建档立卡资料，现有贫困人口中，因缺资金占53%，因缺技术占12%，因灾致贫占10.5%，因缺劳力占6.9%，因病致贫占2.7%，因学致贫占2.5%，因缺土地占2.2%，因交通不便占2.1%，因残致贫占1.6%。

原州区提出“3年脱贫、2年巩固”目标，2016年2.4万人脱贫，28个贫困村退出；2017年2.5万人脱贫，20个贫困村退出；2018年2.6万人脱贫，20个贫困村退出。主要脱贫措施有整村推进扶贫、教育支持、产业扶贫等。

（四）新疆维吾尔自治区和田地区和田县：地处南疆三地州片区，位于昆仑山北麓、塔克拉玛干沙漠南缘，山区占95%、沙漠占3.7%，是一个人多地少，以维吾尔族为主，多民族聚居的边境贫困农业大县。

截至2015年底，全县农村贫困人口7.9万人，贫困发生率28%，贫困村111个，占行政村总数的53.9%。根据建档立卡资料，现有贫困人口中，因缺资金占36.2%，因缺技术占21.7%，因缺劳力占13.3%，因交通不便占8.3%，因缺土地占7.42%，因缺水占2.68%，因病致贫占1.15%，因残致贫占0.47%，因学致贫占0.32%。

和田县提出“4年脱贫、1年巩固”目标，2016年2.08万人脱贫，28个贫困村退出；2017年1.98万人脱贫，27个贫困村退出；2018年2.04万人脱贫，30个贫困村退出；2019年1.8万人脱贫，26个贫困村退出。主要脱贫措施有发展生产、转移就业、易地搬迁、发展教育、生态补偿、社会保障兜底等。

三、定点扶贫工作目标和任务

根据4县（区）所在省（自治区）党委政府的总体安排，在地方各级党委政府及干部群众共同努力的基础上，总公司通过定点扶贫，积极做好各项帮扶工作，确保如期实现脱贫攻坚目标。

（一）工作目标

紧紧围绕4县（区）脱贫攻坚的进度安排开展定点扶贫工作，帮助4县（区）完成脱贫攻坚任务。

1. 总公司领导每年赴定点扶贫县调研。

2. 制定并组织实施定点扶贫年度计划。

3. 选派干部赴定点扶贫县挂职或驻村工作。

4. 选派干部赴贫困村任第一书记。

5. 每年向定点扶贫县安排扶贫资金和项目。

6. 每年直接帮扶一定数量的建档立卡贫困人口脱贫。

（二）主要任务

1. 根据扶贫开发工作机制和脱贫攻坚责任制，河南省、陕西省、宁夏回族自治区、新疆维吾尔自治区党委政府分别在4个定点扶贫县脱贫攻坚中负总责，总公司负责定点扶贫工作，共同推进中央和地方各项扶贫政策落地，督促指导、协调推进定点扶贫县脱贫攻坚规划方案实施。

2. 把建设好、运营好铁路作为扶贫开发工作的重点任务，按照总公司职能，督促指导铁路支持政策落实工作，推动国家铁路网连接贫困地区的重大项目建设，落实对中西部地区、贫困地区、民族地区的运输支持政策。

3. 提高铁路对定点扶贫县脱贫攻坚的服务保障能力，在土地综合开发、旅游开发、劳务输出、农产品外运、重点物资运输等方面给予重点倾斜。

4. 发挥铁路总公司自身优势，开展人才、技术、管理、物资以及“送温暖、献爱心”等多种帮扶活动。

5. 利用总公司及所属单位联系国家部委和企业、掌握政策和信息资源等优势，搭建与定点扶贫县的沟通联系桥梁，发动更多社会力量对定点扶贫县进行帮扶。

四、定点扶贫主要措施

在总公司党组领导下，总公司扶贫开发领导小组组织领导定点扶贫工作，各成员单位按照职能分工提供支持和服务，定点扶贫县所在地的铁路局具体实施，共同推动落实好以下帮扶举措。

（一）加强扶贫调研和工作对接。协助地方党委政府拓宽工作思路，推动脱贫规划和年度计划的落实，确保实现脱贫攻坚目标。总公司领导每年至少到定点扶贫县开展一次扶贫调研，抓好中央有关扶贫政策和国家“十三五”规划战略的落地，推动工作落实。定点扶贫县所在地的铁路局领导定期到定点扶贫县开展现场调研和工作对接，及时掌握地方脱贫和铁路帮扶工作动态，协调解决工作中存在的问题，重要情况随时向总公司报告。

（二）发挥铁路建设和运输在扶贫开发中的作用。加快实施国家规划的覆盖或辐射定点扶贫县的铁路项目，扎实推进西安—成都高铁、阳平关—安康增建二线等在建项目，支持将和田—若羌铁路、中卫—平凉铁路等项目纳入“十三五”铁路规划，争取早日建成投产。针对贫困地区客货运输需求，不断优化勉县站、固原站、和田站和邻近栾川县的洛阳、西峡、三门峡等站旅客列车开行方案，增加集装箱、快运等新型货运产品供给，建设栾川无轨站，落实运价优惠、运力支持等政策，努力为当地扶贫开发和脱贫攻坚提供可靠的运输保障。

（三）创新扶贫方式和帮扶措施。认真落实精准扶贫、精准脱贫的要求，锁定建档立卡贫困人口脱贫需求，利用铁路建设、客货运输、旅游开发、劳动就业、市场信息、人才技术等方面的资源，根据当地资源和发展条件，因地制宜、因贫施策出台帮扶措施，为贫困户和贫困人口开辟脱贫致富路子。

（四）发挥扶贫资金和项目效用。每年投入扶贫资金，对定点扶贫县实施扶贫项目，确保资金和项目真正让贫困人口受益、帮助贫困人口脱贫。定点扶贫县所在地的铁路局会同定点扶贫县，掌握贫困人口脱贫需求，与当地干部群众充分协商，提出扶贫项目建议。扶贫资金及项目安排经总公司有关部门审核，报总公司扶贫开发领导小组批准后组织实施。

（五）选派挂职干部和第一书记。落实中央和国家有关部门统一部署，选派优秀干部赴定点扶贫县挂职担任党委或政府副职，赴贫困村任第一书记，定期轮换。挂职干部和第一书记认真履行沟通协调、调查研究、督促检查、基础管理等职责，落实帮扶举措，解决实际困难，为当地扶贫开发和脱贫攻坚献计献策。定期实地了解挂职干部和第一书记履职情况，帮助解决他们的实际困难，充分调动他们履职尽责的积极性和主动性。

中国铁路总公司办公厅

2016 年 7 月 29 日

中国铁路总公司关于做好新时期铁路扶贫开发工作的意见

铁总办〔2016〕206 号

总公司所属各单位，总公司机关各部门、各直属机构：

党的十八大以来，铁路总公司认真贯彻落实党中央、国务院关于扶贫开发工作的决策部署，加强与国家有关部门和地方党委政府的协调配合，发挥铁路优势，创新帮扶方式，切实加大铁路扶贫开发工作力度，在促进贫困地区扶贫开发和贫困人口脱贫致富上发挥了重要作用。“十三五”期间铁路扶贫开发工作任务十分繁重，为适应新形势新任务的要求，在认真总结多年来工作经验的基础上，现对做好新时期铁路扶贫开发工作提出如下意见：

一、总体要求

（一）指导思想。全面贯彻党的十八大和十八届三中、四中、五中全会精神，深入贯彻习近平总书记系列重要讲话精神，紧紧围绕“五位一体”总体布局和“四个全面”战略布局，牢固树立创新、协调、绿色、开放、共享的发展理念，认真落实《中共中央　国务院关于打赢脱贫攻坚战的决定》和中央扶贫开发工作会议精神，深入实施精准扶贫、精准脱贫方略，充分发挥铁路建设和铁路运输在扶贫开发中的优势与作用，为实现到 2020 年脱贫攻坚目标提供有力支撑。

（二）基本原则。坚持建设先行，改善发展环境。充分发挥铁路在拉动和促进贫困地区发展上的重要作用，继续大力支持中西部地区铁路建设，推动国家铁路网连接贫困地区的重大项目建设。

坚持发挥优势，强化运输支撑。瞄准贫困地区扶贫开发和贫困群众脱贫致富需求，继续大力实施铁路运输扶贫，落实对中西部地区特别是贫困地区、革命老区、民族地区的运输支持政策。

坚持精准聚焦，提高帮扶成效。按照精准扶贫、精准脱贫要求，把建档立卡贫困人口稳定脱贫作为帮扶工作的重点，帮扶资金和项目瞄准贫困户，帮到点上、扶到根上。因贫施策，因地制宜，把定点扶贫与片区联系扶贫结合起来，把“输血”和“造血”结合起来，帮助贫困人口和贫困地区提高脱贫致富能力。

二、目标任务

（三）做好总公司定点扶贫工作。落实中央单位定点扶贫工作会议精神，做好对河南省洛阳市栾川县、陕西省汉中市勉县、宁夏回族自治区固原市原州区、新疆维吾尔自治区和田地区和田县的结对帮扶工作，制定并实施铁路总公司“十三五”定点扶贫规划，确保定点扶贫县如期实现脱贫攻坚目标。

1. 加强扶贫调研和工作对接，及时掌握地方脱贫攻坚和铁路帮扶工作动态，帮助定点扶贫县谋划和落实脱贫政策措施，协调解决工作中存在的问题，推动脱贫规划和年度计划落实。

2. 发挥扶贫资金和项目效用，突出目标导向、结果导向，重点向贫困村、贫困人口倾斜，做到精打细算、用活用好、用在关键、用出效益，真正让贫困人口受益、帮助贫困人口脱贫。

3. 认真选派定点扶贫县挂职干部和贫困村第一书记，把培养锻炼干部与定点扶贫工作有机结合起来，引导他们认真履行沟通协调、调查研究、督促检查、基础管理等职责，指导做好抓党建促扶贫开发工作，切实帮助他们解决工作和生活中的实际困难。

4. 推进实施国家规划的相关铁路项目，针对当地客货运输需求落实运价优惠、运力支持等政策。

5. 利用铁路建设、客货运输、旅游开发、劳动就业、市场信息、人才技术等方面的资源，为贫困人口开辟脱贫致富路子。

6. 各级党工团组织发挥自身优势，积极开展针对贫困老人、妇女、儿童和贫困学生的“送温暖、献爱心”等活动。

（四）履行片区联系职责。按照国务院扶贫办的部署要求，落实片区联系单位工作规则和年度工作要点，加强与片区有关省（自治区、直辖市）和中央部委的联系沟通，就片区发展面临的重大问题开展调查研究并提出解决意见和建议，督促指导片区区域发展与扶贫攻坚规划的实施。

1. 加快推进各片区铁路项目建设。加快“十二五”已开工项目建设，争取早日建成发挥效益；推进片区内纳入铁路“十三五”规划方案项目，争取早日具备开工条件。

2. 协调解决各片区铁路项目建设中存在的困难和问题。加强与各省（自治区、直辖市）的联系沟通，及时跟踪了解项目进展情况，遇突出问题及时报请国家有关部门专题研究。

3. 完善秦巴山片区联系工作制度。会同科技部、国家铁路局，健全完善片区联合调查研究、跨省协调会议、部际联席会议、重大基础设施项目协调等工作机制，及时协调解决存在的困难和问题，提高片区联系工作效率。

三、保障措施

（五）加强组织领导。在铁路总公司党组的领导下，铁路总公司扶贫开发领导小组具体负责铁路扶贫开发工作，拟定铁路扶贫开发的政策和规划，组织落实铁路承担的扶贫任务，审定铁路扶贫资金计划，组织开展调查研究和工作考核，协调解决铁路扶贫开发工作中的重要问题，指导各部门各单位开展扶贫开发工作。铁路总公司机关各部门、各直属机构，特别是作为领导小组成员的部门，按照职能分工承担相应任务，提供支持和服务。各单位重点是地处中西部地区的单位，按照领导小组的部署要求，承担相关工作任务。

各部门各单位要高度重视扶贫工作，认真落实各项任务，部门主要负责人、单位党政主要领导要亲自抓，研究制定支持扶贫工作的具体措施，明确工作职责、责任部门和具体责任人。扶贫开发任务重的铁路局应成立扶贫开发领导小组，由党政主要领导担任组长，组织落实各项部署和重点任务。各级党工团组织要发挥各自优势，形成工作合力。

（六）加强工作报告和信息交流。各部门各单位要及时报告重点工作情况和地方相关工作动态，反映工作中存在的问题，提出意见建议。重要信息和有借鉴意义的经验，将报送国务院扶贫办或在全路交流。

（七）做好宣传和表彰工作。各级宣传部门和单位要利用铁路媒体和窗口，将铁路扶贫工作取得的成效、对贫困地区和贫困人口的支持政策措施等信息及时传递给公众，宣传铁路扶贫工作的好做法和先进典型，做好国家扶贫日活动宣传工作，为扶贫工作和脱贫攻坚营造良好的舆论环境和社会氛围。对在扶贫工作中表现突出的集体和个人，在有关评选表彰活动中优先推荐。

（八）推进铁路扶贫领域反腐倡廉建设。各部门各单位要加强扶贫领域反腐倡廉警示教育，健全扶贫工作制度，规范扶贫资金及项目管理，配合检察机关、地方扶贫部门做好集中整治和加强预防扶贫领域职务犯罪相关工作。

中国铁路总公司

2016 年 8 月 30 日

中国铁路总公司办公厅关于印发《扶贫资金审批(备案)程序》的通知

铁总办办函〔2017〕117号

一、总公司定点扶贫资金审批程序

（一）扶贫办根据中央单位定点扶贫工作有关要求和总公司扶贫工作部署，与承担总公司定点扶贫工作的铁路局沟通，指导其在充分调研论证、与定点扶贫县对接的基础上，向总公司报送定点扶贫项目及资金计划建议方案。

（二）扶贫办汇总相关铁路局报送的建议方案，形成总公司定点扶贫项目及资金安排建议。

（三）扶贫办对建议所涉及的项目进行初审，同时将建议送财务部，由其对所涉资金进行初审。

（四）扶贫办将初审无异议的项目和资金安排建议签报总公司党组分管扶贫工作的领导审批。

（五）扶贫办将领导审批的安排建议，报请总公司扶贫开发领导小组会议审议或通过会签形式确定。

（六）扶贫办根据会议审议或会签意见，以总公司办公厅函形式印发。

二、各铁路局参与省级党委政府扶贫工作资金审批（备案）程序

各铁路局以上行文形式，向总公司报送扶贫项目资金计划。其中，年度扶贫资金额度在100万元以内的（含100万元），报扶贫办备案；年度资金额度超过100

万元的，报总公司审批。

（一）备案程序

1. 扶贫办负责审查扶贫项目是否符合扶贫工作要求，是否履行了内部决策程序；财务部负责审查扶贫资金使用是否依法合规。上述工作在 7 个工作日内完成。

2. 审查如发现违规问题，由扶贫办负责通知报送单位纠正。

3. 对审查无异议或审查有问题但已纠正的计划，由扶贫办存档。

（二）审批程序

1. 扶贫办负责审核扶贫项目是否符合扶贫工作要求，是否履行了内部决策程序；财务部负责审核扶贫资金使用是否依法合规。上述工作在 7 个工作日内完成。

2. 审核如发现违规问题，由扶贫办负责通知报送单位纠正，并重新上报。

3. 对审核无异议或审核有问题但已纠正的计划，由扶贫办签报总公司党组分管扶贫工作的领导审批。

4. 扶贫办将领导审批的安排建议，报请总公司扶贫开发领导小组会议审议或通过会签形式确定。

5. 扶贫办根据会议审议或会签意见，以总公司办公厅函形式印发。

中国铁路总公司办公厅

2017 年 4 月 12 日

中国铁路总公司办公厅关于印发《铁路扶贫工作考核办法》的通知

铁总办办〔2018〕112号

第一章　总　　则

第一条　根据《中共中央　国务院关于打赢脱贫攻坚战三年行动的指导意见》精神，按照总公司党组关于打赢脱贫攻坚战三年行动实施方案的要求，结合铁路扶贫工作实际，制定本办法。

第二条　本办法考核范围为承担扶贫任务的铁路局集团公司。考核工作采取半年通报、年终评议的方式进行。

第三条　郑州、西安、兰州、乌鲁木齐局集团公司同时参加中央单位定点扶贫工作年度考核。

第二章　考核内容

第四条　铁路扶贫工作重点考核发挥铁路行业优势、完成定点扶贫任务、加强扶贫工作组织、提升铁路扶贫影响力等方面。

（一）发挥铁路行业优势

1. 贫困地区铁路建设推进情况。

2. 在铁路建设中积极改善贫困地方发展环境情况。

3. 落实国家政策，有针对性加大运力保障情况。

4. 开好“慢火车”，建设无轨站，开行旅游列车等情况。

（二）完成定点扶贫任务

5. 定点扶贫责任书落实情况。

6. 履行定点帮扶责任、推动定点扶贫工作情况。

7. 挂职扶贫干部、驻村第一书记和工作队员选派、管理情况。

8. 调研当地党委、政府承担脱贫攻坚主体责任，落实政策措施、加强作风建设情况。

9. 发挥行业优势创新帮扶方式、动员社会力量参与情况。

（三）加强扶贫工作组织

10. 加强扶贫工作机构、考核评价机制、作风建设情况。

11. 推进扶贫资金项目规范运作情况。

12. 聚焦深度贫困地区和特殊贫困群众，开展精准帮扶情况。

（四）提升铁路扶贫影响力

13. 扶贫重要事项推进情况。

14. 扶贫先进典型和经验推广情况。

15. 扶贫工作考核以及扶贫工作和扶贫干部获得荣誉情况。

第三章 综合评价

第五条 铁路扶贫工作评价以 100 分为基本分，依据工作进展和地方党委、政府考核情况加减分，综合评出得分。

第六条 发挥行业优势、完成定点扶贫任务、加强扶贫工作组织、提升铁路扶贫影响力，兑现《铁路定点扶贫责任书》承诺事项，可得基本分。

第七条 扶贫工作或扶贫干部获得县级荣誉每件次加 1 分，省级及以上加 5 分。当地党委、政府考核扶贫工作等次为“好”的加 10 分，“较好”的加 5 分。

第八条 定点扶贫县乡村未完成年度脱贫攻坚任务，出现违纪违法和失职失责问题等涉贫事件的，减帮扶单位 30 分。当地党委、政府考核定点扶贫工作等次为“较差”的减 10 分。

第四章　考核组织

第九条　考核工作在总公司扶贫开发领导小组统一领导下，由总公司扶贫办具体负责。

第十条　实施分组考核。承担总公司扶贫任务的郑州、西安、兰州、乌鲁木齐局集团公司为第一组，承担扶贫任务的其他铁路局集团公司为第二组。

第十一条　各单位于当年 7 月 10 日、次年 1 月 10 日前，围绕考核内容条目式总结扶贫工作情况，填写《铁路扶贫工作考核自评表》《铁路扶贫工作统计表》《管内贫困地区重点建设项目推进表》《铁路扶贫资金项目情况表》《铁路扶贫工作机构及人员情况表》《铁路扶贫干部情况统计表》报总公司扶贫办，总公司扶贫办汇总情况，牵头进行通报和评议工作。

第十二条　总公司扶贫办于每年 7 月下旬通报各单位上半年工作情况；进行全年综合评议，将综合评议结果报总公司扶贫开发领导小组审定，于次年 1 月下旬公布。

第五章　附　　则

第十三条　本办法由总公司扶贫办负责解释。

第十四条　本办法自印发之日起施行。

中国铁路总公司办公厅

2018 年 11 月 25 日

中共中国铁路总公司党组关于印发打赢脱贫攻坚战三年行动实施方案的通知

铁总党〔2018〕63 号

根据《中共中央 国务院关于打赢脱贫攻坚战三年行动的指导意见》精神，结合铁路扶贫工作实际，制定本实施方案。

一、总体要求

（一）指导思想

全面贯彻党的十九大和十九届二中、三中全会精神，以习近平新时代中国特色社会主义思想为指导，坚持精准扶贫精准脱贫基本方略，坚持脱贫攻坚目标和现行扶贫标准，聚焦深度贫困地区和特殊贫困群众，进一步发挥铁路行业优势，全面加大建设扶贫、运输扶贫、定点扶贫工作力度，为确保到 2020 年贫困地区和贫困群众同全国一道进入全面小康社会作出应有贡献。

（二）任务目标

贫困地区铁路网规模和质量明显提升。到 2020 年，六盘山地区、秦巴山地区等 9 个地区新增 1 条以上普铁或高铁对外通道，南疆四地州等 4 个地区有 1 条以上对外铁路通道开工建设，14 个集中连片特困地区对外通道能力显著增强。14 个集中连片特困地区铁路营业里程达到 2.7 万公里，其中高铁里程超过 4500 公里，分别占全国总里程的 18%、15% 左右，复线率和电化率分别达到 57%、74% 左右。

14 个集中连片特困地区铁路覆盖贫困县达到 340 个，覆盖率接近 50%，万人拥有路网里程高于全国平均水平。其中西藏，青海、四川、云南、甘肃四省涉藏州县，新疆南疆四地州铁路网规模 4900 公里左右，覆盖县级行政区 40 个以上，铁路在脱贫攻坚中的基础设施支撑作用进一步提升。

贫困地区铁路运输保障能力持续增强。到 2020 年，开行途经国家级重点扶贫县和深度贫困地区的普通旅客列车和动车组有较大幅度增长。适应贫困地区需要，打造具有地方特色的“慢火车、优生活”服务品牌，建设无轨车站特别是高铁无轨站，解决贫困地区群众出行难、运货难问题。重点在国家级重点扶贫县开办货运业务，推出符合贫困地区物资外运特点的货运产品，全面落实国家运价优惠政策，重点物资运输保障机制更加完善，为贫困地区脱贫攻坚提供可靠运输服务。

铁路定点扶贫任务全面完成。三年共安排铁路定点扶贫资金 1.8 亿元以上，其中总公司本级投入不少于 9600 万元，承担总公司定点扶贫任务的 4 个铁路局集团公司累计投入不少于 8400 万元。承担省级定点扶贫任务的铁路局集团公司按照省级党委政府的要求，合理安排扶贫资金，每年安排不少于 50 万元。其中，扶贫任务较重的每年安排不少于 100 万元。总公司定点扶贫 4 县区的派驻扶贫干部常态保持 60 人以上，承担省级定点扶贫任务的铁路局集团公司按要求派驻扶贫干部。河南省栾川县 2018 年脱贫摘帽，陕西省勉县、宁夏回族自治区固原市原州区、新疆维吾尔自治区和田县 2019 年脱贫摘帽，帮扶的建档立卡贫困村、贫困户按期脱贫，各单位如期完成扶贫任务。

（三）工作要求

坚持把扶贫质量放在首位。牢固树立正确的政绩观，更加注重帮扶的长期效果，夯实稳定脱贫、逐步致富的基础。严格执行现行扶贫标准，落实“两不愁、三保障”要求，既不降低标准，也不擅自提高标准。帮助定点扶贫地区党委、政府合理确定脱贫时序，不搞层层加码，不赶时间进度，确保脱贫攻坚成果经得起历史和实践检验。

坚持精准扶贫精准脱贫基本方略。把铁路行业政策支持落实到贫困群众增收致富、岗位就业和技能提升等方面，充分发挥建设扶贫、运输扶贫对贫困地区脱贫攻坚的带动、拉动作用。做到定点扶贫扶持对象精准、项目安排精准、资金使用精准、措施到户精准、因村派人精准、脱贫成效精准，扶真贫、真扶贫，脱真贫、真脱贫。

坚持扶贫同扶志扶智相结合。正确处理外部帮扶和贫困地区及群众自身努力的关系，督促帮助地方党委、政府落实脱贫攻坚主体责任，注重培养贫困群众依靠自力更生实现脱贫致富的意识，提高贫困地区和贫困群众自我发展能力。

坚持调动各方面扶贫工作的积极性。挖掘铁路总公司本级和铁路局集团公司的扶贫潜力，动员铁路各层面力量和资源，集中铁路企业资源优势，攻克贫困难中之难、坚中之坚。广泛组织志愿者服务、慈善捐助以及消费扶贫等活动，汇聚社会各界力量参与铁路扶贫工作，构建全员参与、内外互补的大扶贫格局。

二、重点任务

（一）科学有序推进贫困地区铁路规划建设

1. 加大规划建设力度。按照《铁路建设扶贫行动方案（2018—2020年）》（铁总发改〔2018〕88号），在国家政策支持下，集中力量推进贫困地区铁路项目规划建设，尤其是交通扶贫“双百工程”16个铁路项目的建设，充分发挥铁路在脱贫攻坚中的基础设施支撑作用。

2. 合理安排建设项目。采取一区一策措施，扎实推进14个集中连片特困地区、革命老区、民族地区、边疆地区，特别是深度贫困地区的铁路规划建设项目，扩大贫困地区铁路网规模，改善铁路网质量，畅通贫困地区对外铁路通道。

3. 促进地方经济发展。按照节约资源、服务沿线群众的原则和建管养扶贫一体化的要求，优化贫困地区铁路项目施工组织方案，统筹当地发展需要建设临建工程，把临建工程打造成为贫困地区基础设施，利于贫困群众永久使用。优先采购当地生产生活物资，带动当地生活消费。合理利用隧道弃渣，保护沿线生态环境，推动当地交通、生活条件进一步改善，拉动地方经济发展。

4. 吸纳群众务工增收。在实施铁路建设项目中，优先选用沿线贫困地区劳务人员，特别是零就业贫困户家庭人员，直接提高贫困群众收入。加强对当地劳务人员的劳动技能培训，注重在贫困群众中培养工程建设技能人员，帮助贫困群众增强脱贫致富本领。

（二）进一步增强贫困地区铁路运输产品有效供给

1. 加强运输扶贫顶层设计。及时掌握贫困地区特别是深度贫困地区脱贫攻坚进展情况，每年制定有针对性的铁路运输扶贫措施，进一步推进贫困地区便利购票、便捷乘车、物流服务、旅游开发、特产销售等工作，不断提高铁路运输扶贫的精准性和有效性。

2. 全面提升客运服务水平。统筹新开通铁路运能和高铁、普铁资源，进一步增加途经贫困地区的旅客列车。逐步扩大中西部省份“复兴号”动车组开行范围，有计划地实施普速客车换型升级。坚持一线一策略、一车一品牌，完善“慢火车”开行方案，整治站车设施设备，改进站车服务，打造具有地方特色的“慢火车、优生活”服务品牌。在春运、春耕、暑运、秋收等时段，组织开行贫困地区务工人员专列，方便务工人员出行。建立线上线下购票专用通道，做好务工人员售票工作，为贫困地区群众出行提供良好服务。

3. 进一步增强货运保障能力。根据新开通铁路运营能力和贫困地区经济社会发展需求，优化贫困地区货运办理站布局，完善货运设施设备。加强与贫困地区党委、政府和各类企业的沟通联系，准确掌握贫困地区货运需求，制定一企一策运输支持政策。围绕贫困地区货运需求，特别是电煤、化肥、特色农产品、生活物资、应急物资等直接关系贫困地区经济社会发展的物资，加大运力保障。组织开好贫困地区跨局大宗直达列车、客车化快运班列，提升物流质量和效率。落实国家支农惠农政策，实施适应区域市场的价格政策，节约物流成本，促进贫困地区经济发展。

4. 有效扩大铁路服务覆盖面。对铁路运力无法覆盖的贫困地区，加强与当地党委、政府和有关企业的协商，持续推进客货运输服务功能完备、公铁无缝接驳的公铁联运无轨站建设。对于建设条件成熟的地区，明确当地党委、政府和相关企业与铁路的职责分工、服务标准、作业流程，完善购取票、候车、列车时刻查询、公交接驳等服务功能。对于不具备建设条件的地区，探索利用客票代售点、邮政大厅、超市等场所提供综合运输服务，拓展铁路运输服务贫困地区范围。

5. 推进铁路旅游商贸项目。与地方党委、政府和重点企业一道，支持贫困地区特色产业、重点产业发展，增强贫困地区造血功能。推行铁路+旅游+扶贫等帮扶模式，充分利用站车优势推介贫困地区旅游产品，组织向贫困地区开行旅游专列，促进贫困地区旅游业发展。在具备条件的车站设置扶贫地区土特产品销售专柜，组织土特产品在列车上销售，推出动车组列车互联网特产预订业务，促进贫困地区农产品销售。利用高铁车站、旅客列车、12306 和 95306 等铁路运输信息服务平台，扩大贫困地区特产推介销售渠道。

（三）全面完成铁路定点扶贫任务

1. 推动扶贫县乡村脱贫攻坚。准确把握定点扶贫县乡村脱贫攻坚计划和重点难点，加大人、财、物投入力度，坚持能凝聚的力量动员使用，能利用的资源倾斜安排，如期完成定点扶贫任务。

2. 加强产业扶贫工作。在地方党委、政府的主导和统筹下，增加资金投入，深入实施贫困地区特色产业提升工程，推动发展对贫困户长期增收带动作用明显的种植养殖业、林草业、农产品加工业、特色手工业、休闲农业和乡村旅游等，积极培育和推广有市场、有品牌、有效益的特色产品。重点推进消费扶贫，推广以购代帮的扶贫模式，组织农副产品进铁路企业，入职工食堂，供直接选购和消费；组织铁路职工“到村购”，鼓励铁路基层单位与贫困村直接订货，借助电商平台，多渠道拓宽农产品营销渠道。完善新型农业经营主体与贫困户联动发展的利益联结机制，推广股份合作、订单帮扶、生产托管等有效做法，实现贫困户与现代农业发展的有机衔接。积极推动贫困地区农村资源变资产、资金变股金、农民变股东改革，制定实施贫困地区集体经济薄弱村发展提升计划，通过盘活集体资源、入股或参股、量化资产收益等渠道增加集体经济收入。注重引导贫困地区从实际出发，既发展短平快项目，又着眼长远，发展未来能够持续发挥效益的产业，逐步规范资产收益扶贫工作，确保贫困户获得稳定收益。

3. 开展扶志扶智行动。组织贫困地区公职人员、扶贫干部、贫困群众乘坐高铁，体验公益性“慢火车”，开拓帮困视野，提升致富理念，坚定脱贫信心。组织脱贫攻坚“农民夜校”“讲习所”等，加强感恩教育，弘扬自尊、自爱、自强精神，防止政策养懒汉、助长不劳而获和“等靠要”等不良习气。加大以工代赈实施力度，动员更多贫困群众投工投劳。推广以表现换积分、以积分换物品的“爱心公益超市”等自助式帮扶做法，实现社会爱心捐赠与贫困群众个性化需求的有效对接。总结推广脱贫典型，广泛宣传自强不息、自力更生脱贫致富的先进事迹，用身边人身边事示范带动贫困群众。开展移风易俗活动，推广“星级评比”等做法，引导贫困村修订完善村规民约，坚持自治、法治、德治相结合，教育引导贫困群众弘扬传统美德、树立文明新风。推进文化扶贫工作，加强文化阵地建设，提升贫困群众的公共文化服务获得感。实施就业扶贫行动计划，各单位招考高校毕业生时，应采取有效措施鼓励贫困家庭大学生应聘；招聘编制外用工时，优先聘用贫困家庭劳动力；通过以奖代补、劳务补助等方式，动员更多贫困群众参与扶贫项目，吸纳贫困家庭劳动力务工，增加劳务收入。实施技能脱贫专项行动，组织有就业意愿的贫困家庭劳动力，参加当地职业教育和成人教育部门组织的劳动预备制培训、岗前培训、订单培训和岗位技能提升培训，增强就业能力。支持贫困地区加强教育设施建设，资助贫困家庭孩子接受教育。

4. 抓党建促脱贫攻坚。全面推进扶贫地区基层党组织建设，切实提升贫困村党组织的组织力。推动整顿贫困村软弱涣散党组织，选优配强党组织书记，注重培养党组织书记、乡村干部带领贫困群众脱贫致富的能力。加大在贫困村青年农民、外出务工青年中发展党员力度，支持党员创办领办脱贫致富项目，完善贫困村党员结对帮扶机制，将党组织建在脱贫攻坚产业链上，筑牢扶贫堡垒。坚持把抓党建促扶贫作为党委抓基层党建的重要内容，将派驻第一书记情况纳入党委述职评议，推动铁路和贫困村基层党支部开展联学联建活动，动员铁路党员职工到贫困地区开展帮扶活动。对不重视贫困村党组织建设、措施不力的，派出单位及时约谈提醒相关责任人，后果严重的问责追责。加强对志愿者活动的领导，发挥铁路青少年发展捐助中心作用，动员社会力量支持贫困地区青年创业。组织各类志愿服务团队、社会各界爱心人士开展扶贫志愿服务，争取相关政策，支持优秀公益扶贫项目，推进扶贫志愿服务制度化、常态化和专业化。

（四）积极推进联系秦巴山片区脱贫攻坚工作

1. 加强沟通协调。与科学技术部、国家铁路局共同做好片区联系会、工作协调会等相关工作，推进片区规划实施，落实联系沟通、调查研究、督促指导等任务。

2. 推进铁路建设。围绕片区经济社会发展，确保到 2020 年，秦巴山片区铁路网规模达到 3400 公里以上，其中高铁近 400 公里，复线率和电气化率分别达到 73%、82% 左右；铁路网覆盖县级行政区 48 个。

3. 强化运输保障。抓住新线开通特别是高铁运营契机，增加片区普速列车和动车组列车有效供给。组织开好“慢火车”，方便片区贫困群众物资交换和人员流动。主动听取片区相关 6 省市党委、政府和重点企业意见，加大运力倾斜力度。推进旅游产业开发工作，组织开行旅游专列，支持片区土特产品在站车上销售。

4. 落实推进职责。郑州、武汉、西安、成都、兰州局集团公司要结合秦巴山片区脱贫攻坚实际，每年制定相应的帮扶措施，主动参与片区扶贫，抓好各项支持政策、扶贫项目和帮扶措施的落实。

三、保障措施

（一）全面落实脱贫攻坚责任制

各单位各部门要把打赢脱贫攻坚战作为重大政治任务，增强政治担当、责任担当和行动自觉。把扶贫工作纳入重点任务，加强工作力量，出台具体措施，确保扶贫实效。各单位各部门主要负责同志要承担扶贫工作第一责任人的责任，加大问责问效力度。总公司党组定期研究铁路扶贫工作，总公司领导每年到总公司定点扶贫县开展调研，实现 4 个贫困县全覆盖。总公司每半年对总公司定点扶贫县落实脱贫攻坚主体责任情况进行督促检查，总公司扶贫开发领导小组成员单位有重点地深入总公司定点扶贫县指导建设扶贫、运输扶贫和定点扶贫工作，及时掌握扶贫工作推进情况。把脱贫攻坚工作纳入总公司党组巡视范围，推动落实脱贫攻坚责任。扶贫任务较重的铁路局集团公司每季度要研究 1 次脱贫攻坚工作，主要领导每半年要到现场调研 1 次，分管领导要经常深入现场调研，组织相关部门、挂职扶贫干部、驻村干部加强对地方党委、政府落实脱贫攻坚主体责任情况的督促检查。

（二）建设懂扶贫、会帮扶、作风硬的扶贫干部队伍

健全完善扶贫开发领导小组，配齐配强扶贫专兼职力量，明确领导小组各成员单位的工作责任。在脱贫攻坚期内，扶贫部门和扶贫干部要保持相对稳定，不能胜任的及时调整。派强用好扶贫挂职干部、驻村第一书记和工作队员。各单位派驻情况要向总公司人事部、扶贫办备案。加强对扶贫干部的培训，2019 年年底前轮训 1 遍，引导扶贫干部树立正确政绩观，掌握精准脱贫方法，增强精准扶贫工作本领。加强对扶贫干部的考核和工作指导，注重在脱贫攻坚一线考察识别干部，对在脱贫攻坚中工作出色、表现优秀的扶贫干部积极提拔使用。认真落实扶贫挂职干部、驻村第一书记和工作队员保障支持措施，派出单位要严格执行项目、资金、责任捆绑要求，加大支持力度，落实津补贴等政策。

（三）加强扶贫资金管理

严格落实扶贫项目资金决策程序和备案审批、公告公示等制度，严把资金额度、计划拨付、资金使用、检查监督、资金变更等环节，确保扶贫资金规范使用。加强扶贫资金项目绩效管理，落实资金使用者的绩效主体责任，明确绩效目标，加强执行监控，强化评价结果运用，提高扶贫资金使用效益。

（四）开展扶贫领域腐败和作风问题专项治理

把作风建设贯穿脱贫攻坚全过程，扎实开展以查思想，看对扶贫工作是否重视；查措施，看扶贫工作是否精准；查推进，看扶贫任务是否落实；查效果，看扶贫成效是否明显为主要内容的专项治理工作，集中力量解决扶贫领域存在的突出问题。各级纪检监察组织要把扶贫领域腐败和作风问题作为监督执纪的重点内容，巡视巡察机构跟进检查，加强警示教育，严肃查处违纪违规问题，确保铁路扶贫工作风清气正、健康发展。

（五）营造良好扶贫氛围

深入学习宣传习近平总书记关于扶贫工作的重要论述，宣传铁路扶贫工作的典型经验和成绩成效，为打赢脱贫攻坚战注入强大精神动力。搭建上下畅通、内外互动的信息渠道，定期向地方党委、政府汇报铁路定点扶贫工作，争取支持和帮助。全路各级组织和相关单位要加强策划，精心选题，统筹各种宣传资源，广泛宣传铁路扶贫工作，宣传好的扶贫项目和运行机制。开展铁路扶贫工作先进集体、先进个人评选表彰工作，充分发挥先进典型的示范带动作用。

中共中国铁路总公司党组

2018 年 10 月 18 日

中国铁路总公司关于印发《铁路建设扶贫行动方案(2018—2020年)》的通知

铁总发改〔2018〕88号

为深入贯彻落实党中央、国务院关于打好精准脱贫攻坚战的重大决策部署，高效推进贫困地区特别是14个集中连片贫困地区铁路重点项目规划建设，充分发挥铁路建设对脱贫攻坚的支持作用，按照“2020年要解决区域性整体贫困”要求，现就2018—2020年铁路建设支持打好精准脱贫攻坚战工作，提出以下行动方案。

一、发展现状和发展要求

（一）发展现状。14个集中连片贫困区是我国脱贫攻坚战的主战场，包括六盘山区、秦巴山区、武陵山区、乌蒙山区、滇桂黔石漠化区、滇西边境山区、大兴安岭南麓山区、燕山—太行山区、吕梁山区、大别山区、罗霄山区、西藏，青海、四川、云南、甘肃四省涉藏州县以及新疆南疆四地州，涉及689个县级行政区（其中592个为国家扶贫开发重点县级单位），土地总面积438万平方公里，片区总人口约2.1亿人。

（二）发展要求。党的十八大以来，以习近平同志为核心的党中央从全面建成小康社会出发，把扶贫开发工作纳入“五位一体”总体布局、“四个全面”战略布局，作为实现第一个百年奋斗目标的重点任务，作出一系列重大部署和安排。

2015年11月，中共中央、国务院发布《关于打赢脱贫攻坚战的决定》，明确提出到2020年要解决区域性整体贫困问题，实现现行标准下的农村贫困人口全部脱贫。2016年国务院颁布了《“十三五”脱贫攻坚规划》，提出以革命老区、民族地区、边疆地区和集中连片特困地区为重点，大力推进实施一批脱贫攻坚工程，加快破解贫困地区区域发展瓶颈制约，不断增强贫困地区和贫困人口自我发展能力，确保与全国同步进入全面小康社会。党的十九大明确提出打好精准脱贫攻坚战，确保到2020年我国现行标准下农村贫困人口实现脱贫，贫困县全部摘帽，解决区域性整体贫困，做到脱真贫、真脱贫。

铁路作为国民经济大动脉、关键基础设施和重大民生工程，在国民经济社会发展中发挥着重要作用。铁路作为国家综合交通运输体系的骨干，担当“交通强国，铁路先行”历史使命，更应在打好精准脱贫攻坚战中主动作为、勇挑重担，提高政治站位、履行政治责任、增强扶贫自觉，以百项交通扶贫骨干通道工程为重点，进一步加快推进铁路规划建设，抓好在建项目组织实施，积极推进和全力支持扶贫开发工作。

二、指导思想和原则

（一）指导思想。以习近平新时代中国特色社会主义思想为指导，认真贯彻党的十九大精神和习近平总书记在打好精准脱贫攻坚战座谈会上重要讲话精神，深入落实党中央、国务院打赢脱贫攻坚战的决策部署，牢固树立创新、协调、绿色、开放、共享的发展理念，加大14个集中连片贫困区的铁路建设力度，充分发挥铁路建设和铁路运输在扶贫开发中的优势和作用，为实现2020年脱贫攻坚目标提供有力支撑。

（二）基本原则。优化项目建设安排，精准改善贫困地区交通条件。按照扶持对象精准、措施方法精准、脱贫成效精准要求，坚持问题导向，加强14个集中连片贫困地区铁路规划建设，做到“一区一策”，实现项目安排精准、资金使用精准，进一步扩大路网规模、改善路网质量、增加路网覆盖，增强铁路对贫困地区全面建成小康社会的支撑和服务能力。

发挥铁路建设投资拉动作用，提高帮扶成效。合理优化14个集中连片贫困地区在建铁路项目施工组织方案，加大资金安排力度，发挥铁路投资的拉动作用。结合贫困地区发展建设实际需求，采取优化临建工程建设和扩大当地劳务用工、提高贫困群众技能等具体措施，改善贫困地区和贫困群众生产生活条件。

注重铁路建设扶贫同扶志、扶智相结合，激发贫困群众主动性。加强对贫困地区劳务用工人员的基本劳动技能培训，进一步提高贫困群众的生产技术能力和自我发展能力，实现真扶贫。

三、具体任务

（一）以改善贫困地区交通基础条件为导向，合理安排铁路建设项目和投资方向

1. 工作目标

（1）贫困地区路网规模大幅提高、路网质量显著提升。到 2020 年，建成投产张家口至大同、郑州至阜阳、怀化至邵阳至衡阳铁路、渝怀铁路梅江至怀化段增建二线、青藏铁路格尔木至拉萨段扩能改造等项目，14 个集中连片贫困区铁路营业里程将达到 2.7 万公里，其中高速铁路里程超过 4500 公里；复线率和电化率将分别达到 57.4% 和 74.4%。

（2）贫困地区铁路对外通道能力显著加强。到 2020 年，六盘山地区、秦巴山地区等 9 个地区新增一条以上对外铁路通道，其中 7 个地区新增一条以上对外高速铁路通道。南疆四地州等 4 个地区有一条以上对外铁路通道开工建设，14 个集中连片贫困区对外通道能力将得到极大提升。

（3）贫困地区铁路网覆盖范围进一步扩大。到 2020 年，14 个集中连片贫困区铁路对县级行政区划的覆盖数量将达到 340 个，较 2017 年底增加 17 个，覆盖率达到 49.3%，惠及更多贫困人口；人均路网里程达到 1.1 公里 / 万人，高于全国平均水平。

2. 工作方案

（1）六盘山区。六盘山区处于甘肃、陕西、青海、宁夏四省区交界地带，集革命老区、民族地区和贫困地区于一体，其中有国家扶贫开发工作重点县 47 个，革命老区县 12 个，民族自治县 20 个。人口约 1727 万人，其中农村贫困人口 152 万人，区域既有路网规模 3162 公里。“十三五”期间，争取建成投产银川至西安铁路，加快建设兰州至中卫铁路，推进西宁至成都、兰州至合作、中川机场至武威铁路前期工作，争取尽快开工建设，构建区域内至西安、银川等对外铁路通道；争取开工建设平凉至庆阳、宝中铁路增二线，提升路网质量、扩大路网覆盖面。规划定西至平凉、庆阳至黄陵、环县至储家湾等铁路以及包兰线兰州至银川段增二线等项目，形成地级市至省会间的快速铁路通道，进一步扩大路网覆盖面。到 2020 年，六盘

山区铁路网规模将达到 3442 公里，其中高速铁路 795 公里，复线率和电气化率分别达到 64.3% 和 94.2%；铁路网覆盖县级行政区 42 个，较 2017 年新增 3 个。

（2）秦巴山区。秦巴山区包括河南、湖北、重庆、四川、陕西、甘肃六省市的 75 个县（市、区），面积 22 万平方公里。人口约 2819 万人，其中农村贫困人口 172 万人，区域既有路网规模 3108 公里。“十三五”期间，建成投产武汉至十堰铁路、开工建设西安至十堰铁路，加快建设郑州至万州、成都至兰州铁路，推进西安至安康至重庆铁路前期工作，争取尽快开工建设，构建多条对外高铁通道；建成投产蒙西至华中煤运通道，形成大能力煤运通道；建成投产阳安铁路增二线，提升区域内既有路网水平。规划汉中至巴中至南充、安康至恩施至张家界铁路等，进一步新增对外通道，扩大路网覆盖面，提高线路标准。到 2020 年，秦巴山区铁路网规模将达到 3445 公里，其中高速铁路 399 公里，复线率和电气化率分别达到 73.6% 和 82.0%；铁路网覆盖县级行政区 48 个，较 2017 年新增 1 个。

（3）武陵山区。武陵山区处于湖北、湖南、重庆、贵州四省市交界地带，面积 17.18 万平方公里，集革命老区、民族地区和贫困地区于一体，现有革命老区县 46 个、少数民族县 40 个，国家级扶贫开发工作重点县 37 个、省级贫困县 17 个，人口约 2938 万人，其中农村贫困人口 188 万人，区域既有路网规模 2269 公里。“十三五”期间，建成投产黔江至张家界至常德、怀化至邵阳至衡阳、渝怀铁路增二线工程，加快建设郑州至万州铁路，开工建设重庆至黔江铁路、宜昌至郑万铁路联络线，形成多条向东快速铁路通道；加快建设张家界至吉首至怀化、铜仁至玉屏铁路，开工建设铜仁至吉首铁路，完善区域内高铁网络布局。规划安康至张家界至常德、遵义至黔江至恩施铁路等，进一步提高路网通达度。到 2020 年，武陵山区铁路网规模将达到 2819 公里，其中高速铁路 330 公里，复线率和电气化率将分别达到 80.1% 和 92.5%；铁路网覆盖县级行政区 41 个，较 2017 年新增 5 个。

（4）乌蒙山区。乌蒙山区处于四川、贵州、云南三省区交界地带，集革命老区、民族地区和贫困地区于一体，面积 10.75 万平方公里，包括 10 个地州市的 38 个县区，其中有国家扶贫开发工作重点县 32 个，6 个省重点县。人口约 2010 万人，其中农村贫困人口 199 万人。区域既有路网规模 903 公里。“十三五”期间，在建成渝贵铁路的基础上，建成投产成都至贵阳铁路，开工建设渝昆铁路，形成连接周边四个省会城市的对外高铁通道；加快建设叙永至毕节、安顺至六盘水铁路以及成昆铁路扩能工程，完善路网布局，提高路网覆盖面。规划攀枝花至昭通至毕节至遵义铁路等项目，进一步提高路网覆盖面。到 2020 年，乌蒙山区铁路网规模将达到 1178 公里，其中高速铁路 275 公里，复线率和电气化率将分别达到 32.3% 和 87.9%；铁路网覆盖县级行政区 18 个，较 2017 年新增 3 个。

（5）滇桂黔石漠化区。滇桂黔石漠化区处于云南、广西、贵州三省区交界地带，包括 15 个地州市的 80 个县区，面积 22.8 万平方公里，人口约 2631 万人，其中农村贫困人口 221 万人。区域既有路网规模 3519 公里。“十三五”期间，加快建设贵阳至南宁铁路，构建横贯南北的对外通道；开工建设盘县至兴义铁路，加快建设安顺至六盘水、瓮安至马场坪铁路，提高路网覆盖面。规划师宗至文山、南昆铁路扩能改造等项目，进一步完善区域路网布局。到 2020 年，滇桂黔石漠化区铁路网规模将达到 3639 公里，其中高速铁路 1476 公里，复线率和电气化率将分别达到 61.8% 和 87.4%；铁路网覆盖县级行政区 45 个。

（6）滇西边境山区。滇西边境山区处于云南西部地区，包括云南省 10 个地州市的 56 个县区，面积 20.9 万平方公里，人口约 1237 万人，其中农村贫困人口 115 万人，区域既有路网规模 411 公里。“十三五”期间，建成投产丽江至香格里拉铁路、广大铁路扩能、成昆铁路扩能工程，加快建设大理至瑞丽、大理至临沧、玉溪至磨憨铁路，形成新增面向东南亚地区和内地的对外通道。有序推进大理至攀枝花铁路前期工作，争取尽快开工建设，完善路网布局。规划临沧至清水河、临沧至普洱至文山铁路等，进一步提高区域内路网覆盖面。到 2020 年，滇西边境山区铁路网规模将达到 621 公里，其中高速铁路 130 公里，复线率和电气化率将分别达到 27.4% 和 75.7%；铁路网覆盖县级行政区 10 个。

（7）大兴安岭南麓山区。大兴安岭南麓山区覆盖内蒙古、黑龙江、吉林三省区的 19 个县市区，其中有 13 个国家扶贫开发工作重点县、2 个边境市（旗）、15 个牧业和半农半牧业县（旗），面积 12.3 万平方公里。人口约 530 万人，其中农村贫困人口 35 万人。区域既有路网规模 1285 公里。“十三五”期间，加快建设平齐、通让铁路电气化改造工程，提高既有路网水平；有序推进白城至阿尔山铁路扩能等项目前期工作，条件成熟后开工建设。规划太平川至白音胡硕、通辽至白城至齐齐哈尔等铁路，进一步提升路网质量。到 2020 年，大兴安岭南麓山区铁路网规模将达到 1355 公里，复线率和电气化率将分别达到 53.5% 和 43.8%；铁路网覆盖县级行政区 10 个。

（8）燕山—太行山区。燕山—太行山区地处河北、山西、内蒙古三省交界地带，包括 6 个市的 33 个县（市、区），面积 9.3 万平方公里，人口约 899 万人，其中农村贫困人口 71 万人。区域既有路网规模 1812 公里。“十三五”期间，建成投产北京至沈阳、北京至张家口、呼和浩特至张家口、大同至张家口铁路，新增至京津冀核心区、东北和向西的高铁通道；加快建设集通铁路扩能，有序推进保定至忻州、太子城至黑城子铁路以及京通、京原铁路电气化改造等项目前期工作，争取尽快开工建设，进一步完善对外通道。规划承德至秦皇岛等铁路，进一步提高区域内路网覆盖面。到 2020 年，燕山—太行山区铁路网规模将达到 2261 公里，其中高速铁路 399 公里，复线率和电气化率将分别达到 68.3% 和 67.1%；铁路网覆盖县级行政区 27 个。

（9）吕梁山区。吕梁山区地处山西、陕西两省交界地带，包括 4 个地州市的 20 个县（市、区），片区内的 20 个县全为国家扶贫开发工作重点县和革命老区县，面积 3.6 万平方公里。2017 年，片区总人口为 393 万人，其中农村贫困人口 29 万人。区域既有路网规模 598 公里。“十三五”期间，开展神木至瓦塘铁路冯家川至红柳林段、太原至绥德至延安、包头至榆林至绥德至延安等铁路规划研究工作，条件成熟后开工建设。到 2020 年，吕梁山区铁路网规模将达到 598 公里，复线率和电气化率将分别达到 70.9% 和 95.7%；铁路网覆盖县级行政区 15 个。

（10）大别山区。大别山区地处鄂豫皖交界地带，北抵黄河，南临长江，包括河南、湖北、安徽三省的 36 个县区，面积 6.9 万平方公里，人口约 3264 万人，其中农村贫困人口 173 万人。区域既有路网规模 1097 公里。“十三五”期间，建成投产商丘至阜阳至杭州、郑州至阜阳铁路，加快建设安庆至九江、黄冈至黄梅铁路建设，实现沿线地区与合肥、郑州、杭州等周边省会城市便捷联通。有序推进菏泽至兰考铁路前期工作，条件成熟后开工建设。规划阜阳至麻城至九江铁路等，支撑沿线城镇化建设。到 2020 年，大别山区铁路网规模将达到 1380 公里，其中高速铁路 571 公里，复线率和电气化率将分别达到 84.9% 和 89.8%；铁路网覆盖县级行政区 26 个，较 2017 年新增 1 个。

（11）罗霄山区。罗霄山区地处江西、湖南两省交界地带，包括 5 个地州市的

23 个县市，面积 5.3 万平方公里，人口约 1109 万人，其中农村贫困人口 49 万人。区域既有路网规模 722 公里。“十三五”期间，建成投产南昌至吉安至赣州、兴国至泉州铁路，加快建设赣州至深圳铁路，构建贯通南北的对外通道，实现沿线地区与南昌、珠三角等周边重要城市便捷联通。推进长沙至赣州、瑞金至梅州等铁路前期工作，争取尽快开工建设，形成至长沙的快速铁路通道。规划郴州至赣州等区域性铁路，扩大铁路网覆盖范围，支撑地区城镇化发展。到 2020 年，罗霄山区铁路网规模将达到 962 公里，其中高速铁路 96 公里，复线率和电气化率将分别达到 39.1% 和 75.6%；铁路网覆盖县级行政区 16 个，较 2017 年新增 2 个。

（12）西藏。西藏片区包括西藏自治区全部 7 个地市的 74 个县级行政单位，面积 122.84 万平方公里，是唯一一个全域均为集中连片贫困区的省区，人口约 253 万人，其中农村贫困人口 20 万人。区域既有路网规模 787 公里。“十三五”期间，建成投产青藏铁路格拉段电化工程，加快建设拉林铁路，扩大路网通达度，提高既有路网标准；积极推进川藏铁路前期工作，条件成熟后开工建设，构建沿线地区与拉萨、成都等周边省会城市对外通道。规划滇藏铁路、中尼铁路、亚东口岸铁路等，进一步提高对外区际通道能力，服务国家“一带一路”建设。到 2020 年，西藏铁路网规模将达到 787 公里；铁路网覆盖县级行政区 10 个。

（13）青海、四川、云南、甘肃四省涉藏州县。本片区是指除西藏自治区外青海、四川、云南、甘肃等四省藏族与其他民族共同聚居的民族自治地方，包括 12 个地市的 77 个县级行政单位，面积 107 万平方公里，占全国的 11%，人口约 537 万人，其中农村贫困人口 51 万人。区域既有路网规模 2103 公里。“十三五”期间，建成投产丽江至香格里拉、库尔勒至格尔木、敦煌至格尔木铁路以及青藏铁路格拉段电化改造工程，形成三条对外铁路通道；积极推进西宁至成都、兰州至合作铁路前期工作，争取尽快开工建设，新增西北至西南的区际通道，实现沿线地区与成都、西宁、拉萨等周边省会城市便捷联通。规划川藏铁路、滇藏铁路等，进一步完善路网骨架，扩大铁路网覆盖范围。到 2020 年，青海、四川、云南、甘肃四省涉藏州县铁路网规模将达到 2739 公里，其中高速铁路 60 公里，复线率和电气化率将分别达到 32.2% 和 64.7%；铁路网覆盖县级行政区 14 个，较 2017 年新增 2 个。

（14）新疆南疆四地州。南疆四地州包括 33 个县区，区域面积 59 万平方公里，约占全国的6.1%。片区周边与吉尔吉斯斯坦、塔吉克斯坦、阿富汗、巴基斯坦、印度五国接壤，是我国面向中亚、西亚和南亚的重要门户。区域总人口703万人，其中农村贫困人口64万人。区域既有路网规模1369公里。“十三五”期间，推进和田至若羌铁路、南疆铁路扩能改造工程前期工作，争取2018年开工建设，新增区域与内地联系通道，进一步密切南、北疆联系。规划中吉乌铁路、中巴铁路等，服务“一带一路”建设；规划阿克苏至阿拉尔、新和至拜城铁路等，扩大铁路网覆盖范围。到2020年，南疆四地州铁路网规模将达到1369公里，复线率将达到24.1%；铁路网覆盖县级行政区18个。

（二）以项目建设为抓手，多措并举，提升精准扶贫成效

1. 统筹当地需要建设临建工程。按照“节约资源，服务沿线群众”原则和“建管养扶贫一体化”要求，各在建项目在临时道路、施工驻地，临时水、电、通信，以及梁场（预制场）、拌和站等规划及实施中，在不增加项目投资的情况下，结合当地交通、水电、通讯、公用场地等实际需求，统筹考虑、永临结合，既保障施工期间道路、水电通信需要，又可方便当地群众出行及生活所需；工程竣工后，临时道路、水电通信等临时线路可留给当地继续使用，梁场、拌和站等设施可因地制宜，改造为学习场地、住宅用地、市场休闲广场、集贸市场、养殖场或其它建设用地，集约利用土地，节约当地征地拆迁、场地平整和地基处理等投资，进一步改善当地交通、办学及生活条件，最大限度为当地贫困群众服务。（建设管理部、工管中心负责）

2. 优先选择当地劳务人员。鼓励铁路建设施工单位在项目劳工队伍选择、生产和生活服务配套方面，同等条件下优先选择沿线贫困地区当地资源，组织贫困群众，特别是零就业贫困户家庭，积极参与项目建设及相关配套服务，以工代赈，及时足额发放劳务报酬，直接提高贫困群众收入，发挥就业扶贫作用。（建设管理部、工管中心负责）

3. 优先采购当地生产生活物资。各建设项目在组织建设时，在依法合规前提下，项目建设单位要鼓励参建企业在施工机械租用、生产生活物资采购等方面，同等条件下优先采购当地砂石料、车辆和机械租赁、生活消费物资等，带动当地生活消费，增加贫困群众收入。建设单位要关注施工企业按时足额支付当地劳务、机械租赁、材料

等款项，切实为贫困群众脱贫提供直接帮助。（建设管理部、工管中心、物资部负责）

4. 强化当地劳务人员的技能培训。各项目建设单位要引导建设施工单位在开展电焊工、木工、钢筋工、瓦工、电工等特殊岗位培训时，注重加强对当地劳务人员特殊技能的培训，从当地贫困群众中培养一批工程建设技术工人，提高贫困群众的技能水平和自我发展能力，为解决贫困群众就业、实现真脱贫创造良好的基础和条件。（建设管理部、工管中心负责）

5. 合理利用隧道弃渣，保护沿线生态环境。各建设项目在组织建设时，项目建设单位要督促引导设计、施工单位加强对隧道弃渣的合理利用，做到与土地整理相结合、与植树造林相结合、与地方建设相结合、与水利防洪防汛相结合，为沿线贫困地区城镇开发、道路路基填方、农村改造和房屋建设地基填料等提供所需的砂石料，节省建设成本，减少对环境的破坏，保护生态环境。（建设管理部、工管中心、鉴定中心负责）

四、保障措施

（一）加强组织领导。总公司扶贫开发领导小组负责铁路建设扶贫开发工作，相关成员单位和各项目建设单位按照职能分工承担相应建设扶贫工作任务，每半年向总公司扶贫开发领导小组汇报一次工作进展，反馈扶贫工作开展过程中遇到的具体困难，提出解决方案和建议。

（二）建立健全考核机制。在对铁路局集团公司经营责任制考核、建设单位考核、设计单位考核等各项考核机制下，增加铁路建设扶贫工作的相关内容，设置量化考核指标，确保精准脱贫责任落实到位。

（三）加强工作报告信息交流。各铁路局集团公司、项目建设单位要及时向总公司扶贫开发领导小组相关成员单位报告建设扶贫重点工作情况和地方相关工作动态，反映工作中存在的问题，并提出意见建议。重要信息和有借鉴意义的经验，总公司将报送国务院扶贫办或在全路交流。

中国铁路总公司

2018 年 6 月 18 日

中国铁路总公司办公厅关于印发扶贫领域作风问题专项治理工作方案的通知

铁总办办〔2018〕6号

根据《国务院扶贫开发领导小组关于开展扶贫领域作风问题专项治理的通知》（国开发〔2017〕10号）精神，结合铁路扶贫工作实际，制定如下工作方案。

一、总体要求

（一）重要意义。当前，铁路扶贫工作全面推进、成效显著、势头良好。今后一个时期，贯彻落实习近平新时代中国特色社会主义思想和党的十九大精神，坚决打赢脱贫攻坚战，作风建设是关键。各单位各部门要充分认识在铁路扶贫领域开展作风问题专项治理的重要意义，进一步增强“四个意识”，落实责任，注重精准，在脱贫攻坚战中把作风建设摆在突出位置，扎实开展专项治理，努力实现铁路扶贫工作提质增效。

（二）指导思想。以习近平新时代中国特色社会主义思想为指导，全面贯彻党的十九大精神，按照党中央脱贫攻坚战略决策和总公司扶贫工作部署要求，坚持精准扶贫精准脱贫基本方略，强化问题意识、责任担当，认真查找、建立作风建设长效机制，切实解决扶贫工作中存在的作风问题，确保如期完成脱贫攻坚目标任务。

（三）基本原则。坚持以上率下，总公司扶贫开发领导小组成员部门带头示范，以严肃的态度、严格的标准抓好专项治理；各单位扶贫开发领导机构要积极行动，指导本单位扎实开展专项治理。坚持立行立改，及时整改影响扶贫工作的作风问题，举一反三查找问题产生的根源。坚持集中突破，利用1年左右时间，取得作风建设阶段性成效；将作风建设贯穿到扶贫工作全过程，持续推进作风建设不断深化。

二、查找和治理内容

各单位各部门要结合实际，扎实推进以“四查四看”为主要内容的专项治理。

（一）查思想，看对扶贫工作是否重视

1. 查找有无对扶贫工作重要性认识不足，没有作为政治任务安排部署等问题。

2. 查找有无组织机构不健全，配备力量薄弱，工作责任没有压实等问题。

3. 查找有无主要负责同志不履行第一责任，分管负责同志工作不深入，具体负责部门工作不到位等问题。

4. 查找有无对选派挂职干部、驻村第一书记和工作队不重视，派出干部不得力，缺少指导、支持、关心和监督，存在“挂名走读”疏于管理等问题。

（二）查措施，看扶贫工作是否精准

1. 查找有无对精准扶贫精准脱贫基本方略认识不到位，对本单位扶贫责任区内贫困县乡村情况掌握不全面，扶贫工作方案、措施不切合实际等问题。

2. 查找有无建设扶贫、运输扶贫等工作措施针对性不强，以日常工作代替扶贫工作等问题。

3. 查找有无对定点扶贫的贫困地区、贫困人口帮扶精准度不高，用普惠性政策措施代替精准扶贫政策措施等问题。

4. 查找有无简单发钱发物、送钱送物，不注重激发贫困群众内生动力，引导贫困群众稳定脱贫等问题。

5. 查找有无未按规定执行扶贫资金决策程序、报批报备和公开公告公示制度，对扶贫资金监管不严、浪费挪用、闲置滞留或造成损失，扶贫资金使用不精准等问题。

（三）查推进，看扶贫任务是否落实

1. 查找有无以文件贯彻文件，调查研究不深入，推进工作脱离实际，遇到问题不重视、不解决或者推诿扯皮等问题。

2. 查找有无对扶贫工作推进力度不够，指导督促不及时，扶贫工作停留在纸面上，不关心推进效果等问题。

3. 查找有无对扶贫方式、扶贫模式探索创新不够，没有充分发挥铁路资源优势等问题。

4. 查找有无对定点扶贫县乡村党委政府落实脱贫攻坚主体责任督促不到位，不注重促进扶贫政策措施完善等问题。

5. 查找有无对定点扶贫县乡村基层党组织建设工作力度不够，帮扶的贫困村党支部战斗堡垒作用和党员先锋模范作用发挥不明显等问题。

（四）查效果，看扶贫成效是否明显

1. 查找有无扶贫工作重要事项没完成，扶贫工作没发挥关键作用，县乡村干部群众获得感不强，满意度不高等问题。

2. 查找有无不注重扶贫先进典型、经验推广，扶贫工作氛围不浓厚等问题。

三、工作措施

（一）加强学习培训。制定和落实学习培训计划，引导广大干部职工尤其是扶贫干部深刻理解党的十九大关于脱贫攻坚的新部署新要求，解读脱贫攻坚政策举措，介绍精准扶贫典型做法，帮助扶贫干部提高思想认识，打造懂扶贫、会帮扶、作风硬的扶贫干部队伍。

（二）规范现场帮扶。按照铁路总公司及地方省级党委政府的统一部署，选派得力干部挂职或担任贫困村第一书记和驻村工作队员。加强管理考核，对成绩突出、群众认可的，表彰激励；对弄虚作假、失职失责的，严肃问责。加强保障支持，确保挂职和驻村干部下得去、融得进、干得好。

（三）改进调查研究。深入基层、联系群众、解剖麻雀，总结推广经验，发现并解决问题，防止走过场。调研不提前踩点，不培训农户。严格遵守有关规定，一律轻车简从，严禁为迎接检查制作展板，严禁作无实质内容的安排，严禁层层陪同。

（四）减轻基层负担。除每年根据统一部署填报一次建档立卡信息系统数据外，不得以任何理由要求贫困村填报扶贫数据。严禁层层多头组织脱贫攻坚检查考评。

（五）坚持精准扶贫。结合脱贫攻坚规划计划和工作需要，制定针对性强的建设扶贫、运输扶贫措施，加大行业精准帮扶力度。围绕定点扶贫任务，加强扶贫项目的论证和筛选，确保扶贫项目务实有效。

（六）加强资金管理。落实《扶贫资金审批（备案）程序》，严格决策程序，及时报批报备。坚持扶贫资金分配结果按要求公开，村级铁路扶贫项目和资金使用按规定公告公示，接受群众和社会监督。

（七）查处突出问题。建立举报追查制度，对扶贫领域不正之风，一经举报，追查到底。建立主体责任和监督责任追究制度，对发生涉贫作风问题的部门和单位，严肃追究有关单位和个人的责任。

四、组织领导

（一）提高认识。脱贫攻坚是全面建成小康社会的标志性指标和底线任务，是促进贫困地区和贫困群众共享改革发展成果、满足美好生活需要的重要途径，是解决发展不平衡不充分主要矛盾的重要手段，是坚持以人民为中心发展思想的重要体现。各单位各部门要结合“不忘初心、牢记使命”主题教育，增强“四个意识”，强化责任担当，扎实开展专项治理。

（二）严格责任。强化一把手责任制，主要负责同志要把专项治理作为落实管党治党政治责任的具体行动，结合本单位本部门扶贫工作实际，做到统筹安排、协调推进。对专项治理不安排、不督促、不落实或发现问题不整改的，要严肃追究责任。

（三）全面推进。专项治理由总公司扶贫办统一牵头组织，各单位各部门要根据本通知精神，明确治理重点和工作措施，作为全年扶贫工作重点任务推进和落实。

中国铁路总公司办公厅
2018 年 1 月 12 日

中国铁路总公司办公厅关于印发扶贫资金项目公告公示实施细则的通知

铁总办财〔2018〕92号

第一章 总 则

第一条 为进一步加大铁路扶贫资金项目信息公开力度，根据《国务院扶贫办财政部印发〈关于完善扶贫资金项目公告公示制度的指导意见〉的通知》（国开办发〔2018〕11号）精神，结合铁路扶贫工作实际，制定本细则。

第二条 本细则适用于承担定点扶贫任务、投入扶贫资金项目的总公司本级和所属单位。

第三条 铁路扶贫资金项目公告公示坚持主动、全面原则，除法律法规有禁止性规定的外，对涉及扶贫资金项目有关信息内容，主动予以公开，促进扶贫资金项目管理规范、落实落地，提高带贫减贫效果。

第四条 铁路扶贫资金项目公告公示按照谁分配、谁使用、谁公开的要求，分级、分类公告公示。扶贫资金项目管理部门和项目实施单位按照扶贫资金项目安排实施的层级分别公开有关信息内容，接受社会和群众监督。

第五条 铁路扶贫资金项目公告公示以便于社会和群众监督为导向，真实、及时公告公示，突出社会和群众关切，确保公开信息内容真实可靠，提高扶贫资金使用和项目实施的透明度，提升社会和群众参与度。

第二章　公告公示程序及要求

第六条　总公司扶贫资金项目，由总公司本级作为资金项目分配公告公示的主体，承担总公司扶贫任务的铁路局集团公司作为资金项目实施方案公告公示的主体。参与省级党委政府扶贫工作的单位，由相关单位作为扶贫资金项目公告公示的主体。

第七条　总公司扶贫资金项目分配结果的公告内容包括：项目名称、资金来源、资金规模、定点扶贫单位。各单位资金项目分配和实施方案的公示内容包括：项目名称、资金来源、实施期限、绩效目标、实施单位及责任人、受益对象和带贫减贫机制等。扶贫项目竣工后，由相关单位对项目实施结果情况进行公告，内容包括：资金使用、项目实施结果、检查验收结果、绩效目标实现情况。

第八条　总公司扶贫资金项目在总公司互联网门户网站上公开；各单位在其互联网门户网站上公开。公告公示信息保持长期公开状态。

第九条　总公司本级和各单位扶贫资金分配方案经同级扶贫开发工作领导小组研究后，每年 5 月底前进行公告公示。各单位于每年 6 月底前将扶贫资金项目实施方案进行公告公示，次年 1 月底前将上年度扶贫资金项目实施情况进行公告公示。

第三章　监督处置

第十条　公告公示单位要明确监督受理方式，并及时公开办理结果。总公司扶贫监督举报电话为：010–51842161、51844311 和全国统一监督举报电话 12317；通讯地址为：北京市海淀区复兴路 10 号铁路总公司扶贫办和财务部。

第十一条　公告公示单位建立举报问题台账，对群众反映的问题严肃对待，及时受理，认真核实，限时反馈调查结果和处理意见。举报办理结果及时公开。做好相关舆情应对工作。

第十二条　发挥驻村工作队等的监督作用，对项目选择、实施、后续管理和资金使用方面发现的问题及时上报，共同推动落实扶贫资金项目公告公示工作。

第十三条　扶贫资金项目公告公示情况纳入扶贫领域作风问题专项治理内容，对发现问题不整改的严肃追究责任。

第四章　附　　则

第十四条　各单位要以内容全面、方式灵活、社会知晓、便于监督为目标，结合实际情况制定本单位扶贫资金项目公告公示实施办法，连同公开网站网址报总公司扶贫办和财务部备案。

第十五条　各单位实施办法制定后，扶贫资金项目按照有关规定及时公开。

第十六条　本细则由总公司扶贫办和财务部负责解释。

第十七条　本细则自印发之日起施行。

中国铁路总公司办公厅

2018 年 8 月 20 日

国铁集团办公厅关于进一步加强铁路消费扶贫工作的通知

铁办发改函〔2019〕28号

国铁集团所属各单位、各铁路公司：

近年来，国铁集团各单位各部门和广大干部职工积极参与铁路消费扶贫，为助力铁路定点扶贫工作发挥了重要作用。为进一步贯彻落实党中央、国务院关于深入开展消费扶贫助力打赢脱贫攻坚战的决策部署，经国铁集团扶贫开发领导小组研究，对进一步加强铁路消费扶贫工作要求如下：

一、总体要求

深入贯彻落实习近平总书记关于扶贫工作的重要论述，坚持精准扶贫精准脱贫基本方略，坚持路地协同、全员参与、市场运作、精准带贫，提高政治站位，担当扶贫责任，充分发挥铁路行业企业优势，充分调动国铁企业和干部职工支持参与消费扶贫的积极性、主动性和创造性，不断创新机制、畅通渠道、拓展市场，促进定点扶贫地区和贫困群众的产品和服务与消费市场有机衔接，促进贫困人口稳定脱贫和贫困地区产业持续发展，为助力打赢打好脱贫攻坚战、推进乡村振兴战略作出积极贡献。

二、消费扶贫范围

消费扶贫地区主要包括国铁集团定点扶贫河南省栾川县、陕西省勉县、宁夏回族自治区固原市原州区、新疆维吾尔自治区和田县，以及其他国家级贫困县区；消费扶贫产品主要包括国家级贫困县域内注册的企业、农民专业合作社、家庭农场等出产的农副产品、生产物资、劳务服务等产品。

三、消费扶贫方式

（一）定向采购消费扶贫。各单位要建立定向采购机制，在采购职工福利、文体活动奖品、防暑降温用品，职工食堂、配餐中心和铁路招待所、疗养基地餐料，以及公务接待用品、劳务服务等时，应按市场化原则，在同等条件下优先采购贫困地区产品和服务。要统筹确定和预留一定比例的采购额度，确保相关预算落实到位。按照就近、经济的原则，18 个铁路局集团公司要统筹安排采购国铁集团定点扶贫 4 县区产品，就近采购所在地区其他国家级贫困县产品和服务，在确保完成《定点扶贫责任书》任务基础上，鼓励加大采购力度，引导干部职工及家属积极采购贫困地区产品；其他单位可结合实际开展定向采购。

（二）站车消费扶贫。各铁路局集团公司要牵头组织铁路站车单位加大对贫困地区产品的帮助销售力度，支持贫困地区企业开展形式多样的产品展销和宣传推介，在确保食品卫生安全和质量的前提下，对优质扶贫产品在站车消费市场准入、店面租用、广告宣传等方面优先给予扶持。因地制宜用好公益性“慢火车”、高铁无轨站等载体，打造“乡村农贸市场”。探索实施“铁路文创 + 扶贫”模式，充分利用铁路文化广告资源，将站车品牌形象建设与扶贫产品营销有机融合，进一步提升扶贫产品影响力。客运部门、经营开发部门要配合挖掘贫困地区旅游资源，进一步丰富铁路旅游产品，加大向贫困地区开行旅游专列的组织力度，带动贫困地区旅游消费升级。

（三）电商扶贫。扶贫办牵头，中铁快运、铁科院集团公司配合，利用快运商城和铁路 12306 等网络载体积极打造电商扶贫平台，大力支持定点扶贫地区发展“电商 + 龙头企业（合作社）+ 农户”等直采直销模式，同时加强与其他电商平台的合作，帮助贫困地区产品上线销售。各单位要积极配合电商扶贫宣传推介活动，主动通过电商平台采购贫困地区产品，引导干部职工积极宣传和参与电商扶贫。

（四）铁路建设消费扶贫。各级建设管理部门要引导和鼓励相关施工单位，在铁路项目建设中优先采购所在地区国家级贫困县的生产生活物资，优先招收当地贫困家庭劳务人员特别是零就业贫困户参与项目建设、劳务服务等，帮助贫困群众增加收入。要指导和帮助施工单位与地方政府建立合作机制，建设消费扶贫情况要及时纳入本单位消费扶贫工作一并统计。

四、强化帮扶成效

（一）推动落实支持措施。各级扶贫部门要牵头做好铁路单位与当地政府和企业的联系对接、产品清单、货源组织、数据统计等工作，统筹协调推动各项支持措施落实，建立长期稳定的供给体系。财务、物资、经营开发、卫生监督、劳动保护、工会等部门要对贫困地区产品集采、销售等加强业务指导，优化工作流程，确保采购工作依法合规。中铁快运要发挥物流和电商优势，联合当地政府和企业、其他电商平台和社会物流企业，搭建铁路消费扶贫产品集采平台，建立完善产品售后和物流服务体系，主动为消费扶贫单位开设集采账户、宣传推介产品、联系开具发票、精准统计数据等，为扎实有序开展铁路消费扶贫提供服务保障。

（二）严格审核把关。各级扶贫部门要配合当地政府主管部门对涉及消费扶贫的企业资质、产品质量等严格审核把关，完善产品追溯和信用监管机制，引导和帮助贫困地区企业和贫困群众树立诚信经营理念，实施无公害农产品、绿色食品、有机农产品和农产品地理标识的“三品一标”建设，不断提高产品质量、服务水平和市场对接能力，打造符合市场需求的扶贫产品品牌。

（三）强化带贫效果。各级扶贫部门要协助当地政府部门完善企业、合作社、致富带头人与贫困人口的利益联结机制，科学精准评估带贫效果，最大限度地带动贫困人口就近就地就业、参与消费扶贫产品生产和销售，实现稳定增收脱贫，推动贫困地区产业可持续发展。

五、加强组织保障

（一）加强组织领导。各单位各部门要提高政治站位，高度重视消费扶贫，纳入年度扶贫工作进行重点安排部署，明确目标任务和责任分工，细化实化工作措施。分管领导和责任部门要加强调研指导，督促推动消费扶贫各项任务高质量落实。

（二）加强宣传引导。各级宣传部门要统筹用好路内外媒体、站车网络宣传资源，面向铁路干部职工和社会各界，大力宣传和倡导消费扶贫奉献爱心理念，提升扶贫产品品牌效益和市场知名度。利用开展“国家扶贫日”活动、扶贫成果展等契机，及时总结和宣传推广铁路消费扶贫涌现出的经验做法、先进典型，为推动铁路消费扶贫营造良好环境和氛围。

（三）加强检查督导。各级扶贫部门要加强消费扶贫督促指导，及时跟踪专报情况，规范建立台账，协调地方政府做到路地消费扶贫无缝衔接、账目一致、及时备案，帮助解决消费扶贫工作中的困难和问题。各单位消费扶贫任务完成情况及有关印证材料于每季度末报国铁集团扶贫办。扶贫办将其作为定点扶贫考核的重要内容，定期进行考核通报。

国铁集团办公厅

2019 年 9 月 5 日

国铁集团发改部（扶贫办）、财务部关于进一步加强扶贫项目和资金管理的通知

发改综函〔2019〕13号

各铁路局集团公司，各专业运输公司，投资公司、铁科院集团公司、经规院公司、信息公司、服务公司、铁道出版社、《人民铁道》报社、铁路文工团、铁道党校、铁路青少年发展捐助中心，设计集团公司：

为全面贯彻落实习近平总书记关于脱贫攻坚的重要指示精神，党中央、国务院关于解决“两不愁三保障”突出问题的决策部署，以及国铁集团党组关于定点扶贫工作的部署要求，进一步落实铁路局集团公司对定点扶贫任务的实施主体责任，强化和规范铁路扶贫项目和资金管理，切实保障资金安全，提升帮扶实效，现提出如下要求：

一、落实定点扶贫工作责任

铁路局集团公司要坚持精准扶贫精准脱贫基本方略，坚持现行扶贫标准和既有脱贫目标，认真落实国铁集团党组统一部署，切实履行定点扶贫工作实施的主体责任，主动协调和督促指导地方党委、政府落实脱贫攻坚主体责任，扎实推进定点扶贫地区铁路扶贫项目和资金管理等各项工作。

国铁集团扶贫开发领导小组负责研究确定定点扶贫工作年度帮扶资金总规模，以及定点扶贫河南省栾川县、陕西省勉县、宁夏回族自治区固原市原州区、新疆维吾尔自治区和田县年度帮扶资金额度，对各单位确定的年度具体定点扶贫项目实施备案制度，不再进行逐项审批。

二、提高项目立项质量

铁路局集团公司应协调地方党委、政府及早开展铁路扶贫项目前期工作，建立扶贫项目库和信息共享机制，聚焦解决“两不愁三保障”突出问题，优先安排资金项目，把握保障标准，集中力量攻关，加快补齐短板。围绕铁路扶贫项目的立项必要性、方案可行性、投资规模、补助标准、建设工期、受益对象、利益联结机制和预计扶贫效果等要素，协同地方党委、政府加强调研论证，提高前期工作质量，为精准选定铁路扶贫项目打好基础。

三、优化项目审批流程

为进一步加快扶贫项目的推进实施，在国铁集团确定扶贫项目筛选的基本要求和扶贫资金的总体规模后，铁路局集团公司应尽快将其分解落实到具体扶贫项目，按照相关程序严格审核和决策，优化工作流程，加快资金拨付进度。集团公司审议决策后 15 个工作日内将项目方案及资金安排报国铁集团核备。同时按照《扶贫资金项目公告公示实施细则》（铁总办财〔2018〕92 号）相关要求，按期将项目资金分配、实施方案等予以公告公示，接受社会和群众的监督。

四、严格铁路扶贫项目概算审核

铁路局集团公司要高度重视已确定扶贫项目资金使用计划的审核工作，督导地方党委、政府对铁路扶贫项目资金相关预算的编制、执行、决算实施全过程绩效管理；属于工程建设类扶贫项目的，组织集团公司相关规划、工程管理、财务等专业力量，加强对概预算编制主体、依据、范围，直接费定额标准、计价依据，间管费取费标准和工作量等方面的审核把关，并以核定概算作为项目投资最高限额，实行预算内据实清算，结余资金结转下年统筹使用。

五、安排专门资金预算

鉴于存在铁路扶贫资金与地方财政资金或其他社会扶贫资金统筹安排的情况，

铁路局集团公司应协调当地财政部门，就铁路扶贫资金的使用安排下达预算文件或在相关的文件中明确铁路扶贫资金预算项目安排，以确保铁路扶贫资金专款专用，并为铁路扶贫资金的过程监督和结算支付提供依据。

六、建立资金预付制度

为确保扶贫项目顺利开展，铁路局集团公司可实行资金预付制度。具体预付比例由铁路局集团公司根据地方政府的拨款申请，结合扶贫项目的投资规模、建设工期、实施进度等因素自行确定。

七、强化日常监督检查

铁路局集团公司要与地方党委、政府共同建立健全扶贫项目实施和资金使用的协作监管机制，加强与地方党委、政府的联系沟通，切实发挥企业专业优势，组织相关部门协同地方对铁路扶贫项目实施的全过程进行指导和监管，确保项目方案和资金预算严格按程序规范实施，防止随意变更；确需变更的由地方责任部门按程序向铁路局集团公司进行备案。各级扶贫干部要主动担当作为，积极参与和推进项目实施，加强对扶贫政策和项目推进的宣传引导，定期报告项目动态情况，及时帮助协调解决实际困难，严肃纠偏发现的问题，严格遵守廉洁纪律和作风建设各项规定，保证铁路扶贫项目实施的进度、质量、效果。

八、严格项目验收

铁路局集团公司应参与地方党委、政府组织的扶贫项目验收工作，组织扶贫干部与相关专业部门对项目的实施情况进行核实，验收报告应作为铁路扶贫资金支付或尾款结算的重要依据。同时，要突出强化项目后续管理和带贫联结机制落实，确保扶贫资金使用效益。

各铁路局集团公司要按照通知要求商地方党委、政府进一步细化实化铁路扶贫项目和资金管理措施，重点工作和重大问题及时向国铁集团报告。其他帮扶单位要比照通知要求，结合实际抓好铁路扶贫项目和资金的管理。国铁集团扶贫办、财务部等扶贫开发领导小组成员单位将定期对各单位扶贫项目和资金管理情况进行检查督导和考核通报。前发文件如有抵触按本通知要求执行。

国铁集团发展和改革部

国铁集团财务部

2019 年 8 月 19 日

中国铁路总公司办公厅关于开展协同扶贫工作的通知

铁总办发改〔2019〕60号

各专业运输公司，投资公司、铁科院集团公司、经规院公司、信息公司、服务公司、铁道出版社、《人民铁道》报社、铁路文工团、铁道党校、铁路青少年发展捐助中心：

近年来，全路各单位各部门认真学习贯彻习近平总书记关于扶贫工作的重要论述，坚决贯彻党中央决策部署，按照总公司党组要求，全面开展扶贫工作，取得显著成效。为全面落实总公司党组关于打赢脱贫攻坚战三年行动实施方案和扶贫工作部署要求，充分发挥铁路行业专业优势，聚合更多的智慧和力量，推动总公司定点扶贫河南省栾川县、陕西省勉县、宁夏回族自治区固原市原州区、新疆维吾尔自治区和田县4个县区脱贫攻坚任务取得更大成果，确保如期脱贫，经总公司同意，决定在郑州、西安、兰州、乌鲁木齐局集团公司落实总公司要求和属地责任、做好定点扶贫工作的基础上，进一步动员和组织总公司在京所属有关单位开展协同扶贫工作，现将相关事项通知如下。

一、总体要求

（一）指导思想。坚持以习近平总书记关于扶贫工作的重要论述为指导，全面贯彻落实党中央、国务院关于打赢脱贫攻坚战决策部署，认真落实总公司党组关于打赢脱贫攻坚战三年行动实施方案，聚焦脱贫攻坚，明确协同关系，高质量推动总公司定点扶贫4县区实现脱贫目标。

（二）基本要求。提高政治站位。把协同扶贫工作作为贯彻习近平总书记关于扶贫工作重要论述的政治任务，作为落实总公司党组部署、自觉担当扶贫责任的具体措施，纳入重要议事日程。聚焦精准脱贫。围绕到 2020 年稳定实现农村贫困人口不愁吃、不愁穿，农村贫困人口义务教育、基本医疗、住房安全有保障，盯住“两不愁、三保障”脱贫标准，把定点扶贫 4 县区建档立卡贫困人口稳定脱贫作为工作重点，瞄准建档立卡贫困村、贫困户，真正帮到点上、扶到根上。发挥自身优势。从本单位和定点扶贫 4 县区的实际出发，综合运用铁路建设、运输以及技术、人才、信息等优势，拓展扶贫渠道，确保扶贫成效。

二、协同关系

投资公司、服务公司协同郑州局集团公司帮扶栾川县；集装箱公司、铁科院集团公司协同西安局集团公司帮扶勉县；快运公司、经规院公司协同兰州局集团公司帮扶原州区；特货公司、信息公司协同乌鲁木齐局集团公司帮扶和田县。

铁道出版社、《人民铁道》报社、铁路文工团、铁道党校、铁路青少年发展捐助中心围绕 4 县区脱贫攻坚重点任务，结合本单位实际，开展专项扶贫工作。

三、主要任务

（一）给予资金支持。集装箱公司、快运公司、特货公司、投资公司、铁科院集团公司、经规院公司、信息公司、服务公司等 8 个单位要对定点扶贫县区给予资金或实物支持，原则上每年不少于 50 万元。严格扶贫资金预算、过程和绩效管理，落实扶贫资金决策程序和备案审批、公告公示等制度，依法合规用好扶贫资金。

（二）推进产业扶贫。协同扶贫单位要坚持现行扶贫标准，坚持精准扶贫精准脱贫基本方略，帮助推动解决“两不愁、三保障”突出问题。立足资源禀赋和产业基础，精选可促进贫困群众稳定脱贫的产业项目，帮助贫困群众脱贫增收。要发挥企业和单位优势，推动铁路建设扶贫、运输扶贫各项任务的落实；帮助引进企业和资金到定点扶贫县区投资兴业、发展产业、带动就业，提升扶贫县区脱贫攻坚质量。

（三）开展消费扶贫。协同扶贫单位要积极参与“支持消费扶贫、奉献铁路爱心”活动，主动挖掘内部市场，同等条件下优先采购扶贫地区农产品。组织党团员和广大职工到定点扶贫地区开展党团和工会活动，推动消费扶贫工作，增强贫困群众脱贫致富信心。鼓励职工及家属采购定点扶贫地区农产品，稳步提升消费扶贫效果。

（四）组织专项活动。结合4县区脱贫攻坚推进情况，铁道出版社、《人民铁道》报社、铁路文工团围绕“铁路帮扶、文化下乡”主题开展文化扶贫，加大铁路扶贫宣传力度。铁道党校、铁路青少年发展捐助中心配合总公司相关部门，做好4县区干部培训、教育扶贫等工作。

四、保障措施

（一）加强组织领导。各单位主要负责同志要承担第一责任人的责任，定期组织研究协同扶贫工作，指定1名负责同志分管，明确所属有关部门和单位责任。集装箱公司、快运公司、特货公司、投资公司、铁科院集团公司、经规院公司、信息公司、服务公司等8个单位主要负责同志每年至少到定点扶贫县区调研1次。

（二）强化扶贫统筹。各单位要主动与定点扶贫县区对接，及时掌握脱贫攻坚情况。4县区铁路挂职干部负责协同扶贫统筹工作，主动配合协同扶贫单位到贫困地区调研，对接项目，开展活动。

（三）纳入通报考核。把协同扶贫工作纳入铁路扶贫工作半年通报、年终评议。各单位于当年7月10日、次年1月10日前，围绕考核内容条目式总结协同扶贫工作情况，填写《铁路协同扶贫工作考核自评表》《铁路协同扶贫工作情况统计表》《铁路协同扶贫工作部门及人员情况表》，报总公司扶贫办。

中国铁路总公司办公厅

2019年4月10日

国铁集团关于学习贯彻习近平总书记重要讲话精神确保全面完成铁路决战决胜脱贫攻坚任务的通知

铁发改〔2020〕61 号

国铁集团所属各单位、各铁路公司，国铁集团机关各部门、各附属直属机构：

为全面学习贯彻习近平总书记在决战决胜脱贫攻坚座谈会上的重要讲话精神，高质量完成 2020 年铁路扶贫任务，如期全面实现铁路扶贫工作圆满收官，根据国务院扶贫开发领导小组通知精神，按照国铁集团党组安排部署，现就推进铁路决战决胜脱贫攻坚提出如下要求。

一、深入学习贯彻习近平总书记重要讲话精神，强化决战决胜脱贫攻坚的责任担当

深入学习贯彻习近平总书记在决战决胜脱贫攻坚座谈会上的重要讲话精神，是当前和今后一个时期扶贫工作的重要政治任务。要深刻领会脱贫攻坚是必须完成的硬任务，深刻认识决战决胜脱贫攻坚的极端重要性，切实把思想和行动统一到党中央决策部署上来，进一步增强政治责任感和历史使命感。要坚定必胜信心和决心，始终保持攻坚态势，统筹推进疫情防控和脱贫攻坚，坚持如期全面完成脱贫攻坚任务不动摇，细化实化落实措施，持续压实攻坚责任，以更大决心、更强力度坚定不移把党中央决策部署落实好，推动铁路扶贫工作圆满收官。（国铁集团扶贫开发领导小组成员单位、各铁路帮扶单位分工负责）

二、细化落实各项任务，高质量推进铁路扶贫工作

（一）全面完成剩余任务。聚焦“三区三州”等深度贫困地区，集中力量助力打好深度贫困歼灭战，确保按计划建成和若、库格铁路等重大项目，扎实推进川藏、西成铁路等开工建设，统筹实施永临结合工程等；精准对接运输需求，持续优化深度贫困地区铁路客运产品供给，完善货运产品结构和运输组织方式，促进产业链顺畅连通，落实国家支农惠农政策；保持向定点扶贫的新疆和田县等深度贫困地区的政策、资金倾斜帮扶力度。（国铁集团扶贫开发领导小组成员单位、各铁路帮扶单位分工负责）

突出剩余贫困人口和巩固“两不愁三保障”成果，持续加大帮扶力度，按照国铁集团定点扶贫 4 县区 8000 万元以上、其他省级定点扶贫点 50 万元以上的扶贫资金计划，力争帮扶资金一季度到位。积极协调加大社会无偿资金和企业的引入力度。加强扶贫资金日常监管，强化全过程绩效管理，严格落实核备公告公示制度，提高资金使用效益和效率。配合地方挂牌督战，按进度推进各项工作，特别是协同地方围绕巩固“两不愁三保障”，确保住房和饮水安全等扫尾工程上半年全部完工；督导地方对没有劳动能力的特困人口落实社会保障兜底等帮扶措施。（国铁集团扶贫办、财务部，各铁路帮扶单位分工负责）

（二）努力克服疫情影响。按照分区分级精准施策要求，坚持疫情防控和脱贫攻坚两手抓，组织驻村干部按期全部到岗到位。在务工就业方面，继续加强与输出、输入地对接，针对疫情期间外出务工受阻情况，通过定制化运输服务等支持贫困劳动力返岗务工。积极支持当地扶贫龙头企业、扶贫车间尽快恢复生产，抓紧推进新产业项目开工，开发一些与防疫相关的临时性岗位，协调优先使用贫困劳动力。对于特色旅游产业，督导当地加强景区管理，协调相关铁路局集团公司加大客流回引和旅游专列组织力度，加强旅游扶贫、促进当地经济发展。（国铁集团客运部、运输部、调度中心、经开部、扶贫办等，各铁路帮扶单位分工负责）

围绕疫情期间农产品卖难问题，采取多种方式及时帮助解决农副产品滞销问题。各铁路局集团公司要精准做好农资供应和春耕备耕、生产生活等重点物资运输保障。协同地方密切跟踪因疫致贫返贫人口情况，及时落实好兜底保障等措施，努力克服

疫情影响。（国铁集团扶贫办、货运部、机关党委、铁路总工会等，各铁路帮扶单位分工负责）

（三）着力巩固脱贫成果。一是加大产业扶贫力度，在铁路在建扶贫项目全部复工基础上，各帮扶单位要会同当地政府落实今年产业项目推进方案，精准实施特色种植养殖、产品加工、乡村旅游等产业项目，加快履行程序，提前备工备料，尽早开工建设，并持续完善带贫益贫长效机制。二是加大就业创业帮扶力度，在支持贫困人口外出务工，利用扶贫车间、公益岗位等促进就近就业基础上，持续用好铁路建设、运输等用工资源，加大对贫困劳动力培训使用、转移就业和毕业生招聘力度；加大本土人才回引、创业支持力度。三是坚持以消费扶贫推动脱贫攻坚，进一步落实路内单位“菜篮子”定向采购制度，持续拓展站车消费市场，扩大12306、快运商城等电商扶贫成效，鼓励和引导铁路参建单位积极参与消费扶贫，进一步扩大线上线下销售规模。四是深化扶志扶智行动，加大培训资金安排力度，进一步加强基层干部、技术人员培训，尤其是致富带头人的培养，切实解决贫困群众内生动力和持续发展能力等问题。指导帮助贫困村抓好党建促脱贫工作。督促地方加大易地扶贫搬迁后续扶持力度等。（国铁集团扶贫开发领导小组成员单位、各铁路帮扶单位分工负责）

（四）保持脱贫攻坚政策稳定。一是严格落实“四个不摘”要求，针对4县区和大部分省级扶贫点脱贫摘帽的实际，持续保持资金投入力度，强化帮扶力量，认真督促相关单位落实好扶贫责任书。二是进一步发挥铁路行业优势，推进贫困地区铁路建设，全面落实铁路建设扶贫行动方案，并引导参建单位做好永临结合工程和消费扶贫、就业扶贫等工作。持续开好途经贫困地区旅客列车、81对“慢火车”、旅游列车，组织好惠农务工助学等专列，推进完善无轨站建设；加强货运组织和产品设计，降低贫困地区物流成本。三是协同督导地方加快建立防止返贫监测和帮扶机制，重点掌握脱贫不稳定户、边缘易致贫户以及因疫情或其他原因收入骤减或支出骤增户情况，提前采取针对性帮扶措施，及时将返贫和致贫人口纳入帮扶。（国铁集团扶贫开发领导小组成员单位、各铁路帮扶单位分工负责）

（五）配合做好考核普查工作。按照中央部署，积极配合做好脱贫攻坚问题排查整改、退出抽查、摘帽普查等工作，协同地方政府举一反三抓好问题整改，确保脱贫攻坚排查发现的问题今年上半年全部解决，把脱贫质量搞扎实，坚决杜绝数字脱贫、虚假脱贫。对担负 4 县区定点扶贫任务的责任单位党组织，加强巡视巡察政治监督。适时组织审计、财务、扶贫办等部门对照中央脱贫攻坚要求，开展内部自检自查工作，配合地方强化整改，确保高质量完成脱贫攻坚任务。（国铁集团扶贫办、财务部、审计局、巡视办，各铁路帮扶单位分工负责）

（六）积极参与接续推进全面脱贫与乡村振兴有效衔接工作。发挥企业优势，配合地方以乡村振兴为切入点，编制区域内的国土空间规划，结合区域自然地貌人文特点，厘清发展思路，贯彻新发展理念，优化调整产业结构，补齐发展短板，提升发展质量，帮助探索解决相对贫困长效机制，促进实现人与自然和谐共生的良好发展局面。（国铁集团扶贫办、各铁路帮扶单位分工负责）

三、认真履职尽责，动员更大力量坚决打赢脱贫攻坚战

（一）认真落实攻坚责任。进一步强化铁路扶贫工作的组织领导，稳定加强工作力量，在落实疫情防控措施基础上，组织当地帮扶单位加强调研督导，切实与脱贫攻坚收官要求相适应。落实分类督导、半年通报、年终考核制度，严格兑现扶贫责任书事项。（国铁集团扶贫办、劳卫部、办公厅，各铁路帮扶单位分工负责）

（二）坚持精准扶贫精准脱贫基本方略。坚持在当地党委政府的统筹协调下，精准落实扶贫资金，坚持严格监管、规范使用，切实把资金用在刀刃上；落实扶贫项目，精准实施一批示范性产业项目；落实扶贫力量，根据决战决胜脱贫攻坚需要，适当加强扶贫队伍力量；落实扶贫成果，坚持用扶贫成果检验扶贫工作；落实扶贫监督检查机制，确保各项工作措施落地落实。（国铁集团扶贫办、财务部、组织部、劳卫部、审计局，各铁路帮扶单位分工负责）

（三）强化作风能力建设。强化扶贫干部日常管理和培养选用，加强工作、生活、安全等方面的保障，引导扶贫干部强化担当作为、防止松懈滑坡。年中组织扶贫干部培训，确保新派驻干部轮训一遍。进一步减轻基层负担，坚决杜绝形式主义、官僚主义。落实扶贫领域廉洁纪律要求，实现廉洁扶贫阳光扶贫。（国铁集团组织部、扶贫办，各铁路帮扶单位分工负责）

（四）加强总结宣传工作。加强正面宣传引导，讲好党的好政策和铁路扶贫故事，表彰选树典型，营造决战决胜脱贫攻坚的良好氛围。（国铁集团宣传部、扶贫办，各铁路帮扶单位分工负责）

国铁集团

2020 年 3 月 26 日

国铁集团建设部 发改部关于印发《铁路决战决胜脱贫攻坚深化建设扶贫工作方案》的通知

建工函〔2020〕18号

为贯彻落实习近平总书记在决战决胜脱贫攻坚座谈会上的重要讲话精神，持续深入推进铁路建设扶贫，全面完成铁路决战决胜脱贫攻坚各项任务，特制定本工作方案。

一、总体要求

2020年是全面建成小康社会和“十三五”规划的收官之年，也是脱贫攻坚的决战决胜之年。2020年铁路建设扶贫工作总体要求是：深入学习领会习近平总书记在决战决胜脱贫攻坚工作座谈会上的重要讲话精神，认真贯彻落实党中央、国务院脱贫攻坚决策部署，聚焦打赢脱贫攻坚战和“交通强国、铁路先行”目标，充分发挥铁路建设在扶贫工作中的优势和作用，努力克服新冠肺炎疫情影响，加快完善贫困地区铁路网络，统筹做好永临结合、消费扶贫、就业扶贫等建设扶贫工作，圆满实现铁路建设扶贫三年行动方案确定的目标任务，为促进贫困地区特别是深度贫困地区经济社会发展、打赢脱贫攻坚战和全面建成小康社会提供有力支撑。

二、重点任务

（一）加快推进贫困地区铁路建设。各建设单位要全面落实铁路建设扶贫行动方案，集中精力抓好14个集中连片贫困地区铁路规划建设和百项交通扶贫骨干通道工程建设，进一步提高贫困地区路网规模质量和对外通道能力。

一是加快建成一批重大铁路项目。抓紧推进京沈高铁北京至承德段、商合杭铁路肥东至湖州段、银川至西安铁路、安顺至六盘水铁路、库尔勒至格尔木铁路、渝怀铁路梅江至怀化段增建二线工程等项目验收开通，力争2020年底前建成投产。

二是持续加大在建项目推进力度。合理安排铁路投资计划，加大资金支持力度，科学有序、安全高效推进集通铁路扩能、兰州至中卫铁路、和田至若羌铁路、张吉怀铁路、重庆至黔江铁路、重庆至昆明铁路、叙永至毕节铁路贵州段、成昆铁路扩能、贵阳至南宁铁路、盘县至兴义铁路、大理至瑞丽铁路、大理至临沧铁路、玉溪至磨憨铁路、弥勒至蒙自铁路、拉林铁路、郑万铁路襄阳至万州段、成都至兰州铁路、安庆至九江铁路、黄冈至黄梅铁路、菏泽至兰考铁路、赣深铁路、兴国至泉州铁路、浦梅铁路建宁至冠豸山段等项目建设争取尽快建成投产。

三是科学高效推进项目前期工作。扎实推进川藏铁路雅安至林芝段、西宁至成都铁路、西安至十堰铁路、阿克苏至阿拉尔铁路、宜昌至郑万高铁联络线等重大项目前期工作，有序推进可研和初步设计审批、施工图审核审查、工程招标工作，以及各项前置要件办理，确保项目依法合规开工建设。同时结合贫困地区脱贫攻坚和经济社会发展实际，统筹做好“十四五”规划研究，提高集中连片贫困地区路网覆盖水平，为巩固脱贫攻坚成果、促进乡村振兴战略实施提供支撑。

（二）扩大消费扶贫成效。各建设单位要充分发挥铁路建设消费扶贫优势，有序引导和鼓励参建单位结合生产生活需求，在同等条件下优先采购项目所在地或临近国家级贫困县的农产品和工程物料，有效落实国家消费扶贫政策要求，统筹帮助解决铁路定点扶贫 4 县区（河南省栾川县、陕西省勉县、宁夏回族自治区固原市原州区、新疆维吾尔自治区和田县）、52 个脱贫攻坚挂牌督战县、湖北省国家级贫困县农产品的销售问题，支持贫困地区优势产业发展。铁路定点扶贫 4 县区等国家级贫困县的部分农产品，已在铁路 12306、中铁快运商城、国铁吉讯掌上高铁等电商平台上线，各建设单位可引导建设指挥部、施工企业等在电商平台集中采购，并收集采购发票、统计采购金额，定期向国铁集团建设部、扶贫办报送。采购票据可请相关电商平台或当地政府（乡镇级以上）按半年时间节点开具统一发票凭据。鼓励参建单位定期开展消费扶贫活动，组织职工积极参与“以购代捐”等形式帮助贫困群众脱贫致富。

（三）加大就业扶贫力度。各建设单位要努力克服新冠疫情影响，为贫困地区铁路项目全面复工复产、有序建设提供有力保障。要结合建设项目实际，加大就业扶贫力度，鼓励施工企业优先培训使用国家级贫困县的技术人员、农民工，尤其是建档立卡贫困家庭劳动力，并对今年以来选用贫困地区劳动力总人数和建档立卡贫困户人数进行梳理统计，定期报送培训使用人数情况。同时，坚决落实国务院《保障农民工工资支付条例》，确保贫困劳动力工资足额按时发放。

（四）统筹实施永临结合工程。各建设单位要加强与铁路建设项目沿线贫困地区政府的沟通对接，坚持与当地发展规划深度融合，组织设计、施工等单位优化施工图设计，统筹推进施工道路、水电、通信基站等永临结合基础设施建设，并在项目开通运营后移交地方使用，最大限度地服务地方经济社会发展和贫困群众生产生活。同时，加强永临结合工程的投资、实物工作量和帮扶成效等数据统计和报送工作。

三、工作要求

（一）加强组织领导。建设单位要加强对铁路建设扶贫工作的组织领导，对标对表中央决策部署和铁路建设扶贫工作要求，制定细化实施方案，分解量化工作任务目标，明确责任部门和责任人，加强建设扶贫工作任务完成情况统计监测，定期开展永临结合、消费扶贫、就业扶贫等数据核查，确保建设扶贫工作落实落地、高质量推进。

（二）压实压紧责任。各铁路局集团公司、各铁路公司主要负责人要对贫困地区重点建设项目特别是深度贫因地区建设项目实行挂牌督办。铁路局集团公司分管建设领导、铁路公司负责同志要深入项目所在贫困地区调研，每半年至少1次，现场调研了解项目推进情况和参建单位、贫困地区有关诉求，及时解决影响项目进展和建设扶贫成效的问题。对于各地方党委政府安排的定点扶贫任务，原则上由项目所在地铁路局集团公司进行统筹，各铁路公司可集中力量推进建设扶贫各项任务。

（三）加强考核评价。各建设单位要建立完善建设扶贫统计报送督导制度，组织参建单位每半年进行 1 次全面总结统计，并于 2020 年 6 月 20 日、11 月 20 日和 2021 年 1 月 10 日前报国铁集团建设部、扶贫办。对建设扶贫推进工作中作出突出贡献的单位，在铁路局集团公司经营业绩考核、铁路公司建设业绩考核中予以加分。各单位要制定建设扶贫工作考核激励机制，加大建设扶贫工作力度。要重点宣传铁路建设扶贫工作成效和先进事迹，评选表彰一批先进典型（相关图片、视频、新闻报道等材料于 2021 年 1 月 10 日前报送国铁集团扶贫办），在铁路建设系统营造决战决胜脱贫攻坚的良好氛围。

国铁集团建设部

国铁集团发改部

2020 年 5 月 19 日

直属机关党委、国铁集团扶贫办
关于进一步深化直属单位消费扶贫的通知

国铁集团直属机关各单位党组织：

根据《国务院扶贫办关于开展消费扶贫行动的通知》（国开办发〔2020〕4号）和《国铁集团关于学习贯彻习近平总书记重要讲话精神确保全面完成铁路决战决胜脱贫攻坚任务的通知》（铁发改〔2020〕61号）的工作要求，为充分发挥直属机关各单位帮扶作用，进一步拓展铁路消费扶贫渠道，扩大消费扶贫成效，在继续推进落实直属机关党委前发文件《关于开展“支持消费扶贫、奉献铁路爱心”活动的通知》基础上，就深化直属单位消费扶贫工作要求通知如下：

一、总体要求

深入学习贯彻习近平总书记在决战决胜脱贫攻坚座谈会上的重要讲话精神，认真落实党中央、国务院关于消费扶贫的决策部署和国铁集团工作要求，充分发挥资源优势，动员干部职工积极参与消费扶贫，凝聚合力组织好产销对接，多渠道拓展消费扶贫成效，切实解决贫困地区农产品滞销“卖难”问题，最大程度化解新冠肺炎疫情对贫困地区农产品销售和贫困群众增收带来的影响，助力贫困地区坚决打赢疫情防控阻击战和脱贫攻坚战。

二、工作任务

1. 统筹安排定向采购。单位食堂餐厅餐料、会务用水用茶，统一集采的防暑降温用品、职工福利等，可预留采购份额和资金预算，签订定向采购协议，同等条件下优先购买国务院扶贫办认定的国家级贫困县优质农副产品特别是铁路定点扶贫县区农副产品。统一集采工作由中铁快运公司通过快运商城、中央单位贫困地区农副产品网络销售平台等集采平台提供产品清单、业务对接、服务保障。

2. 积极参与电商扶贫。单位文体活动用品、职工福利分散采购等，可通过发放电子消费券等形式，在铁路 12306 网上扶贫商城以及国铁吉讯高铁商城等与铁路战略合作的电商扶贫平台自行采购。同时鼓励职工和家属积极参与电商扶贫。采购工作由铁科院集团公司牵头提供产品清单、业务对接、服务保障；投资公司配合做好相关战略合作电商平台消费扶贫工作。

3. 组织开展消费扶贫活动。各单位要积极参与国铁集团、直属机关党委组织的消费扶贫创新试点、扶贫产品宣传推介活动等，定期在本单位及地区分公司举办相关活动，帮助销售贫困地区农副产品特别是受疫情影响的滞销产品。有条件的单位可组织党团员到贫困地区开展主题党日、志愿者服务暨消费扶贫等结对帮扶活动。

4. 大力支持旅游消费扶贫。各单位要结合铁路定点扶贫县区旅游资源和相关消费扶贫引导政策（如河南栾川县对铁路职工免收部分 4A 级以上景区门票等），宣传引导职工及家属乘坐旅游专列到贫困地区开展文化旅游、红色旅游、研学旅游、假日游等活动，进一步带动旅游消费扶贫。

5. 广泛动员社会力量。充分发挥行业企业优势，利用内外部门户网站、宣传资料、铁路媒体公益公告等多种方式加大铁路消费扶贫宣传力度，引导动员铁路参建单位、社会组织、社会企业等社会力量积极参与和支持铁路消费扶贫。

三、工作要求

1. 加强组织领导。各单位党委要把深化消费扶贫作为贯彻落实习近平总书记扶贫工作重要论述、全面完成铁路决战决胜脱贫攻坚任务的一项重要政治任务和长效帮扶举措，加强组织领导，专门研究部署，督促推进落实。要明确分管领导和责任部门，细化实施方案，扎实推进本单位消费扶贫工作，确保各项任务高质量完成。

2. 强化责任落实。参与协同扶贫的单位要将完成定点扶贫责任书消费扶贫任务与项目扶贫、专项扶贫、党建扶贫等有机结合，充分发挥各自优势，加大对铁路定点扶贫县区的协同帮扶力度。其他单位要结合实际安排年度相关预算采购和帮助销售扶贫产品。铁科院集团公司、中铁快运公司、投资公司在做好本单位消费扶贫工作的同时，按照国铁集团扶贫办和机关党委的统筹部署，围绕各单位和职工采购需求，进一步完善电商平台功能，健全消费扶贫工作机制，优化采购和工作流程，扩大入驻商户和产品种类，加大营销宣传和沟通合作力度，扩宽销售渠道，加强对产品质量、价格、服务、带贫等方面的日常监测管理。端午、中秋、春节等重大节日前要主动与铁路其他单位对外沟通对接，提前梳理提供扶贫产品清单，为单位集采和职工选购创造条件、提供保障。

3. 规范组织实施。各单位要严格执行中央八项规定以及铁路财务、审计、物资管理等相关规定，确保合同签订、发票开具、报销流程、产品运输、食品卫生安全和质量标准等消费扶贫全过程依法合规。国铁集团机关党委和扶贫办将抽查检查督导各单位消费扶贫工作推进情况。

4. 做好总结统计。各单位要建立消费扶贫统计报送制度，动态报送数据和季度汇总情况相结合，及时总结报送本单位消费扶贫做法、成效和票证材料，有关情况发局域网发改部扶贫办和直属机关党委办公室邮箱。

直属机关党委

国铁集团发改部（扶贫办）

2020 年 4 月 10 日

国铁集团党组关于巩固脱贫攻坚成果持续提升公益性“慢火车”开行质量的通知

铁党办〔2020〕42号

国铁集团所属各单位党委、川藏铁路公司党委、直属机关党委：

为全面贯彻落实习近平总书记关于扶贫工作和乡村振兴战略的重要论述，进一步巩固公益性“慢火车”开行成果，推进服务脱贫攻坚与乡村振兴的有效衔接，现就持续开好公益性“慢火车”提出如下要求。

一、进一步完善公益性“慢火车”开行机制，为服务脱贫攻坚与乡村振兴有效衔接助力赋能

（一）加强组织领导。各铁路局集团公司要深刻领会习近平总书记关于扶贫工作重要论述，提高政治站位，强化责任担当，按照中央关于“巩固脱贫成果、推进全面脱贫与乡村振兴有效衔接”等精神，加强公益性“慢火车”开行组织，完善工作机制，确保力度不减、标准不降、投入不少。主要负责同志要亲自部署，亲自推动，确保各项措施精准到位。客运、车辆、运输、房建、计划、财务、扶贫等部门要分工负责，加强配合，形成齐抓共管、合力共为的良好工作格局。

（二）拓展帮扶成效。全面落实《国铁集团关于铁路服务乡村振兴战略的实施意见》（铁发改〔2019〕57号），找准公益性“慢火车”服务乡村振兴的切入点，积极拓展服务内容和服务方式。针对不同地区脱贫后的发展特点和地域特色，将公益性“慢火车”开行与当地产业发展、惠农助学、旅游开发等有机结合，研究制定契合乡村地区脱贫致富的帮扶措施，既帮助人民群众“走出去”，又协助致富资源

“引进来”，使公益性“慢火车”真正成为沿线群众的“便民车”“致富车”。

（三）建立长效机制。各铁路局集团公司要结合当地经济社会发展、人民群众需求和交通设施变化情况，建立公益性“慢火车”开行动态调整机制。根据决战决胜脱贫攻坚和服务乡村振兴的需要，继续强化对公益性“慢火车”的各项政策支持，加强对客流特点、季节性规律等基础情况的调研分析，提高服务精准性，因地制宜地改善乘车环境，丰富服务举措，实现常态化开行。建立完善添乘检查制度，铁路局集团公司主要负责同志每年至少 1 次、铁路局集团公司业务管理部门主要负责同志每半年至少 1 次、相关站段主要负责同志每季至少 1 次添乘检查公益性“慢火车”，调研解决相关问题。公益性“慢火车”需要重大变更调整时，须报国铁集团批准。国铁集团将持续督导公益性“慢火车”开行情况，不断提升开行质量。

（四）强化路地联动。各铁路局集团公司要主动向沿线地方党委、政府进行沟通对接，听取意见需求，争取工作支持。加强走访调查，深入了解群众需求，协调地方完善沿途车站（乘降所）站外设施建设，积极推进进出站公路、便道、厕所等基础设施建设，配合做好公路客运班线与铁路的衔接。发动沿线村镇力量，通过协调地方安排志愿者、公益岗位等方式，做好乘降所及部分工作人员较少车站的设施看护、环境保洁、乘降帮扶等工作。加强站场管理，依靠地方政府和行业主管部门推进车站周边和沿线路地治安联防，维护铁路运输良好环境。研究建立公益性“慢火车”路地共建共赢新模式，积极争取公益补贴，探索经营开发等新机制，增强持续经营能力，更好地服务沿线地区经济社会发展。

二、进一步推动公益性“慢火车”服务升级，努力提升沿线群众的获得感、幸福感

（五）不断优化开行组织。各铁路局集团公司要充分调研，跟踪分析沿线人民群众需求变化，合理安排列车编组、停站、停点并结合季节变化等情况进行适时调整。在旅客人数较多的车站（乘降所）适当增加停站时间，为群众出行提供更便利的条件。综合考虑旅客接续换乘需求，在大站提供换乘便利条件，统筹设计在枢纽火车站的接续换乘时刻，切实扩大通达范围。充分考虑当地气候、沙漠防风沙以及林区、草原等区域安全性需求，逐步更换非空调车体，改善乘车条件。继续严格执

行国家铁路票价规定，让利人民群众。

（六）持续提升服务质量。坚持以旅客需求为导向，认真落实站车基本服务标准，按规定配齐服务备品，保证站车基础卫生达标，厕所干净整洁、开水供应到位。在疫情防控常态化条件下，要严格落实站车卫生防疫规定，宣传引导旅客养成良好个人卫生习惯。在做好基本服务的同时，着力在精准服务上下功夫，站车可增加一次性纸杯、针线包、尼龙绳、宽透明胶带等服务备品的投放，配齐急救药箱等服务备品，方便旅客使用。尊重少数民族地区风俗习惯，规范提供适需服务。

（七）扩大服务辐射范围。对铁路运力无法直接覆盖的贫困地区，要加强与当地党委、政府和有关企业的协商，持续推进无轨站建设，使其具备购取票、候车、列车时刻查询、公交接驳、旅游咨询、农特产品推介等服务功能，解决不通铁路的贫困地区百姓出行难题。对于不具备建设条件的地区，探索利用客票代售点、邮政大厅、超市等场所提供综合运输服务，拓展铁路运输服务沿线地区范围。

（八）强化品牌效应。坚持一线一策略、一车一品牌，根据不同区域、不同线路特点，完善公益性“慢火车”开行方案和服务举措，打造通学助学、惠民助农、红色教育、历史文化等主题车厢，形成具有地方特色的公益性“慢火车”服务品牌。继续通过多种方式加强品牌宣传，讲好公益性“慢火车”故事，大力宣传铁路部门决战决胜脱贫攻坚和服务乡村振兴的政治态度和责任担当，提升公益性“慢火车”品牌的社会影响力和群众认可度。

三、进一步强化基础建设，为持续提升公益性“慢火车”开行质量提供有力保障

（九）强化安全基础。坚守政治红线和职业底线，因地制宜地做好旅客乘降、车辆检修、安检查危、防火防爆、治安管理等工作，确保公益性“慢火车”开行绝对安全。根据不同线路、不同车站（乘降所）条件，进一步完善行车组织、旅客乘降等各项管理制度，加强无外勤人员乘降所的开车联控工作，优化完善联控机制，规范联控用语，确保旅客乘降安全。严格执行汛期等自然灾害时期的安全防范措施，加强隐患排查整治，确保列车运行安全万无一失。

（十）改善设备设施条件。对部分老旧破损存在安全隐患的进出站通道、站台、雨棚、跨线设施等基础设施进行改造。完善车站（乘降所）进出站引导和安全警示标识。规范明确乘降所基本设施配备标准，因地制宜加强乘降所客服设施建设，在客流量大的乘降所增加集中候乘设施，夜间办理乘降作业须有照明设施，采取修建上车台阶、坡道、短站台等形式为旅客上下车提供必要条件。对于不具备建设厕所的车站（乘降所），开放办公区厕所供旅客使用并设置明显标识。加强客车车底日常养护检修，确保列车供水、供电、供暖设备设施正常，有针对性地加强燃煤锅炉及茶炉、发电机、蓄电池、电扇的检修运用管理，落实各项防火安全措施。针对贫困地区铁路沿线群众携带长大扁担、箩筐等物品和家禽、牲畜的实际需要，持续有针对性地对车厢进行改造，方便群众出行。

（十一）加强各专业协作共建。充分考虑部分边远地区、交通不便地区职工的通勤需求，优化公益性“慢火车”开行方案，公益性“慢火车”停靠站要结合列车时刻，牵头组织站区各单位合理调整班次安排。部分规模较小、人员紧张的车站（乘降所）相关工种、岗位采取轮岗、调班等方式，统筹做好安检查危、乘降组织、旅客服务等工作。公益性“慢火车”停靠站要会同沿线相关单位，积极动员通勤职工参与环境整治、秩序维护等客运服务工作，引导站区各单位加强协作共建，进一步改善站区环境，优化生产生活条件，共同参与公益性“慢火车”品牌创建。

前发《中共中国铁路总公司党组关于开好公益性“慢火车”服务老少边穷地区脱贫攻坚的意见》（铁总党〔2017〕15 号）同时废止。

国铁集团党组

2020 年 8 月 12 日

国铁集团发展和改革部（扶贫办）关于投放运营“中国铁路消费扶贫柜”的通知

发改综函〔2020〕88 号

各铁路局集团公司，各专业运输公司，投资公司、铁科院集团公司、经规院公司、信息公司、设计集团公司、服务公司、铁道出版社公司、《人民铁道》报业公司、铁路文工团、铁道党校：

为深入贯彻习近平总书记在决战决胜脱贫攻坚座谈会上的重要讲话精神，落实党中央、国务院相关部署要求，按照国务院扶贫办等七部委《关于开展消费扶贫行动的通知》（国开办发〔2020〕4 号）文件，经国铁集团同意，现就投放运营铁路消费扶贫柜相关事项通知如下：

一、投放范围和数量

第一批在全国省会城市车站及客流较大车站、国铁集团机关投放，原则每站投放 4~8 组（1 组 2 台，每台占地约 1 平米），计划 10 月底完成；第二批在地级市主要客站投放，原则每个车站 2~4 组；第三批在其他客运站点、铁路机关、铁路家属区、直属单位指定区域等投放，根据前期投放销售情况和现场实际，确定投放范围、数量和时间，由各单位与中铁快运公司商议确定。

二、运营管理

1. 关于经营关系。快运公司作为运营方，承担日常运营、产品选择、食品卫生安全、消防安全、人身安全等主体责任，支付扶贫柜安装费用、电费、网络使用、检测等相关费用；各相关单位提供电源、网络运营环境条件支持，保障扶贫柜正常设立，并提供安装、消防安全验收支持。按相关规定向快运公司具体工作人员进出提供条件，方便巡检、铺货等管理。快运公司与各单位商议签订消费扶贫项目场地使用协议。

2. 关于投放位置。各大车站、站段机关、铁路家属区等扶贫柜选址，由各单位、快运公司协商确定，车站原则摆放在候车区域，不影响客流径路，方便旅客购买，其他区域原则摆放在方便购买的位置。消费扶贫柜属公益事业，原则上免收场地使用费用；对于减免的场地费用，涉及合资公司的场站等由相关单位依法合规履行程序，相关成本可折算为扶贫资金投入、纳入扶贫责任书指标。

3. 关于日常运营。快运公司要安排人员做好日常巡检，确保扶贫柜正常运转。对于快运公司营业网点以外的客运站点、铁路单位机关、铁路家属区等，各单位可与快运公司探索合作运营。具有电子显示屏的扶贫柜，快运公司要按照国铁集团相关规定，做好扶贫公益广告播放工作，确保内容和信息安全。

各单位工作开展情况在年度扶贫工作总结中报送，扶贫柜销售额度纳入各单位帮助销售数据统计。

三、具体要求

1. 加强组织。此项工作是创新消费扶贫、巩固脱贫成果、构建扶贫长效机制的重要方式。快运公司安排专门力量负责扶贫专柜运营工作；各相关单位指定专人负责此项工作，组织客运、经开、宣传、车站等部门和单位建立工作机制，确保运营工作做实做细。

2. 确保成效。快运公司要结合国家扶贫产品目录，充分发挥铁路市场资源优势，强化产销对接和带贫益贫，精准选好产品、用好载体、保证质量、严格监管，销售产品应为国家审核认定对外公布的扶贫产品。相关单位要主动配合做好日常运营和营销宣传，动员干部职工和广大旅客积极参与。

3. 总结推广。快运公司和各相关单位及时总结运营情况，包括设备运行、产品销售情况、投入产出分析、典型做法、存在困难问题和下步工作建议等，及时向国铁集团扶贫办报送。下步要持续优化产品供给，推动与铁路电商平台、站车平台线上线下联动，创新拓展“三网一柜”消费扶贫新体系，推动铁路消费扶贫再上新台阶。

国铁集团发展和改革部

2020 年 9 月 14 日

关于组织扶贫干部参加决战决胜脱贫攻坚网上专题班学习的通知

组培训函〔2020〕9号

国铁集团所属各单位，国铁集团发改部（扶贫办）、直属机关党委：

为了落实中共中央组织部《关于在中国干部网络学院举办决战决胜脱贫攻坚网上专题班的通知》（干教函字〔2020〕34号）要求，组织铁路扶贫干部参加决战决胜脱贫攻坚网上专题班学习，现将有关事项通知如下。

一、学习目的

全面贯彻党的十九大和十九届二中、三中、四中全会精神，深入学习贯彻习近平总书记关于扶贫工作重要论述和在决战决胜脱贫攻坚座谈会上重要讲话精神，帮助扶贫干部进一步掌握决战决胜脱贫攻坚的政策措施，落实国铁集团党组各项工作部署，积极应对新冠肺炎疫情影响，增强精准扶贫、精准脱贫和巩固脱贫攻坚成果的能力，为确保完成铁路决战决胜脱贫攻坚各项任务作出更大贡献。

二、参加人员

学员对象为铁路派驻扶贫干部、各级扶贫办机关干部。

三、时间安排和学习形式

专题班学习时间为2020年5月15日至8月31日。学员可登录中国干部网络学院（www.cela.gov.cn）浦东分院网站、移动App、微信服务号等3种方式进行在线学习。

四、学习考核

学员完成专题班全部必修课，即为合格，获得结业证书；在此基础上完成全部选修课，获得优秀学员证书。鼓励学员提交学习心得体会。

五、有关要求

1. 国铁集团党组组织部统一开通各单位学员学习账号，学员按指定个人账号登录进行在线学习。登录初始密码为“abcd1234”，登录后修改密码。

2. 各单位要指定本单位中网院联络员负责通知、组织相关人员参加学习，注意了解学员参加学习情况并做好督促提醒工作，确保高质量完成必修课程，积极完成选修课程。专题班结束时要汇总本单位学员学习考核结果报国铁集团党组组织部。

3. 结合决战决胜脱贫攻坚相关实体培训，统筹线下学习和线上学习，加强互动交流，强化学习效果。

国铁集团党组组织部

2020 年 5 月 14 日

精准扶贫

铁路情怀

中国国家铁路集团有限公司振兴办（原扶贫办）帮扶干部情况

李迎九 原国铁集团发改部（振兴办）主任。

黄殿辉 原国铁集团发改部（振兴办）主任。

韩树青 国铁集团发改部专员、振兴办专职副主任。全国脱贫攻坚先进个人。

任　君 国铁集团振兴办主管。2021 年火车头奖章获得者。

刘　贺 快运公司客服质量部业务经理，2019.07 以来在国铁集团扶贫办从事帮扶工作。铁路脱贫攻坚先进个人。

郭新杰 郑州局集团公司计统部概预算审查所书记，2017.02—2021.04 在国铁集团振兴办从事帮扶工作。2020 年火车头奖章获得者。

中国铁路哈尔滨局集团有限公司帮扶干部情况

郑彤章　2017.04—2021.01 哈尔滨局集团公司人事部主任，兼任集团公司扶贫工作办公室常务副主任，曾获 2018 年度铁路扶贫工作先进个人、2019 年度全国铁路劳动模范、2020 年度黑龙江省脱贫攻坚先进个人荣誉称号。

薛文刚　2018.03—2020.03 哈尔滨局集团公司党委组织部党员科科长，兼职从事集团公司扶贫办工作，曾获 2018 年度集团公司机关先进工作者、2019 年度铁路扶贫工作先进个人。

李崇斌　2017.04—2020.06 哈尔滨局集团公司人事部副主任，兼职从事集团公司扶贫办工作，曾获 2020 年度集团公司优秀党务工作者称号。

马　权　2017.04—2020.09 绥棱县卫星村驻村工作队队长、第一书记。曾获 2018 年度铁路总公司铁路扶贫工作火车头奖章、集团公司党内为民先锋、绥化市优秀驻村干部、集团公司心系职工十佳为民先锋，2019 年度绥棱县十佳帮扶干部等荣誉。

刘洪波　2020.06—2021.02 哈尔滨局集团公司扶贫工作办公室副主任，曾获 2019 年度哈尔滨局集团公司机关先进工作者标兵、2019 年度哈尔滨局集团公司先进工作者荣誉称号。

王玉国　绥棱县卫星村驻村工作队队长、第一书记。曾获 2017 年度集团公司先进工作者、2018 年度铁路总公司铁路扶贫先进个人、2018 年度集团公司先进工作者、2019 年度集团公司先进工作者标兵、2020 年度铁路脱贫攻坚火车头奖章等荣誉。

宋启运　2020 年 6 月任哈尔滨局集团公司扶贫工作办公室扶贫工作组组长，2021.07—2022.01 在国铁集团振兴办（原扶贫办）从事帮扶工作。2020 年铁路脱贫攻坚先进个人。

陶文会　2017.05—2018.08 任绥棱县卫星村驻村工作队队员。曾获 2017 年度集团公司先进工作者荣誉称号。

李成才 绥棱县卫星村驻村工作队队员。曾获2018年度集团公司先进工作者、2019年度集团公司先进工作者、2020年度铁路脱贫攻坚先进个人等荣誉称号。

刘春阳 绥棱县卫星村驻村工作队队员。曾获2017年度集团公司先进工作者、2019年集团公司优秀共产党员、2020年集团公司优秀共产党员等荣誉称号。

中国铁路沈阳局集团有限公司帮扶干部情况

林澍玫 沈阳局集团公司阜新车务段纪委书记，2016.09—2020.03担负朝阳市喀左县尤杖子乡尤杖子村扶贫工作（2018年6月前代驻村第一书记，此后兼任驻村工作队队员），获得2019年度铁路扶贫工作先进个人。

刘志刚 朝阳市喀左县尤杖子乡尤杖子村驻村工作队员。曾获2017年度辽宁省定点扶贫先进工作者，2018年度铁路扶贫工作先进个人，2020年度阜新车务段、沈阳局集团公司优秀共产党员，2021年度铁路脱贫攻坚先进个人、辽宁省优秀共产党员等荣誉。

赵兴国 锦州房产段阜新综合支部书记，沈阳局集团公司驻喀左县尤杖子乡尤杖子村第一书记兼工作队队长，获得喀左县脱贫攻坚先进个人，国铁集团脱贫攻坚先进个人。

王义光 沈阳局集团公司党校经管教研室主任，2018.05—2020.01被派驻朝阳市喀左县尤杖子乡尤杖子村任驻村第一书记兼队长。获得喀左县扶贫工作先进个人。

刘　勇 锦州房产段凌源离退休活动室主任，2020.04—2021.08被派驻朝阳市喀左县尤杖子乡尤杖子村工作，获得2021年度国铁集团脱贫攻坚先进个人。

宫海银 吉林货运中心党委书记，2014.08—2016.07任辽宁省喀左县尤杖子乡尤杖子村第一书记。获得2014年度辽宁省扶贫工作先进个人。

李　松　沈阳局集团公司沈阳车务段铁岭西站党支部书记，2018.05—2021.08被选派到铁岭市昌图县平安堡镇刘家油坊村任驻村工作第一书记。获得2020年度平安堡镇优秀共产党员。

李德福　沈阳局集团公司本溪车务段党支部书记，2018.05—2021.08被选派到本溪市桓仁满族自治县五里甸子镇大镜沟村任驻村第一书记。2019年被桓仁县委评为优秀选派干部，2021年被镇党委评为优秀党务工作者。

赵　军　沈阳局集团公司锦州薛铁配件制造有限公司人事主任，2018.05—2021.08被选派到抚顺市清原满族自治县草市镇水帘洞村任驻村工作第一书记。获得2018年、2020年度优秀下派干部荣誉称号。

薛成功　沈阳局集团公司锦州房产段副段长，2018.05—2021.08被选派到铁岭市昌图县头道镇任党委第一副书记，2018年、2020年度昌图县委考核优秀。

肖俊仁　沈阳局集团公司锦州电务段朝阳信号车间党支部书记，2018.05—2021.08被选派到铁岭市昌图县长发镇深井村任驻村工作第一书记。获得2020年度铁岭市昌图县优秀驻村干部荣誉称号。

郭绍辉　沈阳局集团公司沈阳工务机械段副主任，2018.05—2021.08被选派到铁岭市昌图县下二台镇艾家村任驻村第一书记，2018年、2020年被昌图县委评为优秀第一书记。

宋德恩　沈阳局集团公司沈阳工务段桥隧车间主任，2018.05—2021.08被选派到清原满族自治县草市镇双井沟村任驻村第一书记。获得2018至2020年度草市镇优秀驻村干部荣誉称号。

姚寅刚　沈阳局集团公司沈阳站运转主任，2018.05—2021.08被选派到铁岭市昌图县太平镇什家村任驻村第一书记。获得2020年全省脱贫攻坚普查省抽查工作先进个人。

王金生　沈阳局集团公司沈阳电务段沈北客专党支部书记，2018.05—2021.08被选派到抚顺市清原满族自治县大苏河乡大苏河村任驻村第一书记。获得2021年度清原县优秀选派干部荣誉称号。

吴喜权　沈阳局集团公司沈阳车务段昌图站副站长，2018.05—2021.08被选派到铁岭市昌图县长发镇董家村任驻村第一书记。获得2020年度铁岭市昌图县优秀驻村干部荣誉称号。

田振忠 2018.05—2021.08被选派到本溪市桓仁满族自治县五里甸子镇三架窝棚村任驻村第一书记。2018年、2020年被本溪市桓仁县委评为优秀驻村干部，2020年、2021年被五里甸子镇党委评为优秀党务工作者。

姚永利 沈阳局集团公司丹东站乘务车间主任，2018.05—2021.08任本溪市桓仁满族自治县桓仁镇曲柳川村驻村第一书记。2018年至2020年连续三年被桓仁满族自治县委组织部评为优秀驻村干部。

刘德成 沈阳局集团公司沈阳车务段总会计师，2018.05—2021.08被选派到铁岭市昌图县平安堡镇曲家窝堡村任驻村第一书记。2020年被平安堡镇党委授予优秀党务工作者，2018年、2019年、2020年连续三年被昌图县委考核为优秀驻村干部。

王明文 沈阳局集团公司沈阳铁道文化传媒集团有限公司沈阳分公司经理，2018.05—2021.08任本溪市桓仁满族自治县桓仁镇刘家沟村驻村第一书记。2018年至2020年连续三年被桓仁满族自治县委组织部评为优秀驻村干部。

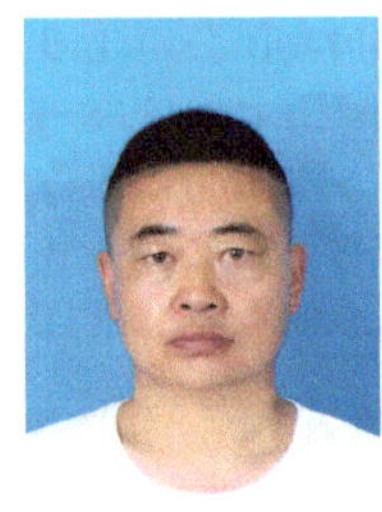

陈　野 沈阳局集团公司沈阳车务段开原站副站长，2018.05—2021.08被选派到铁岭市昌图县头道镇宏大村任驻村第一书记。2018年、2019年、2020年连续三年被昌图县委组织部考核为优秀驻村干部。

宋清舫 沈阳局集团公司大连站客运车间主任，2018.05—2021.08被选派到抚顺市清原满族自治县清原镇古城子村任驻村第一书记。2019年、2020年被清原满族自治县委组织部评为优秀驻村干部，2021年“七一”被清原镇评为优秀选派干部。

魏百斗 沈阳局集团公司苏家屯车辆段鲅鱼圈运用车间党总支书记，2018.05—2021.08被选派到铁岭市昌图县下二台镇月亮村任驻村第一书记，2019年被昌图县委考核为优秀。

束敏昌 沈阳局集团公司沈阳铁道物流集团有限公司分公司市场部部长，2018.05—2021.08被选派到铁岭市昌图县太平镇偏城子村任驻村第一书记。2020年被昌图县评为优秀选派干部。

赵志刚 具体负责沈阳局集团公司扶贫工作，获得2019年度国铁集团扶贫工作先进个人、铁路脱贫攻坚火车头奖章。

赵　鑫 2019年荣获“辽宁省首届消费扶贫年货节”优秀组织奖（先进个人）；2019年他带领向阳村制作的蒲公英根茶被辽宁省扶贫办评为“首届消费扶贫年货节最受欢迎农产品奖”（先进集体）；2020年被辽宁省扶贫办评为“助力2020决战脱贫攻坚消费扶贫优秀志愿者”（先进个人）。

于　波　负责沈阳局集团公司扶贫工作，获得国铁集团党组、国铁集团铁路脱贫攻坚先进个人。

李　铮　负责沈阳局集团公司扶贫具体工作，获得国铁集团党组、国铁集团铁路脱贫攻坚先进个人。

肖明伟　负责沈阳局集团公司扶贫工作，获得辽宁省脱贫攻坚先进个人。

中国铁路北京局集团有限公司帮扶干部情况

边延平　石家庄铁路体育中心指导员。具体帮扶河北省保定市易县南城司乡蔡家庄村。

郭青山　石家庄铁路招待所副主任。具体帮扶河北省保定市易县南城司乡蔡家庄村，并获铁路脱贫攻坚先进个人称号。

贾子立　石家庄铁路体育中心指导员。2016 年至 2019 年帮扶河北省保定市易县南城司乡蔡家庄村。

王树茂　石家庄铁路办事处离退办副主任。2016 年至 2019 年帮扶河北省保定市易县南城司乡奇峰塔村。

张　建　石家庄铁路办事处离退休职工管理办公室副主任。具体帮扶河北省保定市易县南城司乡蔡家庄村。2019 年被评为河北省优秀驻村干部。

张建斌　北京铁路资金结算所石家庄结算室会计师。具体帮扶河北省保定市易县南城司乡奇峰塔村。

张现民　石家庄铁路办事处安全监察室副主任。2018 年至 2021 年帮扶河北省保定市易县南城司乡奇峰塔村。2020 年被评为河北省优秀驻村干部。

中国铁路太原局集团有限公司帮扶干部情况

徐素琴　太原局集团公司工会副主席，2019 年至 2020 年兼职从事帮扶工作。

杨　杰　太原局集团公司工会组织部部长。2017 年在山西省晋中市榆社县云竹镇驻村帮扶。2020 年荣获铁路脱贫攻坚先进个人。

王铁忠　太原局集团公司工会组织部副部长，2017 年在山西省晋中市榆社县河峪乡鱼头村驻村帮扶。2020 年荣获铁路脱贫攻坚火车头奖章。

纪　超　太原局集团公司工会保障和女工工作部部长，2016 年在山西省晋中市榆社县云竹镇从事帮扶工作。

刘　卫　太原局集团公司工会组织部指导员，兼职从事帮扶工作。

曹玉华　太原局集团公司工会副主席（退休），2016—2018年在山西省晋中市榆社县云竹镇、山西省晋中市榆社县云竹镇段家沟村驻村帮扶。2018年荣获铁路扶贫工作先进个人。

刘玉明　太原局集团公司太原车务段工会主席（退休），2016—2017年在山西省晋中市榆社县云竹镇驻村帮扶。

魏　伟　太原局集团公司太原铁路新创餐饮旅游集团有限公司工会主席，2016—2017年在山西省晋中市榆社县河峪乡、2019年至2020年在山西省晋中市榆社县云竹镇段家沟村驻村帮扶。2020年荣获铁路脱贫攻坚先进个人。

尹振江　太原局集团公司山西铁路装备制造集团有限公司工会主席，2016—2017年在山西省晋中市榆社县河峪乡驻村帮扶。

姚凯鹤　太原局集团公司工会保障和女工工作部副部长，2016年在山西省晋中市榆社县河峪乡驻村帮扶。

王光渊　太原局集团公司太原铁路新创餐饮旅游集团有限公司云竹生态农业园有限公司业务员。2018—2019年在山西省晋中市榆社县云竹镇段家沟村驻村帮扶。2018年荣获铁路扶贫工作先进个人。

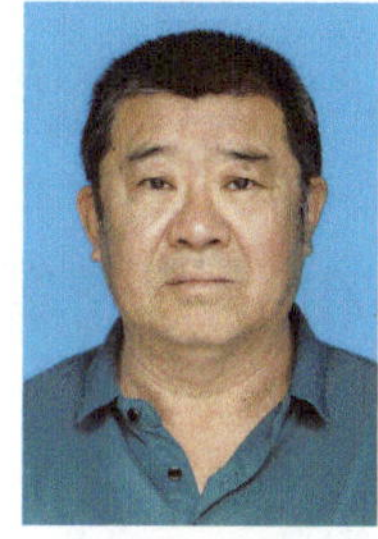

盛建华　太原局集团公司太原铁路新创餐饮旅游集团有限公司云竹生态农业园有限公司技术开发部部长。2018—2019年在山西省晋中市榆社县云竹镇段家沟村驻村帮扶。

覃沛生　太原局集团公司体育协会秘书长。2018年在山西省晋中市榆社县河峪乡鱼头村驻村帮扶。

何文进　太原局集团公司山西铁路装备制造集团有限公司副经理。2018—2019年在山西省晋中市榆社县河峪乡鱼头村驻村帮扶。

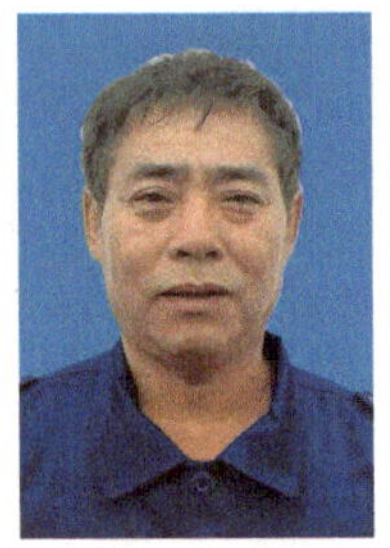

郭晋安　太原局集团公司山西铁路装备制造集团有限公司晋中长龙天源科技有限公司经理。2018—2020 年在山西省晋中市榆社县河峪乡鱼头村驻村帮扶。

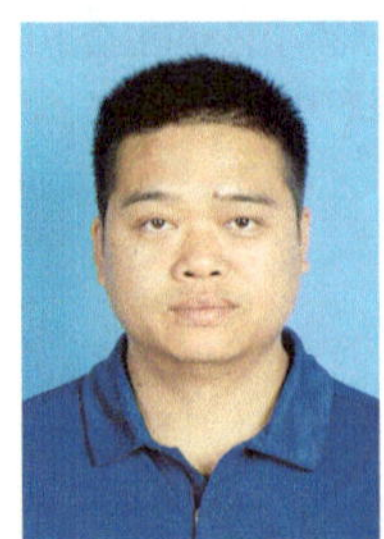

胡海东　太原局集团公司山西铁路装备制造集团有限公司晋中长龙天源科技有限公司总经理。2019 年在山西省晋中市榆社县河峪乡鱼头村驻村帮扶。

耿小琮　太原局集团公司太原铁路新创餐饮旅游集团有限公司云竹生态农业园有限公司业务员。2020 年在山西省晋中市榆社县云竹镇段家沟村驻村帮扶。

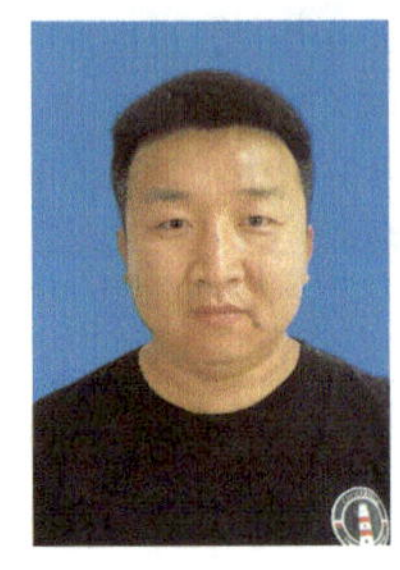

鹿晓龙　太原局集团公司太原铁路新创餐饮旅游集团有限公司云竹生态农业园有限公司业务员。2020 年在山西省晋中市榆社县云竹镇段家沟村驻村帮扶。2020 年获得全国铁道团委"扶贫助困好青年"荣誉称号。

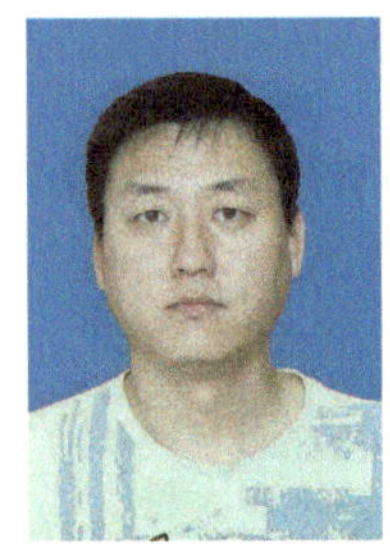

张　博　太原局集团公司山西铁路装备制造集团有限公司晋中长龙天源科技有限公司总经理。2020 年在山西省晋中市榆社县河峪乡鱼头村驻村帮扶。

胡文俊　太原局集团公司山西铁路装备制造集团有限公司晋中长龙天源科技有限公司司机。2020 年在山西省晋中市榆社县河峪乡鱼头村驻村帮扶。

中国铁路呼和浩特局集团有限公司帮扶干部情况

王　莉　机关党委书记，2018—2020 年兼职从事扶贫工作，扶贫地点有乌兰察布市四子王旗富贵村、兴和县二号村、兴安盟科右中旗南白音套海嘎查。

王波盛　机关党委书记，2012—2019 年间驻村帮扶乌兰察布市四子王旗富贵村、兴和县二号村、兴安盟科右中旗南白音套海嘎查，荣获国铁集团 2018 年度铁路扶贫工作先进个人。

张建森　呼和浩特局集团公司档案史志室副主任。2021.01—2021.10在国铁集团振兴办（原扶贫办）从事帮扶工作。

李克忠　扶贫工作队队长，2014年在乌兰察布市四子王旗富贵村从事扶贫工作，荣获国铁集团脱贫攻坚火车头奖章。

雷继宁　扶贫工作队队长，2014—2019年在乌兰察布市四子王旗富贵村、兴和县二号村从事扶贫工作，荣获国铁集团2018年度铁路扶贫工作火车头奖章。

李　枫　扶贫工作队队长，2019—2020年在兴安盟科右中旗南白音套海嘎查从事扶贫工作，国铁集团脱贫攻坚先进个人。

王　江　扶贫工作队副队长，2014—2020年在乌兰察布市四子王旗富贵村、兴和县二号村、兴安盟科右中旗南白音套海嘎查从事扶贫工作，国铁集团2018年度扶贫工作先进个人、国铁集团脱贫攻坚先进个人。

曹志明　扶贫工作队队员，2018—2020年在乌兰察布市四子王旗富贵村、兴和县二号村从事扶贫工作。

白嘎力　扶贫工作队队员，2018—2020年在兴安盟科右中旗南白音套海嘎查从事扶贫工作，国铁集团2019年度铁路扶贫工作先进个人。

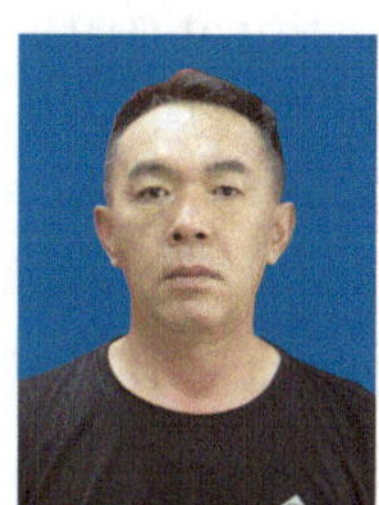

张和平　扶贫工作队队员，2015—2020年在乌兰察布市四子王旗富贵村、兴和县二号村从事扶贫工作。

中国铁路集团有限郑州局集团有限公司帮扶干部情况

李思博 2018.07—2022.02 郑州局集团公司办公室（党委办公室、董事会办公室）主任兼扶贫办主任，2021 年河南省脱贫攻坚先进个人。

葛明涛 2015.08—2017.11 河南省商丘市虞城县刘店乡丁和楼村驻村第一书记。2018.06—2021.12 郑州局集团公司扶贫办主任。荣获 2019 年铁路脱贫攻坚火车头奖章。

樊欢欢 2018.08—2020.03 郑州局集团公司扶贫办工作人员，2019 年度铁路扶贫工作先进个人。

宋 超 2019.12—2020.12 郑州局集团公司扶贫办工作人员。

马 腾 2020.04—2021.03 郑州局集团公司扶贫办工作人员。

任灵强 2021.03—2021.11 郑州局集团公司扶贫办工作人员。

许 全 2013.03—2017.12 河南省洛阳市栾川县挂职副县长，2014 年洛阳市扶贫工作先进个人。

周胜展 2017.12—2021.12 河南省洛阳市栾川县挂职副县长，2021 年铁路脱贫攻坚先进个人。

李　明　2017.11—2019.06 河南省商丘市虞城县刘店乡丁和楼村驻村第一书记，2018 年铁路扶贫工作先进个人。

李文博　河南省商丘市虞城县刘店乡丁和楼村驻村第一书记，2021 年铁路脱贫攻坚火车头奖章获得者。

郑兴盛　2018.04—2021.03 河南省洛阳市栾川县白土镇马超营村驻村工作队员，2019 年度铁路扶贫工作先进个人。

张向阳　河南省洛阳市栾川县叫河镇叫河村驻村工作队员，2021 年栾川县优秀共产党员。

杜胜利　2018.04—2021.03 河南省洛阳市栾川县三川镇祖师庙村驻村工作队员，2020 年洛阳车务段优秀共产党员。

王永建　2018.04—2021.03 河南省洛阳市栾川县潭头镇大王庙村驻村工作队员，2019 年郑州局集团公司优秀共产党员。

李治杰　2018.04—2021.03 河南省洛阳市栾川县重渡沟管委会新南村驻村工作队员，2020 年郑州局集团公司优秀共产党员。

李会周　2018.04—2021.03 河南省洛阳市栾川县重渡沟管委会王坪村驻村工作队员，2019 年郑州局集团公司优秀共产党员。

王延辉　2018.04—2021.03 河南省洛阳市栾川县重渡沟管委会新南村驻村工作队员，2021 年铁路脱贫攻坚先进个人。

王　磊　河南省洛阳市栾川县重渡沟管委会新南村驻村工作队员，2021 年郑州局集团公司优秀共产党员。

李江涛　河南省洛阳市栾川县陶湾镇唐家庄村驻村工作队员，2021年栾川县优秀共产党员。

石　磊　河南省洛阳市栾川县赤土店镇赤土店村驻村工作队员，2021年郑州局集团公司先进工作者。

王峡波　河南省洛阳市栾川县庙子镇河南村驻村工作队员，2021年洛阳供电段优秀共产党员。

杜　辉　河南省洛阳市栾川县白土镇马超营村驻村工作队员。

闫焕杰　河南省洛阳市栾川县重渡沟管委会王坪村驻村工作队员，2020年洛阳机务段优秀共产党员。

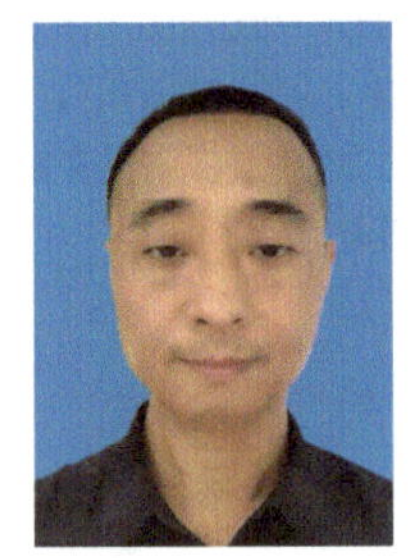

周维钦　河南省洛阳市栾川县栾川乡寨沟村驻村工作队员。

鲁世鹏　河南省洛阳市栾川县合峪镇合峪村驻村工作队员。

王守俊　河南省洛阳市栾川县重渡沟管委会王坪村驻村工作队员。

赵洪军　河南省洛阳市栾川县潭头镇拨云岭村驻村工作队员。

姚　斌　河南省洛阳市栾川县狮子庙镇狮子庙村驻村工作队员。

吕　民　河南省洛阳市栾川县重渡沟管委会王坪村驻村工作队员。

赵振山　2019.05—2019.09 河南省洛阳市栾川县叫河镇叫河村驻村工作队员，2019 年 6 月“驻村工作月标兵”。

中国铁路武汉局集团有限公司帮扶干部情况

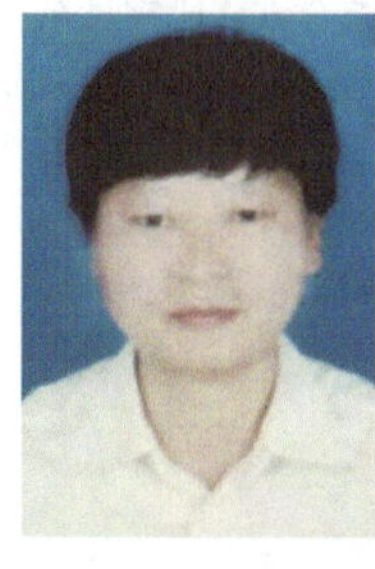

肖　峰　荆门桥工段工会主席，2015.10.08—2017.05.03 任湖北省宜昌市长阳土家族自治县贺家坪镇青岗坪村驻村工作队长、第一书记。

段素文　襄阳电务段宜昌东车间助理工程师，2015.10.08—2018.01.02 任湖北省宜昌市长阳土家族自治县贺家坪镇青岗坪村驻村工作队员。

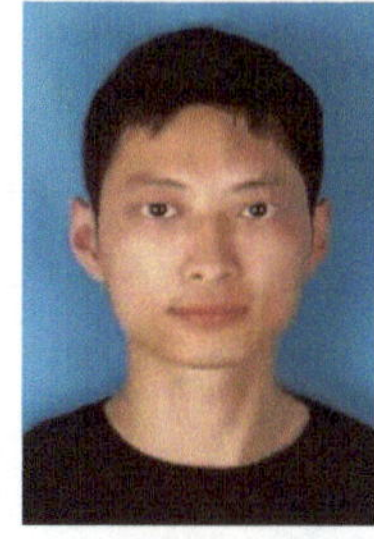

项亦豪　襄阳供电段宜昌车间助理工程师，2015.10.08—2018.01.02 任湖北省宜昌市长阳土家族自治县贺家坪镇青岗坪村驻村工作队员。

王　伟　宜昌车务段信息技术科助理工程师，2015.10.08—2018.01.02 任湖北省宜昌市长阳土家族自治县贺家坪镇青岗坪村驻村工作队员。

董程程　荆门桥工段团委书记，2015.10.08—2016.09.19 任湖北省宜昌市长阳土家族自治县贺家坪镇青岗坪村驻村工作队员。

郭　兵　2018 年度湖北省工作突出第一书记、铁路扶贫工作先进个人，2019 年度铁路扶贫工作火车头奖章、武汉局集团公司“新时代武铁优秀员工”特别奖获得者，并获长阳土家族自治县 2018—2019 年度“感动长阳·脱贫攻坚人物”荣誉称号。

钱绪彬 荆门桥工段党委组织助理员，2016.09.19—2019.01.08 任湖北省宜昌市长阳土家族自治县贺家坪镇青岗坪村驻村工作队员。荣获 2017 年度湖北省扶贫先进个人。

贾树兵 襄阳电务段宜昌东车间助理工程师，2018.01.02—2020.01.10 任湖北省宜昌市长阳土家族自治县贺家坪镇青岗坪村驻村工作队员。荣获 2018 年度铁路扶贫工作先进个人。

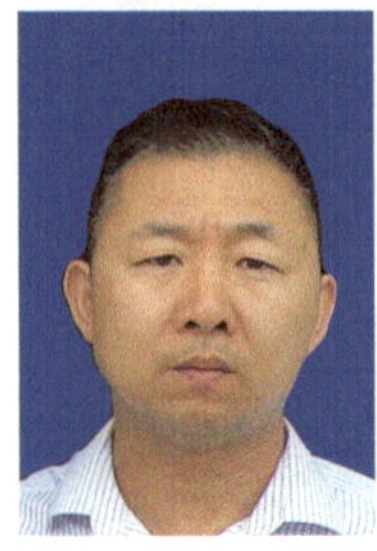

谢 军 襄阳电务段宜昌东车间助理工程师，2018.01.02—2020.01.10 任湖北省宜昌市长阳土家族自治县贺家坪镇青岗坪村驻村工作队员。

职运良 宜昌车务段宜昌东站信号员，2018.01.02—2020.01.10 任湖北省宜昌市长阳土家族自治县贺家坪镇青岗坪村驻村工作队员。荣获 2018 年度全国铁路优秀共青团员、2019 年度湖北省扶贫先进个人称号。

王少斌 荆门桥工段职工教育科副科长，2019.01.09—2021.03.18 任湖北省宜昌市长阳土家族自治县贺家坪镇青岗坪村驻村工作队员。荣获 2020 年度湖北省驻村工作突出工作队员。

李 丰 宜昌综合维修段宜昌东综合维修车间助理工程师，任湖北省宜昌市长阳土家族自治县贺家坪镇青岗坪村驻村工作队员。荣获铁路脱贫攻坚先进个人称号。

闫佳鑫 宜昌车务段枝江车站连结员，湖北省宜昌市长阳土家族自治县贺家坪镇青岗坪村驻村工作队员。荣获铁路脱贫攻坚先进个人称号。

尹 恒 人事处（党委组织部）工程师，2012—2015 年扶贫办工作人员。

孙秀伟 人事处（党委组织部）工程师，2016—2017 年扶贫办工作人员。

韩顺龙 集团公司工会指导员，扶贫办工作人员。荣获铁路脱贫攻坚先进个人。

张启云　宜昌综合维修段工会主席，曾任湖北省宜昌市长阳土家族自治县贺家坪镇青岗坪村驻村工作队第一书记。

中国铁路西安局集团有限公司帮扶干部情况

王　科　2008.09—2018.04 西安局集团公司扶贫办主任，铁路扶贫工作先进个人。

韩　博　2018.04—2020.07 西安局集团公司扶贫办主任，西安局脱贫攻坚先进个人。

郑云兴　2020.07—2021.12 西安局集团公司扶贫办主任。

杨晓明　2016.01—2018.04 勉县漆树坝镇唐家坝村第一书记，2018.04 以来在西安局集团公司扶贫办工作，荣获陕西省优秀第一书记、铁路脱贫攻坚火车头奖章。

鹿继明　2013.10—2018.05 派驻勉县挂职副县长，2016 年陕西省优秀挂职干部。

黎文生　2018.06—2021.05 派驻勉县挂职副县长，荣获 2021 年铁路脱贫攻坚先进个人称号。

李朝飞 西安局集团公司机关服务所安全保障科科长，2018.08—2021.06 在国铁集团振兴办从事帮扶工作。2021 年火车头奖章获得者。

陈 罡 2016.01—2021.06 勉县阜川镇唐家湾村驻村第一书记，荣获中央和国家机关工委脱贫攻坚优秀个人。

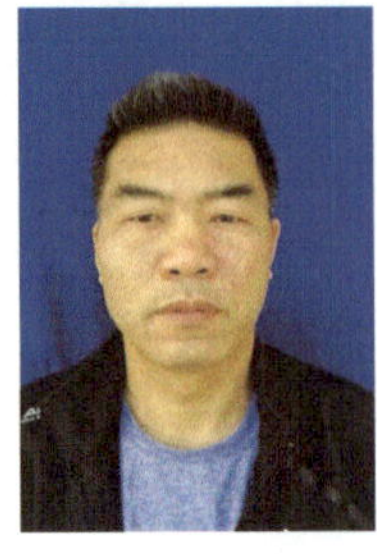

韩慧成 2018.03—2023.05 勉县阜川镇唐家湾村驻村工作队队员，荣获 2021 年西安局集团公司脱贫攻坚先进个人。

张 珺 2015.10—2021.06 勉县阜川镇唐家湾村驻村工作队队员，荣获 2018 年西安局集团公司脱贫攻坚先进个人。

郭吉恩 2018.03—2021.06 勉县新街子镇黑滩子村驻村工作队队员，荣获 2019 年西安局脱贫攻坚先进个人。

黄 伟 2016.01—2017.03 勉县新街子镇黑滩子村驻村第一书记，荣获 2016 年陕西省脱贫攻坚先进个人。

李 勇 2016.01—2021.05 勉县新街子镇黑滩子村驻村工作队队员、第一书记，荣获 2021 年国铁集团脱贫攻坚先进个人。

刘建军 2017.02—2019.09 勉县新街子镇黑滩子村驻村第一书记，荣获 2018 年国铁集团脱贫攻坚先进个人。

吴 凯 2019.08—2023.05 勉县新街子镇黑滩子村驻村工作队队员、第一书记，荣获 2020 年西安局脱贫攻坚先进个人。

李毅安 2018.02—2023.05 勉县漆树坝镇漂草沟村驻村工作队队员、第一书记，荣获全路青年岗位能手。

田国强　2018.02—2023.05 勉县漆树坝镇漂草沟村驻村工作队队员，荣获陕西省优秀驻村工作队员。

王　峰　2016.01—2018.04 勉县漆树坝镇漂草沟村驻村第一书记，荣获陕西省优秀第一书记。

吴建奎　2016.01—2021.06 勉县漆树坝镇漂草沟村驻村工作队队员、第一书记，荣获国铁集团脱贫攻坚先进个人。

郭　旗　2018.02—2021.06 勉县元墩镇唐湾村驻村第一书记，荣获 2019 年国铁集团扶贫工作先进个人。

和鹏博　2018.02—2021.06 勉县元墩镇唐湾村驻村工作队队员，荣获 2020 年国铁集团扶贫工作先进个人。

吕　磊　2016.01—2018.02 勉县元墩镇唐湾村驻村第一书记，荣获 2016 年陕西省汉中市优秀第一书记。

牛小红　2016.01—2018.02 勉县元墩镇唐湾村驻村工作队队员，荣获集团公司 2020 年脱贫攻坚先进个人。

田　羽　2018.02—2021.06 勉县元墩镇唐湾村驻村工作队队员，荣获集团公司脱贫攻坚先进个人。

毕晓成　2016.01—2021.07 勉县漆树坝镇唐家坝村驻村工作队队员，荣获 2018 年国铁集团脱贫攻坚先进个人。

黄　靖　2018.02—2021.07 勉县漆树坝镇唐家坝村驻村工作队队员，荣获 2020 年国铁集团脱贫攻坚先进个人。

张兆亮 2016.01—2018.05 勉县漆树坝镇唐家坝村驻村工作队队员，荣获2018年陕西省扶贫先进个人。

秦海斌 2018.02—2021.07 勉县漆树坝镇唐家坝村驻村第一书记，荣获2019年国铁集团脱贫攻坚先进个人。

冯永全 2018.01—2021.06 勉县新街子镇栗子坝村驻村第一书记，荣获国铁集团脱贫攻坚先进个人。

李 强 2018.01—2021.06 勉县新街子镇栗子坝村驻村工作队队员，荣获国铁集团脱贫攻坚先进个人。

宋金平 2016.01—2021.06 勉县新街子镇栗子坝村驻村工作队队员，荣获陕西省优秀驻村工作队员。

魏清竹 2016.01—2018.01 勉县新街子镇栗子坝村驻村第一书记，荣获陕西省优秀驻村工作队员。

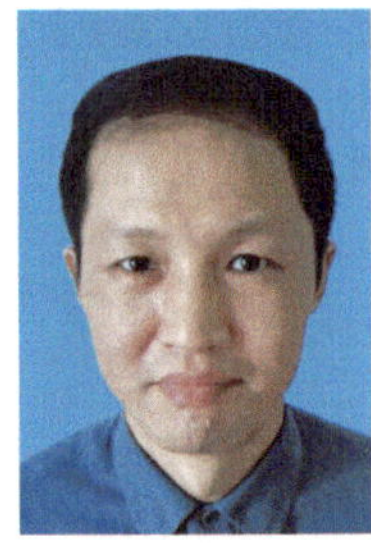

周 锐 2016.01—2018.01 勉县新街子镇栗子坝村驻村工作队队员，荣获陕西省优秀驻村工作队员。

韩阳峰 2015.12—2018.03 勉县元墩镇杨庄村驻村工作队队员，荣获2016年陕西省脱贫攻坚先进个人。

李道斌 2015.12—2018.08 勉县元墩镇杨庄村驻村第一书记，荣获2016年陕西省脱贫攻坚先进个人。

王江琦 2018.03 以来勉县元墩镇杨庄村驻村第一书记，荣获2021年国铁集团铁路脱贫攻坚先进个人。

王　楠　2018.09—2021.05 勉县元墩镇杨庄村驻村工作队队员，荣获2019年全国扶贫助困好青年。

赵　萍　2018.03—2021.05 勉县元墩镇杨庄村驻村工作队队员，荣获 2021 年西安局集团公司先进个人。

郭　鑫　2018.03—2021.06 勉县阜川镇骆驼项村驻村工作队队员，荣获 2020 年度脱贫攻坚先进个人。

王璐　2018.03—2021.06 勉县阜川镇骆驼项村驻村工作队队员，荣获陕西省优秀驻村工作队员。

张文达　2016.01—2018.03 勉县阜川镇骆驼项村驻村工作队队员，荣获 2020 年度扶贫工作先进个人。

张星皓　2016.01—2018.03 勉县阜川镇骆驼项村驻村第一书记，荣获 2016 年度驻村联户扶贫工作先进个人。

郑功利　2018.03—2021.06 勉县阜川镇骆驼项村驻村第一书记，荣获全路火车头奖章。

中国铁路济南局集团有限公司帮扶干部情况

董方生　曾在菏泽市皇镇办事处夹河赵村、临沂市费县石井镇柴禾峪村、临沂市蒙阴县野店镇毛坪村、旧寨乡常坪村兼职从事帮扶工作。铁路扶贫工作先进个人、铁路脱贫攻坚先进个人。

李洪勇　机关服务所保卫科科长，2017—2019 年菏泽市皇镇办事处夹河赵村、临沂市费县石井镇柴禾峪村、临沂市蒙阴县野店镇毛坪村兼职从事帮扶工作。铁路扶贫工作先进个人（2019 年国铁集团颁发）。

张　浩　办公室（党委办公室、董事会办公室）督查室副主任，曾在临沂市蒙阴县野店镇毛坪村、临沂市蒙阴县旧寨乡常坪村兼职从事帮扶工作。

中国铁路上海局集团有限公司帮扶干部情况

周　斌　上海局集团公司办公室主任，扶贫办主任。

张　杰　上海局集团公司办公室副主任，扶贫办分管领导，2017—2020 年度集团公司脱贫攻坚先进个人。

杨高杰　上海局集团公司办公室总值班室主任，扶贫办工作人员，2020 年铁路脱贫攻坚先进个人。

崔　灿　新长工务段运输车间主任、党支部副书记，2016.03—2018.03 任江苏省滨海县梁港村第一书记，2018 年度“全国向上向善好青年——诚实守信好青年”。

中国铁路南昌局集团有限公司帮扶干部情况

刘建华　南昌局集团公司九江桥工段工会主席。2012.06—2015.09 修水县杭口镇挂职党委副书记，2015.09—2017.01 修水县东港乡岭下村驻村第一书记。2016 年江西省“扶贫先进个人”。

张键华　南昌局集团公司九江桥工段材料科副科长。2017.01—2018.03 修水县东港乡岭下村驻村第一书记。

黄洪华　南昌局集团公司九江桥工段林务车间主任。2018.03—2021.01 修水县东港乡岭下村驻村工作队员。2020 年国铁集团党组、国铁集团“铁路脱贫攻坚先进个人”。

刘连飞　南昌局集团公司九江桥工段九江大桥车间助理工程师。修水县东港乡岭下村、余干县鹭鸶港乡沿河村驻村工作队员。2020 年修水县东港乡“优秀帮扶干部”。

邹道银　修水县东港乡岭下村驻村第一书记、工作队队长。2019 年度国铁集团“铁路扶贫先进个人”，2020 年度集团公司“先进生产（工作）者”“十大平凡之星”，九江市脱贫攻坚作为奖，江西省最美扶贫干部，江西省脱贫攻坚作为奖，国铁集团火车头奖章。

夏　晖　南昌局集团公司九江车务段九江北站党支部书记，修水县东港乡岭下村第一书记、工作队队长。2018 年度中国铁路总公司铁路扶贫工作先进个人，2020 年度集团公司“先进生产（工作）者”、修水县东港乡“优秀帮扶干部”。

李乃阳 江西省上饶市玉山县横街镇塘尾村、双明镇窑山村驻村工作队队长。2013 年至 2019 年江西省上饶市委、市政府年度“优秀扶贫干部”，2018 年度中国铁路总公司铁路扶贫工作先进个人，2019 年度南昌局集团公司“十大平凡之星”、优秀共产党员。

周 军 2018.09—2021.06 兼任南昌局集团公司扶贫办副主任，帮扶地点江西省九江市修水县东港乡岭下村、江西省上饶市玉山县双明镇窑山村。2021 年被评为国铁集团党组、国铁集团“铁路脱贫攻坚先进个人”，江西省“脱贫攻坚先进个人”。

许 铭 2017.05—2021.06 南昌局集团公司扶贫办工作人员，帮扶地点江西省九江市修水县东港乡岭下村、江西省上饶市玉山县双明镇窑山村。2021 年 2 月国铁集团党组、国铁集团“铁路脱贫攻坚先进个人”。

中国铁路广州局集团有限公司帮扶干部情况

马敬林 广州局集团公司广州供电段韶关东供电车间党支部书记，2011.11—2013.04 在乳源瑶族自治县大布镇埕头村从事帮扶工作，广东省优秀驻村干部。

邝华彪 广州局集团公司科技和信息化部（总工程师室）科技管理科副科长，2013.06—2014.12 在广东省乐昌市乐城街道办事处洪连村委会从事帮扶工作，2011 年铁路青年春运立功竞赛活动先进个人。

邓志新 广州局集团公司广州车务段广坪段坪石站党总支书记，2014.03—2015.06 在广东省乐昌市乐城街道办事处洪连村委会从事帮扶工作。

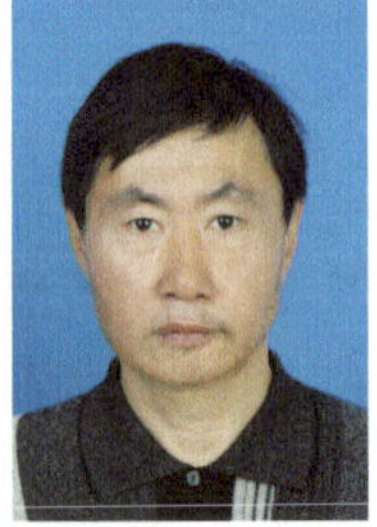

陈长发 广州局集团公司广东铁路公司党委委员、副总经理，2016.05—2021.03 在广东省茂名市化州市中垌镇公居村从事帮扶工作，2020 年全国脱贫攻坚先进个人。

梁杨贤　广州局集团公司肇庆车务段信宜站党支部书记兼副站长，2016.04—2021.03 在广东省茂名市化州市中垌镇公居村从事帮扶工作，2019 年度铁路扶贫工作先进个人。

易文立　广州局集团公司肇庆工务段副段长，在广东省茂名市化州市中垌镇公居村从事帮扶工作。

符明川　广州局集团公司原粤海公司党支部书记，2016.09—2020.08 在海南省定安县新竹镇卜效村从事帮扶工作。

王　茂　广州局集团公司海口综合维修段检测中心（电务试验室）副主任，在海南省定安县新竹镇卜效村从事帮扶工作，2020 年广州局集团公司优秀共产党员。

黎　文　广州局集团公司海口机辆轮渡段北港管理所助理工程师，在海南省定安县新竹镇卜效村从事帮扶工作。

中国铁路南宁局集团有限公司帮扶干部情况

蔡建文　2016.03—2018.03 从事帮扶工作，获融水苗族自治县组织部“扶贫工作最美第一书记”、柳州市委组织部“柳州市美丽广西乡村建设（扶贫）优秀工作队员”、2018 年广西壮族自治区“民族团结模范个人”、2018 年中国铁路扶贫工作先进个人等荣誉。

陈国栋　南宁局集团公司柳州工务机械段技术员，2018.03—2021.04 广西柳州融水苗族自治县大浪镇潘里村驻村工作队员、第一书记。2020 年铁路脱贫攻坚先进个人、2019—2020 年度广西壮族自治区脱贫攻坚先进个人。

廖景学 南宁局集团公司柳州车站货检车间代技术员。2018.03—2020.07 柳州市融水苗族自治县红水乡良陇村第一书记。

罗 进 南宁局集团公司柳州机务段党总支副书记（支工会主席），在柳州市融水苗族自治县大浪镇大德村驻村帮扶。2021 年国铁集团铁路帮扶先进个人、南宁局集团公司优秀党务工作者、融水苗族自治县第三届“最美第一书记”。

师 军 南宁局集团公司工会指导员。2019、2020 年国铁集团脱贫攻坚先进个人，2021 年国铁集团火车头奖章获得者。

吴李东 南京局集团公司柳州机务段车间党总支副书记、支工会代主席。2018.03—2021.02 融水苗族自治县大浪镇大德村第一书记，2019 年国铁集团扶贫先进个人。

吴仁辉 南宁局集团公司柳州工务段主任技术定额员。2015.10—2018.04 广西壮族自治区融水苗族自治县红水乡良陇村第一书记。荣获广西壮族自治区民族团结进步模范个人称号。

张宏伟 南宁局集团公司柳州车务段工会指导员。帮扶融水苗族自治县红水乡良陇村。2020 年融水苗族自治县第二届优秀工作队员。

贾祥东 南宁局集团公司柳州电务段融安信号车间技术员。2018.03—2020.09 帮扶融水苗族自治县大浪镇潘里村，任第一书记。2021 年 2 月荣获国铁集团脱贫攻坚火车头奖章。

黄冠华 南宁局集团公司柳州供电段职工。2016.03—2018.03 帮扶融水苗族自治县大浪镇潘里村，任工作队员。2017 年融水苗族自治县优秀工作队员，2018 年自治区“民族团结进步模范个人”。

刘 浩 南宁局集团公司柳州机车车辆有限公司宣传助理。2020.04—2022.08 帮扶融水苗族自治县红水乡良陇村任第一书记。2020 年柳州市优秀脱贫攻坚工作队员。

杨坚华 南宁局集团公司南宁通信段行政办公室副主任。2020.04—2023.05 帮扶融水苗族自治县大浪镇潘里村，任工作队员、第一书记。2022 年国铁集团年度铁路帮扶工作先进个人，2022 年柳州市第三届“最美工作队员”。

吴继文 南宁局集团公司柳州车辆段验收室主任验收员，融水苗族自治县大浪镇潘里村工作队员，荣获融水苗族自治县第三届“最美工作队员”。

黄光海 南宁局集团公司柳州车务段融安车间副主任，2016.03—2018.03 任融水苗族自治县大浪镇大德村第一书记。2017 年自治县“最美第一书记”，2018 年铁路总公司“扶贫先进个人”，2019 年获集团公司“感动宁铁十件大事”称号，2020 年“广西最美铁路人”。

汤　侃 南宁局集团公司工会保障和女工工作部副部长。2017.08—2019.02 负责脱贫攻坚具体工作，2017 年荣获集团公司防洪工作先进个人。

中国铁路成都局集团有限公司帮扶干部情况

唐光平 人事处副处长，2012—2014 年扶贫办工作人员。

张　亮 人事处（党委组织部）综合科科长，2012—2014 年扶贫办工作人员。

高长清 办公室副主任，2015—2017 年扶贫办工作人员。

黄　磊 办公室秘书科科长，2015—2017 年扶贫办工作人员。

何建春 机关服务所所长，2018—2020年扶贫办工作人员，2019年度铁路扶贫工作先进个人。

胡 云 机关服务所设备管理科科长，2018—2020年扶贫办工作人员。

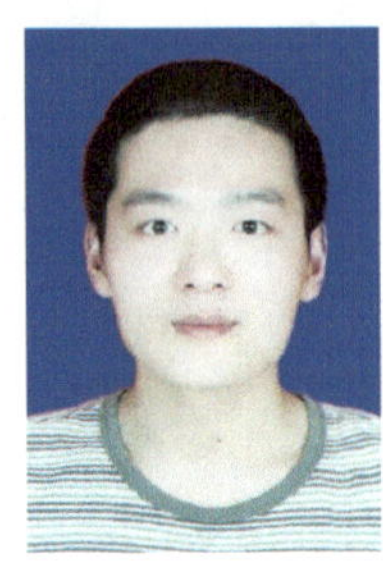

李 斌 机关服务所综合管理科协办，2020年扶贫办工作人员，2021年铁路脱贫攻坚先进个人。

蔡春生 峨眉车务段党委副书记，2018.06—2021.04四川省平昌县挂职县委副书记。2019年度集团公司先进个人、铁路扶贫工作先进个人，2020年度集团公司劳动模范。

甘 彬 达州车务段团委书记，2015.11.18—2018.06.19四川省平昌县关路村驻村第一书记。曾获四川省扶贫攻坚优秀驻村第一书记、铁路总公司优秀共产党员、全国铁道团委第十七届“铁路青年五四奖章”等荣誉称号。

吕昌召 达州工务段梁平线路车间党支部书记，2015.11.17—2018.06.19四川省平昌县凤山村驻村第一书记。2018、2019年度铁路扶贫工作先进个人。

代林均 2018.02—2021.06四川省松潘县烟囱村驻村第一书记。2018年度铁路扶贫工作先进个人，2019年度集团公司劳动模范、铁路扶贫工作先进个人，2021年阿坝藏族羌族自治州优秀共产党员。

祝 礼 达州车务段市场营销部副部长，2018.06—2021.06四川省平昌县关路村第一书记。2019年度四川省脱贫攻坚一线优秀扶贫干部、2021年铁路脱贫攻坚先进个人。

王天明 广元车务段保卫科干事，2018.06—2021.06四川省平昌县凤山村第一书记。2019年度集团公司劳动模范、2020年度火车头奖章获得者、四川省脱贫攻坚先进个人、四川省脱贫攻坚“五个一”先进个人。

毕忠奎 成都北车辆段修配车间副主任，2018.06—2021.06四川省松潘县烟囱村驻村工作队队员。铁路脱贫攻坚先进个人、2020年度四川省脱贫攻坚“五个一”先进个人。

孙国君　沪昆客专贵州公司综合管理部主任部员，2019.06—2021.06 贵州省望谟县平洞街道坝奔村第一书记。2019 年度铁路扶贫工作先进个人、2020 年度贵州省劳动模范、2021 年铁路脱贫攻坚先进个人。

中国铁路昆明局集团有限公司帮扶干部情况

王鸿兴　就职于昆明局广通工电段，2002.04—2004.04 在云南省大理白族自治州南涧彝族自治县小湾东镇从事帮扶工作。

毕朝福　就职于昆明局广通车务段，2004.04—2006.05 在云南省大理白族自治州南涧彝族自治县小湾东镇从事帮扶工作，任副镇长。

杜志文　就职于昆明局昆明机务段，2006.05—2008.07 在云南省大理白族自治州南涧彝族自治县小湾东镇从事帮扶工作。

陈　建　就职于昆明局广通工电段，2008.08—2010.07 在云南省大理白族自治州南涧彝族自治县小湾东镇从事帮扶工作。

张　辉　就职于昆明物流集团公司，2010.07-2011.07 在云南省大理白族自治州南涧彝族自治县小湾东镇从事帮扶工作。

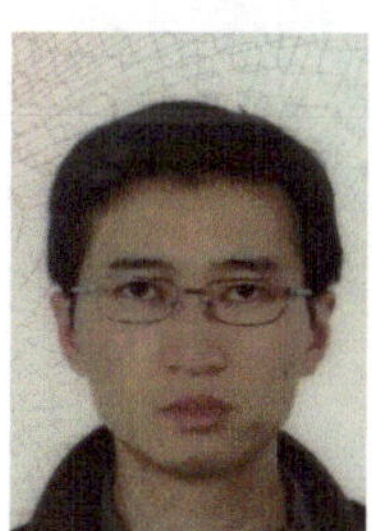

王跃然　就职于生活服务总公司，2011.08-2012.07 在云南省大理白族自治州南涧彝族自治县小湾东镇从事帮扶工作。

杨　雄　就职于昆明局昆明工务段，2012.07—2014.07 在云南省大理白族自治州南涧彝族自治县小湾东镇从事帮扶工作。

黎　明　就职于昆明局昆明车务段，2014.08—2016.02 在云南省大理白族自治州南涧彝族自治县小湾东镇从事帮扶工作。

王文亮　就职于昆明局玉溪供电段，2016.02—2018.02 在云南省大理白族自治州南涧彝族自治县小湾东镇从事帮扶工作。

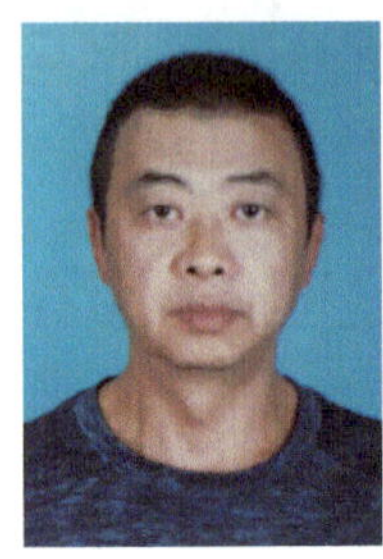

余　敏　就职于昆明局昆明北车辆段，2018.03—2021.05 在云南省大理白族自治州南涧彝族自治县小湾东镇从事帮扶工作。

中国铁路兰州局集团有限公司帮扶干部情况

范利锋　武保部副主任（原扶贫办主任），2017.12—2019.09 从事帮扶工作。荣获 2018 年铁路扶贫工作火车头奖章。

史　隆　2018.04—2019.09 陇西县文峰镇东梁村驻村第一书记，2019.09 开始担任扶贫办主任。2020 年全国脱贫攻坚先进个人。

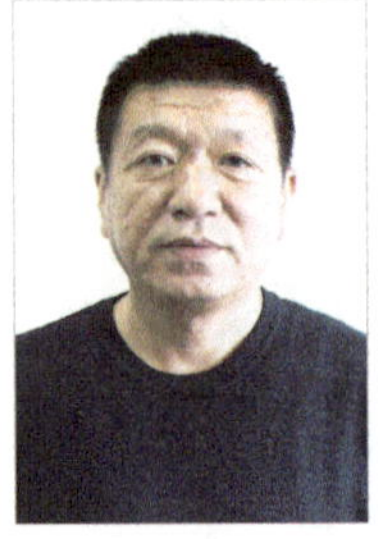

商　哲　2012.03—2019.09 原扶贫办副主任，2018 年铁路扶贫工作先进个人。

蔺志典　2019.09 开始担任扶贫办副主任。2019 年度兰州局集团公司扶贫先进个人。

车延龙　2018.01 开始担任扶贫办干事，2020 年铁路脱贫攻坚先进个人。

杨　勇　物资部物资采购所综合管理部部长（原扶贫办干事），2019.04—2020.12 从事帮扶工作。

黄　俊　办公室综合科副科长（原扶贫办干事），2019.10—2020.08 从事帮扶工作。

葛　鑫　2019.01 开始担任扶贫办干事，2019 年度兰州局集团公司扶贫先进个人。

张新全　兰州局集团公司银川房建段调研员，2018.03—2019.01 挂职固原市彭阳县政府副县长，2019.11 开始挂职固原市发改委副主任。2019 年兰州局集团公司优秀共产党员。

王国军　兰州局集团公司固原车务段副段长，2016.03—2021.10 挂职固原市原州区政府副区长，2018 年度国铁集团脱贫攻坚先进个人。

冉　琦　兰州局集团公司银川房建段党总支书记。2018.07—2019.04 固原市原州区张易镇宋洼村驻村帮扶，2019.05—2020.04 固原市原州区开城镇柯庄村驻村帮扶，2020 年 5 月开始在固原市原州区乡村振兴局挂职帮扶。荣获 2020 年度全路脱贫攻坚火车头奖章。

张　胜　兰州局集团公司银川供电段质检验收室主任。2019.04.08—2020.04.26 在固原市原州区张易镇驼巷村驻村帮扶，2020.04.27 开始在固原市原州区彭堡镇姚磨村驻村帮扶。荣获 2020 年度国铁集团脱贫攻坚先进个人。

刘红霞　兰州局集团公司固原车务段助理工程师。2018.04—2019.02 张易镇马场村驻村队员，2019.02—2020.04 张易镇贺套村驻村队员，2020.04 开始驻村帮扶开城镇冯庄村。2019 年度兰州局扶贫先进个人、优秀共产党员、原州区脱贫攻坚先进个人，2020 年度国铁集团脱贫攻坚先进个人。

罗晓利　兰州局集团公司迎水桥机务段救援列车技术员（助理工程师）。2020.05.06—2021.07.12 固原市原州区开城镇柯庄村驻村第一书记，2021.07.13 开始驻村帮扶固原市原州区三营镇安和村。

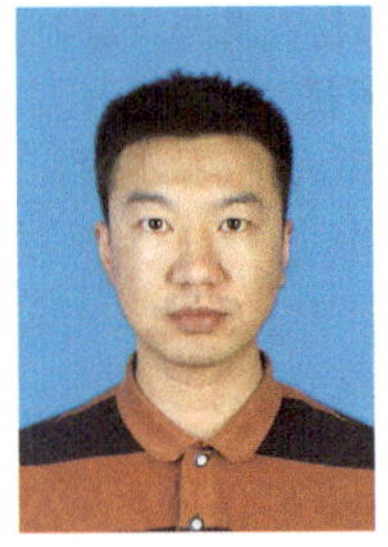

付进举 兰州局集团公司银川电务段固原信号车间信号工。2019.04.08—2020.05.06 固原市原州区开城镇柯庄村驻村帮扶，2020.05.07 开始在固原市原州区头营镇杨郎村驻村帮扶。荣获 2019 年度集团公司脱贫攻坚先进个人。

柳文平 兰州局集团公司中卫工务段安全科安全员。2018.04.13—2020.04.26 原州区张易镇马场村、贺套村、毛庄村驻村工作队员，2020.04.27—2021.07.13 原州区开城镇柯庄村驻村工作队员，2021.07.14 开始为原州区彭堡镇姚磨村驻村工作队员。

陈　婷 兰州局集团公司银川货运中心干事。2019.04.08—2020.04.26 张易镇贺套村驻村工作队员，2020.04.26—2021.06.10 开城镇冯庄村驻村工作队员。2019 年兰州局集团公司扶贫先进个人。

杨晓宏 兰州局集团公司固原车务段副段长。2005.03—2016.03 挂职原州区区长助理。2014 年 1 月 17 日中央国家机关等单位定点扶贫先进个人。

赵　鑫 兰州局集团公司定西工务段助理工程师。2019.05—2021.04 陇西县渭阳乡水泉村驻村工作队员，2021.04 开始在陇西县渭阳乡水泉村担任驻村第一书记。2020 年国铁集团铁路脱贫攻坚先进个人。

师乾海 兰州局集团公司兰州货运中心陇西货运营业部货装值班员。2019.05—2021.04 陇西县渭阳乡本驮村驻村工作队员，2021.04 开始在陇西县渭阳乡本驮村担任驻村第一书记。

王宏斌 兰州局集团公司定西工务段陇西线路车间副主任。2018.04.11—2021.04.11 陇西县渭阳乡锦屏村驻村第一书记，2021.04.12 开始驻村帮扶陇西县通安驿镇东峪村。2019 年兰州局集团公司优秀共产党员。

马宏臻 兰州局集团公司陇西车务段副段长。2019.11—2021.01.31 陇西县文峰镇东梁村驻村第一书记。2019 年兰州局集团公司扶贫先进个人。

谢　劼 兰州局集团公司劳卫部卫生管理科干事。2018.04.11—2021.04.02 陇西县渭阳乡水泉村驻村第一书记。2020 年国铁集团铁路脱贫攻坚先进个人。

陈金鑫 兰州局集团公司天水车站融媒体工作室干事。2019.05.20—2021.05.10 陇西县渭阳乡锦屏村驻村工作队队员。2020 年 2 月荣获全国铁道团委第十九届“全国铁路向上向善好青年”称号。

马国虎　兰州局集团公司陇西车务段陇西车站副站长。2019.05.20—2021.05.10 陇西县文峰镇东梁村驻村工作队员。甘肃省 2019 年度脱贫攻坚“帮扶先进个人”。

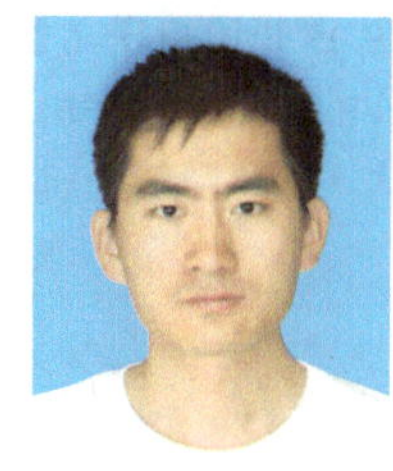

刘　伟　兰州局集团公司计统部合资铁路管理办公室科长。2018.09.04—2021.04.02 陇西县渭阳乡本驮村驻村第一书记。2020 年国铁集团铁路脱贫攻坚先进个人。

许　植　兰州局集团公司陇西车务段客货统计科副科长。2019.05.20—2021.05.10 陇西县通安驿镇东峪村驻村工作队员。2019 年度兰州局集团公司扶贫先进个人。

仰彦龙　兰州货运中心调度指挥中心副主任。2018.04.11—2021.04.02 陇西县通安驿镇东峪村驻村第一书记。2019 年国铁集团铁路扶贫工作先进个人。

许钢成　兰州局集团公司银川货运中心梅花井货运营业部技术员。2019.05.26—2020.05.06 原州区张易镇黄堡村、闫关村驻村队员，2020.05.07—2021.06.10 原州区头营镇杨郎村驻村队员。2019 年度兰州局集团公司帮扶工作先进个人，2020 年兰州局集团公司优秀共产党员。

晁　宁　兰州局集团公司固原车务段固原车站副站长。2018.04—2019.02 原州区张易镇宋洼村驻村第一书记，2019.03—2020.04 原州区张易镇毛庄村驻村工作队员，2020.05—2021.06 原州区彭堡镇姚磨村驻村工作队员。荣获国铁集团 2019 年度铁路扶贫工作先进个人。

中国铁路乌鲁木齐局集团有限公司帮扶干部情况

伍　伟　2007.08—2014.06 乌鲁木齐局集团公司扶贫开发领导小组办公室主任。

舒　凯　2015.07—2019.01 乌鲁木齐局集团公司扶贫开发领导小组办公室主任。

王智军　2019.05 开始担任乌鲁木齐局集团公司扶贫开发领导小组办公室主任。

浦拉提江 · 麦麦提力　2016.02—2018.03 和田县拉依喀乡达奎村、库木艾日克村驻村工作队员，集团公司扶贫办政工师。自治区脱贫攻坚先进个人。

魏　曦　2019.05 开始担任乌鲁木齐局集团公司扶贫开发领导小组办公室科长，铁路脱贫攻坚先进个人。

艾尼瓦尔 · 艾买提　喀什车务段党委副书记。2016.11—2021.03 和田县副县长，铁路脱贫攻坚先进个人。

玉素甫 · 卡德尔　乌鲁木齐局集团公司喀什基础设施段党委书记。2016.02—2020.03 和田县拉依喀乡达奎村驻村工作队队长、巴什拉依喀村第一书记、驻村工作队总领队。自治区"访惠聚"驻村工作先进工作者。

管冬祥　哈密货运中心副总经理。2018.02—2020.03 拉依喀乡达奎村驻村工作队副总领队、第一书记。乌鲁木齐局集团公司"优秀党务工作者"。

木塔立夫 · 海山　2014.02—2015.03 和田县拉依喀乡达奎村副队长。2020.03—2021.07 铁路"访惠聚"驻村工作队总领队，和田县拉依喀乡巴什拉依喀村第一书记。

杨东山　人事处（党委组织部）副处长（高级政工师）。2016.02—2018.03 和田县拉依喀乡达奎村工作队副队长，自治区"访惠聚"驻村工作先进工作者。

艾山江 · 乌斯满　工务机械段设备检修车间副主任（工程师）。2016.02—2018.03 和田县拉依喀乡达奎村、巴什拉依喀村驻村工作队员、副队长。集团公司优秀共产党员。

祖龙江 · 胡加阿不都拉　工程管理所对外协调室主任（正科）。2019.03—2021.03 拉依喀乡达奎村副队长。自治区"访惠聚"驻村工作先进个人。

库尔西艾沙·依明 喀什车务段叶城站副站长。2017.02—2019.03拉依喀乡巴什拉依喀村、达奎村驻村工作队员、副队长。

阿力江·依沙克 哈密货运中心党委书记。2017.02—2021.03 罕艾日克镇拉依喀村驻村工作队副总领队、塔依塔克村第一书记。自治区选派深度贫困村第一书记先进个人、铁路脱贫攻坚先进个人。

多里坤·阿不都拉 房地产开发总公司副总经理。2018.02—2021.03 罕艾日克镇拉依喀村工作队队长、第一书记。自治区“访惠聚”驻村工作先进个人、铁路脱贫攻坚先进个人。

德来提·卡得尔 文化体育工作站副主任。2017.01—2020.03 拉依喀乡库木艾日克村驻村工作队队长、库木艾日克村第一书记。铁路脱贫攻坚先进个人。

沙拉木·阿力米提 哈密机务段哈密检修车间支会主席。罕艾日克镇拉依喀村驻村工作队员、副队长。自治区“访惠聚”驻村工作先进个人、铁路脱贫攻坚先进个人。

热西丁·亚森 库尔勒电务段鱼儿沟信号车间副主任。罕艾日克镇都先拜巴扎村第一书记、拉依喀乡巴什拉依喀村驻村工作队副队长。

帕拉提·吾甫尔 乌鲁木齐局集团公司库尔勒安监分室监察，2014.02—2015.02 和田县拉依喀乡达奎村驻村工作队员。

刘旭宏 乌鲁木齐局集团公司办公室（党委办公室）秘书，2014.05—2015.03 和田县拉依喀乡达奎村驻村工作队员。

木天鲁夫·塔西麦麦提 乌鲁木齐局集团公司文体工作站业余体校副校长，2014.03—2015.03 和田县拉依喀乡达奎村驻村工作队员。

买买提江·努尔买买提 喀什工务段综合机修车间党总支书记。2013.07—2015.01 和田县罕艾日克镇铁木尔其村驻村工作队员，2015.02—2016.02 拉依喀乡达奎村驻村工作队员。

哈斯木·卡迪尔 库尔勒机务段工会主席。2015.02—2021.03 和田县拉依喀乡达奎村、罕艾日克镇托奴村驻村工作队队员、第一书记。自治区选派深度贫困村第一书记先进个人。

艾尔肯·肉孜 库尔勒客运段副段长。2015.02—2021.03 和田县拉依喀乡达奎村、罕艾日克镇罕艾日克村驻村工作队队员、第一书记。自治区选派深度贫困村第一书记先进个人。

买和木提·买买提 乌鲁木齐西站办公室科员。2013.07—2015.01 和田县拉依喀乡达奎村、2015.02—2016.02 罕艾日克镇铁木尔其村、2017.03—2018.03 拉依喀村驻村工作队员。

亚库甫·阿沙木都 阿克苏车务段职工教育科科长，和田县拉依喀乡达奎村、罕艾日克镇吉格代艾日克村驻村工作队员。中央和国家机关脱贫攻坚优秀个人。

黄士新 办公室（党委办公室）助理工程师。2015.02—2016.02 和田县拉依喀乡达奎村驻村工作队员。

吐尔逊江·艾再孜 乌鲁木齐铁路公安局乌鲁木齐铁路公安处乌鲁木齐南站派出所副所长。2016.02—2017.03 和田县拉依喀乡达奎村驻村工作队员。

秦启立 喀什工务段党委办公室（纪检监察室）干事（助理工程师）。2016.02—2018.03 和田县拉依喀乡达奎村、巴什拉依喀村驻村工作队员。

哈力甫·瓦尔斯 哈密供电段动力设备车间党总支书记。拉依喀乡巴什拉依喀村、罕艾日克镇库玛村、托奴村第一书记。自治区选派深度贫困村第一书记先进个人。

田永锋 库尔勒供电段和田供电车间副主任。2017.02—2019.03 拉依喀乡巴什拉依喀村驻村工作队员。自治区"访惠聚"驻村工作先进工作者。

哈木拉提·阿吾提 乌鲁木齐车辆段机关党总支书记。2017.02—2020.03 拉依喀乡巴什拉依喀村驻村工作队员、罕艾日克镇尤库日罕艾日克村第一书记。自治区选派深度贫困村第一书记先进个人、铁路脱贫攻坚先进个人。

蒋邵清　库尔勒机务段库尔勒整备车间党支部书记。2017.02—2020.03 拉依喀乡巴什拉依喀村驻村工作队员。

阿克江·伊斯玛尔　库尔勒公安处和田站派出所线路大队大队长。2017.02—2019.03 拉依喀乡巴什拉依喀村驻村工作队员。自治区“访惠聚”驻村工作先进个人。

乔　军　库尔勒房产公寓段和田综合车间技术员。2017.02—2018.03 拉依喀乡巴什拉依喀村驻村工作队员。

艾克拜尔·艾力江　乌鲁木齐公安处乌鲁木齐站货场派出所二级警员。2017.02—2019.03 拉依喀乡库木艾日克村驻村工作队员。

阿不都·托乎拉　库尔勒电务段中修车间党支部书记。2017.02—2017.03 拉依喀乡库木艾日克村驻村工作队员。

斯地克·买买提　库尔勒机务段喀什折返车间副主任。2017.02—2019.07 拉依喀乡库木艾日克村驻村工作队员，罕艾日克镇拉依喀村副队长。自治区“访惠聚”驻村工作先进个人。

宋中华　库尔勒车辆段喀什运用车间副主任。2017.02—2018.03 拉依喀乡库木艾日克村驻村工作队员。

李　伟　阿克苏工务段金银川线路车间助理工程师。2017.02—2020.03拉依喀乡库木艾日克村、达奎村驻村工作队员。自治区“访惠聚”驻村工作先进个人。

汪振道　库尔勒车辆段阿克苏运用车间助理工程师。2017.02—2020.03 拉依喀乡库木艾日克村、罕艾日克镇拉依喀村驻村工作队员。铁路脱贫攻坚先进个人。

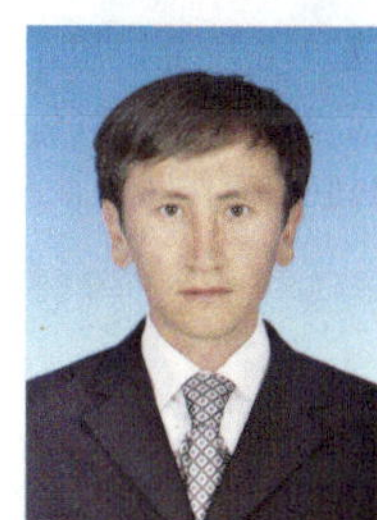

阿不都瓦力·肉孜　乌鲁木齐供电段伊宁监管车间副主任。2017.02—2018.03 拉依喀乡巴什拉依喀村驻村工作队员。

艾合买提·阿地力 库尔勒供电段叶城供电车间党支部书记。2017.02—2021.03 罕艾日克镇拉依喀村驻村工作队员、都先拜巴扎村第一书记。自治区"访惠聚"驻村工作先进工作者。

安尼瓦尔·卡地尔 库尔勒工务段综合机修车间副主任。罕艾日克镇拉依喀村驻村工作队员、夏买来村第一书记。自治区选派深度贫困村第一书记先进个人、铁路脱贫攻坚先进个人。

李 江 喀什货运中心库车营业部副经理。2017.02—2018.03 罕艾日克镇拉依喀村驻村工作队员。

外力·艾力 奎屯公安处伊宁站派出所二级警员。2017.02—2019.03 罕艾日克镇拉依喀村驻村工作队员。

雷宝平 库尔勒电务段叶城车间助理工程师。2017.02—2020.03 罕艾日克镇拉依喀村驻村工作队员。2017 年度自治区"访惠聚"驻村工作先进工作者。

阿布都西库尔·阿布都热依木 库尔勒电务段喀什信号车间信号工。2017.03—2020.03 拉依喀乡库木艾日克村驻村工作队员、巴什拉依喀村副队长。自治区"访惠聚"驻村工作先进个人、铁路脱贫攻坚先进个人。

周 辉 库尔勒客运段办公室干事。2018.02—2019.03 拉依喀乡巴什拉依喀村驻村工作队员。自治区"访惠聚"驻村工作先进个人。

毕 虎 喀什工务段办公室档案员。2018.02—2020.03 拉依喀乡巴什拉依喀村驻村工作队员。自治区"访惠聚"驻村工作先进个人。

柳小平 阿克苏车务段金银川车间党总支书记。2018.02—2021.03 拉依喀乡达奎村驻村工作队员。

卡哈尔·卡德尔 哈密工务段头堡线路车间副主任。拉依喀乡达奎村驻村工作队员。自治区"访惠聚"驻村工作先进个人、铁路脱贫攻坚先进个人。

依马木·艾买提 喀什车务段叶城车间助理工程师。2018.02—2020.03拉依喀乡达奎村驻村工作队员。自治区“访惠聚”驻村工作先进个人。

帕拉提·阿沙木都 喀什车务段信息技术统计科干部。拉依喀乡库木艾日克村驻村工作队员。自治区“访惠聚”驻村工作先进个人。

张　悦 喀什货运中心开发二部副经理。2018.02—2021.03拉依喀乡库木艾日克村驻村工作队员。自治区“访惠聚”驻村工作先进个人。

阿合买提·买买提 乌鲁木齐机务段信息技术科助理工程师。2018.02—2021.03拉依喀乡库木艾日克村驻村工作队员。

依孜江·买买提 库尔勒客运段和田一队列车员。2019.07—2021.03拉依喀乡巴什拉依喀村驻村工作队员。自治区“访惠聚”驻村工作先进个人。

余志强 乌鲁木齐车务段吐鲁番站客运值班员。拉依喀乡巴什拉依喀村驻村工作队员。

阿利普.哈米特 乌鲁木齐铁路公安局国内安全保卫处一级警员。2019.02—2021.03拉依喀乡巴什拉依喀村驻村工作队员。

排里哈提·艾比布 乌鲁木齐公安处国内安全保卫支队机动侦察大队大队长。2019.02—2021.03拉依喀乡达奎村驻村工作队员。

宋玉鑫 库尔勒供电段检修车间助理工程师。拉依喀乡库木艾日克村驻村工作队员。

艾合太穆江·艾尔肯 库尔勒公安处和田站派出所执勤大队副大队长。2019.02—2021.03拉依喀乡库木艾日克村驻村工作队员。

玉素普江·素来曼 库尔勒机务段检修车间助理工程师。2019.02—2021.07 罕艾日克镇拉依喀乡驻村工作队员。

艾合买提江·白克来木江 奎屯公安处伊宁站派出所二级警员。2019.02—2021.03 罕艾日克镇拉依喀乡驻村工作队员。

力木拉提·马合木提 哈密机务段整备车间主任、党总支副书记。罕艾日克镇塔依塔克村驻村工作队员、第一书记。铁路脱贫攻坚先进个人。

依斯拉英·依尔帆 喀什工务段综合专业维修车间党支部书记。拉依喀乡巴什拉依喀村、罕艾日克镇尤库日罕艾日克村驻村工作队员、第一书记。铁路脱贫攻坚先进个人。

艾力·海山 新疆新铁工业装备有限公司市场营销事业部部长。2018.09—2020.04 罕艾日克镇尤库日罕艾日克村驻村工作队员。

木合买提·玉素甫 哈密工务段柳树泉线桥巡养车间副主任。2018.09—2020.04 罕艾日克镇库玛村驻村工作队员。

艾孜尔·阿迪力 乌鲁木齐供电段吐鲁番供电车间吐鲁番检修工队工长。2019.03—2021.01 罕艾日克镇都先拜巴扎村驻村工作队员。

阿迪力·阿不都热依木 乌鲁木齐机务段乌鲁木齐检修车间机车电工。罕艾日克镇罕艾日克村驻村工作队员。

吐尔逊·吐谷提 哈密工务段道岔专业维修车间工程师。罕艾日克镇夏买来村、拉依喀乡达奎村驻村工作队员。

阿里木江·依米提 哈密电务段调度指挥中心助理工程师。2018.09—2020.04 罕艾日克镇托奴村驻村工作队员。

莫明·麦麦提 乌鲁木齐通信段阿克苏通信车间助理工程师。2018.09—2020.04 罕艾日克镇托奴村驻村工作队员。

阿不都·热西提 乌鲁木齐车辆段喀什运用车间助理工程师。2018.09—2020.04 罕艾日克镇尤库罕艾日克村驻村工作队员。

甫拉提·乌修尔 乌鲁木齐房产公寓段劳动人事科工程师。2018.09—2020.04 罕艾日克镇塔依塔克村驻村工作队员。

黄 程 哈密车务段罗中站副站长。2018.09—2020.04 罕艾日克镇库玛村驻村工作队员。

李春明 喀什车务段团委书记。2018.09—2020.04 罕艾日克镇罕艾日克村驻村工作队员。

袁志伟 乌西车辆段准东运用车间助理工程师。2018.09—2020.04 罕艾日克镇夏买来村驻村工作队员。

汪兴昌 乌鲁木齐机务段办公室助理工程师。2018.09—2019.06 罕艾日克镇都先拜巴扎村驻村工作队员。

木合台尔·乃买提 喀什工务段巴楚巡养车间电力线路工。罕艾日克镇吉格代艾日克村驻村工作队员。

阿不来提·吾守尔 就职于喀什工务段。2019.01—2020.01 和田县扶贫副主任。和田县脱贫攻坚（摘帽年）扶贫系统先进个人。

库都来提·艾买提 乌鲁木齐西车辆段乌西设备车间助理工程师。拉依喀乡巴什拉依喀村驻村工作队员。

艾比布拉·艾孜不拉 库尔勒机务段和田折返车间党支部书记。拉依喀乡达奎村驻村工作队员。

玉努斯·木塔里甫 阿克苏工务段库车线桥巡养车间技术员。拉依喀乡达奎村驻村工作队员。

多力库·库尔班 乌鲁木齐客运段副段长。拉依喀乡库木艾日克村工作队队长、第一书记。集团公司优秀共产党员。

张海鹏 库尔勒车辆段检修车间工程师。罕艾日克镇拉依喀乡驻村工作队员。

王天原 库尔勒电务段安全调度中心技术员。罕艾日克镇拉依喀乡驻村工作队员。

托合塔吾·阿扎特 乌鲁木齐货运中心准东营业部货运调度员。罕艾日克镇塔依塔克村驻村工作队员。

吾其坤江·多力坤 喀什车务段连结员。罕艾日克镇罕艾日克村驻村工作队员。

王 毅 乌鲁木齐房产公寓段代助理工程师。2020.04—2021.03 罕艾日克镇托奴村驻村工作队员。

迪力穆拉提·热合曼 乌鲁木齐通信段通信工。2020.04—2021.01 罕艾日克镇托奴村驻村工作队员。

赛孜古尔·毛拉 乌鲁木齐供电段接触网工。2020.04—2021.01 罕艾日克镇都先拜巴扎村驻村工作队员。

艾力·阿布立提甫 乌鲁木齐电务段鄯善信号车间信号工。罕艾日克镇库玛村驻村工作队员。

艾买提·阿不来提 哈密车务段运管科值班主任。罕艾日克镇库玛村驻村工作队员。

鲁兴平 乌鲁木齐西车辆段货车检车员。罕艾日克镇夏买来村驻村工作队员。

艾尼瓦江·赛买提 哈密电务段车载车间电务信号工。2020.04—2021.01 罕艾日克镇吉格代艾日克村驻村工作队员。

塔力哈尔·马德提汗 乌鲁木齐工务段准东线桥车间线路工。2020.04—2021.01 罕艾日克镇尤库日罕艾日克村驻村工作队员。

图尔荪江·奥斯曼 乌鲁木齐车辆段喀什运用车间检车员。2020.04—2021.01 罕艾日克镇尤库日罕艾日克村驻村工作队员。

阿地里·肉孜 库尔勒铁路公安处乘警支队副支队长，2014.02—2016.02 和田县拉依喀乡达奎村驻村工作队员。

伊斯干旦·阿比孜 哈密公安处特警支队二级警员。2017.02—2019.03 拉依喀乡巴什拉依喀村驻村工作队员。

中国铁路青藏集团有限公司帮扶干部情况

姜希春 青藏集团公司扶贫办主任，2017.01—2017.08从事扶贫工作。

刘永春 青藏集团公司扶贫办主任，2017年8月开始从事扶贫工作，荣获全路脱贫攻坚先进个人称号。

田 力 青藏集团公司扶贫办工作人员，2016.08—2020.08从事扶贫工作，荣获2018年度全路扶贫工作先进个人称号。

祁生元 青藏集团公司扶贫办工作人员，2020年8月开始从事扶贫工作。

杨光毅 2016.01—2018.04，驻申格卡岗村工作队队长。2018.04—2021.07，驻金跃村工作队队员。扶贫地点西藏安多、青海李家山。

陈春友 驻申格卡岗村工作队队长，2020年4月开始从事扶贫工作，扶贫地点西藏安多。

赵葆年 驻申格卡岗村工作队队长，2018.04—2020.04从事扶贫工作，扶贫地点西藏安多，荣获2019年度全路扶贫工作先进个人称号。

向秀华 驻莲湖村工作队队长、第一书记，2016.03—2018.04从事扶贫工作，扶贫地点青海德令哈，荣获全路脱贫攻坚先进个人、2017年度青海省“脱贫攻坚先进个人”（优秀第一书记）称号。

杨健康 2016.12—2018.03，驻莲湖村工作队队员。2018.04—2019.07，驻莲湖村工作队队长、第一书记。扶贫地点青海德令哈。

冉俊峰 2018.03—2019.07，驻莲湖村工作队队员。2019.07—2021.01，驻莲湖村工作队队长、第一书记。扶贫地点青海德令哈。

谢占多 驻金跃村工作队队长、第一书记，2015.10—2018.04从事扶贫工作，扶贫地点青海李家山，荣获2017、2018年度青海省优秀第一书记称号。

贾乃林 2016.01—2018.04，驻金跃村工作队队员。2018.04—2021.07，驻金跃村工作队队长、第一书记。扶贫地点青海李家山。荣获全路脱贫攻坚先进个人、2018年度全路扶贫工作先进个人称号。

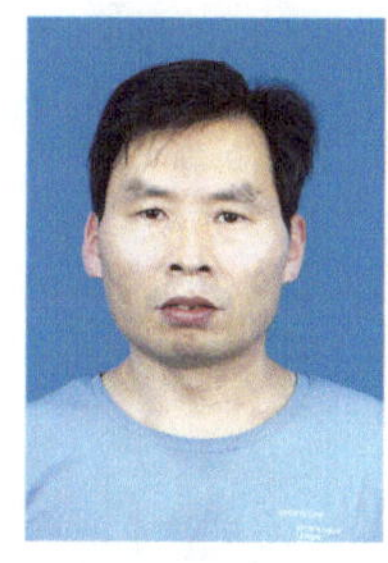

陈宝忠 驻金跃村工作队队长、第一书记，2015.10—2016.01从事扶贫工作，扶贫地点青海李家山。

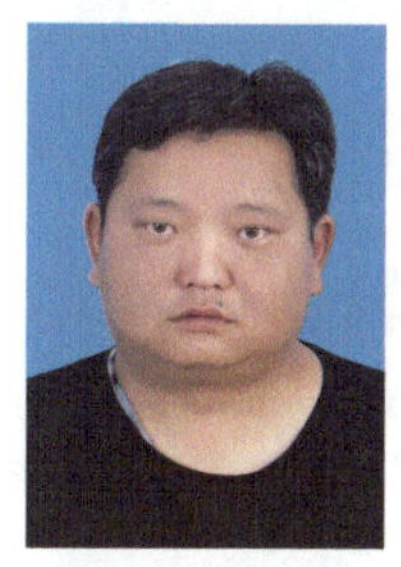

达那青 2015.10—2017.01，驻莲湖村工作队队长。2019年7月开始任驻莲湖村第一书记。扶贫地点青海德令哈。

赵小军 驻申格卡岗村强基惠民工作组组员，2011.10—2012.06从事扶贫工作，扶贫地点西藏安多。

张建博 驻申格卡岗村工作队队长，2011.09—2016.01从事扶贫工作，扶贫地点西藏安多，荣获2012、2013年度西藏自治区强基惠民先进个人称号。

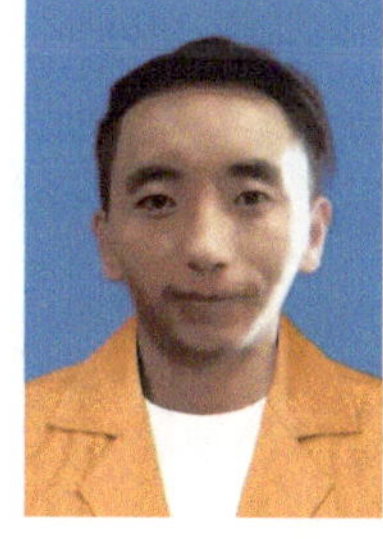

边　巴 驻申格卡岗村工作队队员，2011.12—2017.04从事扶贫工作，扶贫地点西藏安多。曾连续三年荣获西藏自治区强基惠民先进个人称号。

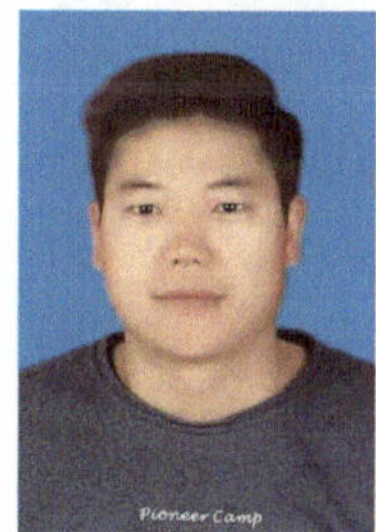

次仁斯曲 2017.02—2019.09，驻申格卡岗村工作队队长。2020.05—2021.05，驻申格卡岗村第一书记。扶贫地点西藏安多。荣获全路脱贫攻坚先进个人荣誉称号。

格桑扎西 2017.02—2019.09，驻申格卡岗村工作队队员。2019.09—2020.05，驻申格卡岗村第一书记。扶贫地点西藏安多。荣获2019年度西藏自治区强基惠民先进个人称号。

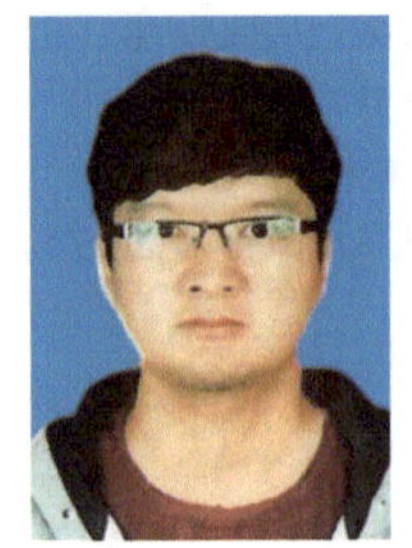

次仁江措 驻申格卡岗村工作队队员，2019年9月开始从事扶贫工作。扶贫地点西藏安多。

达瓦罗布 驻申格卡岗村工作队第一书记，2013.12—2017.02从事扶贫工作。扶贫地点西藏安多。

中铁集装箱运输有限责任公司帮扶干部情况

陈　征 综合部（党委办公室）主管业务经理，2019年开始兼职从事铁路扶贫工作。

中铁特货公司帮扶干部情况

孙　葛　中铁特货物流股份有限公司乌鲁木齐分公司业务员。2019.12—2021.01 在新疆维吾尔自治区和田地区和田县罕艾日克镇托奴村驻村扶贫工作。2021 年 2 月荣获铁路脱贫攻坚先进个人。

中铁快运股份有限公司帮扶干部情况

孙　毅　快运公司客服质量部主任，2018.12—2021.06 兼职从事帮扶工作。铁路脱贫攻坚火车头奖章获得者。

宋　阳　中铁吉盛物流有限公司副总经理，副处级，2018.11—2021.02 固原市原州区挂职干部。铁路脱贫攻坚先进个人、原州区铁路工作队被国务院授予全国脱贫攻坚先进集体。

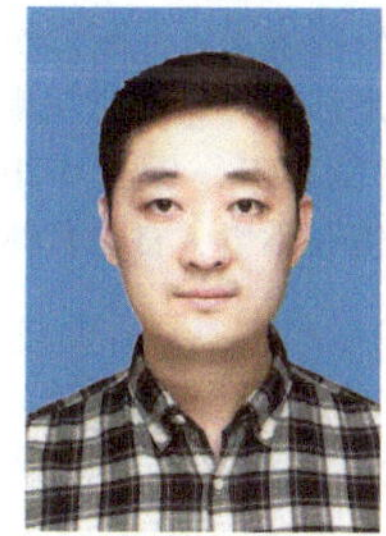

王天煦　快运公司客服质量部项目经理，2018.12 开始兼职从事帮扶工作。铁路脱贫攻坚先进个人。

张诗慧　快运公司客服质量部主任业务员，2018.12 开始兼职从事帮扶工作。所在部门荣获铁路脱贫攻坚先进集体。

中国铁路投资集团有限公司帮扶干部情况

汪红飞　经营发展部负责人，2020—2021 年统筹公司乡村振兴工作领导小组办公室日常工作。

詹玉广　经营发展部业务经理，2020—2021 年兼职从事帮扶工作，荣获 2021 年度铁路脱贫攻坚先进个人。

杨　振　国铁物资电商事业部负责人，从事电商平台消费帮扶专区运营工作，带领团队荣获铁路脱贫攻坚先进集体。

任隽瑶　国铁物资电商事业部业务经理，从事电商平台消费帮扶专区运营工作。

中国铁道科学研究院集团有限公司帮扶干部情况

雷　强　铁科院集团公司纪委副书记，2019.01—2021.01 挂职勉县任县委副书记，曾获铁路脱贫攻坚火车头奖章、铁路扶贫工作先进个人、勉县消费扶贫特殊贡献奖等荣誉称号。

王振江　铁科院集团公司办公室（振兴办）主任，负责铁科院集团公司乡村振兴工作领导小组（协同扶贫领导小组）日常具体工作。

单杏花 铁路12306科创中心副主任，负责12306铁路商城（原12306扶贫商城）研发运营工作，曾获“最美奋斗者”、全国三八红旗手、北京榜样等荣誉称号，2017年当选党的十九大代表，2021年入选“三个100杰出人物”。

王雅群 铁科院集团公司办公室（振兴办）主管技术秘书，2019年起从事乡村振兴（协同扶贫）工作，曾获铁路帮扶工作先进个人荣誉称号。

朱建军 铁科院集团公司电子所客运与电子支付事业部技术总监，2019年开始从事12306铁路商城运营工作，曾获铁路扶贫工作先进个人荣誉称号。

张启蒙 铁科院集团公司电子所客运与电子支付事业部业务经理，2019年至2021年5月从事12306铁路商城运营工作，曾获铁路扶贫工作先进个人荣誉称号。

阮一凡 铁科院集团公司工会干部，2019年起从事消费扶贫工作，曾获铁路扶贫工作先进个人荣誉称号。

王晓冬 铁科院集团公司电子所综合部主任，2019年起从事消费扶贫工作，曾获铁路帮扶工作先进个人荣誉称号。

王宇环 铁科院集团公司电子所客运与电子支付事业部商务经理，2021年1月起从事12306铁路运营推广工作。

中国铁路经济规划研究院有限公司帮扶干部情况

左鹏飞 副总经理，2019—2021年兼职从事帮扶工作，公司协同帮扶工作主要分管领导。2019—2020年挂职固原市市委常委、副市长。铁路脱贫攻坚先进个人。

夏建中 副总工程师，2019—2021年兼职从事帮扶工作，公司协同帮扶工作部门负责人。

李连顺 主任，2019—2021年兼职从事帮扶工作，公司协同帮扶宣传工作负责人。

杨 栋 主任，兼职从事帮扶工作，公司协同帮扶工作部门负责人。

宋 潇 干事，兼职从事帮扶工作。铁路脱贫攻坚先进个人。

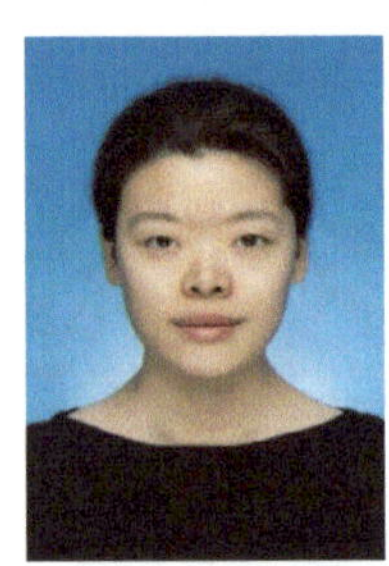

王 琳 干事，兼职从事帮扶工作。铁路脱贫攻坚先进个人。

林 伟 干事，兼职从事帮扶工作。

刘博锦 干事，兼职从事帮扶工作。

王颐君　干事，兼职从事帮扶工作。

中国铁路信息科技集团有限公司帮扶干部情况

李　刚　办公室副主任，2020 年开始兼职从事帮扶工作，帮扶地点新疆维吾尔自治区和田县。

易晓鸿　原办公室政工师，2019—2020 年兼职从事帮扶工作，帮扶地点新疆维吾尔自治区和田县。2019 年度铁路扶贫工作先进个人。

乃国纲　工会副主席，2019—2020 年兼职从事帮扶工作，帮扶地点新疆维吾尔自治区和田县。

孟繁新　党群工作部副部长，2019—2020 年兼职从事帮扶工作，帮扶地点新疆维吾尔自治区和田县。

陆　宽　计财部副部长，2019—2020 年兼职从事帮扶工作，帮扶地点新疆维吾尔自治区和田县。

张　茜　计财部助理工程师，2019—2020 年兼职从事帮扶工作，帮扶地点新疆维吾尔自治区和田县。

王智远 办公室工程师，2020.09—2021.02在国铁集团振兴办（原扶贫办）开展帮扶专项工作。2021年铁路脱贫攻坚先进个人。

铁总服务有限公司帮扶干部情况

陈蓉国 服务公司消防监控室主任，2015.10—2017.10帮扶栾川县潭头镇东山村、大王庙村，潭头镇优秀驻村第一书记。

王 勤 服务公司铁总（北京）培训中心有限公司党委副书记、纪委书记、工会主席，2017.10—2019.08帮扶栾川县潭头镇大王庙村，国铁集团铁路扶贫工作先进个人，2018年铁路扶贫工作火车头奖章获得者。

史俊兰 服务公司房产建筑管理分公司副主任科员，2019年8月开始帮扶栾川县潭头镇大王庙村，国铁集团铁路扶贫工作先进个人。

中国铁道出版社有限公司帮扶干部情况

熊安春　原任副总编兼社（党）办公室主任，2018 年 3 月至 2019 年 9 月兼职从事帮扶工作。

祝　松　原任社（党）办公室副主任，现任党群工作部部长，2019 年 3 月至 2020 年 5 月兼职从事帮扶工作。2019 年度铁路扶贫工作先进个人。

刘　波　音像电子与数字出版中心信息管理部科长，2018 年 8 月至 2019 年 5 月兼职从事帮扶工作。

娄建国　综合管理部（董事会办公室）主任，2019 年 10 月开始兼职从事帮扶工作。铁路脱贫攻坚先进个人。

中国铁路文工团有限公司帮扶干部情况

温洪武　二七剧场管理部部长。2019 年 5 月开始在河南省栾川县、陕西省勉县、宁夏回族自治区固原市原州区、新疆维吾尔自治区和田县兼职从事帮扶工作。

杨汉君　工会副主席。2019 年 5 月开始在河南省栾川县、陕西省勉县、宁夏回族自治区固原市原州区、新疆维吾尔自治区和田县兼职从事帮扶工作。

王 征 计划财务部部长。2019年5月开始在河南省栾川县、陕西省勉县、宁夏回族自治区固原市原州区、新疆维吾尔自治区和田县兼职从事帮扶工作。

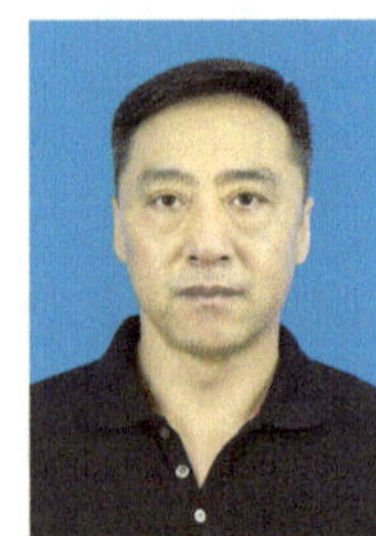

徐 豪 艺术创作部部长。2019年5月开始在河南省栾川县、陕西省勉县、宁夏回族自治区固原市原州区、新疆维吾尔自治区和田县兼职从事帮扶工作。

冯 羽 舞美工程部部长。2019年5月开始在河南省栾川县、陕西省勉县、宁夏回族自治区固原市原州区、新疆维吾尔自治区和田县兼职从事帮扶工作。

胡卫强 歌舞团团长。2019年5月开始在河南省栾川县、陕西省勉县、宁夏回族自治区固原市原州区、新疆维吾尔自治区和田县兼职从事帮扶工作。

刘 颖 曲艺杂技团副团长。2019年5月开始在河南省栾川县、陕西省勉县、宁夏回族自治区固原市原州区、新疆维吾尔自治区和田县兼职从事帮扶工作。

刘同福 影视舞台剧制作中心主任。2019年5月开始在河南省栾川县、陕西省勉县、宁夏回族自治区固原市原州区、新疆维吾尔自治区和田县兼职从事帮扶工作。

任 智 综合管理部（党群工作部）副部长。2019年5月开始在河南省栾川县、陕西省勉县、宁夏回族自治区固原市原州区、新疆维吾尔自治区和田县兼职从事帮扶工作。

张毅东 演出联络部副部长。2019年5月开始在河南省栾川县、陕西省勉县、宁夏回族自治区固原市原州区、新疆维吾尔自治区和田县兼职从事帮扶工作。铁路脱贫攻坚先进个人。

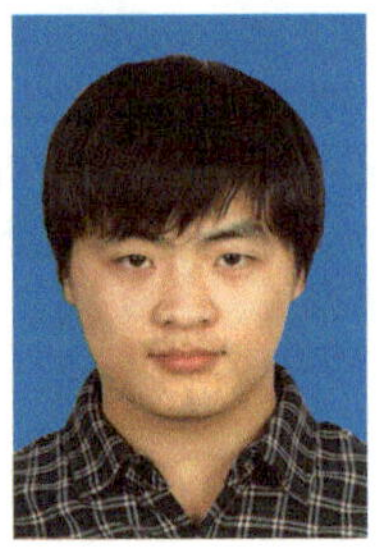

张超宇 综合管理部（党群工作部）工程师。2019年5月开始在河南省栾川县、陕西省勉县、宁夏回族自治区固原市原州区、新疆维吾尔自治区和田县兼职从事帮扶工作。

铁路青少年发展捐助中心帮扶干部情况

张荣娥　铁路青少年发展捐助中心主任，任职期间大力开展“圆梦希望”“茅台助学”“成才圆梦”等公益项目，曾获2018年铁路扶贫工作先进个人、2020年致敬“希望工程30年突出贡献者”等荣誉。

项　敏　2012年任南昌局龙岩工务段团委书记期间，在铁路青少年发展捐助中心协助工作，曾获2011年度全路优秀共青团干部等荣誉。

张　军　2013年任武汉局宜昌车务段团委书记期间，在铁路青少年发展捐助中心协助工作，曾获2017年度集团公司优秀共产党员、2020年度集团公司先进生产（工作）者等荣誉。

张英魁　2013年任太原局大秦车务段团委书记期间，在铁路青少年发展捐助中心协助工作，曾获2013、2016年度全路优秀共青团干部等荣誉。

盛　洁　2014年任郑州局郑州北车辆段团委副书记期间，在铁路青少年发展捐助中心协助工作，曾获2017年度全路优秀共青团干部等荣誉。

张　泉　2014—2015年任南宁局南宁电务段团委副书记期间，在铁路青少年发展捐助中心协助工作，曾获2018年度全路优秀共青团干部等荣誉。

张　磊　2015—2016年任兰州局兰州货运中心团委负责人期间，在铁路青少年发展捐助中心协助工作，曾获2015年度全路优秀共青团干部等荣誉。

甄树虎　2016年任济南局济南西车辆段团委副书记期间，在铁路青少年发展捐助中心协助工作，曾获2013年度全路优秀共青团干部等荣誉。

王传银 2016年任昆明局团委宣传部部员期间，在铁路青少年发展捐助中心协助工作，曾获2016、2017年度全路优秀共青团干部等荣誉。

樊 琳 2016—2017年任郑州局龙门车务段阳城车站助理工程师期间，在铁路青少年发展捐助中心协助工作，曾获2015年度全局优秀团支部书记等荣誉。

孟昭满 2017—2018年任南昌局南昌电务段团委干事期间，在铁路青少年发展捐助中心协助工作，曾获2018年度全路优秀共青团干部、2019年度江西省优秀共青团干部等荣誉。

王旭斌 2017—2018年任南宁局桂林工务段团委书记期间，在铁路青少年发展捐助中心协助工作，曾获2017、2019年度全路优秀共青团干部等荣誉。

张三钧 2018年任兰州局兰州供电段团委副书记期间，在铁路青少年发展捐助中心协助工作，曾获2019年度集团公司优秀共青团干部等荣誉。

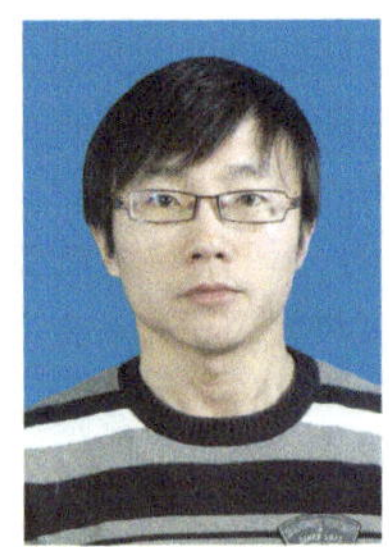

雒连君 2018—2019年任沈阳局赤峰车务段团委书记期间，在铁路青少年发展捐助中心协助工作，曾获2014、2016年度全路优秀共青团干部荣誉称号。

唐琨喻 2019—2020年任郑州局新乡桥工段团委副书记期间，在铁路青少年发展捐助中心协助工作，曾获2019年度集团公司先进生产（工作）者等荣誉。

马 斌 2020年任兰州局兰州房建段团委书记期间，在铁路青少年发展捐助中心协助工作，曾获2020年铁路脱贫攻坚先进个人等荣誉。

中国铁路设计集团有限公司帮扶干部情况

宋纪五　办公室副主任，2018年开始在天津市蓟州区下营镇张家峪村兼职从事帮扶工作。

李金乐　综合室主任，2018年开始在天津市蓟州区下营镇张家峪村兼职从事帮扶工作。

贾占清　二级部员，2018年开始在天津市蓟州区下营镇张家峪村兼职从事帮扶工作。2020年铁路脱贫攻坚先进个人。